WISSENSCHAFTLICHE BEITRÄGE
AUS DEM TECTUM VERLAG

Reihe Rechtswissenschaften

WISSENSCHAFTLICHE BEITRÄGE
AUS DEM TECTUM VERLAG

Reihe Rechtswissenschaften

Band 111

Tilman Haase

Die Auswirkungen der Reform des Rechts der Gesellschafterfinanzierungshilfen durch MoMiG und UntStRefG 2008 auf das Steuerrecht

Tectum Verlag

Tilman Haase

Die Auswirkungen der Reform des Rechts der Gesellschafterfinanzierungshilfen durch MoMiG und UntStRefG 2008 auf das Steuerrecht.
Wissenschaftliche Beiträge aus dem Tectum Verlag:
Reihe: Rechtswissenschaften; Bd. 111

Zugl. Diss. Bucerius Law School (Hamburg) 2017

ISBN: 978-3-8288-4010-2

ISSN: 1861-7875

E-Book: 978-3-8288-6832-8

ePub: 978-3-8288-6833-5

Druck und Bindung: CPI buchbücher.de, Birkach
Printed in Germany

Besuchen Sie uns im Internet
www.tectum-verlag.de

MIX
Papier aus verantwortungsvollen Quellen
FSC® C083411

Bibliografische Informationen der Deutschen Nationalbibliothek
Die Deutsche Nationalbibliothek verzeichnet diese Publikation in der Deutschen Nationalbibliografie; detaillierte bibliografische Angaben sind im Internet über http://dnb.d-nb.de abrufbar.

Vorwort

Die vorliegende Arbeit wurde im Frühjahrstrimester 2017 an der Bucerius Law School als Dissertation angenommen. Die mündliche Prüfung fand am 9. März 2017 statt.

Die der Arbeit zugrunde liegende Gesetzes- und Rechtslage entspricht daher derjenigen aus dem Frühjahr 2017, sodass die späteren Urteile des BFH vom 11.07.2017 (IX R 36/15) sowie vom 24.10.2017 (VIII R 13/15) nicht mehr berücksichtigt werden konnten. Die Analyse insbesondere des zuletzt genannten Urteils zeigt jedoch, dass der BFH der in Teil 2 Abschnitt B III. 2. dargestellen Ansicht des Autors zumindest stark zuneigt.

Mein besonderer Dank gilt meiner Doktormutter, Frau Professor Dr. Weitemeyer, für ihre Betreuung der Arbeit. Sie hat mir den erforderlichen wissenschaftlichen Freiraum gewährt und mir dessen unbeschadet immer mit Rat und Tat zur Seite gestanden.

Herrn Professor Dr. Gerrit Frotscher danke ich für die rasche Erstellung des Zweitgutachtens.

Mein tiefster Dank gilt meiner Frau Aneliya Haase, meinen Eltern, Dr. Kerstin Haase und Dr. Martin Haase, sowie meinem Bruder, Ferdinand Haase, die mich allesamt stets auf verschiedenste Weisen unterstützt haben und mir mit Rat und Tat zur Seite standen.

Gewidmet ist dieses Buch meinem Sohn, Theodor.

Hamburg, im Mai 2018 — Tilman Haase

Inhaltsverzeichnis

Einleitung und Zielsetzung

A. Einführung

Das Eigenkapitalersatzrecht – als umfassende Bezeichnung für diejenigen Regelungen, die Darlehen (oder andere wirtschaftlich vergleichbare Vorgänge) von Gesellschaftern (oder von Gesellschaftern gleichgestellten Personen) betreffen, welche der Gesellschaft anstelle der eigentlich gebotenen Eigenkapitalzufuhr gewährt werden[1] – hat Wissenschaft und Rechtsanwendungspraxis seit seiner Implementierung durch die Rechtsprechung[2] in ganz erheblicher Weise bewegt. Im Laufe der Jahre und Jahrzehnte entwickelte es sich zu einer in ihren Verzweigungen überaus komplizierten und im Ergebnis für die Praxis unübersichtlichen Rechtsmaterie.[3] Hierzu trug auch der Gesetzgeber bei, indem sein in Form der Novellenregelungen im Jahre 1980[4] unternommener Versuch, das bis dato lediglich als Rechtsprechungsrecht existente Eigenkapitalersatzrecht – die sog. Rechtsprechungsregeln – ersetzend zu kodifizieren,[5] fehlschlug und es dementsprechend fortan zu einer gewissen Zweispurigkeit des Eigenkapitalersatzrechts kam.

Angesichts seiner sich im Laufe der Jahre immer weiter steigernden Komplexität wurde das Eigenkapitalersatzrecht weitgehend als überarbeitungswürdig angesehen. Dies mündete nach erheblichen Vorarbeiten der Literatur[6] darin, dass der Gesetzgeber das gesellschaftsrechtlich gestaltete Eigenkapitalersatzrecht[7] durch das Gesetz zur Modernisierung des GmbH-Rechts und zur Bekämpfung von Missbräuchen (im Folgenden: MoMiG)[8] vom 23.10.2008 abschaffte[9] und das insolvenzrechtlich geregelte

1 *Undritz*, in: Runkel, Anwaltshandbuch Insolvenzrecht, § 4 Rn. 5.

2 Grundlegend BGH vom 14.12.1959 - II ZR 187/57, NJW 1960, 285 („Luft-Taxi"); zur Vorgeschichte der Herausbildung der Rechtsprechungsregeln *K. Schmidt* in: Scholz, GmbHG, 10. Auflage 2010, §§ 32a, 32b Rn. 15 ff.

3 *Römermann* bezeichnet die frühere gesellschaftsrechtliche Rechtslage zutreffend als„verwirrend" in NZI 2008, 641, 644.

4 Gesetz zur Änderung des GmbH-Gesetzes und anderer handelsrechtlicher Vorschriften vom 04.07.1980, BGBl I 1980, 836.

5 Siehe zur diesbezüglichen Intention Begr. RegE GmbH-Novelle, BR-Drs. 404/77, 29.

6 Die gesetzgeberischen Neuregelungen gehen im Wesentlichen auf *Huber* und *Habersack* zurück; siehe schon *dies.*, BB 2006, 1.

7 Dieses bildeten die sog. Rechtsprechungsregeln, §§ 30, 31 GmbHG a.F. analog.

8 BGBl I 2008, 2026; in Kraft getreten am 01.11.2008.

9 Die Abschaffung der Rechtsprechungsregeln erfolgte ausdrücklich durch den Gesetzgeber in § 30 Abs. 1 S. 3 GmbHG sowie in § 57 Abs. 1 S. 4 AktG, *Kahlert/Gehrke*, ZIP 2008, 2392, 2393; ob der BGH diesen gesetzgeberischen Willen nicht doch wieder "aushebeln" wird – wie er es bereits früher hinsichtlich der damals neu eingeführten §§ 32a, b GmbHG getan hat im Urteil vom 26.03.1984 – II ZR 14/84, NJW 1984, 1891 – bleibt abzuwarten (§§ 32a, b GmbHG wurden eingeführt mit dem Gesetz zur

Eigenkapitalersatzrecht[10] neu regelte.[11] Durch das nunmehr modifizierte Insolvenzrecht erfahren Gesellschafterfinanzierungshilfen zwar weiterhin mitunter eine Sonderbehandlung; gleichwohl ist im Ergebnis unzweifelhaft zu konstatieren, dass die Komplexität der betroffenen Rechtsmaterie für die Zwecke des Zivilrechts deutlich reduziert wurde.

Beim vormaligen Eigenkapitalersatzrecht und jetzigem insolvenzrechtlichen Recht der Gesellschafterfinanzierungshilfen handelt es sich zwar um eine zivilrechtliche Materie, seine Auswirkungen betrafen bzw. betreffen jedoch auch andere Rechtsgebiete. Primär ist hierbei an das Steuerrecht zu denken. Es stellte sich bereits vor der Einführung des MoMiG insbesondere die Frage, wie mit solchen Verlusten umzugehen war, die der Gesellschafter infolge der eigenkapitalersatzrechtlichen Verstrickung seiner Finanzierungshilfe zugunsten der Gesellschaft erlitten hatte. Speziell im Hinblick auf im Privatvermögen gehaltene Beteiligungen stellte sich diese Frage als problematisch dar und wurde vor dem Hintergrund der insoweit maßgeblichen Regelung des § 17 EStG kontrovers beurteilt. Der BFH setzte im Verlustfall eigenkapitalersatzrechtlich verstrickter Finanzierungshilfen nachträgliche Anschaffungskosten auf die zugrunde liegende Beteiligung an.[12] Es kam also zu einem gewissen „Gleichlauf" von Zivil- und Steuerrecht. Bei genauer Betrachtung war diese Rechtsprechung letztlich ein „Mittel zum Zweck"[13] dazu, eine Verlustberücksichtigung zugunsten des Gesellschafters zu ermöglichen, die auf anderem Wege nach herrschender Auffassung nicht möglich war.

B. Die heutige Rechtslage und der Fokus der Untersuchung

Auch für das neue Recht besteht die Fragestellung nach der steuerlichen Berücksichtigungsfähigkeit fort. Denn unbeschadet der Reduzierung der Komplexität im Zivilrecht durch das MoMiG hat es an anderer Stelle neue Unklarheiten geschaffen: Wurde nämlich bislang steuerrechtlich an das gleichsam vorgelagerte Eigenkapitalersatz-

---

Änderung des GmbH-Gesetzes und anderer handelsrechtlicher Vorschriften vom 4.7.1980, BGBl I, 836), siehe *Spliedt*, ZIP 2009, 149; *Römermann*, NZI 2008, 641, 644.

10 Dieses bildeten die sog. Novellenregelungen, deren wesensmäßiger Kern in den §§ 32a, b GmbHG a.F. normiert war.

11 Siehe zu einer Synopse von alten und neuen gesetzlichen Regelungen zum Insolvenzrecht sowie zur Entstehungsgeschichte des MoMiG *Undritz*, in: Runkel, Anwaltshandbuch Insolvenzrecht, § 4 Rn. 404 bzw. § 4 Rn. 331 ff.

12 BFH vom 18.12.2001 – VIII R 27/00, DStR 2002, 444; vom 04.08.1999 – VIII B 68/99, BeckRS 1999, 250003802, BFH/NV 2000, 41; vom 13.07.1999 – VIII R 31/98, BStBl II 2000, 724, DStR VIII R 6/96E 1999, 779; vom 10.11.1998 – VIII R 6/96, BStBl II 1999, 348, DStR 1999, 411; vom 16.04.1991 – VIII R 100/87, BStBl II 1992, 234, DStR 1991, 1348; vom 27.10.1992 – VIII R 87/89, BStBl II 1993, 340, BeckRS 1992, 22010477.

13 In diesem Sinne bezeichnet *Paus* die Lösung des BFH als einen „von dem gewünschten Ergebnis her geprägten Notbehelf, der sich rechtssystematisch nicht rechtfertigen lässt" in FR 2008, 1106, 1108; *Hoffmann* bezeichnet die Rechtsprechung des BFH gar als „Krücke zur Gleichstellung" mit Anteilseignern, die ihre Beteiligung in einem betrieblichen Vermögen hielten in GmbH – StB 2007, 257, 258.

recht angeknüpft, ist ebendies nunmehr jedenfalls nicht in unveränderter Weise, ggf. auch überhaupt nicht mehr möglich.

Insbesondere wenn man den Bereich des steuerlichen Privatvermögens – der bereits traditionell in der steuerrechtlichen Wissenschaft, Rechtsprechung und übriger Rechtsanwendungspraxis sowohl aufgrund seiner Komplexität als auch infolge seiner ganz erheblichen tatsächlichen Bedeutsamkeit das Gros an Aufmerksamkeit erfahren hat – auch für die heutige Rechtslage einer umfassenden Würdigung unterziehen will, so muss man neben dem MoMiG ein weiteres Reformgesetz eingehend betrachten: Das Unternehmensteuerreformgesetz 2008 (im Folgenden: UntStRefG).[14] Mit diesem hat der Gesetzgeber nämlich nur kurze Zeit nach dem MoMiG insbesondere auch denjenigen originären steuerrechtlichen Bereich einer Überarbeitung unterzogen, der für die vorliegenden Untersuchungsgegenstände von wesentlicher Bedeutung ist: Denn mit der Ausweitung des Katalogs des steuerlich relevanten Privatvermögens in § 20 Abs. 2 EStG n.F. könnten Gesellschafterfinanzierungshilfen nunmehr nicht länger § 17 EStG, sondern der Regelung des § 20 EStG n.F. unterfallen, was für die Zwecke der vorliegenden Untersuchung von ganz herausragender Bedeutung wäre.

C. Der Gang der Untersuchung

Sowohl das Ziel als auch die Untersuchungsgegenstände dieser Arbeit werden nun einerseits durch die vorgenannte Rechtsentwicklung selbst, andererseits dadurch determiniert, dass sich bereits viele wissenschaftliche Untersuchungen mit den zivilrechtlichen Änderungen des Rechts der Gesellschafterfinanzierungshilfen als solchen intensiv beschäftigt haben.[15] Diese sollen dementsprechend nicht den Schwerpunkt der vorliegenden Untersuchung bilden. Dieser soll vielmehr im Steuerrecht liegen, insbesondere im unverändert besonders problematischen Bereich des steuerlichen Privatvermögens. Dies war bislang Untersuchungsgegenstand vergleichsweise weniger wissenschaftlicher Arbeiten.[16] Auch in der Rechtsprechung finden sich bislang nur vereinzelt unterinstanzliche Entscheidungen, die zu den diesbezüglichen Auswirkungen von MoMiG und UntStRefG Stellung nehmen.[17]

Um die bereits im Geltungszeitraum des vormaligen Eigenkapitalersatzrechtes speziell steuerrechtlich problematischen Aspekte für die Zwecke der jetzigen Rechtslage untersuchen zu können, muss zunächst die frühere Rechtslage in Zivil- und Steu-

---

14 Gesetz vom 14.08.2007 (verkündet am 17.08.2007), BGBl I 2007, 1912.

15 *Koutsós*, Die rechtliche Behandlung von (eigenkapitalersetzenden) Gesellschafterleistungen; *Körner*, Institutionelle Kreditgeber als Quasigesellschafter; *Schaumann*, Reform des Eigenkapitalersatzrechtes im System der Gesellschafterhaftung; *Ulbrich*, Die Abschaffung des Eigenkapitalersatzrechts der GmbH.

16 *Aigner*, Wegfall der Einkunftsquelle bei den Kapitaleinkünften (§ 20 EStG n.F.); *Gast*, Die steuerliche Berücksichtigung von Darlehensverlusten des Gesellschafters einer Kapitalgesellschaft.

17 FG Berlin-Brandenburg vom 28.05.2015 – 4 K 7114/12, DStRE 2016, 452 (Beschwerde gegen die Nichtzulassung zur Revision anh. beim BFH unter Az. IX B 91/15); FG Köln vom 20.03.2014 – 3 K 2518/11, EFG 2014, 2136 m. Anm. *Hoffmann* (rkr.); vom 30.09.2015 – 3 K 706/12, EFG 2016, 193 m. Anm. *Hoffmann*.

errecht dargestellt werden. Dies geschieht im 1. Teil der Untersuchung. Anschließend werden die Änderungen zunächst durch das MoMiG (2. Teil Abschnitt A) und anschließend durch das UntStRefG (2. Teil Abschnitt B. III. 2.) als solche dargelegt sowie jeweils eingehend analysiert, inwieweit sie sich auf die steuerlichen Verlustberücksichtigungsmöglichkeiten des Gesellschafters auswirken. In Parallelität zur früheren Rechtslage erweist sich insoweit abermals der Bereich des steuerlichen Privatvermögens als problematisch (2. Teil Abschnitt B. III.). Er soll einen Schwerpunkt der vorliegenden Untersuchung bilden.

1. Teil: Die frühere Rechtslage

Nachfolgend soll zunächst die frühere Rechtslage betrachtet werden. Dabei werden zu Beginn die zivilrechtlichen Aspekte des Eigenkapitalersatzrechtes untersucht, woraufhin im Anschluss die Auswirkungen ebenjenes zivilrechtlichen Eigenkapitalersatzrechtes auf die handels- und steuerbilanzielle Situation von Gesellschaft und Gesellschafter dargestellt werden. Die Ausführungen beziehen sich dabei grundsätzlich auf die GmbH als Empfänger der Finanzierungshilfe, gelten jedoch – soweit nichts Abweichendes angemerkt wird – entsprechend für die AG[18] sowie für kapitalistische (sog. atypische) Personengesellschaften.[19] An anderer Stelle wird darzustellen sein, inwieweit das Eigenkapitalersatzrecht zur Anwendung gelangen konnte, wenn es sich bei dem Empfänger der Finanzierungshilfe nicht um eine GmbH, sondern eine Gesellschaft anderer Rechtsform handelte.[20]

A. Zivilrechtliche Betrachtung

I. Einführung

1. Die grundlegenden Wertungen, die zur Herausbildung des Eigenkapitalersatzrechtes führten

Der Gesellschafter einer GmbH[21] ist vorbehaltlich der gesetzlichen Kapitalaufbringungs- und Kapitalerhaltungsvorschriften frei in seiner Entscheidung darüber, ob

---

18 Auf die AG fand das Eigenkapitalersatzrecht nach h.M. Anwendung, wenn der betreffende Aktionär „unternehmerisch beteiligt“ war; der BGH verlangte insoweit eine Beteiligung, die dem Aktionär eine Sperrminorität oder ähnliche Rechte sicherte, BGH vom 26.03.1984 – II ZR 171/83, BGHZ 90, 381, 390; BGH vom 09.05.2005 – II ZR 66/03, ZIP 2005, 1316, 1317 und bejahte eine solche jedenfalls bei einer Beteiligung von 25 %; für die KGaA sollten diese Grundsätze entsprechend gelten, siehe *Schwedhelm/Olbing/ Binnewies*, GmbHR 2008, 1233, 1249; *Undritz*, in: Runkel, Anwaltshandbuch Insolvenzrecht, § 4 Rn. 50.

19 Die Novellenregelungen galten gemäß §§ 129a, 172a HGB a.F. für die kapitalistische oHG bzw. KG, also insbesondere für die "typische" GmbH & Co. KG; zudem sprachen gute Gründe für eine analoge Anwendung des § 129a HGB a.F. auf die kapitalistische GbR, siehe *Habersack*, ZHR 162, 201, 215; bezüglich der zudem denkbaren Anwendung der Rechtssprechungsregeln siehe *Undritz*, in: Runkel, Anwaltshandbuch Insolvenzrecht, § 4 Rn. 52 ff.

20 Siehe hierzu noch unten unter 1. Teil A. III.

21 Zur Anwendbarkeit des Eigenkapitalersatzrechtes auf Gesellschaften anderer Rechtsform siehe noch ausführlich unten unter 1. Teil A. III.

und ggf. in welcher Form er "seiner" Gesellschaft Kapital zur Verfügung stellt.[22] Gemäß diesem Grundsatz der Finanzierungsfreiheit entscheidet der Gesellschafter insbesondere darüber, ob er der Gesellschaft im Falle der Kapitalzufuhr Eigen- oder Fremdkapital zuführen möchte.[23] Letzteres lässt sich insbesondere im Wege der Gewährung eines Darlehens erreichen. Gegenüber der Zufuhr von Eigenkapital bietet die bloße Darlehensüberlassung aus Sicht des Gesellschafters vielerlei Vorteile.[24] Zuvörderst ist hier an den bestehenden Darlehensrückgewähranspruch des Gesellschafters zu denken (§ 488 Abs. 1 Satz 2 Var. 2 BGB).[25] Zudem stellt das Gesetz prinzipiell keinerlei publizistische Anforderungen an Gewährung und Rückgewähr des Darlehens[26] und es besteht die Möglichkeit, von der Gesellschaft eine entsprechende Zinszahlung zu verlangen.[27] Dementsprechend verfügen deutsche Unternehmen traditionell über eine relativ hohe Fremdkapitalquote.[28]

Indes kann auch dieses Prinzip der Finanzierungsfreiheit keine uneingeschränkte Geltung beanspruchen. Bereits im Jahre 1938 wurden Fallgestaltungen offenbar, in welchen die Gerichtspraxis den Grundsatz der Finanzierungsfreiheit hinter die berechtigten Belange des Gläubigerschutzes[29] zurücktreten ließ.[30] Im Spannungsfeld von Finanzierungsfreiheit und Gläubigerschutz wurde das vom BGH im Wege der Rechtsfortbildung entwickelte Prinzip der Finanzierungsverantwortung bzw. später

---

22 BGH vom 26.03.1984 – II ZR 171/83, ZIP 1984, 572; vom 11.07.1994 – II ZR 162/92, ZIP 1994, 1441; *Bayer/Graff*, DStR 2006, 1654, 1655; *Crezelius* in FS Raupach, Köln 2006, S. 328 f.; *Hommelhoff* in: v.Gerkan/Hommelhoff, S. 24 ff.; vgl. auch *Fastrich* in: Baumbach/Hueck, GmbHG, § 30 Anh. Rn. 1.

23 Siehe zu den Einzelheiten der Freiheit des „Finanzierungs – Ob" und des „Finanzierungs – Wie" *Castor*, Das Recht der eigenkapitalersetzenden Gesellschafterleistungen, S. 29 ff.

24 Zu den Vorzügen der Fremdmittelzufuhr im Allgemeinen siehe *Hommelhoff* in: v.Gerkan/Hommelhoff, S. 22 ff.; *Weitemeyer*, Der Einfluss des Europarechts auf die Besteuerung und Finanzierung der Konzerne in: Begegnungen im Recht, Ringvorlesung zu Ehren von K. Schmidt anlässlich seines 70. Geburtstags, S. 2 ff.

25 Im Falle einer Eigenkapitalzufuhr besteht dagegen überhaupt kein Rückforderungsanspruch, es wird lediglich die Aussicht auf eine erhöhte Gewinnausschüttung sowie auf einen erhöhten Liquidationsüberschuss verbessert, *Buck*, Die Kritik am Eigenkapitalersatzgedanken, S. 42.

26 *Faßbender*, Cash Pooling und Kapitalersatzrecht im Konzern, S. 44.

27 Diese wiederum vermindert – vorbehaltlich der Bewertung als verdeckte Gewinnausschüttung – den steuerpflichtigen Gewinn der Gesellschaft, was wiederum für eine Dividendenausschüttung als bloße Ergebnisverwendung nicht gilt; siehe zu den Vorzügen der Fremdmittelzufuhr im Allgemeinen *Hommelhoff* in: v.Gerkan/Hommelhoff, S. 22 ff.

28 So belief sich der Fremdkapitalanteil in deutschen Unternehmen im Jahr 2003 auf durchschnittlich 82 %, *Weitemeyer*, Der Einfluss des Europarechts auf die Besteuerung und Finanzierung der Konzerne in: Begegnungen im Recht, Ringvorlesung zu Ehren von K. Schmidt anlässlich seines 70. Geburtstags, S. 7 m.w.N.

29 Zum Gläubigerschutzzweck des Eigenkapitalersatzrechtes siehe BGH vom 16.10.1989 - II ZR 307/88, BGHZ 109, 55, NJW 1990, 516; *K. Schmidt* in Scholz, GmbHG, 10. Auflage 2010, §§ 32a, 32b Rn. 4; *Crezelius* in FS Priester, Köln 2007, S. 69; *ders.* in FS Raupach, Köln 2006, S. 328 f.; *Oppenländer*, DStR 1993, 1523, 1525; der (die) Zweck(e) des Eigenkapitalersatzrechts wurde(n) niemals abschließend geklärt, siehe dazu im Einzelnen *Haas*, NZI 2001, 1 ff.

30 Siehe schon RG vom 03.12.1938 – II 84/38, JW 1939, 355: „Der Senat hat [...] die angeblichen Darlehen als das behandelt, was sie in Wirklichkeit sind, nämlich Gesellschaftereinlagen."

und sich an dieses anschließend das Prinzip der Finanzierungsfolgenverantwortung[31] relevant. Aus diesen wurde der wesensmäßige Kern des Eigenkapitalersatzrechtes hergeleitet:[32] Dieser besagte, dass dem Gesellschafter für den Fall der finanziellen Krise der Gesellschaft[33] nur zwei Handlungsmöglichkeiten offenstanden: Er musste die Gesellschaft entweder auflösen und abwickeln oder sie mit "frischem" Eigenkapital ausstatten.[34] Nicht gestattet war es dem Gesellschafter dagegen, den einstweiligen Fortbestand der Gesellschaft durch das Gewähren oder "Stehenlassen"[35] von Darlehen oder sonstigen Finanzierungshilfen zu sichern, diese anschließend jedoch – wie gewöhnliches Fremdkapital – zurückzufordern und sich somit auf die Position eines außenstehenden Gläubigers zurückzuziehen.[36] Das Eigenkapitalersatzrecht verbot mithin eine Gesellschafter-Fremdfinanzierung in keiner Form, knüpfte sie jedoch u.U. an für den Gesellschafter nachteilige Rechtsfolgen.[37]

Teilweise wurde die Wertungsgrundlage für das Verbot eines solchen Vorgehens des Gesellschafters im Rechtsprinzip des Verbots widersprüchlichen Verhaltens erblickt.[38] Dies ist jedoch unzutreffend, da sich der Gesellschafter gerade nicht widersprüchlich verhält, wenn er zunächst nur Fremdmittel gewährt und diese sodann – wie dies mit Fremdmitteln prinzipiell möglich ist – zurückverlangt.[39] Ein Widerspruch liegt nur dann vor, wenn man bereits die ursprüngliche Mittelgewährung als

---

31 Zuvor hatte der BGH auch von der „Finanzierungsverantwortung“ gesprochen, siehe etwa BGH vom 19.09.1988 - II ZR 255/87, BGHZ 105, 168, 175, NJW 1988, 3143, 3145; eine solche Finanzierungsverantwortung lehnt der BGH nunmehr ab, da der Gesellschafter keine angemessene Finanzierung der Gesellschaft, sondern lediglich seine Einlage schulde, weshalb seit dem Urteil des BGH vom 11.07.1994 – II ZR 162/92, BGHZ 127, 17, ZIP 1994, 1441, von den Finanzierungsfolgenverantwortung gesprochen wird; insoweit zustimmend *Altmeppen*, NJW 2008, 3601, 3602; *Schäfer*, ZInsO 2010, 1311.

32 Zur Entwicklungsgeschickte der von der Rechtsprechung herausgearbeiteten Regelungen siehe *Hommelhoff*, ZGR 1988, 460, 462 ff.

33 Die Annahme einer Krise der Gesellschaft setzte deren Kreditunwürdigkeit voraus, *Hein/Suchan/Geeb*, DStR 2008, 2289; *Küffner*, DStR 1993, 180, 181; von einer Kreditunwürdigkeit wiederum war auszugehen, wenn die Gesellschaft einen Bedarf an Fremdfinanzierungsmitteln aufwies, den sie nicht mehr aus eigener Kraft zu marktüblichen Bedingungen befriedigen konnte, *Hein/Suchan/Geeb*, DStR 2008, 2289, m.w.N.; *Niemann/Mertzbach*, DStR 1992, 929, 931.

34 *Goette*, Kapitalaufbringung und Kapitalschutz in der GmbH, S. 84; *ders.*, Einführung in das neue GmbH – Recht, S. 24; *Römermann*, NZI 2008, 641, 644; *Schäfer*, ZInsO 2010, 1311; *Undritz*, in: Runkel, Anwaltshandbuch Insolvenzrecht, § 4 Rn. 4.

35 Unter dem sog. "Stehenlassen" einer Finanzierungshilfe verstand man einen Sachverhalt, in welchem der Gesellschafter auf die Geltendmachung seines Darlehensrückzahlungsanspruches – der ggf. erst durch Kündigung fällig zu stellen war – oder seines sonstigen Ausgleichs -bzw. Rückgewähranspruches aufgrund einer vorherigen Sicherheitengewährung verzichtete, obwohl die Gesellschaft gerade in die Krise geraten war bzw. der Krisenfall bereits eingetreten war.

36 Ähnlich *Faßbender*, Cash Pooling und Kapitalersatzrecht im Konzern, S. 44; *Goette* spricht insoweit vom „Dritten Weg“ der Verlängerung des „Todeskampfes“ der Gesellschaft in *Goette*, Einführung in das neue GmbH – Recht, S. 24.

37 Aus diesem Grunde stellt der Grundsatz der Finanzierungsfreiheit bei zutreffender Würdigung die Basis für Betrachtungen zum Eigenkapitalersatzrecht dar, gl. A. *K. Schmidt*, ZHR 147 (1983), 165, 166.

38 BGH vom 27.09.1976 - II ZR 162/75, NJW 1977, 104, 105 m. Anm. *K. Schmidt*; vom 26.11.1979 - II ZR 104/77, NJW 1980, 592.

39 Gl. A.: *K. Schmidt* in Scholz, GmbHG, 10. Auflage 2010, §§ 32a, 32b Rn. 6.

Gewährung von Eigenkapital fingiert im Rahmen der Subsumtion unter den Tatbestand des widersprüchlichen Verhaltens;[40] eine solche Fiktion wurde jedoch insoweit als Rechtsfolge des Verstoßes gegen das Verbot widersprüchlichen Verhaltens angesehen und kann demnach nicht zugleich in die Subsumtion unter den Tatbestand dieses Rechtsprinzips einbezogen werden. Andernfalls läge ein Zirkelschluss vor.[41]

Die maßgebliche Wertungsgrundlage des Eigenkapitalersatzrechtes basierte vielmehr auf der Überlegung, dass eine Darlehensüberlassung durch den Gesellschafter in der Krise der Gesellschaft typischerweise zu Lasten der Gläubiger der Gesellschaft geht, wenn der Gesellschafter vor der – nur u.U. stattfindenden – endgültigen finanziellen Sanierung der Gesellschaft seinerseits die (Dritt-)Gläubigerrolle für sich beansprucht.[42] Dies deshalb, weil die Gläubiger oftmals aufgrund der scheinbaren finanziellen Gesundheit der Gesellschaft neue und zusätzliche Rechtbeziehungen zu dieser aufnehmen bzw. bestehende fortführen, die daraus erwachsenden Ansprüchen jedoch häufig aufgrund der Insolvenz oder Liquidation der Gesellschaft nicht durchsetzen werden können. In vormals erwähnter, verbesserter Aussicht der Gesellschafter auf Rückerhalt des Darlehens aber bestand für diese gerade ein wesentlicher Vorteil, den die bloße Darlehensgewährung gegenüber der Zufuhr von Eigenkapital hatte.[43] Dementsprechend häufig bestand die Gefahr, dass der „Todeskampf der Gesellschaft“[44] im Ergebnis zu Lasten ihrer Gläubiger verlängert würde.

Diese den Gesellschaftern an sich gegebene Möglichkeit des Verschiebens des Finanzierungsrisikos auf die Gläubiger der Gesellschaft aber konnte nur dadurch beseitigt werden, indem dieses Risiko wiederum dadurch in die Sphäre der Gesellschafter zurück-verwiesen wurde, dass diesen mittels wertender Betrachtung auch insoweit die Finanzierungsverantwortung bzw. die Verantwortung für die Folgen der eigens gewählten Finanzierung zugewiesen wurde. Diese Risikozuweisung kraft Umqualifizierung des Kapitals wurde auch aus dem Grundsatz ordnungsmäßiger Unternehmensfinanzierung hergeleitet,[45] welcher insoweit dahingehend verstanden wurde, dass im Zeitraum eines gesellschaftlichen Risikokapitalbedarfs (Krise der Gesellschaft) sog. ordentliche Kaufleute Eigenkapital zuführen würden und dementsprechend eine bloße Fremdmittelzufuhr nicht folgenlos hingenommen werden könnte, sofern die Gesellschaft ihre werbende Tätigkeit nicht einstellte.[46]

Das Eigenkapitalersatzrecht diente als Werkzeug für die vorstehend ausgeführte Risikozuweisung. Dieses sollte dafür Sorge tragen, dass in der Krise der Gesellschaft formell als Fremdkapital überlassene Mittel *qua lege* prinzipiell zumindest wie Eigen-

40 Gl. A.: *K. Schmidt*, *ebd.*

41 Jedenfalls i. Erg. gl. A.: *K. Schmidt*, *ebd.*

42 Vgl. *Altmeppen*, NJW 2008, 3601, der insoweit eine Parallele zur Insolvenzverschleppung zieht; *Faßbender*, Cash Pooling und Kapitalersatzrecht im Konzern, S. 44; für eine kritische Würdigung dieser *ratio legis* des Eigenkapitalersatzrechtes siehe *Altmeppen*, NJW 2005, 1911, 1913.

43 So auch *Faßbender*, Cash Pooling und Kapitalersatzrecht im Konzern, S. 44 m.w.N.

44 So *Goette*, Einführung in das neue GmbH – Recht, S. 24.

45 Siehe statt vieler *K. Schmidt* in Scholz, GmbHG, 10. Auflage 2010, §§ 32a, 32b Rn. 5 m.w.N.

46 Siehe statt vieler *K. Schmidt* in Scholz, GmbHG, 10. Auflage 2010, §§ 32a, 32b Rn. 5 m.w.N. und Hinweis darauf, dass sich dieses Verständnis zur herrschenden Ansicht entwickelt hatte.

kapital behandelt, noch weitgehender formuliert in solches umqualifiziert wurden,[47] um letztlich die Haftungsmasse für die Gesellschaftsverbindlichkeiten zu vergrößern.[48] Konkret forderte das Eigenkapitalersatzrecht den Gesellschaftern im Zeitraum der Krise der Gesellschaft mithin eine maßgebende Finanzierungsentscheidung ab: Sollte die Gesellschaft abgewickelt oder mit frischem Eigenkapital ausgestattet werden? Eine bloße Fremdmittelüberlassung aber wurde bis zur nachhaltigen Beendigung der Krise in Bezug auf die an sie zu knüpfenden Rechtsfolgen nicht als solche akzeptiert.

Indes wollte das Eigenkapitalersatzrecht in keiner Weise bestimmte Bereiche der Gesellschafter-Fremdfinanzierung "unter Strafe stellen" oder dergleichen; eine derartige missbilligende Funktion kam ihm nicht zu.[49]

Die gesetzliche Fundierung des Eigenkapitalersatzrechtes[50] bildete das bestimmende Unterscheidungskriterium in Bezug auf rechtsgeschäftliche Rangrücktrittsvereinbarungen zwischen Gesellschafter und Gesellschaft.[51] Das gesetzliche Eigenkapitalersatzrecht und eine mögliche rechtsgeschäftliche Rangrücktrittsvereinbarung waren dabei in Voraussetzungen und Rechtsfolgen jeweils unabhängig voneinander zu beurteilen.[52]

Dies galt im Übrigen auch für eine auf gesellschaftsrechtlicher Vereinbarung beruhende Bindung von Kapital aufgrund der sog. Finanzplan – Rechtsprechung des BGH.[53] Diese sowie rechtsgeschäftliche Rangrücktrittsvereinbarungen gehören daher als solche nicht zum Gegenstand der vorliegenden Untersuchung.

Vom Eigenkapitalersatzrecht zu trennen war ebenfalls die Haftung wegen Insolvenzverschleppung sowie wegen materieller Unterkapitalisierung der Gesellschaft. Auch diese selbständigen Bereiche des Rechts können infolge des anders gelagerten Schwerpunkts der vorliegenden Untersuchung nicht näher betrachtet werden.

2. Die Verankerung des Rechtsinstituts des Eigenkapitalersatzrechtes in Recht und Gesetz

Seinen Niederschlag in Recht und Gesetz fand das Rechtsinstitut des Eigenkapitalersatzrechtes zunächst nur i.R.d. im Wege der Rechtsfortbildung von der Rechtsprechung entwickelten sog. Rechtsprechungsregeln.[54] Diese waren lediglich insoweit gesetzlich fundiert, als der BGH sich im Rahmen seiner diesbezüglichen Rechtspre-

47 *K. Schmidt* in Scholz, GmbHG, 10. Auflage 2010, §§ 32a, 32b Rn. 2 m.w.N.
48 So auch *K. Schmidt*, ZHR 147 (1983), 165, 167.
49 Siehe im Einzelnen *K. Schmidt* in Scholz, GmbHG, 10. Auflage 2010, §§ 32a, 32b Rn. 4 m. Verweisen auf bestimmte Gegenansichten, die indes auch zusammen genommen als deutliche Minderansichten vertreten wurden.
50 Siehe im Einzelnen noch unten unter 1.Teil A. II.
51 *K. Schmidt* in Scholz, GmbHG, 10. Auflage 2010, §§ 32a, 32b Rn. 2.
52 *K. Schmidt* in Scholz, GmbHG, 10. Auflage 2010, §§ 32a, 32b Rn. 105 ff.
53 *K. Schmidt, ebd.*
54 Dazu grundlegend BGH vom 14.12.1959 - II ZR 187/57, NJW 1960, 285 („Luft-Taxi"); zur Vorgeschichte der Herausbildung der Rechtsprechungsregeln siehe *K. Schmidt* in: Scholz, GmbHG, 10. Auflage 2010, §§ 32a, 32b Rn. 15.

chung einer analogen Anwendung der §§ 30, 31 GmbHG a.F. – also der Kapitalerhaltungsvorschriften hinsichtlich der GmbH – bediente.[55]

Später erst – im Jahre 1980 – folgte eine Regelung seitens des Gesetzgebers.[56] Dieser wollte die Rechtsprechung zum Eigenkapitalersatzrecht kodifizieren und somit zugleich die Rechtsprechungsregeln überflüssig machen.[57] Insoweit spricht man von den Novellenregelungen, die insbesondere in den §§ 32 a, b GmbHG a.F.[58] verankert wurden.

Da die gesetzliche Intention aber aufgrund der diesbezüglichen Unzulänglichkeiten der Novellenregelungen zum Scheitern verdammt war,[59] setzte der BGH seine Rechtsprechung zu §§ 30, 31 GmbHG a.F. analog fort,[60] weshalb das Eigenkapitalersatzrecht seither auf zwei Rechtsquellen basierte. Man spricht aus diesem Grunde von der sog. „Zweistufigkeit" des Eigenkapitalersatzrechts. Das Konkurrenzverhältnis von Rechtsprechungs- und Novellenregelungen bestand folglich darin, dass beide Stränge des Eigenkapitalersatzrechtes grundsätzlich neben- und unabhängig voneinander anzuwenden waren bzw. sind.[61]

Trotz dieses – grundsätzlich bis zum Inkrafttreten des MoMiG[62] – fortgesetzten Nebeneinanders von Rechtsprechungs- und Novellenregelungen hielten sich die Unterschiede zwischen beiden Komplexen aufgrund des eigentlichen Zieles des Gesetzgebers, mit den Novellenregelungen die Rechtsprechungsregeln ersetzend zu kodifizieren, in engen Grenzen. Insbesondere die praktische Bedeutung der Unterschiede für die Rechtsanwendungspraxis war äußerst begrenzt. Aus diesem Grunde sollen Tatbestand und Rechtsfolgen von Rechtsprechungs- und Novellenregelungen vorliegend in einem zusammengehörigen Kapitel behandelt werden, wobei die konkreten Unterschiede selbstverständlich gleichwohl benannt werden.

---

55 BGH vom 14.12.1959 - II ZR 187/57, NJW 1960, 285 („Luft-Taxi").

56 Gesetz zur Änderung des GmbH-Gesetzes und anderer handelsrechtlicher Vorschriften vom 04.07.1980, BGBl I 1980, 836.

57 Siehe Begr. RegE GmbH-Novelle, BR-Drs. 404/77, 29; siehe auch *Körner*, Institutionelle Kreditgeber als Quasigesellschafter, S. 75 f.; *K. Schmidt* in: Scholz, GmbHG, 10. Auflage 2010, §§ 32a, 32b Rn. 15 und *Gehrlein*, BB 2008, 846 jeweils mit Hinweis darauf, dass die angestrebte Ablösung der Rechtsprechungsregeln misslungen war.

58 Hinzu kamen zunächst Neuregelungen bzw. Änderungen der §§ 3b, 4, 12, 13 AnfG a.F., §§ 32a, 41 KO, §§ 107 ff. VerglO a.F. sowie der §§ 129a, 172a HGB a.F.; letztgenannte Vorschriften erklärten die §§ 32a, b GmbHG a.F. für entsprechend anwendbar auf atypische oHG und KG.

59 Siehe die Nachweise bei *Körner*, Institutionelle Kreditgeber als Quasigesellschafter, S. 75 f.; *K. Schmidt* in: Scholz, GmbHG, 10. Auflage 2010, §§ 32a, 32b Rn. 15 und *Gehrlein*, BB 2008, 846.

60 Insoweit grundlegend war das sog. „Nutzfahrzeug"-Urteil des BGH vom 26.03.1984 – II ZR 14/84, BGHZ 90, 370, ZIP 1984, 698.

61 Siehe hierzu ausführlich *Castor*, Das Recht der eigenkapitalersetzenden Gesellschafterleistungen, S. 26 f. (noch unter Geltung der Konkursordnung) der treffend darauf hinweist, dass aufgrund der Unzulänglichkeiten der §§ 32a, 32b GmbHG a.F. lediglich ein Nebeneinander beider Rechtsquellen des Eigenkapitalersatzrechtes sicherstellen konnte, dass der auch vom Gesetzgeber intendierte Gläubigerschutz möglichst umfassend gewährleistet wurde; für einen Vorrang der Rechtsprechungsregeln im Rahmen ihres Anwendungsbereiches hingegen *Hommelhoff* in: v.Gerkan/Hommelhoff, S. 4 f.

62 Indes sind die Rechtsprechungs- und Novellenregelungen nach zutreffender Ansicht auch nach Inkrafttreten des MoMiG in bestimmtem Maße weiterhin anwendbar; siehe hierzu noch eingehend unten unter 2. Teil B. III. 1. i).

All dies kann aufgrund des anders gelagerten Schwerpunktes der vorliegenden Untersuchung indes nicht im Detail erfolgen, sondern muss sich auf eine überblickende Darstellung beschränken.

Anschließend soll zudem eingehend darauf eingegangen werden, inwieweit beide Ausprägungen des Eigenkapitalersatzrechtes auf Gesellschaften mit anderer Rechtsform als der GmbH angewendet wurden.

II. Rechtsprechungs- und Novellenregelungen in Tatbestand und Rechtsfolgen

1. Einführung

Wie bereits einleitend erwähnt, könnte man das Eigenkapitalersatzrecht – und damit Rechtsprechungs- *und* Novellenregelungen – dahingehend zusammenfassen, dass es die Entziehung eines aufgrund seiner Regelungen als eigenkapitalersetzend eingestuften Darlehens eines Gesellschafters – bzw. die Entziehung einer dem Darlehen gleichgestellten Finanzierungshilfe eines Gesellschafters bzw. eines dem Gesellschafter gleichgestellten Dritten – zur Unzeit[63] (teilweise[64]) untersagt sowie im Falle einer solchen Entziehung mittels seiner Rechtsfolgen verschieden ausgestaltete Möglichkeiten bereithält, mittels derer der jeweils Berechtigte eine Rückgewähr der entzogenen Finanzierungshilfe erreichen kann.[65]

Rechtsprechungs- und Novellenregelungen sind hierbei hinsichtlich ihres Tatbestandes insoweit identisch, als dass beide prinzipiell diegleichen Finanzierungshilfen dergleichen Personen unter dengleichen Voraussetzungen als eigenkapitalersetzend einstufen.[66] Wie später näher aufzuzeigen sein wird, bestehen indes Unterschiede dahingehend, welche Rechtsform der Empfänger der Finanzierungshilfe innehaben muss, um eine prinzipielle Anwendbarkeit von Rechtsprechungs- und Novellenregelungen zu gewährleisten.[67]

---

63 Für die Formulierung der „Entziehung zur Unzeit" auch *K. Schmidt* in Scholz, GmbHG, 10. Auflage 2010, §§ 32a, 32b Rn. 1.

64 Eine unmittelbare Untersagung beschränkt sich bei genauer Betrachtung auf das Auszahlungsverbot der Rechtsprechungsregeln, konkret § 30 Abs. 1 Satz 1 GmbHG a.F. analog, da nur diese Regelung unmittelbar an die durch sie verursachte Verstrickung der Finanzhilfe auch ein Auszahlungsverbot anknüpft; die übrigen Regelungen bedingen nur retrospektive Rückzahlungsgebote oder bedürfen zumindest der Eröffnung eines Insolvenzverfahrens; siehe noch ausführlich im Folgenden sowie zu den Rechtsprechungsregeln 1. Teil A. II. 2. e).

65 Siehe hierzu eingehender die Ausführungen zu den einzelnen Tatbeständen und Rechtsfolgen des Eigenkapitalersatzrechtes (§ 30 Abs. 1 GmbHG a.F. analog) im unmittelbar nachfolgenden 1. Teil A. II. 2.

66 Siehe *Altmeppen* in Roth/Altmeppen, GmbHG, § 32a Rn. 109 m.w.N.; eine Qualifikation als eigenkapitalersetzend erfolgt indes nicht immer im gleichen Unfang, da gemäß der Rechtsprechungsregeln eine Verstrickung der fraglichen Finanzhilfe als eigenkapitalersetzend nur insoweit erfolgte, wie dies zur Wiederherstellung des Stammkapitals erforderlich war.

67 Siehe noch im Einzelnen 1. Teil A. III.

Durchaus weitreichende Unterschiede weisen zudem die Rechtsfolgen von Rechtsprechungs- und Novellenregelungen auf, die sie an eine Entziehung der Finanzierungshilfe zur Unzeit knüpfen.

2. Die Tatbestände und Rechtsfolgen des Eigenkapitalersatzrechts

Da sich die Tatbestände von Rechtsprechungs- und Novellenregelungen letztlich entsprechen,[68] muss der Tatbestand des Eigenkapitalersatzrechtes nur einmal näher erläutert werden.[69] Vorzugswürdig ist insofern, dies anhand der Novellenregelungen zu tun. Dies deshalb, weil diese ungeachtet ihrer noch auszuführenden Unzulänglichkeiten auf kodifizierten Regelungen beruhen, die ihrerseits die jeweiligen Tatbestände und Rechtsfolgen bereits vorzeichnen. Dies ist dagegen hinsichtlich der Rechtsprechungsregeln gerade nicht der Fall.

Die einzelnen Tatbestände des Eigenkapitalersatzrechtes werden nachfolgend anhand der GmbH erörtert, während die darüber hinausreichende Anwendbarkeit des Eigenkapitalersatzrechtes auf Gesellschaften anderer Rechtsform in einem separaten Abschnitt betrachtet werden soll.[70]

a) § 32a Abs. 1 GmbHG a.F.

Als Ausgangspunkt der Ausführungen sollte demnach trotz ihrer relativ späten Einführung im Jahre 1980[71] die Regelung des § 32a Abs. 1 GmbHG a.F. dienen. Dies deshalb, weil sie den Kern des bis dato nur gemäß Rechtsprechungsrecht geltenden Eigenkapitalersatzrechtes abbildet und – wenn auch erfolglos[72] – ersetzen sollte.[73] Dementsprechend definiert sie – ohne freilich bereits sämtliche Tatbestände des Eigenkapitalersatzrechtes erfassen zu wollen –, wann typischerweise ein eigenkapitalersetzendes Darlehen vorliegen sollte. § 32a Abs. 1 GmbHG a.F. lautet:

> *„Hat ein Gesellschafter der Gesellschaft in einem Zeitpunkt, in dem ihr die Gesellschafter als ordentliche Kaufleute Eigenkapital zugeführt hätten (Krise der Gesellschaft), statt dessen ein Darlehen gewährt, so kann er den Anspruch auf Rückgewähr des Darlehens im Insolvenzverfahren über das Vermögen der Gesellschaft nur als nachrangiger Insolvenzgläubiger geltend machen."*

Während die Rechtsfolge erst im späteren Verlauf einer näheren Betrachtung unterzogen werden soll,[74] musste mithin ein Gesellschafter der Gesellschaft in deren Krise ein Darlehen gewährt haben.

---

68 Siehe *Altmeppen* in Roth/Altmeppen, GmbHG, § 32a Rn. 109 m.w.N.

69 Zur Reichweite des Anwendungsbereichs in Abhängigkeit zur Rechtsform des Finanzierungshilfenempfängers siehe noch 1. Teil A. III.

70 Siehe hierzu noch eingehend unten unter 1. Teil A. III.

71 Gesetz zur Änderung des GmbH-Gesetzes und anderer handelsrechtlicher Vorschriften vom 04.07.1980, BGBl I 1980, 836.

72 *Gehrlein*, BB 2008, 846; *Körner*, Institutionelle Kreditgeber als Quasigesellschafter, S. 75 f.; *K. Schmidt* in: Scholz, GmbHG, 10. Auflage 2010, §§ 32a, 32b Rn. 15.

73 Begr. RegE GmbH-Novelle, BR-Drs. 404/77, 29.

74 Siehe hierzu noch unten unter 1. Teil A. II. 2. a) dd).

Hiermit umschrieb § 32a Abs. 1 GmbHG a.F. aber nur den innersten Kern des eigenkapitalersatzrechtlichen Tatbestandes. Wie zu zeigen sein wird, wurde dieser durch die übrigen Novellenregelungen dahingehend erweitert, dass eine Gewährung eines sog. Quasi-Darlehens durch einen sog. Quasi-Gesellschafter zugunsten der Gesellschaft hinreichend war, ggf. gar zugunsten eines Gläubigers der Gesellschaft.

(aa) Das Darlehen des Gesellschafters

Zunächst musste der Gesellschafter der GmbH dieser ein Darlehen gewährt haben. Hierbei musste es sich um ein Geld- oder Sachdarlehen i.S.v. § 488 BGB bzw. § 607 BGB handeln.[75]

Maßgeblich war, dass es zum Zwecke einer eigenkapitalersatzrechtlichen Verstrickung einer tatsächlichen Überlassung[76] des Darlehens bedurfte.[77] Ein bloßes Versprechen der Darlehensgewährung war hingegen nicht ausreichend, konnte jedoch unter dem Gesichtspunkt der sog. Finanzplan-Rechtsprechung des BGH dazu führen, dass der Gesellschafter dieses auch nach Eintritt einer Krise der Gesellschaft an diese zu gewähren hatte.[78]

Auch ein tatsächlich überlassenes Darlehen konnte indes immer dann nicht den Eigenkapitalersatzregeln unterfallen, wenn es sich um einen bloßen Überbrückungskredit handelte.[79] Hierunter war gemäß zutreffender Rechtsprechung des BGH ein Darlehen zu verstehen, dessen Zweck darin bestand, „für kurze Zeit einen besonders dringlichen Geldbedarf zu befriedigen, ohne daß damit bereits die Absicht nachhaltiger Sanierung durch einen längerfristigen Ersatz des fehlenden Eigenkapitals verbunden ist."[80]

Das Darlehen musste der Gesellschaft zudem von einem ihrer Gesellschafter gewährt worden sein. Maßgeblich war insoweit prinzipiell eine formale Betrachtungsweise, während eine wirtschaftliche Betrachtungsweise grundsätzlich erst i.R.d. § 32a Abs. 3 GmbHG a.F. hinsichtlich der dem Gesellschafter gleichzustellenden Dritten

75 *Hueck/Fastrich* in: Baumbach/Hueck, GmbHG, 18. Auflage 2006, § 32a Rn. 29; die sog. eigenkapitalersetzende Nutzungsüberlassung ist nicht unter den Tatbestand des Sachdarlehens gemäß § 607 BGB zu subsumieren; nur im Falle des Sachdarlehens gelangen die zur Verfügung gestellten Sachen auch mit dinglicher Wirkung in das Gesellschaftsvermögen, siehe *K. Schmidt* in: Scholz, GmbHG, 10. Auflage 2010, §§ 32a, 32b Rn. 29.

76 Welche tatsächlichen Vorgehensweisen hinsichtlich der Überlassung im Einzelnen erforderlich bzw. hinreichend waren wird nachfolgend näher betrachtet, siehe unten unter 1. Teil A. II. 2. a) cc).

77 BGH vom 28.06.1999 – II ZR 272/98, DStR 1999, 1198, 1199 m. Anm. *Goette; K. Schmidt* in Scholz, GmbHG, 10. Auflage 2010, §§ 32a, 32b Rn. 29.

78 BGH vom 16.10.1989 – II ZR 307/88, NJW 1990, 516; vom 11.07.1994 – II ZR 146/92, NJW 1994, 2349 m. Anm. *Altmeppen*; vom 28.06.1999 – II ZR 272/98, DStR 1999, 1198 m. Anm. *Goette.*

79 BGH vom 26.03.1984 – II ZR 171/83, BGHZ 90, 381, NJW 1984, 1893,1896.

80 BGH vom 26.03.1984 – II ZR 171/83, BGHZ 90, 381, NJW 1984, 1893,1896.

zugrunde zu legen war.[81] Den entscheidenden Zeitpunkt, in dem die Gesellschafterstellung bestehen musste, bildete hierbei der Moment der Darlehensüberlassung.[82]

Für einen ausgeschieden Gesellschafter blieb die Regelung des § 32a Abs. 1 GmbHG a.F. insofern relevant, als dass eine gemäß dieser Vorschrift bereits vor dem Ausscheiden eingetretene Verstrickung bestehen blieb. Dies galt auch bezüglich ggf. parallel hierzu entstandener Haftungsansprüche gegenüber dem Gesellschafter aus § 31 GmbHG a.F. analog sowie aus § 135 InsO a.F.[83] bzw. § 6 AnfG a.F.[84] Auch eine Abtretung des Rückgewähranspruches half dem Gesellschafter insoweit nicht weiter.[85] Grundsätzlich konnte er sich nur durch ein Ausscheiden vor der Krise bzw. eine Darlehensüberlassung nach Ausscheiden aus der Gesellschaft in Bezug auf § 32a Abs. 1 GmbHG a.F. schadlos halten, wobei Umgehungstatbestände nach vorzugswürdiger Ansicht wiederum über § 32a Abs. 3 GmbHG a.F. zu erfassen waren.[86]

Wurde hingegen ein Darlehensgläubiger erst in einem späteren Moment auch Gesellschafter der GmbH, so konnte § 32a Abs. 1 GmbHG a.F. nur dann eingreifen, wenn er das Darlehen anschließend kapitalersetzend stehenließ[87] oder die Darlehensgewährung bereits im Hinblick auf die spätere Gesellschafterstellung erfolgte.[88]

Nicht erforderlich war indes gemäß herrschender Ansicht ein konkreter Zusammenhang zwischen Darlehensüberlassung und Gesellschafterstellung.[89] Das Darlehen musste mithin nach h.M. nicht *causa societatis* bzw. im Hinblick auf die Finanzierungs(folgen)-verantwortung des Gesellschafters überlassen worden sein.[90]

Nach bestrittener Auffassung konnte auch der mittelbare Gesellschafter als Gesellschafter i.S.d. § 32a GmbHG a.F. einzustufen sein,[91] während die h.M. samt BGH insoweit wiederum § 32a Abs. 3 GmbHG a.F. vorrangig anwenden wollte.[92] Auf diese Problematik soll im Einzelnen i.R.d. Ausführungen zu § 32a Abs. 3 GmbHG a.F. eingegangen werden.[93]

81 *K. Schmidt* in: Scholz, GmbHG, 10. Auflage 2010, §§ 32a, 32b Rn. 32; siehe zu den gleichzustellenden Dritten noch ausführlich unten unter 1. Teil A. II. 2. b) aa) (1).

82 Hierunter ist zugleich die eigentliche Ausreichung des Darlehens als auch das bloße sog. Stehenlassen des Darlehens zu verstehen, siehe noch unten unter 1. Teil A. II. 2. a) cc).

83 § 135 InsO in der Fassung vom 5.10.1994, gültig bis zum 31.10.2008 und durch das MoMiG außer Kraft getreten.

84 *K. Schmidt* in Scholz, GmbHG, 10. Auflage 2010, §§ 32a, 32b Rn. 34; § 6 AnfG in der Fassung vom 5.10.1994, gültig bis zum 31.10.2008 und durch das MoMiG außer Kraft getreten.

85 *K. Schmidt, ebd.*

86 Siehe hierzu sowie zu den Ausnahmen *K. Schmidt, ebd.*

87 Siehe zum Begriff des Stehenlassens noch ausführlich unten unter 1. Teil A. II. 2. a) cc).

88 Siehe *K. Schmidt* in Scholz, GmbHG, 10. Auflage 2010, §§ 32a, 32b Rn. 35.

89 *Hueck/Fastrich* in: Baumbach/Hueck, GmbHG, 18. Auflage 2006, § 32a Rn. 16 ff. m.w.N.; differenzierend *K.Schmidt* in: Scholz, GmbHG, 10. Auflage 2010, §§ 32a, 32b Rn. 45, der zwar prinzipiell zustimmt, jedoch in gewissen Ausnahmefällen eine teleologische Reduktion des § 32a Abs. 1 GmbHG a.F. annehmen will, etwa wenn ein Förderkredit von einer Bank ausgereicht wird, die zugleich Gesellschafterin der Darlehensnehmerin ist.

90 *K.Schmidt* in: Scholz, GmbHG, 10. Auflage 2010, §§ 32a, 32b Rn. 45.

91 Hierfür etwa *Undritz* in: Runkel, Anwaltshandbuch Insolvenzrecht, § 4 Rn. 118a.

92 BGH vom 21.09.1981 – II ZR 104/80, BGHZ 81, 311, NJW 1982, 383; vom 24.09.1990 – II ZR 174/89, DStR 1990, 776; vom 21.06.1999 – II ZR 70/98, DStR 1999, 1497; vom 21.11.2005 – II ZR 277/03, DStR 2006, 384, 386 mit Anmerkung *Goette.*

93 Siehe noch unten unter 1. Teil A. II. 2. b) aa).

(bb) Die Kapitalersatzfunktion des Darlehens

Dem Gesellschafterdarlehen musste zudem eine kapitalersetzende Funktion zukommen. § 32a Abs. 1 GmbHG a.F. beschrieb dies dahingehend, dass das Darlehen in einem Moment überlassen worden sein musste, „in dem […] die Gesellschafter als ordentliche Kaufleute Eigenkapital zugeführt hätten (Krise der Gesellschaft).“

Entscheidendes Prüfungskriterium für die Frage, ob sich die Gesellschaft im Moment der Darlehensüberlassung in einer solchen Krise befand und das Darlehen demnach (zumindest zunächst) eigenkapitalersetzender Natur war, war die Frage nach der Kreditwürdigkeit der Gesellschaft. War diese nicht – mehr bzw. noch nicht wieder – gegeben, befand sich die Gesellschaft in der Krise i.S. sämtlicher eigenkapitalersatzrechtlicher Regelungen und ein in diesem Stadium überlassenes Darlehen war – vorbehaltlich der übrigen Voraussetzungen – als eigenkapitalersetzend zu qualifizieren.[94]

Von einer Kreditunwürdigkeit wiederum war auszugehen, wenn die Gesellschaft einen Bedarf an Fremdfinanzierungsmitteln aufwies, den sie nicht mehr aus eigener Kraft zu marktüblichen Bedingungen befriedigen konnte.[95] *A maiore ad minus* kam insbesondere Sanierungs- sowie Insolvenzdarlehen des Gesellschafters eine kapitalersetzende Funktion zu,[96] da die Kreditunwürdigkeit der Gesellschaft selbstverständlich auch in diesen Fällen bestand.

Eine positive Kenntnis der die Kreditunwürdigkeit und damit die Krise der Gesellschaft begründenden Umstände seitens des Gesellschafters war nach nahezu einhelliger Auffassung nicht erforderlich.[97] Der BGH ließ es zur Umqualifizierung des Kapitals vielmehr bereits genügen, wenn der Gesellschafter die bloße Möglichkeit hatte, die Krise der Gesellschaft „bei Wahrnehmung seiner Verantwortung für eine ordnungsgemäße Finanzierung der Gesellschaft zu erkennen.“[98]

(cc) Die Überlassung des Darlehens – zugleich Abgrenzung zur sog. „Finanzplan-Rechtsprechung“ des BGH

Der Gesellschafter musste der Gesellschaft das kapitalersetzende Darlehen in einer für Zwecke des § 32a Abs. 1 GmbHG a.F. genügenden Weise gewährt haben.

Unmittelbar von § 32a Abs. 1 GmbHG a.F. erfasst war die originäre Gewährung des Darlehens vom Gesellschafter an die Gesellschaft. Insoweit war die tatsächliche Überlassung des Darlehens erforderlich,[99] während ein bloßes Versprechen der Ge-

94 *Hein/Suchan/Geeb*, DStR 2008, 2289; *Küffner*, DStR 1993, 180, 181;
95 *Hein/Suchan/Geeb*, DStR 2008, 2289, m.w.N.; *Niemann/Mertzbach*, DStR 1992, 929, 931.
96 Siehe zu den Einzelheiten *K.Schmidt* in: Scholz, GmbHG, 10. Auflage 2010, §§ 32a, 32b Rn. 39 f.
97 Siehe BGH vom 07.11.1994 – II ZR 270/93, NJW 1995, 326, 329.
98 So ausdrücklich und grundlegend BGH vom 07.11.1994 – II ZR 270/93, NJW 1995, 326, 329, wobei laut BGH, a.a.o., keine hohen Anforderungen an die Erkennbarkeit zu stellen waren; die Erkennbarkeit wurde vielmehr prinzipiell vermutet und konnte nur in besonders gelagerten Ausnahmefällen entfallen, siehe BGH vom 23.02.2004 – II ZR 207/01, DStR 2004, 1053, 1056.
99 BGH vom 28.06.1999 – II ZR 272/98, DStR 1999, 1198, 1199 m. Anm. *Goette.*

währung nicht genügte.[100] Bei zutreffender Würdigung umfasste die originäre Darlehensgewährung indes nicht allein das erstmalige Zurverfügungstellen von Geld oder Sachwerten, sondern ebenfalls vergleichbare Vorgänge wie etwa die Kreditverlängerung oder die Stundung des Rückzahlungsanspruches.[101]

Eine Bindung ausschließlich versprochener Darlehensgewährungen hingegen konnte sich nicht aus § 32a Abs. 1 GmbHG a.F., sondern grundsätzlich nur aus der sog. Finanzplan-Rechtsprechung des BGH ergeben, die ein im Verhältnis zu § 32a Abs. 1 GmbHG a.F. selbständiges Rechtsinstitut darstellt.[102] Um einen der vorgenannten Rechtsprechung unterfallenden Finanzplan-Kredit handelt es sich, wenn dieser nach dem Willen der Gesellschafter vereinbarungsgemäß die Zufuhr von Eigenkapital ersetzen soll.[103] Nachdem zunächst Uneinigkeit hinsichtlich einer möglichen Einordnung der Finanzplan-Darlehen als einer selbständigen Kategorie des übergeordneten Eigenkapitalersatzrechtes bestanden hatte, sorgte ein Urteil des BGH aus dem Jahre 1999[104] dahingehend für Klarheit, dass Eigenkapitalersatzrecht und Finanplan-Rechtsprechung zwei voneinander unabhängige Rechtsgebiete sind und mithin selbständig zu beurteilen waren. Das maßgebliche Unterscheidungsmerkmal war hierbei darin zu erblicken, dass es sich bei einer Bindung gemäß der Finanzplan-Rechtsprechung um eine gesellschaftsrechtlich vereinbarte, bei einer Verstrickung gemäß dem Eigenkapitalersatzrecht dagegen um eine kraft Gesetz eintretende Bindung handelte.[105]

Die praktische Bedeutung der Finanzplan-Rechtsprechung besteht indes auch seit dem grundlegenden Urteil des BGH[106] vor allem insoweit fort, als sie – i.V.m. der konkreten Finanzierungsabrede – eine mögliche Anspruchsgrundlage der Gesellschaft auf Gewährung des Darlehens im Zeitpunkt der Krise oder Insolvenz auch dann bildet, wenn das fragliche Darlehen noch nicht gewährt wurde.[107] Insoweit richtig ist, dass die konkrete Bindung des – zunächst nur versprochenen Darlehens – von der jeweiligen Finanzierungsvereinbarung zwischen Gesellschafter und Gesellschaft abhängig ist und sich aus dieser auch im Krisen- bzw. Insolvenzzeitraum ein An-

100 Dies wiederum ändert gleichwohl nichts an der Tatsache, dass sich die eigenkapitalersetzende Funktion einer Darlehensgewährung bereits aus dem zugrunde liegenden Darlehensversprechen ergeben kann, siehe *K. Schmidt* in: Scholz, GmbHG, 10. Auflage 2010, §§ 32a, 32b Rn. 31.

101 Siehe hierzu sowie zu weiteren Fallgruppen *K.Schmidt* in: Scholz, GmbHG, 10. Auflage 2010, §§ 32a, 32b Rn. 49; *K.Schmidt* hält insoweit eine dem jeweiligen tatsächlichen Vorgang zugrunde liegende Finanzierungsabrede für maßgeblich, welche jedoch vom BGH nicht einmal im Falle des bloßen Stehenlassens eines Darlehens für erforderlich erachtet wird, siehe etwa BGH vom 28.11.1994 – II ZR 77/93, NJW 1995, 457, 458.

102 Dies gilt im Übrigen entsprechend für sonstige Finanzplan-Finanzierungshilfen, die u.U. als gleichgestellte Vorgänge erfolgreich unter § 32a Abs. 3 GmbHG a.F. subsumiert werden können.

103 *Altmeppen* in Roth/Altmeppen, GmbHG, § 32a Rn. 74.

104 BGH vom 28.06.1999 – II ZR 272/98, DStR 1999, 1198 m. Anm. *Goette*.

105 Siehe auch *K. Schmidt* in Scholz, GmbHG, 10. Auflage 2010, §§ 32a, 32b Rn. 90 ff.

106 BGH vom 28.06.1999 – II ZR 272/98, DStR 1999, 1198 m. Anm. *Goette*.

107 *Altmeppen* in Roth/Altmeppen, GmbHG, § 32a Rn. 76; das Eigenkapitalersatzrecht betrifft indes nur bereits gewährte Finanzierungshilfen.

spruch der Gesellschaft auf Gewährung des bislang nur versprochenen Darlehens ergeben kann.[108]

Ein der Finanzplan-Rechtsprechung unterfallendes Darlehen musste aber gerade nicht auch gemäß der eigenkapitalersatzrechtlichen Regelungen verstrickt sein, da beide Rechtsgebiete unabhängig voneinander sind. Das Paradeexempel für ein solches Auseinanderfallen beider Rechtsfiguren bildete das soeben dargestellte, nur versprochene aber noch nicht gewährte Darlehen. Dessen unbeschadet konnte ein der Finanzplan-Rechtsprechung unterfallendes Darlehen grundsätzlich immer auch gemäß dem Eigenkapitalersatzrecht verstrickt sein. Auch wenn dies in der Rechtspraxis sogar häufig der Fall gewesen sein dürfte, blieb die Einordnung als Finanzplan-Darlehen für die Frage der eigenkapitalersetzenden Qualifikation – wie bereits ausgeführt – schlicht unerheblich.

Neben der originären Darlehensgewährung umfasste § 32a Abs. 1 GmbHG a.F. nach wohl herrschender Auffassung – vorbehaltlich seiner übrigen Tatbestandsvoraussetzungen – jedoch auch das sog. "Stehenlassen" eines Darlehens.[109]

Ein solches der originären Darlehensgewährung gleichgestelltes Stehenlassen lag vor, wenn der Gesellschafter das Darlehen im Moment des gesellschaftlichen Kriseneintritts trotz bestehender Abzugsmöglichkeit im Vermögen der Gesellschaft beließ, obwohl er die die Krise begründenden tatsächlichen Umstände zumindest kennen musste.

Eine Abzugsmöglichkeit zugunsten des Gesellschafters bestand immer dann, wenn er über ein ordentliches oder außerordentliches Kündigungsrecht hinsichtlich des Darlehensvertrages verfügte. Letzteres ergab sich gemäß § 490 Abs. 1 BGB regelmäßig bereits aus dem die Krise auslösenden Eintritt der Kreditunwürdigkeit, da bei der insoweit gebotenen Interessenabwägung aufgrund der objektiven Gefährdung des Darlehensrückzahlungs-anspruches typischerweise das Interesse des Gesellschafters überwog.[110] Insoweit konnte sich der Gesellschafter auch i. Erg. nicht erfolgreich darauf berufen, dass er sich dieser Rückforderungsmöglichkeiten bereits aufgrund einer finanzplanmäßigen Bindung des Darlehens oder eines erfolgten Rangrücktrittes begeben hatte, da sich insoweit die kapitalersetzende Darlehensüberlassung bereits aus diesen Abreden selbst ergab.[111]

Darüber hinaus wurde die Abzugsmöglichkeit aber auch dann bejaht, wenn der Gesellschafter eine ihm gesellschaftsrechtlich zustehende Möglichkeit ungenutzt ließ, die Liquidation der Gesellschaft herbeizuführen.[112] Hierbei war ihm eine Entscheidungsfrist zuzubilligen, die zumindest zwei Wochen betragen sollte.[113]

---

108 *K. Schmidt* in: Scholz, GmbHG, 10. Auflage 2010, §§ 32a, 32b Rn. 97 ff., 100.

109 *Altmeppen* in: Roth/Altmeppen, GmbHG, § 32a Rn. 37 m.w.N.; *K.Schmidt* in: Scholz, GmbHG, 10. Auflage 2010, §§ 32a, 32b Rn. 47.

110 *Altmeppen* in: Roth/Altmeppen, GmbHG, § 32a Rn. 35.

111 *Heidinger* in: Michalski, GmbHG, § 32b Rn. 116; *K.Schmidt* in: Scholz, GmbHG, 10. Auflage 2010, §§ 32a, 32b Rn. 50.

112 BGH vom 18.11.1991 – II ZR 258/90, NJW 1992, 1169, 1170.

113 BGH vom 19.12.1994 – II ZR 10/94, NJW 1995, 658, 659.

Darüber hinaus war umstritten, welche weiteren Anforderungen an das Stehenlassen des Darlehens zu stellen waren. Während teilweise eine – auch nur stillschweigende – Abrede zur weiteren Darlehensüberlassung trotz Kriseneintritt zwischen Gesellschaft und Gesellschafter gefordert[114] sowie andererseits eine einseitige Finanzierungsentscheidung des Gesellschafters für ausreichend erachtet wurde,[115] genügte dem BGH sowie der h.M. insoweit das bloße Kennenmüssen des Gesellschafters der die Krise begründenden tatsächlichen Umstände.[116]

Insofern ist der h.M. zu folgen: Dies erschließt sich aus dem dem gesamten Eigenkapitalersatzrecht zugrunde liegenden Prinzip der Finanzierungsfolgenverantwortung. Gemäß dieser obliegt es dem Gesellschafter mit Eintritt der Gesellschaftskrise, eine Entscheidung dahingehend zu treffen, ob er ein bereits zuvor gewährtes Darlehen zurückfordert und somit die Liquidation der Gesellschaft herbeiführt oder das Darlehen unter Inkaufnahme seiner – zumindest einstweiligen – Umqualifikation in Eigenkapital bei der Gesellschaft belässt. Eine Obliegenheit bringt aber prinzipiell ab dem Moment konkrete Pflichten für ihren Inhaber mit sich, in dem sie für diesen erfüllbar und damit insbesondere erkennbar wird. Im vorliegenden Zusammenhang ist dieser Moment derjenige der Erkennbarkeit der Krise für den Gesellschafter. Eine ihm zukommende Obliegenheit sollte nicht dadurch mit nachteiliger Wirkung für Dritte, nämlich die Gläubiger der Gesellschaft, hinausgezögert werden, dass der Gesellschafter zunächst eine Abrede mit der Gesellschaft oder zumindest eine einseitige Finanzierungsentscheidung treffen muss. Dies erscheint auch vor dem Hintergrund fragwürdig, dass der Gesellschafter hierdurch in die Lage versetzt würde, die ihm obliegenden Pflichten drittschützender Natur zeitlich hinauszuschieben.

Die Erkennbarkeit der Krise wurde überdies vom BGH vermutet, weshalb der Gesellschafter hinsichtlich der Nichterkennbarkeit darlegungs- und beweispflichtig war.[117]

Waren die vorstehenden Tatbestandsvoraussetzungen dementsprechend erfüllt, war das fragliche Darlehen vorbehaltlich der übrigen Erfordernisse und unabhängig von der bereits erwähnten Streitfrage der Erfassung über § 32a Abs. 1 GmbHG a.F. oder § 32a Abs. 3 Satz 1 GmbHG a.F. jedenfalls eigenkapitalersatzrechtlich verstrickt.

(dd) Rechtsfolgen

Die von § 32a Abs. 1 GmbHG a.F. vorgesehene Rechtsfolge beschränkte sich darauf, dass die Regelung den Rangrücktritt des Darlehensrückgewähranspruchs in der In-

---

114 *Hueck/Fastrich* in: Baumbach/Hueck, GmbHG, 18. Auflage 2006, § 32a Rn. 40.

115 OLG Hamburg vom 24.07.1987 – 11 U 182/86, NJW 1988, 46, 48 f.

116 BGH vom 07.11.1994 – II ZR 270/93, NJW 1995, 326, 329, wobei der BGH, a.a.O., keine hohen Hürden für die Erkennbarkeit aufstellt; diese wird stattdessen prinzipiell vermutet und kann nur in Ausnahmefällen verneint werden, siehe BGH vom 23.02.2004 – II ZR 207/01, DStR 2004, 1053, 1056.

117 BGH vom 07.11.1994 – II ZR 270/93, NJW 1995, 326; vom 15.06.1998 – II ZR 17/97, NJW 1998, 3200; vom 23.02.2004 – II ZR 207/01, NZG 2004, 619, 621 f.

solvenz der Gesellschaft anordnete.[118] Der Darlehensrückgewähranspruch des Gesellschafters als solcher wurde durch § 32a Abs. 1 GmbHG a.F. nicht berührt.[119]

Von den Rechtsfolgen nicht erfasst waren somit insbesondere sämtliche Fälle, in denen kein Insolvenzverfahren eröffnet wurde – einschließlich der Nichteröffnung mangels Masse[120] – sowie all diejenigen Konstellationen, in welchen es vor Insolvenzeröffnung zu einer Rückzahlung des Darlehens gekommen war, selbst wenn diese – insbesondere aufgrund der nachfolgend zu betrachtenden Vorschriften – verbotswidrig erfolgt war.[121]

Eine tatbestandliche Erfassung gemäß § 32a Abs. 1 GmbHG a.F. trat somit zwar im Moment einer eigenkapitalersetzenden Darlehensgewährung im Zeitpunkt der Krise der Gesellschaft ein, diese bewirkte jedoch im Rahmen von § 32a Abs. 1 GmbHG a.F. lediglich einen gesetzlichen Rangrücktritt im Insolvenzverfahren.[122] Dessen unbeschadet wies der Tatbestand des § 32a Abs. 1 GmbHG a.F. gleichwohl eine weitergehende Bedeutung auf, da andere Regelungen weitere, im nachfolgenden Verlauf der Untersuchung darzustellende Rechtsfolgen an ihn knüpften.

Eine Entstrickung aus der tatbestandlichen Erfassung (Entsperrung) des Darlehens trat *ipso iure* dann ein, wenn die Krise der Gesellschaft nachhaltig überwunden ist. Insofern ausreichend war die Wiederherstellung der Kreditwürdigkeit.[123]

Der BGH indes stellte zwei weitere Anforderungen an eine Entsperrung des Darlehens. Zunächst sollte neben der Beendigung der Krise erforderlich sein, dass das Stammkapital der Gesellschaft nachhaltig wiederhergestellt war.[124] Dieses Erfordernis ist zutreffenderweise abzulehnen, da § 32a Abs. 1 GmbHG a.F. und die Novellenregelungen insgesamt gerade nicht an das Stammkapital der Gesellschaft bzw. dessen Schutz anknüpften – im Unterschied zu den Rechtsprechungsregeln analog §§ 30, 31 GmbHG a.F. –, sondern an die Krise der Gesellschaft und damit an deren Kreditunwürdigkeit.[125]

Überdies stellte der BGH i. Erg. ein Erfordernis dahingehend auf, dass die Darlehensrückzahlung an den Gesellschafter nicht innerhalb der später detailliert darzustellenden Einjahresfrist der Anfechtungstatbestände der §§ 32b GmbHG a.F., 135

118 *Hueck/Fastrich* in: Baumbach/Hueck, GmbHG, 18. Auflage 2006, § 32a Rn. 64; siehe auch schon zur Rechtslage unter Geltung der Konkursordnung im Einzelnen *Castor*, Das Recht der eigenkapitalersetzenden Gesellschafterleistungen, S. 150 ff.

119 *Altmeppen* in: Roth/Altmeppen, GmbHG, § 32a Rn. 89.

120 Siehe *Castor*, Das Recht der eigenkapitalersetzenden Gesellschafterleistungen, S. 23 (noch zum Konkursverfahren) m.w.N.; *Hueck/Fastrich* in: Baumbach/Hueck, GmbHG, 18. Auflage 2006, § 32a Rn. 64.

121 *Altmeppen* in: Roth/Altmeppen, GmbHG, § 32a Rn. 83.

122 Ähnlich *Faßbender*, Cash – Pooling und Kapitalersatzrecht im Konzern, S. 51, bei welchem zutreffend davon die Rede ist, dass die Gesellschafterdarlehen vor Eröffnung des Insolvenzverfahrens grundsätzlich nicht „gesperrt" sind.

123 *Altmeppen* in: Roth/Altmeppen, GmbHG, § 32a Rn. 49; *K.Schmidt* in: Scholz, GmbHG, 10. Auflage 2010, §§ 32a, 32b Rn. 54.

124 BGH vom 19.09.2005 – II ZR 229/03, NZG 2005, 979.

125 Gl. A.: *Altmeppen* in: Roth/Altmeppen, GmbHG, § 32a Rn. 51.

InsO a.F.[126], 6 AnfG a.F.[127] erfolgt war.[128] Dies begründete das Gericht damit, dass diese Fristen eine unwiderlegbare Vermutung dergestalt begründeten, „daß ein Gesellschafterdarlehen, das bei der Hergabe Eigenkapital ersetzen mußte, diese Funktion auch noch im Zeitpunkt der Rückzahlung hatte, wenn innerhalb eines Jahres danach der Konkurs über das Gesellschaftsvermögen eröffnet wird oder ein Gläubiger, der aus diesem Vermögen keine Befriedigung erlangen kann, die Rückgewähr anficht."[129] Die zumindest nicht nachhaltige Beendigung der Krise wurde demnach vom BGH unwiderlegbar vermutet.

Jedoch verkannte diese Rechtsprechung den Wesensgehalt der anfechtungsrechtlichen Vorschriften, weshalb letztlich auch die Berufung auf sie im Bereich des § 32a Abs. 1 GmbHG a.F. fehl am Platze war. Innerhalb der im Folgenden näher darzustellenden Anfechtungsvorschriften konnte die Rückgewähr bestimmter eigenkapitalersetzender Leistungen unter bestimmten Voraussetzungen angefochten werden, sofern sie innerhalb der – prinzipiell maßgeblichen und vom BGH herangezogenen – Einjahresfrist erfolgt war. Diese Einjahresfrist sollte mithin die Anfechtung der Rückgewähr gewisser Leistungen begrenzen. Überdies kam die Anfechtung ohnehin immer nur dann in Betracht, wenn es sich bei den fraglichen Leistungen um eigenkapitalersetzende Leistungen handelte. Vor diesem Hintergrund darf aber nicht die den Gläubigerschutz bezüglich eigenkapitalersetzender Leistungen begrenzende Jahresfrist in einem anderen Zusammenhang – nämlich dem des § 32a Abs. 1 GmbHG a.F. – dazu genutzt werden, den in Frage stehenden kapitalersetzenden Charakter bestimmter Darlehen zu begründen. Zu diesem stand die Jahresfrist vielmehr in keinem Verhältnis, weshalb ihr den Gläubigerschutz begrenzender und damit entgegengesetzt wirkender Regelungssinn erst recht nicht zu seiner Begründung zweckentfremdet werden sollte.[130]

Überdies entsprach es durchaus den tatsächlichen Erfahrungen, dass eine Gesellschaft innerhalb der Jahresfrist – d.h. regelmäßig innerhalb eines Jahres vor dem Antrag auf Insolvenzeröffnung – zwar möglicherweise nur kurzfristig, gleichwohl aber nachhaltig im vorstehend beschriebenen Sinne ihre Kreditwürdigkeit zurückerlangt hatte,[131] weshalb die Rückgewähr eines infolgedessen nicht mehr kapitalersetzenden Darlehens in diesem Zeitraum problemlos möglich sein sollte.

Ein gemäß § 32a Abs. 1 GmbHG a.F. als eigenkapitalersetzend eingestuftes Darlehen wurde nach nahezu einhelliger Auffassung in vollem Umfang von der insolvenz-

126 § 135 InsO in der Fassung vom 5.10.1994, gültig bis zum 31.10.2008 und durch das MoMiG außer Kraft getreten; im Folgenden ist mit § 135 InsO a.F. immer die vorgenannte Fassung vom 5.10.1994 bezeichnet.

127 § 6 AnfG in der Fassung vom 5.10.1994, gültig bis zum 31.10.2008 und durch das MoMiG außer Kraft getreten; im Folgenden ist mit § 6AnfG a.F. immer die vorgenannte Fassung vom 5.10.1994 bezeichnet.

128 BGH vom 26.03.1984 – II ZR 14/84, NJW 1984, 1891, 1893 noch zu den jeweiligen Vorgängervorschriften; vom 30.01.2006 – II ZR 357/03, DStR 2006, 478 m. Anm. *Goette*.

129 BGH vom 26.03.1984 – II ZR 14/84, NJW 1984, 1891, 1893.

130 Zumindest i. Erg. gl. A.: *Altmeppen* in: Roth/Altmeppen, GmbHG, § 32a Rn. 51; *K.Schmidt* in: Scholz, GmbHG, 10. Auflage 2010, §§ 32a, 32b Rn. 54.

131 *Altmeppen* in: Roth/Altmeppen, GmbHG, § 32a Rn. 51.

rechtlichen Nachrangigkeit erfasst; eine Teilbarkeit des Darlehens schied aus.[132] Grund hierfür war, dass i.R.d. § 32a Abs. 1 GmbHG a.F. die kapitalersetzende Funktion des Darlehens maßgeblich war und sich diese immer auf das ganze Darlehen erstreckte. Insbesondere kam vorliegend keine Aufteilung des Darlehens nach der Frage in Betracht, inwieweit es ein bestehendes Stammkapitaldefizit einschließlich einer möglichen Unterbilanz ausgleichen konnte, da § 32a Abs. 1 GmbHG a.F. gerade keine Kapitalerhaltungsvorschrift war.

Der Darlehensrückgewähranspruch des Gesellschafters als solcher wurde indes durch § 32a Abs. 1 GmbHG a.F. nicht berührt, sondern lediglich seine Geltendmachung im Insolvenzverfahren beschränkt. Dementsprechend wurde auch der diesbezügliche Zinslauf durch § 32a Abs. 1 GmbHG a.F. nicht gehindert.[133] Darüber hinaus verblieb es auch in Bezug auf andere Zusammenhänge im gesellschaftlichen Innenverhältnis dabei, dass es sich bei dem Darlehen um Fremdkapital handelte.[134] Folgerichtig konnte eine Verstrickung nach § 32a Abs. 1 GmbHG a.F. auch nicht die diesbezügliche Passivierungspflicht der Gesellschaft im Rahmen einer Überschuldungsprüfung entfallen lassen.[135] Dies konnte gemäß der BGH – Rechtsprechung nur mittels eines sog. qualifizierten Rangrücktrittes gelingen.[136]

Dessen unbeschadet wurden durch die gesetzliche Rangrücktrittsanordnung des § 32a Abs. 1 GmbHG a.F. andere, im Zusammenhang mit dem Darlehensrückgewähranspruch stehende, Rechte des Gesellschafters eingeschränkt. So verfügte der Gesellschafter als nachrangiger Insolvenzgläubiger im Insolvenzverfahren lediglich über im Vergleich zu gewöhnlichen Insolvenzgläubigern eingeschränkte Verfahrensrechte.[137] Auch konnte der Gesellschafter im Insolvenzverfahren gemäß § 32a Abs. 1 GmbHG a.F. nicht mittels seines nachrangigen Darlehensrückgewähranspruches die Aufrechnung gegenüber anderen Forderungen der Gesellschaft an ihn erklären,[138] da er sich auf diesem Wege wiederum aufgrund seines Rückgewähranspruches i. Erg. zu Lasten der übrigen Gläubiger befriedigen hätte. Dies aber wäre dem Zweck des § 32a Abs. 1 GmbHG a.F. erkennbar zuwider gelaufen.[139]

Ebenfalls ausscheiden musste eine Befriedigung des Gesellschafters durch Inanspruchnahme von akzessorischen sowie nicht-akzessorischen Sicherheiten, die ihm die Gesellschafter bezüglich seines Darlehens gewährt hatte. Hinsichtlich Ersterer ergab sich dies bei zutreffender Würdigung daraus, dass die der Grundforderung ge-

132 OLG München vom 07.03.1997 – 23 W 642/97, ZIP 1997, 1118; *von Gerkan* in: v.Gerkan/Hommelhoff, S. 71 f.; *K. Schmidt* in Scholz, GmbHG, 10. Auflage 2010, §§ 32a, 32b Rn. 53; *Faßbender*, Cash – Pooling und Kapitalersatzrecht im Konzern, S. 50; *Küffner*, DStR 1993, 180; kritisch *Altmeppen* in Roth/Altmeppen, GmbHG, § 32a Rn. 83 ff.

133 BGH vom 05.02.1992 – I R 127/90, NJW 1992, 2309, 2310; vom 15.02.1996 – IX ZR 245/94, NJW 1996, 1341, 1343.

134 BGH vom 05.02.1992 – I R 127/90, NJW 1992, 2309, 2310.

135 *K. Schmidt* in Scholz, GmbHG, 10. Auflage 2010, §§ 32a, 32b Rn. 64.

136 BGH vom 08.01.2001 – II ZR 88/99, NZI 2001, 196.

137 Siehe hierzu im Einzelnen *K. Schmidt* in Scholz, GmbHG, 10. Auflage 2010, §§ 32a, 32b Rn. 59.

138 BGH vom 19.12.1994 – II ZR 10/94, NJW 1995, 658, 659; *K. Schmidt* in Scholz, GmbHG, 10. Auflage 2010, §§ 32a, 32b Rn. 60.

139 So auch *Altmeppen* in: Roth/Altmeppen, GmbHG, § 32a Rn. 103.

genüberstehenden Einreden und Einwendungen auch gegenüber einer akzessorischen Sicherheit Bestand haben mussten.[140] Bezüglich nicht-akzessorischer Sicherheiten war die Herleitung selbigen Ergebnisses streitig. Während teilweise auf die Erhebung von Bereicherungs- bzw. Anfechtungseinrede abgestellt wurde, konnte andererseits wiederum auf den Regelungszweck des § 32a Abs. 1 GmbHG a.F. rekurriert werden, der im Falle einer Gesellschafterbefriedigung durch Inanspruchnahme einer – hier nicht-akzessorischen – Sicherheit – abermals zu Lasten der übrigen Gläubiger *ad absurdum* geführt worden wäre.[141]

Gemäß BGH schied überdies grundsätzlich eine Befriedigung des Gesellschafters mittels der Inanspruchnahme von akzessorischen Sicherheiten aus, die ihm Dritte bezüglich seines Rückgewähranspruches gewährt hatten.[142] Der BGH begründete dies für den Fall einer Bürgschaft damit, dass der Sicherungsnehmer aufgrund des akzessorischen Charakters der Bürgschaft gegen den Bürgen prinzipiell keine weitergehenden Rechte als gegen den Schuldner haben könne.[143] Etwas anderes sollte nur dann gelten, wenn der Sicherungsgeber in der Sicherungsvereinbarung auch das sog. Kapitalersatzrisiko übernommen hatte, also das Risiko des Ausfalls des Rückzahlungsanspruches aufgrund seiner eigenkapitalersatzrechtlichen Verstrickung, wofür indes bereits die Kenntnis von Gesellschaftereigenschaft und Krise der Gesellschaft ausreichen sollte.[144]

Diese Sichtweise des BGH wurde z.T. in der Literatur kritisiert, da sie den Anwendungsbereich der Eigenkapitalersatzregeln überdehne.[145] Diese wollten lediglich die Gläubiger der Gesellschaft schützen, nicht aber Dritte, falls diese dem Gesellschafter das Kapitalersatzrisiko abnehmen wollen.[146] Insoweit hätte die privatautonome Entscheidung des Sicherungsgebers respektiert werden müssen.[147] Dieser sei nur innerhalb der üblichen gesetzlichen Grenzen geschützt gewesen, insbesondere durch eine Anfechtung wegen Täuschung über die Gesellschafterstellung des Sicherungsnehmers oder über die Krise der Gesellschaft.[148]

Diese Kritik war berechtigt: In der Tat wollte das Eigenkapitalersatzrecht die Beziehungen zwischen Gesellschafter, Gesellschaft und deren Gläubigern regeln. Vereinbarten jedoch Gesellschafter und Dritter eine Sicherheitenbestellung bezüglich des Darlehensrückgewähranspruches, war ausschließlich ihr Zwei-Personen-Verhältnis betroffen. Demnach musste allein der Inhalt der Sicherungsabrede darüber entschei-

140 *K. Schmidt* in Scholz, GmbHG, 10. Auflage 2010, §§ 32a, 32b Rn. 61 m.w.N.

141 Siehe zum Ganzen *K. Schmidt* in Scholz, GmbHG, 10. Auflage 2010, §§ 32a, 32b Rn. 61 m.w.N., welcher seinerseits letztgenannter Ansicht zuneigt.

142 BGH vom 15.02.1996 – IX ZR 245/94, NJW 1996, 1341, 1342 f., wobei dies laut BGH, *ebd.*, nicht gelten soll, wenn auch das Kapitalersatzrisiko des gesicherten Darlehensrückzahlungsanspruchs vom Sicherungsgeber übernommen werden soll.

143 BGH vom 15.02.1996 – IX ZR 245/94, NJW 1996, 1341, 1342 f.

144 BGH vom 15.02.1996 – IX ZR 245/94, NJW 1996, 1341, 1342.

145 *K. Schmidt* in Scholz, GmbHG, 10. Auflage 2010, §§ 32a, 32b Rn. 62.

146 Ähnlich *K. Schmidt, ebd.*

147 *K. Schmidt, ebd*

148 *K. Schmidt, ebd.*

den, ob der Gesellschafter auch im Falle einer eigenkapitalersatzrechtlichen Verstrickung zur Inanspruchnahme der Sicherheit berechtigt blieb.

b) Die Erweiterungen des Grundtatbestandes

Selbstverständlich konnte der eigenkapitalersatzrechtliche Grundtatbestand nicht in seinem – in § 32a Abs. 1 GmbHG a.F. gewissermaßen kondensierten – Kernbereich verharren, sondern musste auch gleichgelagerte Fallkonstellationen erfassen, da anderenfalls eine überaus leichte Umgehung[149] des grundlegenden eigenkapitalersatzrechtlichen Schutzkonzeptes möglich gewesen wäre.

Schon vor Einführung der Novellenregelungen erweiterte daher der BGH den Anwendungsbereich der zu dieser Zeit noch allein gültigen Rechtsprechungsregeln.[150] Dies galt sowohl hinsichtlich der zu erfassenden Finanzierungshilfen (Ausdehnung des sachlichen Anwendungsbereichs), die nicht mehr nur in Form eines Darlehens bestehen konnten, als auch hinsichtlich der Personen, die solche Finanzierungshilfen gewähren konnten und bei denen es sich nicht ausschließlich um Gesellschafter handeln musste (Ausdehnung des personellen Anwendungsbereichs).

Die Tatbestände des § 32a Abs. 3 Satz 1 GmbHG a.F. sowie des § 32a Abs. 2 GmbHG a.F. sollten diese Rechtsprechung sodann ersetzend kodifizieren,[151] sodass die Erweiterungen des eigenkapitalersatzrechtlichen Kerntatbestandes anhand ihrer kodifizierten Vorgaben erläutert werden können:

(aa) § 32a Abs. 3 Satz 1 GmbHG a.F.

§ 32a Abs. 3 Satz 1 GmbHG a.F. enthielt aufgrund seines sehr allgemein gefassten Tatbestandes die Grundformel, mit der prinzipiell sämtliche eigenkapitalersatzrechtlichen Erweiterungen erfasst werden konnten.[152] § 32a Abs. 3 Satz 1 GmbHG a.F. lautet:

> *„Diese Vorschriften gelten sinngemäß für andere Rechtshandlungen eines Gesellschafters oder eines Dritten, die der Darlehensgewährung nach Absatz 1 oder 2 wirtschaftlich entsprechen.“*

Für eine Anwendung der Rechtsfolgen von § 32a Abs. 1 GmbHG a.F. bedurfte es also einer Rechtshandlung eines Gesellschafters oder eines Dritten, die der Darlehensgewährung nach § 32a Abs. 1 GmbHG a.F. wirtschaftlich entsprach. § 32a Abs. 3 Satz 1 GmbHG a.F. enthielt damit den Verweis sowohl auf die Erweiterung des sachlichen

149 *Goette* spricht insoweit von einer „unerschöpflichen Phantasie der Gesellschafter – und noch mehr ihrer Berater“ in *Goette*, Kapitalaufbringung und Kapitalschutz in der GmbH, S. 86; ähnlich auch *Gehrlein*, BB 2008, 846.

150 Zu den Rechtsprechungsregeln siehe noch ausführlich unten unter 1. Teil A. II. 2. e).

151 Siehe zur diesbezüglichen Intention Begr. RegE GmbH-Novelle, BR-Drs. 404/77, 29.

152 § 32a Abs. 3 Satz 1 GmbHG a.F. wird dementsprechend auch als „Generalklausel“ oder „Auffangtatbestand“ bezeichnet, siehe für Ersteres *Altmeppen* in: Roth/Altmeppen, GmbHG, § 32a Rn. 141, für Letzteres *Altmeppen, ebd.*; OLG Stuttgart, Urteil vom 14.08.1998 – 19 U 268/96, NZG 1998, 997, 998.

als auch auf die Erweiterung des personellen Anwendungsbereichs des eigenkapitalersatzrechtlichen Grundtatbestandes.

(1) Die Erweiterung des persönlichen Anwendungsbereichs

Zunächst fand eine Ausdehnung des persönlichen Anwendungsbereiches dahingehend statt, dass nicht mehr nur Darlehen unmittelbarer Gesellschafter erfasst wurden, sondern auch solche von Dritten, wenn diesen ebenfalls eine Finanzierungsfolgenverantwortung oblag. Entscheidend war insofern, ob der Dritte eine Rechtsstellung innehatte, die wirtschaftlich derjenigen eines unmittelbaren Gesellschafters entsprach.[153]

In Betracht kam eine Einstufung eines Dritten als eine dem Gesellschafter gleichgestellte Person insbesondere dann, wenn der Dritte naher Angehöriger des Gesellschafters war.[154] Im diesem Fall genügte dem BGH das Bestehen eines Ehe- oder Verwandtschaftsverhältnis allein nicht für eine Beweiserleichterung dahingehend, dass die Finanzmittel vom Gesellschafter stammten.[155] Hierzu bedurfte es vielmehr zusätzlicher tatsächlicher Hinweise.[156] Indes musste der BGH die diesbezüglichen Anforderungen nicht präzisieren, da das Gericht kein entsprechender entscheidungserheblicher Sachverhalt zur Entscheidung vorgelegen hatte.[157] Konkretisierungen sind damit erst im Rahmen der neuen Rechtslage erfolgt.[158]

Überdies konnten mittelbar an einem Unternehmen – insbesondere an einer GmbH[159] – beteiligte Personen einem Gesellschafter gemäß § 32a Abs. 3 Satz 1 GmbHG a.F. gleichgestellt werden. Zuvörderst war hierbei an den mittelbaren Gesellschafter zu denken, also eine Person, die über eine zwischengeschaltete Gesellschaft an der kreditnehmenden Gesellschaft beteiligt ist.[160] Für diesen „Gesellschafter-Gesellschafter“[161] galten die Regelungen des zivilrechtlichen Eigenkapitalersatzrechtes nach ständiger Rechtsprechung des BGH dann, wenn er einen beherrschenden Einfluss auf die zwischengeschaltete Gesellschafterin ausüben konnte, speziell auf Grund

153 OLG Hamburg vom 17.02.1989 – 11 U 241/88, GmbHR 1990, 130, 131.

154 Siehe zu diesen Fallgruppen sowie zu Konstellationen, in denen Dritte zwar nicht die ursprünglichen Darlehensgeber waren, aber ihre Rechte am Darlehensgegenstand aufgrund des Eigenkapitalersatzrechts u.U. nicht geltend machen konnten *Undritz*, in: Runkel, Anwaltshandbuch Insolvenzrecht, § 4 Rn. 89 ff.

155 BGH vom 18.02.1991 – II ZR 259/89, BB 1991, 641; vom 08.02.1999 – II ZR 261/97, DStR 1999, 810.

156 BGH vom 18.02.1991 – II ZR 259/89, BB 1991, 641; vom 06.04.2009 – II ZR 277/07, NZG 2009, 782.

157 So explizit BGH vom 17.02.2011 – IX ZR 131/10, DStR 2011, 681, 684.

158 Siehe hierzu BGH vom 17.02.2011 – IX ZR 131/10, DStR 2011, 681, 684 sowie noch unten unter 2. Teil A.

159 Siehe zur Reichweite des Eigenkapitalersatzrechtes im Hinblick auf die möglichen Finanzierungshilfenempfänger noch unten unter 1. Teil A. III.

160 Zu dieser Definition *Undritz*, in: Runkel, Anwaltshandbuch Insolvenzrecht, § 4 Rn. 118a.

161 Hierzu BGH vom 21.11.2005 – II ZR 277/03, DStR 2006, 384, 386 mit Anmerkung *Goette*.

einer qualifizierten Mehrheit der Anteile oder der Stimmrechte an dieser.[162] Dies deshalb, weil ihm jedenfalls im Falle eines beherrschenden Einflusses ein hinreichendes Maß an Finanzierungsfolgenverantwortung oblag. Die Rechtsprechung des BGH erblickte in einem solchen mittelbaren Gesellschafter also lediglich einen dem Gesellschafter gleichzustellenden Dritten. Nach anderer Ansicht musste lediglich die von § 32a Abs. 3 Satz 2 GmbHG a.F. aufgestellte Beteiligungsschwelle von 10 %[163] an der Gesellschaft überschritten werden, an der die fragliche und nur mittelbare Beteiligung besteht.[164] Im Gegensatz zur ständigen Rechtsprechung des BGH sah diese Auffassung den Betroffenen nämlich nicht nur als Dritten, sondern erblickte in ihm einen originären Gesellschafter, der lediglich mittelbar an der Gesellschaft beteiligt war.[165]

Andere mittelbar Beteiligte waren einem Gesellschafter nach § 32a Abs. 3 Satz 1 GmbHG a.F. gleichzustellen, soweit sie für Rechnung des Gesellschafters handelten[166] oder dieser für ihre Rechnung handelte.[167] Aus letztgenannter Variante ergab sich die Gleichstellung einer den Anteil treugeberisch haltenden Person, während der Treuhänder bereits nach § 32a Abs. 1 GmbHG a.F. als Gesellschafter erfasst war.[168] Auch waren nach h.M. regelmäßig der atypische stille Gesellschafter einer GmbH[169] oder einer KG als gleichgestellte Dritte erfasst.[170] Dies wurde zutreffend daraus hergeleitet, dass ein solcher stiller Gesellschafter bei wirtschaftlicher Betrachtungsweise regelmäßig eine dem Gesellschafter einer GmbH oder einer atypischen Personenhandelsgesellschaft derart angenäherte Position innehat, dass auch ihm die Finanzierungsfolgenverantwortung im Hinblick auf die Gesellschaft obliegt.[171] Entsprechend galt auch für den atypischen Unterbeteiligten.[172]

---

162 BGH vom 21.09.1981 – II ZR 104/80, BGHZ 81, 311, NJW 1982, 383; vom 24.09.1990 – II ZR 174/89, DStR 1990, 776; vom 21.06.1999 – II ZR 70/98, DStR 1999, 1497; vom 21.11.2005 – II ZR 277/03, DStR 2006, 384, 386 mit Anmerkung *Goette*.

163 Siehe zum Kleinbeteiligtenprivileg noch ausführlich unten unter 1. Teil A. II. 2. c).

164 OLG Hamburg vom 16.12.2005 – 11 U 198/05, DB 2006, 495, 496; *Undritz*, in: Runkel, Anwaltshandbuch Insolvenzrecht, § 4 Rn. 118a.

165 Vgl. *Undritz* in: Runkel, Anwaltshandbuch Insolvenzrecht, § 4 Rn. 118a.

166 *K. Schmidt* in Scholz, GmbHG, 10. Auflage 2010, §§ 32a, 32b Rn. 152; *Undritz*, in: Runkel, Anwaltshandbuch Insolvenzrecht, § 4 Rn. 74 m.w.N. und Beispielen.

167 *K. Schmidt, ebd.*

168 *K. Schmidt, ebd.*; siehe zu den Anforderungen an die Anerkennung eines Treuhandverhältnisses im (steuerlichen) Eigenkapitalersatzrecht BFH, Urteil vom 4. 12. 2007 - VIII R 14/05 sowie *Schwedhelm/ Olbing/Binnewies*, GmbHR 2009, 1233, 1249.

169 BGH vom 07.11.1988 – II ZR 46/88, NJW 1989, 982 f.; OLG Hamm vom 13.09.2000 – 8 U 79/99, NZI 2000, 599; siehe auch *Uhländer*, BB 2005, 70, 72; zur Nichterfassung typischer stiller Gesellschafter siehe BGH vom 21.03.1983 – II ZR 139/82 NJW 1983, 1855, 1856.

170 Für die Anwendbarkeit auf stille Gesellschafter sämtlicher Arten von Kommanditgesellschaften siehe *Bayer* in v. Gerkan/Hommelhoff, S. 396 f.; der BGH hat sich insoweit jedoch nur in Bezug auf den stillen Gesellschafter einer als GmbH & Co. KG organisierten Publikumsgesellschaft geäußert im Urteil vom 17.12.1984 – II ZR 36/84, NJW 1985, 1079, 1080; zu den möglichen Rechtsformen, die eine Gesellschaft innehaben konnte, um dem Eigenkapitalersatzrecht zu unterfallen, siehe noch ausführlich unten unter 1. Teil A. III.

171 OLG Hamm vom 13.09.2000 – 8 U 79/99, NZG 2001, 125.

172 *K. Schmidt* in Scholz, GmbHG, 10. Auflage 2010, §§ 32a, 32b Rn. 152.

In Bezug auf die übrigen mittelbar Beteiligten – wie etwa den Nießbraucher oder den Inhaber eines Pfandrechts am Gesellschaftsanteil[173] – musste jeweils eine Entscheidung anhand der konkreten Umstände des Einzelfalles erfolgen.[174] Maßgeblich war wiederum die Frage des Handels des Gesellschafters für Rechnung des mittelbar Beteiligten.[175]

In Bezug auf die Dritten gewährten Sicherheiten bewirkte § 32a Abs. 3 Satz 1 GmbHG a.F. insofern eine Erweiterung von § 32a Abs. 2 GmbHG a.F., als dass über Ersteren auch die von Gesellschaftern gleichzustellenden Dritten an gesellschaftsfremde Dritte gewährte Sicherheiten erfasst wurden.

Wurde der Darlehensrückgewähranspruch abgetreten, so wirkte die bereits eingetretene eigenkapitalersatzrechtliche Verstrickung gemäß § 404 BGB auch gegenüber dem Neugläubiger;[176] die Abtretung beließ die eigenkapitalersatzrechtliche Bindung unberührt.[177] Dies galt selbstverständlich erst Recht dann, wenn die Abtretung im Rahmen einer Nachfolge in den GmbH-Anteil erfolgt ist.[178]

Hiervon zu trennen war die Frage, ob nach Abtretung einer nicht mehr eigenkapitalersatzrechtlich verstrickten Forderung an einen gesellschaftsfremden Dritten dieser die Forderungen eigenkapitalersatzrechtlich stehenlassen konnte. Dies war bei zutreffender Betrachtung indes nur in eng umgrenzten Ausnahmefällen zu bejahen.[179]

Bezüglich der übrigen Fallgruppen gleichzustellender Dritter[180] sei auf die einschlägige Literatur verwiesen.[181]

Die parallel gelagerten Fallkonstellationen des bereits ausgeschiedenen sowie des neu eintretenden Gesellschafters wurden bereits i.R.d. § 32a Abs. 1 GmbHG a.F. behandelt.[182]

---

173 Siehe zu diesen Fallgruppen *K. Schmidt, ebd.*

174 *K. Schmidt, ebd.*

175 Siehe *K. Schmidt, ebd.; Undritz*, in: Runkel, Anwaltshandbuch Insolvenzrecht, § 4 Rn. 74 m.w.N. und Beispielen.

176 BGH vom 21.03.1988 – II ZR 238/87, NJW 1988, 1841, 1843; vom 02.02.2006 – IX ZR 67/02, NJW 2006, 1800, 1801.

177 *Altmeppen* in: Roth/Altmeppen, GmbHG, § 32a Rn. 187; *K. Schmidt* in Scholz, GmbHG, 10. Auflage 2010, §§ 32a, 32b Rn. 153.

178 Im Falle einer Abtretung einer noch nicht eigenkapitalersatzrechtlichen Forderung an einen Gesellschafter konnte dieser sodann die Forderung im eigenkapitalersatzrechtlich relevanten Sinne stehenlassen; siehe *K. Schmidt* in Scholz, GmbHG, 10. Auflage 2010, §§ 32a, 32b Rn. 153.

179 *K. Schmidt, ebd.*

180 Insoweit ist vor allem an verbundene Unternehmen und Fälle der Betriebsaufspaltung zu denken, siehe zu Ersterem *Altmeppen* in: Roth/Altmeppen, GmbHG, § 32a Rn. 145 ff. sowie zu beiden Fallgruppen *K. Schmidt* in Scholz, GmbHG, 10. Auflage 2010, §§ 32a, 32b Rn. 147 ff.

181 *Altmeppen* in: Roth/Altmeppen, GmbHG, § 32a Rn. 143 ff.; *Hueck/Fastrich* in: Baumbach/Hueck, GmbHG, 18. Auflage 2006, § 32a Rn. 80 ff.; *K. Schmidt* in Scholz, GmbHG, 10. Auflage 2010, §§ 32a, 32b Rn. 147 ff.

182 Siehe schon oben unter 1. Teil A. II. 2. a) aa).

(2) Die Erweiterung des sachlichen Anwendungsbereichs

§ 32a Abs. 3 Satz 1 GmbHG a.F. erweiterte darüber hinaus zugleich den sachlichen Anwendungsbereich des eigenkapitalersatzrechtlichen Grundtatbestandes dergestalt, dass nicht nur Darlehen des Gesellschafters – bzw. des gemäß selbiger Vorschrift und vorstehender Ausführungen gleichgestellten Dritten – erfasst wurden, sondern ebenfalls diesen wirtschaftlich entsprechende Finanzierungshilfen.[183]

Im Folgenden soll eine Darstellung derjenigen Rechtshandlungen erfolgen, deren Gleichstellung gemäß § 32a Abs. 3 Satz 1 GmbHG a.F. zumindest denkbar ist. Zum Zweck der besseren Übersichtlichkeit können und sollten die – aufgrund der Kreativität der Rechtspraxis auch in Bezug auf die Umgehung des Eigenkapitalersatzrechtes[184] – zahlreichen Fallgruppen in einem Darlehen wirtschaftlich entsprechende Rechtsvorgänge mit und ohne Kreditfunktion unterteilt werden.[185]

Das Stehenlassen eines Darlehens wurde bereits i.R.d. § 32a Abs. 1 GmbHG a.F. erläutert, da es entsprechend der hier vertretenen Rechtsansicht nicht als nach § 32a Abs. 3 Satz 1 GmbHG a.F. gleichgestellte Handlung anzusehen war.[186]

(a) Finanzierungsleistungen mit Kreditfunktion

Finanzierungsleistungen mit Kreditfunktion sind solche, die zugunsten der Gesellschaft dieser in deren Krise Liquidität gewähren.[187] Für diese galt unter Geltung des früheren Eigenkapitalersatzrechts das Folgende:

Ihre Gewährung umfasste sowohl das originäre Zurverfügungstellen als auch das bloße Belassen bei der Gesellschaft.[188] Klassisches Beispiel war die Stundung von Gesellschafterforderungen.[189]

Auch eine stille Beteiligung war als gleichzustellende Rechtshandlung anzusehen, sofern der Stille zugleich Gesellschafter oder einem Gesellschafter nach § 32a Abs. 3 Satz 1 GmbHG a.F. gleichzustellender Dritter war.[190] Letzteres war entsprechend dem

---

183 Auch diese Erweiterungen waren jedenfalls im Wesentlichen bereits Einführung der Novellenregelungen samt § 32a Abs. 3 Satz 1 GmbHG a.F. mittels der Rechtsprechungsregeln anerkannt, siehe *Ulbrich*, Die Abschaffung des Eigenkapitalersatzrechts der GmbH, S. 89 (dortige Fußnote 291) m.w.N.

184 Auf den Normzweck des Umgehungsschutzes verweisen auch *Altmeppen* in: Roth/Altmeppen, GmbHG, § 32a Rn. 141; *Schaumann*, Reform des Eigenkapitalersatzrechtes im System der Gesellschafterhaftung, S. 31.

185 Siehe zu dieser Systematisierung *Schaumann*, Reform des Eigenkapitalersatzrechtes im System der Gesellschafterhaftung, S. 31 ff. m.w.N., der zudem in Fußnote 199 treffend darauf verweist, das eine Einordnung von Eigentumsvorbehalt und Leasing in eine dieser Kategorien schwer fällt.

186 Siehe hierzu schon oben unter 1. Teil A. II. 2. a) aa).

187 *Schaumann*, Reform des Eigenkapitalersatzrechtes im System der Gesellschafterhaftung, S. 32.

188 *Schaumann*, Reform des Eigenkapitalersatzrechtes im System der Gesellschafterhaftung, S. 32.

189 BGH vom 16.06.1997 – II ZR 154/96, DStR 1997, 1298, 1299 m. Verweise auf die ältere Rechtsprechung; siehe auch *Altmeppen* in: Roth/Altmeppen, GmbHG, § 32a Rn. 190 ff.

190 *Schaumann*, Reform des Eigenkapitalersatzrechtes im System der Gesellschafterhaftung, S. 32; *K. Schmidt* in Scholz, GmbHG, 10. Auflage 2010, §§ 32a, 32b Rn. 127.

bereits Ausgeführten nur dann der Fall, wenn es sich um eine atypische stille Beteiligung handelte.[191] Die Vergleichbarkeit zum "gewöhnlichen" Darlehen ergabt sich daraus, dass es sich bei der stillen Beteiligung gemäß dem gesetzestypischen Modell um einen sog. „qualifizierten Kredit“[192] handelt.[193]

Weitere aufgrund ihres kreditähnlichen Charakters zumindest nach h.M. gleichzustellende Rechtshandlungen bildeten das unechte Factoring,[194] das Finanzierungsleasing,[195] das sale and lease back – Verfahren,[196] der Eigentumsvorbehalt des Gesellschafters[197] sowie solche Kreditsicherheiten, die der Gesellschafter der Gesellschaft selbst in der Krise gewährte bzw. bei der Gesellschaft beließ.[198]

Während solche Sicherheiten, die der Gesellschafter direkt einer der Gesellschaft Kredit gewährenden dritten Person einräumte, der Spezialvorschrift des § 32a Abs. 2 GmbHG a.F. unterfielen,[199] erfasste § 32a Abs. 3 Satz 1 GmbHG a.F. also diejenigen Sicherheiten, die der Gesellschafter der Gesellschaft zu dem Zwecke der Sicherung eines Kredites eines Dritten[200] sowie eines kapitalersetzenden Kredites zur Verfügung

---

191 Siehe schon oben unter 1. Teil A. II. 2. b) aa) (1).

192 Diesen Terminus verwendet *K. Schmidt* in Scholz, GmbHG, 10. Auflage 2010, §§ 32a, 32b Rn. 127.

193 *K. Schmidt* in Scholz, GmbHG, 10. Auflage 2010, §§ 32a, 32b Rn. 127.

194 Hierbei handelt es sich um ein Kreditgeschäft mit Abtretung der betreffenden Forderung nur erfüllungshalber, d.h. im Falle der Nichteintreibbarkeit der Forderung besteht eine Rückbelastungsmöglichkeit zu Lasten der Gesellschaft, siehe *K. Schmidt* in Scholz, GmbHG, 10. Auflage 2010, §§ 32a, 32b Rn. 124; für die Einbeziehung des unechten Factorings auch OLG Köln vom 25.07.1986 – 22 U 311/85, ZIP 1986, 1585; *Altmeppen* in: Roth/Altmeppen, GmbHG, § 32a Rn. 215; *Schaumann*, Reform des Eigenkapitalersatzrechtes im System der Gesellschafterhaftung, S. 33 m.w.N.

195 Nach h.M. stellt das beim Gesellschafter als Leasinggeber verbleibende Eigentum eine Sicherheit für den – vorbehaltlich der übrigen Voraussetzungen – eigenkapitalersetzenden Kredit dar und gehört damit in die Insolvenzmasse, siehe *Altmeppen* in: Roth/Altmeppen, GmbHG, § 32a Rn. 212 f. m.w.N., der dies jedoch ablehnt, da beim Finanzierungsleasing wie in den übrigen Fällen bloßer Gebrauchsüberlassungsverträge die Sachsubstanz gerade nicht in das Vermögen der Gesellschaft als Leasingnehmerin übergehe.

196 OLG Düsseldorf vom 12.12.1996 – 10 U 33/95, DB 1997, 521; *Hueck/Fastrich* in: Baumbach/Hueck, GmbHG, 18. Auflage 2006, § 32a, Rn. 36; *Schaumann*, Reform des Eigenkapitalersatzrechtes im System der Gesellschafterhaftung, S. 33; a.A. *Altmeppen* in: Roth/Altmeppen, GmbHG, § 32a Rn. 214.

197 Hierbei handelt es sich nach h.M. um einen Parallelfall zum Finanzierungsleasing: Der normalerweise in der Insolvenz der Gesellschaft bestehende Aussonderungsanspruch des Vorbehaltsverkäufers entfalle aufgrund dessen Gesellschafterstellung, da der gestundete Kaufpreisanspruch einem Gesellschafterkredit entspreche, der mit Gesellschaftsmitteln gesichert würde, *Altmeppen* in: Roth/Altmeppen, GmbHG, § 32a Rn. 208 ff., der *ebd.* sowie in der Anmerkung zum BGH-Urteil vom 11.07.1994 – II ZR 146/92, NJW 1994, 2349, 2353 f. diese Sichtweise analog den Ausführungen in Fußnote 193 wiederum ablehnt; für eine Einbeziehung dagegen die ganz h.M., siehe OLG Celle vom 14.07.1998 – 16 U 3/98, NZG 1999, 75; *Hueck/Fastrich* in: Baumbach/Hueck, GmbHG, 18. Auflage 2006, § 32a, Rn. 36; differenzierend *K. Schmidt* in Scholz, GmbHG, 10. Auflage 2010, §§ 32a, 32b Rn. 123, der für eine Gleichstellung das Erfordernis einer auf der Vorbehaltslieferung basierenden Kreditlinie aufstellt.

198 Siehe *Altmeppen* in: Roth/Altmeppen, GmbHG, § 32a Rn. 219 ff.; nach hier favorisierter Ansicht wird zwar das Stehenlassen von Darlehen über § 32a Abs. 1 GmbHG a.F. erfasst, nicht aber das Stehenlassen von Kreditsicherheiten, da diese nur mittels § 32a Abs. 3 Satz 1 GmbHG a.F. zu erfassen sind.

199 Siehe noch ausführlich unten unter 1. Teil A. II. 2. b) bb).

200 Siehe hierzu *Altmeppen* in: Roth/Altmeppen, GmbHG, § 32a Rn. 219; *von Gerkan*, ZHR 158 (1994). 668, 669.

stellte.[201] Im letztgenannten Fall war für eine Erfassung über § 32a Abs. 3 Satz 1 GmbHG a.F. gleichsam vorgeschaltete Voraussetzung, dass die vom Gesellschafter gewährte Sicherheit auch das Kapitalersatzrisiko tragen sollte.[202] Laut BGH genügte hierfür bereits Kenntnis der Gesellschafterstellung des Kreditgebers sowie der die Krise der Gesellschaft begründenden Umstände.[203]

Die Gruppe der der Gesellschaft gewährten Gesellschaftersicherheiten spielte innerhalb des § 32a Abs. 3 Satz 1 GmbHG a.F. neben der Stundung die wohl wichtigste Rolle. Dies ergab sich daraus, dass insbesondere aufgrund der Erfassung sowohl akzessorischer als auch nicht-akzessorischer Sicherheiten sehr viele der in der Rechtspraxis anzutreffenden Fälle gleichzustellender Sachverhalte in der Gewährung solcher Sicherheiten bestanden.

(b) Finanzierungsleistungen ohne Kreditfunktion

I.R.d. Kategorie der Finanzierungsleistungen ohne Kreditfunktion wurden die Fallgruppen der eigenkapitalersetzenden Nutzungsüberlassung sowie der eigenkapitalersetzenden Dienstleistung eingeordnet. Diese waren freilich sowohl bezüglich ihrer prinzipiellen Anerkennung als gleichzustellende Vorgänge i.S.d. § 32a Abs. 3 Satz 1 GmbHG a.F. als auch hinsichtlich ihrer konkreten Ausgestaltung und Reichweite enorm streitig.

Dies galt zuvörderst für die Fallgruppe der (ggf. eigenkapitalersetzenden) Nutzungsüberlassung. Aufgrund ihrer bereits dem Grunde nach streitigen Anerkennung sowie ihrer auch im Einzelnen umstrittenen Tatbestände und Rechtsfolgen kommt vorliegend nur eine Darstellung der (eigenkapitalersetzenden) Nutzungsüberlassung in ihren Grundzügen in Betracht.

I.R.d. vom BGH im Wege der Rechtsfortbildung mittels seiner Lagergrundstück-Rechtsprechung[204] geschaffenen Rechtsfigur der eigenkapitalersetzenden Nutzungsüberlassung lag – wie es *K. Schmidt* treffend ausführt – im Vergleich zu den vorstehenden Ausführungen bezüglich gleichgestellter Vorgänge weder ein „kreditiertes Überlassungsentgelt“ noch ein „durch eine Realsicherheit gesicherter Kredit“ vor.[205] Vielmehr wurde der überlassungsunwürdigen Gesellschaft statt Liquidität im zuvor beschriebenen Sinne ein Nutzungsobjekt zum Gebrauch überlassen, gemäß BGH konkret das Recht zur Nutzung des Objektes.[206] Oftmals bestand der tatsächliche

201 BGH vom 15.02.1996 – IX ZR 245/94, NJW 1996, 1341 für den Fall einer Bürgschaft; *Altmeppen* in: Roth/Altmeppen, GmbHG, § 32a Rn. 220.

202 *Altmeppen, ebd.*

203 BGH vom 15.02.1996 – IX ZR 245/94, NJW 1996, 1341, 1342.

204 BGH, Urteil vom 16.10.1989 - II ZR 307/88, NJW 1990, 516 (Lagergrundstück I); vom 14.12.1992 - II ZR 298/81, NJW 1993, 392 (Lagergrundstück II); vom 11.07.1994 - II ZR 146/92, NJW 1994, 2349 (Lagergrundstück III); vom 11.07.1994 - II ZR 162/92, NJW 1994, 2760 (Lagergrundstück IV).

205 *K. Schmidt* in Scholz, GmbHG, 10. Auflage 2010, §§ 32a, 32b Rn. 132.

206 BGH, Urteil vom 16.10.1989 - II ZR 307/88, NJW 1990, 516 (Lagergrundstück I); vom 14.12.1992 - II ZR 298/81, NJW 1993, 392 (Lagergrundstück II); vom 11.07.1994 - II ZR 146/92, NJW 1994, 2349 (Lagergrundstück III); vom 11.07.1994 - II ZR 162/92, NJW 1994, 2760 (Lagergrundstück IV).

Sachverhalt in der Vermietung oder Verpachtung bestimmter Anlagegegenstände, um den jeweiligen Gesellschaftszweck zu fördern. Dessen unbeschadet spielte der konkrete (schuld-)rechtliche Rechtsgrund der Nutzungsüberlassung keine Rolle. Auch wies der Gesellschafter der Gesellschaft keinerlei dingliche Rechtsposition an den fraglichen Gegenständen zu; insbesondere ein hieran bestehendes Eigentum wurde durch die Qualifikation der Nutzungsüberlassung als eigenkapitalersetzend nicht berührt und war erst recht keine Voraussetzung für diese.[207]

Der BGH stützte sich insoweit auf den Normzweck des § 32a GmbHG a.F. § 32a GmbHG a.F. habe nicht nur den Gesellschafter-Gläubiger in den erfassten Fällen von einer gleichrangigen Befriedigung mit Drittgläubigern im Insolvenzverfahren ausschließen wollen, sondern über diese Sachverhalte hinaus dafür Sorge tragen wollen, dass seitens der Gesellschafter haftendes Eigenkapital verwendet würde, wenn der Gesellschaft die Weiterexistenz trotz Krise ermöglichte und dergestalt der Rechtsschein einer finanziell gesunden Gesellschaft schuf. Typischerweise sei in diesen Konstellationen zwar das Mittel der Darlehensgewährung genutzt worden; indes habe eine Gebrauchsüberlassung durch den Gesellschafter in der Krise letztlich aus Sicht der Drittgläubiger dieselbe Gefahr der Insolvenzverschleppung bzw. des Eingehens neuer Rechtsbeziehung in sich geborgen.

Indes hat auch der BGH immer anerkannt, dass die Rechtsfolgen der eigenkapitalersatzrechtlichen Verstrickung nicht unverändert, sondern nur modifiziert auf die Nutzungsüberlassung anzuwenden waren.[208] Auch hieran setzte ein großer Teil der kritischen Stimmen aus der Literatur an.

Allerdings ist bereits denjenigen Auffassungen zumindest i. Erg. zu folgen, die die Rechtsfigur der eigenkapitalersetzenden Nutzungsüberlassung schon dem Grunde nach ablehnten, sodass eine Kritik an der Ausgestaltung der konkreten Rechtsfolgen letztlich obsolet wurde. Dies ergibt sich aus Folgendem:

§ 32a Abs. 3 Satz 1 GmbHG a.F. erforderte einen der Darlehensgewährung wirtschaftlich entsprechenden Vorgang. Ein Darlehen, aber auch die bereits beschriebenen gleichzustellenden Vorgänge, zeichnen sich insbesondere dadurch aus, dass sie einen der Nachrangigkeit gemäß §§ 32a Abs. 1 GmbHG a.F., 39 Abs. 1 Nr. 5 InsO a.F.[209] fähigen (Rückgewähr-)Anspruch des Gesellschafters begründeten. Gerade als Konsequenz dieses Umstandes bestand die primäre Rechtsfolge des Eigenkapitalersatzrechts in ebendieser insolvenzrechtlichen Nachrangigkeit des Rückgewähranspruches. Diese "Nachrangigkeits-Tauglichkeit" wiederum basierte darauf, dass im Falle eines Darlehens dem Gesellschaftsvermögen ein konkretes Aktivum in seiner Substanz zugeführt wurde. Im Falle einer Nutzungsüberlassung aber wurde – selbst laut BGH – das bloße Recht zur Nutzung zur Verfügung gestellt, die dinglichen Herr-

---

207 Siehe zum Ganzen ausführlich *Altmeppen* in: Roth/Altmeppen, GmbHG, § 32a Rn. 193 ff.; *K. Schmidt* in Scholz, GmbHG, 10. Auflage 2010, §§ 32a, 32b Rn. 135.

208 Siehe im Einzelnen *K. Schmidt* in Scholz, GmbHG, 10. Auflage 2010, §§ 32a, 32b Rn. 138 ff.

209 § 39 InsO in der Fassung vom 13.04.2007 sowie zuvor vom 05.10.1994, in der Fassung vom 13.04.2007 gültig bis zum 31.10.2008 und durch das MoMiG außer Kraft getreten; im Folgenden sind mit § 39 InsO a.F. immer die beiden vorgenannten Fassungen bezeichnet.

schaftsrechte blieben unverändert,[210] weshalb gemäß allgemeiner Regelungen im Insolvenzfall ein gewöhnlicher Aussonderungsanspruch des Gesellschafters entstehen würde, der der Nachrangigkeit gerade nicht fähig wäre. Die Nutzungsüberlassung konnte der Gesellschaft nach alledem zwar Aufwendungen ersparen, jedoch keinen der Nachrangigkeit fähigen Anspruch des Gesellschafters begründen, weshalb sie keinen der Darlehensgewährung wirtschaftlich entsprechenden Sachverhalt i.S.d. § 32a Abs. 3 Satz 1 GmbHG a.F. darstellen konnte.

Bereits infolge der Nichtexistenz eines der Nachrangigkeit fähigen Gesellschafteranspruches war die Rechtsfigur der eigenkapitalersetzenden Nutzungsüberlassung schon dem Grunde nach abzulehnen.[211] Darüber hinaus sprechen vielfältige weitere Argumente gegen die Anerkennung der eigenkapitalersetzenden Nutzungsüberlassung, wie etwa, dass es ihr an der einem Darlehen innewohnenden Vorfinanzierungsfunktion fehlt.[212]

Um entsprechenden Fallgestaltungen gläubigerschützend entgegenzutreten, hätten vielmehr die Insolvenzverschleppungshaftung bzw. die Haftung wegen materieller Unterkapitalisierung fruchtbar gemacht werden müssen.

(3) Rechtsfolgen

Die Rechtsfolgen der Erweiterungsregel des § 32a Abs. 3 S. 1 GmbHG a.F. entsprachen zunächst denjenigen des Grundtatbestandes von § 32a Abs. 1 GmbHG a.F. Insoweit wird auf die dortigen Ausführungen verwiesen.[213] Desweiteren galten die Rechtsfolgen des § 32a Abs. 2 GmbHG a.F., die im nachfolgenden Abschnitt dargestellt werden.

(bb) § 32a Abs. 2 GmbHG a.F.

(1) Tatbestand

Bei § 32a Abs. 2 GmbHG a.F. handelte es sich bei zutreffender Sichtweise um eine Spezialvorschrift zu § 32a Abs. 3 S. 1 GmbHG a.F. Während letztgenannte Regelung diejenigen Sicherheiten erfasste, die der Gesellschafter der Gesellschaft zu dem Zwecke der Sicherung eines Kredites eines Dritten[214] sowie eines kapitalersetzenden Kre-

---

210 Dies kommt auch in dem Umstand zum Ausdruck, dass die Nutzungsüberlassung weder für die Überschuldungsbilanz gemäß § 19 InsO a.F. noch für die Zahlungsunfähigkeit gemäß §§ 17 f. InsO a.F. maßgeblich ist, siehe *Schaumann*, Reform des Eigenkapitalersatzrechtes im System der Gesellschafterhaftung, S. 35 m.w.N.

211 Jedenfalls i. Erg. gl.A.: *Altmeppen* in: Roth/Altmeppen, GmbHG, § 32a Rn. 193 ff.

212 *Schaumann*, Reform des Eigenkapitalersatzrechtes im System der Gesellschafterhaftung, S. 35 m.w.N.

213 Siehe schon oben unter 1. Teil A. II. 2. a).

214 Siehe *Altmeppen* in: Roth/Altmeppen, GmbHG, § 32a Rn. 219; *von Gerkan*, ZHR 158 (1994). 668, 669.

dites zur Verfügung stellte,[215] unterfielen solche Sicherheiten, die der Gesellschafter direkt einer der Gesellschaft Kredit gewährenden dritten Person einräumte, der Spezialvorschrift des § 32a Abs. 2 GmbHG a.F. Die der Vorschrift zugrunde liegende Wertung bestand darin, dass der dem Dritten eine Sicherheit gewährende Gesellschafter die Kapitalüberlassung an die Gesellschaft beförderte und dementsprechend letztlich eine Finanzierung mit Fremd- statt mit Eigenkapital zu verantworten hatte.[216]

Vergleichbare Vorgänge im Hinblick auf Gesellschaftern gleichzustellenden Dritten sowie bezüglich sicherungsgleicher Geschäfte[217] wurden über § 32a Abs. 2 GmbHG a.F. i.V.m. § 32a Abs. 3 Satz 1 GmbHG a.F. erfasst.

(2) Rechtsfolgen

Nach der mittlerweile herrschenden Ansicht zog § 32a Abs. 2 GmbHG a.F. keine materiell-rechtlichen Auswirkungen auf die gesicherte Forderung nach sich, da die Vorschrift eine reine Verfahrensregelung enthielt.[218] Allein das insolvenzrechtliche Verteilungsverfahren wurde dahingehend modifiziert, dass sich der kreditgebende Dritte zwar schon vor Inanspruchnahme der Sicherheit am Insolvenzverfahren beteiligen konnte, er allerdings insoweit ausgeschlossen war, als er noch keine Befriedigung durch die Sicherheit zu erlangen versucht hatte.[219] Nur soweit diese Befriedigung erfolglos blieb, konnte der Dritte am Verteilungsverfahren teilnehmen.[220]

Die Rechtsfolgen des § 32a Abs. 2 GmbHG a.F. gelangten nur im Falle eines eröffneten Insolvenzverfahrens zur Anwendung; auch die Ablehnung mangels Masse bewirkte keine Anwendung der Vorschrift.

---

215 BGH vom 15.02.1996 – IX ZR 245/94, NJW 1996, 1341 für den Fall einer Bürgschaft; *Altmeppen* in: Roth/Altmeppen, GmbHG, § 32a Rn. 220; der sicherheitengewährende Gesellschafter muss hierbei auch das Kapitalersatzrisiko tragen sollen, wofür dem BGH indes bereits die Kenntnis der Gesellschafterstellung des Kreditgebers sowie der die Krise der Gesellschaft begründenden Umstände genügt, siehe BGH vom 15.02.1996 – IX ZR 245/94, NJW 1996, 1341, 1342.

216 Ähnlich *K. Schmidt* in Scholz, GmbHG, 10. Auflage 2010, §§ 32a, 32b Rn. 156; insoweit ist damit letztlich eine spezielle Ausprägung der gesellschafterlichen Finanzierungsverantwortung maßgebend.

217 Siehe hierzu eingehender *K. Schmidt* in Scholz, GmbHG, 10. Auflage 2010, §§ 32a, 32b Rn. 161.

218 Insbesondere wird keine Quotenschmälerung bewirkt, siehe *K. Schmidt* in Scholz, GmbHG, 10. Auflage 2010, §§ 32a, 32b Rn. 171.

219 Siehe zum Problem- und Streitfall der Doppelbesicherung durch Gesellschaft und Gesellschafter *K. Schmidt* in Scholz, GmbHG, 10. Auflage 2010, §§ 32a, 32b Rn. 176 ff.

220 Indes kann er nach h.M. gleichwohl seine volle Forderung gegen die Gesellschaft von vornherein anmelden, siehe hierzu sowie zum Ganzen, insbesondere zur Entwicklung des Meinungsstreits *K. Schmidt* in Scholz, GmbHG, 10. Auflage 2010, §§ 32a, 32b Rn. 169 ff. m.w.N. sowie *ders.*, ZIP 1999, 1821, 1826.

c) Die Beschränkungen des eigenkapitalersatzrechtlichen Tatbestandes durch Kleinbeteiligten- und Sanierungsprivileg

Der zuvor dargestellte eigenkapitalersatzrechtliche Tatbestand wurde jedoch durch die mit Gesetz vom 20.04.1998 bzw. vom 27.04.1998 in § 32a Abs. 3 Sätze 2, 3 GmbHG a.F. eingeführten Kleinbeteiligten- und Sanierungsprivilegien eingeschränkt.[221] Die Bereichsausnahmen griffen vollumfänglich, d.h. sowohl im Anwendungsbereich des Grundtatbestandes (§ 32a Abs. 1 GmbHG a.F.), bezüglich der gesetzlichen Erweiterungen (§ 32a Abs. 3 Satz 1, Abs. 2 GmbHG a.F.) als auch hinsichtlich der später darzustellenden Rechtsprechungsregeln.[222]

Das Kleinbeteiligtenprivileg schränkte den Anwendungsbereich des Eigenkapitalersatzrechtes ein, indem es Darlehen eines Gesellschafters an die Gesellschaft von diesem ausnahm, wenn der Gesellschafter im Moment der Finanzmittelüberlassung mit lediglich 10 % oder weniger am Stammkapital beteiligt war.[223] Eine Rückausnahme von der Rechtsfolge der Nichtanwendbarkeit des Eigenkapitalersatzrechtes war für den Fall vorgesehen, dass der Gesellschafter zugleich Geschäftsführer der Gesellschaft war.[224]

Das Kleinbeteiligtenprivileg stellte den Rechtsanwender vor gewisse Abgrenzungsproblematiken. Dies galt etwa für Zurechnungsfragen, bspw. hinsichtlich der möglichen Zusammenrechnung rechtlich zunächst selbständiger Anteile, im Falle einer koordinierten Kreditvergabe sowie hinsichtlich der Frage, wann ein Nichtgeschäftsführer einem Geschäftsführer gleichzustellen war. Aufgrund des anderweitigen Fokus' der vorliegenden Untersuchung muss insoweit auf die einschlägige Fachliteratur verwiesen werden.[225]

Eine weitere Ausnahme bildete das sog. Sanierungsprivileg. Dieser in § 32a Abs. 3 Satz 3 GmbHG a.F. geregelte Ausnahmetatbestand erklärte die Regeln des Eigenkapitalersatzrechts bezüglich Finanzierungsleistungen für unbeachtlich, sofern der zuvor nicht eigenkapitalersatzrechtlich relevant an der Gesellschaft beteiligte Finanzierungsgeber[226] Gesellschaftsanteile lediglich mit dem Ziel erworben hatte, eine beste-

221 Abs. 3 Satz 2 angefügt durch G v. 20.04.1998 (BGBl I S. 707); Abs. 3 Satz 3 angefügt durch G v. 27.04.1998 (BGBl I S. 786).

222 Zu Letztgenannten siehe BGH vom 21.11.2005 – II ZR 277/03, DStR 2006, 384, 385 mit Anmerkung *Goette*; vgl. auch *Altmeppen*, ZGR 1999, 290, 298.

223 Für eine Zwischenbilanz zu den Auswirkungen des zum 24.04.1998 in Kraft getretenen Kleinbeteiligtenprivilegs siehe *Pentz*, GmbHR 2004, 529.

224 Auch diese Vorschrift war in § 32a Abs. 3 Satz 2 GmbHG a.F. zu finden und war entsprechend i.R.d. Rechtsprechungsregel anzuwenden; eine weitere Nichtanwendbarkeit des Kleinbeteiligtenprivilegs war laut BGH dann gegeben, wenn „koordinierte Kreditvergabe wie ein entsprechendes koordiniertes Stehenlassen in der Krise" der Gesellschafter zugunsten der Gesellschaft vorzufinden war, siehe BGH vom 19.03.2007 – II ZR 106/06, DStR 2007, 684, 685.

225 Siehe etwa *Altmeppen* in: Roth/Altmeppen, GmbHG, § 32a Rn. 6 ff.; *K. Schmidt* in Scholz, GmbHG, 10. Auflage 2010, §§ 32a, 32b Rn. 200 ff.

226 Insofern kommt eine Privilegierung für einen bereits beteiligten Gesellschafter nach § 32a Abs. 3 Satz 3 GmbHG a.F. prinzipiell nur in Betracht, wenn er bereits dem Kleinbeteiligtenprivileg unterfällt.

hende Krise der Gesellschaft zu überwinden.[227] Der BGH indes ließ nicht allein vorgenannte Sanierungsabsicht genügen, sondern forderte über den Wortlaut hinaus eine objektive Sanierungsfähigkeit der Gesellschaft.[228] Hintergrund dieser von der Literatur gleichsam vorbereiteten[229] Rechtsprechung war, dass aussichtslose Finanzierungshilfen den Gläubigerschutz nicht zurückdrängen sollten.[230]

Zur Bestimmung des Krisenzeitraums waren die bezüglich § 32a Abs. 1 GmbHG a.F. dargestellten Kriterien heranzuziehen.[231] Mit Eintritt einer nachhaltigen Sanierung griffen die Eigenkapitalersatzregeln dem Grunde nach wieder ein, sodass ein Stehenlassen des Darlehens wieder möglich wurde.[232]

Nach deutlich überwiegender Ansicht kam es für die Anwendbarkeit des Sanierungsprivilegs nicht auf eine bestimmte zeitliche Reihenfolge von Überlassung des Finanzierungsmittels und Anteilserwerb an.[233]

Für weitere Einzelheiten muss auf die einschlägige Fachliteratur verwiesen werden.[234]

d) Die weiteren gesetzlich geregelten Rechtsfolgen des eigenkapitalersatzrechtlichen Tatbestandes

(aa) Allgemeines

Unterfiel ein Sachverhalt gemäß den vorgenannten Ausführungen dem eigenkapitalersatzrechtlichen Tatbestand, konnten zudem bestimmte weitere gesetzliche Rechtsfolgen eintreten, die im Folgenden näher dargestellt werden.

Neben dem überaus bedeutsamen Verbot der Rückgewähr der Gesellschafterhilfe analog § 31 GmbHG a.F. insoweit, als die Gesellschafterhilfe zur Herstellung des Stammkapitals der Gesellschaft erforderlich ist, bestanden diese in den Anfechtungsrechten gemäß den §§ 135 InsO, 6 AnfG sowie gemäß § 32b GmbHG a.F.

Sowohl innerhalb als auch außerhalb der Insolvenz der Gesellschaft unterlagen gemäß §§ 135 Nr. 2 InsO a.F., 6 Nr. 2 AnfG a.F. solche Rechtshandlungen der Anfechtung, die dem Gläubiger einer von § 32a Abs. 1, 3 GmbHG erfassten Forderung „Be-

227 *Altmeppen* in: Roth/Altmeppen, GmbHG, § 32a Rn. 27; auch diese Ausnahme fand sich in der Novellenregelung (§ 32a Abs. 3 Satz 3 GmbHG a.F.), galt aber – genau wie das Kleinbeteiligtenprivileg – auch i.R.d. Rechtsprechungsregeln, BGH vom 21.11.2005 – II ZR 277/03, DStR 2006, 384, 385 mit Anmerkung *Goette*; für eine Zwischenbilanz zu den Auswirkungen des zum 01.05.1998 in Kraft getretenen Sanierungsprivilegs siehe *Pentz*, GmbHR 2004, 529.

228 BGH vom 21.11.2005 – II ZR 277/03, DStR 2006, 384, 385 mit Anmerkung *Goette*.

229 So wurden und werden in der Literatur etwa eine „Sanierungskreditwürdigkeit“ oder die objektive Eignung der Finanzierungsmaßnahme für die Sanierung gefordert, siehe zu Ersterem *Altmeppen* in: Roth/Altmeppen, GmbHG, § 32a Rn. 66, zu Letzterem *Bormann*, NZI 1999, 392.

230 Siehe *K. Schmidt* in Scholz, GmbHG, 10. Auflage 2010, §§ 32a, 32b Rn. 217.

231 *K. Schmidt* in Scholz, GmbHG, 10. Auflage 2010, §§ 32a, 32b Rn. 213.

232 *Altmeppen* in: Roth/Altmeppen, GmbHG, § 32a Rn. 64.

233 *K. Schmidt* in Scholz, GmbHG, 10. Auflage 2010, §§ 32a, 32b Rn. 215 m.w.N.; i. Erg. gl. A. OLG Düsseldorf vom 19.12.2003 – I 17 U 77/03 ZIP 2004, 508.

234 Siehe etwa *Altmeppen* in: Roth/Altmeppen, GmbHG, § 32a Rn. 56 ff.; *K. Schmidt* in Scholz, GmbHG, 10. Auflage 2010, §§ 32a, 32b Rn. 196 ff..

friedigung gewähren", sofern sie in dem letzten Jahr vor dem Insolvenzantrag oder nach diesem Antrag bzw. im letztem Jahr vor der Anfechtung erfolgt waren.

Parallel hierzu unterlagen gemäß §§ 135 InsO Nr. 1 a.F., 6 Nr. 1 AnfG a.F. solche Rechtshandlung der Anfechtung innerhalb sowie außerhalb des Insolvenzverfahrens, die einem solchen Gläubiger für seine eigenkapitalersatzrechtlich verstrickte Forderung „Sicherung gewährt hat".

Parallel nur zur insolvenzrechtlichen Anfechtungsvorschrift des § 135 InsO a.F. bestand gemäß § 32b Sätze 1, 2, 4 GmbHG a.F. ein Anfechtungsrecht der Gesellschaft im Insolvenzverfahren gegenüber solchen Gesellschaftern bzw. gleichzubehandelnden Dritten, die sich bezüglich einer Gesellschaftsverbindlichkeit verbürgt oder eine andere Sicherheit gewährt hatten, wenn die Gesellschaft die Verbindlichkeit im letzten Jahr vor der Insolvenzeröffnung beglichen hatte.

Unter einer Rechtshandlung im vorgenannten Sinne war jedes Rechtsgeschäft sowie jede geschäftsähnliche Handlung[235] zu verstehen, das bzw. die zu einer zumindest mittelbaren Gläubigerbenachteiligung führte.[236] An Letzterer fehlte es dann, wenn mit der Insolvenzmasse alle Gesellschaftsgläubiger, d.h. sowohl alle Masse- als auch alle Insolvenzgläubiger befriedigt werden konnten.[237]

(bb) Die Anfechtung der Befriedigung des gesellschafterlichen Rückgewähranspruches

Gemäß § 135 Nr. 2 InsO a.F. unterlagen solche Rechtshandlungen der Anfechtung, die dem Gläubiger einer von § 32a Abs. 1, 3 GmbHG erfassten Forderung[238] „Befriedigung gewähren", sofern sie im letzten Jahr vor dem Insolvenzantrag oder nach diesem Antrag erfolgt waren. Für die Fälle außerhalb einer Insolvenz hielt § 6 Nr. 2 AnfG a.F. ein entsprechendes Anfechtungsrecht bereit, sofern die betreffende Rückgewährhandlung im letztem Jahr vor der Anfechtung stattgefunden hatte.

Unter einer Rückgewähr war hierbei nicht nur die Erfüllung i.S.d. § 362 BGB zu verstehen, sondern darüber hinaus auch sämtliche Erfüllungssurrogate, etwa die Aufrechnung.[239]

Im Falle der Anfechtung entstand gemäß §§ 143 InsO a.F.[240], 11 AnfG a.F.[241] ein Rückgewähranspruch der Gesellschaft. Dieser umfasste sämtliche auf das verstrickte

235 BGH vom 15.10.1975 – VIII ZR 62/74, WM 1975, 1182, 1184; siehe auch *K. Schmidt* in Scholz, GmbHG, 10. Auflage 2010, §§ 32a, 32b Rn. 70.

236 BGH vom 19.09.1996 – IX ZR 249/95, NJW 1996, 3203, 3205; siehe auch *K. Schmidt* in Scholz, GmbHG, 10. Auflage 2010, §§ 32a, 32b Rn. 70.

237 *K. Schmidt* in Scholz, GmbHG, 10. Auflage 2010, §§ 32a, 32b Rn. 70.

238 Regelmäßig handelt es sich bei dieser Forderung um den Darlehensrückgewähranspruch des Gesellschafters; dies muss jedoch nicht der Fall sein, da – wie aufgezeigt – auch andere Finanzierungshilfen erfasst sein können und überdies nicht nur Gesellschafter Finanzierungsgeber sein können.

239 Siehe hierzu *K. Schmidt* in Scholz, GmbHG, 10. Auflage 2010, §§ 32a, 32b Rn. 71 m.w.N.

240 § 143 InsO in der Fassung vom 5.10.1994, gültig bis zum 31.10.2008 und durch das MoMiG außer Kraft getreten; im Folgenden ist mit § 143 InsO a.F. immer die vorgenannte Fassung vom 5.10.1994 bezeichnet.

241 § 11 AnfG in der Fassung vom 5.10.1994, gültig bis zum 31.10.2008 und durch das MoMiG außer Kraft getreten; im Folgenden ist mit § 11 AnfG a.F. immer die vorgenannte Fassung vom 5.10.1994 bezeichnet.

Darlehen bzw. den gleichgestellten Vorgang entfallenden Tilgungsleistungen, sodass er insbesondere die zur Erhaltung bzw. Wiederherstellung des Stammkapitals der Gesellschaft erforderliche Summe überschreiten konnte. Der Rückgewähranspruch konnte damit über den Rückforderungsanspruch der Gesellschaft aus § 31 GmbHG a.F. hinausgehen.

§ 31 GmbHG a.F. konnte indes insofern zugunsten der Gesellschaftsgläubiger über das Anfechtungsrecht hinausgehen, als seine Geltendmachung nicht durch die vorgenannte Jahresfrist begrenzt war.[242]

(cc) Die Anfechtung der Sicherungsgewährung zugunsten des Gesellschafters

Gemäß § 135 Nr. 1 InsO a.F. unterlagen solche Rechtshandlungen der Anfechtung, die dem Gläubiger einer von § 32a Abs. 1, 3 GmbHG erfassten Forderung[243] für diese Forderung eine Sicherung gewährt hatten, sofern die Sicherheit in den letzten zehn Jahren vor dem Antrag auf Eröffnung des Insolvenzverfahrens oder nach diesem Antrag gewährt worden war.[244]

Für die Fälle außerhalb einer Insolvenz hielt § 6 Nr. 1 AnfG a.F. ein entsprechendes Anfechtungsrecht bereit, sofern die betreffende Sicherungsgewährung in den letzten zehn Jahren vor der Anfechtung vorgenommen worden war.

Die Vorschriften erfassten nur solche Sicherheiten zugunsten des Gesellschafters, die aus dem Vermögen der Gesellschaft stammten.[245]

Zwar war es dem Gesellschafter bereits ab dem Moment der eigenkapitalersatzrechtlichen Verstrickung seines aus der Sicherungsgewährung resultierenden Anspruches gemäß § 30 GmbHG a.F. bzw. gemäß § 32a Abs. 1 GmbHG a.F. verwehrt, diesen Anspruch gegenüber der Gesellschaft durchzusetzen.[246] Wenn auch die Begründung des Ergebnisses im Einzelnen oft streitig war, galt dies unabhängig davon, ob es sich um akzessorische oder nicht-akzessorische bzw. um dingliche oder nicht um dingliche Sicherheiten handelte,[247] denn vor dem Hintergrund der Schutzzwecke des Eigenkapitalersatzrechtes war der von den §§ 135 Nr. 1 InsO a.F., 6 Nr. 1 AnfG a.F. verwendete Terminus der „Sicherung" – entsprechend dem Begriff der anfechtbaren „Rechtshandlung" i.R.d. §§ 135 Nr. 2 InsO a.F., 6 Nr. 2 AnfG a.F. – wiederum in

242 Siehe ausführlich unter 1. Teil A. II. 2. e) bb).

243 Wiederum handelt es sich regelmäßig bei dieser Forderung um den Darlehensrückgewähranspruch des Gesellschafters; dies muss jedoch nicht der Fall sein, da – wie aufgezeigt – auch andere Finanzierungshilfen erfasst sein können und überdies nicht nur Gesellschafter Finanzierungsgeber sein können.

244 Es schadet auch prinzipiell nicht, wenn die Sicherheit schon gewährt wurde, bevor die Forderung des Gesellschafters eigenkapitalersatzrechtlich verstrickt wurde, siehe *K. Schmidt* in Scholz, GmbHG, 10. Auflage 2010, §§ 32a, 32b Rn. 74 m. Hinweis darauf, dass eine zugleich mit Begründung der Forderung gewährte vollwertige Sicherheit i.d.R. der kapitalersatzrechtlichen Verstrickung der Finanzierungshilfe entgegenstehen wird.

245 *K. Schmidt* in Scholz, GmbHG, 10. Auflage 2010, §§ 32a, 32b Rn. 73.

246 *K. Schmidt* in Scholz, GmbHG, 10. Auflage 2010, §§ 32a, 32b Rn. 73, 61 m. zahlreichen weiteren Nachweisen.

247 *K. Schmidt* in Scholz, GmbHG, 10. Auflage 2010, §§ 32a, 32b Rn. 61 m.w.N.

einem extensiven Sinne zu verstehen.[248] Die Verwehrung der Geltendmachung der Rechte aus der Sicherheit stand aber der Anfechtbarkeit nicht entgegen, diese ging vielmehr über ebendieses Verbot hinaus, indem sie im Falle im Falle ihres Erfolges einen Anspruch auf Aufhebung bzw. Rückgewähr der Sicherheit begründete.[249]

Die anfechtbare Sicherungshandlung konnte zwar bis zu zehn Jahre vor dem Antrag auf Insolvenzeröffnung – bzw. bis zu zehn Jahre vor der außerinsolvenzlichen Anfechtung – zurückliegen, gleichwohl richtete sich die Verjährung des Anfechtungsanspruches im Insolvenzverfahren gemäß § 146 Abs. 1 InsO nach den Regelungen über die regelmäßige Verjährung nach dem Bürgerlichen Gesetzbuch. Dessen ungeachtet konnte der Insolvenzverwalter gemäß § 146 Abs. 2 InsO die Erfüllung einer Leistungspflicht, die auf einer anfechtbaren Handlung beruhte, gleichwohl auch im Falle der Verjährung des Anfechtungsanspruchs verweigern.

(dd) Die Anfechtung nach Befreiung von der Gesellschaftersicherheit gemäß §§ 32b GmbHG a.F.

Bereits dargestellt wurde der spezialgesetzlich in § 32a Abs. 2 GmbHG a.F. geregelte Erweiterungstatbestand zum eigenkapitalersatzrechtlichen Grundtatbestand. § 32a Abs. 2 GmbHG a.F. normierte eine Verteilungsregelung im Insolvenzverfahren für den Fall, dass ein Dritter der Gesellschaft im Zeitraum einer Gesellschaftskrise ein Darlehen gewährte und ihm ein Gesellschafter für die Rückgewähr des Darlehens eine Sicherung bestellte oder sich dafür verbürgte. Der Dritte konnte sodann im Insolvenzverfahren über das Vermögen der Gesellschaft nur für den Betrag verhältnismäßige Befriedigung verlangen, mit dem er bei der Inanspruchnahme der Sicherung oder des Bürgen ausgefallen war.

Für ebendiese Sachverhalte normierte nun § 32b GmbHG a.F. ein insolvenzrechtliches Anfechtungsrecht. Nach diesem stand der Gesellschaft im Anfechtungsfall ein Ausgleichsanspruch gegen den Sicherheit (bzw. Bürgschaft) leistenden Gesellschafter zu, wenn die Gesellschaft die Finanzierungshilfe[250] des Dritten innerhalb eines Jahres vor Insolvenzeröffnung zurückgewährt hatte.[251]

Es lagt also eine mit § 135 InsO a.F. vergleichbare insolvenzrechtliche Anfechtungsregelung mit dem Unterschied vor, dass das Gesellschaftsvermögen nicht durch eine unmittelbare Leistung an den Gesellschafter, sondern durch dessen Befreiung von seiner Sicherheit verringert wurde.[252] Der durch die Anfechtung entstehende Anspruch der Gesellschaft entsprach also in der Höhe demjenigen Umfang, in welchem der Gesellschafter durch die angefochtene Befriedigung von seiner Verpflichtung aus der gewährten Sicherheit freigeworden war, § 32b S. 2 GmbHG a.F.

---

248 Zumindest i. Erg. gl. A. ist *K. Schmidt* in Scholz, GmbHG, 10. Auflage 2010, §§ 32a, 32b Rn. 74.

249 *K. Schmidt* in Scholz, GmbHG, 10. Auflage 2010, §§ 32a, § 32b GmbHG a.F. Rn. 73.

250 Auch hinsichtlich der Kreditleistung des Dritten sind nicht nur Darlehen erfasst, sondern ebenfalls diesen wirtschaftlich entsprechende Rechtshandlungen gemäß § 32b S. 4 GmbHG a.F.

251 *K. Schmidt* in Scholz, GmbHG, 10. Auflage 2010, §§ 32a, 32b Rn. 185 m. zahlreichen Verweisen auf die Rechtsprechung.

252 BGH vom 20.09.1993 – II ZR 151/92, NJW 1993, 3265, 3266; *K. Schmidt* in Scholz, GmbHG, 10. Auflage 2010, §§ 32a, 32b Rn. 185.

§ 32b S. 3 GmbHG a.F. räumte dem Gesellschafter eine Ersetzungsbefugnis dergestalt ein, dass der Gesellschafter anstelle einer Leistung in das Gesellschaftsvermögen im vorgenannten Umfang das Recht hatte, die von ihm zugunsten des Dritten gewährte Sicherheit der Gesellschaft „zu ihrer Befriedigung zur Verfügung" zu stellen.[253] § 32b S. 3 GmbHG a.F. galt jedoch nur im Falle von vom Gesellschafter gewährten Realsicherheiten.[254]

Der Gesetzgeber hatte es versäumt, eine dem § 32b GmbHG a.F. entsprechende Regelung im Anfechtungsgesetz zu schaffen. Die insoweit – planwidrig – entstandene Regelungslücke war nach wohl einhelliger Ansicht jedoch nicht hinzunehmen, sondern gemäß BGH durch analoge Anwendung von § 3 AnfG[255], nach a.A. durch analoge Anwendung von § 6 AnfG a.F.[256] zu schließen.

(ee) Der Anfechtungsvorgang

Die vorstehend erläuterten Anfechtungsrechte wirkten – etwa im Unterschied zu § 142 Abs. 1 BGB – nicht im Sinne eines Gestaltungsrechtes dergestalt, dass eine berechtigte Anfechtung *eo ipso* zu einer unmittelbaren Veränderung der (dinglichen) Rechtslage in dem Sinne führen würde, dass die dem Gesellschafter zurückgewährte Leistung bzw. Sicherheit unmittelbar wieder Gegenstand des Gesellschaftsvermögens würde. Vielmehr begründete eine erfolgreiche Anfechtung gemäß §§ 143 InsO a.F., 11 AnfG a.F. einen schuldrechtlichen Anspruch auf Rückgewähr der zu Unrecht vom Gesellschafter empfangenen Leistung.[257] Im Fall einer Anfechtung nach dem AnfG konnte der Anspruch zudem auf Duldung der Zwangsvollstreckung gerichtet sein.[258]

Die anfechtungsberechtigten Personen waren im Falle eines Vorgehens nach § 135 InsO a.F. der Insolvenzverwalter bzw. im Falle einer außerinsolvenzlichen Anfechtung nach § 6 AnfG a.F. derjenige Gläubiger, der Inhaber eines vollstreckbaren Titels gegen die Gesellschaft war und zu dessen Gunsten auch die übrigen Voraussetzungen des § 2 AnfG erfüllt waren.[259]

Ein eröffnetes Insolvenzverfahren geht entsprechend des der gesamten InsO zugrunde liegenden Regelungszwecks, der Schaffung eines vorrangigen Gesamtvollstreckungsverfahrens, der außerinsolvenzlichen Anfechtung vor. Gemäß § 18 AnfG

253 Siehe zu der Problematik, was zu dieser zur Verfügung Stellung zugunsten der Gesellschaft im Einzelnen möglicherweise erforderlich bzw. überflüssig sein kann *K. Schmidt* in Scholz, GmbHG, 10. Auflage 2010, §§ 32a, 32b Rn. 192 m.w.N.

254 *K. Schmidt* in Scholz, GmbHG, 10. Auflage 2010, §§ 32a, 32b Rn. 192.

255 BGH vom 22.12.2005 – IX ZR 190/02, NJW 2006, 908.

256 *K. Schmidt* in Scholz, GmbHG, 10. Auflage 2010, §§ 32a, 32b Rn. 195.

257 *K. Schmidt* in Scholz, GmbHG, 10. Auflage 2010, §§ 32a, 32b Rn. 75 sowie Rn. 192 nur zur insolvenzrechtlichen Anfechtung.

258 *K. Schmidt* in Scholz, GmbHG, 10. Auflage 2010, §§ 32a, 32b Rn. 75.

259 *K. Schmidt* in Scholz, GmbHG, 10. Auflage 2010, §§ 32a, 32b Rn. 75.

a.F.[260] geht das Anfechtungsrecht nach Beendigung des Insolvenzverfahrens wiederum auf die Gläubiger über.[261]

Anfechtungsgegner war der von der angefochtenen Leistungs- bzw. Sicherheitsgewährung Begünstigte.[262] Hierbei handelte es sich regelmäßig um den Gesellschafter oder seinen Rechtsnachfolger, mitunter konnten jedoch auch Dritte betroffen sein, wenn die angefochtene Leistung unmittelbar diesen zugute kam.[263]

Im Falle der Erfüllung des im Wege einer erfolgreichen insolvenzrechtlichen Anfechtung entstandenen Anspruches gegen den Gesellschafter lebte dessen Rückgewähr- (im Falle der Anfechtung nach § 135 Nr. 2 InsO a.F.) bzw. Regressanspruch (im Falle einer Anfechtung nach § 32b GmbHG a.F.) gegen die Gesellschaft wieder auf. Allerdings war dieser Anspruch des Gesellschafters im Insolvenzverfahren nachrangig gemäß § 39 InsO a.F. Überdies standen die Rechtsprechungsregeln analog §§ 30, 31 GmbHG a.F. seiner Geltendmachung solange entgegen, bis der Krisenzeitraum der Gesellschaft nachhaltig überwunden war und die eigenkapitalersatzrechtliche Verstrickung damit entfiel.[264] Im Falle einer Anfechtung außerhalb eines Insolvenzverfahrens konnte freilich nur die vorgenannte Sperrwirkung gemäß den §§ 30, 31 GmbHG a.F. analog relevant werden.

Während die Anfechtung eines gleichwohl befriedigten Rückgewähranspruches ausdrücklich in den §§ 135 Nr. 2, 6 AnfG Nr. 2 AnfG geregelt war, bestand hinsichtlich der Anfechtung eines gleichwohl befriedigten Regressanspruches eine – bezogen auf InsO und AnfG gleichsam doppelte – Regelungslücke. Diese konnte freilich aus Gläubigerschutzgesichts-punkten nicht hingenommen werden, sondern war im Geltungsbereich der InsO durch die analoge Anwendung von § 32b GmbHG a.F.,[265] außerhalb der InsO durch die die analoge Anwendung der Vorschriften des AnfG zu schließen. Im Rahmen des AnfG konnte man wiederum entweder § 3 AnfG[266] oder § 6 AnfG a.F.[267] entsprechend anwenden, die ebenfalls im Falle des Freiwerdens des Gesellschafters von seiner Sicherheit durch Befriedigung des Drittkredits durch die Gesellschaft (originärer Anwendungsbereich des § 32b GmbHG a.F. im Insolvenzverfahren) anzuwenden waren.[268]

260 § 18 AnfG in der Fassung vom 5.10.1994, gültig bis zum 31.10.2008 und durch das MoMiG außer Kraft getreten; im Folgenden ist mit § 18 AnfG a.F. immer die vorgenannte Fassung vom 5.10.1994 bezeichnet.

261 *K. Schmidt* in Scholz, GmbHG, 10. Auflage 2010, §§ 32a, 32b Rn. 75.

262 *K. Schmidt* in Scholz, GmbHG, 10. Auflage 2010, §§ 32a, 32b Rn. 75.

263 *K. Schmidt* in Scholz, GmbHG, 10. Auflage 2010, §§ 32a, 32b Rn. 75.

264 Siehe zum Fall einer Anfechtung nach § 32b GmbHG a.F. *K. Schmidt* in Scholz, GmbHG, 10. Auflage 2010, §§ 32a, 32b Rn. 194.

265 *K. Schmidt* in Scholz, GmbHG, 10. Auflage 2010, §§ 32a, 32b Rn. 193.

266 BGH vom 22.12.2005 – IX ZR 190/02, NJW 2006, 908.

267 *K. Schmidt* in Scholz, GmbHG, 10. Auflage 2010, §§ 32a, 32b Rn. 195.

268 Siehe schon oben unter 1. Teil A. II. 2. d) dd).

e) Die Rechtsprechungsregeln analog § 30, 31 GmbHG a.F.

Nachdem die sog. Novellenregelungen in Tatbestand und Rechtsfolgen erläutert wurden, soll sich die Untersuchung nunmehr den sog. Rechtsprechungsregeln gemäß §§ 30, 31 GmbHG a.F. zuwenden.

Diese galten – jedenfalls in ihrem Kerngehalt – bereits vor Einführung der Novellenregelungen als von der Gerichtsbarkeit[269] geschaffenes Rechtsinstitut.[270] Wie bereits an anderer Stelle ausgeführt, sollten die Novellenregelungen die Rechtsprechungsregeln gleichsam ablösen, indem sie ihren Tatbestand und ihre Rechtsfolgen erschöpfend erfassen und sie somit obsolet machen sollten.[271]

Diese gesetzgeberische Intention wurde indes verfehlt. Dies war vor allem in dem Umstand begründet, dass die Novellenregelungen zwar in sachlicher Hinsicht dieselben Fallgestaltungen als eigenkapitalersatzrechtlich verstrickt ansahen,[272] es zur Eröffnung ihres Anwendungsbereichs jedoch entweder eines Insolvenzverfahrens oder einer außerinsolvenzlichen Gläubigeranfechtung bedurfte. Überdies waren die Anfechtungsrechte nach den Novellenregelungen selbst bei Vorliegen der vorgenannten Voraussetzungen durch die überaus kurzen Anfechtungsfristen der §§ 135 InsO a.F., 6 AnfG a.F. sowie des § 32b GmbHG a.F. begrenzt.

Insoweit eröffneten die Novellenregelungen im Vergleich zu den Rechtsprechungsregeln einen äußerst limitierten Schutzbereich, was ein erhebliches Schutzdefizit zu Lasten der Gesellschaftsgläubiger nach sich zog.[273] Vor diesem Hintergrund entschied der BGH im Jahr 1984 – unter weitgehender Zustimmung des Schrifttums[274] –, dass die Rechtsprechungsregeln auch weiterhin unverändert Anwendung finden sollten.[275]

(aa) Der sachliche Anwendungsbereich des Tatbestands der Rechtsprechungsregeln im Verhältnis zu den Novellenregelungen

Die Tatbestände von Rechtsprechungsregeln und Novellenregelungen stimmten überein,[276] sodass insoweit auf die vorstehenden Ausführungen verwiesen wird. Der BGH

269 Den Ausgangspunkt der Herausbildung des Eigenkapitalersatzrechtes ist bereits in einer Entscheidung des Reichsgerichts vom 03.12.1938 – II 84/38, JW 1939, 355 zu erblicken,

270 *Koutsós*, Die rechtliche Behandlung von (eigenkapitalersetzenden) Gesellschafterleistungen, S. 126.

271 Begr. RegE 1977, BT-Drucks. 8/1347, S. 39; *Hommelhoff* in: v.Gerkan/Hommelhoff, S. 4; *K. Schmidt* in Scholz, GmbHG, 10. Auflage 2010, §§ 32a, 32b Rn. 15.

272 *Altmeppen* in: Roth/Altmeppen, GmbHG, § 32a Rn. 110 m.w.N.; siehe auch *K. Schmidt* in Scholz, GmbHG, 10. Auflage 2010, §§ 32a, 32b Rn. 77.

273 Siehe etwa *Hommelhoff* in: v.Gerkan/Hommelhoff, S. 4 mit Hinweis darauf, dass dies insbesondere aus einer gesetzgeberischen Vernachlässigung eines wegweisenden BGH-Urteils (Urteil vom 24.03.1980 – II ZR 213/77, BGHZ 76, 326) sowie der dieses vorbereitende Entscheidungen des BGH resultierte.

274 *Altmeppen* in: Roth/Altmeppen, GmbHG, § 32a Rn. 108 m.w.N.; *K. Schmidt* in Scholz, GmbHG, 10. Auflage 2010, §§ 32a, 32b Rn. 15.

275 BGH vom 26.03.1984 – II ZR 14/84, BGHZ 90, 370, ZIP 1984, 698 (sog. „Nutzfahrzeug"-Urteil).

276 *Altmeppen* in: Roth/Altmeppen, GmbHG, § 32a Rn. 110 m.w.N.; siehe auch *K. Schmidt* in Scholz, GmbHG, 10. Auflage 2010, §§ 32a, 32b Rn. 77.

hatte den später in § 32a GmbHG a.F. normierten Kern des eigenkapitalersatzrechtlichen Tatbestandes bereits vor Einführung der Novellenregelungen herausgearbeitet.

Wenn auch die Rechtsprechungsregeln analog §§ 30, 31 GmbHG a.F. GmbHG a.F. in sachlicher Hinsicht dieselben Fallgestaltungen erfassten wie die Novellenregelungen, so unterschieden sich beide Rechtsinstitute gleichwohl in dem jeweiligen Umfang, in welchem sie die eigenkapitalersatzrechtliche Verstrickung anordneten. Dementsprechend waren zwei „Schutzzonen“[277] entstanden, wobei einerseits diejenige der Rechtsprechungsregeln weitgehender als diejenige der Novellenregelungen war und es sich andererseits umgekehrt verhielt. Diese wesensmäßigen Unterschiede beider Rechtsinstitute werden anhand der Rechtsfolgen der Rechtsprechungsregeln analog §§ 30, 31 GmbHG a.F. deutlich, die im Folgenden betrachtet werden sollen.

(bb) Das Ausmaß der eigenkapitalersatzrechtlichen Verstrickung gemäß den Rechtsprechungsregeln als wesensmäßiger Unterschied zu den Novellenregelungen

Die Rechtsfolgen der Rechtsprechungsregeln ergaben sich primär aus der analogen Anwendung der §§ 30, 31 GmbHG a.F.

§ 30 GmbHG a.F. normierte in Abs. 1 ein Auszahlungsverbot bezüglich des Vermögens der Gesellschaft insoweit, als es zur Erhaltung des Stammkapitals erforderlich war.

§ 31 Abs. 1 GmbHG enthielt einen Rückzahlungsanspruch der Gesellschaft im Falle der Zuwiderhandlung gegen § 30 Abs. 1 GmbHG a.F., indem „Zahlungen, welche den Vorschriften des § 30 zuwider geleistet sind [...] der Gesellschaft erstattet werden“ mussten. In § 31 Abs. 3 GmbHG war insoweit eine Ausfallhaftung der übrigen Gesellschafter normiert. Die vorgenannten Ansprüche verjährten gemäß § 31 Abs. 5 Satz 1 GmbHG in den Fällen des Abs. 1 in zehn Jahren sowie in den Fällen des Abs. 3 in fünf Jahren. Gemäß Abs. 5 Satz 2 begann die Verjährung mit dem Ablauf des Tages, an dem die Zahlung, deren Erstattung beansprucht wird, geleistet worden war.

Ausgehend von diesen gesetzlich vorgesehenen Rechtsfolgen wurde der wesensmäßige Unterschied der Rechtsprechungsregeln gegenüber den Novellenregelungen nun in einer zweifachen Abweichung deutlich, die einerseits das zeitliche Moment der eigenkapitalersatzrechtlichen Verstrickung und andererseits den summenmäßigen Umfang der eigenkapitalersatzrechtlichen Verstrickung betraf.

(1) Zeitraum der eigenkapitalersatzrechtlichen Bindung

Während die dargestellten Ansprüche bzw. Rechtsfolgen gemäß den Novellenregelungen lediglich nach Eröffnung eines Insolvenzverfahrens bzw. während des Betreibens der Einzelzwangsvollstreckung geltend gemacht werden konnten, konnte das Auszahlungsverbot nach § 30 GmbHG a.F. analog sowie das Rückzahlungsgebot nach § 31

277 So *Priester* in FS Döllerer, 475, 482.

GmbHG a.F. analog bereits ab dem Moment der eigenkapitalersatzrechtlichen Verstrickung der Gesellschafterhilfe geltend gemacht werden.[278] Die Geltendmachung oblag sodann dem Geschäftsführer[279] der Gesellschaft.[280] Die Eröffnung eines Insolvenzverfahrens war insoweit schlicht unerheblich, insbesondere hinderte sie auch nicht die Geltendmachung der Rechte gemäß den §§ 30, 31 GmbHG a.F. analog. Entsprechendes galt für das Betreiben der Einzelzwangsvollstreckung durch einen Gesellschaftsgläubiger.[281] Die Rechte aus den §§ 30, 31 GmbHG a.F. analog konnten ab dem Moment nicht mehr geltend gemacht werden, in dem die Unternehmenskrise nachhaltig beendet war.[282]

Darüber hinaus war die Geltendmachung von Rückgewähransprüchen im Falle verbotener Erstattungsleistungen nicht auf die z.T. überaus kurzen Anfechtungsfristen der §§ 135 InsO a.F., 6 AnfG a.F. sowie des § 32b GmbHG a.F. begrenzt, sondern es galt grundsätzlich die zehnjährige[283] Verjährungsfrist des § 31 Abs. 5 S. 1 GmbHG.

Der dementsprechend zeitlich äußerst begrenzte Gläubigerschutz der Novellenregelungen wurde vielfach kritisiert und lieferte das wohl entscheidende Argument, die Rechtsprechungsregeln weiterhin neben den Novellenregelungen anzuwenden. Diese zeitliche Abweichung der Verstrickung gemäß den Rechtsprechungsregeln, insbesondere in Form der regelmäßig weit über die Anfechtungsfristen der §§ 135 InsO a.F., 6 AnfG a.F. hinausgehenden Verjährungsfrist des § 31 Abs. 5 S. 1 GmbHG, stellte die wohl bedeutsamste Konstellation dar, in welcher nur die Rechtsprechungsregeln, nicht aber die Novellenregelungen Anwendung fanden und es somit tatsächlich entscheidend auf die Unterschiede beider Schutzmechanismen ankam.

Um dem insoweit bestehenden Schutzdefizit der Novellenregelungen zu begegnen, war die Erstreckung dieser zeitlichen Bindungswirkung der Rechtsprechungsregeln (§ 31 Abs. 5 GmbHG) auf den gesamten vorangehend dargestellten eigenkapitalersatzrechtlichen Tatbestand (auch) gemäß den Novellenregelungen anerkannt. Unterfiel eine Gesellschafterfinanzierungshilfe also einem der in den §§ 32a, b GmbHG a.F.[284], 135 InsO a.F., 6 AnfG a.F. abgebildeten Sachverhalte, so war sie auch gemäß

278 *Hommelhoff* in: v.Gerkan/Hommelhoff, S. 8.

279 Bzw. bei nicht in der Rechtsform der GmbH organisierten Unternehmen dem entsprechenden Geschäftsführungsorgan; der Prokurist ist hingegen nicht Adressat der §§ 30, 31 GmbHG a.F. analog, siehe *Altmeppen* in: Roth/Altmeppen, GmbHG, § 32a Rn. 115.

280 *Hommelhoff* in: v.Gerkan/Hommelhoff, S. 9.

281 *Hommelhoff* in: v.Gerkan/Hommelhoff, S. 8.

282 BGH vom 28.09.1981 – II ZR 223/80, BGHZ 81, 365, 367, ZIP 1981, 1332, 1333; der BGH macht in Bezug auf die §§ 30, 31 GmbHG a.F. analog freilich dann eine – in der Literatur häufig kritisierte, siehe etwa *Altmeppen* in: Roth/Altmeppen, GmbHG, § 32a Rn. 51, *K. Schmidt* in Scholz, GmbHG, 10. Auflage 2010, §§ 32a, 32b Rn. 54 – Ausnahme, wenn die Rückgewähr der Gesellschafterfinanzierungshilfe bzw. eine gleichgestellte Leistung zwar in einem Moment der finanziellen Gesundheit der Gesellschaft erfolgte, sie sich aber – wie sich sodann später herausstellte – innerhalb des Anfechtungszeitraums nach den §§ 135 InsO a.F., 6 AnfG a.F. ereignete, BGH vom 26.03.1984 – II ZR 14/84, BGHZ 90, 370, 381, ZIP 1984, 698, 700.

283 Bis zum 14.12.2004 galt hingegen eine fünfjährige Verjährungsfrist gemäß § 31 Abs. 5 GmbHG a.F.; siehe hierzu sowie zur damaligen Verjährungsfrist für Fälle der Bösgläubigkeit des Leistungsempfängers *v.Gerkan* in: v.Gerkan/Hommelhoff, S. 80 f.

284 Dies gilt auch für die § 32b GmbHG a.F. entsprechenden Sachverhalte außerhalb eines Insolvenzverfahrens, für die nach e.A. § 3 AnfG und nach a.A. § 6 AnfG a.F. analog anzuwenden ist.

den Rechtsprechungsregeln verstrickt; ihre zeitliche Verstrickung bemaß sich dann aber insoweit ebenfalls analog der §§ 30, 31 GmbHG a.F. Eine Entsperrung trat somit erst bei nachhaltiger Beendigung der Gesellschaftskrise ein; verbotswidrige Leistungen zugunsten des Gesellschafters konnten innerhalb der Frist des § 31 Abs. 5 GmbHG zurückverlangt werden.

Diese mit der Weitergeltung der §§ 30, 31 GmbHG a.F. analog einhergehende zeitliche Ausweitung des eigenkapitalersatzrechtlichen Tatbestandes führte jedoch nach zutreffender Ansicht nicht dazu, dass die kurzen Anfechtungsfristen der §§ 32b GmbHG, 135 InsO, 6 AnfG a.F. umgangen werden durften.[285] Eine Umgehung der Fristen war mit Gesetzeswortlaut und -systematik unvereinbar. Es mag zutreffend gewesen sein, die Novellenregelungen insoweit als zu "kurz greifend" zu empfinden; allerdings blieb dies durch die Weitergeltung der Rechtsprechungsregeln ohne praktische Konsequenz.[286] Die Nichterstreckung der längeren Verjährungsfrist des § 31 Abs. 5 GmbHG auf die Anfechtungsfristen wurde nur in dem – in der Rechtspraxis selten anzutreffenden – Fall relevant, in dem mittels der Anfechtung ein die Höhe des Stammkapitals der Gesellschaft überschreitender Aktivenstand hergestellt werden konnte.[287] Dies wird anhand der nachfolgenden Betrachtung des – wertmäßigen – Umfanges der eigenkapitalersatzrechtlichen Bindung gemäß den Rechtsprechungsregeln im Verhältnis zu den Novellenregelungen deutlich.

(2) Umfang der eigenkapitalersatzrechtlichen Bindung

Durch Betrachtung des Umfanges der eigenkapitalersatzrechtlichen Bindung gemäß den Rechtsprechungsregeln offenbart sich ihr zweiter wesensmäßiger Unterschied im Verhältnis zu den Novellenregelungen.

Das Auszahlungsverbot – und daran ggf. anschließend das Rückzahlungsverbot des § 31 Abs. 1 GmbHG a.F. – griff nämlich gemäß § 30 Abs. 1 GmbHG a.F. analog nur insoweit ein, als die Finanzierungshilfe eine Unterbilanz oder Überschuldung der Gesellschaft verhinderte.[288] Dementsprechend war zwar der gesamte eigenkapitalersatzrechtliche Kredit vom Anwendungsbereich des § 30 Abs. 1 GmbHG a.F. analog erfasst,[289] entsprechend der von den §§ 30, 31 GmbHG a.F. analog vorgesehenen Rechtsfolgen konnte er der Auszahlungssperre aber konkret nur anteilig unterliegen, nämlich allenfalls in der Höhe, in dem er zur Aufrechterhaltung bzw. Wiederherstellung der Stammkapitalsumme erforderlich war.

---

285 *K. Schmidt* in Scholz, GmbHG, 10. Auflage 2010, §§ 32a, 32b Rn. 189 m.w.N. auch zur Gegenansicht.

286 Siehe *K. Schmidt* in Scholz, GmbHG, 10. Auflage 2010, §§ 32a, 32b Rn. 77, der von einer „weitgehenden Bedeutungslosigkeit" der §§ 32b GmbHG, 135 InsO a.F. sowie des § 6 AnfG a.F. spricht.

287 *K. Schmidt* in Scholz, GmbHG, 10. Auflage 2010, §§ 32a, 32b Rn. 77 m. Hinweis auf die mangelnde Praxisrelevanz.

288 *K. Schmidt* in Scholz, GmbHG, 10. Auflage 2010, §§ 32a, 32b Rn. 79 m.w.N.; siehe zur Frage der Berücksichtigung eines Rangrücktrittes *K. Schmidt, ebd.*

289 *K. Schmidt* in Scholz, GmbHG, 10. Auflage 2010, §§ 32a, 32b Rn. 78.

Dieser vorgenannte Höchstbetrag war jedoch nicht auf die Stammkapitalsumme beschränkt, sondern konnte diese – im Fall der Überschuldung der Gesellschaft – auch überschreiten.[290]

Zum Zwecke der Feststellung der Unterbilanz wurde das nominelle Stammkapital der Gesellschaft betrachtet, wobei auch die eigenkapitalersetzenden Finanzierungsleistungen als Passiva anzusetzen waren.[291]

Zwar wurde der gewöhnliche Zinslauf zugunsten des Gesellschafters nicht gehindert; gleichwohl konnte auch die Zinszahlungen dem Auszahlungsverbot nach § 30 Abs. 1 GmbHG a.F. unterliegen.[292]

Zusammenfassend lässt sich somit festhalten, dass die Rechtsprechungsregeln dadurch hinter den Novellenregelungen zurückbleiben konnten, dass die betroffene Finanzierungshilfe dem Auszahlungsverbot bzw. Rückzahlungsgebot ggf. nur teilweise unterlag. Im Gegensatz zum Ausmaß der zeitlichen Verstrickung waren demnach insoweit die Novellenregelungen weitgehender.

Indes war der mögliche Unterschied in der summenmäßigen Verstrickung weitaus weniger praxisrelevant,[293] da bezüglich der betroffenen Gesellschaft regelmäßig nicht nur die Stammkapitalziffer nicht erreicht wurde, sondern überdies auch eine Überschuldung vorlag, sodass i. Erg. auch nach den Rechtsprechungsregeln die gesamte Gesellschafterhilfe verstrickt war.

(3) Die gegen das Auszahlungsverbot verstoßenden Vorgänge

Gegen das Auszahlungsverbot gemäß § 30 GmbHG a.F. analog verstieß nicht nur die originäre Erfüllung der Darlehens- bzw. sonstigen Finanzierungshilfenverbindlichkeit gegenüber dem Gesellschafter i.S.d. § 362 Abs. 1 BGB, sondern jegliche Art der Rückgewähr unter Einbeziehung sämtlicher Erfüllungssurrogate.[294]

Insbesondere die Aufrechung, die Verrechnung mit der Einlageverpflichtung des Gesellschafters und spätestens die Verwertung[295] einer dem Gesellschafter am Gesellschaftsvermögen eingeräumten Sicherheit waren dementsprechend gemäß § 30 GmbHG a.F. unzulässig.[296] Dies erforderte schon der mit den Rechtsprechungsregeln

---

290 BGH 21.09.1981 – II ZR 104/80, BGHZ 81, 311, 319, NJW 1982, 383, vom 05.02.1990 – II ZR 114/89, NJW 1990, 1730, 1732; *K. Schmidt* in Scholz, GmbHG, 10. Auflage 2010, §§ 32a, 32b Rn. 78.

291 *K. Schmidt* in Scholz, GmbHG, 10. Auflage 2010, §§ 32a, 32b Rn. 78; dies gilt auch für den Fall der Überschuldung, *v.Gerkan* in: v.Gerkan/Hommelhoff, S. 77.

292 *K. Schmidt* in Scholz, GmbHG, 10. Auflage 2010, §§ 32a, 32b Rn. 78.

293 So auch *K. Schmidt* in Scholz, GmbHG, 10. Auflage 2010, §§ 32a, 32b Rn. 77.

294 *K. Schmidt* in Scholz, GmbHG, 10. Auflage 2010, §§ 32a, 32b Rn. 80; *v.Gerkan* in: v.Gerkan/Hommelhoff, S. 77.

295 Siehe hierzu *v.Gerkan* in: v.Gerkan/Hommelhoff, S. 78 f. m. Verweis auf OLG München vom 19.06.1998 – 21 U 6130/97, ZIP 1998, 1438, 1439 sowie mit Verweisen auf die Gegenansicht, die u.U. bereits die Sicherheitsgewährung als eine gemäß § 30 GmbHG a.F. analog verbotene Leistung ansieht.

296 *K. Schmidt* in Scholz, GmbHG, 10. Auflage 2010, §§ 32a, 32b Rn. 80 ff.; *v.Gerkan* in: v.Gerkan/Hommelhoff, S. 77 ff.

bezweckte Schutz der Gesellschaftsgläubiger, da anderenfalls eine Umgehung des eigenkapitalersatzrechtlichen Grundtatbestandes allzu leicht möglich gewesen wäre.

(4) Der Erstattungsanspruch gemäß § 31 Abs. 1 GmbHG a.F. analog

Im Falle einer gegen § 30 GmbHG a.F. analog verstoßenden Auszahlung entstand ein Rückgewähranspruch der Gesellschaft aus § 31 GmbHG analog. Dies gemäß dem den §§ 30, 31 GmbHG a.F. analog zugrunde liegenden Kapitalerhaltungssystem freilich nur *insoweit*, als die Auszahlung gemäß § 30 GmbHG a.F. unzulässig gewesen war.

Im Zeitraum vor Insolvenzeröffnung war der Rückerstattungsanspruch vom Geschäftsführer[297] der Gesellschaft geltend zu machen.[298]

Primärer Schuldner des Erstattungsanspruches waren der Gesellschafter bzw. eine dem Gesellschafter gleichgestellte Person. Dies galt auch dann, wenn die Rückgewährleistung zwar nicht an einen Gesellschafter bzw. eine gleichgestellte Person erbracht worden war, der sonstige Empfänger die Leistung jedoch auf Veranlassung oder auf Rechnung des Gesellschafters entgegengenommen hatte.[299]

Eine zusätzliche Haftung des – nicht schon gleichgestellten – Dritten kam ebenfalls in Betracht. Dies war dann der Fall, wenn im Einzelfall ein für die Zurechnung genügendes Näheverhältnis[300] zwischen dem Dritten und dem Gesellschafter bestand.[301] Insoweit hatten Rechtsprechung und Literatur verschiedene Fallkonstellationen herausgearbeitet. So haftete etwa gemäß BGH der begünstigte minderjährige Sohn des Gesellschafters.[302] In der Literatur wurde überdies die Haftung des Treugebers, für den der Gesellschafter den Gesellschaftsanteil treuhänderisch hielt, sowie die Haftung von für Rechnung eines Gesellschafters handelnden Rückgewährempfängern bejaht.[303]

Gegen den Erstattungsanspruch der Gesellschaft konnte analog § 19 Abs. 2 Satz 2 GmbHG a.F. nicht aufgerechnet werden.[304]

---

297 Bzw. bei einem nicht in der Rechtsform der GmbH organisierten Unternehmen von dem entsprechenden Geschäftsführungsorgan; dagegen ist der Prokurist nicht Adressat der §§ 30, 31 GmbHG a.F. analog, siehe *Altmeppen* in: Roth/Altmeppen, GmbHG, § 32a Rn. 115.

298 *v.Gerkan* in: v.Gerkan/Hommelhoff, S. 79.

299 *v.Gerkan* in: v.Gerkan/Hommelhoff, S. 79 f.

300 *v.Gerkan* spricht insoweit von einem „qualifizierten Näheverhältnis" in: v.Gerkan/Hommelhoff, S. 80.

301 *K. Schmidt* in Scholz, GmbHG, 10. Auflage 2010, §§ 32a, 32b Rn. 86; *v.Gerkan* in: v.Gerkan/Hommelhoff, S. 80.

302 BGH vom 28.09.1981 – II ZR 223/80, BGHZ 81, 365, ZIP 1981, 1332; vom 10.10.1983 - II ZR 233/82, MDR 1984, 202; *K. Schmidt* in Scholz, GmbHG, 10. Auflage 2010, §§ 32a, 32b Rn. 86.

303 *K. Schmidt* in Scholz, GmbHG, 10. Auflage 2010, §§ 32a, 32b Rn. 86; *v.Gerkan* in: v.Gerkan/Hommelhoff, S. 80.

304 BGH vom 27.11.2000 – II ZR 83/00, BGHZ 146, 105, WM 2001, 204; *v.Gerkan* in: v.Gerkan/Hommelhoff, S. 80; a.A. *Altmeppen* in: Roth/Altmeppen, GmbHG, § 32a Rn. 117 a.E.

(5) Ausfallhaftung der übrigen Gesellschafter

Analog § 31 Abs. 3 GmbHG traf die Mitgesellschafter eines von der Rückerstattungsverpflichtung gemäß § 31 Abs. 1 GmbHG betroffenen Gesellschafters dann eine Ausfallhaftung, wenn die Erstattung der Leistung vom originär verpflichteten Gesellschafter nicht erlangt werden konnte. Dies galt jedoch nicht für die dem Kleinbeteiligtenprivileg unterfallenden Gesellschafter.[305]

Während die h.M. die Ausfallhaftung auf die Gesamthöhe des Stammkapitals beschränken wollte,[306] plädierte insbesondere *K. Schmidt* für eine Begrenzung der Haftung auf die Höhe der Stammeinlage des ausfallenden Gesellschafters.[307]

(6) Haftung des Geschäftsführers

Hinsichtlich der möglichen Haftung der Geschäftsführer für eigenkapitalersatzrechtswidrige Vorgänge war zwischen zwei verschiedenen Haftungsrichtungen zu differenzieren:

Zum einen hafteten die Geschäftsführer der Gesellschaft solidarisch[308] für Leistungen, die gegen § 30 GmbHG a.F. verstoßen hatten gemäß § 43 Abs. 3 Satz 1 GmbHG, sofern ihnen hinsichtlich der Leistungserbringung eine Pflichtverletzung bzw. Sorgfaltswidrigkeit i.S.d. § 43 Abs. 1 GmbHG zur Last fiel.[309] Auch die Berufung auf eine Leistungserbringung gemäß einer gesellschafterlichen Weisung konnte den Geschäftsführer insoweit nicht exkulpieren.[310] Die Verjährungsfrist betrug insofern fünf Jahre gemäß § 43 Abs. 4 GmbHG. Eine Haftung der Prokuristen im vorliegenden Kontext analog § 43 GmbHG kam indes nicht in Betracht.[311]

Zum zweiten hafteten die Geschäftsführer aber auch den Gesellschaftern gemäß und in den Grenzen des § 31 Abs. 6 GmbHG in dem Fall, in dem zuvor die Gesellschafter gemäß ihrer Ausfallhaftung nach § 31 Abs. 3 GmbHG eine Leistung in das Gesellschaftsvermögen erbracht hatten. Insoweit fanden gemäß § 31 Abs. 6 Satz 2 GmbHG die Vorschriften des § 43 Abs. 1 und Abs. 4 GmbHG entsprechende Anwendung.

---

305 Dies folgt aus § 31 Abs. 3 Satz 2, siehe *Altmeppen* in: Roth/Altmeppen, GmbHG, § 32a Rn. 116.

306 BGH vom 25.02.2002 – II ZR 196/00, ZIP 2002, 848, 849 f.; *v.Gerkan* in: v.Gerkan/Hommelhoff, S. 82 m.w.N.

307 *K. Schmidt* in Scholz, GmbHG, 10. Auflage 2010, §§ 32a, 32b Rn. 87.

308 Gemäß § 43 Abs. 2 GmbHG.

309 *v.Gerkan* in: v.Gerkan/Hommelhoff, S. 83.

310 BGH vom 25.06.2001 – II ZR 38/99, ZIP 2001, 1458 f.; *v.Gerkan* in: v.Gerkan/Hommelhoff, S. 83.

311 BGH vom 25.06.2001 – II ZR 38/99, ZIP 2001, 1458 f.; *v.Gerkan* in: v.Gerkan/Hommelhoff, S. 84; eine Haftung aus dem Anstellungsvertrag bzw. aus Delikt bleibt hiervon freilich unberührt, siehe *v.Gerkan*, *ebd.*

(7) Zusammenfassung

Wie vorstehend aufgezeigt wurde, bestand ein weitgehender, aber kein uneingeschränkter Gleichlauf der beiden Schutzsysteme des Eigenkapitalersatzrechts, den Rechtsprechungs- und Novellenregelungen.

Beide waren identisch hinsichtlich ihrer sachlichen Anwendungsvoraussetzungen, erfassten also dem Grunde nach identische Fallgestaltungen.

Dessen unbeschadet entfalteten sie in zweifacher Hinsicht eine unterschiedliche Schutzwirkung: Während die anfechtungsrechtlich konzipierten Novellenregelungen ausnahmslos die gesamte eigenkapitalersatzrechtlich verstrickte Leistung als nachrangig und im Falle verbotener Erstattungsleistungen diese als grundsätzlich anfechtbar einstuften, reichten Auszahlungsverbot bzw. Rückzahlungsgebot der Rechtsprechungsregeln nur soweit, wie die betreffende Gesellschafterleistung zur Aufrechterhaltung bzw. Wiederherstellung des Stammkapitals der Gesellschaft erforderlich war. Demgegenüber reichte die Schutzwirkung der Rechtsprechungsregeln insofern weiter, als sie weder ein Insolvenzverfahren noch eine außerinsolvenzliche Anfechtung voraussetzten. Sie knüpften vielmehr bereits an einem früheren Zeitpunkt an, nämlich dem der Kreditunwürdigkeit der Gesellschaft. Ihr zeitlicher Schutzbereich war jedoch nicht nur zu einem früheren Zeitpunkt eröffnet, sondern darüber hinaus typischerweise auch im Falle einer zeitlichen Rückanknüpfung weitgehender gestaltet. Dies deshalb, weil die Rechtsprechungsregeln nicht den kurzen Anfechtungsfristen der §§ 32b GmbHG, 135 InsO, 6 AnfG a.F unterlagen, sondern sich die Verjährung nach dem großzügig gestalteten § 31 Abs. 5 GmbHG bemaß.

Während die praktische Konsequenz der erstgenannten Abweichung regelmäßig irrelevant waren,[312] waren die praktischen Auswirkungen des zeitlich umfassenderen Schutzes der Rechtsprechungsregeln von erheblicher Bedeutung. Aus diesem Grunde wurde ihnen in der Literatur auch vielfach und entgegen des ursprünglichen gesetzgeberischen Willens die deutlich weitergehende Bedeutung zugemessen.[313] Aufgrund ihrer weitreichenderen Rechtsfolgen wurden die möglichen eigenkapitalersatzrechtlichen Tatbestände von der Rechtsanwendungspraxis typischerweise bereits im Ausgangspunkt unter das Rechtinstitut analog §§ 30, 31 GmbHG a.F. subsumiert.

III. Gesellschaftsformen, die als Finanzierungshilfenempfänger dem Eigenkapitalersatzrecht unterfallen konnten

Nachdem das Eigenkapitalersatzrecht im Vorstehenden hinsichtlich seines Tatbestands und seiner Rechtsfolgen dargestellt wurde, ist nunmehr zu erörtern, inwieweit es auf die verschiedenen Rechtsformen Anwendung fand.

Insofern bestanden Unklarheiten und Uneinigkeiten dahingehend, inwieweit die Rechtsprechungs- und Novellenregelungen auf andere Gesellschaftsformen als die

312 *K. Schmidt* in Scholz, GmbHG, 10. Auflage 2010, §§ 32a, 32b Rn. 77.
313 *K. Schmidt* in Scholz, GmbHG, 10. Auflage 2010, §§ 32a, 32b Rn. 77.

GmbH - die den Kern ihres Anwendungsbereiches darstellte - anzuwenden waren, denen von ihrem Gesellschafter eine Finanzierungshilfe überlassen wurde. Dies soll nachfolgend - ausgehend vom originären Anwendungsbereich des Eigenkapitalersatzrechts - untersucht werden.

1. Der originäre Anwendungsbereich des Eigenkapitalersatzrechtes – die GmbH

Unzweifelhaft fand das Eigenkapitalersatzrecht Anwendung, wenn es sich bei dem Empfänger der Finanzierungshilfe um eine GmbH handelte. Dies ergab sich schon daraus, dass der BGH die Rechtsfigur des Eigenkapitalersatzrechts - genauer betrachtet das Eigenkapitalersatzrecht in der Ausprägung der Rechtsprechungsregeln - im Hinblick auf die GmbH entwickelt hatte.[314] Auch die später vom Gesetzgeber eingeführten Novellenregelungen waren - in ihrem originären Anwendungsbereiches sogar ausschließlich - primär auf die GmbH ausgerichtet.[315] Dementsprechend wurden sie auch im GmbHG verankert (§§ 32 a, b GmbHG a.F.). Sie galten im Übrigen auch für die Vor-GmbH und die aufgelöste GmbH.[316]

2. Der erweiterte Anwendungsbereich des Eigenkapitalersatzrechtes

a) Die Aktiengesellschaft

Nachfolgend wird die Anwendbarkeit von Rechtsprechungs- und Novellenregelungen auf Gesellschaften in der Rechtsform der AG beleuchtet. Die Ausführungen gelten entsprechend für die KGaA.[317]

(aa) Die Rechtsprechungsregeln

Hinsichtlich der Anwendbarkeit der Rechtsprechungsregeln auf Gesellschaften in der Rechtsform der AG hat der BGH entschieden, dass diese dem Grunde nach gegeben ist.[318] Aus den strukturellen Unterschieden zwischen GmbH und AG - die sich insbesondere in den im Vergleich zum GmbHG strengeren Kapitalerhaltungsvorschriften der §§ 57 ff. AktG widerspiegeln - ergab sich jedoch, dass die Rechtsprechungsregeln nicht unverändert angewendet werden durften.[319] Vor dem Hintergrund, dass die Rechtsform der AG vor allem für Unternehmungen größeren Umfanges vorgesehen und oftmals eine Vielzahl von sich anonym gegenüberstehenden Aktionären vorhanden ist, wurde deutlich, dass nicht jedem dieser Aktionäre eine Finanzierungsfolgen-

---

314 BGH vom 14.12.1959 - II ZR187/57, NJW 1960,285 („Luft-Taxi").
315 *Undritz*, in: Runkel, Anwaltshandbuch Insolvenzrecht, § 4 Rn. 39.
316 *K. Schmidt* in Scholz, GmbHG, 10. Auflage 2010, §§ 32a, 32b Rn. 19, § 11 Rn. 21 ff., 53.
317 Siehe hierzu im Einzelnen *Undritz*, in: Runkel, Anwaltshandbuch Insolvenzrecht, § 4 Rn. 50.
318 Siehe das Grundsatzurteil des BGH vom 26.03.1984 - II ZR 171/83, BGHZ 90, 381, NJW 1984, 1893; vgl. ähnlich aber auch schon RG vom 03.12.1938 - II 84/38, JW 1939, 355; a.A. noch OLG Düsseldorf von 30.06.1983 - 6 U 120/81, ZIP 1983, 786.
319 So auch BGH vom 26.03.1984 - II ZR 171/83, BGHZ 90, 381, 387.

verantwortung im eingangs dargestellten Sinne[320] obliegen konnte. Konkret ergab sich dies auch daraus, dass die Aktionäre im Gegensatz zu Gesellschaftern einer GmbH weder über die Befugnis zur Weisungserteilung gegenüber der Geschäftsführung noch über ein laufendes Informationsrecht verfügten.[321] Dementsprechend beschränkte der BGH seine entsprechende Anwendung der Rechtsprechungsregeln auf solche Aktionäre, die unternehmerisch an der AG beteiligt waren.[322]

Wie dieser unbestimmte Rechtsbegriff der „unternehmerischen Beteiligung" nun im Einzelnen auszulegen war, war und ist auch weiterhin umstritten.[323] Der BGH nahm eine solche Beteiligung an, wenn der Aktionär aufgrund seines Beteiligungsumfanges über eine Sperrminorität oder ähnliche Rechte verfügte.[324] Ersteres war dann der Fall, wenn der Aktionär zu mehr als 25 % am Grundkapital der AG beteiligt war und zwar auch dann, wenn die Satzung der AG im konkreten Fall eine Dreiviertelmehrheit ausschließlich in den per Gesetz zwingend vorgeschriebenen Fällen vorsah.[325] Zudem galt dies unabhängig davon, ob es sich bei der AG um eine Gesellschaft mit kapitalistischer oder personalistischer Struktur handelte.[326] An ein Innehaben ähnlicher Rechte war insbesondere dann zu denken, wenn sich der Aktionär einen Einfluss auf die Unternehmensleitung gesichert oder zumindest angestrebt hatte bzw. anstreben würde.[327] Insbesondere bejahte der BGH insoweit eine unternehmerische Beteiligung eines Aktionärs, der zwar mit nur mit 15,46 % beteiligt war, zugleich jedoch im Zusammenspiel mit anderen wesentlichen Aktionären mit der AG eine koordinierte Kreditvergabe zugunsten dieser vereinbart hatte.[328]

Im Schrifttum wurden zudem weitergehende Vorschläge gemacht, unter welchen Umständen eine unternehmerische Beteiligung des Aktionärs in Betracht käme. Vorgeschlagen wurden insoweit insbesondere Fallkonstellationen, in denen dem Aktionär umfassende Informationsrechte zustanden, in denen dem Aktionär aufgrund eines Konsortialvertrages eine größere Einflussnahmemöglichkeit verliehen wurde, als es sein Stimmrecht aus seinem originären Aktienbesitz gewährleistete, in denen sich mehrere Aktionäre an der Überlassung eines Finanzierungsinstrumentes beteiligten, in denen der Aktionär eine Patronatserklärung abgegeben hatte oder in denen der Aktionär einen erheblichen Einfluss aufgrund konzernrechtlicher Verflechtungen be-

---

320 Siehe bereits oben unter 1. Teil A. III. 1.

321 So auch *Habersack*, ZHR 162 (1998), 201, 216; siehe hierzu kritisch *Bayer* in: v.Gerkan/Hommelhoff, S. 376 ff.

322 *Habersack*, ZHR 162 (1998), 201, 215 f.

323 Siehe die Nachweise bei *Undritz*, in: Runkel, Anwaltshandbuch Insolvenzrecht, § 4 Rn. 42 ff.

324 BGH vom 26.03.1984 – II ZR 171/83, BGHZ 90, 381, 390; BGH vom 09.05.2005 – II ZR 66/03, ZIP 2005, 1316, 1317.

325 BGH vom 09.05.2005 – II ZR 66/03, ZIP 2005, 1316, 1317

326 BGH vom 09.05.2005 – II ZR 66/03, ZIP 2005, 1316, 1317; gl. A. *Tillmann*, DStR 2005, 2128, 2129 f.; a.A. *Habersack*, ZHR 162 (1998), 201, 221, der noch weitgehender dafür plädiert, jeden Aktionär zu erfassen, der dessen Beteiligung nicht lediglich eine Anlagefunktion habe, wovon insbesondere die Aktionäre einer personalistisch strukturierten Aktiengesellschaft betroffen seien.

327 BGH vom 26.03.1984 – II ZR 171/83, BGHZ 90, 381, 392; vom 09.05.2005 – II ZR 66/03, ZIP 2005, 1316, 1317; OLG Düsseldorf vom 26.04.1990 – 10 U 75/89, BB 1991, 929.

328 BGH vom 26.04.2010 – II ZR 60/09, DStR 2010, 1752.

saß.[329] Auch wurde dafür plädiert, die Rechtsprechungsregeln entsprechend anzuwenden, wenn der Aktionär im Vorstand und bzw. oder Aufsichtsrat tätig war und zudem eine gewisse Beteiligungsgröße erreicht wurde.[330] Der BGH indes hat hinsichtlich einer solchen Fallkonstellation, bei der eine Beteiligung von 10 % gegeben war und zudem sowohl ein Vorstands- als auch ein Aufsichtsratsamt bekleidet wurde, eine unternehmerische Beteiligung abgelehnt.[331]

Die – aufgrund der BGH-Rechtsprechung – zumeist ausschlaggebende Beteiligungsgrenze von 25 %[332] wurde dagegen in der Literatur vielfach als bloße Vermutung für das Bestehen einer unternehmerischen Beteiligung angesehen.[333]

(bb) Die Novellenregelungen

Die bestrittene, mittlerweile aber wohl überwiegende Rechtsauffassung in der Literatur ging seit längerem zumindest implizit davon aus, dass auch die Novellenregelungen auf die Aktiengesellschaft als Finanzierungshilfenempfänger anzuwenden waren.[334] Indes konnte der früheren BGH-Rechtsprechung[335] kein unzweifelhaftes diesbezügliches Bekenntnis entnommen werden. Vielmehr äußerte sich der BGH zunächst unpräzise, indem er lediglich davon sprach, dass die im Wege der Rechtsfortbildung entwickelten Grundsätze zum Eigenkapitalersatzrecht trotz der Einführung der Novellenregelungen dem Grunde nach auch auf Aktiengesellschaften anzuwenden seien.[336] Im diesbezüglichen Grundsatzurteil des BGH[337] konnten die Novellenregelungen bereits aufgrund des maßgeblichen intertemporalen Rechts keine Anwendung finden; die Anwendbarkeit der Rechtsprechungsregeln *trotz* Einführung der Novellenregelungen betonte der BGH insoweit mit der Zielsetzung, eine Intention des Gesetzgebers dahingehend zu verneinen, dass mit der Einführung der Novellenregelungen auch eine bewusste (Nicht-)Regelung der Rechtslage in Bezug auf Aktiengesellschaften erfolgt sei, die eine Anwendbarkeit der Grundsätze des Eigenkapitalersatzrechts insoweit schon dem Grunde nach ausschließen würde.[338]

Eine Konsequenz der Nichtberücksichtigung dieses zweiten Stranges des Eigenkapitalersatzrechtes hätte insbesondere darin bestanden, dass die Gesellschaftersi-

329 Zu diesen Fallgruppen *Undritz*, in: Runkel, Anwaltshandbuch Insolvenzrecht, § 4 Rn. 43 sowie zum letztgenannten Aspekt BGH vom 09.05.2005 – II ZR 66/03, ZIP 2005, 1316, 1317.

330 *Habersack*, ZHR 162 (1998), 201, 220.

331 BGH vom 09.05.2005 – II ZR 66/03, ZIP 2005, 1316, 1317.

332 Zu den bereits dargelegten Ausnahmefällen siehe bereits oben im selbigen Abschnitt sowie BGH vom 26.04.2010 – II ZR 60/09, DStR 2010, 1752.

333 *Undritz*, in: Runkel, Anwaltshandbuch Insolvenzrecht, § 4 Rn. 42 m.w.N.; siehe auch *Bayer* in: v.Gerkan/Hommelhoff, S. 376 ff.

334 Ausdrückliche Erwähnungen der Anwendbarkeit der Novellenregelungen finden sich indes nur relativ selten, dafür etwa *Bayer* in: v.Gerkan/Hommelhoff, S. 385 ff.; *Cahn/v. Spannenberg* in Spindler/Stilz, AktG, § 57 Rn. 102, 104 f.; *Veil*, ZGR 2000, 223, 249 ff.; a.A. *K. Schmidt*, ZIP 2006, 1925, 1928.

335 Siehe das Grundsatzurteil des BGH vom 26.03.1984 – II ZR 171/83, BGHZ 90, 381 sowie das Urteil vom 09.05.2005 – II ZR 66/03, ZIP 2005, 1316.

336 BGH vom 26.03.1984 – II ZR 171/83, BGHZ 90, 381.

337 BGH vom 26.03.1984 – II ZR 171/83, BGHZ 90, 381.

338 BGH vom 26.03.1984 – II ZR 171/83, BGHZ 90, 381, 383.

cherheiten nicht gemäß § 32b GmbHG a.F. im Insolvenzverfahren hätten angefochten werden können. Wie dargestellt, war jedoch nur nach den Novellenregelung eine Haftung des Anteilseigners auf Rückzahlung in voller Höhe der eigenkapitalersetzenden Leistung möglich, da diese vollumfänglich nur gemäß der Novellenregelungen verstrickt wurde. Demgegenüber erfolgte gemäß den Rechtsprechungsregeln - im Falle der AG also nach §§ 57, 62 AktG - eine Verstrickung lediglich in Höhe des gebundenen Vermögens.[339]

Zum Zwecke eines möglichst umfassenden Gläubigerschutzes sowie aufgrund des Umstandes, dass nicht ersichtlich ist, warum ein Aktionär nur hinsichtlich der Rechtsprechungsregeln, nicht aber hinsichtlich der Novellenregelungen einem GmbH - Gesellschafter (dem Grunde nach) gleichgestellt werden sollte, sprechen die überzeugenderen Erwägungen dafür, dass die Novellenregelungen auch auf die AG Anwendung fanden.[340] In der Literatur wurde diese Frage unterschiedlich beantwortet.[341]

Die zwar i. Erg. nicht durchgreifenden, wohl aber vertretbaren Zweifel an der Anwendbarkeit der Novellenregelungen hat der BGH letztlich mittels seiner jüngsten Rechtsprechung beseitigt.[342] Ohne nähere Begründung erwähnte das Gericht insoweit, dass § 32a GmbHG a.F. dem Grunde nach auch auf Aktionäre bzw. Aktiengesellschaften anzuwenden war und bejahte somit die prinzipielle Anwendbarkeit sämtlicher Novellenregelungen.[343]

b) Gesetzestypische Personengesellschaften

(aa) Die Novellenregelungen

Die Nichtanwendbarkeit der Novellenregelungen nach dem Willen des Gesetzgebers auf sog. gesetzestypische Personengesellschaften – also Gesellschaften in der Rechtsform der GbR, oHG oder KG, bei denen zumindest ein persönlich haftender Gesellschafter eine natürliche Person ist oder zu deren persönlich haftenden Gesellschaftern eine andere Personengesellschaft gehört, bei der zumindest ein persönlich haftender Gesellschafter eine natürliche Person ist[344] – ergab sich nach zutreffendem Verständnis bereits aus den gesetzlichen Vorschriften. Gemäß §§ 129a, 172a HGB a.F. nämlich fanden die Novellenregelungen nur auf im vorstehenden Sinne "atypische" Gesellschaften in der Rechtsform von oHG oder KG entsprechende Anwendung. Nach dem Willen des Gesetzgebers schied demnach eine Anwendung der Novellenregelungen auf die GbR ohnehin aus; auf oHG und KG konnten die §§ 32a, b GmbHG

339 Siehe bereits oben unter 1. Teil A. II. 2. e) bb) sowie *Undritz*, in: Runkel, Anwaltshandbuch Insolvenzrecht, § 4 Rn. 49.

340 Ausführlich *Veil*, ZGR 2000, 223, 249 ff.; a.A. *K. Schmidt*, ZIP 2006, 1925, 1928.

341 Siehe die Nachweise bei *Undritz*, in: Runkel, Anwaltshandbuch Insolvenzrecht, § 4 Rn. 47 ff., der seinerseits eine entsprechende Anwendung der Novellenregelungen befürwortet.

342 BGH vom 26.04.2010 – II ZR 60/09, DStR 2010, 1752.

343 BGH vom 26.04.2010 – II ZR 60/09, DStR 2010, 1752, 1753.

344 Siehe zu dieser auch im Gesetz vorgesehenen Definition die §§ 129a, 172a HGB a.F.

a.F. nur dann angewendet werden, wenn es sich um atypische Gesellschaften handelte.[345]

Protagonist der Gegenauffassung war bzw. ist *K. Schmidt*.[346] Seiner Ansicht nach verfolgten die §§ 32a, b GmbHG a.F. gerade keinen GmbH(bzw. AG)-spezifischen Ansatz, sondern waren vielmehr „Ausdruck allgemeiner Rechtsgrundsätze".[347] Allerdings ist dieser in der Entwicklung eines allgemeinen Kapitalersatzrechts bestehende Ansatz Bestandteil der von *K. Schmidt* unternommenen „Institutionenbildung"[348] und wurde bislang weder von der h.M. noch von der Rechtsprechung übernommen.[349]

Eine Erstreckung der Novellenregelungen auch auf gesetzestypische Personengesellschaften wäre nur dann möglich gewesen, wenn das Gesellschaftsrecht im Allgemeinen dahingehend fortentwickelt worden wäre, dass die grundlegende Trennung von Personen- und Kapitalgesellschaften zumindest stark abgemildert worden wäre und stattdessen ein umfassender ansetzendes allgemeines Unternehmensrecht eingeführt worden wäre. Der Gesetzgeber indes wählte den Weg des MoMiG, der später ausführlich beleuchtet werden soll, weshalb eine derartige Ausweitung der Novellenregelungen ausscheiden muss.

(bb) Die Rechtsprechungsregelungen

Die analoge Anwendung der §§ 30 f. GmbHG a.F. auf gesetzestypische Personengesellschaften konnte nur schwerlich bejaht werden. Dies ergab sich schon daraus, dass diesen Rechtsformen derartige Kapitalerhaltungsvorschriften grundsätzlich fremd sind.[350] Kapitalerhaltungsvorschriften sind insoweit bereits deswegen nicht erforderlich, weil die persönlichen haftenden Gesellschafter ohnehin unbeschränkt mit ihrem gesamten Privatvermögen für Verbindlichkeiten der Gesellschaft haften.

---

345 *Habersack* hingegen wollte die Novellenregelungen hingegen dann auch auf typische GbR anwenden, wenn die Gesellschafter es „unternehmen, durch entsprechende Ausgestaltungen des Namens der GbR die persönliche Haftung für die Gesellschaftsschulden nicht nur im Einzelfall, sondern generell auszuschließen" in ZHR 162 (1998), 201, 215; eine prinzipielle Anwendbarkeit der §§ 32a, b GmbHG a.F. verneinte aber auch er.

346 *K. Schmidt*, Gesellschaftsrecht, S. 530 ff m.w.N.

347 *K. Schmidt*, Gesellschaftsrecht, S. 532.

348 So ausdrücklich *K. Schmidt*, Gesellschaftsrecht, S. 533.

349 *Undritz*, in: Runkel, Anwaltshandbuch Insolvenzrecht, § 4 Rn. 59.

350 Eine Ausnahme bildet freilich die Einlagensicherungsnormen in Bezug auf den Kommanditisten; gleichwohl sind die Komplementäre grundsätzlich von keinerlei Kapitalerhaltungsvorschriften betroffen.

c) Gesetzesatypische Personengesellschaften

(aa) Novellenregelungen

Hinsichtlich der gesetzesatypischen oHG und KG[351] – insbesondere also hinsichtlich der (typischen) GmbH (AG) & Co. KG – fanden die Novellenregelungen schon kraft gesetzlicher Anordnung Anwendung gemäß §§ 129a, 172a HGB a.F.[352]

Die h.M. zog daraus im Gegenschluss, dass die Novellenregelungen auf die atypische GbR gerade nicht anzuwenden waren.[353] Die bereits dargestellte Gegenansicht wollte zumindest den in den §§ 32a, b GmbHG a.F. inkorporierten Rechtsgedanken entsprechend auf sämtliche Gesellschaften in der Rechtsform der GbR anwenden.[354]

Der BGH ging zwar nicht so weit wie *K. Schmidt*, indem er § 129a HGB a.F. gerade nicht auf sämtliche GbR anwenden wollte; allerdings entschied der BGH kürzlich und – wegen der ausgeprägten Ähnlichkeit von atypischer GbR einerseits und atypischen oHG andererseits – zutreffend, dass § 129a HGB a.F. auf atypische GbR anzuwenden ist.[355]

(bb) Rechtsprechungsregelungen

I.R.d. (typischen) GmbH & Co. KG[356] wird als persönlich haftender Komplementär eine in Höhe des Stammkapitals begrenzt haftende GmbH eingesetzt. Da insoweit von der Rechtsform der GmbH gebraucht gemacht wird, besteht weitgehend Einigkeit dahingehend, dass aus Erwägungen des Gläubigerschutzes heraus auch diejenigen Regelungen des GmbH – Rechtes auf die GmbH & Co. KG Anwendung finden müssen, die der Sicherung des ebenjenen Gläubigern haftenden Gesellschaftsvermögens dienen, soweit das Stammkapital der Komplementär – GmbH angegriffen wird.[357]

Für die Rechtsprechungsregeln bedeutete dies, dass diese im Falle einer GmbH & Co. KG als gläubigerschützende Kapitalerhaltungsvorschriften (§§ 30 f. GmbHG a.F. analog) dann anzuwenden waren, wenn Leistungen zugunsten eines Kommanditisten aus dem Vermögen der KG zugleich das Stammkapital der GmbH angriffen.[358] Dies war insbesondere dann der Fall, wenn durch die Leistung der KG der Wert der Komplementärbeteiligung unter den Nennwert des Stammkapitals einer im Übrigen vermögenslosen GmbH herabgesetzt wurde oder die Leistung zugunsten des Kommanditisten eine Überschuldung der KG bewirkte bzw. eine bereits bestehende Über-

---

351 Hierbei handelt es sich um solche Gesellschaften in der Rechtsform der oHG oder KG, bei denen keine natürliche Person unbeschränkt haftet als (unmittelbarer) Gesellschafter oder Gesellschafter-Gesellschafter.

352 *K. Schmidt* in Scholz, GmbHG, 10. Auflage 2010, §§ 32a, 32b, Rn. 20.

353 A.A. *Habersack*, ZHR 162 (1998), 201, 215.

354 Siehe *K. Schmidt*, Gesellschaftsrecht, S. 532 m.w.N.;

355 BGH vom 26.01.2009 – II ZR 213/07, BGHZ 179, 278, DStR 2009, 595.

356 Die folgenden Ausführungen gelten entsprechend für die AG & Co. KG.

357 Hierzu grundlegend BGH vom 29.03.1973 - II ZR 25/70, NJW 1973, 1036.

358 BGH vom 29.03.1973 - II ZR 25/70, NJW 1973, 1036; siehe auch *Undritz*, in: Runkel, Anwaltshandbuch Insolvenzrecht, § 4 Rn. 52.

schuldung vertiefte.[359] Letzteres war deswegen der Fall, weil aufgrund der Überschuldung der Freistellungsanspruch der Komplementär – GmbH aus §§ 161 Abs. 2, 110 HGB gegen die KG nicht (mehr) werthaltig war.

Die Haftung nach den Regelungen des Eigenkapitalersatzrechtes – und zwar sowohl nach Rechtsprechungs- als auch nach Novellenregelungen – traf zudem auch denjenigen Gesellschafter, welcher nur als Kommanditist an der KG, nicht aber an der Komplementär – GmbH beteiligt war.[360]

Eine Anwendung der Rechtsprechungsregeln auf die übrigen gesetzesatypischen Personengesellschaften musste hingegen ausscheiden. Dies ergab sich daraus, dass hinsichtlich dieser atypischen GbR, oHG und KG grundsätzlich keine Kapitalerhaltungsvorschriften Anwendung finden.[361] Dies ist insoweit nicht erforderlich, weil die persönlichen haftenden Gesellschafter ohnehin mit ihrem gesamten Privatvermögen unbeschränkt für Verbindlichkeiten der Gesellschaft haften.

d) Scheinauslandsgesellschaften

Seit der „Überseering"-Entscheidung[362] und der „Inspire Art"[363] – Entscheidung des EuGH steht fest, dass im Rahmen innergemeinschaftlicher, grenzüberschreitender Sachverhalte die sog. Gründungstheorie anzuwenden ist. Diese besagt insbesondere, dass eine Kapitalgesellschaft, die entsprechend des Rechts eines Mitgliedsstaates wirksam gegründet worden ist, die Freiheit besitzt, ihr unternehmerisches Tätigkeits- bzw. Entscheidungszentrum an jeden beliebigen innergemeinschaftlichen Ort zu verlegen, ohne dass sie dadurch ihren Rechtsstatus auch nur teilweise verlieren würde oder ihr sonstige Nachteile entstünden.[364]

Insbesondere müssen staatliche Stellen in den Mitgliedstaaten und somit auch in Deutschland – und damit auch die Gerichte, welche dazu verpflichtet sind, das Gemeinschaftsrecht in seiner konkreten Auslegung durch den EuGH zu berücksichtigen[365] – diese Gesellschaften zum einen als rechts-, partei- und insolvenzfähig anerkennen.[366] Zum anderen muss die ausländische Gesellschaft auch in ihrem jeweiligen Gesellschaftsstatut im Inland anerkannt werden.[367]

Daraus ergab sich nun i.R.d. alten Rechtslage die Fragestellung, ob das Eigenkapitalersatzrecht auch auf sog. Scheinauslandsgesellschaften anzuwenden war. Unter

---

359 *Undritz*, in: Runkel, Anwaltshandbuch Insolvenzrecht, § 4 Rn. 52; zu letztgenannter Fallgruppe siehe BGH vom 29.03.1973 - II ZR 25/70, NJW 1973, 1036.

360 *Undritz*, in: Runkel, Anwaltshandbuch Insolvenzrecht, § 4 Rn. 52 mit Verweis auf die Rechtsprechung des BGH.

361 Eine Ausnahme bildet gleichwohl die Regelungen zur Einlagensicherung in Bezug auf den Kommanditisten; dessen unbeschadet sind die Komplementäre grundsätzlich von keinerlei Kapitalerhaltungsvorschriften betroffen.

362 EuGH vom 05.11.2002 – Rs. C-208/00, NZG 2002, 1164.

363 EuGH vom 30.09.2003 – Rs. C-167/01, NZG 2003, 1064.

364 EuGH vom 05.11.2002 – Rs. C-208/00, NZG 2002, 1164; vom 30.09.2003 – Rs. C-167/01, NZG 2003, 1064; *Vallender*, ZGR 2006, 425, 432.

365 BVerfG vom 22.10.1986 – 2 BvR 197/83, BVerfGE 73, 339, NJW 1987, 577 („Solange - II").

366 *Vallender*, ZGR 2006, 425, 432.

367 *Undritz*, in: Runkel, Anwaltshandbuch Insolvenzrecht, § 4 Rn. 59a.

einer Scheinauslandsgesellschaft versteht man eine Gesellschaft, die mit Ausnahme ihrer Rechtsform über keinerlei Beziehung zu ihrem Gründungsstaat verfügt und ihren Tätigkeitskreis auf das Inland beschränkt.[368] Gleichwohl mussten diese Gesellschaften nach der bereits dargestellten Rechtsprechung des EuGH zur gemeinschaftsvertraglichen Niederlassungsfreiheit als ausländische Gesellschaften anerkannt werden.[369] Hinsichtlich der Anwendbarkeit des Eigenkapitalersatzrechtes musste wiederum zwischen Rechtsprechungs- und Novellenregelungen differenziert werden.

(aa) Novellenregelungen

Bezüglich der Anwendbarkeit der Novellenregelungen war kodifiziertes europäisches Recht maßgeblich. Dies ergab sich aus Folgendem:

Zwar befanden sich die §§ 32a, b im GmbHG (a.F.), wodurch eine erste Vermutung für ihre gesellschaftsrechtliche Natur stritt. Bei genauerer Betrachtung aber wurde deutlich, dass die Novellenregelungen insolvenzrechtlicher Natur waren.[370] Das deutsche Insolvenzrecht aber ist mittels Art. 4 der Europäischen Insolvenzverordnung[371] im Falle der Insolvenz einer (Schein-)Auslandsgesellschaft als sog. *lex fori concursus* anwendbar.[372] Damit waren auch die §§ 32a, b GmbHG a.F. insoweit anwendbar. Auch der BGH hat sich aufgrund vorstehender Erwägungen dieser Sichtweise angeschlossen.[373]

(bb) Rechtsprechungsregeln

Die Rechtsprechungsregeln hingegen wurden in Analogie zu den Kapitalerhaltungsvorschriften bezüglich der GmbH entwickelt. Dementsprechend wurden sie in §§ 30 f. GmbHG a.F. (analog) verortet. Damit mussten sie aber den Kapitalerhaltungsvorschriften in ihrer originären Anwendung von § 30 f. GmbHG a.F. entsprechend dem Gesellschaftsstatut zugeordnet werden,[374] m.a.W. waren die Rechtsprechungsregeln gesellschaftsrechtlicher Natur.

Da nun aber – der vorstehend dargestellten EuGH-Rechtsprechung nach – (Schein-)Auslandsgesellschaften gemäß ihrem mitgliedsstaatlichen Gesellschaftssta-

---

368 *Undritz*, in: Runkel, Anwaltshandbuch Insolvenzrecht, *ebd.*

369 *Ego* in MüKo – AktG, Band 7, Kapitel B. 1. II. 2. Rn. 20 ff.

370 BGH vom 21.07.2011 – IX ZR 185/10, NZI 2011, 818, 820.

371 Im Folgenden: EuInsVO

372 BGH vom 21.07.2011 – IX ZR 185/10, NZI 2011, 818; AG Hamburg vom 26.11.2008 - 67g IN 352/08, NZG 2009, 131 m. Verweisen auf die Gegenansicht; *Undritz*, in: Runkel, Anwaltshandbuch Insolvenzrecht, § 4 Rn. 59b.

373 BGH vom 21.07.2011 – IX ZR 185/10, NZI 2011, 818; insbesondere ist darauf hinzuweisen, dass der BGH die Novellenregelungen aufgrund des ihnen beigemessenen insolvenzrechtlichen Charakters (bereits) für gemäß Art. 4 Abs. 2 EuInsVO auch auf Auslandsgesellschaften anwendbares Recht hält, sofern bezüglich deren Vermögens ein Insolvenzverfahren in Deutschland eröffnet wurde; nur in einem *obiter dictum* gibt das Gericht zu erkennen, dass dasgleiche Ergebnis auch mittels einer Einstufung gemäß deutschem internationalen Privatrechts erzielt würde, siehe BGH vom 21.07.2011 – IX ZR 185/10, NZI 2011, 818,819 f.

374 Siehe *Undritz*, in: Runkel, Anwaltshandbuch Insolvenzrecht, § 4 Rn. 59c.

tut anzuerkennen waren, konnten gesellschaftsrechtliche Regelungen des deutschen Rechts und damit auch die Rechtsprechungsregeln nach zutreffender Ansicht auf sie keine Anwendung finden.[375]

B. Handels- und Steuerbilanzielle Betrachtung

Nachfolgend sollen diejenigen Konsequenzen eingehender betrachtet werden, die das zivilrechtliche Eigenkapitalersatzrecht für die handels- und steuerbilanzielle Situation von Finanzierungshilfenempfänger (die Gesellschaft) und Finanzierungshilfengewährendem (der Anteilseigner) hatte. Dabei wird zwischen dem Ansatz dem Grunde nach, dem Ansatz der Höhe nach sowie den steuerlichen Verlustabzugsmöglichkeiten unterschieden, die der Anteilseigner im Falle des Verlustes seiner Finanzierungshilfe hatte.

I. Der Ansatz dem Grunde nach

Eigenkapitalersetzende Darlehen waren bisher in Handels- und Steuerbilanz als Verbindlichkeiten auszuweisen gemäß § 42 Abs. 3 GmbHG.[376] Die Tatsache, dass der Darlehensgeber zugleich auch Gesellschafter der darlehensnehmenden Gesellschaft war, blieb grundsätzlich für die insoweit vorzunehmende Bilanzierung ohne Auswirkung.[377]

Als Fremdkapital waren die Verbindlichkeiten grundsätzlich auch dazu geeignet, eine Zinsverbindlichkeit gegenüber dem Gesellschafter entstehen zu lassen.[378] Diese Möglichkeit des Zinsertrages stellte einen gewichtigen (zusätzlichen) Anreiz für den Gesellschafter dar, der Gesellschaft Fremd- statt Eigenkapital zuzuführen.[379] Dies galt umso mehr, als die Zinszahlungen der Gesellschaft zugleich als abzugsfähige Betriebsausgaben ihren steuerlichen Gewinn minderten.[380]

Streitig war hinsichtlich der Bilanzierung in Handels- und Steuerbilanz, ob auf den eigenkapitalersetzenden Charakter des Darlehens hinzuweisen war und ggf. ob

---

375 Dies offenlassend BGH vom 21.07.2011 – IX ZR 185/10, NZI 2011, 818, 820.

376 BFH vom 05.02.1992 – I R 127/90; NJW 1992, 2309, 2310; *Bullinger*, DStR 1993, 225, 226; *Hein/Suchan/Geeb*, DStR 2008, 2289, 2290; *Hirte*, DStR 2000, 1829; *Ortmann-Babel/Bolik/Gageur*, BB 2009, 2414; *Uhländer*, BB 2005, 70, 72; *Crezelius* in FS Raupach, Köln 2006, S. 330 f. m.w.N.; Verweise auf die mittlerweile wohl nicht mehr vertretene ursprüngliche Gegenmeinung finden sich bei *Castor*, Das Recht der eigenkapitalersetzenden Gesellschafterleistungen, S. 103.

377 Siehe *Ortmann-Babel/Bolik/Gageur*, BB 2009, 2414.

378 BFH vom 05.02.1992 – I R 127/90; NJW 1992, 2309, 2310; *Uhländer*, BB 2005, 70, 72; *Crezelius* in FS Raupach, Köln 2006, S. 330 f.

379 *Niemann/Mertzbach*, DStR 1992, 929.

380 *Weitemeyer*, Der Einfluss des Europarechts auf die Besteuerung und Finanzierung der Konzerne in: Begegnungen im Recht, Ringvorlesung zu Ehren von K. Schmidt anlässlich seines 70. Geburtstags, S. 3; auf stattdessen gewährtes Eigenkapital ausgeschüttete Dividenden hätten dagegen als Element der Ergebnis*verwendung* nicht zu einer Gewinnminderung geführt, siehe *Bullinger*, DStR 1993, 225.

dieser Hinweis in der Bilanz, im Anhang oder im Lagebericht zu erfolgen hatte.[381] Unterblieb jedoch jeglicher Hinweis auf den eigenkapitalersetzenden Charakter der Finanzierungshilfe, so wurde teilweise dafür plädiert, den Jahresabschluss gemäß § 256 Abs. 1 Nr. 1 AktG analog als nichtig anzusehen.[382]

Zudem war umstritten, was im Falle einer (einfachen oder qualifizierten) Rangrücktrittserklärung eines Gesellschafters hinsichtlich einer Forderung gegenüber der Gesellschaft zu geschehen hatte.[383] In Handels- und Steuerbilanz blieb es nach herrschender Auffassung auch in diesen Fällen bei der Passivierungsmöglichkeit des Darlehens, sodass es steuerlich nicht zu einer Gewinnrealisierung kam.[384] Lediglich in der für die Frage einer eventuellen Insolvenzantragstellung maßgeblichen Überschuldungsbilanz führte der qualifizierte Rangrücktritt zur Ausbuchung des Darlehens.[385] Auch die Vorschrift des § 5 Abs. 2a EStG konnte an der Berücksichtigung des Darlehens in Handels- und Steuerbilanz nach herrschender Meinung nichts ändern.[386] Die Passivierung des Darlehens in der Steuerbilanz war lediglich in Fällen eines sog. Forderungsverzichtes mit Besserungsabrede verboten.[387]

War ein Gesellschafterdarlehen nach den Rechtsprechungsregeln verstrickt (§§ 30 f. GmbHG a.F. analog) und erbrachte die Gesellschaft zugunsten des Gesellschafters Leistungen in Form von Tilgung oder Zinsbedienung, so war zugleich ein entsprechender Rückforderungsanspruch gegen den Gesellschafter zu aktivieren.[388] Für Zwecke der Bewertung musste dessen Einbringlichkeit immer wieder neu überprüft werden.[389]

---

381 *Castor*, Das Recht der eigenkapitalersetzenden Gesellschafterleistungen, S. 103 f.; *Hein/Suchan/Geeb*, DStR 2008, 2289, 2290 jeweils m.w.N.

382 Siehe *Castor*, Das Recht der eigenkapitalersetzenden Gesellschafterleistungen, S. 104 m.w.N.

383 *Hirte*, DStR 2000, 1829; ein ausführlicher Überblick über die Rechtsentwicklung und die verschiedenen Aspekte eines Rangrücktrittes findet sich bei *Kahlert/Rühland*, Sanierungs- und Insolvenzsteuerrecht, Rz. 3.26 ff.

384 BMF vom 08.09.2006 – IV B 2 - S 2133 - 10/06, BStBl I 2006, 497, DStR 2006, 1700; *Kahlert/Gehrke*, ZIP 2008, 2392, 2393; *Küffner*, DStR 1993, 180, 181 f.

385 BGH vom 08.01.2001 – II ZR 88/99, NZI 2001, 196; *Habersack*, ZIP 2007, 2145, 2151; *Kahlert/Gehrke*, ZIP 2008, 2392, 2393; *Gehrlein*, BB 2008, 846, 847; dies war jedoch nicht bloß Folge, sondern Motiv des qualifizierten Rangrücktritts, da auf die Weise dem Insolvenzgrund der Überschuldung u.U. ausgewichen werden konnte; siehe dazu *Förster/Wendland*, GmbHR 2006, 169, 173 ff.

386 *Kahlert/Gehrke*, ZIP 2008, 2392, 2393; *Crezelius* in FS Raupach, Köln 2006, S. 332 f.; BMF vom 08.09.2006 – IV B 2 - S 2133 - 10/06, BStBl I 2006, 497, DStR 2006, 1700, Rz. 7.

387 BMF vom 02.12.2003 – IV A 2 - S 2743 - 5/03, FR 2004, 109; *Hein/Suchan/Geeb*, DStR 2008, 2289, 2290; *Niemann/Mertzbach*, DStR 1992, 929, 932; *Crezelius* in FS Raupach, Köln 2006, S. 333; allerdings lag – sofern der Forderungsverzicht durch das Gesellschaftsverhältnis veranlasst war – in Höhe des werthaltigen Teils der Forderung eine (verdeckte) Einlage des Gesellschafters vor, die gemäß § 6 Abs. 1 Nr. 5 EStG mit dem Teilwert zu bewerten war und den Gewinn der Gesellschaft entsprechend minderte (Herausrechnung aus dem Jahresunterschiedsbetrag); damit konnte auch der Forderungsverzicht mit Besserungsabrede im Ergebnis gewinnneutral verlaufen (Gewinnneutralität lag vor, wenn die Forderung im Zeitpunkt des Verzichts voll werthaltig war); siehe auch dazu das genannte Schreiben des BMF, *ebd.*; BFH vom 09.06.1997 – GrS 1/94, BStBl. II 1998, 307, 309 f., GmbHR 1997, 851; vom 31.05.2005 – I R 35/04, GmbHR 2005, 1571 sowie *Förster/Wendland*, GmbHR 2006, 169, 172.

388 *Küffner*, DStR 1993, 180, 182.

389 *Küffner*, DStR 1993, 180, 182.

Vereinzelt wurde auch dafür plädiert, im Falle des Verlustes eines Gesellschafterdarlehens in Handels- und Steuerbilanz nachträgliche Anschaffungskosten auf die zugrunde liegende Beteiligung anzunehmen.[390] Im Bereich des Privatvermögens entsprach dies – wie noch ausführlich zu zeigen sein wird[391] – der ständigen Rechtsprechung des BFH. Indes lag dies in dem Umstand begründet, dass dort eine Verlustberücksichtigung bei Verlust einer eigenkapitalersetzender Finanzierungshilfen ansonsten nicht möglich war.[392] Im Bereich des Betriebsvermögens aber hätte eine solche Art der Bilanzierung – vorgelagert in der Handelsbilanz und gemäß § 5 Abs. 1 Satz 1 EStG nachfolgend in der Steuerbilanz – dazu geführt, dass nicht immer eine sofortige Verlustberücksichtigung möglich gewesen wäre, sondern ggf. nur eine zeitversetzte im Falle einer erst in einem späteren Geschäfts- bzw. Wirtschaftsjahr abzuschreibenden Beteiligung.[393] Die diesbezüglich mögliche Verzögerung der Steuerentlastung für den Gesellschafter hätte also in exakt umgekehrter Richtung gewirkt wie die angesprochene Rechtsprechung zu § 17 EStG.

Wenn auch der vorgenannte Streit insoweit nur eingeschränkte praktische Bedeutung hatte, als die vorgenannte denkbare Zeitverzögerung der Aufwandsberücksichtigung die wohl wesentlichste Konsequenz darstellte, so ist letztlich der h.M. zu folgen. Denn im betrieblichen Bereich stellen Darlehen und Beteiligung zwei selbständige Vermögensgegenstände bzw. Wirtschaftsgüter dar und sind daher – vorbehaltlich gesetzlicher Sonderregelungen[394] – in ihrer Bilanzierung unabhängig voneinander. Dies hat auch der BFH in zutreffender Weise betont.[395]

II. Der Ansatz der Höhe nach

Hinsichtlich der Höhe der Bewertung des Darlehensanspruchs in der Bilanz des Gesellschafters[396] bzw. der Darlehensverbindlichkeit in der Bilanz der Gesellschaft war eine Vorfrage von entscheidender Natur, nämlich die, ob es sich bei dem Darlehen um ein verzinsliches oder ein unverzinsliches Darlehen handelte. Dies war sowohl für die handelsbilanzielle als auch für die steuerbilanzielle Bewertung der Höhe nach maßgeblich:

390 *Waclawik*, ZIP 2007, 1838, 1842 ff.

391 Siehe unten unter 1. Teil B. III. 3. d).

392 Siehe unten unter 1. Teil B. III. 3. d).

393 *Waclawik*, ZIP 2007, 1838, 1842 ff.

394 Wie etwa § 8b Abs. 3 KStG n.F.; siehe hierzu noch sogleich unter 1. Teil B. III. 1.

395 Siehe die Entscheidung des BFH zu § 8b Abs. 3 KStG n.F. vom 14.01.2009 – I R 52/08, BB 2009, 990 mit Anmerkung *Hahne*.

396 Diese Frage konnte sich natürlich nur dann stellen, wenn der Gesellschafter überhaupt bilanzierungspflichtig gemäß § 238 HGB (handelsbilanziell) bzw. gemäß §§ 140, 141 AO (steuerbilanziell) war bzw. trotz nicht bestehender Verpflichtung eine Bilanz aufstellte.

1. Der handelsbilanzielle Ansatz der Höhe nach

Handelte es sich um ein verzinsliches Darlehen, war dieses mit dem Nominalwert zu bewerten.[397]

Im Rahmen eines unverzinslichen oder niedrigverzinslichen Darlehens war der Darlehensanspruch des Gesellschafters dagegen zum Barwert zu bewerten, d.h., dass insoweit eine Abzinsung zu erfolgen hat.[398] Technisch umzusetzen war diese nach h.M. im Wege der sog. Brutto - Methode.[399] Diese besagt, dass der Anspruch zunächst zum Nominalwert einzubuchen und anschließend auf den Barwert abzuschreiben ist.[400] Im HGB finden sich lediglich Vorschriften zur Abzinsung von Rückstellungen (§ 253 Abs. 2 Satz 1 HGB[401]), nicht aber zur Abzinsung von Verbindlichkeiten. Eine analoge Anwendung dieser Vorschrift kam insoweit – jedenfalls für nicht unwesentliche Beträge – wohl nicht in Betracht.[402]

Die Gesellschaft musste dessen unbeschadet die Darlehensverbindlichkeit auch weiterhin mit dem Erfüllungsbetrag passivieren.[403] Dies deshalb, weil eine Abzinsung – unabhängig von der konkreten Abzinsungsmethode – einen Verstoß gegen das Vorsichtsprinzip bedeutet hätte.[404]

2. Der steuerbilanzielle Ansatz der Höhe nach

Handelte es sich um ein verzinsliches Darlehen,[405] war dieses aufgrund des Maßgeblichkeitsgrundsatzes aus § 5 Abs. 1 EStG auch in der Steuerbilanz mit dem Erfüllungsbetrag zu passivieren. Auch eine Abzinsung kam gemäß § 6 Abs. 1 Nr. 3 Satz 2 EStG nicht in Betracht, da verzinsliche Verbindlichkeiten vom Abzinsungsgebot des § 6 Abs. 1 Nr. 3 Satz 1 EStG ausgenommen sind.

Ob auf unverzinsliche, eigenkapitalersetzende Darlehensverbindlichkeiten das Abzinsungsgebot des § 6 Abs. 1 Nr. 3 Satz 1 EStG anzuwenden war mit der Folge, dass der zunächst angesetzte Erfüllungsbetrag (s.o.) mit 5,5 % abzuzinsen ist, war umstrit-

---

397 *Ortmann-Babel/Bolik/Gageur*, BB 2009, 2414.

398 *Ortmann-Babel/Bolik/Gageur*, BB 2009, 2414.

399 Im Gegensatz zur ebenfalls denkbaren Netto - Methode, nach welcher unmittelbar der Barwert eingebucht würde und somit eine Ergebnisrelevanz (GuV) ausscheiden würde, siehe *Ortmann-Babel/Bolik/Gageur*, BB 2009, 2414.

400 *Ortmann-Babel/Bolik/Gageur*, BB 2009, 2414.

401 Diese Regelung wurde eingeführt durch das Bilanzrechtsmodernisierungsgesetz (BilMoG) vom 26.05.2009, BGBl I 2009, 1102.

402 Gl.A. *Ortmann-Babel/Bolik/Gageur*, BB 2009, 2414, 2415 mit dem Hinweis darauf, dass die Barwertermittlung daher nach allgemeinen finanzmathematischen Grundsätzen zu erfolgen habe.

403 Dieser entspricht dem Rückzahlungsbetrag; dieser musste vor den Änderungen durch das BilMoG passiviert werden; die nunmehrige Nennung des Erfüllungsbetrages in § 253 Abs. 1 Satz 2 HGB bleibt daher in tatsächlicher Hinsicht insoweit ohne Konsequenz, siehe auch *Ortmann-Babel/Bolik/Gageur*, BB 2009, 2414 sowie dortigeFußnote 6.

404 Siehe *Ortmann-Babel/Bolik/Gageur*, BB 2009, 2414.

405 Ein verzinsliches Darlehen liegt insbesondere ab einem vereinbarten Zinssatz von mehr als 0 % vor; dies gilt auch, wenn dem korrespondierenden Anspruch andere wirtschaftliche Nachteile gegenüberstehen, siehe BMF vom 04.07.2008 – IV C 7 – S 2742 – a/07/10001, BStBl I 2008, 718, Rn. 13, 14.

ten.[406] Die h.M. – welche seit jeher insbesondere auch die Finanzverwaltung sowie unterinstanzliche Gerichte umfasste – bejahte diese Streitfrage,[407] während sie vom BFH zunächst offengelassen wurde.[408] Später schloss sich jedoch auch der BFH der herrschenden Ansicht an.[409]

In seinem Beschluss vom 06.10.2009 stellte der BFH fest, dass die geringere wirtschaftliche Belastung infolge der Unverzinslichkeit auch im Falle eigenkapitalersetzender Darlehen vorliege und deshalb auch diese vom Abzinsungsgebot erfasst seien.[410] Zudem könne § 6 Abs. 1 Nr. 3 Satz 1 EStG auch auf Darlehen mit unbestimmter Laufzeit Anwendung finden, da im Einzelfall trotz zivilrechtlicher Kündigungsmöglichkeit (§ 488 Abs. 3 Satz 2 BGB sieht insoweit eine Kündigungsfrist von drei Monaten vor) keine Verbindlichkeit mit einer Laufzeit von weniger als zwölf Monaten i.S.d. § 6 Abs. 1 Nr. 3 Satz 2 EStG vorliegen könne, da steuerrechtlich eine wirtschaftliche Betrachtung zum Zweck der Ermittlung der tatsächlichen Belastung des Schuldners vorzunehmen sei.[411] Auch sollte nach herrschender Ansicht in Höhe des sich durch die Abzinsung auf Ebene der Gesellschaft ergebenden Gewinnes keine (verdeckte) Einlage des Gesellschafters vorliegen.[412]

Kam es bei Beachtung der vorstehend beschriebenen Voraussetzungen zu einer Abzinsung nach § 6 Abs. 1 Nr. 3 Satz 1 EStG, wurde insoweit das Maßgeblichkeitsprinzip durchbrochen mit der Folge, dass regelmäßig Unterschiede zwischen Handels- und Steuerbilanz auftraten.[413]

Bezüglich der Steuerbilanz des Finanzierungshilfengewährendem lehnte der BFH eine Abzinsung der Darlehensforderung analog § 6 Abs. 1 Nr. 3 Satz 1 EStG ab.[414] Stattdessen war insofern laut BFH prinzipiell vom Nominalwert der Finanzierungshilfe auszugehen, allerdings konnte bei voraussichtlich dauerhaften Wertminderungen eine Teilwertabschreibung vorgenommen werden, wobei der Teilwert durch Abzinsung der künftigen Rückzahlung zu ermitteln war.[415] Die Teilwertabschreibung

406 *Ortmann-Babel/Bolik/Gageur*, BB 2009, 2414, 2415 f.

407 BMF vom 26.05.2005 – IV B 2 - S 2175 - 7/05, BStBl I 2005, 699, DStR 2005, 1005, Rn. 21; FG Berlin – Brandenburg vom 08.09.2008 – 12 V 12115/07, DStRE 2009, 334; FG Köln vom 15.01.2009 – 13 K 4781/04, EFG 2009, 1199.

408 BFH vom 10.11.2005 – IV R 13/04, BStBl II 2006, 618, NJW 2006, 1456.

409 Insofern wegweisend für eigenkapitalersetzende Finanzierungshilfen: BFH vom 06.10.2009 – I R 4/08, BStBl II 2010, 177, DStR 2009, 2587.

410 BFH vom 06.10.2009 – I R 4/08, BStBl II 2010, 177, DStR 2009, 2587, 2589.

411 BFH vom 06.10.2009 – I R 4/08, BStBl II 2010, 177, DStR 2009, 2587, 2588 f.

412 FG Köln vom 15.01.2009 – 13 K 4781/04, EFG 2009, 1199; FG Berlin – Brandenburg vom 08.09.2008 – 12 V 12115/07, DStRE 2009, 334, 335; nicht eindeutig hingegen BFH vom 06.10.2009 – I R 4/08, BStBl II 2010, 177, DStR 2009, 2587, der sich nicht abschließend äußern musste, da im entschiedenen Fall ein ohnehin nicht einlagefähiger Nutzungsvorteil zugewendet wurde.

413 *Ortmann-Babel/Bolik/Gageur*, BB 2009, 2414, 2415 mit dem Hinweis darauf, dass insoweit latente Steuern zu berücksichtigen waren.

414 BFH vom 10.11.2005 – IV R 13/04, BStBl II 2006, 618, NJW 2006, 1456.

415 BFH vom 24.10.2006 – I R 2/06, BFHE 215, 230, BStBl II 2007, 469, BB 2007, 649 für ein nicht eigenkapitalersetzendes Bankdarlehen; BFH vom 24.10.2012 – I R 43/11, BFHE 239, 275, BStBl II 2013, 162, EFG 2011, 1988 für ein eigenkapitalersetzendes Gesellschafterdarlehen.

war also dem Grunde nach denkbar, konnte jedoch im Einzelfall unzulässig sein.[416] Die Unverzinslichkeit der Finanzierungshilfe allein hat dem BFH bislang nicht als Umstand genügt, der eine Teilwertabschreibung rechtfertigen würde.[417]

Nach alledem war gemäß der Rechtsprechung des BFH zwar auch beim Ansatz unverzinslicher Darlehen – einschließlich bislang eigenkapitalersatzrechtlicher Darlehen – zunächst von deren Nominalwert auszugehen; allerdings konnte im Einzelfall eine Teilwertabschreibung zulässig sein, wobei der Teilwert durch Abzinsung der künftigen Rückzahlung zu ermitteln war.

III. Die steuerrechtlichen Verlustabzugsmöglichkeiten des Gesellschafters

Zahlreiche weitere Unklarheiten bestanden bezüglich der Frage, ob und inwieweit der Verlust eines Darlehens aufgrund der Regelungen des Eigenkapitalersatzrechts beim Gesellschafter zu einem abzugsfähigen Verlust führte. Insoweit musste danach unterschieden werden, in was für einer Art von steuerlichem Vermögen das Darlehen bzw. die diesem zugrunde liegende Beteiligung gehalten wurde. Hierfür war wiederum vor allem maßgeblich, um was für ein Rechtssubjekt es sich bei dem Gesellschafter handelte.

1. Körperschaftsteuerliches Betriebsvermögen

War der Gesellschafter eine Körperschaft im Sinne des KStG, hätte der Verlust einer Gesellschafterfinanzierungshilfe bei Nichtbestehen gesetzlicher Sonderregelungen prinzipiell gemäß allgemeiner Bilanzierungsvorschriften berücksichtigt werden können. Denn unabhängig davon, ob man das von die körperschaftsteuerpflichtigen Gesellschaft gewährte Finanzierungshilfe als von der zugrunde liegenden Beteiligung unabhängig zu bilanzierendes Wirtschaftsgut verstanden hätte oder aber bei Verlust der Finanzierungshilfe nachträgliche Anschaffungskosten auf die zugrunde liegende Beteiligung annehmen wollte,[418] so hätte in beiden Fällen ein den üblichen Bilanzierungsvorschriften zugängliches Wirtschaftsgut vorgelegen, dessen Verlust Eingang in Handels- und Steuerbilanz hätte finden müssen, insbesondere durch Teilwertabschreibung im Fall des Darlehensausfalls.

Indes beließ es das Steuerrecht nicht bei dieser Situation, sondern verfügt in § 8b Abs. 3 Sätze 3-8 KStG über diesbezügliche Sonderregelungen:

---

416 So etwa entschieden im Urteil des BFH vom 24.10.2012 – I R 43/11, BFHE 239, 275, BStBl II 2013, 162, EFG 2011, 1988 mangels voraussichtlich dauerhafter Wertminderung.

417 BFH vom 10.11.2005 – IV R 13/04, BFHE 211, 294, BStBl II 2006, 618 für eine eigenkapitalersetzende Finanzierungshilfe, die der Betriebskapitalgesellschaft im Rahmen einer Betriebsaufspaltung überlassen wurde; gl.A.: FG Niedersachsen vom 17.11.2011 – 6 K 320/09, BeckRS 2012, 94325 für die eigenkapitalersetzende Finanzierungshilfe eines Alleingesellschafters zugunsten „seiner" Kapitalgesellschaft; die Rechtsfrage offenlassend dagegen BFH vom 24.10.2012 – I R 43/11, BFHE 239, 275, BStBl II 2013, 162, EFG 2011, 1988.

418 Siehe zu diesem infolge seiner geringen praktischen Relevanz eher unbedeutenden Streitstand *Waclawik*, ZIP 2007, 1838, 1842 ff., der letztgenannte Ansicht befürwortet.

Bis einschließlich des Veranlagungszeitraumes 2007 existierte insoweit lediglich die Vorschrift von § 8b Abs. 3 Satz 3 KStG, deren wesensmäßige Vorgängerregelungen bis zu § 8b Abs. 3 KStG i.d.F. des Steuersenkungsgesetzes vom 23.10.2000[419] zurückgehen.[420] § 8b Abs. 3 Satz 3 KStG lautet(e):

> *„Gewinnminderungen, die im Zusammenhang mit dem in Absatz 2 genannten Anteil entstehen, sind bei der Ermittlung des Einkommens nicht zu berücksichtigen."*

Hieraus resultierte nun für eine lange Zeit Unklarheit darüber, ob der Gesellschafter einen Finanzierungshilfenverlust steuerlich geltend machen konnte. Entscheidend war, wie man – typischerweise – das Darlehen bilanztechnisch qualifizierte: Wollte man mit der – erst später verkündeten – Ansicht des Gesetzgebers[421] und Teilen der Literatur[422] nachträgliche Anschaffungskosten auf die Beteiligung an der Gesellschaft annehmen, scheiterte eine steuerliche Geltendmachung des Verlustes an § 8b Abs. 3 Satz 3 KStG.

Ging man jedoch mit der herrschenden Ansicht in der Literatur davon aus, dass es sich bei dem eigenkapitalersetzenden Darlehen um ein eigenständig zu bilanzierendes Wirtschaftsgut handele, so konnte der Verlust in voller Höhe Berücksichtigung finden, da dann kein genügender Zusammenhang zu dem zugrunde liegenden Anteil bestand, der eine Nichtberücksichtigung der bilanztechnischen Selbständigkeit beider Wirtschaftsgüter gerechtfertigt hätte.[423]

Ab dem Veranlagungszeitraum 2008 hat der Gesetzgeber die Unklarheiten indes beseitigt, indem er die Regelungen der § 8b Abs. 3 Satz 4-8 KStG einführte und damit seiner bisherigen (Minder-)Ansicht Gesetzesrang verlieh.[424] Die hierdurch – je nach Sichtweise – veränderte bzw. klargestellte Rechtslage im körperschaftsteuerlichen Bereich war und ist damit auch bereits für Gesellschafterfinanzierungshilfen maßgeblich, die noch dem früheren zivilrechtlichen Eigenkapitalersatzrecht unterfallen bzw. unterfielen. Die neu in § 8b Abs. 3 KStG eingefügten Sätze 4-8 lauten im Einzelnen wie folgt:

> *„Zu den Gewinnminderungen im Sinne des Satzes 3 gehören auch Gewinnminderungen im Zusammenhang mit einer Darlehensforderung oder aus der Inanspruchnahme von Sicher-*

---

419 BGBl I 2000, 1433.

420 Die Vorgängerregelungen von § 8b Abs. 3 KStG i.d.F. des Steuersenkungsgesetzes vom 23.10.2000 hatten sich prinzipiell nur mit Beteiligungen an ausländischen Gesellschaften befasst.

421 Gesetzentwurf der Bundesregierung zum JStG 2008, BT-Drs. 16/6290, 20.

422 *Buchna/Sombrowski*, DB 2005, 1539.

423 *Crezelius* in FS Raupach, Köln 2006, S. 330; *Helm/Krinninger*, DB 2005, 1989, 1992; *Kahlert/Rühland*, Sanierungs- und Insolvenzsteuerrecht, Rz. 4.11 ff., 4.16; *Waclawik*, ZIP 2007, 1838, 1844; *Schwedhelm/Olbing/ Binnewies*, GmbHR 2008, 1233, 1242, die der Gegenansicht einen Verstoß gegen den Grundsatz der Finanzierungsfreiheit vorwerfen; auch der BFH ging insoweit – wenn auch in anderem Zusammenhang als einer möglichen Verlustberücksichtigung – bereits vor seinem Urteil vom 14.01.2009 (siehe dazu im nachfolgenden Fließtext) davon aus, dass es sich bei dem Darlehen um ein eigenständiges Wirtschaftgut handele; insbesondere dürfe insoweit nicht der (weit gefasste) Anschaffungskostenbegriff des § 17 EStG maßgeblich sein, da dieser auf den Besonderheiten des § 17 EStG beruhe, BFH vom 20.04.2005 – X R 2/03, BStBl II 2005, 694, NZG 2005, 901; zu § 17 EStG siehe noch unten unter 1. Teil B. III. 3.

424 Dies geschah durch das JStG 2008 vom 20.12.2007, BGBl I 2007, 3150.

heiten, die für ein Darlehen hingegeben wurden, wenn das Darlehen oder die Sicherheit von einem Gesellschafter gewährt wird, der zu mehr als einem Viertel unmittelbar oder mittelbar am Grund- oder Stammkapital der Körperschaft, der das Darlehen gewährt wurde, beteiligt ist oder war. Dies gilt auch für diesem Gesellschafter nahestehende Personen im Sinne des § 1 Abs. 2 des Außensteuergesetzes oder für Gewinnminderungen aus dem Rückgriff eines Dritten auf den zu mehr als einem Viertel am Grund- oder Stammkapital beteiligten Gesellschafter oder eine diesem nahestehende Person auf Grund eines der Gesellschaft gewährten Darlehens. Die Sätze 4 und 5 sind nicht anzuwenden, wenn nachgewiesen wird, dass auch ein fremder Dritter das Darlehen bei sonst gleichen Umständen gewährt oder noch nicht zurückgefordert hätte; dabei sind nur die eigenen Sicherungsmittel der Gesellschaft zu berücksichtigen. Die Sätze 4 bis 6 gelten entsprechend für Forderungen aus Rechtshandlungen, die einer Darlehensgewährung wirtschaftlich vergleichbar sind. Gewinne aus dem Ansatz einer Darlehensforderung mit dem nach § 6 Abs. 1 Nr. 2 Satz 3 des Einkommensteuergesetzes maßgeblichen Wert bleiben bei der Ermittlung des Einkommens außer Ansatz, soweit auf die vorangegangene Teilwertabschreibung Satz 3 angewendet worden ist.“

Nach dem neugefassten § 8b Abs. 3 KStG kann nunmehr der Ausfall eines Gesellschafterdarlehens prinzipiell nicht mehr gewinnmindernd berücksichtigt werden, wenn der Gesellschafter gemäß § 8b Abs. 3 Satz 4 KStG n.F. zu mehr als einem Viertel am Grundkapital der Gesellschaft beteiligt ist und das Darlehen gesellschaftsrechtlich veranlasst ist.[425]

Das Erfordernis der gesellschaftsrechtlichen Veranlassung ergibt sich dabei aus dem Zusammenspiel von § 8b Abs. 3 Satz 4 KStG n.F. und § 8b Abs. 3 Satz 6 KStG n.F., da Letzterer mit der Folge der steuerlichen Anerkennung des Verlustes den Nachweis zulässt, „dass auch ein fremder Dritter das Darlehen bei sonst gleichen Umständen gewährt oder noch nicht zurückgefordert hätte.“ Die Gesetzessystematik in § 8b Abs. 3 KStG n.F. vermutet demnach die gesellschaftsrechtliche Veranlassung der von einem mit der vorgenannten Mindestbeteiligungshöhe am Grund- oder Stammkapital der Gesellschaft beteiligten Gesellschafter überlassenen Finanzierungshilfe.

Aus all dem folgt, dass der neugefasste § 8b Abs. 3 KStG den Verlustabzug bezüglich verlorener eigenkapitalersetzender Gesellschafterhilfen prinzipiell für unzulässig erklärt:

Denn die Überlassung einer jeden eigenkapitalersetzenden Gesellschafter muss gemäß der ständigen, wenn auch in anderem Zusammenhang erfolgenden,[426] BFH – Rechtsprechung zwingend gesellschaftsrechtlich veranlasst gewesen sein; ansonsten handelt es sich bereits nicht um ein eigenkapitalersetzendes Darlehen.[427] Die Neufassung des § 8b Abs. 3 Satz 3-8 KStG verbietet also den Abzug ausgefallener eigenkapitalersetzender Darlehen eines zu mehr als einem Viertel beteiligten Gesellschafters.

Durch § 8b Abs. 3 Satz 7 KStG n.F. werden zudem Rechtshandlungen erfasst, die einer Darlehensgewährung wirtschaftlich vergleichbar sind. Eine Definition der „wirtschaftlichen Vergleichbarkeit“ hat der Gesetzgeber indes auch an dieser Stelle

425 *Seppelt*, BB 2010, 1395, 1398; zudem muss die darlehensgewährende Körperschaft grundsätzlich eine Beteiligung von mindestens 25 % halten, § 8b Abs. 3 Satz 4 KStG.

426 Der BFH bejahte diese Frage im Rahmen seiner Rechtsprechung zu § 17 EStG, siehe nur BFH vom 07.07.1992 – VIII R 24/90, BStBl II 1993, 333, DStR 1992, 1545; vom 23.05.2000 – VIII R 3/99, GmbHR 2001, 40; siehe dazu im Einzelnen unten unter 1. Teil B. III.

427 Siehe noch im Detail unten unter 1. Teil B. III. 2. d) bb).

nicht inkorporiert.[428] Nicht vom Abzugsverbot erfasst sind Gesellschafterhilfen hingegen grundsätzlich – d.h. außerhalb der Darlehensgewährung durch gleichgestellte Dritte sowie der Gläubigeranfechtung nach dem AnfG, vgl. § 8b Abs. 3 Satz 5 KStG n.F. – dann, wenn der die Hilfe Gewährende den Mindestbeteiligungsumfang nicht innehat gemäß § 8b Abs. 3 Satz 4 a.E. KStG n.F. Zwar ist dem Gesetz nicht zu entnehmen, zu welchem Zeitpunkt die Beteiligung von mehr als einem Viertel bestanden haben muss; laut Gesetzesbegründung kann jedoch davon ausgegangen werden, dass der Zeitpunkt der Darlehens- bzw. Sicherheitengewährung gemeint ist.[429]

Aus § 8b Abs. 3 Satz 4 a.E. KStG n.F. ergibt sich zudem unzweifelhaft, dass es im Falle eines Gesellschafters mit der Rechtsnatur einer Kapitalgesellschaft völlig unerheblich ist, ob dieser die maßgebliche Beteiligungsschwelle von 25 % aufgrund einer unmittelbaren oder nur mittelbaren Beteiligung überschreitet. Es wird sich zeigen, dass dies bei Gesellschaftern anderer Rechtsnatur sehr wohl zu Divergenzen führt.[430]

Laut in der Gesetzesbegründung zum JStG 2008 verkündeten Ansicht des Gesetzgebers hatte die Einführung der Sätze 3-8 in § 8b Abs. 3 KStG und damit das Abzugsverbot für eigenkapitalersetzende Gesellschafterhilfen lediglich klarstellende Wirkung.[431] Wie bereits erwähnt wurde dies von der herrschenden Ansicht im Schrifttum bestritten, die der Gesetzesänderung konstitutive Wirkung zumisst.[432] Anfang 2009 jedoch sorgte der BFH auch für die Veranlagungszeiträume vor 2008 für Rechtsklarheit, indem er der Auffassung des Gesetzgebers entgegentrat und sich stattdessen der dargestellten herrschenden Ansicht im Schrifttum anschloss.[433] Der BFH erhielt die Entscheidung des Niedersächsischen Finanzgerichts[434] aufrecht und betonte in seiner Entscheidung die Eigenständigkeit von Gesellschafterdarlehen und Beteiligung, die als eigenständige Wirtschaftsgüter nebeneinander stehen:

> *„Bei Teilwertabschreibungen auf sog. eigenkapitalersetzende Darlehen, wie sie im Streitfall in Rede stehen, handelt es sich nicht um Gewinnminderungen, die „im Zusammenhang mit dem in Abs.* 2 (Anm.: gemeint ist Abs. 2 des § 8b KStG a.F.) *genannten Anteil entstehen". Bei kapitalersetzenden Darlehen handelt es sich vielmehr um eigenständige Schuldverhältnisse, welche von der Beteiligung als solche unbeschadet ihrer gesellschaftsrechtlichen Veranlassung zu unterscheiden sind. Solche Darlehensforderungen stehen als eigenständige Wirtschaftsgüter neben der Beteiligung.*"[435]

Den für das Abzugsverbot gemäß § 8b Abs. 3 KStG a.F. erforderlichen Zusammenhang der Gewinnminderung mit der Beteiligung als solcher lehnte der BFH also für den fraglichen Wertverlustes des Darlehens ab:

---

428 *Rolf/Pankoke*, BB 2009, 1844, 1845 f.

429 Hierzu *Rolf/Pankoke*, BB 2009, 1844, 1845.

430 Siehe noch zu im Privatvermögen gehaltenen Beteiligungen unten unter 1. Teil B. III. 3.

431 Siehe BT-Drs. 16/6290, 73 f.

432 *Crezelius* in FS Raupach, Köln 2006, S. 330; *Helm/Krinninger*, DB 2005, 1989, 1992; *Kahlert/Rühland*, Sanierungs- und Insolvenzsteuerrecht, Rz. 4.11 ff., 4.16; *Schwedhelm/Olbing/Binnewies*, GmbHR 2008, 1233, 1242; *Waclawik*, ZIP 2007, 1838, 1844.

433 BFH vom 14.01.2009 – I R 52/08, BB 2009, 990 mit Anmerkung *Hahne*; siehe hierzu auch *Eberhard*, DStR 2009, 2226, 2227; *Kleinert/Podewils*, GmbHR 2009, 849.

434 FG Niedersachsen vom 03.04.2008 – 6 K 442/05, DStRE 2008, 1450.

435 BFH vom 14.01.2009 – I R 52/08, BB 2009, 990, 991 mit Anmerkung *Hahne*.

Dadurch mang allenfalls ein „Zusammenhang" zwischen dem Darlehen und der Beteiligung hergestellt werden, nicht jedoch – wie aber nach § 8b Abs. 3 KStG 2002 a.F. erforderlich – zwischen der Beteiligung und der hier in Rede stehenden Gewinnminderung. Nur derartige, den jeweiligen Anteil betreffende Gewinnminderungen werden von § 8b Abs. 3 KStG 2002 a.F. indes erfasst [...] Gemeint sind folglich ausschließlich substanzbezogene Wertminderungen des Anteils, die sich aus der ertragsteuerlichen Behandlung des Anteils selbst ergeben, und nicht jegliche mit dem Anteil wirtschaftlich zusammenhängenden Aufwendungen."[436]

Der BFH schließt sich also der herrschenden Ansicht im Schrifttum an; die mit dem Jahressteuergesetz 2008 in § 8b Abs. 3 KStG eingeführten Änderungen sind damit rechtskonstitutiver und keineswegs lediglich klarstellender Natur.[437]

Somit besteht mittlerweile sowohl für den Anwendungszeitraum des § 8b Abs. 3 KStG a.F. als auch unter Geltung des § 8b Abs. 3 KStG n.F. eine lange vermisste Rechtssicherheit. Lediglich unter Geltung des § 8b Abs. 3 KStG a.F. sind entsprechende Darlehens- und Sicherheitenverluste bis einschließlich des Veranlagungszeitraums 2007 steuerlich in Ansatz zu bringen.

2. Einkommensteuerliches Betriebsvermögen

a) Einführung

Handelte es sich bei dem Gesellschafter um eine natürliche Person[438] oder eine Personengesellschaft mit zumindest einer natürlichen Person als Gesellschafter und wurde die Beteiligung an der Gesellschaft im Betriebsvermögen gehalten,[439] so konnte der Verlust einer Gesellschafterhilfe infolge der Regelungen des Eigenkapitalersatzrechtes regelmäßig auch steuerlich geltend gemacht werden.[440] Grund dafür war, dass die Gesellschafterhilfe als Betriebsvermögen in der Krise gemäß den allgemeinen steuerlichen Grundsätzen abgeschrieben werden konnte.[441] Denn die Gesellschafterhilfe stellte auch bei Verstrickung nach dem Eigenkapitalersatzrecht unverändert Fremdkapital dar.[442] Dies galt auch unabhängig davon, ob eine unmittelbare oder lediglich eine mittelbare Beteiligung an der Gesellschaft bestand.[443]

---

436 BFH vom 14.01.2009 – I R 52/08, BB 2009, 990, 991 mit Anmerkung *Hahne*.

437 Gl. Ansicht ist *expressis verbis* auch der BFH in besagtem Urteil, siehe BFH vom 14.01.2009 – I R 52/08, BB 2009, 990, 991 mit Anmerkung *Hahne*.

438 Siehe hierzu *Heuermann*, DB 2009, 2173, 2174.

439 Diese Frage kann sich freilich bei Körperschaften nicht stellen, da diese aufgrund der Regelung des § 8 Abs. 2 KStG und der darauf aufbauenden ständ. Rechtsprechung des BFH ausschließlich über eine betriebliche Sphäre verfügen; siehe im Einzelnen *Roser* in: Gosch, KStG, § 8 Rn. 65 ff.; bestätigt von BFH vom 22.08.2007 – I R 32/06, BStBl II 2007, 961.

440 *Heuermann*, DB 2009, 2173, 2174; allerdings waren insoweit die Einschränkungen des § 3c Abs. 2 EStG zu beachten, siehe hierzu noch im Folgenden sowie *Crezelius* NZI 2008, 472, 474.

441 *Heuermann*, DB 2009, 2173, 2174; *ders.* NZG 2009, 841, 842.

442 *Heuermann*, NZG 2009, 841, 842.

443 Insoweit kam bzw. kommt es also zu einem Gleichlauf mit dem Körperschaftsteuerrecht, sofern die dort relevante Beteiligungsschwelle von 25 % (§ 8b Abs. 3 Satz 4 KStG n.F.) überschritten wird; bei einer im Privatvermögen gehaltenen Beteiligung einer natürlichen Person verhält es sich hingegen anders; siehe zu diesen Konstellationen oben unter 1. Teil B. III. 1. bzw. unten unter 1. Teil B. III. 3.

Es bestand dementsprechend keinerlei Bedürfnis, den Verlust des Gesellschafters anderweitig "einzufangen"; insbesondere eine Konstruktion mittels der Annahme nachträglicher Anschaffungskosten des Gesellschafters auf seine Beteiligung wäre insoweit unzutreffend gewesen, da prinzipiell lediglich solche Aufwendungen des Gesellschafters nachträgliche Anschaffungskosten der Beteiligung sein konnten und können, die offene oder verdeckte Einlagen in das Gesellschaftsvermögen darstellen.[444] Im Übrigen war es dem Gesellschafter im Falle drohender Inanspruchnahme aus eigenkapitalersetzenden Gesellschaftersicherheiten mangels insoweit denkbarer nachträglicher Anschaffungskosten auf die Beteiligung grundsätzlich möglich, Rückstellungen zu bilden.[445]

Ebenfalls bestand im Rahmen der früheren Rechtslage keine gesetzliche Spezialregelung, welche – wie nach bestrittener Auffassung bereits § 8b Abs. 3 KStG a.F., in jedem Falle aber § 8b Abs. 3 KStG n.F. im Körperschaftsteuerrecht – die steuerliche Anerkennung des Verlusts einer Gesellschafterhilfe ausdrücklich verboten hätte.

b) Die Regelung des § 3c Abs. 2 EStG und die mit ihr verbundenen Fragestellungen

Fraglich war in diesem Zusammenhang indes, ob eine Berücksichtigung einer Teilwertabschreibung auf ein entsprechendes Darlehen bzw. eines gänzlichen Darlehensverlustes – zumindest zum Teil – an der Vorschrift des § 3c Abs. 2 EStG a.F.[446] scheitern musste. § 3c Abs. 2 EStG a.F. lautete:

> *„Betriebsvermögensminderungen, Betriebsausgaben, Veräußerungskosten oder Werbungskosten, die mit den dem § 3 Nr. 40 EStG zu Grunde liegenden Betriebsvermögensmehrungen oder Einnahmen oder mit Vergütungen nach § 3 Nr. 40a in wirtschaftlichem Zusammenhang stehen, dürfen unabhängig davon, in welchem Veranlagungszeitraum die Betriebsvermögensmehrungen oder Einnahmen anfallen, bei der Ermittlung der Einkünfte nur zu 60 Prozent abgezogen werden; Entsprechendes gilt, wenn bei der Ermittlung der Einkünfte der Wert des Betriebsvermögens oder des Anteils am Betriebsvermögen oder die Anschaffungs- oder Herstellungskosten oder der an deren Stelle tretende Wert mindern zu berücksichtigen sind. Satz 1 gilt auch für Wertminderungen des Anteils an einer Organgesellschaft, die nicht auf Gewinnausschüttungen zurückzuführen sind. § 8b KStG gilt insoweit sinngemäß."*

Dieses anteilige Abzugsverbot stellt jedenfalls nach Ansicht des Gesetzgebers und der Finanzverwaltung[447] das notwendige oder wohl zumindest gebotene Korrelat zum Teileinkünfteverfahren dar, welches in § 3 Nr. 40 EStG verankert ist und das vormals

444 BFH, Urteil vom 18. 12. 2001 - VIII R 27/00, BStBl II 2002, 733, 735, NZG 2002, 539, 541; siehe auch *Heuermann*, NZG 2009, 841, 842; a.A. wie bereits zum körperschaftsteuerlichen Betriebsvermögen *Waclawik*, ZIP 2007, 1838, 1842 ff. m.w.N.

445 Siehe BFH, Urteil vom 18.12.2001 - VIII R 27/00, BStBl II 2002, 733, 735, NZG 2002, 539 für den Fall einer eigenkapitalersetzenden Bürgschaft.

446 Mit der hier sowie im vorliegenden Abschnitt als „a.F." bezeichneten Fassung handelt es sich um die Fassung des § 3c Abs. 2 EStG vor Einführung des damaligen § 3c Abs. 2 Satz 2 EStG und jetzigem § 3c Abs. 2 Satz 7 EStG durch das Jahressteuergesetz 2010 vom 08.12.2010, BGBl I 2010, 1768; zur aktuellen Fassung des § 3c Abs. 2 EStG siehe noch unter 2. Teil B. II.

447 Siehe etwa die von der Finanzbehörde vertretene Auffassung im Urteil des BFH vom 25.06.2009 – IX R 42/08, BFH/NV 2009, 1696, DStR 2009, 1843.

geltende Halbeinkünfteverfahren ersetzt hat.[448] § 3c Abs. 2 EStG wird daher auch als Komplementärregelung zu § 3 Nr. 40 EStG verstanden.[449] Das Halbeinkünfteverfahren hatte seinerseits das vormals geltende körperschaftsteuerliche Anrechnungsverfahren ersetzt.[450]

Gemäß § 3 Nr. 40 EStG sind insbesondere 40 % der Betriebsvermögensmehrungen oder Einnahmen aus der Veräußerung oder der Entnahme von Anteilen an Körperschaften, deren Leistungen beim Empfänger zu Einnahmen im Sinne des § 20 Abs. 1 Nr. 1 und Nr. 9 EStG gehören, des Veräußerungspreises im Sinne von § 17 Abs. 2 EStG oder § 17 Abs. 4 EStG, der Einnahmen im Sinne des § 20 Abs. 1 Nr. 9 EStG sowie der Bezüge gemäß § 20 Abs. 1 Nr. 1, Nr. 2 EStG steuerfrei. In Entsprechung dazu durften nun gemäß § 3c Abs. 2 EStG a.F. – sowie im Ausgangspunkt unverändert gemäß § 3c Abs. 2 EStG n.F. – lediglich 60 % der Betriebsvermögensminderungen, Betriebsausgaben, Veräußerungs- oder Werbungskosten abgezogen werden, „die mit den dem § 3 Nr. 40 EStG zu Grunde liegenden Betriebsvermögensmehrungen oder Einnahmen [...] in wirtschaftlichem Zusammenhang stehen."

Für die Anwendung des Teilabzugsverbots ist nicht erforderlich, dass die fraglichen Ausgaben im selben Veranlagungszeitraum anfallen wie die korrelierenden Einnahmen.[451]

Ebenfalls ist nach allgemeiner Ansicht nicht erforderlich, dass die – ggf. auch nur hypothetisch anfallenden – mit den u.a. Betriebsvermögensminderungen zusammenhängenden und gemäß § 3 Nr. 40 EStG begünstigten Betriebsvermögensmehrungen und sonstigen Einnahmen derselben Einkunftsart unterfallen wie die nun nur teilweise abzugsfähigen Positionen.[452] Aus diesem Grunde kann z.B. die Vereinnahmung von Dividenden im Sinne von § 20 Abs. 1 Nr. 1 EStG und somit das Beziehen von Einkünften aus Kapitalvermögen die Anwendung des Teilabzugsverbots im Veräußerungs- oder Auflösungsfall nach § 17 Abs. 2, 4 EStG und damit auf (negative) Einkünfte aus Gewerbebetrieb auslösen.[453]

In Literatur und Finanzverwaltung war unter Geltung des § 3c Abs. 2 EStG a.F. umstritten, ob sich aus der Norm auch ein anteiliges Abzugsverbot für den Wertverlust bzw. den Totalverlust von eigenkapitalersetzenden Gesellschafterhilfen ergibt. Dieser Streit konnte grundsätzlich sämtliche tatsächlichen Konstellationen betreffen, in denen es sich bei dem Gesellschafter nicht um eine Körperschaft im Sinne des Körperschaftsteuerrechts handelte.[454] Denn hielt eine natürliche Person oder eine Personengesellschaft die Beteiligung im Betriebsvermögen einschließlich des Sonderbetriebsvermögens ist ohnehin – auch nach neuer Rechtslage – das Teileinkünfteverfah-

448 In Entsprechung zum Halbeinkünfteverfahren galt zuvor ein hälftiges Abzugsverbot.
449 Siehe *Bron/Seidel*, DStZ 2009, 859 m.w.N.
450 *Levedag* in: Schmidt, EStG, § 3 Rn. 137.
451 *Erhard* in Blümich, EStG, § 3c Rn. 42 m.w.N.
452 *Bron/Seidel*, DStZ 2009, 859, 862.
453 *Bron/Seidel, ebd.*
454 Denn in all diesen Konstellationen ist § 3c Abs. 2 EStG zumindest grundsätzlich anwendbar; manche Autoren lehnen seine Anwendbarkeit im gleichen Kontext aus anderen Gründen ab, siehe dazu im Folgenden.

ren und war zudem unter Geltung des § 3c Abs. 2 EStG a.F. – nach bestrittener Ansicht[455] – das ebendort inkorporierte Teilabzugsverbot vorgesehen.[456] Hält eine natürliche Person oder eine Personengesellschaft die Beteiligung dagegen im Privatvermögen, gilt das Teileinkünfteverfahren nach aktueller Rechtslage immerhin noch in den vom Gesetz vorgesehenen Ausnahmefällen dann, wenn die Abgeltungsbesteuerung nicht anwendbar ist, da diese im Übrigen Sonderregelungen für Verlustabzüge bereithält.[457]

Mittlerweile ist die Streitfrage indes im Rahmen des einkommensteuerlich-betrieblichen Vermögens zugunsten des Steuerpflichtigen vom BFH mittels zweier grundlegender Entscheidungen vom 18.04.2012[458] prinzipiell dahingehend entschieden wurden, dass § 3c Abs. 2 EStG a.F. nicht auf bezüglich Gesellschafterhilfen erlittener Wertverluste anwendbar ist.

Zur Erläuterung der Streitfrage(n) muss vorausgeschickt werden, dass die Aussage, wonach ein Streit hinsichtlich der Anwendbarkeit von § 3c Abs. 2 EStG a.F. im vorgenannten Kontext bestand, zwar zutreffend ist, gleichwohl aber zu kurz greift. Vielmehr stellten sich insoweit drei voneinander losgelöste rechtliche Fragen bezüglich des „Ob" bzw. des „Wie" der Anwendung von § 3c Abs. 2 EStG a.F.:

Zunächst konnte man an der grundsätzlichen Anwendbarkeit des § 3c Abs. 2 EStG a.F. zweifeln. Manche Autoren verneinten diese für den gesamten einkommensteuerlichen Bereich – also unabhängig davon, ob es sich um Betriebs- oder Privatvermögen handelte – schon deswegen, weil sie § 3c Abs. 2 EStG a.F. für verfassungswidrig hielten.[459] Andere wiederum hielten § 3c Abs. 2 EStG a.F. im betrieblichen Bereich in Fällen des Darlehensverlustes oder gleichgestellter Sachverhalte schlicht deswegen für nicht anwendbar, weil seine Tatbestandsvoraussetzungen nicht vorliegen würden.[460] Dieser Auffassung schloss sich 2012 ausdrücklich auch der BFH an.[461]

Bejahte man jedoch entgegen vorgenannter Auffassungen die prinzipielle Anwendbarkeit von § 3c Abs. 2 EStG a.F., stellten sich weitere Anschlussfragen hinsichtlich der konkreten Anwendung von § 3c Abs. 2 EStG a.F. Zunächst war bis einschließ-

---

455 Siehe hierzu im Einzelnen die unmittelbar nachfolgenden Ausführungen; die wohl herrschende Gegenansicht, die für eine Nichtanwendbarkeit des § 3c Abs. 2 EStG plädiert, wird insbesondere vertreten von *Demuth*, KÖSDI 2008, 16177, 16186; *Eberhard*, DStR 2009, 2226; *Hahne*, Anmerkung zum Urteil des BFH vom 14.01.2009 – I R 52/08, BB 2009, 990; *Hoffmann*, Anmerkung zum Urteil des BFH vom 14.01.2009 – I R 52/08, GmbHR 2009, 490; *Kleinert/Podewils*, GmbHR 2009, 849, 852.

456 *Neumann/Stimpel*, GmbHR 2008, 57, 62; siehe zum prinzipiellen Anwendungsbereich der Vorschrift auch *Bron/Seidel*, DStZ 2009, 859.

457 Siehe hierzu noch im Einzelnen unten unter 2. Teil B. III. 2.; siehe zum prinzipiellen Anwendungsbereich der Vorschrift auch *Bron/Seidel*, DStZ 2009, 859.

458 BFH vom 18.04.2012 – X R 5/10, BFH/NV 2012, 1358, DStR 2012, 1318; – X R 7/10, BFH/NV 2012, 1363, DStRE 2012, 1105.

459 *Bron/Seidel*, DStZ 2009, 859; *Crezelius*, NZI 2007, 708, 709; *Otto*, DStR 2008, 228, 231; *Paus*, DStZ 2008, 145.

460 *Demuth*, KÖSDI 2008, 16177, 16186; *Eberhard*, DStR 2009, 2226, 2228; *Kleinert/Podewils*, GmbHR 2009, 849, 852 jeweils m.w.N.; *Hahne*, Anmerkung zum Urteil des BFH vom 14.01.2009 – I R 52/08, BB 2009, 990, 993.

461 BFH vom 18.04.2012 – X R 5/10, BFH/NV 2012, 1358, DStR 2012, 1318; – X R 7/10, BFH/NV 2012, 1363, DStRE 2012, 1105.

lich des Veranlagungszeitraums 2010 fraglich, ob die Norm das tatsächliche Vorliegen nach § 3 Nr. 40 EStG steuerfreier Einnahmen erfordert oder ob es ausreichen soll, dass im Falle einer nur möglichen und nicht tatsächlich gegebenen Einnahmenerzielung diese nach § 3 Nr. 40 EStG dem Teileinkünfteverfahren unterfallen würden.[462] M.a.W. war unklar, ob § 3c Abs. 2 EStG i.d.F. vor dem Jahressteuergesetz 2010[463] eine in diesem Sinne „konkrete" oder „abstrakte" Auslegung erfahren sollte. Durch die Einfügung des damaligen § 3c Abs. 2 Satz 2 EStG[464] durch das Jahressteuergesetz 2010 ist nunmehr die bloße Möglichkeit der Einnahmeerzielung für ausreichend erklärt worden. Desweiteren war fraglich, ob im Falle des Vorliegens positiver Einnahmen die Vereinnahmung eines jeden Betrages zur vollumfänglichen Anwendung von § 3c Abs. 2 EStG a.F. genügen sollte oder aber ob eine saldierende Betrachtung dergestalt vorzunehmen war, dass das Teilabzugsverbot nur insoweit Anwendung finden konnte, als auch entsprechende (anteilig) steuerfreie Einnahmen gegeben waren.

Diese Fragestellungen werden im Folgenden näher betrachtet. Sie sind teilweise auch noch für die heutige Rechtslage relevant, in deren Rahmen der Gesetzgeber mittels des § 3c Abs. 2 EStG n.F. das Teilabzugsverbot explizit auch auf Verluste im Hinblick auf Gesellschafterdarlehen bzw. gleichzustellende Darlehen für anwendbar erklärt hat.[465]

(aa) Nichtanwendbarkeit von § 3c Abs. 2 EStG wegen Verletzung von Art. 3 Abs. 1 GG?

Teilweise wird die Anwendbarkeit des Teilabzugsverbots von § 3c Abs. 2 EStG – unabhängig davon, ob es sich um eine alte oder um die aktuelle Fassung handelt – bereits deswegen für sämtliche Bereiche des Einkommensteuerrechts verneint, weil die Norm für verfassungswidrig gehalten wird. Die Vertreter dieser Ansicht[466] sehen in § 3c Abs. 2 EStG einen nicht gerechtfertigten Verstoß gegen das objektive Nettoprinzip und damit eine Verletzung von Art. 3 Abs. 1 GG. Dies ergebe sich aus Folgendem:

Dem Teilabzugsverbot des § 3c Abs. 2 EStG übergeordnet ist das Teileinkünfteverfahren nach § 3 Nr. 40 EStG. Diesem liegt die unbestritten zutreffende Erwägung zugrunde, dass eine unbeschränkte Besteuerung der in § 3 Nr. 40 EStG genannten Einkünfte, insbesondere also der Dividenden aus Beteiligungen an Kapitalgesellschaf-

462 Zu diesem Rechtsproblem *Bron/Seidel*, DStZ 2009, 859, 861 ff.

463 Gesetz vom 08.12.2010, BGBl I 2010, 1768.

464 Aktuell handelt es sich nunmehr um Satz 7 von § 3c Abs. 2 EStG.

465 Gemäß § 3c Abs. 2 Sätze 2-4 ist das Teilabzugsverbot „[…] auch für Betriebsvermögensminderungen oder Betriebsausgaben im Zusammenhang mit einer Darlehensforderung oder aus der Inanspruchnahme von Sicherheiten anzuwenden, die für ein Darlehen hingegeben wurden, wenn das Darlehen oder die Sicherheit von einem Steuerpflichtigen gewährt wird, der zu mehr als einem Viertel unmittelbar oder mittelbar am Grund- oder Stammkapital der Körperschaft, der das Darlehen gewährt wurde, beteiligt ist oder war. Satz 2 ist insoweit nicht anzuwenden, als nachgewiesen wird, dass auch ein fremder Dritter das Darlehen bei sonst gleichen Umständen gewährt oder noch nicht zurückgefordert hätte; dabei sind nur die eigenen Sicherungsmittel der Körperschaft zu berücksichtigen. Die Sätze 2 und 3 gelten entsprechend für Forderungen aus Rechtshandlungen, die einer Darlehensgewährung wirtschaftlich vergleichbar sind."

466 *Bron/Seidel*, DStZ 2009, 859; *Crezelius*, NZI 2007, 708, 709; *Otto*, DStR 2008, 228, 231; *Paus*, DStZ 2008, 145.

ten, wirtschaftlich betrachtet eine Doppelbesteuerung bedeuten würde.[467] Dies deshalb, weil die zur Ausschüttung bestimmten Gewinne ja bereits auf der Ebene der Kapitalgesellschaft mit Körperschaftsteuer belastet worden sind.[468] Um nun die drohende Doppelbesteuerung zu vermeiden, muss diese Besteuerung auf Ebene der Kapitalgesellschaft auch auf Ebene des Anteileigners Berücksichtigung finden. Der zur Erreichung dieses Ziels vom Gesetzgeber eingeschlagene Weg besteht mittlerweile im Teileinkünfteverfahren, welches das vormals geltende Halbeinkünfteverfahren samt Halbabzugsverbot in §§ 3 Nr. 40, 3c Abs. 2 EStG a.F. ersetzt hat.[469]

Im Rahmen des Teileinkünfteverfahrens geht der Gesetzgeber davon aus, dass die Vorbelastung auf Ebene der Kapitalgesellschaft 40 % dessen beträgt, was im Falle einer angemessenen Gesamtbesteuerung verlangt werden könnte.[470] Entsprechend soll der Anteilseigner die übrigen 60 % der Gesamtsteuerlast tragen.[471] Dieses Gebot des Gesetzgebers findet sich in § 3 Nr. 40 EStG. Für Zwecke des Steuerrechts werden Kapitalgesellschaft und Anteilseigner also insoweit als Einheit betrachtet. Diese ✧Einheitsbetrachtung✧ erstreckt sich dabei auch auf Veräußerungsvorgänge, da diese wirtschaftlich betrachtet – zumindest auf den ersten Blick[472] – einer Totalausschüttung entsprechen.[473]

Insoweit liegt nun aber nach Ansicht vieler Autoren bereits eine insgesamt angemessene und dem Leistungsfähigkeitsprinzip entsprechende Gesamtbesteuerung vor.[474] Wenn man aber – wie es gegenwärtig durch § 3c Abs. 2 EStG geschieht – auf Ebene des Anteilseigners zudem 40 % der Betriebsvermögensminderungen, Betriebsausgaben, Veräußerungskosten oder Werbungskosten vom Abzug ausschließt, übersieht man, dass hinsichtlich der positiven Einkünfte gerade keine Einzel-, sondern eine Gesamtbetrachtung von Gesellschaft und Anteilseigner vorgenommen wird. Es kommt also gerade nicht – wie man aus § 3c Abs. 2 EStG herauslesen könnte – zu einer Besteuerung von nur 60 % des insgesamt anfallenden Gewinns, sondern das Teileinkünfteverfahren sorgt vielmehr lediglich dafür, dass es insgesamt zu keiner über eine angemessene Gesamtbesteuerung hinausgehenden Mehrbelastung kommt. M.a.W. kann man nach Ansicht dieser Autoren nicht im Rahmen positiver Erträge eine Einheitsbetrachtung vornehmen, diese aber im Hinblick auf Betriebsvermögensminderungen, Betriebsausgaben, Veräußerungskosten oder Werbungskosten wieder

---

467 Sehr anschaulich *Bron/Seidel*, DStZ 2009, 859, 860.

468 *Bron/Seidel*, DStZ 2009, 859, 860.

469 Dieses hatte seinerseits das körperschaftsteuerliche Anrechnungsverfahren ersetzt, *Levedag* in: Schmidt, EStG, § 3 Rn. 137.

470 Bis einschließlich des Veranlagungszeitraums 2008 ging der Gesetzgeber freilich von einer Vorbelastung i.H.v. 50 % aus.

471 Im Rahmen des Halbeinkünfteverfahrens sollte der Anteilseigner nur 50 % der Gesamtsteuerlast tragen.

472 Die Gleichsetzung von Veräußerungsgewinn und Totalausschüttung trifft jedoch regelmäßig nicht in vollem Maße zu, da im Falle eines Veräußerungsgewinnes regelmäßig ein Teil des Gewinnes auf zuvor gebildeten stillen Reserven beruhen wird, die gerade keiner körperschaftsteuerlichen Vorbelastung unterliegen; siehe hierzu wiederum mit Gegenargumenten *Paus*, DStZ 2008, 145, 146.

473 *Bron/Seidel*, DStZ 2009, 859, 860.

474 *Bron/Seidel*, DStZ 2009, 859; *Crezelius*, NZI 2007, 708, 709; *Otto*, DStR 2008, 228, 231; *Paus*, DStZ 2008, 145.

ausblenden und fingieren, dass es insgesamt zu einer Besteuerung von nur 60 % der Einkünfte käme.[475] Da aber § 3c Abs. 2 EStG genau dies tue, würde er einen Eingriff in das objektive Nettoprinzip und damit in Art. 3 Abs. 1 GG darstellen.[476] Zudem wurde innerhalb dieser Ansicht teilweise vertreten, dass § 3c Abs. 2 EStG auch das Gebot der Rechtsformneutralität verletze, da etwa für den Erwerb einer Beteiligung an einer Personengesellschaft anfallende Fremdkapitalkosten grundsätzlich von keinerlei Abzugsbeschränkung erfasst sind.[477] Da die Vertreter der Rechtsansicht auch keinen Rechtfertigungsgrund für gegeben halten, verletzt § 3c Abs. 2 EStG ihrer Auffassung nach Art. 3 Abs. 1 GG.[478]

Indes hat der BFH die Verfassungsmäßigkeit der Norm des § 3c Abs. 2 EStG als solcher und damit auch im hier gegebenen Kontext mittlerweile bestätigt.[479] Das Gericht erblickt in § 3c Abs. 2 EStG zwar eine „Durchbrechung" des objektiven Nettoprinzips, erklärt diese aber für sachlich gerechtfertigt.[480] Bei Analyse der besagten Entscheidungen des BFH ergibt sich dies für das Gericht aus folgenden Umständen:

Wie bereits erwähnt, erstreckt sich das Teileinkünfteverfahren auch auf Gewinne aus der Beteiligungsveräußerung. Der Gesetzgeber behandelt also laufende Gewinne und Veräußerungsgewinne gleich. Allerdings greift das "gedankliche Fundament" des Teileinkünfteverfahrens, nämlich dass die Besteuerung auf Ebene des Gesellschafters berücksichtigen muss, dass bereits eine vorgelagerte Besteuerung auf Ebene der Kapitalgesellschaft erfolgt ist, hinsichtlich der Veräußerungsgewinne nur in stark eingeschränktem Maße. Dies deshalb, weil Gewinne aus der Beteiligungsveräußerung regelmäßig nur teilweise steuerlich vorbelastet sind. *In concreto* trifft dies zwar unzweifelhaft insoweit zu, als der Veräußerungsgewinn auf thesaurierten Gewinnen der Kapitalgesellschaft basiert, da diese mit Körperschaftsteuer vorbelastet sind.[481] Nicht vorbelastet ist hingegen derjenige Anteil am Veräußerungsgewinn, der auf der Bildung stiller Reserven beruht.[482] Aus diesem Grunde müsste also der auf vormals gebildeten stillen Reserven basierende Veräußerungsgewinn nicht vom Teileinkünfteverfahren erfasst sein. Da dies aber – insbesondere um ansonsten auftretenden Ab-

475 Bei *Bron/Seidel* findet sich die gleiche Erwägung mit den Worten, „dass die anteilige Steuerfreiheit nicht (auch) das anteilige Abzugsverbot begründen darf, wenn es zugleich eine Steuerbelastung auf der Gesellschaftsebene kompensieren soll" in DStZ 2009, 859, 860 f.

476 *Bron/Seidel*, DStZ 2009, 859; *Crezelius*, NZI 2007, 708, 709; *Otto*, DStR 2008, 228, 231; *Paus*, DStZ 2008, 145.

477 *Paus*, DStZ 2008, 145.

478 *Bron/Seidel*, DStZ 2009, 859; *Crezelius*, NZI 2007, 708, 709; *Otto*, DStR 2008, 228, 231; *Paus*, DStZ 2008, 145.

479 BFH vom 19.06.2007 - VIII R 69/05 – VIII R 69/05, BStBl II 2008, 551, DStR 2007, 1756; vom 16.10.2007 – VIII R 51/06, BeckRS 2007 25012569.

480 BFH vom 19.06.2007 - VIII R 69/05 – VIII R 69/05, BStBl II 2008, 551, DStR 2007, 1756; vom 16.10.2007 – VIII R 51/06, BeckRS 2007 25012569.

481 *Paus*, DStZ 2008, 145, 146.

482 Insoweit kritisch *Paus*, der in DStZ 2008, 145, 146 f. zutreffend darauf hinweist, dass dies zwar für den Veräußerer der Beteiligung gelte, jedoch viele potentielle Erwerber wissen werden, dass in den mitveräußerten stillen Reserven eine drohende und lediglich aufgeschobene Steuerlast lauert und dies zu Lasten des Veräußerungspreises berücksichtigen wollen werden; insoweit trägt dadurch wirtschaftlich betrachtet doch auch der Veräußerer einen Teil der in den stillen Reserven enthaltenen Steuerlast.

grenzungsschwierigkeiten auszuweichen -gleichwohl der Fall ist, kommt es insoweit - zumindest nach Auffassung des BFH[483] - zu einer "echten" steuerlichen Freistellung dieses Anteils am Veräußerungsgewinn. Auch offenbart dieser Umstand, dass das Teileinkünfteverfahren Veräußerungsgewinne und laufende Gewinne gleichbehandelt, obwohl sie aufgrund der dargestellten körperschaftsteuerlichen Vorbelastung unterschiedlicher Natur sind. Für den BFH aber folgt - vereinfacht dargestellt - aus der teilweisen ("echten") Freistellung der Veräußerungsgewinne, dass auch die mit diesen zusammenhängenden Aufwendungen nur teilweise abzugsfähig sein dürfen. Eben dieses Erfordernis verwirkliche § 3c Abs. 2 EStG.

Da nun aber Veräußerungs- und laufende Gewinne bereits hinsichtlich der Einnahmenseite durch § 3 Nr. 40 EStG gleichbehandelt werden, könne sich dies laut BFH durchaus auch auf der Ausgabenseite des § 3c Abs. 2 EStG fortsetzen, ohne dass dies einen ungerechtfertigten Eingriff in das objektive Nettoprinzip darstelle.[484] M.a.W. rechtfertige die gesetzgeberische Entscheidung für eine typisierende Gleichstellung von Veräußerungsgewinnen und laufenden Gewinnen[485] durch § 3 Nr. 40 EStG auf der Einnahmenseite, dass dieser Gleichlauf auch auf der Ausgabenseite gewährleistet werde.[486] Insoweit sei die Regelung des § 3c Abs. 2 EStG laut BFH angemessen und bereits durch die zulässige Entscheidung des Gesetzgebers für eine Typisierung gerechtfertigt. Der seitens des BFH durchaus zugestandene Eingriff in Art. 3 Abs. 1 GG stellt damit nach Ansicht des Gerichts nicht zugleich auch eine Verletzung der Norm dar.[487]

In der Fachliteratur ist die Rechtsprechung des BFH auf erhebliche Kritik gestoßen.[488] Das BVerfG hat indes zwei gegen die Anwendung von § 3c Abs. 2 EStG a.F. durch den BFH erhobene Verfassungsbeschwerden nicht zur Entscheidung angenommen.[489] Mit Urteil vom 02.09.2014 hat der BFH überdies entschieden, dass auch § 3c Abs. 2 EStG i.d.F. JStG 2010 verfassungsgemäß ist.[490]

(bb) Tatbestandliche Nichtanwendbarkeit von § 3c Abs. 2 EStG auf eigenkapitalersetzende Gesellschafterhilfen bei im Betriebsvermögen gehaltenen Beteiligungen?

Eine andere, im Schrifttum schon seit längerem vertretene, Auffassung hielt § 3c Abs. 2 EStG a.F. - unabhängig von seiner möglichen Verfassungswidrigkeit - im hier

---

483 Kritisch insoweit *Paus*, DStZ 2008, 145, 146 f.; siehe im Einzelnen die vorstehende Fußnote.

484 BFH vom 19.06.2007 - VIII R 69/05 - VIII R 69/05, BStBl II 2008, 551, DStR 2007, 1756; vom 16.10.2007 - VIII R 51/06, BeckRS 2007 25012569.

485 Diese Gleichstellung bewirkt von den Grunderwägungen des Teileinkünfteverfahrens ausgehend jedenfalls laut Ansicht des BFH i.d.R. eine Begünstigung von Veräußerungsgewinnen, siehe schon die zuvor dargestellte Argumentation des Gerichts zur Verfassungskonformität von § 3c Abs. 2 EStG.

486 Siehe *Paus*, DStZ 2008, 145, 146 f.

487 BFH vom 19.06.2007 - VIII R 69/05 - VIII R 69/05, BStBl II 2008, 551, DStR 2007, 1756; vom 16.10.2007 - VIII R 51/06, BeckRS 2007 25012569.

488 Siehe *Bron/Seidel*, DStZ 2009, 859; *Crezelius*, NZI 2007, 708, 709; *Otto*, DStR 2008, 228, 231; *Paus*, DStZ 2008, 145.

489 Siehe die hierdurch erledigten Verfahren 2 BvR 2221/07 sowie 2 BvR 2659/07.

490 BFH vom 02.09.2014 - IX R 43/13, DStR 2015, 25.

vorliegenden Sachzusammenhang schlicht deswegen für nicht anwendbar, weil seine Tatbestandsvoraussetzungen nicht vorliegen würden:[491]

Zum einen wurde im Umkehrschluss aus der Neuregelung des § 8b Abs. 3 Sätze 4-8 KStG[492] gefolgert, dass eigenkapitalersetzende Darlehen überhaupt nicht vom Anwendungsbereich des § 3c Abs. 2 EStG a.F. erfasst waren.

Zum anderen wurde vorgebracht, dass es im Hinblick auf den Verlust an der Finanzierungshilfe überhaupt keine – im Rahmen des § 3c Abs. 2 EStG a.F. erforderlichen –, mit den dem § 3 Nr. 40 EStG zu Grunde liegenden Betriebsvermögensmehrungen oder Einnahmen korrespondierenden Betriebsvermögensminderungen, Betriebsausgaben, Veräußerungskosten oder Werbungskosten gebe bzw. dass selbst bei Annahme derartiger Betriebsvermögensmehrungen oder Einnahmen gleichwohl kein hinreichender wirtschaftlicher Zusammenhang im Sinne der Vorschrift bestehe.

(1) Nichtanwendbarkeit von § 3c Abs. 2 EStG a.F. aufgrund eines Umkehrschlusses aus § 8b Abs. 3 Sätze 4-8 KStG n.F.?

Wie bereits an anderer Stelle erklärt,[493] hat der Gesetzgeber durch die Neueinführung der Sätze 4-8 in § 8b Abs. 3 KStG dafür gesorgt, dass aufgrund ihrer dort zu findenden ausdrücklichen Nennung nunmehr auch der Verlust (eigenkapitalersetzender) Gesellschafterhilfen bei einer unmittelbaren oder mittelbaren Beteiligung von mehr als einem Viertel am Grund- oder Stammkapital der Körperschaft vom körperschaftsteuerlichen Abzugsverbot erfasst ist. I.R.d. einkommensteuerlichen Parallelvorschrift des § 3c Abs. 2 EStG a.F. wurden die Gesellschafterhilfen hingegen in keiner Form ausdrücklich erfasst. Daraus wurde nun einerseits im Umkehrschluss gefolgert, dass der Gesetzgeber eigenkapitalersetzende Gesellschafterhilfen gerade nicht für von § 3c Abs. 2 EStG a.F. erfasst halte und dies – falls er es so gewollt hätte – gegenteilig hätte regeln können bzw. müssen.[494] Dies unterblieb im Übrigen trotz einer entsprechenden Initiative des Bundesrates[495] zum Jahressteuergesetz 2008.[496]

Andererseits war freilich auch die Schlussfolgerung möglich, dass der Gesetzgeber den Verlust aus gesellschaftsrechtlich veranlassten Darlehen ohnehin als von § 3c Abs. 2 EStG a.F. erfasst angesehen hat und eine den § 8b Abs. 3 Sätze 4 ff. KStG n.F. entsprechende Regelung daher für schlicht überflüssig hielt.[497] Dies erschien insbesondere vor dem Hintergrund als gewichtigere Erwägung, dass der Gesetzgeber die Neufassung des § 8b Abs. 3 KStG für eine bloße Klarstellung hielt.[498]

---

491 *Demuth*, KÖSDI 2008, 16177, 16186; *Eberhard*, DStR 2009, 2226, 2228; *Kleinert/Podewils*, GmbHR 2009, 849, 852 jeweils m.w.N.; *Hahne*, Anmerkung zum Urteil des BFH vom 14.01.2009 – I R 52/08, BB 2009, 990, 993.

492 Die Neufassung wurde eingeführt durch das JStG 2008 vom 20.12.2007, BGBl I 2007, 3150.

493 Siehe hierzu im Einzelnen oben unter 1. Teil B. III. 1.

494 *Fuhrmann/Strahl*, DStR 2008, 125.

495 BR-Drs. 544/07, S. 10.

496 BGBl I 2007, 3150.

497 Siehe zu diesem Argument *Kleinert/Podewils*, GmbHR 2009, 851 f.

498 BT-Drs. 16/6290, 73 f.

Vorliegend dürften derartige Überlegungen bezüglich der möglichen Gedanken des Gesetzgebers letztlich wenig ertragreich sein, da einerseits – wie dargestellt – beide gegensätzlichen Varianten denkbar erscheinen und es anderseits auch vorkommt, dass sich der Gesetzgeber über nur parallel gelagerte und nicht unmittelbar betroffene Rechtsfragen überhaupt keine Gedanken macht. Dieser Ansicht neigt auch der BFH zu.[499] Dieser nämlich hält die Nichtexistenz einer den § 8b Abs. 3 Sätze 4 ff. KStG n.F. entsprechenden Regelungen in § 3c Abs. 2 EStG a.F. für Zwecke der Auslegung des § 3c Abs. 2 EStG schlicht für unergiebig.[500] Als Argument führt der BFH insoweit an, dass den Gesetzesmaterialien zum JStG 2008 keinerlei Begründung für die Nichteinführung einer Parallelregelung zu § 8b Abs. 3 Sätze 4 ff. KStG n.F. entnommen werden kann.[501]

Wenn man sich gleichwohl für eine der Varianten entscheiden will, erscheint letztgenannte Interpretation vorzugswürdig, da nicht erkennbar ist, warum der Gesetzgeber – freilich hypothetisch gedacht – eine entsprechende Neufassung auch des § 3c Abs. 2 EStG a.F. parallel zu § 8b Abs. 3 Sätze 4 ff. KStG n.F. nicht auch für eine bloße Klarstellung gehalten hätte.

(2) Keine Betriebsvermögensmehrungen oder Einnahmen nach § 3 Nr. 40 EStG bzw. kein hinreichender „wirtschaftlicher Zusammenhang" zu diesen

Zum anderen wurde gegen die Anwendbarkeit von § 3c Abs. 2 EStG a.F. vorgebracht, dass der Wertverlust von Gesellschafterhilfen entgegen dem Wortlaut der Vorschrift überhaupt keine „Betriebsvermögensminderungen, Betriebsausgaben, Veräußerungskosten oder Werbungskosten" darstellen würde, „die mit den dem § 3 Nr. 40 EStG zu Grunde liegenden Betriebsvermögensmehrungen oder Einnahmen in wirtschaftlichem Zusammenhang" stünde bzw. dass selbst bei Annahme derartiger „Betriebsvermögensmehrungen oder Einnahmen" gleichwohl kein hinreichender wirtschaftlicher Zusammenhang im Sinne der Vorschrift bestehe.

Für eine Anwendung des Abzugsverbotes von § 3c Abs. 2 EStG bedarf es zunächst – zumindest abstrakt möglicher[502] – entsprechender Einnahmen oder Vermögensmehrungen im Sinne des § 3 Nr. 40 EStG. Die Erträge im Rahmen von (eigenkapitalersetzenden) Darlehen aber stellen – zumindest originär – die entsprechenden Darlehenszinsen dar, welche nicht vom Teileinkünfteverfahren des § 3 Nr. 40 EStG erfasst werden, und insbesondere nicht ein von der Gesellschaft ausgeschütteter Gewinn, der seinerseits sehr wohl dem Teileinkünfteverfahren unterfällt (§ 3 Nr. 40 lit. d EStG). Ein ausgeschütteter Gewinn kann immer nur insofern mittelbar auf einer früher aus-

499 BFH vom 18.04.2012 – X R 5/10, BFH/NV 2012, 1358, DStR 2012, 1318; X R 7/10, BFH/NV 2012, 1363, DStRE 2012, 1105.

500 BFH vom 18.04.2012 – X R 5/10, BFH/NV 2012, 1358, DStR 2012, 1318; X R 7/10, BFH/NV 2012, 1363, DStRE 2012, 1105.

501 BFH vom 18.04.2012 – X R 5/10, BFH/NV 2012, 1358, DStR 2012, 1318; X R 7/10, BFH/NV 2012, 1363, DStRE 2012, 1105.

502 Siehe zu diesem Anschlussproblem noch im Folgenden unter 1. Teil B. III. 2. b) cc) (1).

gereichten Gesellschafterfinanzierungshilfe beruhen, als diese der Gesellschaft über finanzielle Schwierigkeiten hinweggeholfen und u.U. das Überleben gesichert hat. Aus diesem Grunde wurde teilweise geschlossen, dass somit auch eine Anwendung der entsprechenden Korrekturvorschrift des § 3c Abs. 2 a.F. EStG auf Wertverluste bezüglich des Darlehens ausscheiden müsse.[503] Eine hinreichende Verknüpfung bestünde allein zu den voll steuerpflichtigen Zinserträgen aus dem Darlehen, nicht aber zu Gewinnausschüttungen u.Ä. aus der Beteiligung,[504] weshalb auch die Aufwendungen aus dem Darlehen voll abzugsfähig gewesen seien.[505]

Zum Zwecke der Untermauerung ihrer Ansicht griffen die Vertreter der Ansicht auch auf die Ausführungen des BFH in seinem Urteil vom 14.01.2009[506] zurück, da dessen Kernaussagen auch auf die hier vorliegende Streitfrage "umgemünzt" werden konnten. Dies deshalb, weil der BFH – wie bereits in vorherigen Entscheidungen[507] – die Eigenständigkeit von Darlehen und Beteiligung betonte. Diese stünden als selbstständige Wirtschaftsgüter grundsätzlich unabhängig nebeneinander.[508] Dementsprechend würden die Darlehensverluste im betrieblichen Bereich ja auch gerade nicht über den Weg der nachträglichen Anschaffungskosten auf die Gesellschaftsbeteiligung erfasst, sondern das Darlehen sei als eigenständiges Wirtschaftsgut ohnehin steuerverstrickt. Wenn nun Beteiligung und Darlehen laut BFH selbständige Wirtschaftsgüter sind, so müssten auch die jeweils auf sie entfallenden Einnahmen und Ausgaben grundsätzlich unabhängig voneinander behandelt werden. Insbesondere aus diesem Grund komme es nicht in Betracht, (eigenkapitalersetzenden) Darlehensverlusten Einnahmen aus der Beteiligung – also insbesondere Dividenden – gegenüberzustellen und so eine für § 3c Abs. 2 EStG a.F. hinreichende Verbindung herzustellen. Gerade aus den Aussagen des BFH folgerten die Vertreter dieser Ansicht, dass die entsprechenden Einnahmen aus dem Darlehen in Form der Zinsen bestünden und – da diese nicht § 3 Nr. 40 EStG unterfallen – eine Anwendung von § 3c Abs. 2 EStG a.F. auf die Darlehensverluste ausscheiden müsse.

In seinen Urteilen vom 18.04.2012[509] hat sich der BFH nunmehr auch im einkommensteuerlich-betrieblichen Bereich dieser Argumentation angeschlossen. Er lässt die Anwendbarkeit von § 3c Abs. 2 EStG a.F. bereits an der Eigenständigkeit von

503 *Demuth*, KÖSDI 2008, 16177, 16186; *Eberhard*, DStR 2009, 2226, 2228; *Kleinert/Podewils*, GmbHR 2009, 849, 852 jeweils m.w.N.; *Hahne*, Anmerkung zum Urteil des BFH vom 14.01.2009 – I R 52/08, BB 2009, 990, 993.

504 Im betrieblichen Kontext kommt nicht in Betracht, eine solche Verknüpfung des Darlehensverlust mit Veräußerungs- bzw. Auflösungsgewinnen nach § 17 EStG herzustellen, die ja ihrerseits dem Teileinkünfteverfahren (§ 3 Nr. 40 lit. c EStG), da § 17 EStG ja lediglich im Privatvermögen Anwendung findet.

505 *Demuth*, KÖSDI 2008, 16177, 16186; *Eberhard*, DStR 2009, 2226, 2228; *Kleinert/Podewils*, GmbHR 2009, 849, 852 jeweils m.w.N. ; *Hahne*, Anmerkung zum Urteil des BFH vom 14.01.2009 – I R 52/08, BB 2009, 990, 993.

506 BFH vom 14.01.2009 – I R 52/08, BB 2009, 990, 991 mit Anmerkung *Hahne*.

507 Siehe etwa BFH vom 20.04.2005 – X R 2/03, BStBl II 2005, 694, DStRE 2005, 1049.

508 Siehe insoweit bereits die Ausführungen oben unter 1. Teil B. III. 1 sowie *Hoffmann*, Anmerkung zum Urteil des BFH vom 14.01.2009 – I R 52/08, GmbHR 2009, 490, 492.

509 BFH vom 18.04.2012 – X R 5/10, BFH/NV 2012, 1358, DStR 2012, 1318; – X R 7/10, BFH/NV 2012, 1363, DStRE 2012, 1105.

Beteiligung und Darlehen bzw. sonstiger Gesellschafterhilfe[510] scheitern – in der Diktion des Gerichts konkret an der Eigenständigkeit von Beteiligung und Darlehens*verlust*. Auch der eigenkapitalersetzende Charakter der Finanzierungshilfe könne insoweit keine genügende Verknüpfung herstellen.[511]

Bezüglich des Tatbestandsmerkmals des „wirtschaftlichen Zusammenhangs" verneint der BFH folgerichtig bereits im Ansatz, dass dieser im vorliegenden Kontext bestehen könnte.[512]

Auf die weiteren, Zweifel an der Anwendbarkeit von § 3c Abs. 2 EStG a.F. begründenden Gesichtspunkte geht der BFH sodann – mangels Entscheidungserheblichkeit – nicht mehr ein.

Doch auch wenn man diese Hürde überspringen und gleichwohl Gewinnbezüge aus der Beteiligung den Wertverlusten hinsichtlich der Gesellschafterhilfe gegenüberstellen will und die Anwendbarkeit von § 3c Abs. 2 EStG a.F. entgegen u.a. dem BFH nicht schon aus diesem Grunde ablehnt, könnte auch aufgrund weiterer Erwägungen am Bestehen eines hinreichenden „wirtschaftlichen Zusammenhangs" im Sinne von § 3c Abs. 2 a.F. EStG zwischen Wertverlusten bezüglich der Finanzierungshilfe und Bezügen im Sinne von § 3 Nr. 40 lit. d EStG gezweifelt werden.

Insoweit empfiehlt sich ein Vergleich des Wortlautes von § 3c Abs. 2 EStG a.F. mit dem des § 8b Abs. 3 KStG a.F. Während § 8b Abs. 3 KStG a.F. von „Gewinnminderungen im Zusammenhang mit Anteilen an Körperschaften" sprach, hatte § 3c Abs. 2 EStG a.F. „Betriebsvermögensminderungen, Betriebsausgaben, Veräußerungskosten oder Werbungskosten, die mit den dem § 3 Nr. 40 EStG zugrunde liegenden Betriebsvermögensmehrungen oder Einnahmen [...] in wirtschaftlichem Zusammenhang stehen" zum Gegenstand. Die Gesetzeswortlaute unterschieden sich also lediglich dadurch, dass § 3c Abs. 2 EStG a.F. einen „wirtschaftlichen Zusammenhang" – je nach Interpretation – bereits ausreichen lies bzw. zusätzlich erforderte.[513]

Von der Finanzverwaltung wurde der Wortlaut des § 3c Abs. 2 EStG dahingehend interpretiert, dass Gewinnminderungen auf gewährte Darlehen dann in „wirtschaftlichen Zusammenhang" zu der Beteiligung stehen, wenn sie gesellschaftsrechtlich veranlasst sind.[514] Aufgrund der prinzipiellen Spiegelbildlichkeit von steuerlicher gesell-

---

510 Zur Finanzierungshilfe der Bürgschaft bezüglich substanzbezogene Wertminderungen der Rückgriffsforderung siehe BFH vom 18.04.2012 – X R 5/10, BFH/NV 2012, 1358, DStR 2012, 1318.

511 BFH vom 18.04.2012 – X R 5/10, BFH/NV 2012, 1358, DStR 2012, 1318; – X R 7/10, BFH/NV 2012, 1363, DStRE 2012, 1105.

512 BFH vom 18.04.2012 – X R 5/10, BFH/NV 2012, 1358, DStR 2012, 1318; – X R 7/10, BFH/NV 2012, 1363, DStRE 2012, 1105.

513 Während dies also im Vergleich zu § 8b Abs. 3 KStG umstritten ist, werden nach allgemeiner Ansicht an das Erfordernis des „wirtschaftlichen Zusammenhangs" im Rahmen des § 3c Abs. 2 EStG im Vergleich zu § 3c Abs. 1 EStG geringere Anforderungen gestellt, siehe etwa *Erhard* in Blümich, EStG, § 3c Rn. 55.

514 BMF vom 08.11.2010 – IV C 6-S 2128/07/10001, 2010/0805444, BStBl I 2010, 1292 (Abschnitt 2); *Neumann/Stimpel*, GmbHR 2008, 57, 62; eher kritisch *Hoffmann*, Anmerkung zum Urteil des BFH vom 14.01.2009 – I R 52/08, GmbHR 2009, 490, 492, nach dessen Einschätzung jede Darlehensgewährung eines Gesellschafters gesellschaftsrechtlich veranlasst sei und die Auslegung der Finanzverwaltung daher nicht zielführend sei.

schaftsrechtlicher Veranlassung und zivilrechtlichem Eigenkapitalersatzrecht[515] würde sich daher infolge der ständigen Rechtsprechung des BFH zum Eigenkapitalersatzrecht auf Basis dieser Auffassung ein (teilweises) Abzugsverbot für Wertverluste im Rahmen eigenkapitalersetzender Darlehen ergeben. Indes bestimmte insoweit wohl eher ein "Wunschdenken" die Rechtsansicht der Finanzverwaltung. Nach zutreffender Ansicht nämlich konnte dem Wortlaut des § 3c Abs. 2 EStG eine derart weitgehende Interpretation nicht entnommen werden.[516] Dem Gesetzeswortlaut des „wirtschaftlichen Zusammenhangs“ einen solch extensiven Bedeutungsgehalt zuzumessen widerspach dem tatsächlichen Umstand, dass im Bereich der Unternehmensbesteuerung nur schwerlich Sachverhalte zu finden waren bzw. sind, in denen kein – zumindest auch – wirtschaftlicher Zusammenhang bestand bzw. besteht.[517]

In Verknüpfung beider Argumentationsstränge ließe sich somit dahingehend summieren, dass für die Zwecke des § 3c Abs. 2 EStG ein hinreichender wirtschaftlicher Zusammenhang des Aufwandes mit Einnahmen aus der Beteiligung als solcher bestehen musste, nicht aber ein irgendwie geartete und gleichsam unter das Tatbestandsmerkmal des wirtschaftlichen Zusammenhangs gezwungene rein faktische Beziehung zwischen den Einnahmen aus der Beteiligung und dem Aufwand aus dem – nach ständiger Rechtsprechung – selbstständigen Wirtschaftsguts des Darlehens ausreichend war.

Nach zutreffender Sichtweise kam es indes auf die Auslegung des Tatbestandsmerkmals des „wirtschaftlichen Zusammenhangs“ bereits nicht an. Denn eine Anwendbarkeit von § 3c Abs. 2 EStG a.F. auf Verluste an einer Finanzierungshilfe im einkommensteuerlich-betrieblichen Bereich scheiterte bereits daran, dass diesen keine – wie von § 3c Abs. 2 Satz 1 Hs. 1 EStG ausdrücklich vorausgesetzt – korrespondierenden, dem Teileinkünfteverfahren nach § 3 Nr. 40 EStG unterfallenden begünstigten Betriebsvermögensmehrungen oder Einnahmen gegenüberstanden. Im Ausgangspunkt nämlich war und ist unverändert steuer- bzw. handelsbilanziell von der Eigenständigkeit von Beteiligung und Finanzierungshilfe als jeweils selbständige, voneinander unabhängige Vermögensgegenstände bzw. Wirtschaftsgüter auszugehen. Die mit dem Wirtschaftsgut Finanzierungshilfe, i.d.R. also Darlehen, einhergehenden Einnahmen aber bestehen in Form der darauf entfallenden Zinsen. Da diese aber unzweifelhaft keiner der Regelungen des Teileinkünfteverfahrens nach § 3 Nr. 40 EStG unterfallen, muss jedenfalls im Ausgangspunkt auch der Substanzverlust der Finanzierungshilfe vollumfänglich zu berücksichtigen sein. Etwas anderes könnte nur dann gelten, wenn auf anderem Wege eine genügende Verknüpfung des Substanzverlustes zu (teilweise) steuerfreien Betriebsvermögensmehrungen oder Einnahmen aus der Beteiligung herstellbar wäre. Dass hierfür aber bereits – wie insbesondere von der Finanzverwaltung vorgebracht[518] – die gesellschaftliche Veranlassung genügen sollte,

515 Siehe hierzu noch eingehend unten unter 1. Teil B. III. 3. d) bb).

516 So auch *Kleinert/Podewils*, GmbHR 2009, 849, 852; im Ergebnis gleicher Auffassung sind *Eberhard*, DStR 2009, 2226, 2227 ff.; *Hoffmann*, Anmerkung zum Urteil des BFH vom 14.01.2009 – I R 52/08, GmbHR 2009, 490, 492.

517 *Kleinert/Podewils*, GmbHR 2009, 849, 852; a.A. *Neumann/Stimpel*, GmbHR 2008, 57, 62.

518 BMF vom 08.11.2010 – IV C 6-S 2128/07/10001, 2010/0805444, BStBl I 2010, 1292 (Abschnitt 2).

der spiegelbildlich prinzipiell die zivilrechtliche eigenkapitalersatzrechtliche Verstrickung entsprach - ist abzulehnen. Insbesondere fand sich unter Geltung von § 3c Abs. 2 EStG a.F. weder im Gesetz noch in den Gesetzesmaterialien irgendeine Stütze dafür, dass die bloße gesellschaftliche Veranlassung insoweit zur Überbrückung der bilanziellen Selbständigkeit von Beteiligung und Finanzierungshilfe geeignet sein sollte. Auch konnte der im Rahmen des § 17 Abs. 2, Abs. 4 EStG erweiterte Begriff der nachträglichen Anschaffungskosten in diesem Zusammenhang nicht fruchtbar gemacht werden, da dieser dem speziellen Regelungskontext von § 17 EStG geschuldet ist.[519]

Zudem sollte bei der auch insoweit gegebenen Fragestellung, ob § 3c Abs. 2 EStG a.F. zu Lasten des Steuerpflichtigen extensiv bzw. teleologisch erweitert ausgelegt werden sollte, auch immer der zugrunde liegende Regelungszusammenhang von § 3c Abs. 2 EStG a.F. Berücksichtigung finden. Dieser bestand und besteht unbelassen darin, mit im Wege des Teileinkünfteverfahrens teilweise steuerfrei gestellten Einnahmen korrespondierende Ausgaben auch nur teilweise zum Abzug zuzulassen (Teilabzugsverbot). Indes dient ebendieses "vorgeschaltete" Teileinkünfteverfahren gerade nicht der (teilweisen) vollumfänglichen Steuerfreistellung, sondern soll seinerseits eine mit Art. 3 GG unvereinbare Doppelbesteuerung vermeiden. Denn die begünstigten Einnahmen entspringen ihrerseits einem Steuersubjekt (Körperschaft), das bereits einer Besteuerung unterworfen wurde, nämlich derjenigen nach Maßgabe des KStG. Insofern bewirkt das Teileinkünfteverfahren keine Besserstellung bestimmter Steuerpflichtiger, sondern verhindert lediglich deren Schlechterstellung. Vor diesem Hintergrund aber erforderte es der Grundsatz der Besteuerung nach der persönlichen Leistungsfähigkeit gerade nicht, den als Ausnahmevorschrift zu verstehenden § 3c Abs. 2 EStG a.F. möglichst extensiv auszulegen. Dies hatte vielmehr dazu geführt, dass von der mittels des Teileinkünfteverfahrens bewirkten Besteuerung nach der persönlichen Leistungsfähigkeit weitgehend abgewichen worden wäre.

Im Lichte dieser Erwägungen sprachen dementsprechend die überzeugenderen Sacherwägungen dafür, mit dem BFH ein anteiliges Abzugsverbot gemäß § 3c Abs. 2 EStG a.F. für Aufwand aus Substanzverlusten an Finanzierungshilfen im einkommensteuerlich-betrieblichen Bereich zu verneinen.

(cc) Die "Anschlussfragen" zur Auslegung von § 3c Abs. 2 EStG

Hielt man entgegen der vorgenannten Rechtsauffassungen § 3c Abs. 2 EStG weder für verfassungswidrig noch im Übrigen für im betrieblichen Bereich der Gesellschafterhilfen grundsätzlich nicht anwendbar, so stellten sich weitere Anschlussfragen dahingehend, welche konkreten Anforderungen an das Tatbestandsmerkmal der „dem § 3 Nr. 40 EStG zugrunde liegenden Betriebsvermögensmehrungen oder Einnahmen“ gestellt werden sollten.

519 Siehe hierzu noch ausführlich unten unter 1. Teil B. III. 3.

(1) „Abstrakte" oder „konkrete" Normanwendung von § 3c Abs. 2 EStG?

Bis einschließlich des Veranlagungszeitraumes 2010 stellte sich zunächst die Frage, ob die im Rahmen des § 3c Abs. 2 EStG in der Fassung vor dem Jahressteuergesetz 2010[520] erforderlichen teilweise steuerfreien Betriebsvermögensmehrungen bzw. Einnahmen nach § 3 Nr. 40 EStG tatsächlich konkret angefallen sein mussten[521] oder die abstrakte Möglichkeit ihres Anfallens ausreichend sein sollte.[522]

Ob es des tatsächlichen Anfallens von nach § 3 Nr. 40 EStG anteilig steuerfreien Einnahmen oder Betriebsvermögensmehrungen bedurfte oder nicht,[523] wurde vom Wortlaut des § 3c Abs. 2 EStG a.F. nicht unzweifelhaft beantwortet. Gleichwohl sprach mehr dafür, dem Wortlaut das Erfordernis der tatsächlichen Vereinnahmung begünstigter Erträge zu entnehmen.[524] Hierfür sprach zunächst – wenn auch nicht eindeutig – der Wortlaut des § 3c Abs. 2 EStG a.F. insofern, als es eines Zusammenhanges mit „den dem § 3 Nr. 40 EStG zugrunde liegenden Betriebsvermögensmehrungen oder Einnahmen" bedurfte. Denn eine verständige Würdigung legte insofern nahe, dass derart begünstigter Einnahmen tatsächlich existent sein mussten. In die gleiche Richtung wies auch die – freilich inhaltlich davon losgelöste – gesetzliche Aussage in § 3c Abs. 2 Satz 1 Hs. 1 EStG a.F., dass die entsprechenden Betriebsvermögensminderungen und Verluste abgezogen werden dürften „unabhängig davon, in welchem Veranlagungszeitraum die Betriebsvermögensmehrungen oder Einnahmen anfallen" Der Gesetzeswortlaut sprach mithin eher für das Erfordernis eines tatsächlichen Anfallens der Betriebsvermögensmehrungen bzw. Einnahmen.[525]

Der BFH beantwortete das beschriebene Rechtsproblem – auf sehr beiläufige Art und Weise[526] – im Jahre 2009 dahingehend, dass es in der Tat einer wirklichen Vereinnahmung begünstigter Betriebsvermögensmehrungen oder Einnahmen bedürfe.[527] Ohne weitreichende Begründungen anzuführen, stellte der BFH fest, dass § 3c Abs. 2 EStG a.F. nicht anwendbar sei, wenn überhaupt keine Betriebsvermögensmeh-

520 Gesetz vom 08.12.2010, BGBl I 2010, 1768.

521 So nun der BFH vom 25.06.2009 – IX R 42/08, BStBl. II 2010, 220, BFH/NV 2009, 1696, DStR 2009, 1843.

522 Dafür etwa FG Münster vom 10.01.2013 – 5 K 4513/09 E, BB 2013, 1173; wohl auch *Erhard* in Blümich, EStG, § 3c Rn. 56.

523 Das Erfordernis wird bejaht durch den BFH vom 25.06.2009 – IX R 42/08, BStBl. II 2010, 220, BFH/NV 2009, 1696, DStR 2009, 1843, wohl a.A. *Erhard* in Blümich, EStG, § 3c Rn. 56; auch die Finanzverwaltung hatte in besagter Entscheidung des BFH die Gegenansicht vertreten.

524 So auch *Stiller*, StuW 2011, 75, 77; gl. A. wohl auch *Bron/Seidel*, DStZ 2009, 859, 860.

525 So nunmehr auch explizit BFH vom 18.03.2010 – IX B 227/09, DStR 2010, 639, 640; gl.A. *Stiller*, StuW 2011, 75, 77; a.A. FG Münster vom 10.01.2013 – 5 K 4513/09 E, BB 2013, 1173.

526 Der BFH setzt sich in seinen Entscheidungen (siehe die nachfolgende Fußnote) weder mit dem Für und Wider seiner Rechtsauffassung noch mit der Gegenansicht auseinander.

527 BFH vom 25.06.2009 – IX R 42/08, BStBl. II 2010, 220, BFH/NV 2009, 1696, DStR 2009, 1843; vom 14.07.2009 – IX R 8/09, BFH/NV 2010, 399; vom 28.02.2013 – IV R 49/11, BFH/NV 2013, 1022; vgl. auch *Jehke/Pitzal*, DStR 2010, 256, 257 f.

rungen oder Einnahmen i.S.d. § 3 Nr. 40 EStG angefallen waren.[528] Dabei differenzierte der BFH auch in keiner Form zwischen Einnahmen, die auf der Ertrags- und Einnahmen erzielt wurden und solchen, die auf der Vermögensebene generiert wurden. Vielmehr seien Einnahmen auf jeder Ebene „schädlich".[529] Ebenfalls zugunsten der Steuerpflichtigen hat der BFH mittlerweile in mehreren Parallelentscheidungen vom 06.04.2011[530] geurteilt, dass zwar auch dem Teileinkünfteverfahren unterfallende Realisierungsvorgänge, insbesondere Veräußerungen etwa von Gesellschaftsanteilen, unter Wert die Anwendung von § 3c Abs. 2 EStG a.F. auslösen, dass indes die Vereinnahmung rein symbolischer Veräußerungsentgelte – etwa von einem Euro für wertlose Anteile – nicht die Anwendung des § 3c Abs. 2 a.F. EStG zur Folge haben.

Wohl zum Zwecke einer möglichst umfassenden Geltung des Teilabzugsverbotes trat die Finanzverwaltung dieser Rechtsansicht des BFH zunächst entgegen, indem sie dessen Urteil vom 25.06.2009[531] für „nicht über den entschiedenen Einzelfall hinaus" anwendbar erklärte.[532] Das BMF begründete dies damit, dass § 3c Abs. 2 EStG a.F. „nicht isoliert betrachtet werden" dürfe, „sondern [...] im Gesamtzusammenhang und unter Berücksichtigung von Sinn und Zweck aller das Halbeinkünfteverfahren/Teileinkünfteverfahren betreffenden Vorschriften des EStG auszulegen" sei.[533] Der Frage, „ob in der Vergangenheit Gewinnausschüttungen vorgenommen wurden", komme demnach „in diesem Zusammenhang keine Bedeutung zu;" vielmehr gelte die „dem Halbeinkünfteverfahren/Teileinkünfteverfahren zugrunde liegende Grundwertung, Gewinne und Verluste gleich zu behandeln [...] sowohl für die Vermögens- als auch für die Ertragsebene."[534] Es komme „entgegen der Auffassung des BFH [...] daher nicht darauf an, ob auf der Ertragsebene aus der Beteiligung Einnahmen (Gewinnausschüttungen) zugeflossen sind."[535]

528 BFH vom 25.06.2009 – IX R 42/08, BStBl. II 2010, 220, BFH/NV 2009, 1696, DStR 2009, 1843; BFH vom 14.07.2009 – IX R 8/09, BFH/NV 2010, 399; dies bezieht sich dann jedoch – entsprechend der anderweitigen Rechtsprechung des BFH – nicht nur auf denselben Veranlagungszeitraum, da es für die Anwendung des § 3c Abs. 2 EStG unschädlich ist, wenn die begünstigten Einnahmen bzw. Betriebsvermögensmehrungen in einem anderen Veranlagungszeitraum anfallen; siehe hierzu schon oben unter 1. Teil B. III. 2. b) bb) (2).

529 Schädlich bedeutet in diesem Zusammenhang, dass es aufgrund der Vereinnahmung auf Ertrags- und/oder Vermögensebene zu einer Anwendung des Teilabzugsverbotes kommt; dies hat der BFH implizit entschieden im Urteil vom 25.06.2009 – IX R 42/08, BFH/NV 2009, 1696, DStR 2009, 1843 sowie explizit im Beschluss vom 18.03.2010 – IX B 227/09, DStR 2010, 639, 640.

530 BFH vom 06.04.2011 – IX R 61/10, BFHE 233, 446, BStBl II 2012, 8; IX R 40/10, BFHE 233, 442, BStBl II 2011, 785; IX R 28/10, BFHE 233, 439, BStBl II 2011, 814; IX R 49/10, BFH/NV 2012, 13; IX R 29/10, BFH/NV 2011, 2025; IX R 31/10, BFH/NV 2011, 2028.

531 Az.: IX R 42/08, BStBl. II 2010, 220, BFH/NV 2009, 1696, DStR 2009, 1843.

532 BMF vom 15.02.2010 IV C 6 - S 2244/09/10002, DStR 2010, 331; die Rechtmäßigkeit dieses Nichtanwendungserlasses bezweifeln *Jehke/Pitzal* in DStR 2010, 1163, 1166; sie begründen dies mit einer materiellrechtlichen Verletzung des Begründungserfordernisses, da die Begründung des Erlasses aufgrund des seitens des BMF bestehenden Fehlverständnis des BFH – Urteils vom 25.06.2009 – IX R 42/08 faktisch ins Leere gehe.

533 BMF vom 15.02.2010 IV C 6 - S 2244/09/10002, DStR 2010, 331.

534 BMF vom 15.02.2010 IV C 6 - S 2244/09/10002, DStR 2010, 331.

535 BMF vom 15.02.2010 IV C 6 - S 2244/09/10002, DStR 2010, 331.

Zwar äußerte das BMF hiermit eine durchaus plausible Rechtsansicht, die auch schon vor Ergehen der BFH - Entscheidung vertreten wurde; allerdings begründete das BMF diese auf der Basis eines Fehlverständnisses des besagten BFH - Urteils.[536] Dies wurde insbesondere dadurch offenbar, dass der BFH entgegen der Auffassung des BMF nicht davon gesprochen hatte, dass es allein auf den Zufluss von Einnahmen auf der Ertragsebene ankomme. Vielmehr war auch der BFH der Ansicht, dass Vermögens- und Ertragsebene insoweit gleichzubehandeln seien. Nur die konkrete Folge dieser Gleichbehandlung stand im Widerspruch zum Rechtsverständnis des BMF, da der BFH nur im Falle eines tatsächlichen Zuflusses von Einnahmen jeglicher Ebene die Anwendung des Teilabzugsverbotes gestattete.

Dementsprechend erteilte der BFH in seinem Beschluss vom 18.03.2010[537] der Rechtsansicht des BMF eine Absage. Das Gericht hielt eine eingelegte Nichtzulassungsbeschwerde für unbegründet, da die Rechtsfrage, ob bei tatsächlich fehlenden Einnahmen nach § 3 Nr. 40 EStG das Teilabzugsverbot anwendbar ist, mit einem abschließenden Nein beantwortet worden sei.[538] Die Aussagen des BMF entsprächen daher nicht den gesetzgeberischen Prämissen.[539]

Aufgrund der neuerlichen Bestätigung seiner Rechtsprechung hob das BMF den erwähnten Nichtanwendungserlass mit Schreiben vom 28.06.2010[540] auf.

Ab dem Veranlagungszeitraum 2011 ist die vorgenannte Streitfrage indes obsolet, da im Rahmen des § 3c Abs. 2 i.d.F. des JStG 2010[541] durch Neueinführung des § 3c Abs. 2 Satz 2 EStG die bisherige Verwaltungsauffassung kodifiziert worden ist, indem nunmehr die bloße „Absicht zur Erzielung von Betriebsvermögensmehrungen oder Einnahmen im Sinne des § 3 Nummer 40 oder von Vergütungen im Sinne des § 3 Nummer 40a ausreichend“ ist.

Dessen unbeschadet blieb es selbstverständlich insbesondere laut BFH dabei, dass Substanzverluste bezüglich Gesellschafterfinanzierungshilfen bereits a priori nicht von § 3c Abs. 2 EStG a.F. erfasst wurden.[542]

(2) Möglicher Einfluss der Höhe der tatsächlich angefallenen Betriebsvermögensmehrungen bzw. Einnahmen (saldierende Betrachtung?)

Vertrat man die im vorangegangenen Abschnitt als "konkrete" Auslegung des § 3c Abs. 2 EStG a.F. bezeichnete Auffassung, musste man zudem – aufgrund der vorge-

536 Ähnlich *Jehke/Pitzal*, DStR 2010, 1163, 1166; da auch sie ein falsches Verständnis des BFH - Urteils vom 25.06.2009 - IX R 42/08 im Nichtanwendungserlass erblicken, halten sie diesen für rechtswidrig.

537 BFH vom 18.03.2010 - IX B 227/09, DStR 2010, 639.

538 BFH vom 18.03.2010 - IX B 227/09, DStR 2010, 639.

539 BFH vom 18.03.2010 - IX B 227/09, DStR 2010, 639.

540 BMF vom 28.06.2010 IV C 6 - S 2244/09/10002, DStR 2010, 1337.

541 Gesetz vom 08.12.2010, BGBl I 2010, 1768.

542 BFH vom 18.04.2012 – X R 5/10, BFH/NV 2012, 1358, DStR 2012, 1318; – X R 7/10, BFH/NV 2012, 1363, DStRE 2012, 1105; dies ist wiederum anders unter Geltung des § 3c Abs. 2 EStG i.d.F. des JStG 2015, siehe hierzu ausführlich unten unter 2. Teil B. II.

nannten Änderungen durch das JStG nur bis einschließlich des Veranlagungszeitraumes 2010 – die Frage klären, ob bereits die Vereinnahmung eines jeden Betrages genügen sollte oder aber das Teilabzugsverbot nur insoweit Anwendung finden konnte, wie auch entsprechende (anteilig) steuerfreie Einnahmen gegeben waren, es also m.a.W. zu einer Saldobetrachtung kommen sollte oder nicht.

Auch konnte man sich als Folge einer "konkreten" Auslegung des § 3c Abs. 2 EStG a.F. die Frage stellen, ob sämtliche Arten von Einnahmen seine Anwendung auslösten oder ob es Einnahmen auf der Ertragsebene[543] einerseits oder der Vermögensebene[544] andererseits bedurfte.

Bereits in seiner grundlegenden Entscheidung vom 25.06.2009 legte der BFH das Teilabzugsverbot jedoch nicht dahingehend aus, dass es nur insoweit angewendet werden könne, wie zuvor nach § 3 Nr. 40 EStG begünstigte Einnahmen bzw. Betriebsvermögensmehrungen bezogen wurden.[545] Wenn auch der BFH keine ausdrücklichen Aussagen bezüglich einer derartigen "Saldobetrachtung" traf, so sprach schon zu diesem Zeitpunkt Überwiegendes dafür, dass diese nach Auffassung des Gerichtes wohl ausscheiden musste.[546] Auch in seinem Beschluss vom 18.03.2010 deutete das Gericht im Rahmen eines obiter dictum an, dass es wohl keine "Saldobetrachtung" vornehmen würde, schränkt aber zugleich ein, dass ein solcher Fall gerade noch nicht entschieden worden ist.[547] Mit Urteil vom 20.04.2011[548] nun hat jedenfalls der Erste Senat des BFH entschieden, dass er eine saldierende Betrachtung ausnahmslos ablehnt. Dessen unbeschadet genügt ab dem Veranlagungszeitraum 2011 selbstverständlich das bloß potentielle Anfallen entsprechender, nach § 3 Nr. 40 EStG begünstigter Einnahmen,

An einer umfassenden sachlichen und zeitlichen Geltung der BFH – Rechtsprechung bezüglich der Ablehnung einer "Saldobetrachtung" konnte jedoch *prima facie* aus zweierlei Gründen gezweifelt werden:

Zum einen hatten die Entscheidungen des BFH einen Sachverhalt zum Gegenstand, in denen es um eine im Privatvermögen gehaltene Gesellschaftsbeteiligung ging, sodass primär die Vorschrift des § 17 EStG maßgeblich war.[549] Bei zutreffender Interpretation der Begründungsmuster des Gerichtes war jedoch festzuhalten, dass die zum Verhältnis von § 3 Nr. 40 EStG zu § 3c Abs. 2 EStG a.F. gemachten Ausführungen auch für im Betriebsvermögen gehaltene Beteiligungen zu berücksichtigen waren.[550] Dies ergab sich bereits daraus, dass auch im betrieblichen Kontext im Vergleich zum privaten Bereich ein gleichartiger Zusammenhang zwischen dem Teilein-

---

543 Also insbesondere Einnahmen in Form von Ausschüttungen.

544 Also insbesondere Einnahmen aus einer Veräußerung, Kapitalrückzahlung oder Auflösung.

545 BFH vom 25.06.2009 – IX R 42/08, BFH/NV 2009, 1696, DStR 2009, 1843.

546 Gl. A.: FG Düsseldorf vom 20.01.2010 – 2 K 45/81/07 F (Revision zum BFH wurde für erledigt erklärt); *Bron/Seidel*, DStZ 2009, 859, 862.

547 BFH vom 18.03.2010 – IX B 227/09, DStR 2010, 639, 640.

548 Az.: I R 97/10, BFHE 233, 508, BStBl II 2011, 815, DStR 2011, 1611, 1614.

549 Siehe BFH vom 14.07.2009 – IX R 8/09, BFH/NV 2010, 399; vom 20.04.2011 – I R 97/10, BFHE 233, 508, BStBl II 2011, 815, DStR 2011, 1611, 1614.

550 So auch *Naujok*, Anmerkung zum Urteil des BFH vom 25.06.2009 – IX R 42/08 in BB 2009, 2128, 2130.

künfteverfahren (§ 3 Nr. 40 EStG) und dem Teilabzugsverbot (§ 3c Abs. 2 EStG) besteht.[551]

Zum anderen konnte die Weitergeltung der aufgestellten Rechtsgrundsätze auch nicht deswegen negiert werden, weil das Urteil einen Sachverhalt betraf, bezüglich dessen noch das Halbeinkünfte- und nicht das nunmehr stattdessen geltende Teileinkünfteverfahren anzuwenden war.[552] Dies folgte daraus, dass das Teileinkünfteverfahren das Halbeinkünfteverfahren vollständig ersetzt hatte, ohne dass es etwas an den beiden Regelungssystemen zugrundeliegenden Rechtsgrundsätzen bzw. Wertungen geändert hätte. Die Veränderungen beschränkten sich vielmehr auf den bloßen Umfang von Steuerfreiheit bzw. Abzugsberechtigung. Allein Einnahmen, die noch dem durch das Halbeinkünfteverfahren ersetzten Anrechnungsverfahren unterfallen waren, konnten nach herrschender Auffassung nicht die Anwendbarkeit des § 3c Abs. 2 EStG a.F. auslösen.[553] Die korrespondierenden Einnahmen mussten also entweder dem Halb- oder dem Teileinkünfteverfahren unterfallen sein.[554] Dies ergab sich nach herrschender Doktrin bereits unmittelbar aus der insoweit maßgeblichen Anwendungsvorschrift des § 52 Abs. 8a EStG a.F.[555] Nach dieser Norm war 3c Abs. 2 EStG a.F. erstmals auf Aufwendungen anzuwenden, die mit Erträgen im wirtschaftlichen Zusammenhang standen, auf die § 3 Nr. 40 EStG erstmals anzuwenden war. Auf unter Geltung des Anrechnungsverfahrens erzielte Einnahmen war § 3 Nr. 40 EStG aber gerade (noch) nicht anwendbar, sodass auch die Anwendung des § 3c Abs. 2 EStG a.F. insoweit ausscheiden musste.[556]

Obwohl dies in tatsächlicher Hinsicht zu widersprüchlichen Ergebnissen und damit zu im Übrigen unwirtschaftlichen Anreizen führen konnte, da es für den Steuerpflichtigen mitunter günstiger war, überhaupt keine Einnahmen zu erzielen anstatt seinen Verlust zu minimieren und sich zugleich um Einnahmen zu bemühen,[557] stand die Auslegung des BFH doch zumindest in Einklang mit dem Wortlaut des § 3c Abs. 2 EStG a.F. Dieser ordnete nämlich – im Unterschied zu § 3c Abs. 1 EStG – gerade nicht ausdrücklich an, dass die Ausgaben nur abgezogen werden dürften, soweit sie in einem hinreichenden Zusammenhang zu den anteilig steuerfreien Einnahmen

551 *Jehke/Pitzal*, DStR 2010, 256, 257 f. m.w.N.; im Ergebnis gl. A.: *Naujok*, Anmerkung zum Urteil des BFH vom 25.06.2009 – IX R 42/08 in BB 2009, 2128, 2130.

552 Gl. A. *Naujok*, Anmerkung zum Urteil des BFH vom 25.06.2009 – IX R 42/08 in BB 2009, 2128, 2129.

553 So nun auch BFH vom 06.04.2011 – IX R 28/10, BFHE 233, 439, BStBl II 2011, 814.

554 *Bron/Seidel*, DStZ 209, 859, 863; *Jehke/Pitzal*, DStR 2010, 1163, 1167 f. m.w.N.; a.A. FG Rheinland – Pfalz vom 12.11.2009 – 6 K 2084/07, DStR 2010, 393, 394 (rkr.); allerdings thematisiert das FG Rheinland – Pfalz überhaupt nicht die Fragestellung, ob die Einnahmen nicht zumindest dem Halbeinkünfteverfahren unterfallen hätten müssen, sodass man dem Gericht wohl keine gegenteilige Rechtsauffassung unterstellen kann, sondern ein Übersehen der Problematik wahrscheinlicher ist; diese Interpretation nehmen auch *Jehke/Pitzal* vor in DStR 2010, 1163, 1165.

555 *Jehke/Pitzal*, DStR 2010, 1163, 1167.

556 *Jehke/Pitzal*, DStR 2010, 1163, 1167; jedenfalls i. Erg. gl. A.: BFH vom 06.04.2011 – IX R 28/10, BFHE 233, 439, BStBl II 2011, 814.

557 *Bron/Seidel*, DStZ 2009, 859, 862.

bzw. Betriebsvermögensmehrungen standen.[558] Im Übrigen hat der BFH mittlerweile klargestellt, dass rein symbolische Veräußerungsentgelte die Anwendung des Teilabzugsverbots nach § 3c Abs. 2 EStG a.F. nicht auslösen. [559]

I.R.d. auch hier befürworteten "konkreten" Auslegungsvariante sprachen mithin die besseren Erwägungen dafür, mit dem BFH bis einschließlich des Veranlagungszeitraums 2010 keine saldierende Betrachtung vorzunehmen.

(3) Zeitliche Anforderungen an die Betriebsvermögensmehrungen bzw. Einnahmen nach § 3 Nr. 40 EStG

Allerdings war lange Zeit – zumindest höchstrichterlich – noch eine weitere, vorstehend kurz angesprochene Fragestellungen im Regelungskontext von § 3c Abs. 2 EStG a.F. offengeblieben:

Nicht abschließend geklärt war, welche konkreten zeitlichen Anforderungen an die „schädlichen Einkünfte“ i.S.d. BFH – Rechtsprechung, d.h. solche Einkünfte, die die Anwendung von § 3c Abs. 2 EStG a.F. auslösten, zu stellen waren.

Zum einen konnte man insoweit der Ansicht sein, dass sämtliche jemals aufgrund der Beteiligung vereinnahmten Einkünfte die Anwendbarkeit des § 3c Abs. 2 EStG a.F. auslösten. Diese Auffassung vertrat das FG Rheinland-Pfalz, als es entschied, dass auch die Vereinnahmung verdeckter Gewinnausschüttungen in den Jahren 1998 und 1999 – die also nicht dem Halbeinkünfteverfahren unterlegen hatten – die Anwendbarkeit des Halbabzugsverbotes rechtfertigten.[560]

Zutreffenderweise musste und muss insoweit jedoch eine Einschränkung dahingehend gemacht werden, dass nur solche Einnahmen bzw. mittlerweile eine bloße Absicht der Erzielung solcher Einnahmen das Teilabzugsverbot auslösen konnten bzw. kann, die ihrerseits dem Halb- bzw. Teileinkünfteverfahren unterfallen. Dies ergab und ergibt sich bereits aus § 3c Abs. 2 Satz 1 Hs. 1 EStG, da nach dessen Wortlaut die fragliche „Betriebsvermögensminderungen, Betriebsausgaben, Veräußerungskosten oder Werbungskosten […] mit den dem § 3 Nummer 40 zugrunde liegenden Betriebsvermögensmehrungen oder Einnahmen oder mit Vergütungen nach § 3 Nummer 40a in wirtschaftlichem Zusammenhang stehen“ müssen. Zumindest das Halbeinkünfteverfahren muss also insoweit bereits angewendet worden sein. Insoweit unerheblich ist auch, dass gemäß § 3c Abs. 2 Satz 1 Hs. 2 EStG das Teilabzugsverbot unabhängig davon anzuwenden ist, in welchem Veranlagungszeitraum die Betriebsvermögensmehrungen oder Einnahmen anfallen. Denn dessen unbeschadet müssen diese gleichwohl – dem Wortlaut derselben Norm entsprechend – ihrerseits dem Halb-

558 Es bleibt gleichwohl zumindest denkbar, auch im Rahmen des § 3c Abs. 2 EStG eine Rechtsfolge eines bloßen "Soweit - Abzuges" anzunehmen, da die Norm auch das Gegenteil nicht ausdrücklich anordnet.

559 BFH vom 06.04.2011 – IX R 61/10, BFHE 233, 446, BStBl II 2012, 8; IX R 40/10, BFHE 233, 442, BStBl II 2011, 785; IX R 28/10, BFHE 233, 439, BStBl II 2011, 814; IX R 49/10, BFH/NV 2012, 13; IX R 29/10, BFH/NV 2011, 2025; IX R 31/10, BFH/NV 2011, 2028.

560 FG Rheinland – Pfalz vom 12.11.2009 – 6 K 2084/07, DStRE 2010, 393, 394 (rkr).

oder Teileinkünfteverfahren des § 3 Nr. 40 EStG bzw. § 3 Nr. 40a EStG unterfallen sein.

Selbst dem scheinbar entgegenstehenden Urteil des FG Rheinland-Pfalz konnte wohl nach eingehender Analyse keine gegenteilige Rechtsauffassung zugemessen werden. Dies deshalb, weil das Gericht die vorstehend erläuterte Problematik überhaupt nicht thematisierte und daher wohl eher von einem Übersehen der Fragestellung auszugehen war.[561]

In Übereinstimmung hiermit hat nun auch der BFH im zutreffend entschieden, dass die ausschließliche Vereinnahmung von den Anrechnungsverfahren unterfallenden Vermögensmehrungen bzw. Einnahmen nicht zur Anwendung des Teilabzugsverbotes führt.[562]

3. Einkommensteuerliches Privatvermögen

a) Einführung und die Vorschrift des § 17 EStG

War der Gesellschafter eine natürliche Person oder eine Personengesellschaft[563] und hielten diese ihre Beteiligung in ihrem Privatvermögen,[564] bestanden erhebliche Unsicherheiten hinsichtlich der steuerlichen Verlustberücksichtigung entsprechender Darlehensverluste. Insoweit war die Regelung des § 17 EStG maßgeblich, sofern der Gesellschafter in einem für die Anwendung von § 17 EStG hinreichenden Maße wesentlich beteiligt war.[565]

---

561 Gl. A.: *Jehke/Pitzal*, DStR 2010, 1163, 1165; a.A. OFD Rheinland vom 06.07.2010 – Est Nr. 33/2010, DB 2010, 1560, welche ohne nähere Begründung wie das Gericht davon ausgeht, dass bereits Einnahmen die Anwendung des § 3c Abs. 2 EStG auslösen, welche dem Anrechungsverfahren unterlegen haben.

562 BFH vom 06.04.2011 – IX R 28/10, BFHE 233, 439, BStBl II 2011, 814.

563 Zudem kommen noch weitere Rechtsgemeinschaften als Adressaten des § 17 EStG in Betracht, insbesondere die Erbengemeinschaft, die nur über Privatvermögen verfügt und in diesem entsprechende Beteiligungen hält, siehe hierzu *Vogt* in Blümlich, EStG, § 17 Rn. 46 ff., sowie steuerbefreite Körperschaften und beschränkt körperschaftsteuerpflichtige Kapitalgesellschaften, siehe hierzu *Gosch* in Kirchhof, EStG, § 17 Rn. 6.

564 Wurden die Anteile an der Kapitalgesellschaft im Gesamthandsvermögen einer Personengesellschaft gehalten, standen die Anteile dann nicht im Betriebsvermögen der Personengesellschaft, wenn diese nicht betrieblich, sondern etwa land- und forstwirtschaftlich oder freiberuflich tätig war, siehe *Gosch* in Kirchhof, EStG, § 17 Rn. 5; es kam in diesen Fällen grundsätzlich zu einer anteiligen Erfassung der Vermögenszuwächse bei den einzelnen Gesellschaftern gemäß § 39 Abs. 2 Nr. 2 AO, siehe *Gosch, ebd.*; zu Stiftungen und gemeinnützigen Körperschaften *Weber-Grellet* in: Schmidt, EStG, § 17 Rn. 9.

565 Grundsätzlich war bzw. ist § 17 EStG auch dann anzuwenden, wenn eine natürliche Person an einer nur vermögensverwaltend, land- und forstwirtschaftlich oder freiberuflich tätigen Personengesellschaft beteiligt war und die Gesellschaft ihre Beteiligung an der Kapitalgesellschaft im Privatvermögen hielt, siehe zu dieser Konstellation im neuen Recht *Schwedhelm/Olbing/Binnewies*, GmbHR 2008, 1233, 1241; allerdings war und ist § 17 EStG ohnehin dann nicht anwendbar, wenn nur eine mittelbare Beteiligung an der Kapitalgesellschaft bestand, siehe noch im Folgenden i.R.d. Tatbestandsvoraussetzungen des § 17 EStG unter 1. Teil B. III. 3. b); aus diesem Grunde kann diese Konstellation hier vernachlässigt werden.

§ 17 EStG stellt einen steuersystematischen Ausnahmetatbestand dar, da er in gewissem Umfang den grundsätzlich steuerfreien privaten Bereich der Besteuerung unterzieht.[566] Rechtstechnisch geschieht dies durch die Fiktion, die in § 17 EStG genannten Einkünfte als Einkünfte aus Gewerbebetrieb einzuordnen. Die für die grundsätzliche Anwendbarkeit des § 17 EStG erforderliche Beteiligungsschwelle ist im Laufe der Jahre immer weiter hinabgesetzt wurden.[567] Mittlerweile muss der Gesellschafter lediglich innerhalb der letzten fünf Jahre zu mindestens einem Prozent unmittelbar oder mittelbar am Kapital der Gesellschaft beteiligt gewesen sein gemäß § 17 Abs. 1 Satz 1 EStG.

Wurde diese Beteiligungsschwelle hingegen nicht erreicht, war der Gesellschaftsanteil dem nicht steuerbaren Bereich zuzuordnen, d.h. in keiner Form steuerverstrickt.[568] Der Grund dafür lag – bis zum Unternehmensteuerreformgesetz 2008[569] – in der Systematik des Einkommensteuerrechts. Eines dessen wesentlicher Prinzipien besteht nämlich darin, im Privatvermögen befindliche Vermögenswerte nicht nur konkret nicht zu besteuern, sondern gänzlich aus dem steuerbaren Bereich herauszunehmen.[570]

Dies ergab sich aus dem in § 2 Abs. 2 EStG verankerten Dualismus der Einkünfteerzielung: Gemäß § 2 Abs. 2 Satz 1 Nr. 2 EStG zählen die Einkünfte aus Kapitalvermögen zu den Überschusseinkünften. Für diese gilt, dass grundsätzlich nur ihre Früchte steuerverstrickt sind, nicht jedoch das zur Fruchtziehung eingesetzte Vermögen.[571] Anders gewendet ist jenseits der steuerlichen Verstrickung i.R.d. Gewinneinkunftsarten des § 2 Abs. 1 Nr. 1 – 3 EStG das Vermögen allein bezüglich der aus ihm fließenden Einkünfte steuerbar.[572] Für im Privatvermögen gehaltene Kapitalgesellschaftsanteile hatte dies zur Folge, dass die Beteiligung als solche grundsätzlich nicht steuerverstrickt war, sondern lediglich der aus ihr erwachsende Ertrag (Dividenden, § 20 Abs. 1 Nr. 1 EStG) besteuert werden konnte.[573] Im Übrigen bedeutete dies auch für

---

566 Die ausschließliche Anwendbarkeit des § 17 EStG auf Beteiligungen, die sich in einem Privatvermögen befanden ergab sich daraus, dass in der übrigen Fällen eine Gewinnermittlung nach § 4 Abs. 1 EStG, § 4 Abs. 1 i.V.m. § 5 Abs. 1 EStG oder § 4 Abs. 3 EStG zu erfolgen hatte und im Rahmen erstgenannter Varianten die Beteiligungen ohnehin samt sämtlicher diesbezüglicher Wertveränderungen bzw. anderer Realisierungsvorgänge im Rahmen des Betriebsvermögensvergleichs zu erfassen waren bzw. im Rahmen letztgenannter Variante Vermögenszuflüsse – etwa aus der Beteiligungsveräußerung – ohnehin erfasst wurden;siehe hierzu auch *Heuermann*, DStR 2008, 2089.

567 Zur rechtshistorischen Entwicklung von § 17 EStG *Weber-Grellet* in: Schmidt, EStG, § 17 Rn. 1 sowie noch ausführlicher unten unter 1. Teil B. III. 3. a).

568 Dies hat sich durch die mit dem Unternehmenssteuerreformgesetz 2008 (siehe die folgende Fußnote) eingeführten Änderungen des § 20 EStG für diejenigen Gesellschaftsanteile geändert, die nach dem 31.12.2008 angeschafft wurden, siehe *Bayer*, DStR 2009, 2397, 2398; siehe auch die Anwendungsvorschrift des § 52a Abs. 10 Satz 1 EStG a.F.

569 UntStRefG 2008 vom 14.08.2007 (verkündet am 17.08.2007), BGBl I 2007, 1912; im Folgenden: UntStRefG.

570 *Bode*, DStR 2009, 1781, 1783; *Früchtl/Prokscha*, BB 2007, 2147.

571 *Bode*, DStR 2009, 1781, 1782 f.; *Früchtl/Prokscha*, BB 2007, 2147; *Maciejewski*, GmbHR 2012, 1335, 1337.

572 *Früchtl/Prokscha*, BB 2007, 2147; *Maciejewski*, GmbHR 2012, 1335, 1337.

573 D.h. sofern eben keine Ausnahmevorschrift wie § 17 EStG eingriff, die eine Steuerverstrickung anordnete.

(Gesellschafter-)Darlehen, dass allein die für die Kapitalüberlassung geschuldeten Zinsen zu besteuern waren.[574]

Wertzuwächse und Wertverluste hinsichtlich des Vermögensstamms – also hinsichtlich der Beteiligung bzw. des Darlehensvaluta selbst – waren dagegen steuerlich unbeachtlich.[575] Die insoweit beachtlichen Änderungen durch die mit dem UntStRefG verbundenen Gesetzesänderungen des § 20 EStG werden später beleuchtet.[576]

§ 17 EStG stellte und stellt also eine vom Gesetzgeber angeordnete Ausnahme von dem dargestellten Grundsatz dar, dass i.R.d. Überschusseinkünfte des § 2 Abs. 1 Nr. 4–7 EStG lediglich die aus dem Vermögen fließenden Erträge, nicht aber das Vermögen selbst steuerbar waren. Umstritten war und ist auch weiterhin, ob diese Ausnahme einen systemwidrigen "Bruch" innerhalb des Ertragsteuerrechtes darstellt.[577] Gerechtfertigt wurde und wird § 17 EStG insbesondere damit, dass Gesellschafter einer Kapitalgesellschaft Mitunternehmern gleichgestellt werden sollten, da insoweit große Ähnlichkeiten bestünden.[578] Jedenfalls seit Absenkung der Beteiligungsschwelle auf 1 % dürfte diese Argumentation nicht mehr verfangen, da im Rahmen von Kleinbeteiligungen die Annahme einer Situation, die mit der ansonsten erforderlichen Mitunternehmerinitiative bzw. -risiko vergleichbar wäre, fern liegen dürfte.[579] Auch der BFH geht nunmehr zutreffend wohl davon aus, dass zumindest der primäre Zweck des § 17 EStG vielmehr darin bestehe, dass Beteiligungen des Privatvermögens mit denjenigen des Betriebsvermögens gleichgestellte werden sollen.[580]

Sofern die Beteiligungsschwelle des § 17 EStG verwirklicht wurde, wurde die Veräußerungsgewinnbesteuerung samt Zuordnung dieser Einkünfte zu denjenigen aus Gewerbebetrieb von § 17 Abs. 1 Satz 1 EStG angeordnet; Satz 2 sorgte für die Gleichstellung der verdeckten Einlage der Beteiligung in eine andere Kapitalgesellschaft:

> *„Zu den Einkünften aus Gewerbebetrieb gehört auch der Gewinn aus der Veräußerung von Anteilen an einer Kapitalgesellschaft, wenn der Veräußerer innerhalb der letzten fünf Jahre am Kapital der Gesellschaft unmittelbar oder mittelbar zu mindestens 1 Prozent beteiligt war. Die verdeckte Einlage von Anteilen an einer Kapitalgesellschaft in eine Kapitalgesellschaft steht der Veräußerung der Anteile gleich.“*

Durch § 17 Abs. 4 Satz 1 EStG wurden bestimmte weitere Vorgänge der Veräußerung und der verdeckten Einlage gleichgestellt:

> *„Als Veräußerung im Sinne des Absatzes 1 gilt auch die Auflösung einer Kapitalgesellschaft, die Kapitalherabsetzung, wenn das Kapital zurückgezahlt wird, und die Ausschüttung oder*

574 *Graf*, Jahrbuch der Fachanwälte für Steuerrecht 2009/2010, S. 260 f.; *Maciejewski*, GmbHR 2012, 1335, 1337.

575 *Bode*, DStR 2009, 1781, 1782 f.; *Neumann*, GmbHR 2008, 473.

576 Siehe hierzu noch ausführlich unter 2. Teil B. III. 2. a).

577 Dagegen etwa *Früchtl/Prokscha*, BB 2007, 2147 m.w.N., nach deren Auffassung „das Argument der Steuergerechtigkeit und die Gleichheit der Besteuerung diese Überbrückung des steuersystematischen Einkünftedualismus legitimieren.“

578 *Weber-Grellet*, NWB vom 06.10.2008, Fach 3, S. 15229, 15230.

579 So auch *Weber-Grellet*, NWB vom 06.10.2008, Fach 3, S. 15229, 15230.

580 BFH vom 20.04.1999 – VIII R 44/96, BStBl II 1999, 698, DStR 1999, 1022; siehe auch *Pung* in Dötsch/Pung/Möhlenbrock, Körperschaftsteuergesetz, § 17 EStG, Tz. 20.

Zurückzahlung von Beträgen aus dem steuerlichen Einlagenkonto im Sinne des § 27 des Körperschaftsteuergesetzes.“

Damit ist festzuhalten, dass im Rahmen des § 17 EStG die tatsächlichen Vorgänge der Veräußerung der Beteiligung, der Kapitalherabsetzung bei Rückzahlung des Kapitals, der Ausschüttung von Beträgen aus dem steuerlichen Einlagekonto, der verdeckten Einlage der Anteile an der Gesellschaft in eine andere Kapitalgesellschaft sowie die Auflösung der Gesellschaft eine Erfolgsrealisation bewirkten. Dies gilt im Übrigen sowohl bezüglich entstehender Gewinne als auch hinsichtlich entstehender Verluste. Bezüglich des Vorgangs der Auflösung der Gesellschaft ist überdies anzumerken, dass als solche auch die rechtskräftige Ablehnung der Eröffnung eines Insolvenzverfahrens mangels Masse gilt.[581]

b) Das Tatbestandsmerkmal der Beteiligungsschwelle von 1 % gemäß § 17 Abs. 1 Satz 1 EStG

Als elementares Tatbestandsmerkmal des § 17 EStG soll zunächst die sog. "Wesentlichkeits-schwelle" in Form des erforderlichen Beteiligungsumfangs von 1 % betrachtet werden. Desweiteren soll untersucht werden, wie mittelbare Beteiligungen an Kapitalgesellschaften zu behandeln waren, unter welchen Voraussetzungen eine Zurechung der Beteiligung eines Rechtsvorgängers erfolgen konnte sowie wie im Rahmen von Sachverhalten mit Auslandsberührung zu verfahren war.

(aa) Der maßgebliche Beteiligungsumfang im Rahmen von § 17 EStG

Der Veräußerer des Gesellschaftsanteils muss mittlerweile lediglich innerhalb der vergangenen fünf Jahre zu mindestens einem Prozent an der Gesellschaft beteiligt gewesen sein. Insbesondere ist nicht erforderlich, dass die Beteiligungsschwelle auch noch im Realisationszeitpunkt erreicht wird, insbesondere also im Moment der Beteiligungsveräußerung.[582]

Die maßgebliche Beteiligungsschwelle ist im Laufe der Zeit von ursprünglich 25 % auf zwischenzeitlich 10 %[583] und nunmehr auf nur noch 1 %[584] gesenkt wurden. Folgerichtig spricht das Gesetz selbst in § 17 EStG nunmehr nicht länger von einer „wesentlichen Beteiligung“.

Das gesetzgeberische Ziel dieser Ausweitung des Anwendungsbereiches bestand hauptsächlich in der Erschließung neuer Steuereinnahmequellen.[585]

581 *Graf*, Jahrbuch der Fachanwälte für Steuerrecht 2009/2010, S. 260, 262.

582 Ständige Rspr. des BFH, siehe etwa BFH vom 07.07.1992 – VIII R 54/88, BFHE 169, 49, BStBl II 1993, 331; vom 29..06.1995 – VIII R 68/93, BFHE 178, 160, BStBl II 1995, 722; vom 16. 05.1995 – VIII R 33/94, BFHE 178, 197, BStBl II 1995, 870; vom 24.04.1997 – VIII R 23/93, BFHE 183, 397, BStBl II 1999, 342.

583 Diese Absenkung erfolgte durch das Steuerentlastungsgesetz 1999/2000/2002 vom 24.03.1999, BGBl I 1999, 402.

584 Diese Absenkung erfolgte durch das Steuersenkungsgesetz vom 23.10.2000, BGBl I 2000, 1435.

585 So ausdrücklich BT-Drs. 14/23, 178 zur damaligen Absenkung der Beteiligungsschwelle auf 10 %; dort ist davon die Rede, dass das Absenken der Beteiligungsschwelle „der Verbreiterung der Besteuerungsgrundlage“ diene; gl. A. *Gosch* in Kirchhof, EStG, § 17 Rn. 1, welcher zutreffend davon

Die nachteiligen Auswirkungen der Herabsetzungen der Schwellenwerte für die Steuerpflichtigen wurden zudem noch dadurch verstärkt, dass der Gesetzgeber im Wege der Rückwirkung des § 17 EStG n.F. i.V.m. § 52 Abs. 1 Satz 1 EStG i.d.F. des Steuerentlastungsgesetzes 1999/2000/2002 auch die bis dato nicht steuerverfangenen Beteiligungen zu den ursprünglichen Anschaffungskosten verstricken wollte.[586] Während der BFH diese Praxis in einem Urteil zur Herabsenkung des Schwellenwertes von 25 % auf 10 % als eine verfassungsgemäße Form der unechten Rückwirkung ansah,[587] hat das BVerfG das gesetzgeberische Vorgehen in ganz wesentlichen Teilen als eine Form der nicht gerechtfertigten und damit unzulässigen Rückwirkung qualifiziert.[588] Gemäß der Entscheidung des BVerfG ist § 17 EStG i.V.m. § 52 Abs. 1 Satz 1 EStG i.d.F. des Steuerentlastungsgesetzes 1999/2000/2002 insoweit verfassungswidrig, als Wertsteigerungen erfasst würden,

> *„die bis zur Verkündung des Steuerentlastungsgesetzes 1999/2000/2002 am 31.03.1999 entstanden sind und die entweder – bei einer Veräußerung bis zu diesem Zeitpunkt – nach der zuvor geltenden Rechtslage realisiert worden sind oder – bei einer Veräußerung nach Verkündung des Gesetzes – sowohl zum Zeitpunkt der Verkündung als auch zum Zeitpunkt der Veräußerung nach der zuvor geltenden Rechtslage steuerfrei hätten realisiert werden können.“*[589]

Mit für den Steuerpflichtigen erfreulicher Klarheit begründet das BVerfG seine – auch für die Grundsätze der Vertrauensschutzdogmatik wegweisende[590] - Entscheidung damit, dass die vorgenannten Wertsteigerungen eine derart „verfestigte Vermögensposition“[591] bildeten, dass ein schutzwürdiger Vertrauenstatbestand entstanden sei, weshalb ein nachträglicher Eingriff unverhältnismäßig sei.[592]

Zwar befasste sich das BVerfG nur mit der Rückwirkung des Steuerentlastungsgesetzes 1999/2000/2002. Die Grundsätze der Entscheidung müssen jedoch auch bezüglich des Steuersenkungsgesetzes Beachtung finden, da das BVerfG die Zulässigkeitsgrenzen der gesetzlichen Rückwirkung grundlegend neu abgesteckt hat.[593] Aus diesem Grunde ist nach zutreffender – und auch von der Finanzverwaltung geteilter Ansicht[594] – davon auszugehen, dass auch die rückwirkende Absenkung der Beteiligungsschwelle von 10 % auf 1 % insoweit verfassungswidrig ist, als bis zur Gesetzes-

spricht, dass es sich „bei Licht betrachtet“ um eine fiskalpolitische Maßnahme handelt, zugleich aber auch der Gefahr begegnet werden sollte, dass durch rechtzeitige Anteilsverkäufe vor einer Gewinnausschüttung die Besteuerung nach dem Halb- bzw. Teileinkünfteverfahren umgangen werden würde.

586 *Förster*, DB 2011, 259; *Groh*, FR 2008, 264, 265.

587 BFH vom 01.03.2005 – VIII R 92/03, BStBl II 2005, 398, DStR 2005, 727; vom 01.03.2005 – VIII R 25/02, BStBl II 2005, 436, DB 2005, 923; vom 10.08.2005 - VIII R 22/05, BFH/NV 2005, 2188.

588 BVerfG vom 07.07.2010 – 2 BvR 748/05, 2 BvR 753/05, 2 BvR 1738/05, DStR 2010, 1733.

589 BVerfG vom 07.07.2010 – 2 BvR 748/05, 2 BvR 753/05, 2 BvR 1738/05, DStR 2010, 1733, 1734.

590 Siehe hierzu ausführlich *Desens*, StuW 2011, 113.

591 BVerfG vom 07.07.2010 – 2 BvR 748/05, 2 BvR 753/05, 2 BvR 1738/05, DStR 2010, 1733, 1734.

592 BVerfG vom 07.07.2010 – 2 BvR 748/05, 2 BvR 753/05, 2 BvR 1738/05, DStR 2010, 1733, 1735 f.; *Desens*, StuW 2011, 113, 116; *Birk*; FR 2011, 1, 4.

593 Siehe hierzu ausführlich *Desens*, StuW 2011, 113.

594 BMF vom 20.12.2010 – IV C 6 – S 2244/10/10001, DB 2011, 22, 24 (unter D.).

verkündung gebildete Wertsteigerungen steuerpflichtig würden, die bis dorthin hätten steuerfrei realisiert werden können.[595]

Da es im Hinblick auf das schutzwürdige Vertrauen des Steuerpflichtigen keinen Unterschied macht, auf welchem Wege es zur Realisation der Wertsteigerungen kommt, muss die BVerfG-Rechtsprechung auch hinsichtlich der übrigen Realisationsvorgänge der verdeckten Einlage der Gesellschaftsanteile, der Kapitalherabsetzung samt Kapitalrückzahlung, der Gesellschaftsauflösung, der Leistung aus dem steuerlichen Einlagekonto, der Veräußerungsfiktion im Falle der Sitzverlegung oder der Verlegung der Geschäftsleitung sowie im Falle des § 6 AStG Anwendung finden.[596]

Kommt es zu einem Realisationsvorgang, dessen vorangegangene fünf Jahre Rechtslagen mit verschiedenen maßgeblichen Beteiligungshöhen umfassen, so gilt laut BGH der sog. veranlagungszeitraumbezogene Beteiligungsbegriff.[597] Dies bedeutet, dass das Tatbestandsmerkmal der „wesentlichen Beteiligung" bzw. nunmehr der 1 %-igen Beteiligung

> *„für jeden abgeschlossenen Veranlagungszeitraum nach der in diesem Veranlagungszeitraum jeweils geltenden Beteiligungsgrenze zu bestimmen ist."*[598]

(bb) Mittelbare Beteiligungen im Rahmen von § 17 EStG

(1) Steuerpflichtigkeit der Veräußerung ausschließlich mittelbarer Beteiligungen und teilweise mittelbarer Beteiligungen

Prima facie konnte man anhand des Gesetzeswortlautes von § 17 Abs. 1 Satz 1 EStG zu dem Schluss kommen, dass ein steuerpflichtiger Veräußerungsvorgang bzw. ein gleichgestellter Vorgang auch hinsichtlich desjenigen Gesellschafters anzunehmen gewesen sei, der im relevanten Zeitraum lediglich mittelbar in einem Umfang von zumindest einem Prozent beteiligt gewesen ist. Dies war indes nicht der Fall, wie sich bereits aus weiteren Überlegungen bezüglich des Wortlautes ergab: War der Gesellschafter nämlich ausschließlich mittelbar beteiligt, so konnte er unmöglich selbst einen Anteil an der fraglichen Gesellschaft veräußern bzw. einen gleichgestellten Vorgang verwirklichen. Schließlich existierte ein solcher Anteil des Gesellschafters an der Gesellschaft überhaupt nicht, er konnte somit insbesondere auch keineswegs – wie

---

595 So auch *Birk*, FR 2011, 1, 7; *Desens* StuW 2011, 113, 123 m.w.N.; *Förster*, DB 2011, 259, 263 m.w.N.; insoweit macht es keinen Unterschied, dass das Steuersenkungsgesetz im Gegensatz zum Steuerentlastungsgesetz 1999/2000/2002 zeitlich erst nach Verkündung gelten sollte, da dessen ungeachtet gleichwohl in der Vergangenheit gelegene Beteiligungen von unter 10 % bis zu 1 % erstmals verstrickt werden sollten, was indes gemäß vorstehender BVerfG-Rechtsprechung verfassungswidrig ist; ausführlich hierzu *Birk*; FR 2011, 1, 7.

596 *Förster*, DB 2011, 259, 264 f.

597 BFH vom 11.12.2012 – IX R 7/12, BFHE 239, 449, BStBl II 2013, 372, GmbHR 2013, 326.

598 BFH vom 11.12.2012 – IX R 7/12, BFHE 239, 449, BStBl II 2013, 372, GmbHR 2013, 326, 327 f. m.w.N. auf die h.L., die schon vor dem BFH dieselbe Auffassung vertreten hatte; die Finanzverwaltung will sich dieser Ansicht jedoch bezüglich der Absenkung der wesentlichen Beteiligungsgrenze i.H.v. 10 % auf die aktuelle 1%-Grenze nicht anschließen, BMF vom 27.05.2013 – IV C 6-S 2244/12/10001, BStBl I 2013, 721.

aber von § 17 Abs. 1 Satz 1 EStG gefordert – als Veräußerer bzw. in gleichgestellter Weise als Einlegender oder Empfänger einer Zahlung bei Kapitalherabsetzung in Erscheinung treten. Dies konnte lediglich der unmittelbar Beteiligte, der auch insoweit als selbständiges Rechtssubjekt anzusehen war. Für eine Anwendung des § 17 EStG musste der Gesellschafter also immer – zumindest auch – unmittelbar an der fraglichen Kapitalgesellschaft beteiligt sein.[599]

Der Grund, weshalb § 17 Abs. 1 Satz 1 EStG gleichwohl von einer – nur scheinbar auch alternativ genügenden – mittelbaren Beteiligung spricht, besteht darin, dass die mittelbare Beteiligung bei der Berechnung des innegehaltenen gesamten Beteiligungsumfangs (Wesentlichkeitsschwelle) relevant wurde, welcher jedoch immer auch eine unmittelbare Beteiligung umfassen musste.[600] Dabei konnten die Beteiligungen über eine oder mehrere "zwischengeschaltete" Personen- oder Kapitalgesellschaften vermittelt werden. Auch musste insoweit keine Beherrschung der vermittelnden Beteiligung gegeben sein,[601] sodass auch sog. Zwerganteile zu berücksichtigen waren.[602] Selbst mittelbare und unmittelbare Beteiligungen, die der Gesellschafter im Betriebsvermögen hielt, mussten bei der Ermittlung der 1 % - Quote hinzuaddiert werden, obwohl sie von der Besteuerung nach § 17 EStG überhaupt nicht erfasst wurden.[603]

Dessen unbeschadet wichen die steuerlichen Konsequenzen des Eigenkapitalersatzrechtes aus § 17 EStG also im Hinblick auf ausschließlich mittelbar Beteiligte von den zivilrechtlichen Vorgaben ab, da im Rahmen Letzterer auch nur mittelbare Gesellschafter zu den Adressaten des Eigenkapitalersatzrechtes zählen konnten.[604]

(2) Nachträgliche Anschaffungskosten auf die unmittelbare Beteiligung an der "zwischengeschalteten" Gesellschaft

Nachdem der Gesetzeswortlaut des § 17 Abs. 1 Satz 1 EStG also insoweit eindeutig war, konnte man sich gleichwohl daran anschließend eine vom vorstehend Dargestellten losgelöste und dennoch sachverwandte Frage stellen. Diese bestand darin, ob das Aufbringen von Finanzierungshilfen wie Darlehen oder Bürgschaften zugunsten einer ausschließlich mittelbaren Beteiligung bzw. der anschließender Verlust der Fi-

599 BFH vom 04.03.2008 – IX R 78/06, BStBl II 2008, 575, 576, *Heuermann*, DB 2009, 2173, 2714.

600 BFH vom 04.03.2008 – IX R 78/06, BStBl II 2008, 575, 576, NJW-RR 2008, 1583, 1584; *Heuermann*, DB 2009, 2173, 2714; *Mach*, Steuerliche Risiken bei der Übertragung von Anteilen an Kapitalgesellschaften, S. 43.

601 Siehe H 17 Abs. 2 Einkommensteuer-Richtlinien 2012 (EStR / EStH 2012).

602 *Mach*, Steuerliche Risiken bei der Übertragung von Anteilen an Kapitalgesellschaften, S. 43.

603 *Mach*, Steuerliche Risiken bei der Übertragung von Anteilen an Kapitalgesellschaften, S. 43 unter Verweis auf H 17 Abs. 2 Einkommensteuer-Richtlinien 2005, die zwar mittlerweile durch die Einkommensteuer-Richtlinien 2012 (EStR / EStH 2012) ersetzt wurden, wodurch jedoch insoweit keine inhaltliche Änderung erfolgt ist.

604 Siehe hierzu *Heuermann*, DB 2009, 2173, 2174 sowie schon oben unter 1. Teil A. II. 2. b) aa) (1); zu einer insoweit entgegengesetzten Divergenz zwischen zivilrechtlichem und steuerrechtlichem Eigenkapitalersatzrecht kam es im Rahmen des Sanierungsprivilegs; der kreditierende Gesellschafter wurde insoweit zivilrechtlich privilegiert, durfte aber gleichwohl nachträgliche Anschaffungskosten ansetzen, *Heuermann, ebd.*

nanzierungshilfe zu nachträglichen Anschaffungskosten des Gesellschafters auf seine unmittelbare Beteiligung führen konnte.

Auch diese Frage hat der BFH indes verneint.[605] Seinem Urteil lag ein Sachverhalt zugrunde, in welchem der Gesellschafter einer Gesellschaft, an der er ausschließlich mittelbar beteiligt war, zunächst eine Bürgschaft gewährt hatte und anschließend aus dieser in Anspruch genommen wurde.

Die Ablehnung der diesbezüglichen Anwendung des § 17 EStG ergab sich für den BFH im Wesentlichen aus Folgendem:[606]

§ 17 EStG erklärt lediglich die Veräußerung einer unmittelbaren, nicht aber die Veräußerung einer mittelbaren Beteiligung für steuerbar. Diese ist – wie bereits dargestellt – nur bei der Berechnung des innegehaltenen Beteiligungsumfangs (Wesentlichkeitsschwelle) relevant.[607] Umgekehrt könnten dann aber Finanzierungsmaßnahmen einer mittelbaren Beteiligung nicht zu nachträglichen Anschaffungskosten auf die unmittelbare Beteiligung führen.[608] Diese seien schlicht nicht durch das Gesellschaftsverhältnis mit der unmittelbaren Beteiligungsgesellschaft veranlasst und stünden daher auch in keinem wirtschaftlichen Zusammenhang mit der Erzielung von Einkünften i.S.d. § 17 EStG.[609]

Dessen unbeschadet kann zudem jedoch auch das Vorliegen von verdeckten mittelbaren Einlagen in die "zwischengeschaltete" Gesellschaft geprüft werden, welches die Annahme nachträglicher Anschaffungskosten auf die unmittelbare Beteiligung doch wieder rechtfertigen würde. Dem maßgeblichen Urteil des BFH lag eine Bürgschaftsgewährung samt anschließender Inanspruchnahme zugunsten der mittelbaren Beteiligung zugrunde. Für diesen Sachverhalt lehnte das Gericht eine verdeckte mittelbare Einlage zugunsten des unmittelbaren Beteiligungsverhältnisses ab, da weder durch Bürgschaftsgewährung noch der die Inanspruchnahme aus dieser das „bilanzierungsfähige Vermögen der Gesellschaft vermehrt“ worden sei.[610] Auch ein gegenüber der „zwischengeschalteten“ Gesellschaft erklärter Verzicht auf die Regressforderung aus § 774 Abs. 1 Satz 1 BGB könne daran nichts ändern, da die Forderung im Verzichtszeitpunkt bereits wertlos war.[611]

605 BFH vom 04.03.2008 – IX R 78/06, BStBl II 2008, 575, NJW-RR 2008, 1583.

606 Ausführlich BFH vom 04.03.2008 – IX R 78/06, BStBl II 2008, 575, 576, NJW-RR 2008, 1583, 1584; gl. A. *Heuermann*, DB 2009, 2173, 2714.

607 Kritisch hierzu *Weber-Grellet*, NWB vom 06.10.2008, Fach 3, S. 15229, 15232.

608 A.A. noch die Vorinstanz, FG Köln vom 24.08.2006 – 10 K 4703/02, DStRE 2007, 468, 469.

609 BFH vom 04.03.2008 – IX R 78/06, BStBl II 2008, 575, 576, NJW-RR 2008, 1583, 1584; a.A. die Vorinstanz, FG Köln vom 24.08.2006 – 10 K 4703/02, DStRE 2007, 468, 469 sowie FG München vom 21.04.2006 – 8 K 1923/04, EFG 2006, 1244; *Weber-Grellet*, NWB vom 06.10.2008, Fach 3, S. 15229, 15230.

610 BFH vom 04.03.2008 – IX R 78/06, BStBl II 2008, 575, 576, NJW-RR 2008, 1583, 1584; a.A. die Vorinstanz, FG Köln vom 24.08.2006 – 10 K 4703/02, DStRE 2007, 468, 469; in die gleiche Richtung tendiert auch *Weber-Grellet*, NWB vom 06.10.2008, Fach 3, S. 15229, 15232.

611 BFH vom 04.03.2008 – IX R 78/06, BStBl II 2008, 575, 576, NJW-RR 2008, 1583, 1584.

(cc) Zurechnung einer wesentlichen Beteiligung des Rechtsvorgängers bei unentgeltlichen Übertragungen gemäß § 17 Abs. 1 Satz 4 EStG

War der Gesellschafter nach Addition von unmittelbarer und mittelbarer Beteiligungshöhe nicht in einem für die Wesentlichkeitsschwelle hinreichendem Maße innerhalb der letzten fünf Jahre an der Kapitalgesellschaft beteiligt, so kam die Besteuerung eines Veräußerungs- bzw. eines gleichgestellten Gewinnes nur im Falle eines vorherigen unentgeltlichen Erwerbs des Veräußerers in den Grenzen des § 17 Abs. 1 Satz 4 EStG in Betracht. Diese Vorschrift lautet:

> *„Hat der Veräußerer den veräußerten Anteil innerhalb der letzten fünf Jahre vor der Veräußerung unentgeltlich erworben, so gilt Satz 1 entsprechend, wenn der Veräußerer zwar nicht selbst, aber der Rechtsvorgänger oder, sofern der Anteil nacheinander unentgeltlich übertragen worden ist, einer der Rechtsvorgänger innerhalb der letzten fünf Jahre im Sinne von Satz 1 beteiligt war."*

Im Zusammenhang mit unentgeltlichen Übertragungen innerhalb der letzten fünf Jahre war zudem zu beachten, dass gemäß § 17 Abs. 2 Satz 6 lit. a) Satz 1 EStG ein ggf. anfallender Veräußerungs- bzw. ein gleichgestellter Verlust nicht zu berücksichtigen war. Dies galt gemäß § 17 Abs. 2 Satz 6 lit. a) Satz 2 EStG nur in dem Umfang nicht, in welchem der Rechtsvorgänger an Stelle des Steuerpflichtigen den Veräußerungsverlust hätte geltend machen können.

(dd) Sachverhalte mit Auslandsbezug

War der Gesellschafter lediglich beschränkt einkommensteuerpflichtig,[612] galt § 17 EStG grundsätzlich gemäß § 49 Abs. 1 Nr. 2 lit. e) EStG nur bei Beteiligungen an inländischen Kapitalgesellschaften[613] und zudem nur vorbehaltlich des Besteuerungsrechts des Wohnsitzstaates gemäß dem jeweiligen DBA.[614]

Hinsichtlich eines unbeschränkt einkommensteuerpflichtigen Gesellschafters war es dagegen unerheblich, ob die fragliche Beteiligung an einer inländischen oder an einer ausländischen[615] Kapitalgesellschaft bestand und ob diese unbeschränkt körperschaftsteuerpflichtig war.[616] Dies galt jedenfalls dann, wenn die ausländische Kapital-

612 Dies war und ist gemäß § 1 Abs. 4 EStG insbesondere dann der Fall, wenn es sich bei dem Gesellschafter und eine natürliche Person handelt(e), die im Inland weder einen Wohnsitz noch ihren gewöhnlichen Aufenthalt hat(te).

613 Dies galt auch – gemäß der in deutlicher weniger Fällen einschlägigen Variante des § 49 Abs. 1 Nr. 2 lit. e) bb) EStG – für Anteile an Kapitalgesellschaften, „bei deren Erwerb auf Grund eines Antrags nach § 13 Abs. 2 oder § 21 Abs. 2 Satz 3 Nr. 2 des Umwandlungssteuergesetzes nicht der gemeine Wert der eingebrachten Anteile angesetzt worden ist oder auf die § 17 Abs. 5 Satz 2 anzuwenden war".

614 *Eilers/Schmidt* in: Herrmann/Heuer/Raupach, § 17 Rn. 21.

615 Eine ausländische Kapitalgesellschaft ist eine Kapitalgesellschaft, die weder ihren Sitz noch ihre Geschäftsleitung im Inland hat, *Eilers/Schmidt* in: Herrmann/Heuer/Raupach, § 17 Rn. 22.

616 *Weber-Grellet* in: Schmidt, EStG, § 17 Rn. 8.

gesellschaft hinsichtlich ihrer Rechtsform mit einer deutschen Kapitalgesellschaft vergleichbar war.[617]

Eine Beteiligung eines nur beschränkt einkommensteuerpflichtigen Gesellschafters an einer ausländischen Gesellschaft unterfiel prinzipiell nicht dem Anwendungsbereich des § 17 EStG.[618]

c) Die Veräußerungsgewinnbesteuerung und die Erfassung eines Verlustes gemäß § 17 Abs. 2 EStG

§ 17 Abs. 2 Satz 1 EStG legte bzw. legt fest, wie der Veräußerungsgewinn im Allgemeinen zu bestimmen ist:

> *„Veräußerungsgewinn im Sinne des Absatzes 1 ist der Betrag, um den der Veräußerungspreis nach Abzug der Veräußerungskosten die Anschaffungskosten übersteigt."*

Im Falle eines nach § 17 Abs. 4 Satz 1 EStG der Veräußerung eines Kapitalgesellschaftsanteils gleichgestellten Vorgangs[619] war als Veräußerungspreis der gemeine Wert des dem Steuerpflichtigen zugeteilten oder zurückgezahlten Vermögens der Kapitalgesellschaft anzusetzen gemäß § 17 Abs. 4 Satz 2 EStG. Dies galt gemäß § 17 Abs. 4 Satz 3 nur insoweit nicht, als die Bezüge nach § 20 Abs. 1 Nr. 1 oder Nr. 2 EStG zu den Einnahmen aus Kapitalvermögen gehörten. Auch im Falle einer verdeckten Einlage der Anteile in eine andere Kapitalgesellschaft nach § 17 Abs. 1 Satz 2 EStG war statt des Veräußerungspreises der gemeine Wert der Anteile zu berücksichtigen gemäß § 17 Abs. 2 Satz 2 EStG.

Der entstehende Veräußerungsgewinn wurde sodann im Rahmen des vormals geltenden Halbeinkünfteverfahrens zu 50 % bzw. im späteren Teileinkünfteverfahren zu 60 % der Besteuerung unterworfen gemäß § 3 Nr. 40 lit. c EStG. Der insoweit steuerpflichtige Anteil wurde gemäß § 17 Abs. 3 Satz 1 EStG um den Freibetrag von € 9.060 gemindert.[620] Allerdings wurde der Freibetrag gemäß § 17 Abs. 3 Satz 2 Var. 2 EStG in dieser Höhe nur gewährt, wenn der Veräußerer zuvor sämtliche Anteile an

617 Dieses Verfahren zum Zwecke des Vergleichs wird auch als sog. ✧Typenvergleich✧ bezeichnet, eine Ausnahme von der Steuerpflicht nach § 17 EStG war wiederum dann vorzunehmen, wenn der fragliche Gesellschaftsanteil zu einem ausländischen Betriebsvermögen gehörte und man sich im Geltungsbereich eines DBA befand gemäß Art. 13 Abs. 2 iVm. Art. 7, 14 OECD – MA; siehe hierzu im Einzelnen *Eilers/Schmidt* in: Herrmann/Heuer/ Raupach, § 17 Rn. 22.

618 Zur insofern denkbaren Ausnahme siehe § 49 Abs. 1 Nr. 2 lit. e) bb) EStG – für Anteile an Kapitalgesellschaften, „bei deren Erwerb auf Grund eines Antrags nach § 13 Abs. 2 oder § 21 Abs. 2 Satz 3 Nr. 2 des Umwandlungssteuergesetzes nicht der gemeine Wert der eingebrachten Anteile angesetzt worden ist oder auf die § 17 Abs. 5 Satz 2 anzuwenden war".

619 Also in den Fällen der Auflösung einer Kapitalgesellschaft, die Kapitalherabsetzung, wenn das Kapital zurückgezahlt wurde und im Falle der Ausschüttung oder Zurückzahlung von Beträgen aus dem steuerlichen Einlagenkonto im Sinne von § 27 KStG; nicht erfasst war hingegen die ebenfalls gemäß § 17 Abs. 1 Satz 2 EStG gleichgestellte verdeckte Einlage; dies blieb indes insoweit ohne materielle Auswirkungen, da im Rahmen von verdeckten Einlagen gemäß § 17 Abs. 2 Satz 2 EStG ebenfalls der gemeine Wert der Anteile an die Stelle des Veräußerungspreises trat.

620 Dieser Betrag wurde geändert mit Wirkung zum Veranlagungszeitraum 2004 durch Gesetz vom 29.12.2003, BGBl I, 3076.

der Gesellschaft gehalten hatte.[621] Anderenfalls wurde der Freibetrag nur entsprechend dem zuvor veräußerten Anteil angesetzt.[622] Überdies ermäßigte sich der Freibetrag gemäß § 17 Abs. 3 Satz 2 Var. 1 EStG in Höhe des Betrages, um den der Veräußerungsgewinn den Teil von 36.100 Euro überstieg.[623]

Obwohl die Möglichkeit des Entstehens eines Veräußerungsverlustes in § 17 Abs. 1 Satz 1 EStG – im Gegensatz zur Parallelvorschrift für Spekulationsgeschäfte des § 23 Abs. 3 Satz 1 EStG – gerade nicht genannt wird, bestand weitgehende Einigkeit dahingehend, dass in Entsprechung zur diesbezüglichen Besteuerung von Veräußerungs- bzw. diesen gleichgestellten Gewinnen auch die Berücksichtigung von Wertverlusten hinsichtlich der Beteiligung möglich war.[624] Dies aufgrund eines insoweit in Bezug auf § 23 Abs. 3 Satz 1 EStG zu ziehenden Umkehrschlusses abzulehnen, wurde allgemein abgelehnt.[625] Dies ergab und ergibt sich auch weiterhin aus einem (anderen) Umkehrschluss, den man bereits aus § 17 EStG selbst herleiten kann: Da § 17 Abs. 2 Satz 6 EStG nur bestimmte Veräußerungsverluste ausnahmsweise für nicht berücksichtigungsfähig erklärt, müssen diese zumindest im Grundsatz abzugsfähig sein.[626]

Verlor nun ein im Sinne von § 17 EStG beteiligter Gesellschafter sein Darlehen oder seine sonstige Gesellschafterhilfe oder erlitt einen anteiligen Wertverlust, so konnte dieser Verlust indes nicht ohne weiteres durch die bloße Anwendung von § 17 Abs. 2, Abs. 4 berücksichtigt werden, denn originär erfassten diese Regelungen nur den Wertverlust hinsichtlich der Beteiligung, nicht aber hinsichtlich gewährter Gesellschafterhilfen. Gegen die Annahme, dass realisierte Darlehensverluste zugleich (nachträgliche) Anschaffungskosten der Beteiligung darstellten, sprach insbesondere, dass Beteiligung und Darlehen bzw. die sonstige Gesellschafterhilfe rechtlich selbständige Wirtschaftsgüter sind und Letzteres sich im steuerlich unbeachtlichen Privatvermögen befand.[627] Die prinzipielle rechtliche Unabhängigkeit beider Wirtschaftsgüter voneinander hatte der BFH ja insbesondere für den Bereich des Körperschaftsteuerrechts mit guten Gründen und insoweit zugunsten der Steuerpflichtigen betont.[628]

621 Hierzu *Jacobs*, Unternehmensbesteuerung und Rechtsform, S. 467.

622 *Jacobs*, Unternehmensbesteuerung und Rechtsform, S. 467.

623 *Jacobs*, Unternehmensbesteuerung und Rechtsform, S. 467; dieser Betrag wurde geändert mit Wirkung zum Veranlagungszeitraum 2004 durch Gesetz vom 29.12.2003, BGBl I, 3076.

624 Hierzu unter Hinweis auf das nur scheinbare Gegenargument aus dem Wortlaut des § 23 Abs. 3 Satz 1 EStG *Mach*, Steuerliche Risiken bei der Übertragung von Anteilen an Kapitalgesellschaften, S. 33 m.w.N.; siehe auch *Weber-Grellet* in: Schmidt, EStG, § 17 Rn. 131, der ohne Weiteres von einer Erfassung auch eines Verlustes ausgeht.

625 *Mach*, Steuerliche Risiken bei der Übertragung von Anteilen an Kapitalgesellschaften, S. 33 m.w.N.

626 Im Ergebnis gl. A. *Mach*, Steuerliche Risiken bei der Übertragung von Anteilen an Kapitalgesellschaften, S. 33 m.w.N.

627 Siehe *Hoffmann*, GmbH – StB 2009, 349, der diesem Argument zustimmt und ein dem Argument widersprechendes Handeln gar als „Systembruch" bezeichnet; dieses – aus vorliegender Sicht nicht durchschlagende – Argument kann auch im hier gegebenen Anwendungsbereich des Privatvermögens vorgebracht werden; Letzteres war zwar vor dem UntStRefG grundsätzlich nicht steuerverstrickt, dies ändert jedoch nichts an der Beurteilung der rechtlichen Selbständigkeit zweier – wenn auch z.T. konkret nicht zu bilanzierender – Wirtschaftsgüter; ähnlich *Hoffmann*, GmbH – StB 2009, 349, 350.

628 Siehe hierzu ausführlich oben unter 1. Teil B. III. 1.

Man konnte sich also auf den Standpunkt stellen, dass der Gesellschafter derartige – und nicht sämtliche – Verluste mangels Erfassung durch § 17 EStG gerade nicht geltend machen konnte.[629]

Handelte es sich bei der verloren gegangen Gesellschafterfinanzierungshilfe nun um eine eigenkapitalersetzende Hilfe, hätte dieser Standpunkt nach zutreffender und sogleich ausführlich zu erörternder Ansicht indes zu einer mit der *ratio* des § 17 EStG nicht zu vereinbarenden "Doppelbestrafung" des Gesellschafters geführt, die zudem einen Verstoß gegen das objektive Nettoprinzip als Subprinzip der Besteuerung nach der individuellen Leistungsfähigkeit (Art. 3 GG[630]) bedeutet hätte:

Zum einen war seine Gesellschafterhilfe zivilrechtlich aufgrund der Regelungen des Eigenkapitalersatzrechtes zu funktionalem Eigenkapital umqualifiziert wurden mit der Folge, dass der Gesellschafter die Hilfe selbst bzw. im Falle einer Sicherheitengewährung den möglicherweise entstandenen Regressanspruch nicht wie ein gesellschaftsfremder Dritter zurückfordern konnte bzw. im Falle seiner gleichwohl erfolgten Befriedigung ggf. der Gesellschaft zurückzugewähren hatte.[631]

Zum anderen hätte er den insoweit entstehenden Verlust nicht einmal steuerlich berücksichtigen können. Insoweit hätte das Eigenkapitalersatzrecht i.V.m. einer derartigen Auslegung von § 17 Abs. 2, Abs. 4 EStG also zu einem wirtschaftlichen Doppelverlust aufgrund der Gesellschafterhilfe geführt.

Unabhängig von der jeweiligen Auslegung von § 17 Abs. 2, Abs. 4 EStG hätte diese "Doppelbestrafung" hingegen dann nicht eintreten können, wenn der Gesellschafter nicht eine eigenkapitalersetzende Gesellschafterhilfe überlassen hätte, sondern der Gesellschaft originäres Eigenkapital zugeführt hätte.[632] Im Insolvenzverfahren wäre der Gesellschafter dann zwar nur gemäß seiner nachrangigen Insolvenzquote bedient wurden, was i.d.R. einen wirtschaftlichen Totalverlust bedeutet hätte. Allerdings hätte er seinen Verlust unzweifelhaft als nachträgliche Anschaffungskosten auf seine Beteiligung gemäß § 17 Abs. 2, Abs. 4 EStG steuerlich geltend machen können.[633]

Ebenso wäre eine Doppelbestrafung zumindest aus rechtlicher Perspektive dann ausgeblieben, wenn der Gesellschafter zwar kein originäres Eigenkapital, wohl aber eine Finanzierungshilfe zugeführt oder überlassen hätte, bei der es sich – etwa mangels gesellschaftsrechtlicher Veranlassung – nicht um eine eigenkapitalersetzende Gesellschafterhilfe handelte. Dann nämlich hätte der Gesellschafter seine Hilfe im Falle

629 Zu einer diesbezüglichen Argumentation, die indes ebenfalls i. Erg. abgelehnt wird siehe *Pyszka*, DStR 1998, 1160, 1161 m. Verweis auf die – nur äußerst vereinzelt vertretene Gegenmeinung.

630 Nach überwiegender Literaturauffassung kann das objektive Nettoprinzip aus Art. 3 GG abgeleitet werden, obgleich sich das BVerfG bislang nicht zu dieser Aussage hat durchringen können, siehe *Hey*, BB 2007, 1303, 1304.

631 Siehe hierzu im Einzelnen oben unter 1. Teil A. II. 2.

632 *Bayer*, DStR 2009, 2397; *Gschwendtner*, DStR 1999, Beihefter zu Heft 32, S. 3 f.; *Heuermann*, DB 2009, 2173.

633 *Bayer*, DStR 2009, 2397; dies galt freilich immer nur unter der Prämisse, dass auch die übrigen Anwendungsvoraussetzungen von § 17 EStG erfüllt waren; der Gesellschafter musste also insbesondere die erforderliche Beteiligungsschwelle erreichen; siehe zum Ganzen auch *ders.*, *ebd.*; vgl. auch *Gosch* in Kirchhof, EStG, § 17 Rn. 90 ff.

einer Insolvenz oder sonstigen Liquidation der Gesellschaft wie ein außenstehender Dritter – zumindest rechtlich – von ebendieser zurückfordern können.[634]

Weder derjenige Gesellschafter, welcher der Gesellschaft eine nicht eigenkapitalersetzende Hilfe überlassen hat noch derjenige, der originäres Eigenkapital zugeführt hat, wären also einer solchen Doppelbestrafung ausgesetzt gewesen. Zutreffenderweise erkannte auch der BFH, dass es nicht Sinn und Zweck der Regelung des § 17 EStG sein könne, denjenigen Gesellschafter, der aufgrund des Eigenkapitalersatzrechtes zivilrechtlich demjenigen Gesellschafter gleichgestellt wird, der originäres Eigenkapital zuführt, mit Hilfe des § 17 EStG steuerrechtlich noch darüber hinaus zu „bestrafen". Der Überlassende einer eigenkapitalersetzenden Gesellschafterhilfe hätte anderenfalls sogar schlechter gestanden als derjenigen, der originäres Eigenkapital zugeführt hat. Eine solche Intention aber konnte dem § 17 EStG schlicht nicht zugemessen werden.

Zudem musste der BFH dem objektive Nettoprinzip als Subprinzip der Besteuerung nach der individuellen Leistungsfähigkeit (Art. 3 GG[635]) gerecht werden. Eine Doppelbestrafung des Gesellschafters in vorstehendem Sinne hätte nämlich in steuerlicher Hinsicht eine Verletzung ebendieses objektiven Nettoprinzips bedeutet, da der Gesellschafter ohne Berücksichtigung seiner aufgrund der Regelungen des zivilrechtlichen Eigenkapitalersatzrechtes geschmälerten individuellen Leistungsfähigkeit über Gebühr besteuert worden wäre.[636]

Vor diesem Hintergrund musste ein Weg gefunden werden, wie der Gewährende der eigenkapitalersetzenden Hilfe dem Gewährenden originären Eigenkapitals nicht nur zivilrechtlich, sondern auch steuerrechtlich gleichgestellt werden konnte. Da Letzterer seinen Verlust im Rahmen des § 17 EStG geltend machen konnte, musste dies auch für Ersteren gelten. Dieses Ziel erreichte der BFH in alsbald ständiger Rechtsprechung dadurch, dass dieser Gesellschafter bei Erfüllung bestimmter Voraussetzungen bei entsprechenden Verlusten eigenkapitalersetzender Gesellschafterhilfen nachträgliche Anschaffungskosten *auf seine Beteiligung* im Rahmen von § 17 EStG ansetzen durfte, wodurch ein entsprechender steuerlicher Verlust beim Gesellschafter entstand.[637] Diese Rechtsprechung aus Sicht des Steuerpflichtigen als „Wohltat" zu bezeichnen,[638] ist zumindest missverständlich, da sie vielmehr – wie dargestellt wurde – vor dem Hintergrund des Normzwecks von § 17 EStG sowie in Anbetracht von Art. 3 GG schlicht rechtlich geboten war.

Im Folgenden soll die insoweit maßgebliche Rechtsprechung des BFH im Einzelnen dargestellt werden.

---

634 Wirtschaftlich wäre freilich regelmäßig auch insoweit ein Totalverlust entstanden.

635 Nach überwiegender Literaturauffassung kann das objektive Nettoprinzip aus Art. 3 GG abgeleitet werden, obschon sich das BVerfG bislang nicht zu dieser Aussage hat durchringen können, *Hey*, BB 2007, 1303, 1304.

636 Siehe *Bayer*, DStR 2009, 2397; *Neumann*, GmbH – StB 2008, 361.

637 BFH vom 18.12.2001 – VIII R 27/00, DStR 2002, 444; vom 04.08.1999 – VIII B 68/99, BeckRS 1999, 250003802, BFH/NV 2000, 41; vom 13.07.1999 – VIII R 31/98, BStBl II 2000, 724, DStR VIII R 6/96E 1999, 779; vom 10.11.1998 – VIII R 6/96, BStBl II 1999, 348, DStR 1999, 411; vom 16.04.1991 – VIII R 100/87, BStBl II 1992, 234, DStR 1991, 1348; vom 27.10.1992 – VIII R 87/89, BStBl II 1993, 340, BeckRS 1992, 22010477.

638 So *Hoffmann* mit Bezug auf *Wassermeyer* in GmbH – StB 2009, 349.

d) Die Rechtsprechung des BFH und der Ansatz nachträglicher Anschaffungskosten auf die Beteiligung dem Grunde nach

Der BFH bejahte die Frage nach dem Ansatz nachträglicher Anschaffungskosten auf die Beteiligung bei Verlust einer Gesellschafterhilfe, sofern deren Überlassung „gesellschaftlich veranlasst" war[639] und ihr Verlust weder Werbungskosten bei den Einkünften aus Kapitalvermögen noch Veräußerungskosten im Sinne des § 17 Abs. 2 EStG darstellte.[640]

Der Obersatz der Rechtsprechung war also zweigliedrig aufgebaut und beinhaltete ein positives und ein negatives Tatbestandsmerkmal.

(aa) Das negative Tatbestandsmerkmal des Nichtvorliegens von Werbungskosten bei den Einkünften aus Kapitalvermögen sowie von Veräußerungskosten im Sinne des § 17 Abs. 2 EStG

Zunächst soll das negative Tatbestandsmerkmal des Nichtvorliegens von Werbungskosten bei den Einkünften aus Kapitalvermögen sowie von Veräußerungskosten betrachtet werden. Man kann insofern auch treffend vom Tatbestandsmerkmal der Subsidiarität der Annahme nachträglicher Anschaffungskosten *insoweit*[641] sprechen.

Laut ausdrücklicher Bezeichnung des BFH handelte es sich bei diesem negativen Tatbestandsmerkmal wiederum – d.h. wie schon beim Obersatz der Rechtsprechung – um ein zweigliedriges, da einerseits keine Werbungskosten bei den Einkünften aus Kapitalvermögen und andererseits keine Veräußerungskosten im Sinne des § 17 Abs. 2 EStG vorliegen durften.

Die nachfolgenden Erörterungen werden jedoch zu der Schlussfolgerung gelangen, dass bei näherer Betrachtung der diesbezüglichen BFH - Rechtsprechung von einem dreigliedrigen negativen Tatbestandsmerkmal auszugehen ist. Diese Erkenntnis wurde – soweit ersichtlich – jedenfalls nicht ausdrücklich in der wissenschaftlichen Literatur festgestellt.

---

639 Kritisch hinsichtlich dieser Differenzierung *Weber-Grellet*, DStR 1998, 1617, 1620 ff., der die extensive Auslegung des Anschaffungskostenbegriffes ablehnt und stattdessen sämtliche Aufwendungen auf die (im Privatvermögen gehaltene) Beteiligung für abzugsfähig hält (als sog. Beteiligungskosten), im Ergebnis also eine weitergehende Aufwendungsberücksichtigung zulassen will; ebenfalls kritisch *Hölzle*, DStR 2007, 1185, 1190, der bemängelt, dass der BFH dadurch den „unvernünftig" handelnden Gesellschafter steuerlich privilegiert.

640 BFH in ständ. Rspr., BFH vom 18.12.2001 – VIII R 27/00, DStR 2002, 444; vom 04.08.1999 – VIII B 68/99, BeckRS 1999, 250003802, BFH/NV 2000, 41; vom 13.07.1999 – VIII R 31/98, BStBl II 2000, 724, DStR VIII R 6/96E 1999, 779; vom 10.11.1998 – VIII R 6/96, BStBl II 1999, 348, DStR 1999, 411; vom 16.04.1991 – VIII R 100/87, BStBl II 1992, 234, DStR 1991, 1348; vom 27.10.1992 – VIII R 87/89, BStBl II 1993, 340, BeckRS 1992, 22010477; siehe dazu auch *Bayer*, DStR 2009, 2397, 2398; *Bode*, DStR 2009, 1781; *Heuermann*, DB 2009, 2173; *ders.* NZG 2009, 841, 84; *Gschwendtner*, NJW 1999, 2165.

641 Insoweit bedeutet in diesem Zusammenhang, dass nachträgliche Anschaffungskosten auf die Beteiligung wegen Verlusten hinsichtlich von Gesellschafterfinanzierungshilfen nur im Falle des Nichteingreifens vorrangiger steuerlicher Erfassungsmöglichkeiten angenommen werden durften, die Annahme von nachträglichen Anschaffungskosten auf die Beteiligung im Übrigen jedoch hiervon unberührt blieb.

Bezüglich der beiden explizit vom BFH angesprochenen negativen Tatbestandselemente wird sich überdies zeigen, dass beide gemäß BFH jedenfalls bis zum Inkrafttreten des UntStRefG praktisch nicht positiv vorliegen konnten. Das übergeordnete Negativtatbestandsmerkmal der Subsidiarität stellte vor diesem Hintergrund keine ernsthafte Hürde auf dem Weg zur Annahme nachträglicher Anschaffungskosten dar.[642]

(1) Keine Werbungskosten bei den Einkünften aus Kapitalvermögen (§ 20 EStG a.F.)

Nach ständiger BFH-Rechtsprechung durften im Hinblick auf die Darlehensverluste keine Werbungskosten bei den Einkünften aus Kapitalvermögen gemäß § 20 EStG a.F. vorliegen.

Im Rahmen der damaligen Rechtslage unter § 20 EStG a.F. hätte das Darlehen bzw. die gleichgestelle Finanzierunghilfe hierfür zu Kapitalanlagezwecken überlassen worden sein müssen. Denn trat der Gesellschafter der Gesellschaft bei Darlehensüberlassung nur aus Kapitalanlagezwecken gegenüber, war sein Handeln gerade nicht gesellschaftsrechtlich veranlasst, sodass man sich schon mangels gesellschaftsrechtlicher Veranlassung der Finanzierungshilfenüberlassung ausschließlich im Bereich des § 20 EStG a.F., nicht aber im Bereich des § 17 EStG befand. Im Rahmen des § 20 EStG a.F. aber fand gerade (noch) keine Verstrickung des Vermögensstammes – also konkret der Finanzierungshilfe – statt, möglich war lediglich ein Werbungskostenabzug. Die Möglichkeit ebendieses Werbungskostenabzugs und eine Anwendung des § 17 EStG schlossen sich demnach denklogisch aus.

Dessen unbeschadet war nicht in jedem Falle eines Nichtvorliegens von Werbungskosten nach § 20 EStG a.F. von einer gesellschaftsrechtlichen Veranlassung der Darlehensgewährung auszugehen, weshalb letztgenanntes Tatbestandsmerkmal der BFH – Rechtsprechung insoweit auch nicht überflüssig wurde.[643]

All dies entsprach sowohl dem allgemeinen Verständnis von § 20 EStG a.F. als auch demjenigen des BFH. So erklärte der BFH bezüglich der Werbungskosten im Bereich des § 20 EStG a.F. für den Fall des Verlusts eines eigenkapitalersetzenden Darlehens, dass der Verlust der Darlehensvaluta als solcher

> *„nicht in wirtschaftlichem Zusammenhang mit der Einkunftsart des § 20 EStG“*[644]

stand. Dies ergab sich für den BFH daraus, dass

> *„bei der Überlassung von Kapitalvermögen zur Nutzung [...] nicht das Kapital selbst, sondern dessen Nutzungsmöglichkeit eingesetzt wird.“*[645]

642 Siehe zum Ganzen *Bayer*, DStR 2009, 2397, 2398.

643 Siehe im Einzelnen zur gesellschaftsrechtlichen Veranlassung noch nachfolgend unter 1. Teil B. III. 3. e) bb).

644 BFH vom 16.04.1991 – VIII R 100/87, BStBl II 92, 234, BeckRS 1991 22009945.

645 BFH vom 16.04.1991 – VIII R 100/87, BStBl II 92, 234, BeckRS 1991 22009945.

Ging nun aber das Kapital als solches verloren, so stand dieser Verlust aus Sicht des BFH in keinem hinreichenden Zusammenhang mit den bei einer Kapitalanlagefunktion im Vordergrund stehenden Zinserträgen.[646]

Diese Sichtweise des BFH ist für die alte Rechtslage unter § 20 EStG a.F. zutreffend. Dies deshalb, weil im Rahmen der Einkünfteerzielung nach § 20 EStG a.F. gerade nicht das Kapital an sich, sondern lediglich die aus dem Kapital fließende Chance, zusätzliche Einkünfte mit diesem zu generieren, genutzt wurde. Denn im Rahmen des § 20 EStG a.F. war die Vermögenssphäre als solche unzweifelhaft nicht dem steuerbaren Bereich zugeordnet, sodass der Verlust der Darlehensvaluta als Vermögensstamm insoweit nicht als Werbungskosten hätte beurteilt werden können.[647]

Die Annahme von Werbungskosten bei § 20 EStG a.F. im Falle einer eigenkapitalersatzrechtlich verstrickten und verlorenen Finanzierungshilfe musste demnach nach zutreffender h.M. ausscheiden. Auch der Verlust der beschriebenen, auf der Einsatzmöglichkeit des Kapitals beruhenden Chance zur Erzielung weiterer Einkünfte stellte insoweit einen bloßen Reflex dar, der keine zur Bejahung von Werbungskosten genügende Verknüpfung zu den Einkünften aus § 20 EStG a.F. herstellte.

(2) Keine Veräußerungskosten im Sinne des § 17 Abs. 2 EStG

Veräußerungskosten im Sinne des § 17 Abs. 2 EStG sind solche Aufwendungen, die in unmittelbarer sachlicher Beziehung zu dem Veräußerungsgeschäft stehen.[648]

Bezogen auf die vorliegend gemäß § 17 Abs. 2 i.V.m. Abs. 4 EStG ebenfalls relevanten Sachverhalte der Auflösungs- oder Kapitalherabsetzungskosten[649] bedeutet dies, dass darunter nur solche Aufwendungen zu verstehen sind, die in unmittelbarer sachlicher Beziehung zu der Auflösung der Gesellschaft bzw. der Kapitalherabsetzung stehen.

Typische Kosten in diesem Sinne sind insbesondere Anwalts- und Notariatskosten oder Provisionen.[650]

Gerade nicht zu den Veräußerungs- bzw. Auflösungs- oder Kapitalherabsetzungskosten zählt dagegen der Verlust von Gesellschafterdarlehen:[651]

Bezüglich Veräußerungskosten ergibt sich dies daraus, dass der Wertverlust hinsichtlich des Darlehens in keinem hinreichenden Zusammenhang mit der Veräußerung der zugrunde liegenden Beteiligung steht. Der Verlust wird zwar möglicherweise im Moment der Veräußerung realisiert, beruht jedoch nicht auf dieser.

---

646 BFH vom 16.04.1991 – VIII R 100/87, BStBl II 92, 234, BeckRS 1991 22009945.

647 Zur möglicherweise abweichenden Rechtslage unter Geltung von § 20 EStG n.F. siehe noch ausführlich unter 2. Teil B. III. 2.

648 BFH vom 27.10.1977 – IV R 60/74, BFHE 123, 553, 556, BStBl II 1978, 100, 101; vom 26.03.1987 – IV R 20/84, BFHE 149, 557, BStBl II 1987, 561, zu 1. c.

649 Siehe hierzu *Weber-Grellet* in: Schmidt, EStG, § 17 Rn. 210 ff.

650 Siehe zu diesen wie zu weiteren Fallgruppen *Weber-Grellet* in: Schmidt, EStG, § 17 Rn. 151.

651 *Weber-Grellet* in: Schmidt, EStG, § 17 Rn. 151 mit Verweis auf BFH vom 16.04.1991 – VIII R 100/87, BStBl II 92, 234, BeckRS 1991 22009945.

Auch die Annahme von Auflösungskosten liegt fern, da bei wirtschaftlicher Betrachtung das Darlehen nicht (erst) durch die Insolvenz des Unternehmens verloren geht und damit erst Recht nicht durch die noch später eintretende Vollbeendigung der Gesellschaft,[652] sondern die Insolvenz Folge der Überschuldung ist, die ihrerseits (bereits) den wirtschaftlichen Darlehensverlust bewirkt. Darlehensverlust und Insolvenz beruhen mithin auf derselben Ursache.[653]

All dies gilt sinngemäß für den Verlust sonstiger Gesellschafterhilfen; auch dieser steht in keinem hinreichenden Ursachenzusammenhang zu einer Veräußerung bzw. wird bereits durch erhebliche finanzielle Schwierigkeiten der Gesellschaft und nicht erst durch deren Insolvenz bedingt.

(3) Keine sonstige "Betriebsausgabe" des Gesellschafters als ungeschriebene (negative) Tatbestandsvoraussetzung

Bei eingehender Analyse der ständigen Rechtsprechung des BFH lässt sich jedoch feststellen, dass im Rahmen des übergeordneten Negativtatbestandsmerkmals der BFH - Rechtsprechung ein drittes, gewissermaßen ungeschriebenes und wiederum negatives (Tatbestands-)Element vorliegen musste:

Dieses bestand darin, dass der Verlust des Gesellschafterdarlehens bzw. der sonstigen Gesellschafterhilfe zudem keine sonstige "Betriebsausgabe" des Gesellschafters darstellten durfte. Der Begriff der „sonstigen betrieblichen Ausgabe" wurde insoweit auch vom BFH genutzt[654] und kann hier leicht missverständlichen wirken: Zwar befinden wir uns im Regelungsbereich des § 17 EStG grundsätzlich nicht im betrieblichen sondern im privaten Bereich, da sich die Gesellschaftsbeteiligung in ebendiesem befindet. Gleichwohl ordnet § 17 EStG die dort aufgeführten Einkünfte - im Wege der Fiktion - den Einkünften aus Gewerbebetrieb zu. Insoweit kann dann hinsichtlich mit diesen zusammenhängender Aufwendungen auch von Betriebsausgaben gesprochen werden, was der vom BFH verwendeten Terminologie entspricht.[655]

Letztlich ist der Begriff der Betriebsausgabe im vorstehenden Sinne dahingehend zu verstehen, dass schlicht die allgemeine Frage der steuerlichen Berücksichtigungsfähigkeit der Ausgabe zu beantworten ist. Laut BFH-Rechtsprechung durfte gleichsam keine steuerliche Berücksichtigungsmöglichkeit "im Übrigen" bestehen, da diese die erweiterte Anwendung von § 17 EStG überflüssig gemacht und ihr somit entgegengestanden hätte. Denn dergestalt wäre dem objektiven Nettoprinzip im Hinblick auf den betroffenen Gesellschafter bereits auf diesem Wege genügt worden; die Möglich-

652 Der BFH spricht im Urteil vom 16.04.1991 - VIII R 100/87, BStBl II 92, 234, BeckRS 1991 22009945 vom Konkurs, weshalb man nach heutiger Rechtslage von Insolvenz sprechen muss; wenn schon diese laut BFH nicht den Darlehensverlust bewirkt, sondern die bereits früher eintretende Überschuldung, kann der Darlehensverlust erst Recht nicht durch die spätere Vollbeendigung der Gesellschaft bewirkt werden.

653 BFH vom 16.04.1991 - VIII R 100/87, BStBl II 92, 234, BeckRS 1991 22009945.

654 So explizit BFH vom 16.04.1991 - VIII R 100/87, BB 1991, 2063, 2064.

655 So explizit BFH vom 16.04.1991 - VIII R 100/87, BB 1991, 2063, 2064.

keit einer "Doppelbestrafung" durch Zusammenspiel von Eigenkapitalersatzrecht und Steuerrecht hätte nicht bestanden.

Da aber eines der Grundprinzipien des Steuerrechts darin besteht, dass private Vermögensveränderungen unerheblich sind,[656] kann man insoweit auch von einer Art betrieblichen Ausgabe sprechen. In Bezug auf die zu wählende Terminologie der steuerlichen Berücksichtigungsfähigkeit "im Übrigen" kann man auch davon sprechen, dass § 17 EStG einen gemäß dem o.g. Grundprinzip steuerlich unbeachtlichen Bereich des Privatvermögens im Wege der Fiktion dadurch in den zu berücksichtigen Bereich des betrieblichen Vermögens überführt, indem er ihn ausdrücklich den Einkünften aus Gewerbebetrieb zurechnet. Dann ist es terminologisch auch gerechtfertigt, im Kontext des § 17 EStG hinsichtlich der Frage der Berücksichtigungsfähigkeit bestimmter Vermögensverluste die Frage zu stellen, ob diese Betriebsausgaben darstellen. Anders gewendet wird lediglich ein Gleichlauf mit der von § 17 EStG genutzten, jedenfalls aber von § 17 EStG vorausgesetzten Terminologie hergestellt.

Das Nichtvorliegens einer sonstigen betrieblichen Ausgabe wurde jedoch deswegen – von wenigen Ausnahmen abgesehen[657] – überhaupt nicht vom BFH thematisiert, weil seiner bestrittenen[658] Ansicht nach i.R.d. alten Rechtslage schon die Gesetzeslage selbst dafür sorgte, dass dieses Tatbestandsmerkmal in den hier relevanten Fallkonstellationen immer und ausnahmslos erfüllt war. M.a.W. bedurfte es erst gar keiner Subsumtion der tatsächlichen Vorgänge unter diese dritte Voraussetzung, da sie – nach Ansicht des BFH – *de lege lata* schon kraft Gesetzeslage erfüllt war.

Dies ergab sich zum einen daraus, dass bei Beteiligungen von unter 1 %, nach unbestrittener Ansicht weder die Gesellschaftsbeteiligung noch die Gesellschafterhilfe überhaupt vom steuerbaren Bereich erfasst waren, sondern sich im steuerfreien Privatvermögen befanden und zum anderen daraus, dass gemäß BFH und h.M. im Bereich des § 17 EStG nur die von diesem als wesentlich eingestuften Gesellschaftsbeteiligungen steuerverstrickt waren bzw. sind und dementsprechend gerade nicht sämtliche durch die Beteiligung verursachten Kosten als Betriebsausgabe bzw. als Beteiligungskosten[659] abzugsfähig sind.[660]

Nach Auffassung des BFH also konnte diese ungeschriebene Voraussetzung nach früherer Rechtslage gar nicht nicht verwirklicht sein. Vor diesem Hintergrund prüfte der BFH das Nichtvorliegen einer sonstigen berücksichtigungsfähigen Ausgabe regelmäßig nicht explizit. Dass ihr Vorliegen jedoch aus früherer Sicht *de lege ferenda* wieder fraglich werden könnte, war auch dem BFH bewusst. Es wird sich zeigen, dass

656 Die Regelung des § 17 EStG stellt insoweit einen gewichtigen Ausnahmetatbestand dar.

657 BFH vom 16.04.1991 – VIII R 100/87, BB 1991, 2063, 2064.

658 Siehe *Weber-Grellet* in: Schmidt, EStG, § 17 Rn. 132, 156.

659 So aber *Weber-Grellet*, DStR 1998, 1617, 1620 ff.

660 BFH vom 16.04.1991 – VIII R 100/87, BB 1991, 2063, 2064; a.A. und "Protagonist" dieser war und ist *Weber-Grellet*, der sämtliche Aufwendungen auf die im Privatvermögen gehaltene Beteiligung als sog. Beteiligungskosten für abzugsfähig hält, im Ergebnis also eine weitergehende Aufwendungsberücksichtigung als der BFH zulassen wollte und will in DStR 1998, 1617, 1620 ff.

dieser ungeschriebenen Voraussetzung unter Geltung des § 20 EStG i.d.F. des UntStRefG erhebliche Relevanz zukommen wird.[661]

Sprach der BFH das Nichtvorliegen einer sonstigen berücksichtigungsfähigen Ausgabe doch einmal an, wie geschehen in seinem Urteil vom 16.04.1991,[662] so tat er dies bei verständiger Würdigung nur, um sich mit der Gegenmeinung auseinanderzusetzen. Diese bestand im Wesentlichen darin, dieses Tatbestandsmerkmal doch prüfen zu müssen, da sogar in den meisten Fällen eine sonstige Betriebsausgabe in Form von sog. Beteiligungskosten vorliegen werde und daher die Annahme nachträglicher Anschaffungskosten ausscheiden müsse.[663] Gleichwohl gelangte auch diese Gegenmeinung zu einer steuerlichen Berücksichtigung des Verlusts der Gesellschafterhilfe, da sie insofern weitergehend sämtliche durch die Beteiligung verursachte Kosten für abzugsfähig hielt.[664] Basis dieser Gegenansicht war ein Verständnis von § 17 EStG, wonach sich zumindest aus dem Sinn und Zweck der Regelung die volle steuerliche Verstrickung der im Privatvermögen gehaltenen Beteiligung ergebe. Faktisch wollte diese Ansicht den Einkünftebereich des § 17 EStG also so behandeln, als stellte das steuerverstrickte Vermögen Betriebsvermögen dar,[665] sodass man auch von einer analogen Anwendung des § 4 Abs. 4 EStG im Bereich des § 17 EStG sprechen kann.[666]

Der BFH lehnte dies jedoch – wie dargestellt – in ständiger Rechtsprechung als zu weitgehend ab.[667]

Nachdem nunmehr das negative Tatbestandsmerkmal des zweigliedrigen Rechtsprechungs-Obersatzes betrachtet wurde, sollen die Voraussetzungen dargestellt werden, bei deren Vorliegen der BFH die positive Komponente seiner Rechtsprechung, die „gesellschaftliche Veranlassung" der Gewährung bzw. des Stehenlassens der Gesellschafterhilfe, bejahte.

(bb) Die Tatbestandsvoraussetzung der „gesellschaftlichen Veranlassung" der Überlassung der Gesellschafterhilfe („causa societatis")

Das zweite und positive Tatbestandsmerkmal der BFH-Rechtsprechung, die gesellschaftsrechtliche Veranlassung der Finanzierungshilfenüberlassung, lag bzw. liegt vor, wenn die Gesellschaft im Moment der Überlassung von einem Dritten keinen entsprechenden Kredit mehr erhalten hätte. Denn in diesem Fall handelte der überlas-

661 Siehe hierzu noch unten unter 2. Teil B. III. 2. a) cc).

662 BFH vom 16.04.1991 – VIII R 100/87, BB 1991, 2063, 2064.

663 *Weber-Grellet*, DStR 1998, 1617, 1620 ff.; freilich scheidet die Annahme nachträglicher Anschaffungskosten nach dieser Ansicht „nicht nur" aus, sie ist vielmehr überhaupt nicht erforderlich, da der Begriff der Beteiligungskosten im Sinne dieser abweichenden Auffassung weitergehender Natur ist und somit auch, aber nicht nur die vom BFH unter die nachträglichen Anschaffungskosten subsumierten Vorgänge nach dieser Ansicht abzugsfähig sind.

664 *Weber-Grellet*, DStR 1998, 1617, 1621 f.

665 Eine ähnliche Interpretation dieser Gegenauffassung nimmt *Heuermann* vor in DB 2009, 2173, 2176.

666 Dies tut *Gschwendtner*, DStR 1999, Beihefter zu Heft 32, S. 3, der die Ansicht jedoch letztlich ablehnt.

667 Siehe nur BFH vom 16.04.1991 – VIII R 100/87, BB 1991, 2063, 2064.

sende Gesellschafter nicht wie ein gesellschaftsfremder Dritter, sondern aus seiner Gesellschafterstellung heraus, mithin „*causa societatis*".

Da auch das Zivilrecht in § 32a GmbHG a.F. mittels des Tatbestandsmerkmals der Krise der Gesellschaft die Frage nach der Kreditwürdigkeit stellte und deren Definition mit der vorstehenden steuerrechtlichen Definition der gesellschaftsrechtlichen Veranlassung identisch war, kam es hinsichtlich der gesellschaftsrechtlichen Veranlassung zu einer Spiegelbildlichkeit von zivilrechtlichem Eigenkapitalersatzrecht einerseits und ebendieser gesellschaftsrechtlichen Veranlassung im Bereich des § 17 EStG andererseits. Dementsprechend bejahte der BFH die gesellschaftliche Veranlassung der Überlassung der Gesellschafterhilfe immer aber grundsätzlich auch nur dann,[668] wenn es sich um eine nach zivilrechtlichen Maßstäben eigenkapitalersetzende Gesellschafterhilfe handelte.[669]

Diese weitreichende Anknüpfung des Steuerrechts an das Zivilrecht im Sinne einer strengen Akzessorietät basierte also letztlich darauf, dass beide Rechtsgebiete insoweit den praktisch identischen Drittvergleichsmaßstab anlegten: Das Zivilrecht fragte – insbesondere in § 32a Abs. 1, Abs. 3 GmbHG a.F. – danach, ob sich die Gesellschaft im Moment der Darlehensüberlassung in einer Krise befand, die ihrerseits frühestmöglich im Zeitpunkt der Kreditunwürdigkeit der Gesellschaft bestand, d.h. dann, wenn die Gesellschaft von Dritten keinen Kredit mehr erlangen konnte; das Steuerrecht fragte bei Anwendung des § 17 EStG ebenfalls danach, ob ein Dritter das vom Gesellschafter gewährte Darlehen ebenfalls überlassen hätte.[670]

Die besonders strenge Anknüpfung wurde insbesondere daran deutlich, dass der BFH feststellte, dass nicht jedes unter bloßer Verletzung von Drittvergleichsmaßstäben gewährte Darlehen die Annahme nachträglicher Anschaffungskosten rechtfertige, sondern dies nur bei eigenkapitalersetzenden Gesellschafterhilfen der Fall sei.[671]

Zumindest faktisch bediente sich der BFH damit i.R.d. Auslegung des steuerrechtlichen Anschaffungskostenbegriffes von § 17 Abs. 2 EStG der zivilrechtlichen Regelungen des Eigenkapitalersatzrechtes einschließlich der vom BGH entwickelten Rechtsprechungs-regeln.[672] Wenn auch diese Art der Anknüpfung z.T. abgelehnt[673]

668 Zur i. Erg. abweichenden Behandlung von Verlusten aus Sanierungsdarlehen bzw. gleichgestellten Vorgängen siehe noch sogleich nachfolgend (im vorliegenden Abschnitt).

669 BFH vom 07.07.1992 – VIII R 24/90, BStBl II 1993, 333, DStR 1992, 1545; BFH vom 23.05.2000 – VIII R 3/99, GmbHR 2001, 40; *Weber-Grellet* in: Schmidt, EStG, § 17 Rn. 171; erstmals wurde die gesellschaftliche Veranlassung im Falle eines eigenkapitalersetzenden Darlehens anerkannt im Urteil vom 02.10.1984 - VIII R 36/83, BStBl II 1985, 320, BFHE 143, 228.

670 So auch *Gschwendtner*, NJW 1999, 2165, 2166; *Waclawik*, ZIP 2007, 1338, 1341; ähnlich *Heuermann*, NZG 2009, 841, 842.

671 Siehe *Bayer*, DStR 2009, 2397, 2398 mit Verweisen auf die Rechtsprechung; *Fuhrmann*, NWB vom 29.09.2008, Fach 4, S. 5391.

672 *Crezelius* in FS Raupach, Köln 2006, S. 335; *Groh* spricht von einer „vorbehaltlosen" Orientierung an der Rechtsprechung des BGH in FR 2008, 264, 266; dies wurde vielfach kritisiert, siehe *Weber-Grellet* in: Schmidt, EStG, § 17 Rn. 156, 132; *Waclawik* bezeichnet eine solche Sicht auf die Judikatur des BFH dagegen als „zumindest verkürzt", in ZIP 2007, 1838, 1841.

673 So insb. *Weber-Grellet* in: Schmidt, EStG, § 17 Rn. 156, 132; siehe auch die zum neuen Recht gemachten Vorschläge hinsichtlich der nunmehr vorzunehmenden Anwendung von § 17 EStG, die

bzw. sogar in ihrer Existenz bestritten wurde,[674] so hat der BFH selbst den offenkundigen Zusammenhang mit dem gesellschaftsrechtlichen Eigenkapitalersatzrecht ausdrücklich angesprochen.[675]

An dieser auch im Detail sehr strengen Anknüpfung am Eigenkapitalersatzrecht hat sich auch dadurch nichts geändert, dass dort mittlerweile der IX. Senat und nicht länger der VIII. Senat zuständig ist.[676] Es kam lediglich zu einer gewissem Abweichung im Begründungsmuster, da der IX. Senat die nachträglichen Anschaffungskosten nunmehr aus § 255 Abs. 1 S. 2 HGB ableitet.[677] Als Grund für dieses neue Begründungsmuster wurde angeführt, dass die in § 255 HGB enthaltenen Begriffe nicht nur im Bilanzsteuerrecht Anwendung finden, sondern im gesamten Ertragssteuerrecht und somit auch im Bereich von § 17 Abs. 2, Abs. 4 EStG.[678] Inhaltlich zieht diese Änderung jedoch keinerlei bedeutsame Konsequenzen nach sich.[679]

Oftmals machte sich der BFH in der konkreten Rechtsanwendung nicht die Mühe, inzidenter strikt dem gesellschaftsrechtlichen Aufbau des Gesetzes- bzw. Rechtsprechungsrechtes entsprechend die Voraussetzungen des gesellschaftsrechtlichen Eigenkapitalersatzrechtes zu prüfen, sondern vereinfachte seine Urteilsfindung dadurch, dass er die verschiedenen Fallgestaltungen in eine von vier Fallgruppen einzuordnen suchte:[680] Hierbei handelte es sich um die Darlehensgewährung in der Krise, das Stehenlassen des Darlehens in der Krise, das Vorliegen eines krisenbestimmten Darlehens[681] oder das Vorliegen eines Finanzplandarlehens.[682]

Dieser im Vergleich zur Rechtsprechung des BFH zum Eigenkapitalersatzrecht abweichende Weg der Rechtsfindung war einerseits deswegen möglich, weil laut BFH im Falle einer eigenkapitalersetzenden Gesellschafterhilfe immer auch zumindest eine der vier Kategorien einschlägig sein würde.[683] Andererseits sah das Gericht sein Vorgehen bereits an dieser Stelle als sinnvoll bzw. geboten an, da der jeweilige Ansatz nachträglicher Anschaffungskosten der Höhe nach von der Einordnung in eine der

---

oftmals die bereits zur alten Rechtslage vorgebrachte Kritik zum Gegenstand haben unter 2. Teil B. III. 1., insbesondere Unterpunkt e).

674 *Waclawik* bezeichnet eine solche Sicht auf die Judikatur des BFH als „zumindest verkürzt", in ZIP 2007, 1838, 1841.

675 BFH vom 04.11.1997 – VIII R 18/94, BStBl. II 1999, 344, 346, DStR 1998, 73, 74; vom 13.07.1999 – VIII R 31/98, DStRE 1999, 779, 780.

676 BFH vom 19.08.2008 - IX R 63/05, BStBl II 2009, 5; DStR 2008, 2215, FR 2009, 289 mit Anmerkung *Bode*; vom 02.04.2008 - IX R 76/06, BStBl II 2008, 706; DStR 2008, 1424; vom 04.03.2008 - IX R 78/06, BStBl II 2008, 575; DStR 2008, 965; vom 04.03.2008 - IX R 80/06, BStBl II 2008, 577; DStR 2008, 967.

677 *Bode*, DStR 2009, 1781, 1782; *Heuermann*, DB 2009, 2173; *Hahne*, Anmerkung zum Urteil des BFH vom 02.04.2008 – I R 76/06, BB 2009, 1941, 1943.

678 *Heuermann*, DB 2009, 2173; NZG 2009, 841, 842.

679 Gl. A.: *Heuermann*, DB 2009, 2173.

680 BFH vom 04.11.1997 – VIII R 18/94, BStBl. II 1999, 344, 345 ff., DStR 1998, 73, 74 ff.; vom 13.07.1999 – VIII R 31/98, DStRE 1999, 779, 780 ff.; die Fallgruppen erfassen jeweils auch wirtschaftlich gleichgestellte Vorgänge sowie die entsprechende eigenkapitalersetzende Gewährung von Sicherheiten.

681 Siehe zum Begriff des krisenbestimmten Darlehens noch unten unter 1. Teil B. III. 3. e) aa).

682 Siehe zum Begriff des Finanzplandarlehens noch unten unter 1. Teil B. III. 3. e) aa).

683 Ähnlich *Groh*, FR 2008, 264, 266 f.

vier Kategorien abhängig war, während sich die vorgenannte Anknüpfung des BFH an das zivilrechtliche Eigenkapitalersatzrecht nur auf die Frage der gesellschaftsrechtlichen Veranlassung und damit auf die Frage der Annahme nachträglicher Anschaffungskosten dem Grunde nach beschränkte.[684]

Die vier vorgenannten Fallgruppen der Finanzierungshilfenüberlassung werden dementsprechend in einem späteren Abschnitt, der den Ansatz der nachträglichen Anschaffungskosten der Höhe nach zum Gegenstand hat, eingehender untersucht.[685]

Bezüglich der Anschaffungskosten dem Grunde nach reichte die vom BFH vorgenommene Anknüpfung zwar sehr weit, erfolgte jedoch nicht ausnahmslos: So bejahte der BFH den Ansatz von nachträglichen Anschaffungskosten dem Grunde nach überdies auch dann, wenn das Darlehen in gesellschaftsrechtlicher Hinsicht nur deswegen nicht als eigenkapitalersetzend qualifiziert werden konnte, weil das Sanierungsprivileg einschlägig war.[686] Der BFH nahm damit insoweit eine gewisse "Entkoppelung" vom zivilrechtlichen Eigenkapitalersatzrecht vor.[687]

Bezüglich des Kleinbeteiligtenprivilegs beließ es der BFH hingegen zunächst bei der strengen Anknüpfung am Zivilrecht und versagte einen Ansatz nachträglicher Anschaffungskosten.[688] Erst im Jahr 2014 ließ der BFH bezüglich eines endgültig ausgefallenen Gesellschafterdarlehens insoweit eine Abweichung zugunsten des Gesellschafters zu, als Gesellschafter und Gesellschaft vereinbaren, das Darlehen entgegen dem Kleinbeteiligtenprivileg wie Eigenkapital zu behandeln und sich die Beteiligten eines späteren Insolvenzverfahrens über das Vermögen der Gesellschaft auch tatsächlich an diese Abrede halten.[689]

Im Hinblick auf den nicht unternehmerisch beteiligten Aktionär hingegen verneinte der BFH den Ansatz nachträglicher Anschaffungskosten bei Ausfall eines entsprechenden Darlehens[690] und setzte sich damit – zumindest auf den ersten Blick – in

684 Hierzu sowie zu Erläuterung dieses Umstandes anhand einer nur nach den Rechtsprechungsregeln verstrickten Finanzierungshilfe *Gschwendtner*, DStR 1999, Beihefter zu Heft 32, S. 9.

685 Siehe hierzu unten unter 1. Teil B. III. 3. e).

686 Zum Sanierungsprivileg BFH vom 19.08.2008 – IX R 63/05, BStBl II 2009, 5, NZG 2009, 679, FR 2009, 289 mit Anmerkung *Bode*; darauf aufbauend gl. A. hinsichtlich des Sanierungsprivilegs OFD Rheinland vom 09.02.2009 - S 2244 – 2009/0003 – St 14, FR 2009, 349; OFD Münster vom 10.02.2009 – Est. Nr. 005/2009, GmbHR 2009, 336; siehe auch *Heuermann*, NZG 2009, 841, 844; *ders.*, DB 2009, 2173, 2174; *Kleinert/ Podewils*, GmbHR 2009, 849, 853; a.A. noch OFD Frankfurt/M. vom 21.07.2008 – S 2244 A – 37 – St 215, GmbH – StB 2008, 297, 298 sowie wohl zumindest im Grundsatz *Groh*, FR 2008, 264, 267.

687 Die Akzessorietät beibehalten wollte insoweit noch OFD Frankfurt/M. vom 21.07.2008 – S 2244 A – 37 – St 215, GmbH – StB 2008, 297, 298, mittlerweile hat sich die Finanzverwaltung jedoch dem BFH angeschlossen, siehe die vorstehende Fußnote.

688 BFH vom 20.08.2013 - IX R 43/12, BFH/NV 2013, 1783, DStR 2013, 2217; gl.A.: Vorinstanz FG Saarland vom 16.08.2012 – 2 K 1247/10, GmbHR 2013, 276, 278; FG Köln vom 25.06.2009 - 10 K 266/06, EFG 2009, 1740, rkr.; OFD Rheinland vom 09.02.2009 – S 2244 – 2009/0003 – St 14, FR 2009, 349; zuvor auch schon *Heuermann*, DB 2009, 2173, 2175; a.A. *Pung/Werner* in Dötsch/Pung/ Möhlenbrock, Körperschaftsteuergesetz, § 17 EStG, Tz. 318.

689 BFH vom 06.05.2014 – IX R 44/13, BStBl II 2014, 781, DStR 2014, 1597.

690 BFH vom 02.04.2008 - IX R 76/06, BStBl II 2008, 706, NJW-RR 2009, 390; siehe dazu auch *Heuermann*, DB 2009, 2173, 2174 f.; eine unternehmerische Beteiligung an einer AG wurde seitens des

Widerspruch zu seiner gesellschafterfreundlichen Rechtsprechung hinsichtlich des Sanierungsprivilegs und z.T. hinsichtlich des Kleinbeteiligtenprivilegs.

Allerdings können in dieser in ihren Ergebnissen divergierenden Rechtsprechung letztlich keine unzulässigen Widersprüche oder gar systemwidrige "Brüche" erblickt werden. Vielmehr beurteilt der BFH die drei vorgenannten Konstellationen letztlich angemessen und ihren jeweiligen Besonderheiten entsprechend:

Die Rechtsprechung bezüglich des Sanierungsprivilegs führt der BFH zutreffend auf dessen Regelungssinn zurück:

So führt der BFH hinsichtlich der *ratio* des Sanierungsprivilegs[691] – einen Anreiz zu schaffen, GmbH's Risikokapital zur Verfügung zu stellen und sich damit an Sanierungen zu beteiligen[692] – im besagten Urteil nämlich aus:

> *„Dieser Zweck würde unterlaufen, wenn der Sanierungskapital gebende Gesellschafter gegenüber anderen Gesellschaftern steuerrechtlich benachteiligt würde.“*[693]

Dementsprechend ist der BFH dahingehend zu verstehen, dass er bezüglich des Sanierungsprivilegs mit seiner Entscheidung bezweckt hat, die beabsichtigte Wirkung des Sanierungsprivilegs nicht im Wege einer in diesem Sinne wirtschaftsfeindlichen Rechtsprechung zu vereiteln.[694] Hierfür wird das Gericht zwar vor allem aufgrund der Erwägung kritisiert, dass der ein Sanierungsdarlehen überlassende Gesellschafter hierdurch zu Unrecht gegenüber einem gesellschaftsfremden Darlehensgeber bevorzugt würde, da Letzterer seinen Verlust gerade nicht ansetzen könne, selbst wenn auch er ein Sanierungsdarlehen zur Verfügung gestellt hat.[695] Auch respektiere das Zivilrecht die Entscheidung des Gesellschafters, lediglich Fremdkapital einzusetzen, indem es dieses nicht in Eigenkapital umqualifiziert, weshalb dies auch im Steuerrecht mittels der Nichtanwendung von § 17 EStG fortgesetzt werden müsse.[696]

Diese Argumente sind zwar inhaltlich schlüssig, greifen jedoch i. Erg. nicht durch. Allein der Umstand, dass der Gesetzgeber keine dem § 17 EStG in seiner hier untersuchten Auslegung durch den BFH entsprechende Abzugsmöglichkeit für den sanierungsfremden Darlehensgeber vorsieht, gebietet es nämlich nicht, das Gesetz im Übrigen – und in diesem Fall in Bezug auf § 17 EStG – in einem Sinne auszulegen,

---

BFH unter Geltung des früheren Eigenkapitalersatzrechtes regelmäßig erst ab einer Beteiligung von 25 % angenommen, siehe BFH, *ebd.*; das reformierte (insolvenzrechtliche) Recht der Gesellschafterhilfen stellt die AG den übrigen Gesellschaften freilich auch insoweit gleich, d.h. auch hier greift das Kleinbeteiligtenprivileg nunmehr bis zur Grenze einer Beteiligung von 10 %.

691 Zum vom Gesetzgeber mit Einführung des Sanierungsprivilegs verfolgten Zweck BT-Drs. 13/10038, 28.

692 Aus den gleichen Erwägungen heraus wurde ein ähnliches Sanierungsprivileg in die Vorschrift des § 8c Abs. 1a KStG inkorporiert; siehe hierzu ausführlich *Altrichter-Herzberg*, GmbHR 2009, 466.

693 BFH vom 19.08.2008 – IX R 63/05, BStBl II 2009, 5, NZG 2009, 679, 680, FR 2009, 289 mit Anmerkung *Bode*.

694 Diese Interpretation nimmt auch *Heuermann* vor in NZG 2009, 841, 844 sowie in DB 2009, 2173, 2174; die Rechtsprechung des BFH sowie deren Begründung lehnt *Bode* ab in DStR 2008, 1781, 1784 f.; a.A. auch noch OFD Frankfurt/M. vom 21.07.2008 – S 2244 A – 37 – St 215, GmbH – StB 2008, 297, 298.

695 Siehe *Bode*, DStR 2009, 1781, 1785.

696 *Bode*, DStR 2009, 1781, 1785.

der den Zwecken des Sanierungsprivilegs möglichst wenig Rechnung trägt. Auch weist der Gedanke der Fortsetzung der Fremdkapitalentscheidung des Gesellschafters auch im Steuerrecht zwar ein hohes Maß an Überzeugungskraft aus. Gleichwohl überwiegt letztlich die Überlegung, die *ratio* des Sanierungsprivilegs möglichst weitgehend zu befördern und dementsprechend mittels eines Anschaffungskostenansatzes zugunsten des Gesellschafters auch insoweit einen möglichst umfassenden Anreiz zur Sanierung kapitalbedürftiger Unternehmen zuzulassen.

Auch in der Entscheidung des BFH für den Fall, dass ein Kleinbeteiligtengesellschafter auf seine Privilegierung verzichtet und sich die Beteiligten eines späteren Insolvenzverfahrens durchgehend an diesen Verzicht halten,[697] kann kein innerer Widerspruch der Rechtsprechung erblickt werden: Der BFH gestattet in einem tatbestandlich eng umrissenen Ausnahmefall einen Anschaffungskostenansatz, weil der Gesellschafter mit der Gesellschaft entgegen der zivilrechtlichen Privilegierung eine Behandlung der Finanzierungshilfe als funktionales Eigenkapital vereinbart hat und diese Vereinbarung auch umgesetzt wurde.[698] In ebendieser tatsächlich ausgeübten Abrede erkennt der BFH sodann zutreffend die gesellschaftsrechtliche Veranlassung, die die zivilrechtliche Privilegierung überlagert.[699]

Weder diese Erwägungen zur gesellschaftsrechtlichen Veranlassung noch die besonderen Zweckmäßigkeitserwägungen zum Sanierungsprivileg können aber bezüglich des nicht unternehmerisch beteiligten Aktionärs fruchtbar gemacht werden. Vielmehr verneint der BFH insoweit die gesellschaftsrechtliche Veranlassung mangels unternehmerischer Beteiligung.[700] Dem ist zuzustimmen, denn ist die bestehende Beteiligungsgröße insofern nicht ausreichend, müssen im Einzelfall besondere, weitere Umstände hinzutreten – wie etwa besondere Geschäftsführungsbefugnisse oder anderweitige unternehmerische Haftungsrisiken – um eine gesellschaftsrechtliche Veranlassung der Verluste annehmen zu können.

e) Die Rechtsprechung des BFH und der Ansatz nachträglicher Anschaffungskosten der Höhe nach

(aa) Die vier Fallgruppen der Darlehensüberlassung: Gewährung des Darlehens in der Krise, Stehenlassen des Darlehens in der Krise, krisenbestimmtes Darlehen sowie Finanzplandarlehen

Sofern entsprechend der Rechtsprechung des BFH nachträgliche Anschaffungskosten dem Grunde nach bejaht wurden, wurden sie der Höhe nach nur in dem Umfang anerkannt, in welchem im Zeitpunkt der Umqualifizierung nach den Regeln des zivilrechtlichen Eigenkapitalersatzrechtes noch eine werthaltige Forderung bestand, also

697 BFH vom 06.05.2014 – IX R 44/13, BStBl II 2014, 781, DStR 2014, 1597.
698 BFH vom 06.05.2014 – IX R 44/13, BStBl II 2014, 781, DStR 2014, 1597.
699 BFH vom 06.05.2014 – IX R 44/13, BStBl II 2014, 781, DStR 2014, 1597.
700 BFH vom 02.04.2008 - IX R 76/06, BStBl II 2008, 706, NJW-RR 2009, 390; eine unternehmerische Beteiligung an einer AG wurde seitens des BFH unter Geltung des früheren Eigenkapitalersatzrechtes regelmäßig erst ab einer Beteiligung von 25 % angenommen, siehe BFH, *ebd.*

in dem Umfang, in dem der Darlehensrückforderungsanspruch noch werthaltig war.[701]

Insoweit wurden die bereits angesprochenen vier Fallgruppen der Darlehensüberlassung relevant: Die Darlehensgewährung in der Krise, das Stehenlassen des Darlehens in der Krise, das Vorliegen eines krisenbestimmten Darlehens oder das Vorliegen eines Finanzplandarlehens.[702] Der Umfang der anzunehmenden nachträglichen Anschaffungskosten wurde stets an die jeweils gegebene Einordnung geknüpft.

Der Verlust in der Krise gewährter Darlehen konnte mit dem Nennwert der Darlehen angesetzt werden. Das bloße Stehenlassen eines Darlehens in der Krise führte oftmals dazu, dass der Teilwert der Forderung für den Moment des Kriseneintritts – insbesondere durch die Finanzverwaltung – auf Null bestimmt wurde.[703] Allerdings galt dieser Grundsatz nicht, wenn es sich um sog. krisenbestimmte Darlehen oder sog. Finanzplandarlehen handelte.[704] Zum Vorteil des Gesellschafters konnten diese auch bei einem Stehenlassen in der Krise mit dem Nennwert in Abzug gebracht werden.[705] Dies ergab sich aus dem Wesen dieser Finanzierungsarten:

Ein krisenbestimmtes Darlehen liegt vor, wenn es der Gesellschafter zeitlich vor der Krise gewährt hat, es aber schon zu diesem Zeitpunkt mit der verbindlichen Erklärung versehen hat, es auch in der Krise stehenzulassen.[706] Die wichtigsten Fallgruppen des krisenbestimmten Darlehens bilden zuvörderst die Gewährung einer Bürgschaft für den Fall einer Verschlechterung der Vermögensverhältnisse der Gesellschaft,[707] die Abgabe eines Garantieversprechens[708] oder eine Erklärung der Gesellschafter, dass die Darlehensforderung im Range hinter die Forderungen der übrigen Gesellschaftsgläubiger zurücktreten solle (Rangrücktritt).[709]

Der BGH hat krisenbestimmte Darlehen stets als eigenkapitalersetzend qualifiziert.[710] Die vorgenannten konkreten Ausgestaltungen führten laut BFH dazu, dass

---

701 Die nachfolgend erläuterten Ausführungen zur Höhe der nachträglichen Anschaffungskosten gelten entsprechend für den Fall, dass ein Gesellschafter eine eigenkapitalersetzende Bürgschaft oder Sicherheit gewährt bzw. stehengelassen hatte, entsprechende Ausgleichs- bzw. Rückgriffsforderung gegen die Gesellschaft jedoch wertlos geworden waren, siehe hierzu BFH vom 06.07.1999 - VIII R 9/98, BStBl II 1999, 817, DB 1999, 2445.

702 Siehe zu diesen Fallgruppen bereits oben unter 1. Teil B. III. 3 e) aa).

703 BMF vom 08.06.1999 – IV C 2-S 2244-12/99, BStBl I 1999, 545, 546; *Bayer*, DStR 2009, 2397, 2398; *Hölzle*, DStR 2007, 1185, 1191.

704 Der BFH hat dies vorgegeben, woraufhin sich die Finanzverwaltung anschloss im BMF – Schreiben vom 08.06.1999 – IV C 2-S 2244-12/99, BStBl I 1999, 545; zur Frage der möglichen Weitergeltung der Finanzplanrechtsprechung auch unter Geltung der neuen Rechtslage sowie zum diesbezüglichen Einfluss der MoMiG – Reform siehe *Buschmann*, NZG 2009, 91.

705 BFH vom 16.04.1991 – VIII R 100/87, BStBl II 1992, 234, FR 1991, 665; vom 04.11.1997 – VIII R 18/94, BStBl II 1999, 344, FR 1999, 104; im Anschluss an den BFH das Schreiben des BMF vom 08.06.1999 – IV C 2-S 2244-12/99, BStBl I 1999, 545, 546.

706 BFH vom 13.07.1999 – VIII R 31/98, DStRE 1999, 779, 781; BMF vom 08.06.1999 – IV C 2-S 2244-12/99, BStBl I 1999, 545, 546; *Bode*, DStR 2008, 1781, 1782.

707 BGH vom 18.11.1991 – II ZR 258/90, NJW 1992, 1169.

708 BFH vom 27.10.1992 – VIII R 87/89, BStBl II 1993, 340, BFHE 170, 53; vom 31.10.2000 - VIII R 47/98, DStRE 2001, 859, 862.

709 BFH vom 16.04.1991 – VIII R 100/87, BStBl II 1992, 234, DStR 1991, 1348.

710 BGH vom 09.10.1986 – II ZR 58/86, DB 1987, 159; vom 21.03.1988 – II ZR 238/87, BGHZ 104, 33, 38 m.w.N.; vom 09.03.1992 – II ZR 168/91, DStR 1992, 761.

die gesellschaftsrechtliche Veranlassung nicht erst im Moment des Nichtabzugs der Finanzierungshilfe trotz Krise und Abzugsmöglichkeit bestünde, wie es sich im Falle eines ausschließlich stehengelassenen Darlehens bzw. gleichgestellter Hilfe verhielt. Vielmehr war gemäß der zutreffenden Ansicht des BFH die gesellschaftsrechtliche Veranlassung bereits darin begründet, die Finanzierungshilfe mit ebenjener Krisenbestimmung zu versehen. Da dieses Versprechen des Nichtabzugs trotzt Krise durch den Gesellschafter bereits im Zeitraum vor einem (möglichen) Kriseneintritt gemacht wurde, konnte nun zur Bestimmung des Umfangs der Anschaffungskosten nicht auf ebendiesen Moment des Kriseneintritts abgestellt werden. Da stattdessen der Moment der Krisenbestimmung maßgebend war, konnte der Ausfall der Finanzierungshilfe mit dem Nennwert angesetzt werden.

Das gleiche Ergebnis ergab sich folgerichtig auch aus dem Wesen eines Finanzplandarlehens bzw. gleichgestellter "Finanzplanfinanzierungshilfen":

Ein Finanzplandarlehen liegt vor, wenn das Darlehen bzw. die Verpflichtung zur Ausreichung eines Darlehens bereits im Ausgangspunkt derart in die Finanzplanung der Gesellschaft einbezogen ist, dass mittels des Darlehens die zur Aufnahme der Geschäfte notwendige Kapitalausstattung der Gesellschaft in Form einer Kombination von Eigen- und Fremdfinanzierung sichergestellt werden soll.[711] Derartige von den Gesellschaftern ausgereichte Darlehen zur Finanzierung des Unternehmens werden gemäß Gesellschaftsrecht den Einlagen gleichgestellt.[712] Die insoweit erforderliche planmäßige Gesellschafterfinanzierung muss sich aus einer Gesamtwürdigung des Gesellschaftsvertrages und/oder des Darlehensvertrages sowie der Umstände ergeben, die im Zeitpunkt des bzw. der jeweiligen Vertragsabschlüsse vorlagen.[713] Die sog. Finanzplanrechtsprechung hatte insbesondere zur Konsequenz, dass der Gesellschafter im Falle der Krise der Gesellschaft den Darlehensvertrag nicht gemäß § 490 Abs. 1 BGB wegen einer wesentlichen Verschlechterung der Vermögenslage der Gesellschaft kündigen bzw. den Vertrag mit der Gesellschaft einvernehmlich aufheben konnte, da eine solche Aufhebung seiner vormals vereinbarten Verpflichtung zur Darlehensgewährung bzw. –belassung unter dem Gesichtspunkt des Gläubigerschutzes nicht anerkannt wurde.[714]

Wiederum wohnt auch dieser Art von Finanzierungshilfen eine Krisenunabhängigkeit inne, die gesellschaftsrechtlich die Gleichbehandlung mit üblichen Einlagen rechtfertigte. Steuerrechtlich führte dies in Parallelität zu den Ausführungen bezüglich krisenbestimmter Finanzierungshilfen dazu, das zum Zwecke der Bewertung der Anschaffungskosten wiederum nicht auf den Zeitpunkt des Nichtabzugs trotz Krise und Abzugsmöglichkeit abgestellt wurde. Die gesellschaftsrechtliche Veranlassung besteht nämlich erneut nicht erstmals in diesem Moment, sondern ist bereits in der Vereinbarung zwischen Gesellschafter und Gesellschaft zu sehen, die Finanzierungshilfe

711 BMF vom 08.06.1999 – IV C 2-S 2244-12/99, BStBl I 1999, 545, 546; *Bode*, DStR 2008, 1781, 1782.

712 BFH vom 04.11.1997 – VIII R 18/94, BStBl. II 1999, 344, 346, DStR 1998, 73, 75.

713 BFH vom 04.11.1997 – VIII R 18/94, BStBl. II 1999, 344, 346, DStR 1998, 73, 75.

714 Hierzu *Buschmann*, NZG 2009, 91; in gewissem Sinne hätte eine solche von Gesellschaft und Gesellschafter beschlossene Aufhebung des Darlehensvertrages einen (unzulässigen) Vertrag zu Lasten Dritter, nämlich der Gesellschaftsgläubiger, dargestellt.

derart in die Finanzplanung der Gesellschaft einzubeziehen, dass durch sie die zur Aufnahme der Geschäfte notwendige Kapitalausstattung der Gesellschaft in Form einer Kombination von Eigen- und Fremdfinanzierung sichergestellt werden soll.

Die im vorstehenden Abschnitt dargestellte Rechtsprechung fand zutreffend entsprechende Anwendung, wenn ein Gesellschafter eine eigenkapitalersetzende Bürgschaft, Sicherheit oder gleichgestellte Finanzierungshilfe gewährt bzw. stehengelassen hatte, die entsprechende Rückgriffsforderung gegen die Gesellschaft jedoch wertlos geworden war.[715]

(bb) Die Regelung des § 3c Abs. 2 EStG a.F. und die mit ihr verbundenen Fragestellungen

Soweit der BFH zu einem Ansatz nachträglicher Anschaffungskosten gelangte und damit eine Berücksichtigung der auf eigenkapitalersetzende Gesellschafterhilfen entfallenen Verluste möglich war, konnte der verrechenbare Verlust zwar grundsätzlich auch mit den übrigen Einkunftsarten verrechnet werden im Rahmen des § 10d EStG (Verlustvortrag und Verlustrücktrag);[716] allerdings war das im Rahmen des Halbeinkünfte- bzw. Teileinkünfteverfahrens geltende hälftige bzw. anteilige Abzugsverbot des § 3c Abs. 2 EStG a.F.[717] zu beachten.

Da bei einer Veräußerung der Gesellschaftsbeteiligung bzw. den gleichgestellten Vorgängen[718] gemäß § 3 Nr. 40 lit. c EStG der Veräußerungspreis bzw. der gemeine Wert nur anteilig zu berücksichtigen war,[719] stellte sich die Frage, ob neben den unzweifelhaft nur anteilig abziehbaren üblichen Veräußerungs-, Auflösungs- und Anschaffungskosten auch die vom BFH in ständiger Rechtsprechung bezüglich des Substanzverlustes an der Gesellschafterfinanzierungshilfe gewährten nachträglichen Anschaffungskosten gemäß § 3c Abs. 2 EStG a.F. nur anteilig abgezogen werden durften.

Wohl herrschende Auffassung war, dass auch die auf die Gesellschafterfinanzierungshilfen entfallenden Verluste nur anteilig angesetzt werden konnten, da sie gemäß ständiger BFH-Rechtsprechung zur Gruppe der Anschaffungskosten zählten.[720] Denn wenn schon der BFH zugunsten der Steuerpflichtigen die Veräußerungsverluste bzw. der Verluste durch gleichgestellte Vorgänge bezüglich der Gesellschaftsbeteiligung im Regelungsbereich des § 17 EStG im Wege der extensiven Auslegung des Rechtsbegriffes der nachträglichen Anschaffungskosten sehr weit auslegte, so sollte andererseits diese erweiterte Auslegung zumindest auch auf die im Übrigen mit einer

715 BFH vom 06.07.1999 - VIII R 9/98, BStBl II 1999, 817, DB 1999, 2445.

716 *Pung* in Dötsch/Pung/Möhlenbrock, Körperschaftsteuergesetz, § 17 EStG, Tz. 20.

717 Mit der hier sowie im vorliegenden Abschnitt als „a.F." bezeichneten Fassung handelt es sich um die Fassung des § 3c Abs. 2 EStG vor Einführung des damaligen § 3c Abs. 2 Satz 2 EStG und jetzigem § 3c Abs. 2 Satz 7 EStG durch das Jahressteuergesetz 2010 vom 08.12.2010, BGBl I 2010, 1768.

718 Mithin der Gesellschaftsauflösung, der Kapitalherabsetzung, der Kapitalrückzahlung sowie der Ausschüttung oder Zurückzahlung von Beträgen aus dem steuerlichen Einlagekonto nach § 27 KStG (§§ 17 Abs. 4, 3 Nr. 40 lit. c Satz 2 EStG).

719 Siehe *Doege*, Stbg 2008, 440, 441; *Eilers/Schmidt* in: Herrmann/Heuer/Raupach, § 17 Rn. 13, 27; *Fischer*, Ubg 2008, 684, 689.

720 *Doege*, Stbg 2008, 440, 441; *Fischer*, Ubg 2008, 684, 689; *Graf*, Jahrbuch der Fachanwälte für Steuerrecht 2009/2010, S. 260, 263 f.; *Heuermann*, NZG 2009, 841, 847; *ders.* DB 2009, 2173, 2177; *Weber-Grellet* in: Schmidt, EStG, § 17 Rn. 190.

Anwendung von § 17 EStG einhergehenden nachteiligen Rechtsfolgen verbunden sein, insbesondere also einer Anwendung des § 3c Abs. 2 EStG a.F. auf die Substanzverluste. M.a.W. hätte es einen Wertungswiderspruch bedeutet, die Finanzierungshilfenverluste zwar über die Annahme nachträglicher Anschaffungskosten den gewöhnlichen Veräußerungs-, Auflösungs- oder Anschaffungskosten gleichzustellen, sie aber nicht zugleich auch dem Teilabzugsverbot zu unterwerfen.

Der BFH hat jedoch lange Zeit offengelassen, ob § 3c Abs. 2 EStG a.F. auf den Veräußerungsverlust im Rahmen des § 17 EStG anzuwenden ist.[721] Indessen hat der BFH nunmehr – wie bereits im einkommensteuerlich-betrieblichen Abschnitt angesprochen – die grundsätzliche Anwendbarkeit von § 3c Abs. 2 EStG a.F. auch auf Substanzverluste bezüglich Finanzierungshilfen im Bereich des § 17 EStG anerkannt.[722] Zudem hat der BFH für Veranlagungszeiträume bis 2011 klargestellt, dass es für die Anwendung des § 3c Abs. 2 EStG a.F. auch des tatsächlichen Anfallens teilweise steuerfreier korrespondierender Einnahmen bedarf.[723] Auch aus den am 18.04.2012 zum einkommensteuerlich-betrieblichen Bereich ergangenen Entscheidungen des BFH[724] ergibt sich insoweit keine neue Entwicklung, die an der diesbezüglichen Anwendbarkeit von § 3c Abs. 2 EStG a.F. im Bereich des § 17 EStG zweifeln ließe; beide Entscheidungen bestätigen vielmehr die diesbezügliche Anwendbarkeit von § 3c Abs. 2 EStG a.F.

Dessen ungeachtet konnte bzw. kann man auch im einkommensteuerlich-privaten Bereich in Parallele zum einkommensteuerlich-betrieblichen Bereich die Anwendbarkeit des § 3c Abs. 2 EStG a.F. auch im privaten Bereich anzweifeln:

Zum einen konnte und kann auch im Bereich von Beteiligungen nach § 17 EStG § 3c Abs. 2 EStG a.F. insbesondere deswegen als nicht anwendbar angesehen werden, weil man die Norm für verfassungswidrig hält.[725] Die bereits im Abschnitt zum einkommensteuerlichen Betriebsvermögen gemachten Ausführungen gelten also prinzipiell auch im vorliegenden Zusammenhang entsprechend.

Im Übrigen konnte die Anwendung des Teilabzugsverbots gemäß § 3c Abs. 2 EStG a.F. in Bezug auf Verluste an Gesellschafterfinanzierungshilfen im einkommensteuerlich-privaten Bereich nach zutreffender Ansicht jedoch letztlich nicht mit dem Argument bezweifelt werden, dass keine korrelierenden Einnahmen im Sinne des § 3

---

721 Siehe z.B. BFH vom 20.01.2009 – IX R 98/07, BFH/NV 2009, 1248; siehe hierzu auch *Bron/Seidel*, DStZ 2009, 859, 861; mittlerweile erkennt der BFH die grundsätzliche Anwendbarkeit von § 3c Abs. 2 EStG auch im Bereich von § 17 EStG allerdings an, siehe BFH vom 25.06.2009 – IX R 42/08, BFH/NV 2009, 1696, DStR 2009, 1843, 1844 f.

722 BFH vom 06.04.2011 – IX R 40/10, BFHE 233, 442, BStBl II 2011, 785; zurückhaltender aber nicht ausdrücklich gegenteiliger Ansicht ist bspw. BFH vom 18.03.2010 – IX B 227/09, DStR 2010, 639, da dort davon die Rede ist, dass eine Anwendung von § 3c Abs. 2 EStG nur „jedenfalls dann" ausscheiden müsse, wenn keinerlei Einnahmen angefallen sind; die grundsätzliche Anwendbarkeit von § 3c Abs. 2 EStG im Zusammenhang mit Finanzierungshilfenverlusten im Bereich des § 17 EStG wird also gerade nicht ausdrücklich bestätigt; eine der im Urteil IX R 40/10 geäußerten Rechtsansicht widersprechende Auffassung kann jedoch darin nach zutreffendem Verständnis nicht erblickt werden.

723 BFH vom 25.06.2009 – IX R 42/08, BFH/NV 2009, 1696, DStR 2009, 1843.

724 BFH vom 18.04.2012 – X R 5/10, BFH/NV 2012, 1358, DStR 2012, 1318; – X R 7/10, BFH/NV 2012, 1363, DStRE 2012, 1105.

725 Hierzu *Otto*, DStR 2008, 228, 229 ff.

Nr. 40 lit. c) EStG vorliegen würden oder ansonsten Tatbestandsvoraussetzungen von § 3c Abs. 2 EStG a.F. nicht vorliegen würden. Vielmehr war dem BFH darin zuzustimmen, dass § 3c Abs. 2 EStG a.F. insoweit prinzipiell anwendbar ist. Dies ergab sich aus Folgendem:

Wie gezeigt wurde, lehnte der BFH[726] die Anwendbarkeit von 3c Abs. 2 EStG a.F. im einkommensteuerlich-betrieblichen Bereich – sowie von § 8b Abs. 3 Satz 3 KStG a.F. im körperschaftsteuerlichen Bereich – letztlich auf Grundlage der Überlegung ab, dass Gesellschaftsbeteiligung und Finanzierungshilfe, insbesondere also Darlehen, voneinander unabhängige, selbständige Wirtschaftsgüter sind. Daraus folgerte der BFH – jedenfalls im Ergebnis im Einklang mit der h.M.[727] – für § 3c Abs. 2 EStG a.F., dass den Verlusten hinsichtlich der Finanzierungshilfe gerade keine von § 3 Nr. 40 EStG erfassten Betriebsvermögensmehrungen oder Einnahmen gegenüberstanden. Insoweit kämen bezüglich der Finanzierungshilfe ausschließlich Zinsen oder ähnliche Entgelte in Betracht, die aber unzweifelhaft gerade nicht § 3 Nr. 40 EStG unterfielen. Damit konnten aber auch keine mit nach § 3 Nr. 40 EStG begünstigten Betriebsvermögensmehrungen oder Einnahmen in wirtschaftlichem Zusammenhang stehenden Betriebsvermögensminderungen, Betriebsausgaben oder Veräußerungskosten i.S.d. § 3c Abs. 2 EStG a.F. angenommen werden.

Dieses Argumentationsmuster nun auch im Bereich von Gesellschafterfinanzierungshilfen im Bereich des § 17 EStG mit dem Ergebnis der Nichtanwendbarkeit des § 3c Abs. 2 EStG a.F. (i.V.m. § 3 Nr. 40 lit. c) EStG) konnte jedoch letztlich – freilich zuungunsten der Steuerpflichtigen – nicht verfangen. Selbstverständlich verblieb es zwar auch im Bereich des § 17 EStG zunächst dabei, dass Finanzierungshilfe und Beteiligung selbständige Wirtschaftsgüter darstellen. Ein erster Unterschied bestand aber bereits darin, dass das Wirtschaftsgut der Finanzierungshilfe vor Einführung des UntStRefG prinzipiell nicht steuerbar war, da der einkommensteuerlich-private Bereich hinsichtlich seiner Substanz grundsätzlich steuerlich unbeachtlich ist. § 17 EStG stellt ja gerade eine der wenigen Ausnahmen dar, die im Übrigen unverstrickte Gesellschaftsbeteiligungen für die Besteuerung relevant machen. Zugunsten des Steuerpflichtigen nahm bzw. nimmt der BFH jedoch in ständiger Rechtsprechung eine erweiterte Auslegung des Begriffs der nachträglichen Anschaffungskosten vor, mit der Folge dass Substanzverluste bezüglich der Finanzierungshilfe infolge des zivilrechtlichen Eigenkapitalersatzrechts als nachträgliche Anschaffungskosten auf die Gesellschaftsbeteiligung qualifiziert werden. Insoweit durchbricht der BFH, um dem objektiven Nettoprinzip und der Besteuerung nach der individuellen Leistungsfähigkeit zu genügen, zugunsten des Steuerpflichtigen die grundsätzliche Selbständigkeit der Wirtschaftsgüter Beteiligung und Finanzierungshilfe. Wenn nun aber infolge dieser Verknüpfung Verluste bezüglich der Finanzierungshilfe im Rahmen des § 17 Abs. 2, Abs. 4 EStG als Verluste bezüglich der Beteiligung deswegen anerkannt werden, weil sie als nachträgliche Anschaffungskosten auf diese gelten, so müssen sie folgerichtig

726 Siehe zur Rechtsprechung des BFH ausführlich oben unter 1. Teil B. III. 2. b).

727 *Eberhard*, DStR 2009, 2226, 2228; *Kleinert/Podewils*, GmbHR 2009, 849, 852 jeweils m.w.N.; *Hahne*, Anmerkung zum Urteil des BFH vom 14.01.2009 – I R 52/08, BB 2009, 990, 993.

auch in anderen Zusammenhängen wie gewöhnliche Anschaffungskosten auf die Beteiligung behandelt werden. Denn der Sinn und Zweck der diesbezüglichen Rechtsprechung des BFH ist zutreffender Weise darin zu erblicken, dem Steuerpflichtigen eine Doppelbestrafung infolge des Zusammenspiels von Eigenkapitalersatzrecht und steuerlichen Nichtanerkennung von insoweit erlittenen Verlusten zu ersparen, nicht aber darin, die diesbezüglichen Verluste für den Bereich des gesamten Einkommensteuerrechts gegenüber gewöhnlichen Verlusten zu bevorzugen, sie also zu möglichst weitgehend privilegierten Verlusten zu machen.

Vor diesem Hintergrund wäre es wertungswidersprüchlich gewesen, insoweit gegebene nachträgliche Anschaffungskosten im Bereich des § 3c Abs. 2 EStG a.F. den gewöhnlichen Anschaffungskosten – die zweifelsohne von § 3c Abs. 2 EStG a.F. erfasst wurden – vorzuziehen, indem man § 3c Abs. 2 EStG a.F. nicht anwendete. Vielmehr durfte sich die Gleichbehandlung gerade nicht auf § 17 EStG beschränken, sondern musste sich auch im Bereich des § 3c Abs. 2 EStG a.F. fortsetzen.

Insofern fehlte es auch im Übrigen nicht an Tatbestandsvoraussetzungen des § 3c Abs. 2 EStG a.F. Insbesondere bestand infolge der vorstehend erläuterten Verknüpfung von Finanzierungshilfe und Beteiligung im Bereich des § 17 EStG ein hinreichender wirtschaftlicher Zusammenhang zwischen dem Veräußerungspreis bzw. gemeinem Wert i.S.d. § 3 Nr. 40 lit. c) EStG sowie den nachträglichen Anschaffungskosten infolge der Verluste bezüglich der Finanzierungshilfe als Anschaffungskosten i.S.d. § 3c Abs. 2 Satz 1 Hs. 2 EStG a.F.

Zur konkreten Anwendung des Teilabzugsverbotes galt – unbeschadet des Umstands, dass sich der einkommensteuerlich-private vom einkommensteuerlich-betrieblichen Bereich unter Geltung von § 3c Abs. 2 EStG a.F schon im Ausgangspunkt dadurch unterschied, dass das Teilabzugsverbot bezüglich Gesellschafterfinanzierungshilfen gemäß vorliegend vertretener Auffassung sowie der h.M. nur im Erstgenannten Anwendung fand[728] – das im Rahmen des einkommensteuerlich-betrieblichen Bereich Ausgeführte entsprechend.

Insbesondere also ist mit dem BFH davon auszugehen, dass bis einschließlich des Veranlagungszeitraumes 2010 begünstigte Einnahmen i.S.d. § 3 Nr. 40 lit. c) EStG tatsächlich angefallen sein mussten, wobei rein symbolische Vereinnahmungen das Teilabzugsverbot nicht auslösen können.[729] Desweiteren ist eine saldierende Betrachtung von Teileinkünfteverfahren und Teilabzugsverbot für sämtliche Realisationstatbestände des § 17 Abs. 2, Abs. 4[730] abzulehnen.[731]

f) Fazit

Die Motivation des BFH, den Verlust eigenkapitalersetzender Gesellschafterhilfen – in den vorstehend dargestellten Grenzen – steuerrechtlich zu berücksichtigen gemäß

728 Zur vorzugswürdigen Nichtanwendbarkeit im einkommensteuerlich-betrieblichen Bereich oben unter 1.Teil B. III. 2. b) bb).

729 Siehe hierzu schon oben unter 1. Teil B. III. 2. b) bb) (2).

730 *Jehke/Pitzal*, DStR 2010, 256, 258 m.w.N.

731 Siehe schon oben unter 1. Teil B. III. 3. c) e) (bb) i.V.m. 1. Teil B. III. 2. b) bb).

§ 17 Abs. 2, Abs. 4 EStG bestand darin, Wertungswidersprüche sowie Verstöße gegen das objektive Nettoprinzip zu verhindern: Hätte der gemäß § 17 EStG beteiligte Gesellschafter keine eigenkapitalersetzende Gesellschafterhilfe sondern originäres Eigenkapital zugeführt und dieses anschließend verloren, hätte er seine Einlage ohne weiteres als Anschaffungskosten in Ansatz bringen können.[732] Hatte er dies jedoch nicht getan und erlitt gleichwohl einen – zunächst nur – "zivilrechtlichen" Verlust seiner Gesellschafterhilfe, weil diese aufgrund der Rechtsprechungsregeln bzw. der Novellenregelungen als eigenkapitalersetzend qualifiziert wurde, so war eine steuerrechtliche Berücksichtigung dieses Verlustes nicht ohne Weiteres möglich.

Wenn aber der Gesellschafter sich zivilrechtlich aufgrund des Eigenkapitalersatzrechtes so behandeln lassen musste, als hätte er der Gesellschaft originäres Eigenkapital gewährt, so konnte das Steuerrecht diese zivilrechtliche Vorfrage und Vorabwertung nicht gänzlich unberücksichtigt lassen: Dies nämlich hätte einen Verstoß gegen das objektive Nettoprinzip bedeutet – also, dass Einkünfte als Nettogrößen zu ermitteln sind –, welches aus dem dem Steuerrecht inhärenten Leistungsfähigkeitsprinzip und damit mittelbar aus Art. 3 GG abgeleitet wird.[733] Wenn also die eigenkapitalersetzende Gesellschafterhilfe schon zivilrechtlich dem Grundsatz der Finanzierungsfreiheit zuwiderlaufend wie originäres Eigenkapital behandelt wurde, dann erforderte das objektive Nettoprinzip, dass sich diese Umqualifikation auch im Steuerrecht fortsetzte, d.h. auch der Verlust einer solchen Gesellschafterhilfe den Regeln über den Verlust originären Eigenkapitals entsprechend behandelt wurde.[734]

In rechtstechnischer Hinsicht stellt das insoweit vom BFH gewählte Mittel des Ansatzes nachträglicher Anschaffungskosten auf die Beteiligung gemäß § 255 HGB bei zutreffender Würdigung eine teleologische Extension des Anschaffungskostenbegriffes dar.[735] Dieser Weg kann insoweit zwar als zielführend, bei wenig wohlwollender Analyse der Rechtsprechung aber auch als vom Ergebnis her gedacht und als bloßes „Mittel zum Zweck“ [736] oder gar als „Krücke“[737] angesehen werden. Hingegen übersehen diejenigen Autoren, die die Rechtsprechung des BFH gar als nicht gerechtfertigen „Systembruch“[738] bezeichnen, dass der BFH gerade mittels dieser Rechtsprechung sowohl dem Normzweck von § 17 EStG als auch den Anforderungen des objektiven Nettoprinzips gerecht wurde und somit vielmehr mehrere Systembrüche vermeiden konnte.

---

732 *Bayer*, DStR 2009, 2397.

733 Siehe *Bayer*, DStR 2009, 2397; das BVerfG hat sich indes bislang nicht zu der Aussage durchringen können, dass das objektive Nettoprinzip aus der Verfassung abzuleiten ist, siehe BVerfG vom 04.12.2002 – 2 BvR 400/98, BVerfGE 107, 27, 48; vom 23.01.1990 – 1 BvL 4/87, BVerfGE 81, 228, 237; siehe hierzu auch *Hey*, BB 2007, 1303, 1304; *Wendt*, Verluste im Steuerrecht, S. 41, 50.

734 Gl. A. *Neumann*, GmbH – StB 2008, 361.

735 Siehe *Doege*, Stbg 2008, 440, 441.

736 Im Sinne dieser Sichtweise bezeichnet *Paus* die Lösung des BFH als einen „von dem gewünschten Ergebnis her geprägten Notbehelf, der sich rechtssystematisch nicht rechtfertigen lässt“ in FR 2008, 1106, 1108.

737 *Hoffmann* bezeichnet die Lösung des BFH als „Krücke zur Gleichstellung“ mit Anteilseignern, die ihre Beteiligung in einem betrieblichen Vermögen hielten in GmbH – StB 2007, 257, 258.

738 So *Hoffmann* in Anlehnung an *Wassermeyer* in GmbH – StB 2009, 349.

Vor diesem Hintergrund stellt sich die Rechtsprechung des BGH sowohl als rechtlich geboten als auch in ihrem Weg der teleologischen Extension des Anschaffungskostenbegriffes als angemessene Lösung dar, die überdies zu wirtschaftlich sinnvollen Ergebnissen führt. Sie ist damit in ihrer Gesamtheit als zutreffend und überdies als begrüßenswert anzusehen.

2. Teil: Die heutige Rechtslage

Die heutige Rechtslage hinsichtlich der hier relevanten Thematiken unterscheidet sich von der zuvor betrachteten früheren Rechtslage im Wesentlichen aufgrund zweier grundlegender Gesetzesreformen. Bei diesen Gesetzen handelt es sich zum einen um das MoMiG,[739] das zu erheblichen Veränderungen vor allem auf den Gebieten des Gesellschafts- und Insolvenzrechtes führte. Zum anderen wurde das deutsche (Unternehmen-)Steuerrecht durch die mit dem UntStRefG[740] einhergehenden Neuerungen Gegenstand beachtlicher Veränderungen.

Letzteres verändert in der Tat nur denjenigen Regelungsbereich, für den es konzipiert worden ist, nämlich das Steuerrecht selbst. Bezüglich des MoMiG hingegen wird deutlich werden, dass dieses zwar – wie intendiert – den Bereich des Gesellschafts- und Insolvenzrechtes mit erheblichen Änderungen versieht, darüber hinaus jedoch auch Veränderungen im Bereich des Steuerrechts bewirkt. Für den Gegenstand dieser Untersuchung – also die (früher eigenkapitalersetzenden) Finanzierungshilfen eines Gesellschafters zugunsten "seiner" Gesellschaft – sind mithin beide Gesetzesreformen relevant.

Zunächst soll erneut die zivilrechtliche (gesellschafts-, insolvenz- und anfechtungsrechtliche) Situation betrachtet werden, die durch das MoMiG Gegenstand wesentlicher Veränderungen wird. Dies kann infolge des anderweitigen Schwerpunktes der vorliegenden Untersuchung nur in Grundzügen geschehen. Anschließend wird die steuerrechtliche Situation untersucht, die hingegen von MoMiG und UntStRefG beeinflusst wird.

Hierbei wird deutlich werden, dass die insoweit zweistufige Veränderung der steuerrechtlichen Situation nicht etwa gleichzeitig, sondern vielmehr zeitversetzt erfolgt. Dies ergibt sich daraus, dass das MoMiG einerseits und die maßgeblichen Regelungen des UntStRefG[741] andererseits zu unterschiedlichen Zeitpunkten in Kraft treten. Während das MoMiG grundsätzlich, d.h. sofern keine Spezialregelungen wie etwa Art. 103d EGInsO bestehen, am 01.11.2008 in Kraft getreten ist gemäß Art. 25 MoMiG, beziehen sich die vorliegend relevanten Veränderungen durch das UntStRefG erstmalig auf den Veranlagungszeitraum 2009 und damit grundsätzlich erst auf

739 Gesetz zur Modernisierung des GmbH – Rechts und zur Bekämpfung von Missbräuchen vom 23.10.2008, BGBl I 2008, 2026.

740 Unternehmensteuerreformgesetz 2008 vom 14.08.2007 (verkündet am 17.08.2007), BGBl I 2007, 1912.

741 Hierbei handelt es sich im Wesentlichen um die Einführung einer Abgeltungsbesteuerung für Kapitaleinkünfte i.V.m. der umfangreichen Erweiterung des Kataloges der steuerpflichtigen Einkünfte aus Kapitalvermögen nach § 20 EStG n.F.

Sachverhalte, die sich ab dem 01.01.2009 ereigneten gemäß § 52a Abs. 1, Abs. 8 – 10 EStG i.d.F. des UntStRefG.[742]

Die steuerrechtliche Situation wird also – zumindest im Grundsatz – zu zwei unterschiedlichen Zeitpunkten einerseits durch das MoMiG und andererseits durch das UntStRefG beeinflusst und verändert. Daraus folgt, dass – soweit beide Gesetze greifen – i.R.d. steuerrechtlichen Situation an sich nicht eine, sondern zwei „neue Rechtslagen" gegeben sind: Zunächst diejenige, die auf dem Steuerrecht mitsamt seiner mittelbar durch das MoMiG hervorgerufenen Änderungen basiert[743] und grundsätzlich den Zeitraum ab dem 01.11.2008 betrifft, sowie hieran anschließend diejenige, die das Steuerrecht i.d.F. des MoMiG und des UntStRefG zum Gegenstand hat und frühestmöglich vom 01.01.2009[744] bis zum heutigen Tage Geltung beanspruchen kann.

All dies soll i.R.d. Handels- und Steuerbilanziellen Betrachtung eingehender dargestellt werden. Zunächst aber soll wiederum untersucht werden, wie sich die dem Handels- uns Steuerbilanzrecht vorgelagerte zivilrechtliche Situation nach den Änderungen durch das MoMiG darstellt.

A. Zivilrechtliche Betrachtung

Das MoMiG führt zu einer grundsätzlichen Reform des bisherigen Eigenkapitalersatzrechts. Dieses wird in seiner bisherigen Zweistufigkeit des Nebeneinanders von gesellschaftsrechtlichem (§§ 30 f. GmbHG a.F. analog) und insolvenzrechtlichem (§§ 32a, b GmbHG a.F.) Regelungsansatz abgeschafft und stattdessen einer rein insolvenzrechtlichen Lösung zugeführt.[745]

Die Abschaffung der bisherigen Regelungen erfolgt, indem die §§ 32a, b GmbHG a.F. ersatzlos gestrichen werden[746] sowie durch die Einführung des § 30 Abs. 1 Satz 3 GmbHG n.F., welcher die Kapitalerhaltungsvorschriften in Bezug auf Gesellschafterdarlehen für nicht anwendbar erklärt und damit kraft gesetzgeberischer Legislativmacht die sog. Rechtsprechungsregeln abschafft.[747] Parallel hierzu verhält es sich auch

742 *Groh*, FR 2008, 264.

743 Dabei bleibt es natürlich dabei, dass das MoMiG das Steuerrecht nicht unmittelbar verändert hat; gleichwohl ist es zu mittelbaren Auswirkungen gekommen, die nachfolgend im Einzelnen betrachtet werden.

744 Siehe zum zeitlichen Anwendungsbereich im Einzelnen unter 2. Teil B. III. 2.

745 *Kolmann* in Saenger/Inhester, GmbHG, Anhang § 30 Rn. 5 f.; *Schröder* in Hamb. Kom. zum Insolvenzrecht, § 135 InsO Rn. 5; das neue Recht ist grundsätzlich anwendbar, wenn das Insolvenzverfahren über das Vermögen der Gesellschaft nach dem Stichtag des 01.11.2008 eröffnet wurde gemäß Art. 103d EGInsO; zur aus Vertrauensschutzgründen auch insoweit weiterhin erfolgenden Anwendung des alten Rechts siehe Art. 103d Satz 2 EGInsO sowie noch ausführlich unten unter 2. Teil B. III. 1. i); siehe zum gesamten Komplex auch *Hirte*, NZG 2008, 761, 764; *Altmeppen*, NJW 2008, 3601; *Gutmann/Nawroth*, ZInsO 2009, 174.

746 Ebenso weggefallen sind die §§ 129a, 172a HGB a.F., welche die Novellenregelungen in Bezug auf eine kapitalistische oHG bzw. eine kapitalistische KG für entsprechend anwendbar erklärten, siehe *Altmeppen*, NJW 2008, 3601.

747 *Kahlert/Gehrke*, ZIP 2008, 2392, 2393 f.; zu der Besonderheit, dass der Gesetzgeber damit eine analoge Anwendung von Normen unterbindet, siehe *Römermann*, NZI 2008, 641, 644.

im AktG, wo der neu eingeführte § 57 Abs. 1 Satz 4 AktG n.F. die Anwendung der Rechtsprechungsregeln auch in Bezug auf Aktiengesellschaften untersagt.

Besonders hervorzuheben ist, dass das Tatbestandsmerkmal der „Krise“ der Gesellschaft ersatzlos gestrichen wurde.[748] Dieses war bislang zentraler Anknüpfungspunkt dafür, wann ein Gesellschafterdarlehen als eigenkapitalersetzend eingestuft werden konnte. Nunmehr aber bedarf es einer solchen Qualifikation eines Darlehens überhaupt nicht mehr, da die insolvenzrechtliche Lösung gänzlich auf eine Unterscheidung von eigenkapitalersetzend und dem Fremdvergleich standhaltend verzichtet.[749] Vielmehr werden sämtliche Gesellschafterdarlehen und diesen gleichgestellte Sachverhalte im Ausgangspunkt einer einheitlichen Behandlung unterworfen. Dies geschieht durch das "Herzstück" des neuen Rechts der Gesellschafterdarlehen,[750] den § 39 Abs. 1 Nr. 5 InsO n.F. Dort heißt es:

> *„Im Rang nach den übrigen Forderungen der Insolvenzgläubiger werden in folgender Rangfolge, bei gleichem Rang nach dem Verhältnis ihrer Beträge, berichtigt: [...] Forderungen auf Rückgewähr eines Gesellschafterdarlehens oder Forderungen aus Rechtshandlungen, die einem solchen Darlehen wirtschaftlich entsprechen.“*

§ 39 Abs. 1 Nr. 5 InsO n.F. erklärt also, dass sämtliche Gesellschafterdarlehen und diesen wirtschaftlich entsprechende Forderungen im Insolvenzverfahren im Rang hinter die übrigen Forderungen der Insolvenzgläubiger zurücktreten. Jedes Gesellschafterdarlehen bzw. jeder gleichgestellte Vorgang unterliegt also von seiner Gewährung an – aufschiebend bedingt durch das Insolvenzereignis – der gesetzlich angeordneten Subordination. Dieser gesetzliche Rangrücktritt könnte dabei hinsichtlich seiner Rangtiefe nicht weitgehender sein, da die Forderungen auf Rückgewähr eines Gesellschafterdarlehens innerhalb der gesetzlich nachrangigen Forderungen den letzten Rang einnehmen.

Für den Fall der Rückgewähr einer solchen Gesellschafterforderung i.S.d. § 39 Abs. 1 Nr. 5 InsO wird dieser Schutz maßgeblich ergänzt durch den - in seiner bisherigen Fassung, die in Absatz 1 der Neufassung aufgeht, nur geringfügig - modifizierten § 135 Abs. 1 Nr. 2 InsO. Dort heißt es:

> *„(1) Anfechtbar ist eine Rechtshandlung, die für die Forderung eines Gesellschafters auf Rückgewähr eines Darlehens im Sinne des § 39 Abs. 1 Nr. 5 oder für eine gleichgestellte Forderung [...]*
> *2. Befriedigung gewährt hat, wenn die Handlung im letzten Jahr vor dem Eröffnungsantrag oder nach diesem Antrag vorgenommen worden ist.“*

Die Rechtsfolgen einer Anfechtung nach § 135 Abs. 1 Nr. 2 InsO n.F. regelt § 143 Abs. 1 InsO n.F.

---

748 *Habersack*, ZIP 2008, 2385, 2386; *Hess*, Sanierungshandbuch, Kapitel 18 Rn. 8; siehe auch *K. Schmidt* in Scholz, GmbHG, §§ 32a, 32b GmbHG a.F. Rn. 8.

749 Dementsprechend zutreffend spricht die Amtliche Begründung davon, dass es nach der Neuregelung keine kapitalersetzend Darlehen mehr gibt, Begründung RegE MoMiG, BT-Drs. 16/6140, 26.

750 Insoweit von „eigenkapitalersetzenden Gesellschafterdarlehen“ zu sprechen wäre verfehlt, da die gesetzlichen Neuregelungen eben nicht mehr auf den eigenkapitalersetzenden Charakter eines Darlehens abstellen.

„(1) Was durch die anfechtbare Handlung aus dem Vermögen des Schuldners veräußert, weggegeben oder aufgegeben ist, muss zur Insolvenzmasse zurückgewährt werden. Die Vorschriften über die Rechtsfolgen einer ungerechtfertigten Bereicherung, bei der dem Empfänger der Mangel des rechtlichen Grundes bekannt ist, gelten entsprechend."

Hatte der Gesellschafter einem Dritten für dessen Forderung auf Rückgewähr eines Darlehens gegen die Gesellschaft eine Sicherheit bestellt oder sich für diese verbürgt und wurde die Rückgewährforderung innerhalb eines Jahres vor Insolvenzeröffnung befriedigt, so ist die entsprechende Befriedigungshandlung anfechtbar gemäß § 135 Abs. 2 InsO n.F[751], denn dort heißt es:

Anfechtbar ist eine Rechtshandlung, mit der eine Gesellschaft einem Dritten für eine Forderung auf Rückgewähr eines Darlehens innerhalb der in Absatz 1 Nr. 2 genannten Fristen Befriedigung gewährt hat, wenn ein Gesellschafter für die Forderung eine Sicherheit bestellt hatte oder als Bürge haftete; dies gilt sinngemäß für Leistungen auf Forderungen, die einem Darlehen wirtschaftlich entsprechen.

§ 135 Abs. 2 InsO n.F. tritt insoweit an die Stelle von § 32b Satz 1 GmbHG a.F.

Im Falle der Anfechtung nach § 135 Abs. 2 InsO n.F. muss der Gesellschafter die dem Dritten gewährte Leistung zur Insolvenzmasse erstatten oder diejenigen Gegenstände der Insolvenzmasse zur Verfügung stellen, die als Sicherheit dienten gemäß § 143 Abs. 3 Satz 1 bzw. Satz 3 InsO n.F.

Ist es hingegen nicht zu einer solchen Befriedigungshandlung gekommen, greift im Insolvenzverfahren die Verteilungsregelung des § 44a InsO n.F., gemäß welcher der Drittgläubiger nur insoweit von der Gesellschaft anteilsmäßige Befriedigung seiner Forderung aus der Insolvenzmasse verlangen kann, als er bei der Inanspruchnahme der vom Gesellschafter gestellten Sicherheit oder Bürgschaft ausgefallen ist. § 44a InsO n.F. entspricht damit dem Regelungsgehalt von § 32a GmbHG a.F.

Teilweise werden die Anfechtungsregelungen des § 135 Abs. 1 Nr. 2, Abs. 2 InsO n.F. als die im Vergleich zur Nachrangigkeitsregelung des § 39 Abs. 1 Nr. 5 InsO n.F. noch bedeutsamere Normen angesehen.[752] Dem kann insoweit zugestimmt werden, als § 135 InsO n.F. zumindest in seinem unmittelbaren Anwendungsbereich zeitlich früher ansetzt als § 39 InsO n.F. Während Ersterer sich nämlich schon mit Anfechtungen befasst, die während des Insolvenzverfahrens erfolgen können, betrifft Letzterer an sich erst den Zeitpunkt des Abschlusses des Insolvenzverfahrens, indem er die dortige Verteilung des Vermögens regelt. Anderseits enthält § 39 InsO n.F. die maßgebliche Grundentscheidung des Gesetzgebers, nämlich dass die Finanzierungshilfen der Gesellschafter in den Grenzen der Regelung an die rangletzte Stelle treten, d.h. im Falle auszukehrenden Restvermögens zuletzt befriedigt werden. Wirtschaftlich betrachtet wird eine auch nur anteilige Befriedigung dieser Forderung damit weitgehend ausscheiden. Die Anfechtbarkeit im Rahmen des § 135 InsO n.F. beruht letztlich

751 Diese Regelung sollte ursprünglich gemäß dem Referentenentwurf zum MoMiG in einem Abs. 2 des § 44a InsO n.F. verankert werden; allerdings schlugen Stimmen aus der Literatur zutreffend eine Normierung in § 135 Abs. 2 InsO n.F. vor, da es sich um einen Insolvenzanfechtungstatbestand handelt; zu dieser treffenden Argumentation *K. Schmidt*, ZIP 2006, 1925, 1929.

752 *Uhlenbruck* in: Pape/Uhlenbruck/Voigt-Salus, S. 69 bezeichnet § 135 InsO n.F. als „zentrale Vorschrift", die §§ 39, 44a InsO n.F. „weitere Änderungen".

darauf, dass der Gesetzgeber gleichsam vorgelagert eine derartig weitreichende Nachrangigkeit für diese Regelungen vorsieht. Mithin bleibt es dabei, dass § 39 InsO n.F. die in diesem Sinne bedeutsamere Vorschrift, gleichsam das "Herzstück" der Neuregelungen, darstellt.

Die Anfechtung außerhalb des Insolvenzverfahrens wird auch weiterhin durch § 6 AnfG, freilich nunmehr in der Fassung des MoMiG, geregelt sowie durch den neu eingeführten § 6a AnfG, der die Parallelregelung zu § 135 Abs. 2 InsO n.F. darstellt. Auch im Übrigen entsprechen die Anfechtungsvoraussetzungen denjenigen der InsO, weshalb insoweit auf die vorstehenden Ausführungen verwiesen wird. Insbesondere gelten nach einhelliger Auffassung auch Kleinbeteiligten- und Sanierungsprivileg im Rahmen des AnfG gemäß einer erweiterten Auslegung des § 6a Satz 2 AnfG.[753] Die Rechtsfolgen der Anfechtung bemessen sich nach § 11 AnfG n.F.

Die eigenkapitalersetzende Nutzungsüberlassung ist nunmehr in § 135 Abs. 3 InsO n.F. geregelt. Gemäß Satz 1 kann der Gesellschafter seinen Aussonderungsanspruch während der Dauer des Insolvenzverfahrens, höchstens aber für einen Zeitraum von einem Jahr, nicht geltend machen, wenn der Gegenstand für die Fortführung des insolventen Unternehmens von erheblicher Bedeutung ist. Allerdings ist dem Gesellschafter im Falle des fortgesetzten Gebrauchs gemäß Satz 2 ein Ausgleich zu entrichten, der sich an der im letzten Jahr vor Verfahrenseröffnung geleisteten Vergütung orientiert.

Trotz der insolvenzrechtlichen Nachrangigkeit von Gesellschafterdarlehen und wirtschaftlich entsprechenden Rechtshandlungen nach § 39 Abs. 1 Nr. 5 InsO n.F. einerseits und der insolvenzrechtlichen sowie außerinsolvenzrechtlichen Anfechtungsregelungen andererseits ergibt sich aus einem Umkehrschluss zu § 19 Abs. 2 Satz 2 InsO n.F.,[754] dass Forderungen auf die Rückgewähr von ebenjenen nachrangigen Gesellschafterdarlehen bzw. wirtschaftlich entsprechende Ansprüche im Überschuldungsstatus grundsätzlich als Verbindlichkeiten zu passivieren sind.[755] Dies deshalb, weil nach § 19 Abs. 2 Satz 2 InsO n.F. ein – nunmehr indes "nur" noch einfacher und nicht länger ein qualifizierter[756] – Rangrücktritt hinter die in § 39 Abs. 1 Nr. 1 bis 5 InsO n.F. bezeichneten Forderungen erforderlich ist, um die Passivierungspflicht insoweit entfallen zu lassen. Für Ansprüche von Dritten hingegen bleibt es dabei, dass für die Zwecke der Nichtpassivierung ein qualifizierter Rangrücktritt notwendig

753 *Altmeppen*, NJW 2008, 3601, 3602 f.; *Maciejewski*, GmbHR 2012, 1335, 1339 m.w.N.

754 Siehe zu den Verwirrungen, die in Bezug auf § 19 Abs. 2 InsO aufgrund der Regelungen des Finanzmarktstabilisierungsgesetz (im Folgenden: FMStG) vom 17.10.2008, BGBl I 2008, 1982 (Art. 5 FMStG) entstanden waren und anschließend durch das Finanzmarktstabilisierungsergänzungsgesetz (im Folgenden: FMStEG) vom 07.04.2009, BGBl I 2009, 725 beseitig wurden (Art. 4 FMStEG) *Uhlenbruck* in: Uhlenbruck, InsO, 13. Auflage 2010, § 19 Rn. 91.

755 *Uhlenbruck* in: Uhlenbruck, InsO, 13. Auflage 2010, § 19 Rn. 91 m.w.N.; der Referentenentwurf zum MoMiG hatte noch in § 19 Abs. 2 Satz 3 der Entwurfsfassung vorgesehen, dass gerade keine Passivierungspflicht bestehe, siehe *Groh*, FR 2008, 264, 266.

756 Ein solcher qualifizierter Rangrücktritt war insoweit bislang erforderlich nach der Rechtsprechung des BGH, siehe nur BGH vom 08.01.2001 – II ZR 88/99, DStR 2001, 175.

ist.[757] Dies ergibt sich daraus, dass sich § 19 Abs. 2 Satz 2 InsO n.F. ausdrücklich nur auf Ansprüche der Gesellschafter bezieht.[758]

All diese durch das MoMiG eingeführten Neuerungen gehen mit einem grundlegenden Paradigmenwechsel einher:

Einerseits kann im Zeitraum vor der Insolvenzeröffnung – zugunsten der Gesellschafter und zuungunsten der Gläubiger – keine Verstrickung der Darlehen oder gleichgestellter Rechtshandlungen analog § 30 f. GmbHG a.F. mehr erfolgen.[759] Andererseits sind ab dem Zeitraum der Insolvenzeröffnung – zuungunsten der Gesellschafter und zugunsten der Gläubiger – sämtliche Darlehen und gleichgestellte Rechtshandlungen von der gesetzlichen angeordneten Nachrangigkeit des § 39 Abs. 1 Nr. 5 InsO n.F. erfasst.[760] *K. Schmidt* spricht insoweit treffend davon, dass sich die betreffenden Gesellschafterhilfen „vom Quasi-Eigenkapital zum Fremdkapital mit qualifiziertem Insolvenzrisiko" wandeln.[761] Auch ist davon die Rede, dass nunmehr im Falle der Existenz einer verstrickten Gesellschafterhilfe eine unwiderlegliche Vermutung dahingehend bestehe, dass die Überlassung dieser Hilfe letztlich missbräuchlich sei.[762]

Ausnahmen kommen nur noch insoweit in Betracht, als ein Darlehen den weiterhin gültigen Kleinbeteiligten- und Sanierungsprivilegien unterfällt.[763] Die sich zwar inhaltlich nicht verändernde, aber nunmehr gesellschaftsübergreifende Weitergeltung des Kleinbeteiligtenprivilegs wird regelmäßig zu einer Schlechterstellung der Aktionäre einer AG führen. Während diese vormals unternehmerisch beteiligt sein mussten, was i.d.R. eine Beteiligungsgröße von mindestens 25 % erforderte,[764] sind ihre Finanzierungshilfen nunmehr grundsätzlich bereits ab einer Beteiligungsquote von über 10 % verstrickt.[765]

Mit dieser grundsätzlichen Gleichbehandlung aller Gesellschafterdarlehen sowie der gleichgestellten Rechtshandlungen soll eines der Hauptziele des MoMiG verwirklicht werden, nämlich das der Vereinfachung des Rechts.[766] Diese hat im Zivilrecht bei zutreffender Würdigung auch tatsächlich stattgefunden.

---

757 *Bußhardt* in: Braun, InsO, § 19 Rn. 22.

758 I. Erg. gl. A.: *Bußhardt* in: Braun, InsO, § 19 Rn. 22; für Altfälle verbleibt es hingegen dabei, dass auch bei Ansprüchen der Gesellschafter ein qualifizierter Rangrücktritt des Gesellschafters erforderlich ist, BGH vom 01.03.2010 - II ZR 13/09, NZI 2010, 867.

759 Es gibt dementsprechend auch weder eine Rückzahlungssperre noch ein Rückgewährgebot, *Altmeppen*, NJW 2008, 3601, 3606; allerdings können *nach* Insolvenzeröffnung Befriedigungshandlungen der Gesellschaft in Bezug auf das Gesellschafterdarlehen binnen Jahresfrist angefochten werden gemäß § 135 Abs. 1 Nr. 2 InsO n.F.

760 Zudem bestehen die Möglichkeiten der Insolvenzanfechtung gemäß § 135 Abs. 1 Nr. 2 InsO n.F. sowie der außerinsolvenzlichen Anfechtung gemäß §§ 6, 6a AnfG.

761 *K. Schmidt*, GmbHR 2009, 1009, 1010.

762 *Gehrlein*, BB 2011, 1, 5.

763 Diese Ausnahmetatbestände finden auch in Zukunft Anwendung gemäß § 39 Abs. 5 InsO n.F. bzw. gemäß § 39 Abs. 4 Satz 2 InsO n.F.; zum Problem, dass der Anteilserwerb zu Sanierungszwecken nunmehr nur noch dann begünstigt ist, wenn Zahlungsunfähigkeit droht (§ 18 Abs. 2 InsO), wobei zuvor nur eine „Krise" der Gesellschaft erforderlich war, *K. Schmidt* in ZIP 2007, 1925, 1928.

764 Siehe schon ausführlich oben unter 1. Teil A. III. 2. a).

765 Siehe zu dieser Schlechterstellung auch *Hess*, Sanierungshandbuch, Kapitel 18 Rn. 12.

766 *Römermann* spricht davon, dass die alte Rechtslage „verwirrend" gewesen sei in NZI 2008, 641, 644.

Ein weiteres Hauptziel des MoMiG besteht darin, dass das Recht der Gesellschafterdarlehen eine rechtsformneutrale Ausgestaltung erfahren soll.[767] Dies gilt sowohl für Kapitalgesellschaften und kapitalistische Personengesellschaften deutschen Rechts als auch für Gesellschaften ausländischen Rechts.[768]

In Bezug auf die Gesellschaften deutschen Rechtes ist dies gelungen; die Neuregelungen gelten insoweit rechtsformübergreifend für alle Gesellschaften, die über keine natürliche Person verfügen, die unmittelbar oder mittelbar persönlich unbeschränkt haften würde i.S.d. § 128 HGB.[769]

Ob die insoweit maßgebliche Regelung des § 39 Abs. 4 Satz 1 InsO n.F. dieses Ziel jedoch auch hinsichtlich ausländischer Gesellschaften verwirklichen kann, wird z.T. angezweifelt.[770] Die Zweifel werden damit begründet, dass das deutsche Insolvenzrecht im Falle einer Verfahrenseröffnung in Deutschland zwar im Grundsatz auch auf ausländische Gesellschaften Anwendung findet,[771] die Regelung des § 39 Abs. 1 Nr. 5 InsO n.F. jedoch nach herrschender Auffassung als eine ihrem Wesen nach gesellschaftsrechtliche Regelung eingestuft wird.[772] Denn die insolvenzrechtliche Nachrangigkeit knüpfe letztlich an die aus der Gesellschafterstellung herrührende Finanzierungsverantwortung an.[773]

Der BGH hat sich indes im Rahmen eines obiter dictum bereits dahingehend geäußert, dass er die zivilrechtlichen Neuregelungen als „ein Instrumentarium rein insolvenzrechtlicher Natur“[774] begreift. Es kann daher davon ausgegangen werden, dass das Gericht die Neuregelungen auch im Falle der Entscheidungserheblichkeit als auf ausländische Gesellschaften anwendbar einstufen wird.

Während das MoMiG insgesamt und die Deregulierung des Rechts der Gesellschafterdarlehen im Speziellen viel Zuspruch finden, werden die möglichen Auswirkungen auf Fragen der Haftung vielfach bemängelt. Im Wesentlichen wird kritisiert, dass eine zu weitgehende Verlagerung bzw. Ausdehnung der Haftung auf den Ge-

767 *Habersack*, ZIP 2008, 2385, 2386.

768 Das deutsche Insolvenzrecht gilt grundsätzlich für sämtliche derjenigen ausländischen Gesellschaften, die ihre Geschäftsleitung oder den Mittelpunkt ihres geschäftlichen Tätigwerdens in Deutschland haben (*lex fori*), *Pung/Werner* in Dötsch/Pung/Möhlenbrock, Körperschaftsteuergesetz, § 17 EStG, Tz. 331.

769 Insoweit zustimmend BGH vom 21.07.2011 – IX ZR 185/10, NZI 2011, 818, 821 f.; siehe auch RegE MoMiG, BT-Drs. 16/6140, 56; *Hess*, Sanierungshandbuch, Kapitel 18 Rn. 8.

770 Skeptisch etwa *Knof/Mock*, GmbHR 2007, 852, 853; dafür jedoch *Gehrlein*, BB 2008, 846, 849; *Undritz*, in: Runkel, Anwaltshandbuch Insolvenzrecht, § 4 Rn. 384; die Zweifel negierend auch OLG Köln vom 28.09.2010 – 18 U 3/10, NZI 2010, 1001, 1002; eine Anwendbarkeit von § 135 InsO n.F. auf Auslandsgesellschaften bejaht das AG Hamburg vom 26.11.2008 - 67g IN 352/08, NZI 2009, 131, 132, NZG 2009, 197.

771 Dies ergibt sich bereits aus verbindlichen europarechtlichen Vorgaben gemäß Art. 3, Art. 4 EuInsVO; gl. A. BGH vom 21.07.2011 – IX ZR 185/10, NZI 2011, 818, 819.

772 *Altmeppen*, NJW 2008, 3601, 3602 m.w.N.; *Knof/Mock*, GmbHR 2007, 852, 853; a.A., da § 39 Abs. 1 Nr. 5 InsO als insolvenzrechtliche Regelung eingestuft wird: *Bäuerle* in: Braun, InsO, § 39 Rn. 20; jedenfalls i. Erg. ebenso *Ehricke* in: MüKo – InsO, § 39 Rn. 60.

773 *Behrens*, IPRax 2010, 230, 231; a.A. OLG Köln vom 28.09.02010 – 18 U 3/10, NZI 2010, 1001, 1002; *Bäuerle* in: Braun, InsO, § 39 Rn. 20 (jeweils für insolvenzrechtliche Qualität).

774 BGH vom 21.07.2011 – IX ZR 185/10, NZI 2011, 818, 820.

schäftsführer der GmbH[775] stattfinde. Dies sei auch mit Erwägungen des Gläubigerschutzes oder berechtigten Interessen der Gesellschafter nicht zu rechtfertigen. Das entsprechende Haftungsrisiko ergibt sich dabei insbesondere aus § 64 Satz 3 GmbHG n.F.[776]

Zum konkreten zeitlichen Anwendungsbereich der Neuregelungen durch das MoMiG wird dezidiert im Rahmen der handels- und steuerbilanziellen Betrachtung Stellung genommen.[777]

B. Handels- und steuerbilanzielle Betrachtung

I.R.d. Betrachtung der derzeitigen Handels- und Steuerbilanziellen Rechtslage können nicht mehr nur diejenigen Änderungen beleuchtet werden, die sich – wenn auch im hiesigen Kontext nur mittelbar – aus den soeben dargestellten Neuregelungen des MoMiG ergeben,[778] sondern es muss zudem speziell darauf eingegangen werden, welche Veränderungen mit dem UntStRefG einhergehen.

Es wurde bereits darauf hingewiesen, dass man hinsichtlich der Veränderungen des für den Gang der vorliegenden Untersuchung relevanten Steuerrechtes seit Inkrafttreten des MoMiG bei präziser Betrachtung nicht von nur einer „neuen Rechtslage“ sprechen kann, sondern zumindest die Rede von zwei verschiedenen „neuen Rechtslagen“ sein muss. Dies deshalb, weil das Steuerrecht zunächst in einem Ersten Schritt (mittelbar) durch die Gesetzesänderungen des MoMiG beeinflusst wurde und dies grundsätzlich zum 01.11.2008 geschah gemäß Art. 25 MoMiG, es anschließend jedoch zu einer zweiten – und zudem weitaus umfangreicheren und unmittelbar beabsichtigten – Reform des Steuerrechts durch das UntStRefG kam, die ihre Wirkung grundsätzlich erst ab dem 01.01.2009 entfaltet.

Weder durch MoMiG noch durch das UntStRefG prinzipiell verändert wurden ist jedoch die bilanzielle Darstellung von Gesellschafterfinanzierungshilfen in Handels- und Steuerbilanz. Es bleibt insofern auch weiterhin dabei, dass Gesellschafterdarlehen aufgrund ihres Fremdkapitalcharakters als Verbindlichkeiten der Gesellschaft zu passivieren sind.[779] Auch hinsichtlich des Ansatzes der Finanzierungshilfen der Höhe nach verbleibt es bei den zur alten Rechtslage dargelegten Ausführungen.[780]

Lediglich die Passivierungspflicht in der Überschuldungsbilanz für den Fall eines Rangrücktritts wird durch § 19 Abs. 2 Satz 2 InsO dahingehend geändert, dass nun-

775 Dies gilt ebenso für den Vorstand der AG gemäß § 92 Abs. 2 Satz 3 AktG n.F. und stößt auch insoweit auf Kritik.

776 Für den Vorstand der AG ergibt sich eine entsprechende Haftungsgefahr aus § 92 Abs. 2 Satz 3 AktG n.F.

777 Siehe hierzu unter Abschnitt 2. Teil B. III. 1. i).

778 Die Mittelbarkeit im steuerrechtlichen Bereich ergibt sich daraus, dass das MoMiG das Steuerrecht eigentlich nicht verändern wollte; gleichwohl wirkt es mittelbar auf dieses ein, was im Folgenden zu zeigen sein wird.

779 Gl.A.: *Groh*, FR 2008, 264, 267 der zudem darauf hinweist, dass i.R.d. neuen Rechtslage bereits jeglicher Zweifeln an diesem Umstand unangebracht sei.

780 Siehe hierzu schon oben unter 1. Teil B. II.

mehr bereits ein sog. einfacher Rangrücktritt zum Zwecke der Nichtpassivierung ausreichend ist.

Das Handelsbilanz- und Steuerrecht folgt dessen unbeschadet selbstverständlich auch weiterhin prinzipiell dem Zivilrecht nach, sodass auch insoweit Veränderungen möglich und z.T. zwingend sind. So kann es nunmehr nicht länger dazu kommen, dass ein Gesellschafterdarlehen zivilrechtlich aufgrund seines eigenkapitalersetzenden Wesens als verstrickt im Sinne der bislang anwendbaren Rechtsprechungs- und Novellenregelung anzusehen ist.[781] Da demnach auch insofern keine Rückforderungsansprüche der Gesellschaft wegen Verletzung des Eigenkapitalersatzrechtes mehr bestehen können,[782] kann es in Handels- und Steuerbilanz auch nicht mehr zur Aktivierung derartiger Ansprüche kommen.[783]

Bereits i.R.d. alten Rechtslage war aus Sicht des Gesellschafters von erheblicher wirtschaftlicher Bedeutung, ob und inwieweit er den Ausfall eines Darlehens an die Gesellschaft – insbesondere im Falle der Insolvenz der Gesellschaft – steuerrechtlich geltend machen konnte. Wie bereits dargestellt,[784] war schon vor der Abschaffung bzw. Verlagerung des Eigenkapitalersatzrechtes danach zu differenzieren, ob die Beteiligung an der Gesellschaft im Privat- oder im Betriebsvermögen gehalten wurde und ob es sich letzterenfalls um ein einkommensteuerliches oder um ein körperschaftsteuerliches Betriebsvermögen handelte. Dies gilt gleichermaßen für die nachfolgenden Ausführungen bezüglich der reformierten Rechtslage, sodass abermals zwischen körperschaftsteuerlichen Betriebsvermögen, einkommensteuerlichen Betriebsvermögen sowie Privatvermögen differenziert wird.

Die nachfolgenden Ausführungen gelten – sofern nicht bereits ausdrücklich der weit gefasste Terminus der Gesellschafterfinanzierungshilfe bzw. der Gesellschafterhilfe, sondern der engere Begriff des Darlehens gewählt wird – entsprechend für den Fall, dass ein Gesellschafter eine eigenkapitalersetzende Bürgschaft oder eine andere eigenkapitalersetzende Sicherheit gewährt bzw. stehenlässt und der entsprechende Rückforderungsanspruch gegen die Gesellschaft wertlos wird.

I. Körperschaftsteuerliches Betriebsvermögen

Handelt es sich bei dem Gesellschafter um eine Kapitalgesellschaft bzw. eine Körperschaft i.S.d. KStG, so ist bzw. sind auch weiterhin § 8b Abs. 3 KStG und speziell dessen Sätze 3-8 maßgeblich. Absatz 3 des § 8 KStG hat seit dem Jahressteuergesetz 2008[785] keine Änderung mehr erfahren, auch durch MoMiG und UntStRefG nicht. Es

781 Siehe dazu schon oben unter 2. Teil A.

782 Unbeschadet hiervon sind natürlich gesellschaftliche Rückforderungsansprüche wegen inner- oder außerinsolvenzlicher Anfechtung verbotener Rückerstattungen.

783 Als Konsequenz dessen entfällt nunmehr auch die Einbringlichkeitsprüfung derartiger Rückforderungsansprüche, wodurch die konkrete Rechtsanwendung erheblich erleichtert wird; siehe zur bislang wiederholt durchzuführenden Einbringlichkeitsprüfung bereits oben unter 1. Teil B. I.

784 Siehe dazu oben unter 1. Teil B. III.

785 Gesetz vom 20.12.2007, BGBl I 2007, 3150.

kommt also weiterhin darauf an, ob die Darlehensgewährung gesellschaftsrechtlich veranlasst war, denn anderenfalls steht dem Gesellschafter der Entlastungsbeweis zum Zweck der Nichtanwendung von § 8b Abs. 3 KStG offen gemäß § 8b Abs. 3 Satz 6 KStG, und ob der Beteiligungsumfang von mehr als einem Viertel erreicht wird. Insofern wird auf die bezüglich der vor MoMiG und UntStRefG geltenden Rechtslage gemachten Ausführungen verwiesen.[786]

Unter Geltung des neuen, insolvenzrechtlich geprägten Rechts der Gesellschafterdarlehen gilt diese Rechtslage prinzipiell unverändert fort. Indes kann zur Begründung der gesellschaftsrechtlichen Veranlassung natürlich nicht länger auf den eigenkapitalersetzenden Charakter eines Darlehens verwiesen werden, denn das Eigenkapitalersatzrecht existiert nicht mehr.

Wann gemäß dem nunmehr durch das MoMiG veränderten Zivilrecht für steuerliche Zwecke von einer gesellschaftsrechtlichen Veranlassung ausgegangen werden sollte, wird ausführlich im Abschnitt bezüglich der im Privatvermögen gehaltenen Beteiligungen erläutert.[787] Die dortigen Ausführungen gelten insoweit prinzipiell entsprechend.

Indes müssen selbstverständlich immer die explizit von § 8b Abs. 3 Sätze 4-8 KStG genannten Einschränkungen beachtet werden, insbesondere also, dass ein Verlustabzug jedenfalls dann uneingeschränkt möglich ist, sofern der Gesellschafter nicht zu mehr als einem Viertel unmittelbar oder mittelbar am Grund- oder Stammkapital der Körperschaft beteiligt war oder ist. Im körperschaftsteuerlichen Bereich kommt eine gesellschaftsrechtliche Veranlassung demnach erst bei Vorliegen dieses Mindestbeteiligungsumfanges in Betracht. Sodann aber gelten die Ausführungen zum Bereich des Privatvermögens entsprechend.

II. Einkommensteuerliches Betriebsvermögen

Für Personengesellschaften und natürliche Personen, die Beteiligungen im Betriebsvermögen halten, gelten zunächst die Ausführungen zur alten Rechtslage entsprechend.[788] Prinzipiell wäre der Finanzierungshilfenverlust steuerrechtlich uneingeschränkt zu berücksichtigen, da die Gesellschafterhilfe als Betriebsvermögen in der Krise gemäß den allgemeinen steuerlichen Grundsätzen grundsätzlich vollständig abgeschrieben werden kann.[789] Die Gesellschafterhilfe stellt auch bei Verstrickung nach dem nunmehr veränderten zivilrechtlichen Recht der Gesellschafterfinanzierungshilfen Fremdkapital dar. Dies gilt zudem unabhängig davon, ob eine unmittelbare oder lediglich eine mittelbare Beteiligung an der Gesellschaft vorliegt.[790]

786 Siehe dazu schon oben hinsichtlich § 8b Abs. 3 n.F. unter 1. Teil B. III. 1.

787 Siehe unten unter 2. Teil B. III. 1., insbesondere Unterpunkte g), h).

788 Siehe oben unter 1. Teil B. III. 2.

789 *Korn*, SteuK 2015, 23.

790 Insoweit kam bzw. kommt es also zu einem Gleichlauf mit dem Körperschaftsteuerrecht, sofern die dort relevante Beteiligungsschwelle von 25 % (§ 8b Abs. 3 Satz 4 KStG n.F.) überschritten wird; bei

Gemäß der zutreffenden Ansicht des BFH handelt es sich bei der Finanzierungshilfe um ein von der Beteiligung unabhängiges, selbständiges Wirtschaftsgut.[791] Dementsprechend hatte der BFH entschieden, dass das Teilabzugsverbot nach § 3c Abs. 2 EStG a.F. mangels tatbestandlicher Erfassung der Finanzierungshilfe auf die entsprechenden Verluste bereits dem Grunde nach nicht anwendbar war.[792] Der Verlust könnte somit prinzipiell vollständig in die Bemessungsgrundlage einfließen.

Indes hat der Gesetzgeber nunmehr der früheren Ansicht der Finanzverwaltung zur Anwendbarkeit des Teilabzugsverbots auf Gesellschafterfinanzierungshilfen zu Gesetzesrang verholfen.[793] Dies geschah mittels der Neueinfügung der Sätze 2-6 in § 3c Abs. 2 EStG n.F. durch das „Gesetz zur Anpassung der Abgabenordnung an den Zollkodex der Union und zur Änderung weiterer steuerlicher Vorschriften"[794] (auch „Zollkodexanpassungsgesetz"; im Folgenden „JStG 2015"[795]). Gemäß § 3c Abs. 2 Sätze 2-6 EStG n.F. ist das Teilabzugsverbot

> „[…] *auch für Betriebsvermögensminderungen oder Betriebsausgaben im Zusammenhang mit einer Darlehensforderung oder aus der Inanspruchnahme von Sicherheiten anzuwenden, die für ein Darlehen hingegeben wurden, wenn das Darlehen oder die Sicherheit von einem Steuerpflichtigen gewährt wird, der zu mehr als einem Viertel unmittelbar oder mittelbar am Grund- oder Stammkapital der Körperschaft, der das Darlehen gewährt wurde, beteiligt ist oder war. Satz 2 ist insoweit nicht anzuwenden, als nachgewiesen wird, dass auch ein fremder Dritter das Darlehen bei sonst gleichen Umständen gewährt oder noch nicht zurückgefordert hätte; dabei sind nur die eigenen Sicherungsmittel der Körperschaft zu berücksichtigen. Die Sätze 2 und 3 gelten entsprechend für Forderungen aus Rechtshandlungen, die einer Darlehensgewährung wirtschaftlich vergleichbar sind. Gewinne aus dem Ansatz des nach § 6 Absatz 1 Nummer 2 Satz 3 maßgeblichen Werts bleiben bei der Ermittlung der Einkünfte außer Ansatz, soweit auf die vorangegangene Teilwertabschreibung Satz 2 angewendet worden ist. Satz 1 ist außerdem ungeachtet eines wirtschaftlichen Zusammenhangs mit den dem § 3 Nummer 40 zugrunde liegenden Betriebsvermögensmehrungen oder Einnahmen oder mit Vergütungen nach § 3 Nummer 40a auch auf Betriebsvermögens-minderungen, Betriebsausgaben oder Veräußerungskosten eines Gesellschafters einer Körperschaft anzuwenden, soweit diese mit einer im Gesellschaftsverhältnis veranlassten unentgeltlichen Überlassung von Wirtschaftsgütern an diese Körperschaft oder bei einer teilentgeltlichen Überlassung von Wirtschaftsgütern mit dem unentgeltlichen Teil in Zusammenhang stehen und der Steuerpflichtige zu mehr als einem Viertel unmittelbar oder mittelbar am Grund- oder Stammkapital dieser Körperschaft beteiligt ist oder war.*"

---

einer im Privatvermögen gehaltenen Beteiligung einer natürlichen Person verhält es sich hingegen anders; siehe zu diesen Konstellationen oben unter 2. Teil B. II. 1. bzw. unten unter 2. Teil B. II. 3.

791 BFH vom 18.04.2012 – X R 5/10, BFH/NV 2012, 1358, DStR 2012, 1318; – X R 7/10, BFH/NV 2012, 1363, DStRE 2012, 1105.

792 BFH vom 18.04.2012 – X R 5/10, BFH/NV 2012, 1358, DStR 2012, 1318; – X R 7/10, BFH/NV 2012, 1363, DStRE 2012, 1105.

793 Die Finanzverwaltung war ursprünglich der Ansicht, das § 3c Abs. 2 EStG a.F. auf Finanzierungshilfen-verluste im einkommensteuerlich-betrieblichen Bereich anwendbar war, siehe BMF vom 08.11.2010, BStBl. I, S. 1292, hatte diese Ansicht jedoch zuletzt infolge der dies ablehnenden BFH-Rechtsprechung aufgegeben, siehe BMF vom 23.10.2013, BStBl 2013 I, S. 1269.

794 Gesetz vom 22.12.2014, BGBl. I, S. 2417.

795 Die Bezeichnung als Jahressteuergesetz ist treffend und anerkannt, da das Zollkodexanpassungsgesetz den Charakter eines Jahressteuergesetzes aufweist, siehe *Korn*, SteuK 2015, 23; *Roth*, GWR 2015, 135.

Der Gesetzgeber schafft hiermit im einkommensteuerlich-betrieblichen Bereich eine Parallelregelung zum körperschaftsteuerlichen Bereich: In Parallelität zu § 8b Abs. 3 KStG sind lediglich Gesellschafter betroffen, die zu mehr als einem Viertel unmittelbar oder mittelbar am Grund- oder Stammkapital der Körperschaft beteiligt sind. § 3c Abs. 2 EStG n.F. stellt demnach – wie auch § 8b Abs. 3 KStG – keinen durchgängigen Gleichlauf zum zivilrechtlichen Recht der Gesellschafterfinanzierungshilfen her, da dort hinsichtlich des Beteiligungsumfangs lediglich zu zehn Prozent oder weniger am Haftkapital Beteiligte vom Anwendungsbereich ausgenommen sind.

Auch in § 3c Abs. 2 EStG n.F. erfolgt eine Erstreckung auf „wirtschaftlich vergleichbare Rechtshandlungen" (Satz 4). Spätere Werterholungen bei vorausgegangenen Teilwertabschreibungen bleiben gemäß § 3c Abs. 2 Satz 5 EStG n.F. außer Betracht, soweit auf die vorausgegangene Teilwertabschreibung Satz 2 angewendet worden ist.[796] In Satz 6 geht der Gesetzgeber über die Parallelregelung von § 8b Abs. 3 KStG hinaus, indem auch solche Betriebsvermögensminderungen, Betriebsausgaben oder Veräußerungskosten vom Teilabzugsverbot erfasst werden, die mit einer im Gesellschaftsverhältnis veranlassten unentgeltlichen Überlassung von Wirtschaftsgütern an die Körperschaft oder bei einer teilentgeltlichen Überlassung von Wirtschaftsgütern mit dem unentgeltlichen Teil in Zusammenhang stehen. Hiermit sollen insbesondere unentgeltliche Überlassungen im Rahmen von Betriebsaufspaltungen erfasst werden. Bereits durch das JStG 2010[797] war zudem die bloße Einnahmenerzielungsabsicht als für die Anwendung des Teilabzugsverbots ausreichend erklärt worden durch Neueinfügung des damaligen Satzes 2[798] in § 3c Abs. 2 i.d.F. des JStG 2010.

§ 3c Abs. 2 EStG n.F. findet gemäß § 52 Abs. 5 Satz 2 EStG auf sämtliche Wirtschaftsjahre Anwendung, die nach dem 31.12.2014 beginnen.[799]

Nach alledem kann bezüglich entsprechender Finanzierungshilfenverluste nicht länger am Vorliegen der Tatbestandsvoraussetzungen des § 3c Abs. 2 EStG n.F. gezweifelt werden, eine anderweitige Auslegung wäre mit dem Gesetzeswortlaut unvereinbar. Dem betroffenen Gesellschafter verbleibt lediglich der Entlastungsbeweis nach § 3c Abs. 2 Satz 3 EStG n.F, dahingehend, dass es sich um eine fremdübliche Finanzierungshilfe handele. Dieser Nachweis dürfte dem Gesellschafter indes nur schwerlich gelingen.[800]

Der Gesetzgeber hat auf diesem Wege eine die betroffenen Gesellschafter erheblich belastende Sonderregelung geschaffen, die in der Literatur auf beträchtliche Kritik stößt.[801]

Unbeschadet des nunmehr im Hinblick auf Finanzierungshilfenverluste unzweifelhaft eröffneten Anwendungsbereichs des § 3c Abs. 2 EStG n.F. kann die Verfassungskonformität der Norm als solcher unverändert mit den bereits dargestellten Ar-

796 *Ortmann-Babel/Gauß*, DB 2015, 13, 14.

797 Gesetz vom 08.12.2010, BGBl I 2010, 1768.

798 Es handelt sich nunmehr um den aktuellen Satz 7 von § 3c Abs. EStG n.F.

799 *Harle*, BB 2015, 2841, 2846; *Ortmann-Babel/Gauß*, DB 2015, 13, 14.

800 Siehe zu den Gründen hierfür im Einzelnen *Ditz/Quilitzsch*, DStR 2015, 545, 546 f..

801 *Ditz/Quilitzsch*, DStR 2015, 545, 546 f.; *Haarmann*, BB 2015, 22, 26 f.; *Ortmann-Babel/Gauß*, DB 2015, 13, 14.

gumenten bezweifelt werden.[802] Zuletzt hatte der BFH mit Urteil vom 02.09.2014[803] entschieden, dass § 3c Abs. 2 EStG i.d.F. JStG 2010 verfassungsgemäß ist.

Nach alledem ist zu konstatieren, dass es sich bei ausgefallenen und gemäß den neuen insolvenz- und anfechtungsrechtlichen Regelungen verstrickten Gesellschafterfinanzierungs-hilfen unverändert um Fremdkapital handelt, das gemäß und in den Grenzen der allgemeinen Regelungen steuerlich zu berücksichtigen ist. Zugleich ist jedoch festzuhalten, dass nunmehr § 3c Abs. 2 EStG n.F. bei unterstellter Verfassungsmäßigkeit eine solche, zu berücksichtigende Grenze darstellt.

III. Einkommensteuerliches Privatvermögen

Nachfolgend werden die möglicherweise gravierenden Abweichungen zur früheren Rechtslage detailliert untersucht, die sich durch MoMiG und UntStRefG bezüglich der – bislang eigenkapitalersetzenden – Finanzierungshilfenverluste im einkommensteuerlich-privaten Bereich ergeben könnten.

Zunächst sei jedoch kurz angemerkt, dass sich insoweit keine Unklarheiten ergeben dürften infolge der Neufassung des § 3c Abs. 2 EStG hinsichtlich der Anwendbarkeit des Teilabzugsverbots auf die Finanzierungshilfenverluste: Wie dargestellt, bejahten BFH und h.M. zutreffend bereits die Anwendbarkeit von § 3c Abs. 2 EStG a.F. auf Verluste, die ein Gesellschafter hinsichtlich bislang eigenkapitalersatzrechtlich verstrickter Finanzierungshilfen erlitten hatte.[804] Die Änderungen in § 3c Abs. 2 EStG n.F., die für sämtliche Wirtschaftsjahre relevant sind, die nach dem 31.12.2014 beginnen,[805] dürften nun aber jeglichen Zweifel an der diesbezüglichen tatbestandlichen Anwendbarkeit des Teilabzugsverbots beseitigen, nunmehr freilich in den Grenzen des § 3c Abs. 2 EStG n.F. Dessen unbeschadet kann die Norm auch im vorliegenden Kontext mit den bekannten Argumenten als verfassungswidrig angesehen werden.[806]

Wie erwähnt haben die Abweichungen und damit einhergehenden Unklarheiten hinsichtlich der Behandlung der Finanzierungshilfenverluste ihren Ursprung vielmehr in anderen, tiefgreifenderen und umfassenderen Gesetzesänderungen, nämlich denjenigen durch MoMiG und UntStRefG. Vor diesem Hintergrund kann man die wesentliche, durch die beiden Reformgesetze herbeigeführte Problematik im einkommensteuerlich-privaten Bereich auf die folgende, konkrete Fragestellung hin verdichten:

802 So explizit auch *Ditz/Quilitzsch*, DStR 2015, 545, 547; siehe zur denkbaren Verfassungswidrigkeit von § 3c Abs. 2 EStG in seinen früheren Fassungen *Bron/Seidel*, DStZ 2009, 859; *Crezelius*, NZI 2007, 708, 709; *Otto*, DStR 2008, 228, 231; *Paus*, DStZ 2008, 145 sowie zu den insoweit gegebenen Fragestellungen im Einzelnen schon oben unter 1. Teil B. III. 2. b) aa).

803 BFH vom 02.09.2014 – IX R 43/13, DStR 2015, 25.

804 Siehe schon oben unter 1. Teil B. III. 3. e) bb).

805 Dies folgt aus § 52 Abs. 5 Satz 2 EStG; siehe auch *Harle*, BB 2015, 2841, 2846; *Ortmann-Babel/Gauß*, DB 2015, 13, 14.

806 Siehe zu den diesbezüglichen Argumenten schon oben unter 1. Teil B. III. 2. b) aa).

Man kann auch bereits an dieser Stelle konkreter formulieren und hiermit die i.R.d. gegebenen Thematik wesentliche Problemstellung auf die folgende Fragestellung hin verdichten: Kann bzw. sollte die ausführlich dargestellte bisherige Rechtsprechung des BFH zu den nachträglichen Anschaffungskosten auf wesentliche Beteiligungen i.S.v. § 17 EStG nach den Änderungen des Gesellschafts- und Steuerrechtes durch MoMiG und UntStRefG noch aufrechterhalten werden? Man kann diese Fragestellung aber auch "umdrehen" und positiv formulieren: Inwieweit sollte die Rechtsprechung nunmehr geändert werden?

Wie bereits an anderer Stelle erwähnt wurde,[807] führen die unterschiedlichen Zeitpunkte des Inkrafttretens von MoMiG und UntStRefG in Bezug auf die vorstehend aufgeworfene Fragestellung zu der Feststellung, dass es sich insoweit lediglich um eine Art übergeordnete, zusammenfassende Fragestellung handelt. Bei genauerer Betrachtung nämlich zeigt sich, dass diese Fragestellung in zwei selbständige Fragestellungen aufzugliedern ist. Diese sind unabhängig voneinander zu beantworten und lauten wie folgt:

1. Wie sollten die Verluste bezüglich Finanzierungshilfen des Gesellschafters nunmehr behandelt werden aufgrund der Änderungen durch das MoMiG?
2. Wie sollten die Verluste bezüglich Finanzierungshilfen des Gesellschafters nunmehr behandelt werden aufgrund der Änderungen durch das UntStRefG?[808]

Man kann diese bewusst sehr allgemein gehaltenen Fragestellungen jedoch auch weitaus konkreter formulieren und zugleich auf die für die Rechtspraxis wohl neben dem Gesetzgeber wichtigste Institution, nämlich die Gerichtsbarkeit, beziehen. Die beiden Fragestellungen lauten sodann (korrespondierend mit vorstehender Nummerierung):

1. Ob und inwieweit sollte die bisherige ständige Rechtsprechung des BFH zu § 17 EStG (nachträgliche Anschaffungskosten) geändert werden aufgrund der Änderungen durch das MoMiG?
2. Ob und inwieweit sollte die bisherige ständige Rechtsprechung des BFH zu § 17 EStG (nachträgliche Anschaffungskosten) geändert werden aufgrund der Änderungen durch das UntStRefG?[809]

Wie gezeigt wurde, erkannte der BFH unter Geltung des nunmehr reformierten Eigenkapitalersatzrechtes den Verlust der Finanzierungshilfe des Gesellschafters als nachträgliche Anschaffungskosten auf die Beteiligung im Rahmen von § 17 EStG an, wenn die Darlehensgewährung zum einen gesellschaftsrechtlich veranlasst war[810] und

807 Siehe schon die einleitenden Ausführungen zum 2. Teil B.

808 Wenn von den „Änderungen durch das UntStRefG" die Rede ist und damit implizit auch von der Rechtslage seit Geltung des UntStRefG, dann ist diese Rechtslage freilich immer geprägt vom UntStRefG einerseits, aber zugleich auch vom MoMiG andererseits; dies ergibt sich daraus, dass das MoMiG gemäß Art. 25 MoMiG bereits (grundsätzlich) am 01.11.2008 und damit vor dem UntStRefG in Kraft getreten ist; rechtstechnisch gesehen existierte also – vorbehaltlich der Anwendungsvorschrift des Art. 103d EGInsO – zu keinem Zeitpunkt eine Rechtslage, die nur vom UntStRefG, nicht aber vom MoMiG beeinflusst würde; anders herum ist dies hingegen sehr wohl der Fall.

809 Es gilt wiederum das im Rahmen der vorstehenden Fußnote Ausgeführte.

810 *Gschwendtner*, NJW 1999, 2165; siehe dazu schon oben unter 1. Teil B. III. 3. d) bb).

zum anderen insoweit weder Werbungskosten bei den Einkünften aus Kapitalvermögen noch Veräußerungskosten oder – als ungeschriebene Voraussetzung – ein sonstiger betrieblicher Verlust vorlagen.[811]

Der BFH bediente sich zum Zwecke der Auslegung des steuerrechtlichen Tatbestandsmerkmals der gesellschaftsrechtlichen Veranlassung zumindest de facto einer Anleihe im Zivilrecht, indem das Gericht immer dann von einer gesellschaftsrechtlichen Veranlassung ausging, wenn das Darlehen nach der Rechtsprechung des BGH als eigenkapitalersetzend zu qualifizieren war.[812] Eine Kategorisierung des Verlusts als Werbungskosten bei den Einkünften aus Kapitalvermögen oder Veräußerungskosten kam ebenfalls typischerweise nicht in Betracht.[813] Auch eine Erfassung des Verlusts der Gesellschafterhilfe als sonstige betriebliche Ausgabe kam laut BFH nicht in Betracht, da dies nach Ansicht des Gerichts schon durch die alte Rechtslage von vornherein ausgeschlossen war.[814] Es fehlte nach h.M. insoweit insbesondere an einer gesetzlichen Regelung – etwa im Rahmen des § 20 EStG – die eine hierzu erforderliche Steuerverstrickung der Gesellschafterhilfe angeordnet hätte.[815]

Der BFH erforderte also in ständiger Rechtsprechung das Vorliegen zweier (übergeordneter) Tatbestandsmerkmale, um den Verlust der Gesellschafterhilfe auch steuerlich anzuerkennen. Indes wird sich zeigen, dass i.R.d. neuen Rechtslage[816] hinsichtlich beider Tatbestandsmerkmale fraglich ist, ob sie in den typischen Fällen des Ausfalls von Gesellschafterhilfen noch verwirklicht werden. Anders gewendet könnte für "Neufälle" die alte Formel des BFH schlicht nicht mehr passen; eine unveränderte Fortführung der Rechtsprechung könnte in diesem Fall dazu führen, dass entsprechende Verluste des Gesellschafters nicht mehr anerkannt werden könnten, jedenfalls nicht mehr im Rahmen des § 17 Abs. 2, Abs. 4 EStG:

Zum einen hat das MoMiG das zivilrechtliche Eigenkapitalersatzrecht abgeschafft, zumindest aber erheblich dereguliert. Aus diesem Grunde kann zur Feststellung der gesellschaftsrechtlichen Veranlassung der Darlehensgewährung bzw. des -stehenlassens[817] nicht mehr auf den eigenkapitalersetzenden Charakter des Darlehens

---

811 BFH in ständ. Rspr., siehe BFH vom 18.12.2001 – VIII R 27/00, DStR 2002, 444; vom 04.08.1999 – VIII B 68/99, BeckRS 1999, 250003802, BFH/NV 2000, 41; vom 13.07.1999 – VIII R 31/98, BStBl II 2000, 724, DStRE 1999, 779; vom 10.11.1998 – VIII R 6/96, BStBl II 1999, 348, DStR 1999, 411; vom 16.04.1991 – VIII R 100/87, BStBl II 1992, 234, DStR 1991, 1348; vom 27.10.1992 – VIII R 87/89, BStBl II 1993, 340, BeckRS 1992, 22010477; siehe dazu auch *Bayer*, DStR 2009, 2397, 2398; *Bode*, DStR 2009, 1781; *Heuermann*, DB 2009, 2173; *ders.* NZG 2009, 841, 842; *Gschwendtner*, NJW 1999, 2165.

812 *Hölzle*, DStR 2007, 1185, 1189 f.; siehe dazu schon oben unter 1. Teil B. III. 3. d) bb).

813 Siehe hierzu schon ausführlich oben unter 1. Teil B. III. 3. d) aa).

814 Siehe hierzu schon oben unter unter 1. Teil B. III. 3. d) aa) (3).

815 Zum Ganzen *Bayer*, DStR 2009, 2397, 2398.

816 Der Oberbegriff „neue Rechtslage" bezeichnet im Folgenden – soweit nicht anders angemerkt – diejenige Rechtslage, die seit Geltung von MoMiG und UntStRefG gilt, also grundsätzlich diejenige ab dem 01.01.2009.

817 Dies gilt selbstverständlich nicht nur für Darlehen, sondern für sämtliche Gesellschafterhilfen, die der Gesellschafter gewährt; die hier vorgenommene Beschränkung auf Darlehen dient lediglich der Vereinfachung.

abgestellt werden, denn das neue Recht verzichtet gerade auf eine Unterscheidung in eigenkapitalersetzend bzw. nicht eigenkapitalersetzend.[818]

Zum anderen könnte auch die Auslegung und Anwendung des zweiten (und negativen) Tatbestandsmerkmals des Nichtvorliegens von Werbungskosten bei den Einkünften aus Kapitalvermögen, Veräußerungskosten oder einer sonstigen Betriebsausgabe – also der Subsidiarität der Annahme nachträglicher Anschaffungskosten auf die Beteiligung – aufgrund der Veränderungen durch das UntStRefG überarbeitungsbedürftig sein. Die Gesetzesänderungen des UntStRefG – konkret die des § 20 Abs. 2 EStG n.F. i.V.m. der Einführung einer Abgeltungsbesteuerung – könnten nämlich dazu führen, dass die Verluste von Gesellschafterhilfen gerade doch als Werbungskosten bei den Einkünften aus Kapitalvermögen, Veräußerungskosten oder als eine sonstige betriebliche Ausgabe zu qualifizieren sein könnten, wodurch das zweite (übergeordnete) Tatbestandsmerkmal der Rechtsprechung des BFH nicht länger erfüllt wäre und nach der ständigen Rechtsprechung des Gerichts schon aus diesem Grunde keine nachträglichen Anschaffungskosten auf die Beteiligung mehr vorliegen könnten.[819]

MoMiG und UntStRefG könnten sich also auf jeweils eines der beiden übergeordneten Tatbestandsmerkmale der bisherigen BFH – Rechtsprechung auswirken.

Da das MoMiG bereits vor dem UntStRefG in Kraft getreten ist, soll zunächst untersucht werden, ob bzw. inwieweit die vorstehende Rechtsprechung schon aufgrund der Änderungen durch das MoMiG ihrerseits änderungsbedürftig ist. Auch sind Fallgestaltungen möglich, für die zwar die Rechtsänderungen durch das MoMiG, nicht aber die durch das UntStRefG beachtlich sind. Denn während das MoMiG prinzipiell für Insolvenzverfahren gilt, die ab dem 01.11.2008 eröffnet wurden sind und überdies das alte Eigenkapitalersatzrecht auch insoweit in den Grenzen des Art. 103d EGInsO mit der Folge der Unbeachtlichkeit des MoMiG weitergilt,[820] greift die für die vorliegende Untersuchung maßgebliche, durch das UntStRefG neu eingeführte Vorschrift des § 20 Abs. 2 Satz 1 Nr. 7 EStG nur für solche privaten Kapitalforderungen, die seit dem 01.01.2009 erworben wurden oder seit diesem Zeitpunkt entstanden sind gemäß § 52a Abs. 10 EStG a.F. [821]

Für sämtliche Gesellschafterfinanzierungshilfen, die nicht seit dem 01.01.2009 erworben wurden oder entstanden sind, können somit allenfalls die Änderungen des MoMiG relevant werden. Obwohl das UntStRefG nur sehr kurze Zeit nach dem MoMiG in Kraft getreten ist, kann es demnach für Gesellschafterfinanzierungshilfen

818 So auch *Bode*, DStR 2008, 1781, 1782; *Hölzle*, DStR 2007, 1185, 1190.

819 Es erscheint zunächst widersprüchlich, aus der Einschlägigkeit von § 20 EStG zu schlussfolgern, dass aufgrund dieser eine betriebliche Ausgabe vorliege; allerdings wird im Folgenden aufzuzeigen sein, dass der Begriff „betrieblich" i.S.d. ständigen BFH – Rechtsprechung nicht in einem engen Wortsinne zu verstehen ist, sondern tatsächlich in einem weitergehenden Sinne zu verstehen; dies ergibt sich aus dem Sinn und Zweck der diesbezüglichen Rechtsprechung und aus der damaligen Rechtslage, auf welcher sie fußte; siehe ausführlich noch unten unter 2. Teil B. III. 2. b) cc).

820 Siehe hierzu noch ausführlich unten unter 2. Teil B. III. 1. i).

821 Siehe zu dieser grundsätzlichen Einschränkung des zeitlichen Anwendungsbereichs auch *Bayer*, DStR 2009, 2397, 2398; *Förster*, DB 2011, 259, 263; *Neumann*, GmbHR 2008, 473, 474; a.A. *Schwetlik*, GmbHR 2008, 358, 361.

in Ermangelung einer Neubegründung bzw. eines Überganges nach o.g. Datum demnach noch sehr lange allein auf die Veränderungen durch das MoMiG ankommen.

Entsprechend soll erst im Anschluss hieran untersucht werden, inwieweit die Rechtsprechung änderungsbedürftig in Bezug auf den Zeitraum seit Inkrafttreten des UntStRefG ist, also änderungsbedürftig im Zeitraum der gleichzeitigen Geltung von MoMiG und UntStRefG.

1. Die Behandlung eines Verlustes bezüglich einer Gesellschafterhilfe im Angesicht der Änderungen durch das MoMiG bzw. die Änderungsbedürftigkeit der bisherigen BFH-Rechtsprechung zu nachträglichen Anschaffungskosten

Bevor die mittelbaren Auswirkungen des MoMiG auf die steuerrechtliche Lage eingehend analysiert werden, soll zunächst eine klarstellende Anmerkung bezüglich der nachfolgend verwendeten Terminologie gemacht werden:

Diejenige steuerliche Behandlung der vorstehend genannten Verluste, die i.R.d. folgenden Untersuchung als die vorzugswürdige identifiziert werden wird, entspricht exakt derjenigen Behandlung der Verluste, die die Gerichte und insoweit natürlich insbesondere der BFH gemäß den Ergebnissen der vorliegenden Untersuchung im Geltungszeitraum (nur) des MoMiG vornehmen sollten. Daher bedeuten die beiden Begrifflichkeiten der „allgemeinen Behandlung der Verluste“ sowie der (vorgeschlagenen) „Behandlung der Verluste durch den BFH“ im Folgenden dasselbe. Um eine unnötige Verkomplizierung zu vermeiden, wird zunächst auf die vorgeschlagene Rechtsprechung des BFH abgestellt, da insoweit von der bisherigen Rechtsprechung des Gerichts ausgegangen und hierauf aufbauend ihre Änderungsbedürftigkeit herausgearbeitet werden kann.

a) Die Relevanz des MoMiG für Obersatz und Subsumtion der bisherigen BFH-Rechtsprechung zu nachträglichen Anschaffungskosten i.R.d. § 17 EStG

Wenn man wie einleitend geschehen von der Rechtsprechung des BFH spricht, so muss man diese bei genauer Betrachtung in zwei Ebenen untergliedern: Zum einen besteht die Rechtsprechung aus dem vom BFH aufgestellten Obersatz, zum anderen aus der eigentlichen Subsumtion unter diesen. Die Änderungsbedürftigkeit aufgrund des MoMiG ist jeweils separat zu beurteilen, da die reformierte Rechtslage bereits die im Obersatz zu bezeichnenden maßgeblichen rechtlichen Fragestellungen verändert haben könnte und dementsprechend auch die jeweilige Subsumtion nunmehr schon allein aus diesem Grunde abweichend ausfallen könnte. Auch bei unverändertem Obersatz müsste die Subsumtion jedoch einer neuerlichen Prüfung unterzogen werden.

(aa) Die Relevanz des MoMiG für den Obersatz der bisherigen BFH-Rechtsprechung

Der bisherige Obersatz des BFH lautet, dass nachträgliche Anschaffungskosten auf die Beteiligung im Rahmen von § 17 EStG dann gegeben sind, wenn die Darlehensgewährung zum einen gesellschaftsrechtlich veranlasst ist[822] und zum anderen insoweit weder Werbungskosten bei den Einkünften aus Kapitalvermögen noch Veräußerungskosten oder – als ungeschriebene Voraussetzung – ein sonstiger betrieblicher Verlust vorliegen.[823]

Das erste übergeordnete Tatbestandsmerkmal ergibt sich aus der Vorschrift des § 17 EStG selbst. Diese nämlich lässt einen Abzug der Anschaffungskosten auf die verstrickte Beteiligung als Korrelat zu möglichen Veräußerungs- bzw. Auflösungsgewinnen etc. nämlich nur zugunsten eines zumindest zu 1 % beteiligten Gesellschafters zu. Verluste hinsichtlich gewährter Finanzierungshilfen aber sind unmittelbar nicht erfasst. Ihre Berücksichtigung im Wege der teleologischen Erweiterung des Begriffs der nachträglichen Anschaffungskosten auf die Beteiligung aber kann nur dann in Betracht kommen, wenn sie durch ebendiese zugrunde liegende Beteiligung veranlasst sind. Der Steuerpflichtige muss den diesbezüglichen Verlust gerade wegen seiner zugrunde liegenden Beteiligung erlitten haben, d.h. der Verlust dürfte ihn nicht in gleicher Weise auch dann getroffen haben, wenn er nicht an der Gesellschaft beteiligt wäre, m.a.W. ihn wie ein gesellschaftsfremder Dritter getroffen haben.

Durch das MoMiG selbst wurde an der Vorschrift des § 17 EStG nichts verändert.[824] Auch ist nicht ersichtlich, wie das MoMiG eine Verortung der Finanzierungshilfenverluste außerhalb der Vorschrift des § 17 EStG bewirken sollte.[825] Daher besteht im Kontext des § 17 EStG auch unter Geltung des MoMiG weiterhin das Erfordernis einer gesellschaftsrechtlichen Veranlassung der Verluste bezüglich der Finanzierungshilfe.[826] Dieses übergeordnete Tatbestandsmerkmal muss demnach als solches auch nach Geltung des MoMiG nicht verändert werden.[827]

Fraglich ist zudem, ob das übergeordnete Merkmal der Subsidiarität der nachträglichen Anschaffungskosten bei § 17 EStG in dieser Form nach den Änderungen des MoMiG noch aufrechtzuerhalten ist. Dieses besagte, dass der Verlust der Gesellschafterhilfe weder Werbungskosten bei den Einkünften aus Kapitalvermögen noch Veräußerungskosten oder eine sonstige betriebliche Ausgabe darstellen durfte. Es er-

822 *Gschwendtner*, NJW 1999, 2165; siehe dazu schon oben unter 1. Teil B. III. 3. d) bb).

823 BFH in ständ. Rspr., siehe BFH vom 18.12.2001 – VIII R 27/00, DStR 2002, 444; vom 04.08.1999 – VIII B 68/99, BeckRS 1999, 250003802, BFH/NV 2000, 41; vom 13.07.1999 – VIII R 31/98, BStBl II 2000, 724, DStRE 1999, 779; vom 10.11.1998 – VIII R 6/96, BStBl II 1999, 348, DStR 1999, 411; vom 16.04.1991 – VIII R 100/87, BStBl II 1992, 234, DStR 1991, 1348; vom 27.10.1992 – VIII R 87/89, BStBl II 1993, 340, BeckRS 1992, 22010477; siehe dazu auch *Bayer*, DStR 2009, 2397, 2398; *Bode*, DStR 2009, 1781; *Heuermann*, DB 2009, 2173; *ders.* NZG 2009, 841, 842; *Gschwendtner*, NJW 1999, 2165.

824 Inwieweit das UntStRefG dagegen u.U. dafür sorgen könnte, dass die Verluste nunmehr außerhalb des § 17 EStG zu verorten sein könnten wird in einem späteren Abschnitt beleuchtet, siehe noch unten unter 2. Teil B. III. 2.

825 Die Rechtslage unter Geltung des MoMiG *und* des UntStRefG wird erst später beleuchtet, siehe noch unten unter 2. Teil B. III. 2.

826 So auch BMF vom 21.10.2010 IV C 6 - S 2244/08/10001, DStR 2010, 2191.

827 Insoweit zutreffend BMF vom 21. 10. 2010 IV C 6 - S 2244/08/10001, DStR 2010, 2191; die Frage nach der möglichen Änderung des übergeordneten Tatbestandsmerkmals der gesellschaftsrechtlichen Veranlassung durch das MoMiG wird wohl aus dem Grunde – soweit ersichtlich – nicht diskutiert, weil es als offensichtlich angesehen wird, dass das MoMiG nichts an der Verortung der Verluste im Rahmen des § 17 Abs. 2, 4 EStG geändert hat.

gab sich daraus, dass eine Erfassung des Verlustes mittels einer – über seinen eigentlich Anwendungsbereich hinaus – ausgedehnten Anwendung des § 17 EStG nur erforderlich und zulässig war, wenn der Verlust nicht schon an anderer Stelle zu berücksichtigen war. Dann nämlich bedurfte es keiner teleologischen Extension des § 17 EStG.

Das MoMiG hat weder an § 17 EStG noch an seinem steuerrechtlichen Umfeld Änderungen vorgenommen. Es hat stattdessen lediglich die zivilrechtliche Seite des bisherigen Eigenkapitalersatzrechtes grundlegend verändert. Aus diesem Grunde ist nicht ersichtlich, dass das übergeordnete Tatbestandsmerkmal der Subsidiarität der nachträglichen Anschaffungskosten als solches in irgendeiner Form änderungsbedürftig würde. Vielmehr muss es auch unter Geltung des MoMiG geprüft werden.

Nach alledem sollte auch unter Geltung – nur – des MoMiG der weiterhin maßgebliche Obersatz lauten, ob der insoweit entstandene Verlust einerseits gesellschaftsrechtlich veranlasst ist und anderseits nicht vorrangig durch andere steuerrechtliche Normen erfasst wird (Subsidiarität der nachträglichen Anschaffungskosten *insoweit*).[828]

(bb) Die Relevanz des MoMiG für die Subsumtion der bisherigen BFH-Rechtsprechung

Hinsichtlich der konkreten Subsumtion unter das Tatbestandsmerkmal der Subsidiarität der nachträglichen Anschaffungskosten ist nicht ersichtlich, dass die Änderungen durch das MoMiG insoweit Neuerungen erforderlich machen würden bzw. angezeigt erscheinen ließen. Man kann freilich auch weiterhin die bereits zuvor vertretenen Gegenthesen bezüglich der Subsumtion durch die BFH-Rechtsprechung befürworten, wie etwa, dass die Finanzierungshilfenverluste uneingeschränkt abzugsfähig seien i.R.d. Gruppe der allgemein als abzugsfähig anzuerkennenden sog. Beteiligungskosten, sodass es keiner Annahme von nachträglichen Anschaffungskosten bedürfe. Diese Theorie wurde bereits vor Inkrafttreten des MoMiG maßgeblich von *Weber-Grellet* entwickelt und vertreten.[829] Da das MoMiG nichts am steuerlichen Umfeld des § 17 EStG bzw. an § 17 EStG selbst verändert hat, kann man diese Minderheitenansicht auch weiterhin befürworten. Man kann aber insoweit aufgrund selbiger Ursache auch die Subsumtion des BFH unverändert befürworten; das MoMiG bleibt damit insoweit ohne Einfluss.[830]

Bezüglich des zweiten übergeordneten Tatbestandsmerkmals der BFH – Rechtsprechung, der Subsidiarität der nachträglichen Anschaffungskosten, kann damit festgehalten werden, dass das MoMiG hier weder zu Änderungen bezüglich des Tatbestandsmerkmals selbst, noch zu Änderungen bezüglich der Subsumtion führt.

828 Insoweit zutreffend auch die unterinstanzliche Rechtsprechung, siehe FG Köln vom 20.03.2014 – 3 K 2518/11, EFG 2014, 2136 m. Anm. *Hoffmann* (rkr.); vom 30.09.2015 – 3 K 706/12, EFG 2016, 193 m. Anm. *Hoffmann*.

829 *Weber-Grellet*, DStR 1998, 1617, 1620 ff.; siehe hierzu ausführlich oben unter 1. Teil B. III. 3. d) aa) (3).

830 Siehe zum Ganzen ausführlich oben unter 1. Teil B. III. 3. d) aa) (3).

Bezüglich der Voraussetzung des anderen übergeordneten Merkmals der bisherigen BFH - Rechtsprechung, der gesellschaftsrechtlichen Veranlassung, könnten sich jedoch durch die Änderungen des MoMiG Abweichungen ergeben:

Der BFH geht zu Recht von einer hinreichenden gesellschaftsrechtlichen Veranlassung aus, wenn ein gesellschaftsfremder Dritter die Finanzierungshilfe nicht oder nicht in derselben Weise zur Verfügung gestellt hätte.

Bislang lehnte sich der BFH insoweit prinzipiell akzessorisch am zivilrechtlichen Eigenkapitalersatzrecht an: War die Gesellschafterhilfe nach den Regeln des zivilrechtlichen Eigenkapitalersatzrechtes[831] verstrickt, konnte der Verlust im Rahmen des § 17 EStG mittels der Annahme nachträglicher Anschaffungskosten auf die Beteiligung abgezogen werden.[832]

Die bisherige Anlehnung an die vormaligen zivilrechtlichen Eigenkapitalersatzregeln kann aber angesichts deren Aufhebung erkennbar nicht ohne Weiteres fortgesetzt werden. Die Subsumtion unter Geltung des MoMiG muss mithin auf anderem Wege "mit Leben gefüllt" werden. Die zunächst rein insolvenzrechtliche Neuregelung führt auf diesem Wege - mittelbar und in Abwesenheit einer entsprechenden gesetzgeberischen Intention - dazu, dass auch das Steuerrecht verändert wird, nämlich insoweit, als die bisherige konkrete Subsumtion der Rechtsprechung unter die Vorschrift des § 17 EStG nicht länger aufrechterhalten werden kann und es einer neuen Normausfüllung bedarf.

Daher muss insoweit zunächst ein Schritt zurückgegangen werden und im Rahmen des § 17 EStG - im Ausgangspunkt recht profan - danach gefragt werden, wann nunmehr eine genügende gesellschaftsrechtliche Veranlassung bezüglich der Verluste zu bejahen ist; m.a.W.: Wann sind die bezüglich einer Gesellschafterhilfe erlittenen Verluste durch die zugrunde liegende Beteiligung veranlasst und wann nicht.

Gemäß einhelliger Auffassung und Ansicht des BFH liegt eine genügende gesellschaftsrechtliche Veranlassung vor, wenn ein gesellschaftsfremder Dritter die Finanzierungshilfe nicht oder nicht in derselben Weise zur Verfügung gestellt hätte.

Hierbei handelt es sich zwar um einen gleichsam unbestrittenen Obersatz; wie dieser konkret ausgefüllt werden sollte, wird jedoch unterschiedlich beurteilt.

Dessen ungeachtet kann die Herangehensweise an die nunmehr vorzunehmende Subsumtion bei zutreffendem Verständnis im Ausgangspunkt - d.h. noch ohne die konkrete Einzelfallbehandlung im Blick zu haben - nur von zwei denklogischen Ansatzpunkten her erfolgen:

Einerseits kann der Standpunkt gewählt werden, dass die Verluste jedenfalls dann gesellschaftsrechtlich veranlasst sind, wenn die Gesellschafterhilfe gemäß den neuen insolvenzrechtlichen Regelungen verstrickt, d.h. nachrangig oder bzw. ihre Rückgewähr angefochten ist. Es käme also weiterhin zu einer Vorgreiflichkeit des Zivilrechts, das Steuerrecht würde sich mithin auch weiter akzessorisch an das Zivilrecht anleh-

831 Dieser Terminus umfasst sowohl die Novellen- als auch die Rechtsprechungsregeln.

832 Dies galt selbstverständlich nur, sofern auch die übrigen Voraussetzungen von § 17 EStG in seiner konkreten Ausgestaltung durch den BFH vorlagen.

nen, wobei das konkrete Maß der Akzessorietät freilich wiederum der Diskussion zugänglich ist.

Andererseits ist denkbar, nunmehr eine eigenständige steuerrechtliche Lösung finden zu wollen, die zumindest prinzipiell frei von den vorgelagerten Wertungen des Zivilrechts ist.

Diese beiden Ausgangspunkte sowie die weiteren – letztlich von ihnen ausgehenden – denkbaren Varianten zur nunmehrigen Ausfüllung des Tatbestandsmerkmals der gesellschaftsrechtlichen Veranlassung werden nachfolgend im Einzelnen dargestellt. Die Ausführungen gelten dabei sowohl für Darlehen als auch entsprechend für die Bereitstellung von Bürgschaften und anderen Sicherungsmitteln.[833]

Anschließend erfolgt eine Diskussion, in deren Rahmen das Für und Wider der einzelnen Ansichten gegeneinander abgewogen werden soll.

b) Fortsetzung der Anlehnung an das Recht der Gesellschafterdarlehen

Nachfolgend soll zunächst derjenige Ausgangspunkt eingehender betrachtet werden, von dem diejenigen Lösungsansätze ausgehen, die eine mehr oder weniger stark ausgeprägte Akzessorietät am nunmehr veränderten Zivilrecht – in concreto das nunmehr insolvenzrechtlich geprägte Recht der Gesellschafterdarlehen – befürworten.

(aa) Der Ansatz nachträglicher Anschaffungskosten dem Grunde nach

Im Rahmen dieses Lösungsansatzes ist für die Zwecke der Feststellung der gesellschaftlichen Veranlassung auch weiterhin – d.h. wie bereits vor Einführung des MoMiG – eine Anlehnung an das Zivilrecht vorzunehmen.[834] Diese hat sich freilich am nunmehr veränderten und insolvenzrechtlich geprägten Recht der gesellschafterlichen Finanzierungshilfen zu orientieren.[835]

Da nunmehr sämtliche Gesellschafterdarlehen sowie wirtschaftlich entsprechende Gestaltungen, die nicht vom Kleinbeteiligten- oder Sanierungsprivileg erfasst werden, dem Nachrang des § 39 Abs. 1 Nr. 5 InsO im Insolvenzverfahren unterfallen bzw. ihre Rückgewähr im Jahr vor der Insolvenzeröffnung im Rahmen des § 135 Abs. 1 Nr. 2, Abs. 2 InsO innerhalb sowie gemäß den §§ 6 Abs. 1 Satz 1 Nr. 2, 6a InsO außerhalb des Insolvenzverfahrens anfechtbar ist,[836] müsste im Rahmen dieses Lösungsweges jedenfalls beim Verlust von insoweit erfassten Finanzierungshilfen vom Vorliegen einer gesellschaftsrechtlichen Veranlassung ausgegangen werden.[837] D.h. es lägen jedenfalls immer dann nachträgliche Anschaffungskosten dem Grunde nach vor, sofern ein nicht privilegiertes Gesellschafterdarlehen bzw. ein nicht privilegierter gleichge-

833 Zur Anwendbarkeit der nachfolgenden Ansätze auch auf vom Gesellschafter gewährte Sicherheiten siehe (mit gl.A.) *Pung/Werner* in Dötsch/Pung/Möhlenbrock, Körperschaftsteuergesetz, § 17 EStG, Tz. 332 a.E. m.w.N.

834 Dafür etwa *Hölzle*, DStR 2008, 1185, 1191; *Fuhrmann*, NWB vom 29.09.2008, Fach 4, S. 5391, 5393.

835 *Waclawik*, der diesen Lösungsweg ablehnt, spricht insoweit von einer „strengen Akzessorietät" in ZIP 2007, 1838, 1841.

836 Siehe *Schwedhelm/Olbing/Binnewies*, GmbHR 2008, 1233, 1237.

837 *Hölzle*, DStR 2007, 1185, 1191; *Jachmann*, DStJG 34 (2011), 251, 274.

stellter Vorgang entweder im Insolvenzverfahren nachrangig wären oder ihre Rückgewähr angefochten wurde gemäß § 135 Abs. 1 Nr. 2, Abs. 2 InsO oder gemäß den §§ 6 Abs. 1 Satz 1 Nr. 2, 6a AnfG. Da nunmehr sämtliche nicht ausnahmsweise privilegierten Gesellschafterhilfen von der Nachrangig- bzw. Anfechtbarkeit erfasst sind, spielte diesen zivilrechtlichen Vorgaben entsprechend eine Unterscheidung zwischen eigenkapitalersetzenden und nicht eigenkapitalersetzenden Gesellschafterhilfen freilich auch insoweit im Steuerrecht keine Rolle mehr.

Wertungsmäßig orientierte sich das Steuerrecht also dahingehend am hierdurch vorgelagerten Zivilrecht, dass beide in den Fällen der §§ 39, 135 InsO sowie der §§ 6, 6a AnfG von einer solchen gesellschaftsrechtlichen Veranlassung ausgingen, die die Nachrangigkeit rechtfertigt. Grundsätzlich bedürfte es zum Zwecke der Verlustberücksichtigung des konkreten Unterfallens der Finanzierungshilfe unter den insolvenzrechtlichen Nachrang bzw. der konkreten inner- oder außerinsolvenzrechtliche Anfechtung ihrer Rückgewähr,[838] weshalb man insoweit von einer konkreten Akzessorietätslösung bzw. -theorie sprechen kann. Im Falle einer zivilrechtlichen Verstrickung lägen also i. Erg. immer auch – dem Grunde nach – nachträgliche Anschaffungskosten bei § 17 EStG vor.

Teilweise wird zudem darüber hinausgehend bereits dann für einen Ansatz nachträglicher Anschaffungskosten plädiert, wenn die Finanzierungshilfe abstrakt von einem nur möglichen späteren Nachrang bzw. einer möglichen späteren Anfechtung ihrer Rückgewähr bedroht wird.[839] Erleidet der Gesellschafter später Verluste bezüglich der Finanzierungshilfe sei es gerade nicht erforderlich, dass diese dem insolvenzrechtlichen Nachrang bzw. einer inner- oder außerinsolvenzlichen Anfechtung unterfällt.[840] Tut sie es gleichwohl, ist dies selbstverständlich ebenfalls für eine Verlustberücksichtigung ausreichend.

Den in der Praxis relevantesten Fall, in dem es nicht zu einem Nachrang oder einer Anfechtung kommt und gleichwohl eine Verlustberücksichtigung möglich wäre, dürfte die insolvenzlose Liquidation der Gesellschaft darstellen – insbesondere infolge nicht ausreichend vorhandener Insolvenzmasse.[841] Insofern ginge man schon deshalb von einer gesellschaftsrechtlichen Veranlassung der von einem zumindest zu 10 % beteiligten und nicht dem Sanierungsprivileg unterfallenden Gesellschafter erlittenen Verluste unabhängig von einer möglichen späteren Nachrangigkeit oder Anfechtung aus, weil die Gesellschafter-Finanzierungshilfe von Beginn an von einer späteren Nachrangigkeit im Insolvenzverfahren bzw. einer außer- oder innerinsolvenzrechtlichen Anfechtung bedroht wird.[842] Insoweit würde also der Schluss gezogen, dass ein Gesellschafter nur (auch) aufgrund seiner Gesellschafterstellung bereit sein würde, das Finanzierungsmittel trotz dieser noch rein abstrakten Gefahr zu überlassen. Insofern kann man von der „abstrakten Akzessorietätslösung" sprechen, da bereits die abstakte Gefahr der späteren Nachrangigkeit bzw. Anfechtung genügt.

---

838 So ist *Hölzle* zu verstehen in DStR 2007, 1185, 1190 f.; gl. A.: *Jachmann*, DStJG 34 (2011), 251, 274.
839 *Bode*, DStR 2009, 1781, 1785 f.
840 *Bode, ebd.*
841 *Bode, ebd.*
842 Hierfür *Bode, ebd.*

Vor dem Hintergrund der prinzipiell durchgängigen – wenn auch einerseits konkreten und andererseits nur abstrakten – Anknüpfung am Zivilrecht könnten nun bei ausnahmsloser Umsetzung einer solchen Anlehnung an das Zivilrecht immer dann schon dem Grunde nach keine nachträglichen Anschaffungskosten angenommen werden, wenn es sich um ein privilegiertes Gesellschafterdarlehen handelt.[843] Denn ein privilegierter Darlehensgeber wird durch das Zivilrecht einem Dritten gleichgestellt – bzw. anders gewendet wird auf seine Schlechterstellung gegenüber Dritten ausnahmsweise verzichtet – und somit gegenüber einem nichtprivilegierten Darlehensgeber bevorzugt. Er könnte dann aber an sich nicht – ohne Wertungswidersprüche zu provozieren – zudem auch das Korrektiv der steuerlichen Abzugsfähigkeit in Anspruch nehmen.

Auch im Hinblick auf gemäß dem Sanierungsprivileg nicht verstrickte Finanzierungshilfen müsste man i.S. einer solchen strengen Akzessorietät die Annahme nachträglicher Anschaffungskosten daher an sich ablehnen.[844] Andererseits könnte man für eine Fortführung der diesbezüglichen Rechtsprechung des BFH auch unter Geltung des MoMiG plädieren, um keine den originären Zielen des Sanierungsprivilegs widerstrebenden Hemmnisse zu errichten.[845] Die bisherigen Argumente – insbesondere also, dass ohne einen Ansatz nachträglicher Anschaffungskosten der Regelungszweck des Sanierungsprivilegs unterlaufen würde[846] – können jedenfalls ungeachtet des MoMiG auch weiterhin vorgebracht werden; die Gesetzesreform birgt insoweit kein Erneuerungspotential. Die maßgeblichen Wertungsfragen bestehen vielmehr auch weiterhin darin, wie streng die Akzessorietät ausgestaltet werden sollte sowie in welchem Umfang man den Zwecken des Sanierungsprivilegs zur Geltung verhelfen will. Hierauf soll später noch eingehender eingegangen werden.[847]

Unbeschadet dieser umstrittenen Problematik sollte eine Verlustberücksichtigung im Rahmen sämtlicher privilegierter Finanzierungshilfen jedoch unzweifelhaft immer dann zugelassen werden, wenn der Gesellschafter seiner Finanzierungshilfe mit einer Krisenbestimmung versieht, sie der Finanzplanrechtsprechung unterfällt oder der Gesellschafter den Rangrücktritt erklärt.[848] Dann nämlich verzichtet er freiwillig auf seine gesetzliche Gleichstellung mit den übrigen Drittgläubigern der Gesellschaft und auf seine vorrangige Befriedigung im Insolvenzfall. Diese "neue" Finanzierungsentscheidung aber verändert die Qualifizierung des eingesetzten Kapitals dahinge-

843 Also ein Kleinbeteiligten- oder Sanierungsdarlehen, das dem gesetzlichen Nachrang des § 39 Abs. 1 Nr. 5 InsO sowie der Anfechtung nicht unterliegt; gegen einen Ansatz von nachträglichen Anschaffungskosten daher *Bode*, DStR 2009, 1781, 1785; *Hölzle* äußert sich insoweit zwar nicht ausdrücklich, seine Ausführungen können jedoch dahingehend interpretiert werden, dass auch er eine Berücksichtigung solcher Darlehensverluste ablehnt in DStR 2007, 1185, 1189 ff.; a.A. für das Sanierungsprivileg BMF vom 21.10.2010 IV C 6 - S 2244/08/10001, DStR 2010, 2191, 2192 f.

844 *Bode*, DStR 2009, 1781, 1785; i. Erg. a.A. BMF vom 21.10.2010 IV C 6 - S 2244/08/10001, DStR 2010, 2191, 2192 f.

845 Dafür i. Erg. BMF vom 21.10.2010 IV C 6 - S 2244/08/10001, DStR 2010, 2191, 2192 f.

846 Siehe im Einzelnen zur Rspr. des BFH zum Sanierungsprivileg und zu einer diesbezüglichen Bewertung schon oben unter 1. Teil B. III. 3. d) bb).

847 Siehe noch unten unter 2. Teil B. III. 1. g) dd) (5).

848 *Groh*, FR 2008, 264, 267; *Bode*, DStR 2009, 1781, 1785.

hend, dass es nicht länger die Rolle bloßen Fremdkapitals übernimmt, sondern nunmehr funktionelles Eigenkapital darstellt.[849] Diese Umqualifizierung infolge einer freien Entscheidung des Gesellschafters aber rechtfertigt es, einen entsprechenden Darlehensverlust der Regelungssystematik des § 17 EStG zu unterstellen.[850] Eine Abzugsfähigkeit der Darlehensverluste muss daher dem Grunde nach bejaht werden. Dies allerdings nicht trotz der gesetzlichen Privilegierung des Darlehens, sondern völlig losgelöst von dieser und wegen der privatautonomen Erklärungen des Darlehensgebers, die einen Rangrücktritt bzw. die Qualifikation der Finanzierungshilfe als krisenbestimmt bzw. der Finanzplanrechtsprechung unterfallend bewirkt haben.

Der BFH hat einer recht jungen Entscheidung zum Kleinbeteiligtenprivileg – noch unter Geltung der alten Rechtslage – zumindest de facto ebenfalls diese Erwägungen für durchschlagend erachtet, indem er eine gesellschaftsrechtliche Veranlassung der Darlehensverluste in einem Fall bejahte, in dem Gesellschafter und Gesellschaft vereinbart hatten, das Darlehen entgegen dem Kleinbeteiligtenprivileg wie Eigenkapital zu behandeln und sich die Beteiligten des späteren Insolvenzverfahrens über das Vermögen der Gesellschaft auch tatsächlich an diese Abrede hielten.[851] Diese Rechtsprechung des BFH, die insoweit zutreffend eine Umqualifikation in funktionales Eigenkapital zwar nicht infolge einer gesetzlich Verstrickung der Finanzierungshilfe annehmen kann, diese aber zurecht aus der abredegemäßen Behandlung der privilegierten Finanzierungshilfe als Eigenkapital herleitet,[852] könnte also auch im Rahmen der Akzessorietätslösung beibehalten und fortentwickelt werden.

Die Höhe der insoweit als auch allgemein ansatzfähigen nachträglichen Anschaffungskosten wird im folgenden Abschnitt diskutiert.

(bb) Der Ansatz nachträglicher Anschaffungskosten der Höhe nach

Im Rahmen des Ansatzes der Höhe nach sind wiederum mehrere Lösungen denkbar. Im Wesentlichen sind letztlich zwei Varianten erwägenswert, die auf jeweils unterschiedlichen Grundüberlegungen basieren.

Zum einen könnte man – je nach vertretenem Grundansatz – bezüglich sämtlicher zivilrechtlich verstickter[853] bzw. von der Verstrickung bedrohter und anschließend verlorener Gesellschafterhilfen ausnahmslos den Ansatz des Nennwertes der

849 *Bode, ebd.*
850 *Groh, ebd.*; *Bode, ebd.*
851 BFH vom 06.05.2014 – IX R 44/13, BStBl II 2014, 781, DStR 2014, 1597.
852 BFH vom 06.05.2014 – IX R 44/13, BStBl II 2014, 781, DStR 2014, 1597.
853 Der Begriff der Verstrickung erfasst vorliegend sowohl Nachrangigkeit als auch inner- und außerinsolvenzliche Anfechtbarkeit.

ausgefallenen[854] (Rückzahlungs-)Forderung verlangen.[855] Andererseits könnte man in einem gewissen Umfang für den Ansatz lediglich des gemeinen Wertes der Rückzahlungsforderung in einem bestimmten Moment plädieren.[856]

(1) Vollumfänglicher Ansatz des Nennwertes

Im Sinne erstgenannter Auslegungsvariante ist beim Ausfall sämtlicher nicht privilegierter Finanzierungshilfen vom Ansatz des Nennwertes auszugehen.[857]

Gemäß dieser Theorie ist ein Ansatz nur des gemeinen Wertes abzulehnen, da im neuen Recht der Gesellschafterdarlehen die Maßgeblichkeit der Finanzierungsentscheidung des Gesellschafters entfällt und nunmehr jedes Gesellschafterdarlehen von seiner Gewährung an der gesetzlichen Subordination unterliegt, die lediglich durch das Insolvenzereignis aufschiebend bedingt ist.[858] Der Gesetzgeber habe unbestritten festgelegt, dass mit dem MoMiG jedes Gesellschafterdarlehen unabhängig von einer Krise der Gesellschaft in den Grenzen von §§ 39 Abs. 1 Nr. 5 InsO nachrangig ist bzw. gemäß § 135 InsO, §§ 6 f. AnfG der Anfechtbarkeit unterliegt. Sofern diese Regelungen nun einschlägig sind, bestehe für den Gesellschafter keine Möglichkeit mehr, seine Finanzierungshilfe zu "retten". Im alten Recht hingegen habe der Gesellschafter immer die Chance gehabt, seine Finanzierungshilfe vor dem Eintritt der Krise – so schwierig dieser Zeitpunkt im Einzelfall auch zu erkennen gewesen sein mag – abzuziehen. Dieses nicht notwendigerweise von einem subjektiven Element getragene rein objektive Auslassen dieser Chance habe es gerechtfertigt, einen solchen Gesellschafter schlechter zu behandeln im Vergleich zu einem Gesellschafter, der seine Finanzierungshilfe in der bzw. auch für die Krise gewährt hatte, indem man nur Letzterem einen Ansatz zum Nennwert gestattete.[859] Da aber das MoMiG eine solche Differenzierung gerade nicht mehr vornehme, vielmehr sämtliche (nicht privilegierten) Gesellschafterhilfen gleichbehandle und demnach auch keine speziellen Möglichkeiten für den Abzug der Finanzierungshilfe mehr anbiete, entfalle auch diese Rechtfertigungsmöglichkeit für eine Schlechterbehandlung bestimmter Gesellschafter dahingehend, im Falle ihres Verlustes nur den gemeinen Wert anzusetzen.

---

854 Dies gilt freilich nur dann, wenn die Forderungen auch tatsächlich vollumfänglich ausgefallen ist, siehe *Fuhrmann*, NWB 2009, 3990, 3992; bei einem teilweisen Ausfall kommt auch lediglich der Ansatz des entsprechenden Teiles des Nennwertes in Betracht; *Fuhrmann* weist *ebd.* überdies zutreffend darauf hin, dass das Darlehen zu einem Zeitpunkt hingegeben worden sein muss, in welchem der Überlassende bereits Gesellschafter war; nach vorliegender Auffassung reichen indes auch das zeitliche Zusammenfallen von Darlehenserwerb und Eintritt in die Gesellschafterstellung aus, um nachträgliche Verluste in Ansatz bringen zu können.

855 Dafür plädieren etwa *Bode*, DStR 2009, 1781, 1784; *Hölzle*, DStR 2007, 1185; *Groh*, FR 2008, 264.

856 Dafür etwa *Fuhrmann*, NWB 2009, 3990, 3992 f.

857 Siehe etwa *Bode*, DStR 2009, 1781, 1784; *Hölzle*, DStR 2007, 1185, 1191; kritisch *Heuermann*, DB 2009, 2173, 2175.

858 So explizit *Hölzle*, *ebd.*; im Grundsatz gleicher Ansicht *Groh*, FR 2008, 264, 267.

859 Ein Ansatz zum Nennwert war freilich auch im Rahmen von krisenbestimmten Darlehen und Finanzplandarlehen zulässig, siehe zu den vier Fallgruppen schon oben unter 1. Teil B. III. 3. e) aa).

Gemäß dieser Auslegungsvariante kommt es mithin jedenfalls immer dann zu einem Ansatz von Anschaffungskosten in Höhe des Nennwertes der Forderung, wenn die Nachrangig- bzw. Anfechtbarkeitsregelungen – je nach Auslegungsvariante konkret bzw. konkret oder abstrakt – hinsichtlich verlorener Finanzierungshilfen eingreifen. Auch solche privilegierten Finanzierungshilfen, die mit einer Krisenbestimmung versehen sind oder der Finanzplanrechtsprechung unterfallen, müssen im Rahmen dieser Auslegungsvariante zu nachträglichen Anschaffungskosten in Höhe des Nennwertes führen, da hier der Verlust zwar nicht aufgrund der geänderten zivilrechtlichen Vorgaben, wohl aber aufgrund der über die gesetzliche Bindung der Finanzierungshilfe hinausgehenden Überlassung zugunsten der Gesellschaft begründet sind, die ihrerseits die gesellschaftsrechtliche Veranlassung der Überlassung darstellt.

Bezüglich "gewöhnlicher", d.h. nicht privilegierter Darlehen und gleichgestellter Vorgänge aber führt diese Auslegungsvariante dazu, dass derartige Krisen- und Finanzplanabreden nunmehr für die Höhe des Ansatzes gänzlich irrelevant werden, da ohnehin ausnahmslos der Nennwert des Rückzahlungsanspruches anzusetzen ist.

(2) Grundsätzlicher Nennwertansatz, teilweise jedoch lediglich Ansatz des gemeinen Wertes

Wie bereits eingangs angedeutet, kann man die vorliegend analysierte Akzessorietätslösung jedoch in Bezug auf die Höhe anzunehmender nachträglicher Anschaffungskosten auch in einem anderen Sinne verstehen bzw. auslegen. Denkbar ist nämlich auch, dass prinzipiell zwar der Nennwert des Rückzahlungsanspruches des Gesellschafters als nachträgliche Anschaffungskosten in Abzug zu bringen ist, in denjenigen Fällen jedoch, in welchen das Darlehen bzw. die sonstige Finanzierungshilfe bereits vor Beginn der Einjahresfrist der §§ 135 InsO, 6 f. AnfG ausgereicht wurde und ein Wertverlust zumindest anteilig schon vor Beginn des Einjahreszeitraumes eingetreten ist, nur der gemeine Wert der Forderung angesetzt werden kann.[860]

Zwar kann der Beginn der Beginn der Einjahresfrist immer nur retrospektiv ermittelt werden – i.R.d. § 135 InsO ab dem Moment des Antrags auf Eröffnung des Insolvenzverfahrens und i.R.d. §§ 6 f. AnfG ab dem Zeitpunkt der Erlangung des vollstreckbaren Schuldtitels. Allerdings war Entsprechendes auch schon im Rahmen der alten Rechtslage – also während der Maßgeblichkeit des Krisenbegriffes – bezüglich des Beginns der Krise der Gesellschaft der Fall, weshalb diese ex post Betrachtung auch unter Geltung des als solche nicht als durchgreifendes Argument gegen eine Anknüpfung am Zivilrecht dienen kann.

Demnach kann rückblickend festgestellt werden, dass der Gesellschafter sehr wohl vor Beginn der Jahresfrist die grundsätzliche[861] Möglichkeit hatte, sein – hiervon völlig unabhängig gleichwohl aufschiebend bedingt nachrangiges (§ 39 Abs. 1 Nr. 5 InsO) – Darlehen abzuziehen und sich somit schadlos zu halten. Tat er dies nicht und trat ein diesbezüglicher Wertverlust schon vor Beginn des Einjahreszeitrau-

---

860 *Fuhrmann*, NWB 2009, 3990, 3992 f.

861 Die Erheblichkeit möglicher Krisenbestimmungen wird sogleich nachfolgend beleuchtet.

mes ein, so kann dieser nicht auf die veränderten zivilrechtlichen Regelungen zur Nachrangig- und Anfechtbarkeit zurückgeführt werden. Letztere gestatteten nämlich insoweit gerade eine folgenlose Rückgewähr der Finanzierungshilfe,[862] d.h. es musste – freilich rückblickend betracht – nicht einmal deren Anfechtung befürchtet werden. Im Hinblick auf diese Nichtanfechtbarkeit erscheint es mindestens vertretbar, einen dergestalt erlittenen Verlust nicht zu berücksichtigen und lediglich den gemeinen Wert der Forderung anzusetzen, welcher ihr im Moment des Beginns des Einjahreszeitraumes zukam.[863]

Der identische Inhalt wird auch mit der Aussage zum Ausdruck gebracht, dass der Gesellschafter vor Beginn des Einjahreszeitraumes ob der Möglichkeit des Rückerhalts seiner Finanzierungshilfe nicht anders behandelt wird als ein gesellschaftsfremder Darlehensgeber. Dann aber sollte er sich auch steuerlich nicht auf eine – ihn insofern begünstigende – Spezialvorschrift für Gesellschafter wie § 17 EStG berufen können.

Diese Auslegungsvariante der Akzessorietätsthese gelangt also zwar prinzipiell zu einem Ansatz des Nennwertes der Finanzierungshilfe, für im vorstehend beschriebenen Sinne lediglich "stehengelassene"[864] Finanzierungshilfen allerdings lässt sie nur den Ansatz des gemeinen Wertes der Rückzahlungs- bzw. im Sicherungsfall Regressforderung zu.

Wenn in diesem Zusammenhang von einem Stehenlassen die Rede ist, so bedarf dieses jedoch wiederum – d.h. in Gleichlauf zur früheren Rechtslage – nicht nur des Beginns des Einjahreszeitraums und damit des Eintritts der Anfechtbarkeit, sondern es ist vielmehr zudem erforderlich, dass eine Möglichkeit zum Abzug der Finanzierungshilfe vor bzw. bei Beginn der Jahresfrist bestand. Eine subjektive Kenntnis des Gesellschafters ist insoweit entsprechend den Ausführungen zur alten Rechtslage nicht vonnöten.

Eine Abzugsmöglichkeit besteht jedoch dann nicht, wenn sich der Gesellschafter ihrer zuvor verbindlich begeben hat. Hat der Gesellschafter demnach mit der Gesellschaft verbindlich vereinbart, dass er seine Finanzierungshilfe auch im Krisenfall nicht abziehen würde oder war die Finanzierungshilfe schon im Ausgangspunkt derart in die Finanzplanung der Gesellschaft einbezogen, dass mittels ihrer Überlassung die zur Aufnahme der Geschäfte notwendige Kapitalausstattung der Gesellschaft in Form einer Kombination von Eigen- und Fremdfinanzierung sichergestellt werden sollte,[865] sodass insbesondere der Gesellschafter im Falle der Krise der Gesellschaft

862 Dies war hingegen im alten Zivilrecht gerade nicht immer der Fall, da die Finanzierungshilfe im Falle der Verstrickung gemäß den Rechtsprechungsregeln gerade nicht ohne Weiteres zurückgewährt werden konnte (§ 30 GmbHG a.F. analog) bzw. ein Rückzahlungsgebot bestand (§ 31 GmbHG a.F. analog).

863 Zu dieser Argumentation siehe *Fuhrmann*, NWB 2009, 3990, 3992 f.

864 Es handelt sich vorliegend um ein anderes "Stehenlassen" von Finanzierungshilfen, als es nach altem Recht der Fall war; vor Geltung des MoMiG wurden die Finanzierungshilfen trotz Kriseneintritt und Abzugsmöglichkeit stehengelassen, nunmehr handelt es sich – im Rahmen der Akzessorietätslösung – um ein "Stehenlassen" trotz Beginn der Einjahresfrist und damit trotz einsetzender Anfechtbarkeit.

865 BMF vom 08.06.1999 – IV C 2-S 2244-12/99, BStBl I 1999, 545, 546; *Bode*, DStR 2008, 1781, 1782.

den Darlehensvertrag nicht gemäß § 490 Abs. 1 BGB wegen einer wesentlichen Verschlechterung der Vermögenslage der Gesellschaft kündigen konnte, handelte es sich mithin um eine krisenbestimmte Finanzierungshilfe oder um eine solche i.S.d. sog. Finanzplanrechtsprechung,[866] so ist ein anschließend eintretender Wertverlust hinsichtlich der Forderung wiederum in der Gesellschafterstellung des Darlehensgebers begründet, m.a.W. gesellschaftsrechtlich veranlasst. Insofern wird das bloße Stehenlassen vor Beginn des Anfechtungszeitraumes von der jeweiligen Krisenbestimmung überlagert, sodass letztlich doch eine genügende gesellschaftsrechtliche Veranlassung gegeben ist. Sollte also noch keine Verstrickung gemäß den veränderten zivilrechtlichen Vorgaben gegeben sein, rechtfertigt diese gesellschaftsrechtliche Veranlassung bei zutreffender Würdigung gleichwohl den Ansatz des Nennwertes, d.h. auch der vor Beginn des Einjahreszeitraums eingetretene Verlust ist auch im Rahmen dieser Akzessorietätslösung zu berücksichtigen.

Entsprechendes sollte ebenso gelten in Fällen der privilegierten Darlehen. Auch diese unterfallen nicht der veränderten insolvenz- bzw. anfechtungsrechtlichen Verstrickung. Sollten sie jedoch mit derartigen Krisenbestimmungen versehen sein, fallen auch sie wegen der zugrundeliegenden Gesellschafterstellung aus, weshalb auch insofern ein Ansatz nachträglicher Anschaffungskosten geboten ist.

Im Übrigen sei darauf hingewiesen, dass eine Beibehaltung der Maßgeblichkeit der Krise, genauer der Krisenbestimmung der Finanzierungshilfe, für diese Auslegungsvariante und in diesem Kontext durchaus geboten und insbesondere nicht widersprüchlich ist zu derjenigen Überlegung, für den fraglichen Zeitpunkt des Stehenlassens einer Gesellschafterhilfe gerade nicht den Moment des Kriseneintritts heranzuziehen. Dies erschließt sich aus Folgendem:

Die Maßgeblichkeit der Anfechtungsfristen für den Moment des Stehenlassens ergibt sich unmittelbar aus den gesetzlichen Vorgaben, die insoweit – freilich zunächst nur zivilrechtlich – bewusst nicht länger auf die Krise der Gesellschaft abstellen. Dies gleichwohl für steuerliche Zwecke beibehalten zu wollen ist bei zutreffendem Verständnis schon nicht mit dem Ausgangspunkt des vorliegenden Abschnittes der Untersuchung in Einklang zu bringen, in welchem ja gerade die Folgen einer fortgesetzten Akzessorietät in Bezug auf das Zivilrecht analysiert werden. Insoweit steuerlich die Einjahresfrist gänzlich außer Betracht zu lassen ist mithin – i.R.d. vorliegenden Akzessorietätslösung – nicht tragbar. Dies ändert jedoch nichts daran, dass ein Versehen der Gesellschafterhilfe mit einer Krisenbestimmung "aus freien Gesellschafterstücken" oder das Vorliegen eines Finanzplandarlehens eine derartige gesellschaftsrechtliche Veranlassung begründet, die es trotz teilweiser oder vollständiger zivilrechtliche Nichtverstrickung der Finanzierungshilfe rechtfertigt, die sich an sich im Rahmen einer Akzessorietätslösung anschließende Nichtberücksichtigung eines Verlustes auch im Steuerrecht zu überlagern und somit i.Erg. einen (vollumfänglichen) Ansatz nachträglicher Anschaffungskosten herbeizuführen.

866 Siehe zu diesen beiden Fallgruppen der Überlassung vormals eigenkapitalersetzender Darlehen schon oben unter 1. Teil B. III. 3. e) aa).

Zusammenfassend kann damit festgestellt werden, dass im Rahmen dieser Auslegungsvariante der Akzessorietätslösung grundsätzlich ein Ansatz des Nennwertes erfolgt, es sei denn im Falle des Stehenlassens einer Finanzierungshilfe – gemäß zutreffender Ansicht bezogen auf den Moment des Beginnes der Anfechtungsfristen – ist es bereits vor Beginn ebendieser Frist zu einem Wertverlust gekommen. All dies gilt nur dann nicht, wenn Krisen- oder Finanzplanhilfen überlassen wurde. Letzteres führt auch dann zu vollumfänglichen Anschaffungskosten, wenn es sich um krisenbestimmte oder der Finanzplanrechtsprechung unterfallende Sanierungs- oder Kleinbeteiligtendarlehen bzw. gleichgestellte Vorgänge handelt.

(3) Eigene Ansicht

Derjenigen Variante, die einen ausnahmslosen Nennwertansatz für nicht privilegierte Darlehen zulassen will, ist zunächst zuzugestehen, dass sie in gewissem Sinne zu weniger Rechtsunsicherheit führen würde. Dies liegt darin begründet, dass i.R.d. anderen Variante nicht unzweifelhaft vorausgesagt werden kann, ob die Rechtsprechung für die Zwecke des maßgeblichen Zeitpunktes, bis zu welchem ein Verlust bezüglich nur stehengelassener Finanzierungshilfen außer Betracht bleiben muss, in der Tat auf den Beginn des Anfechtbarkeitszeitraumes oder nicht doch auf den Beginn einer Krise der Gesellschaft abstellen würde.[867]

Auch käme es im gewissen Umfang zu einer Rechtsvereinfachung. Dies wäre insofern der Fall, als es für nicht privilegierte Finanzhilfen in keinem Falle für Zwecke des § 17 EStG mehr darauf ankäme, ob eine Krisen- oder Finanzplanfinanzierungshilfe vorläge, da ohnehin der Nennwert anzusetzen wäre.

Gleichwohl stehen diesen Überlegungen nach vorliegender Auffassung i.Erg. überwiegende Argumente für die alternative Auslegungsvariante der Akzessorietätslösung entgegen:

Zunächst ist das vorstehend dargestellte Vereinfachungsargument zwar zutreffend, darf jedoch in seiner Erheblichkeit nicht überschätzt werden. Das Vorliegen eines Krisen- oder Finanzplandarlehens bzw. eines gleichgestellten Vorganges wäre nämlich auch i.R.d. Nennwertlösung nicht gänzlich irrelevant. Dies deshalb, weil entsprechende Abreden zwischen Gesellschafter und Gesellschaft jedenfalls bezüglich privilegierter Finanzhilfen auch insoweit für einen Nennwertansatz maßgeblich wären.

Vor allem aber basiert die Auslegungsvariante, die in Bezug auf ausschließlich stehengelassene Finanzhilfen,[868] die bereits vor Beginn des Anfechtbarkeitszeitraumes

867 Vorliegend wird für den Beginn des Anfechtbarkeitszeitraumes plädiert, siehe oben unter 2. Teil B. III. 1. b) bb) (3); a.A. etwa *Waclawik*, der in ZIP 2007, 1838, 1842 zudem darauf aufmerksam macht, dass der Begriff der Krise „anonym" in § 39 Abs. 4 S. 2 InsO weiterlebt; wohl ebenfalls: BMF vom 21.10.2010 IV C 6 - S 2244/08/10001, DStR 2010, 2191, 2192.

868 I.R.v. von Krisen- oder Finanzplanhilfen kommt es auch hier zu einem Nennwertansatz, siehe oben unter 2. Teil B. III. 1. b) bb) (2).

überlassen wurden,[869] nur den Ansatz des gemeinen Wertes ermöglicht, auf der zutreffenden Grundüberlegung. Natürlich entfällt – insofern ist der Gegenthese vom vollumfänglichen Nennwertansatz zuzustimmen – eine Finanzierungsentscheidung des Gesellschafters in dem Moment, in welchem seine Finanzhilfe von der Nachrangigkeit erfasst oder erfolgreich angefochten wird. Gleichwohl bleibt es dabei, dass er vor Beginn der einjährigen Anfechtbarkeitszeitraumes grundsätzlich vollkommen frei darin ist, seine Finanzhilfe zurückzufordern, ohne eine Anfechtung fürchten zu müssen. Letzteres wiederum übersieht die Gegenmeinung. Erlebt der Gesellschafter aber während dieses Stadiums einen Wertverlust, so erleidet er diesen während eines Zeitraumes, in dem er schlicht wie ein gesellschaftsfremder Darlehensgeber behandelt wird. Der Verlust tritt völlig unabhängig von den gesellschafterspezifischen zivilrechtlichen Nachrangig- und Anfechtungsregelungen ein. Daher wäre es – immer vorausgesetzt man will im Grunde der Akzessorietätslösung folgen – letztlich auch nicht gerechtfertigt, insoweit die gesellschafterspezifische Vorschrift des § 17 EStG – in diesem Kontext begünstigend – auf den Gesellschafter anzuwenden.

Aus diesen Erwägungen heraus spricht mehr dafür, derjenigen Auslegung zu folgen, die nicht ausnahmslos zu einem Nennwertansatz gelangt.

(cc) Fazit

I.R.d. hier befürworteten Auslegung der Akzessorietätslösung kommt es bei einem vollständigen Ausfall der Rückzahlungsforderung des Gesellschafters mithin prinzipiell zu einem Ansatz des Nennwertes der Forderung, es sei denn es handelt sich um eine ausschließlich stehengelassene Finanzierungshilfe – d.h. um eine solche, die kein Krisen- oder Finanzplandarlehen bzw. einen gleichgestellten Vorgang darstellt – , die bereits vor Beginn der Anfechtungsfrist gewährt wurde.

Der Ausfall von Kleinbeteiligtendarlehen bzw. gleichgestellten Vorgängen führt nur dann zu einem Anschaffungskostenansatz in Höhe des Nennwertes, wenn es sich bei diesen zugleich um Krisen- oder Finanzplanhilfen handelt. Bezüglich des Sanierungsprivilegs ist es in Parallelität zur alten Rechtslage unverändert entscheidend, ob man – wie der BFH – dessen Regelungszweck in den Vordergrund rücken will oder eine möglichst strenge Akzessorietät des Steuerrechts befürwortet;[870] bei Vertreten der Akzessorietätslösung bleibt das MoMiG insoweit ohne Einfluss.

Nach alledem würde sich mithin im Ausgangspunkt wenig an den bislang seitens Rechtsprechung und Finanzverwaltung gefundenen Ergebnissen ändern und dies, obwohl der Anknüpfungspunkt durch das MoMiG erhebliche Änderungen erfahren hat. Indes darf nicht außer Acht gelassen werden, dass gleichwohl eine wesentliche Änderung im Steuerrecht insofern bestünde, als dass die zivilrechtliche Verstrickung der Finanzierungshilfe unter modifizierten Voraussetzungen eintreten würde. Im Rahmen der Akzessorietätslösung führt also der Ausfall eines jeden nicht privilegierten

869 Bei Überlassung nach Beginn der Jahresfrist kommt es auch i.R.d. Lösung zu einem Nennwertansatz, siehe oben unter 2. Teil B. III. 1. b) bb) (2).

870 Siehe noch ausführlich unten unter 2. Teil B. III. 1. g) dd) (5).

Darlehens bzw. jeder gleichgestellter Tatbestand mit Ausnahme nur stehengelassener Finanzierungshilfen zu nachträglichen Anschaffungskosten in Höhe des Nennwertes, sofern die Finanzierungshilfe auch nach den neuen insolvenzrechtlichen Nachrangigkeits- und Anfechtungsregelungen verstrickt ist bzw. i.R.d. abstrakten Auslegungsvariante der Akzessorietätslösung von ebendiesen Regelungen bedroht war.

c) Selbständige, vom Zivilrecht losgelöste Auslegung des Anschaffungskostenbegriffes

(aa) Der Ansatz nachträglicher Anschaffungskosten dem Grunde nach

Eine der soeben dargestellten Rechtsposition diametral entgegenstehende Lösungsmöglichkeit bestünde darin, die Auslegung des steuerrechtlichen Anschaffungskostenbegriffes nunmehr gänzlich vom zivilrechtlichen Recht der Gesellschafterdarlehen zu entkoppeln.[871] Wie aufgezeigt wurde, hat sich der BFH bislang – zumindest nach ganz herrschendem Verständnis – sehr weitgehend[872] am Zivilrecht orientiert,[873] sodass eine solche Entkoppelung in gewisser Weise eine grundlegende Änderung des bisherigen Ansatzes der Rechtsprechung bedeuten würde.

Im Rahmen eines solchen eigenständigen Ansatzes würde die Frage, wann eine für die Annahme von nachträglichen Anschaffungskosten genügende gesellschaftsrechtliche Veranlassung der Finanzierungshilfenverluste vorliegt, nach eigenständigen steuerrechtlichen Maßstäben beantwortet. Dies könnte letztlich die auf den ersten Blick paradox anmutende Folge haben, dass die bislang gewonnenen steuerlichen Ergebnisse zumindest weitgehend beibehalten werden könnten. Im Einzelnen gilt insoweit das Folgende:

Im Rahmen eines selbständigen, steuerrechtlichen Ansatzes liegt es nahe, für die Feststellung der gesellschaftsrechtlichen Veranlassung primär auf den Maßstab der Krise der Gesellschaft zurückzugreifen. Denn ab dem Zeitraum der Kreditunwürdigkeit der Gesellschaft (Beginn der Krise der Gesellschaft) wäre ein gesellschaftsfremder Dritter typischerweise gerade nicht mehr bereit, der Gesellschaft Kredit zu gewähren. Dem steht gemäß dieser Rechtsansicht nicht entgegen, dass das Gesellschafts- und Insolvenzrecht nach dem MoMiG auf den Terminus der Krise verzich-

871 Prinzipiell hierfür etwa *Bode*, DStR 2009, 1781, 1783; *Pung/Werner* in Dötsch/Pung/Möhlenbrock, Körperschaftsteuergesetz, § 17 EStG, Tz. 332; *Wiese/Möller*, GmbHR 2010, 462, 465.

872 Eine Ausnahme wurde lediglich in Bezug auf das Sanierungsprivileg gemacht, wodurch zugunsten des Gesellschafters nachträgliche Anschaffungskosten anerkannt wurden trotzt fehlender Verstrickung der Finanzierungshilfe nach den zivilrechtlichen Eigenkapitalersatzregeln.

873 Die h.M. ging insoweit von einer strengen Akzessorietät des BFH zum BGH aus, siehe nur *Fuhrmann*, NWB vom 29.09.2008, Fach 4, S. 5391; dies gilt auch für die Finanzverwaltung, siehe BMF vom 08.06.1999 - IV C 2-S 2244-12/99, BStBl I 1999, 545, DStR 1999, 1151; *Waclawik* beurteilt eine solche Sichtweise der Judikatur dagegen als „zumindest verkürzt“, in ZIP 2007, 1838, 1841; fest steht jedoch, dass der BFH zwar nicht nur, aber immer dann im Ergebnis von nachträglichen Anschaffungskosten ausging, wenn es sich um ein nach den zivilrechtlichen Regeln des Eigenkapitalersatzrechtes verstricktes Gesellschafterdarlehen handelte; die unterschiedliche Sichtweise bezüglich der Rechtsprechung zur alten Rechtslage betrifft also lediglich deren dogmatische Begründung.

tet.[874] Dies ergebe sich daraus, dass gemäß allgemeiner Grundsätze zwar das Zivilrecht dem Steuerrecht prinzipiell insofern vorgehe, als das Steuerrecht die zivilrechtlichen Wertungen berücksichtigen müsse, dieser Grundsatz im vorliegenden Zusammenhang jedoch nicht einschlägig sei.[875]

In der Tat ist unstreitig nicht immer zwingend vorgegeben, dass es für Zwecke der steuerrechtlichen Beurteilung einer Anleihe oder Anknüpfung beim bzw. am Zivilrecht bedarf. Dieser Rechtsansicht nach lasse sich auch aus den §§ 39 Abs. 1 Nr. 5, 135 InsO, § 6 AnfG einerseits und den hier relevanten steuerrechtlichen Vorschriften – also insbesondere § 17 EStG – nicht entnehmen, dass eine solche Anknüpfung vorgenommen werden müsse. Nur weil die maßgebenden zivilrechtlichen Vorschriften nunmehr auf den Krisenbegriff verzichten, müsse dieser nicht zugleich auch aus der steuerlichen Beurteilung verbannt werden.[876]

Steuerlich könnten also jedenfalls Verluste aus denjenigen Darlehen geltend gemacht werden, die im Stadium der Insolvenzreife oder zu einem Krisenzeitpunkt gewährt bzw. in einem Kriseneintrittszeitpunkt stehengelassen wurden, also in einem Moment, in welchem die Gesellschaft sich am Markt keinen Kredit mehr hätte beschaffen können.

Die neuen zivilrechtlichen Regelungen der Nachrangigkeit der Finanzhilfen gemäß § 39 InsO sowie der Anfechtbarkeit ihrer Rückzahlung blieben somit für das steuerliche Tatbestandsmerkmal der gesellschaftsrechtlichen Veranlassung außer Betracht. Vielmehr wären i.R.d. Lösungsweges die bereits unter der alten Rechtslage geltenden Erwägungen für die gesellschaftsrechtliche Veranlassung maßgebend. Weder der BFH noch das BMF müssten ihre Standpunkte aufgeben;[877] die Rechtsprechung könnte zunächst[878] – ohne Bruch durch das MoMiG – fortentwickelt werden, das BMF könnte seine bisherigen Vorgaben aus früheren Schreiben auch weiterhin aufrechterhalten.[879] Das MoMiG bliebe damit im Ergebnis ohne Einfluss auf die Anwendung des § 17 Abs. 2 EStG.[880]

Aufgrund der gänzlichen Entkoppelung vom Zivilrecht würde dieser Ansatz bei treffendem Verständnis dazu führen, dass auch vom Kleinbeteiligten- oder Sanierungsprivileg erfasste Darlehensverluste zu nachträglichen Anschaffungskosten führen würden, sofern das Darlehen zu einem Zeitpunkt überlassen wurde, zu dem sich die Gesellschaft ein solches Darlehen nicht oder nicht in gleicher Weise am Markt hätte beschaffen können. I.R.d. letztgenannten Beurteilung führt derjenige Umstand, dass das Darlehen gerade wegen seiner Privilegierung nicht nachrangig ist i.S.d. §§ 39

874 Zumindest i.R.d. Rechtsauffassung zutreffend *Waclawik*, der überdies darauf hinweist, dass der Begriff der Krise „anonym" in § 39 Abs. 4 S. 2 InsO weiterlebe in ZIP 2007, 1838, 1842.

875 Vgl. *Pung/Werner* in Dötsch/Pung/Möhlenbrock, Körperschaftsteuergesetz, § 17 EStG, Tz. 332.

876 I. Erg. gl. A.: *Waclawik*, ZIP 2007, 1838, 1841.

877 So auch *Frotscher* in: Frotscher, EStG, § 17 Rn. 274; *Waclawik*, ZIP 2007, 1838, 1842.

878 Eine erneute Änderungsbedürftigkeit könnte sich jedoch ab dem Zeitpunkt ergeben, ab welchem das UntStRefG zur Anwendung gelangt, also grundsätzlich ab dem 01.01.2009; siehe hierzu noch unten unter 2. Teil B. III. 2.

879 Es will das zumindest im Ergebnis auch weiterhin tun, siehe das Schreiben des BMF vom 21.10.2010 - IV C 6 - S 2244/08/10001, DStR 2010, 2191.

880 Gl. A. wohl auch *Frotscher* in: Frotscher, EStG, § 17 Rn. 274.

Abs. 1 Nr. 5, 135 InsO, § 6 AnfG i. Erg. nicht zu der Schlussfolgerung, dass ein ordentlicher Kaufmann das Darlehen zwangsläufig in gleicher Weise überlassen hätte. Denn Letztgenannter hätte es gleichwohl oftmals zumindest nicht unter dengleichen Bedingungen gewährt, da er aufgrund der wegen der Gesellschaftskrise zu erwartenden Insolvenz bzw. insolvenzfreien Liquidation der Gesellschaft mit einem tatsächlichen Ausfall des Darlehens rechnen musste sowie mit einer anschließenden – und trotz der nicht gegebenen Nachrangigkeit bestehenden – Nichtbefriedigung bzw. einer äußerst geringen Befriedigungsquote innerhalb oder außerhalb eines Insolvenzverfahrens.

Mittels der Selbständigkeitslösung käme es also zu der auf den ersten Blick paradox anmutenden Folge, dass durch den "Bruch" in Gestalt der Entkoppelung des Steuerrechts vom Zivilrecht der BFH seine bisherige Rechtsprechung zu den nachträglichen Anschaffungskosten im Rahmen von § 17 Abs. 2, Abs. 4 EStG zunächst aufrechterhalten und fortentwickeln würde können.

Vor diesem Hintergrund wird dieser Ansatz vereinzelt auch dahingehend verstanden bzw. bezeichnet, dass das bisherige Eigenkapitalersatzrecht zur Feststellung der gesellschaftsrechtlichen Veranlassung fortgeführt werden soll.[881] Dies ist freilich mittelbar insoweit zutreffend, als für die Frage der Krise der Gesellschaft, die zeitlich mit ihrer Kreditunwürdigkeit beginnt, im Wege der Selbständigkeitslösung auf die bislang durch BGH und BFH herausgebildeten Kriterien zur Feststellung der Krise sowohl für Zwecke des früheren Eigenkapitalersatzrechtes bzw. für steuerrechtliche Zwecke zurückgegriffen werden kann. Insoweit würde indes nicht das Eigenkapitalersatzrecht als solches fortgesetzt, sondern vielmehr die bislang in seinem Rahmen gewonnenen Ergebnisse für das zukünftige Steuerrecht fruchtbar gemacht. Dementsprechend handelt es sich bei einer solchen Bezeichnung der Selbständigkeitslösung nicht um einen eigenständigen, dritten Weg der zukünftigen Rechtsfindung.[882] Vielmehr ist eine Fortsetzung des Eigenkapitalersatzrechtes in diesem Sinne[883] nur dann möglich, wenn man – wie die Selbständigkeitslösung – im Ausgangspunkt eine eigenständig steuerrechtliche Lösung präferiert.

(bb) Der Ansatz nachträglicher Anschaffungskosten der Höhe nach

Gemäß vorstehenden Ausführungen könnten Finanzverwaltung und Rechtsprechung ihre bisherigen Ergebnisse also grundsätzlich nahezu unverändert beibehalten. Dies gilt indes nicht nur für den Ansatz nachträglicher Anschaffungskosten dem Grunde nach, sondern auch bezüglich der vier Fallgruppen, die über den Ansatz der Höhe

881 So FG Köln vom 30.09.2015 – 3 K 706/12, EFG 2016, 193, 194 m. Anm. *Hoffmann*.

882 Etwas missverständlich insoweit das FG Köln vom 30.09.2015 – 3 K 706/12, EFG 2016, 193, 194 m. Anm. *Hoffmann*; dass insoweit nicht drei grundlegend voneinander verschiedene Lösungsansätze vorliegen wird auch daran deutlich, dass die insoweit vom FG Köln, *ebd.*, angeführten Literaturnachweise gerade nicht von einer Fortführung des alten Eigenkapitalersatzrechtes sprechen, sondern tatsächlich ebenfalls eine originär steurrechtliche Lösung bevorzugen, mithin im Grundatz die hier dargestellte Selbständigkeitslösung.

883 Diese Terminologie wählt das FG Köln vom 30.09.2015 – 3 K 706/12, EFG 2016, 193, 194 m. Anm. *Hoffmann*.

nach entscheiden.[884] Entsprechend der soeben gemachten Ausführungen gilt dies nur insoweit nicht, als der Verlust bezüglich Kleinbeteiligtendarlehen in Rede steht, bezüglich derer der Gesellschafter nicht auf seine zivilrechtliche Privilegierung verzichtet hat.[885] Vor dem Hintergrund der Loslösung vom Zivilrecht und des objektiven Nettoprinzips sprechen die überzeugenderen Beweggründe dafür, den Gesellschafter insoweit im Vergleich zur bisherigen BFH-Rechtsprechung besser zu stellen und nachträgliche Anschaffungskosten anzuerkennen. Für nur stehengelassene Kleinbeteiligtendarlehen bzw. gleichgestellte Forderungen könnte indes wiederum nur der gemeine Wert des Rückzahlungsanspruches angesetzt werden.

(cc) Unterinstanzliche Rechtsprechung

Auch in den bislang nur vereinzelt ergangenen unterinstanzlichen Gerichtsentscheidungen wurde die Frage nach der gesellschaftsrechtlichen Veranlassung und damit nach der konkreten Reichweite der nachträglichen Anschaffungskosten ausnahmslos mittels des bekannten Maßstabes der Krise der Gesellschaft beantwortet und damit eine selbständige, vom veränderten Zivilrecht losgelöste Auslegung der gesellschaftsrechtlichen Veranlassung vertreten.[886]

So vertritt das FG Köln eine eigenständige steuerrechtliche Lösung, indem es sich – exakt wie die dargestellte Selbständigkeitslösung – bei der Frage nach der gesellschaftsrechtlichen Veranlassung der Finanzierungshilfenverluste des Maßstabs der Krise der Gesellschaft bedient und dergestalt im Ergebnis die frühere BFH-Rechtsprechung fortzusetzen gedenkt.[887]

So führt das FG Köln in seinem Urteil vom 30.09.2015 zur gesellschaftsrechtlichen Veranlassung und damit zur Annahme nachträglicher Anschaffungskosten aus,

> *„dass auch nach Einführung des MoMiG diese Frage weiterhin am Maßstab der Krise der Gesellschaft zu prüfen ist.“*[888]

Das FG Köln begründetet dieses Ergebnis absolut zutreffend und in völliger Übereinstimmung mit den Wertungen der Selbständigkeitslösung:

884 Gl. A.: FG Berlin-Brandenburg vom 28.05.2015 – 4 K 7114/12, DStRE 2016, 452, 454; zumindest i. Erg. gl. A.: FG Köln vom 30.09.2015 – 3 K 706/12, EFG 2016, 193, 194 m. Anm. *Hoffmann*; siehe zu den vier Fallgruppen schon oben unter 1. Teil B. III. 3. e) bb).

885 A.A. BMF vom 21.10.2010 IV C 6 - S 2244/08/10001, DStR 2010, 2191, 2193; kam es hingegen zu einem Verzicht des Gesellschafters auf die Privilegierung und wurde dieser auch tatsächlich umgesetzt, gestattete der BFH ja bereits im Rahmen der alten Rechtslage einen Anschaffungskostenansatz, siehe BFH vom 06.05.2014 – IX R 44/13, BStBl II 2014, 781, DStR 2014, 1597; im Hinblick auf das Sanierungsprivileg müsste sich i.R.d. Selbständigkeitslösung nur der Weg der Rechtsfindung, nicht aber dessen Ergebnis ändern.

886 FG Berlin-Brandenburg vom 28.05.2015 – 4 K 7114/12, DStRE 2016, 452 (Beschwerde zum BFH gegen die Nichtzulassung zur Revision zum BFH unter Az. IX B 91/15 als unbegründet abgewiesen); FG Köln vom 20.03.2014 – 3 K 2518/11, BeckRS 2014, 96128, EFG 2014, 2136 m. Anm. *Hoffmann* (rkr.); vom 30.09.2015 – 3 K 706/12, EFG 2016, 193 m. Anm. *Hoffmann*.

887 FG Köln vom 20.03.2014 – 3 K 2518/11, BeckRS 2014, 96128, EFG 2014, 2136 m. Anm. *Hoffmann* (rkr.); vom 30.09.2015 – 3 K 706/12, EFG 2016, 193 m. Anm. *Hoffmann*.

888 FG Köln vom 30.09.2015 – 3 K 706/12, EFG 2016, 193, 194 m. Anm. *Hoffmann*.

„Der BFH hat sich insoweit vielmehr die Dogmatik eines Rechtsinstituts des Zivilrechts zu Eigen gemacht, um ein steuerrechtliches Tatbestandsmerkmal - nämlich die Veranlassung nachträglicher Aufwendungen durch das Gesellschaftsverhältnis - inhaltlich näher zu bestimmen. Die Aufgabe des Eigenkapitalersatzrechts im Zivilrecht durch das MoMiG hat mithin nicht zur Folge, dass die bis dahin in ihrer Dogmatik durch den BGH entwickelten Rechtsgrundsätze des Eigenkapitalersatzrechts für das Steuerrecht keine Gültigkeit mehr haben. Dem BFH bleibt es vielmehr unbenommen, diese außersteuerrechtlichen Rechtsgrundsätze für steuerrechtliche Zwecke zu verselbständigen, weiterhin anzuwenden und möglicherweise unter Berücksichtigung der eigenen Dogmatik und Teleologie des Steuerrechts weiterzuentwickeln.
Hinzu kommt, dass der BFH selbst - bei aller gedanklichen und inhaltlichen Nähe zum Eigenkapitalersatzrecht des Zivilrechts - immer wieder auch betont hat, dass das Steuerrecht gegenüber den primär am Gläubigerschutz orientierten zivilrechtlichen Eigenkapitalersatzregeln aufgrund seiner andersartigen Zielsetzung eigenständige Kriterien entwickelt habe und daher auch Modifikationen des zivilrechtlichen Eigenkapitalersatzrechts im Rahmen der steuerrechtlichen Anwendung denkbar und möglich seien.“[889]

Zudem hatte das FG Köln bereits in seinem Urteil vom 20.03.2014 ausgeführt, dass es befürwortet,

„weiterhin die Definition der "Krise der Gesellschaft" aus § 32a Abs. 1 a.F. GmbHG anzuwenden, um festzustellen, ob ein Darlehen durch das Gesellschaftsverhältnis veranlasst wurde.“[890]

Auch einzelne, etwas missverständliche Ausführungen des FG Köln in seinem späteren Urteil vom 30.09.2015 können hieran im Ergebnis nichts ändern, in denen von einer „statischen Verweisung“ auf das frühere handelsrechtliche Eigenkapitalersatzrecht die Rede ist:

„die Zielsetzung des BFH, inhaltliche Kriterien für die Beantwortung der Frage zu finden, ob eine Finanzierungsmaßnahme durch das Gesellschaftsverhältnis veranlasst gewesen ist, lässt sich wesentlich besser durch eine statische Verweisung erreichen, in der das vormals geltende handelsrechtliche Eigenkapitalersatzrecht auf der Grundlage der §§ 32a und 32b GmbHG a.F. sowie der Rechtsprechungsgrundsätze des BGH weiterhin Gültigkeit behält.“[891]

Der Bezug zum früheren Eigenkapitalersatzrecht durch Verweis auf § 32a Abs. 1 GmbHG a.F. und damit auf den Krisenbegriff wird insoweit letztlich hergestellt, um deutlich zu machen, dass auch unter Geltung des MoMiG die bislang von BGH und BFH herausgebildeten Konturierungen dieses Rechtsbegriffes weiterhin aufrechtzuerhalten seien und dergestalt die bisherige BFH-Rechtsprechung fortzusetzen sei. Diese gelangte ja – wie dargestellt – tatsächlich aus dem Grunde zu einem weitgehenden Gleichlauf mit der Rechtsprechung des BGH zum Eigenkapitalersatz, dass einerseits der BFH hinsichtlich der gesellschaftsrechtlichen Veranlassung und andererseits das damalige Zivilrecht in § 32a Abs. 1 GmbHG a.F. hinsichtlich der eigenkapitalersatzrechtlichen Verstrickung die identische Frage nach der Krise der Gesellschaft stellten. Die vom FG Köln angesprochene „statische Verweisung“ lässt sich gerade nur im Wege der Selbständigkeitslösung erreichen, da nur diese eine Fortsetzung und Weiterent-

889 FG Köln vom 30.09.2015 – 3 K 706/12, EFG 2016, 193, 194 m. Anm. *Hoffmann*.
890 FG Köln vom 20.03.2014 – 3 K 2518/11, BeckRS 2014, 96128 (rkr.), Rn. 166.
891 FG Köln vom 30.09.2015 – 3 K 706/12, EFG 2016, 193, 194 m. Anm. *Hoffmann*.

wicklung der bisherigen Rechtsprechung des BFH ermöglicht. Tatsächlich handelt es sich jedoch nicht um eine „statische Verweisung" auf das handelsrechtliche Eigenkapitalersatzrecht, sondern auf die bislang hierzu sowie zum korrespondierenden Steuerrecht seitens BGH und BFH herausgebildeten Rechtsfindungen.

d) Die Auffassung der Finanzverwaltung

Auch die Finanzverwaltung hat Stellung dazu bezogen, wie sie mit der Problematik der Erfassung des Finanzierungshilfenverlustes unter Geltung des MoMiG umzugehen gedenkt.[892]

Das Schreiben des BMF enthält keine eindeutige Aussage dahingehend, sich einer der vorstehend dargestellten Lösungsmöglichkeiten anschließen zu wollen. Man kann die Ausführungen des BMF sowohl dahingehend verstehen, dass es auch weiterhin zu einer – mehr oder weniger strengen – Anlehnung an das Zivilrecht tendiert, als auch dahingehend interpretieren, dass es für steuerliche Zwecke bei einer Anknüpfung an den Krisenbegriff, konkreter der Darlehensüberlassung in der Krise, festhalten will und somit i. Erg. für eine Loslösung des Steuerrechtes vom Zivilrecht plädiert.

Im Sinne letzterer Argumentation führt das BMF zunächst scheinbar unzweifelhaft aus:

> *„Der Begriff der Krise und die steuerliche Anknüpfung an die Krise werden auch im zeitlichen Geltungsbereich des MoMiG beibehalten. Außerdem ist auch nach der Abschaffung des Eigenkapitalersatzrechts im Rahmen des MoMiG eine gesellschaftsrechtliche Veranlassung der Darlehensgewährung danach zu beurteilen, ob die Gesellschaft unter den bestehenden Verhältnissen von einem Dritten noch einen Kredit zu marktüblichen Bedingungen erhalten hätte. Die bisherige Rechtsprechung des BFH zu nachträglichen Anschaffungskosten im Rahmen des 17 Absatz 2 EStG kann daher grundsätzlich weiterhin angewendet werden."*[893]

Dies stellt sich zunächst als äußerst eindeutig dar und lässt scheinbar keinen Zweifel daran zu, dass das BMF für den Geltungszeitraum materiell betrachtet für eine Loslösung des Steuerrechtes vom Zivilrecht plädiert, wodurch die bisherige Rechtsprechung fortgeführt werden könnte.[894]

Diese Klarheit wird indes getrübt durch die späteren Ausführungen des BMF hinsichtlich nachträglicher Anschaffungskosten im Falle von Sanierungs- und Kleinbeteiligtendarlehen. Bezüglich des Sanierungsprivilegs führt das BMF materiell betrachtet aus, dass dieses gemäß der BFH – Rechtsprechung aufgrund seines Sinn und Zweckes nicht zu einer Versagung von nachträglichen Anschaffungskosten führen dürfe und dass ebendiese Rechtsprechung

> *„sinngemäß auch auf die neue Rechtslage nach dem MoMiG übertragen werden kann. "*[895]

Hiermit aber widerspricht sich die Finanzverwaltung selbst, da sie im besagten Schreiben zunächst eine Fortführung der Anlehnung an die Krise im Steuerrecht und

892 BMF vom 21.10.2010 IV C 6 - S 2244/08/10001, DStR 2010, 2191.
893 BMF vom 21.10.2010 IV C 6 - S 2244/08/10001, DStR 2010, 2191, 2192.
894 So versteht auch *Frotscher* das BMF in: Frotscher, EStG, § 17 Rn. 274.
895 BMF vom 21.10.2010 IV C 6 - S 2244/08/10001, DStR 2010, 2191, 2192.

damit eine Abkoppelung desselben vom Zivilrecht befürwortet hatte, in einem zweiten Schritt aber verkennt, dass u.U. bereits diese Krisenanlehnung i.R.v. Sanierungsdarlehen. zu einer Anerkennung nachträglicher Anschaffungskosten führen wird. Dies deshalb, weil ein ordentlicher, gewissenhafter Kaufmann bzw. Geschäftsführer ein solches Sanierungsdarlehen oftmals zumindest nicht unter dengleichen Bedingungen gewährt hätte.[896] Ein Rekurrieren auf die *ratio* des Sanierungsprivileges ist in diesen Fällen gerade nicht mehr erforderlich, weshalb auch die diesbezügliche Rechtsprechung des BFH jedenfalls weitgehend gerade nicht auf die neue Rechtslage – in derjenigen Auslegung, die eine Abkoppelung des Steuerrechts vom Zivilrecht befürwortet und die das BMF augenscheinlich zunächst ebenfalls vertritt – zu übertragen ist. Das BMF gelangt hiernach zwar zum i.R.d. Selbständigkeitslösung folgerichtigen Ergebnis der prinzipiellen Verlustabzugsmöglichkeit für verlorene Sanierungshilfen, es bedient sich indes einer bei genauerer Analyse widersprüchlichen Begründung.

Ein weiterer innerer Widerspruch besteht insoweit, als das BMF auch dadurch vom Ausgangspunkt der steuerlichen Selbständigkeit und damit der Maßgeblichkeit der Krise abweichen will, dass es im Falle der Erfassung der Gesellschafterfinanzierungshilfe durch die insolvenzrechtlichen Anfechtungsfristen von einer kraft Gesetz krisenbestimmten Finanzierungshilfe ausgehen will.[897] Das BMF kreiert also in gewisser Weise eine neue Fallgruppe von Finanzierungshilfen, bezüglich derer es dann doch von einer Vorgreiflichkeit des Zivilrechts ausgeht.

Es ist schwierig einzuschätzen, ob sich das BMF dieser immanenten Widersprüche bewusst ist oder diese ggf. deswegen in Kauf nimmt, um möglichst wenige Widersprüche zur bisherigen Rechtsprechung des BFH heraufzubeschwören. Wohl aber ist das gesamte Schreiben von der Bemühung geprägt, dem MoMiG möglichst wenig Einfluss auf die bisherigen Ergebnisse der Rechtsfindung beizumessen, m.a.W. die Ergebnisse möglichst unverändert zu belassen.[898]

e) Lossagung von der Ausweitung des Anschaffungskostenbegriffes und Anerkennung der Abzugsfähigkeit sämtlicher Beteiligungskosten

Ein gänzlich anderer, von den vorhergehenden Lösungsmöglichkeiten unabhängiger Ansatz bestünde darin, i.R.d. Auslegung des § 17 Abs. 2 EStG einen wirtschaftlichen Zusammenhang mit der Gesellschaftsbeteiligung für maßgeblich zu halten und nicht länger auf eine mögliche gesellschaftliche Veranlassung abzustellen.[899]

---

896 Siehe zu dieser gesellschaftsrechtlichen Veranlassung in Fällen des Sanierungsdarlehens unter Geltung des MoMiG schon im Abschnitt bezüglich derjenigen Ansicht, die eine Fortsetzung der Anlehnung an das Zivilrecht befürwortet, oben unter 2. Teil B. III. 1. b) bb).

897 BMF vom 21.10.2010 IV C 6 - S 2244/08/10001, DStR 2010, 2191, 2192 (unter 3. d) bb)).

898 Dies gilt unbeschadet des Umstandes, dass hierzu materiell betrachtet eine erhebliche Änderung dergestalt notwendig wird, das Steuerrecht nicht länger eng am Zivilrecht anzulehnen.

899 "Protagonist" dieser Auffassung ist *Weber-Grellet*, DStR 1998, 1617; *ders.* in: Schmidt, EStG, 33. Auflage 2014, § 17 Rn. 174; gl.A.: *Eilers/Schmidt* in: Herrmann/Heuer/Raupach, § 17 Rn. 190; *Musil*, DStJG 34 (2011), 237, 245 f.; *Paus*, FR 2008, 1106, 1108; scheinbar in die gleiche Richtung tendierend *Groh*, FR 2008, 264, 267.

Eine normspezifische und im Ergebnis extensive Auslegung des Anschaffungskostenbegriffes – wie sie die übrigen Lösungswege und insbesondere auch der BFH vornehmen – wurde von Teilen der Literatur bereits vor Geltung des MoMiG entschieden abgelehnt,[900] insbesondere da sie weder dem Zweck noch der Systematik des § 17 EStG entspreche, sondern rein ergebnisorientiert sei.[901] Vielmehr müssten die Sachverhalte des Darlehensverlustes eines Gesellschafters unter einen gemäß allgemeinen Prinzipien ausgelegten § 17 Abs. 2 EStG subsumiert werden, was zur Folge habe, dass keine extensive und dennoch in der praktischen Anwendung nicht weit genug reichende Auslegung des Anschaffungskostenbegriffes mehr vorzunehmen sei, sondern „sämtliche Beteiligungskosten" auf eine wesentliche Beteiligung im Rahmen des § 17 EStG gemäß § 17 Abs. 2 EStG abzugsfähig seien.[902] Im Rahmen dieses Lösungsansatzes wird also die "steuerfreundliche" Auslegung von § 17 Abs. 2 EStG in einem ersten Schritt insoweit eingeschränkt, als der Begriff der (nachträglichen) Anschaffungskosten restriktiver ausgelegt wird; in einem zweiten Schritt werden jedoch sämtliche Beteiligungskosten auf den verhafteten Gesellschaftsanteil als im Rahmen von § 17 Abs. 2 EStG abzugsfähig anerkannt.

Diese Ansicht kann auch nach Inkrafttreten des MoMiG weiterhin vertreten werden, da dieses nichts an der Vorschrift des § 17 EStG geändert hat und zudem ohne Einfluss auf die Argumente Für und Wider einen solchen Beteiligungskostenansatz ist.

Der BFH ist dieser Auffassung nie gefolgt.[903] Im Wesentlichen begründete er dies damit, dass § 17 EStG nur einen eng umgrenzten Teil einer im Privatvermögen gehaltenen Beteiligung für steuerbar erklärte und dies dementsprechend auch für die korrespondierenden Ausgaben und Verluste, also allgemein formuliert die Beteiligungskosten gelten müsse.[904] Ansonsten könnte § 17 EStG i. Erg. noch zu einer steuerlichen Besserstellung des Adressatenkreises führen, was der hinter der Regelung stehenden Intention des Gesetzgebers zuwiderlaufe. Es ist nicht ersichtlich, wie und weshalb der BFH unter Geltung des MoMiG diesbezüglich zu einer anderen Auffassung gelangen sollte. Wiederum gilt, dass das MoMiG die Vorschrift des § 17 EStG unverändert belässt und keine Argumente Pro bzw. Contra des vorliegenden Meinungsstreites liefert.

f) Das umfassende Ausscheiden der Berücksichtigung von Darlehensverlusten

Der einer Anerkennung sämtlicher sog. Beteiligungskosten diametral entgegenstehende Standpunkt bestünde darin, nunmehr prinzipiell überhaupt keine bezüglich Gesellschafterfinanzierungshilfen erlittenen Verluste berücksichtigen zu wollen.

---

900 *Weber-Grellet*, DStR 1998, 1617; *ders.* in: Schmidt, EStG, 33. Auflage 2014, § 17 Rn. 174; gl.A.: *Eilers/Schmidt* in: Herrmann/Heuer/Raupach, § 17 Rn. 190; *Musil*, DStJG 34 (2011), 237, 245 f.; *Paus*, FR 2008, 1106, 1108.

901 *Paus* bezeichnet die Lösung des BFH als einen „von dem gewünschten Ergebnis her geprägten Notbehelf, der sich rechtssystematisch, nicht rechtfertigen lässt" in FR 2008, 1106, 1108.

902 *Weber-Grellet*, DStR 1998, 1617; *ders.* in: Schmidt, EStG, 33. Auflage 2014, § 17 Rn. 156, 174; *Eilers/Schmidt* in: Herrmann/Heuer/Raupach, § 17 Rn. 190; vgl. auch *Paus*, FR 2008, 1106, 1108.

903 Siehe nur BFH vom 16.04.1991 – VIII R 100/87, BB 1991, 2063.

904 BFH vom 16.04.1991 – VIII R 100/87, BB 1991, 2063, 2064.

Als maßgebliche Grundüberlegung könnte man insoweit anführen, dass das Zivilrecht nunmehr gänzlich auf eine Umqualifizierung von Gesellschafterfremdkapital in Eigenkapital verzichtet, sondern dieses lediglich im Insolvenzfall nachrangig ist sowie innerhalb und außerhalb des Insolvenzverfahrens bestimmte Rückzahlungs- bzw. gleichgestellte Vorgänge anfechtbar sind. Zudem ist dem BGH der Weg einer (neuerlichen) Etablierung eines den vormaligen Rechtsprechungsregeln entsprechenden Instituts durch die Nichtanwendungsregeln der §§ 30 Abs. 1 Satz 3 GmbHG n.F., § 57 Abs. 1 Satz 4 AktG n.F. versperrt.

Sodann könnte man für das Steuerrecht die Schlussfolgerung ableiten, dass daher auch keine Behandlung dieser Fremdkapitalverluste entsprechend den Verlusten originären Eigenkapitals geboten sei, d.h. gerade keine teleologisch erweiterte Anwendung des § 17 EStG erfolgen sollte. Es käme mithin auch insoweit zu einer gewissen Maßgeblichkeit des Zivilrechts, nur würde diese in einer für den Steuerpflichtigen wesentlich ungünstigeren Weise verstanden.

Die Ausführungen *Levedags*[905] werden jedenfalls z.T. dahingehend verstanden, dass eine Anerkennung nachträglicher Anschaffungskosten auf die Beteiligung unter Geltung des MoMiG nach dessen Ansicht zumindest im Grundsatz ausscheiden müsse.[906] Eine endgültige Beurteilung der Ausführungen *Levedags* fällt angesichts ihrer Knappheit[907] schwer, insbesondere da jedenfalls keine explizite Begründung erfolgt. Im Einzelnen führt *Levedag* bezüglich § 17 EStG aus, dass sich die Frage nach den nunmehr maßgeblichen Kriterien stelle sowie dass der BFH zukünftig wohl „nur noch echte verdeckte Einlagen in Gestalt eines Forderungsverzichts als nachträgliche Anschaffungskosten akzeptieren" werde.[908]

Letztlich kann aber *Levedags* Zuordnung zu einer solchen Theorie dahingestellt bleiben, da die These einer prinzipiellen Nichtanerkennung nachträglicher Anschaffungskosten gemäß den einführend dargestellten Grunderwägungen jedenfalls im Ausgangspunkt vertretbar ist. Auch mit ihr soll daher im nächsten Abschnitt eine Auseinandersetzung erfolgen.

g) Stellungnahme

Die Auseinandersetzung mit den vorgestellten Rechtsansichten soll in umgekehrter Reihenfolge zu derjenigen erfolgen, in welcher die Rechtsansichten als solche dargestellt wurden.

905 *Levedag*, GmbH-Report 2007, R 182.
906 *Pung/Werner* in Dötsch/Pung/Möhlenbrock, Körperschaftsteuergesetz, § 17 EStG, Tz. 333 a.E.
907 Die Darstellung der (neuen) Rechtslage im Bereich des § 17 EStG umfasst nur einen Abschnitt, siehe *Levedag*, GmbH-Report 2007, R 182.
908 *Levedag*, GmbH-Report 2007, R 182.

(aa) Das umfassende Ausscheiden der Berücksichtigung von Darlehensverlusten

Es soll zunächst die zuletzt dargestellte Rechtsansicht bewertet werden, nach welcher im Rahmen des § 17 EStG unter Geltung des MoMiG überhaupt keine Darlehensverluste mehr als abzugsfähig anzusehen seien.

Eine solche Theorie ist bereits deshalb abzulehnen, weil sie auf für die Zwecke des Steuerrechts zu formalistischen Schlussfolgerungen beruht. Dies ergibt sich aus Folgendem:

Zunächst geht sie freilich von einer zutreffenden Grundannahme aus, nämlich dass das Zivilrecht nunmehr keine tatsächliche Umqualifizierung des Gesellschafterfremdkapitals in Eigenkapital zulässt. Auch dürfte es dem BGH infolge der Nichtanwendungsregeln der §§ 30 Abs. 1 Satz 3 GmbHG n.F., § 57 Abs. 1 Satz 4 AktG n.F. *de lege lata* verwehrt sein, (erneut) ein über den eigentlichen Gesetzeswortlaut hinausgehendes Rechtsinstitut wie das bisherige Eigenkapitalersatzrecht in Form der Rechtsprechungsregeln zu kreieren bzw. weiterzuentwickeln. Die nunmehr zivilrechtlich verstrickten Gesellschafterhilfen werden also weder in- noch außerhalb der Insolvenz dem Eigenkapital vollständig gleichgestellt.

Gleichwohl verbieten die Grundprinzipien des Steuerrechts die Annahme einer solch weitgreifenden Vorgreiflichkeit des Zivilrechts. Im Steuerrecht nämlich ist das objektive Nettoprinzip als Ausfluss des Grundsatzes der Besteuerung nach der wirtschaftlichen Leistungsfähigkeit zu berücksichtigen, der seinerseits auf Art. 3 GG fußt. Das objektive Nettoprinzip gebietet es, dass im Rahmen des § 17 EStG spiegelbildlich zu den tatbestandlich erfassten Veräußerungsgewinnen bzw. gleichgestellten Vorgänge auch die entsprechenden Verluste hinsichtlich der erstreckten Beteiligung steuerlich berücksichtigt werden. Wenn nun aber ein Darlehen eines Gesellschafters bzw. eine gleichgestellte Finanzierungshilfe infolge der Neugestaltungen des MoMiG im Insolvenzfall nachrangig bzw. ihre Rückgewähr in- und außerhalb der Insolvenz angefochten wird, dann wird die Finanzierungshilfe hierdurch zwar noch kein Eigenkapital, gleichwohl erleidet der Gesellschafter im Ergebnis regelmäßig einen wirtschaftlichen Totalverlust, der insbesondere seine Gesellschafterposition zur Voraussetzung hat. Jedenfalls dann, wenn der Gesellschafter die Finanzierungshilfe im Hinblick auf seine Gesellschaftsbeteiligung geleistet hat, sie also m.a.W. – und unabhängig davon, was dies nunmehr konkret bedeuten sollte – gesellschaftsrechtlich veranlasst ist, verliert der Gesellschafter die Finanzierungshilfe letztlich doch (auch) aufgrund seiner Gesellschafterstellung. Dann aber entspricht die wirtschaftliche Konsequenz auch unter Geltung des MoMiG derjenigen, die im Falle der Bereitstellung von Eigenkapital eintritt. Die tatsächliche wirtschaftliche Leistungskraft des Gesellschafters ist in beiden Fällen identisch, was das Steuerrecht nicht unberücksichtigt lassen kann. Andernfalls läge ein Verstoß gegen das objektive Nettoprinzip vor. Es ist vielmehr geboten, den im Hinblick auf die Verstrickung gemäß den Regelungen des MoMiG entstandenen Verlust jedenfalls dann grundsätzlich im Bereich des § 17 EStG zu erfassen, wenn die Finanzierungshilfengewährung gesellschaftsrechtlich veranlasst war. Eine prinzipielle Nichtanerkennung der diesbezüglichen Verluste ist demnach bereits im Ansatz abzulehnen.

(bb) Die Anerkennung der Abzugsfähigkeit sämtlicher Beteiligungskoten

Nunmehr soll eine Bewertung derjenigen Rechtsansicht erfolgen, die bereits vor Inkrafttreten des MoMiG wesentlich von *Weber-Grellet* geprägt worden ist.[909] Wie dargestellt, sollen nach dieser sämtliche Beteiligungskosten auch unter Geltung des MoMiG abzugsfähig sein im Rahmen des § 17 EStG.[910]

Der Umstand, dass diese Rechtsansicht wohl sowohl vor als auch nach Inkrafttreten des MoMiG regelmäßig die für die Gesellschafter günstigsten Ergebnisse herbeiführt, stellt als solches kein juristisches Argument dar. Insofern handelt es sich lediglich um eine (wirtschafts-)politische Erwägung, welche der Gesetzgeber in sein künftiges Handeln einfließen lassen kann und die bei der Auslegung von § 17 EStG zu berücksichtigen wäre, wenn eine derartige Motivation des Gesetzgebers bei Einführung oder Veränderung der Vorschrift bestanden hätte. Allerdings ist dies gerade nicht ersichtlich. Die Vorschrift des § 17 EStG sollte vielmehr der Verwirklichung größerer Steuergerechtigkeit dienen und bei Lichte betrachtet auch schlicht neue Steuereinnahmequellen erschließen.

Ein gewichtiges Argument besteht jedoch zugunsten dieser Rechtsauffassung. Es basiert – und dies hat wesentlichen Anteil an der Gewichtigkeit des Argumentes – auf Überlegungen hinsichtlich des Regelungszweckes von § 17 EStG:

Dieser wurde früher zumindest herrschend darin gesehen, dass § 17 EStG eine Gleichbehandlung derjenigen Gesellschafter, die ihre Kapitalgesellschaftsbeteiligung im Privatvermögen hielten, mit Mitunternehmern im einkommensteuerlichen Sinne (§§ 15 f. EStG) herstellen sollte. § 17 EStG kann aber jedenfalls seit Einführung der Ein-Prozent-Grenze nicht (mehr) im vorstehenden Sinne verstanden werden. Vielmehr kann die *ratio* des § 17 EStG nur noch darin erblickt werden, dass eine weitgehende Gleichbehandlung der im Privatvermögen gehaltenen Anteile mit solchen Anteiligen erreicht werden soll, die im betrieblichen Vermögen gehalten werden. Auch der BFH scheint nunmehr dieses Verständnis zu befürworten.[911]

Im betrieblichen Bereich jedoch ist es aufgrund der umfassenden steuerlichen Erfassung auch möglich, Verluste bezüglich überlassener Gesellschafterdarlehen geltend zu machen, denn diese gehören zum Sonderbetriebsvermögen des Gesellschafters. Dieser wird spätestens im Falle einer Darlehens- oder Anteilsveräußerung oder anderer Realisationsvorgänge, wie etwa der Gesellschaftsauflösung, erfasst, ggf. aber bereits früher im Wege einer Teilwertabschreibung berücksichtigt. Wenn aber § 17 EStG eine Gleichbehandlung mit betrieblichen Kapitalgesellschaftseignern bewirken soll, so könnte man überzeugend dahingehend argumentieren, dass diese Gleichbehandlung nicht auf die positiven Einkünfte beschränkt bleiben darf, sondern sich auch auf der Ausgabenseite fortsetzen muss. Nur dergestalt könne eine möglichst weitgehende Umsetzung des Sinn und Zweckes von § 17 EStG erfolgen.

---

909 *Weber-Grellet*, DStR 1998, 1617; *ders.* in: Schmidt, EStG, 33. Auflage 2014, § 17 Rn. 156, 174; gl.A.: *Eilers/Schmidt* in: Herrmann/Heuer/Raupach, § 17 Rn. 190; *Paus*, FR 2008, 1106, 1108

910 Siehe im Einzelnen oben unter 2. Teil B. III. 1. e).

911 BFH vom 20.04.1999 – VIII R 44/96, BStBl II 1999, 698, DStR 1999, 1022.

Allerdings ist diese Rechtsansicht im Ergebnis gleichwohl abzulehnen. Im Wesentlichen ergibt sich dies aus denjenigen Erwägungen, die auch der BFH gegen diese Rechtsauffassung vorzubringen pflegt:

In der Tat soll mit § 17 EStG eine möglichst weitgehende Gleichbehandlung zu Gesellschaftern sichergestellt werden, die ihre Anteile in einem betrieblichen Vermögen halten. Der Umfang dieser Gleichbehandlung muss aber immer seine äußere Grenze darin finden, inwieweit die Gleichbehandlung von den geltenden Gesetzen schon deren Wortlaut nach zugelassen wird. Insoweit ist § 17 EStG selbst die entscheidende Richtschnur, die die vom Gesetzgeber für richtig befundenen Grenzen der Gleichbehandlung vorgibt. Nach § 17 EStG sind – wovon auch der BFH zutreffend ausgeht – eben nur bestimmte tatsächliche Vorgänge im Privatvermögen als für die Steuer relevant einzustufen, nämlich insbesondere die Anteilsveräußerung, die Kapitalherabsetzung sowie die Auflösung der Gesellschaft. Nur *insoweit* wird eine Gleichstellung zu betrieblichen Anteilseignern bewirkt; eine vollständige Gleichstellung wird vom Gesetz gerade nicht vorgesehen.[912] Daran hat auch das MoMiG nichts verändert. Aus diesem Grunde muss auch in der aktuellen Situation eine vollständige Gleichbehandlung auch auf der Ausgabenseite ausscheiden. Vielmehr ist eine Berücksichtigung der dort anfallenden Aufwendungen nur insoweit geboten, als sie mit solchen Vermögensmehrungen o.Ä. korrespondieren, die auch positiv als steuerverstrickt gelten gemäß § 17 EStG. Da § 17 EStG grundsätzlich nur die Beteiligung als solche erfasst, müssen die Finanzierungshilfenverluste daher durch die Beteiligung selbst veranlasst sein, mithin gesellschaftsrechtlich veranlasst. Insoweit den weiteren Maßstab der bloßen Verursachung durch die Beteiligung bzw. des wirtschaftlichen Zusammenhangs mit der Beteiligung anlegen zu wollen ist daher auch dann nicht vom Regelungszweck des § 17 EStG gedeckt, wenn man diesen extensiv auslegt. Selbst im Rahmen einer – bislang ja durch den BFH auch erfolgten – erweiterten Auslegung des § 17 EStG, konkret des Begriffes der nachträglichen Anschaffungskosten, - ist vor dem Hintergrund der prinzipiell ausschließlichen Verstrickung nur der Beteiligung zumindest eine gesellschaftsrechtliche Veranlassung der Finanzierungshilfenverluste zu fordern.

Eine vollständige Berücksichtigung der Beteiligungskosten bei § 17 EStG ist demnach zwar *de lege ferenda* denkbar und mag insoweit auch wünschenswert sein; auch unter Geltung des MoMiG muss sie jedoch parallel zu früheren Rechtslage ausscheiden.

(cc) Die Auffassung der Finanzverwaltung

Die Auffassung der Finanzverwaltung stellt sich bei eingehender Betrachtung als ambivalent dar.[913] Zunächst wird zwar prinzipiell für die Beibehaltung des Begriffs der Krise als maßgebliches Kriterium plädiert; jedoch wird zur Begründung der Abzugs-

---

912 Gl. A. *Gschwendtner*, DStR 1999, Beihefter zu Heft 32, S. 3.

913 Siehe BMF vom 21.10.2010 - IV C 6 - S 2244/08/10001, DStR 2010, 2191, 2192 sowie die Ausführungen oben unter 2. Teil B. III. 1. d).

fähigkeit von verlorenen Sanierungshilfen wiederum auf den besonderen Regelungszweck des Sanierungsprivilegs rekurriert. Dies ist indes jedenfalls weitgehend überflüssig – nämlich immer dann, wenn ein gesellschaftsfremder Dritter die Sanierungshilfe bereits nicht oder nicht in gleicher Weise gewährt hätte – , will man schon im Ausgangspunkt auf die Krise als entscheidenden Aspekt im Moment der Finanzhilfenüberlassung abstellen.[914] Die Heranziehung des speziellen Zweckes des Sanierungsprivilegs bleibt nur dann erforderlich, wenn man auch weiterhin am Zivilrecht anknüpfen will, wofür das BMF aber gerade nicht zu plädieren scheint.

Da sich die Finanzverwaltung mithin widersprüchlich äußert und im Kern Elemente sowohl der Akzessorietäts- als auch der Selbständigkeitslösung vertritt, kann eine Auseinandersetzung mit ihrer Auffassung inzident im nachfolgenden Abschnitt erfolgen, der die letztgenannten Ansichten einer Würdigung unterzieht.

(dd) Die Fortsetzung der Anknüpfung an das Zivilrecht bzw. das Loslösen von einer solchen Anknüpfung

(1) Einführung - Die für eine Streitentscheidung maßgeblichen Faktoren und die den Lösungsansätzen zugrunde liegenden Wertungen

Wenn man – wie vorliegend geschehen – sowohl der gänzlichen Ablehnung der Annahme nachträglicher Anschaffungskosten als auch ihrer gleichsam vollumfänglichen Anerkennung im Wege der Annahme sog. Beteiligungskosten eine Absage erteilt, muss auch unter Geltung des MoMiG dem Tatbestandsmerkmal der gesellschaftsrechtlichen Veranlassung eine entscheidende Bedeutung zukommen. Damit muss zwangsläufig die Frage gestellt und beantwortet werden, wie ebendieses Tatbestandsmerkmal mit Leben zu füllen ist. Insoweit stellen die eingangs dargestellten Akzessorietäts- bzw. Selbständigkeitslösungen die beiden denklogischen Ausgangspunkte dar, von denen aus man sich der Beantwortung der Frage nach der gesellschaftsrechtlichen Veranlassung unter Geltung des MoMiG nähern kann. Jede der beiden weist spezielle Vor- und Nachteile auf, die ihre jeweilige Anwendung mit sich bringt. Aufgrund der diametralen Gegensätzlichkeit beider Ausgangsthesen stellt ein Vorteil aus der konkreten Anwendung der jeweiligen Theorie prinzipiell immer einen Nachteil aus der Anwendung der anderen Theorie dar; m.a.W. verfügt jede – positive wie negative – Erwägung über ein entsprechendes Korrelat auf Seiten der Gegenansicht. Aufgrund dieses "Zusammenhangs kraft Gegensätzlichkeit" werden die diesbezüglichen Vor- und Nachteile in einem zusammenhängenden Abschnitt erörtert.

Einige dieser Vor- bzw. Nachteile betreffen Aspekte der Rechtssicherheit oder der Frage, inwieweit der jeweilige Lösungsansatz konkret einen Verlustabzug zugunsten des Steuerpflichtigen zulässt oder dies eben nicht tut. Auch wenn diese Aspekte sicherlich eine Rolle spielen, sollte ihr Gewicht dennoch nicht überbewertet werden. Denn letztlich handelt es sich insoweit um vom Ergebnis her gedachte Überlegungen, die für den praktischen Rechtsanwender selbstverständlich äußert bedeutsam sind,

914 Siehe schon ausführlicher oben unter 2. Teil B. III. 1. c).

gleichwohl aber unmittelbar keine rechtstheoretischen Ableitungen für die Vorzugswürdigkeit der Theorien erlauben.

Von wesentlicher Bedeutung sollte vielmehr die Fragestellung sein, welcher der beiden Ansätze es ermöglicht, die gesellschaftsrechtliche Veranlassung der Finanzierungshilfenüberlassung besser abzubilden, indem für die als gesellschaftsrechtlich veranlasst einzustufenden Fallgestaltungen ein Ansatz nachträglicher Anschaffungskosten im Bereich des § 17 EStG möglich gemacht wird. Denn das Kriterium der gesellschaftsrechtlichen Veranlassung bildet innerhalb des § 17 EStG auch unter Geltung des MoMiG – neben dem negativen Tatbestandsmerkmal der Subsidiarität der nachträglichen Anschaffungskosten – die entscheidende Weichenstellung für die letztlich am Ende des Rechtsfindungsprozesses stehende Frage, ob eine Verlustberücksichtigung möglich ist oder nicht.

Das zuvörderst maßgebliche Kriterium dafür, ob insoweit Selbständigkeits- oder Akzessorietätslösung den vorzugswürdigeren Ansatz anbieten, sollte also darin bestehen, welche Theorie den besten Lösungsweg für die Beantwortung der Frage nach der gesellschaftsrechtlichen Veranlassung offeriert. Abgebildet auf die jeweiligen prinzipiellen Lösungsansätze beider Theorien bedeutet dies: Ist die Finanzierungshilfengewährung prinzipiell dann gemäß der Akzessorietätslösung gesellschaftsrechtlich veranlasst, wenn die Finanzierungshilfe nach den neuen Regelungen der InsO sowie des AnfG nachrangig bzw. angefochten ist bzw. soll für die gesellschaftsrechtliche Veranlassung bereits die Bedrohung hiermit genügen, oder ist die Finanzierungshilfengewährung prinzipiell dann gesellschaftsrechtlich veranlasst, wenn die Finanzierungshilfe in einer Krisensituation überlassen wurde.

Wie gezeigt wurde, gingen BFH und die deutlich herrschende Ansicht in der Literatur bislang davon aus, dass die Finanzierungshilfenüberlassung dann gesellschaftsrechtlich veranlasst ist, wenn ein gesellschaftsfremder Dritte die Finanzierungshilfe nicht oder nicht auf dieselben Weise gewährt bzw. überlassen hätte.[915] Es wurde ebenfalls dargelegt, dass sich an dieser ersten Konkretisierung des übergeordneten Merkmals der gesellschaftsrechtlichen Veranlassung in Form eines Drittvergleichs durch das MoMiG nichts geändert hat.[916]

Eine Verknüpfung dieser beiden vorgenannten Umstände im Hinblick auf die vorliegend zu untersuchenden Lösungsansätze ergibt eine erste Schlussfolgerung dahingehend, dass ein Argument für die Vorzugswürdigkeit der jeweiligen Ansicht daraus abgeleitet werden kann, ob ein Dritter deshalb die Finanzierungshilfe nicht oder nicht auf dieselbe Weise überlassen hätte, weil sie – bei unterstellter Gesellschafterstellung – später nachrangig bzw. angefochten wurde oder er zumindest mit einer solchen Nachrangigkeit bzw. Anfechtung hätte rechnen müssen (Akzessorietätslösung) oder ob ein Dritter die Finanzierungshilfe nicht oder nicht auf dieselbe Weise überlassen hätte, weil sich die Gesellschaft in einer Krise befand (Selbständigkeitslösung).

Hierbei ist selbstverständlich zuzugestehen, dass sich der Zustand der Krise und der einjährigen Anfechtungsfrist der §§ 135 InsO, 6, 6a AnfG sehr häufig überschnei-

915 Siehe schon oben unter 1. Teil B. III. 3. d) bb).

916 Siehe schon oben unter 2. Teil B. III. 1. a).

den werden. Es kann und wird häufig zugleich eine Krise bestanden haben und mit der Eröffnung des Insolvenzverfahrens bzw. der Anfechtung zu rechnen gewesen sein bzw. diese später eingetreten sein.

Dessen unbeschadet aber sind der Krisenzeitraum sowie die vorgenannte Einjahresfrist nicht denkungsgleich, es kann und es wird insoweit zu einem Auseinanderfallen kommen, das in beide Richtung gehen kann, d.h. dass außerhalb des Einjahreszeitraums eine Krise vorliegen kann sowie dass innerhalb des Einjahreszeitraums keine Krise der Gesellschaft besteht. Ebenfalls kann ein Gesellschafter eine in der Krise überlassene Finanzierungshilfe letztlich verlieren, ohne dass es zu einer Anfechtung oder einer insolvenzrechtlichen Nachrangigkeit kommt. Dies kann typischerweise bei einer insolvenzlosen Abwicklung der Gesellschaft der Fall sein, die im Rahmen der Akzessorietätslösung nur dann für den Anschaffungskostenansatz genügt, wenn man die Bedrohung der Finanzierungshilfe durch Nachrangigkeit bzw. Anfechtung für ausreichend hält.

Bei Vorliegen einer Krise einerseits und einer späteren Nachrangigkeit bzw. Anfechtung werden gemäß beiden Lösungsansätzen berücksichtigungsfähige Verluste vorliegen. Für eine Entscheidung dahingehend, welcher Lösungsansatz vorzugswürdig ist, müssen demnach vor allem diejenigen Fallgestaltungen näher beleuchtet werden, bezüglich derer – zumindest grundsätzlich[917] – nur gemäß einem Lösungsansatz berücksichtigungsfähige Verluste vorliegen. Demnach sollte das zumindest im Ausgangspunkt maßgebliche Kriterium darin bestehen, wann im Rahmen des § 17 EStG typischerweise von einer gesellschaftsrechtlichen Veranlassung auszugehen ist: Wenn das Darlehen oder die sonstige Finanzierungshilfe in einem Krisenzeitraum überlassen wurde, anschließend aber nicht infolge der Eröffnung eines Insolvenzverfahrens oder einer Anfechtung nach den §§ 135 InsO, 6, 6a AnfG, sondern aus anderen Gründen verloren ging – insbesondere infolge einer stillen Liquidation der Gesellschaft ohne Insolvenzverfahren –, oder ob dann typischerweise eine gesellschaftsrechtlichen Veranlassung zu bejahen ist, wenn im Moment der Darlehens- bzw. Finanzierungshilfenüberlassung (noch) keine Krise bestand, der entsprechende Rückzahlungs- bzw. Rückgriffsanspruch des Gesellschafters jedoch gleichwohl im Rahmen eines späteren Insolvenzverfahrens von der Nachrangigkeit erfasst oder die Befriedigung des vorgenannten Gesellschafteranspruches gemäß den §§ 135 InsO, 6, 6a AnfG angefochten wurde.[918]

Sowohl insoweit als auch in den über die von nur einem der Ansätze erfassten Konstellationen hinausgehenden Sachverhalten können beide Lösungsansätze darauf zurückgeführt werden, dass sie zum Zwecke der Ermittlung der gesellschaftsrechtlichen Veranlassung einen für das Steuerrecht typischen Drittvergleich vornehmen: Hat sich der Gesellschafter "seiner" Gesellschaft gegenüber wie ein außenstehender Dritter verhalten oder hat er aufgrund seiner Gesellschafterposition gehandelt?

---

917 In Bezug auf die Akzessorietätslösung bedeutet dies hier gemäß ihrer konkreten Auslegungsvariante.

918 Auf das denkbare Genügen der bloß abstrakten Möglichkeit der späteren Nachrangigkeit bzw. Anfechtung wird im Folgenden näher eingegangen.

Bezüglich der Selbständigkeitslösung dürfte das Zugrundeliegen eines Drittvergleiches evident sein: Ein Dritter wird der Gesellschaft (typischerweise) dann keine Finanzierungshilfe gewähren bzw. keine Finanzierungshilfe unter den gleichen Bedingungen gewähren, wenn sich die Gesellschaft in einer Krise befindet, d.h. kreditunwürdig ist, also entweder der Zufuhr frischen Eigenkapitals bedarf oder abzuwickeln ist. Gewährt aber ein Gesellschafter eine solche Finanzierungshilfe, die ein Dritter nicht bzw. nicht auf gleiche Weise gewähren würde, tut er dies aufgrund seiner Gesellschafterstellung. Die von § 17 EStG – auch nach wie vor (s.o.) – geforderte gesellschaftsrechtliche Veranlassung bezüglich insoweit später entstehender Verluste ist damit gegeben.

Auch die Akzessorietätslösung *kann*[919] vom Sinn und Zweck ihres Ansatzes her auf einen Drittvergleich zurückgeführt werden. Sie kann dahingehend interpretiert werden, dass ihr ein Drittvergleichsmaßstab dahingehend zugrunde liegt, dass sämtliche in Bezug auf eine von einem mit mehr als 10 % beteiligten und nicht dem Sanierungsprivileg unterfallenden Gesellschafter gewährte Finanzierungshilfe erlittene Verluste gesellschaftsrechtlich veranlasst sind, wenn die Finanzierungshilfe der Nachrangigkeit unterfällt oder ihre Rückgewähr in- oder außerhalb einer Insolvenz erfolgreich angefochten wird, da ein gesellschaftsfremder Dritter weder die Nachrangigkeit noch die Anfechtung hätte erleiden können.[920] Dementsprechend würden die später tatsächlich nachrangigen Finanzierungsmittel bzw. die angefochtenen Rückgewährhandlungen die Voraussetzung der gesellschaftsrechtlichen Veranlassung in § 17 EStG erfüllen. Insoweit kann man von der "konkreten Akzessorietätslösung" sprechen, da eine konkrete Anfechtung oder Nachrangigkeit erforderlich ist.

Die Akzessorietätslösung kann aber auch auf einen abstrakten Drittvergleichsmaßstab dahingehend zurückgeführt werden, dass in Bezug auf eine von einem zu mehr als 10 % beteiligten und nicht dem Sanierungsprivileg unterfallenden Gesellschafter gewährte Finanzierungshilfe erlittene Verlust unabhängig von einer möglichen späteren Nachrangigkeit oder Anfechtung schon deshalb gesellschaftsrechtlich veranlasst sind, weil von Beginn an die potentielle Bedrohung mit einer späteren Nachrangigkeit im Insolvenzverfahren oder der außer- oder innerinsolvenzrechtlichen Anfechtung besteht.[921] Insoweit würde also der Schluss gezogen, dass ein Gesellschafter nur (auch) aufgrund seiner Gesellschafterstellung bereit sein würde, das Finanzierungsmittel trotz dieser noch rein abstrakten Gefahr zu überlassen. Insofern kann man von der "abstrakten Akzessorietätslösung" sprechen, da bereits die abstrakte Gefahr der späteren Nachrangigkeit bzw. Anfechtung genügt.

Im Vergleich zwischen Selbständigkeits- und Akzessorietätslösung sollte vor diesem Hintergrund ein erstes und durchaus gewichtiges Argument daraus abgeleitet werden, welcher Drittvergleichsmaßstab eher geeignet ist, die von § 17 EStG geforderte gesellschaftsrechtliche Veranlassung abzubilden (sogleich unter (2)).

---

919 Die ihr zugrunde liegende *ratio* kann auch noch auf weitere Grundüberlegungen gestützt werden, siehe hierzu sogleich nachfolgend.

920 So *Hölze*, DStR 2007, 1185, 1190 f.

921 Hierfür *Bode*, DStR 2009, 1781, 1785 f.

Weitere Aufschlüsse zur Vorzugswürdigkeit der Ansätze sollten sich zudem daraus ergeben, im Rahmen welcher tatsächlichen Sachverhalte die konkret entstandenen Verluste von nur einer der beiden Theorien erfasst werden, insoweit aber typischerweise eine gesellschaftsrechtliche Veranlassung zu bejahen seien dürfte (sogleich unter (3)).

Zudem sollte danach gefragt werden, ob die jeweils von den Ansätzen gefundenen Ergebnisse im Einklang mit den Vorgaben des objektiven Nettoprinzips stehen. Sollte dies nur durch entsprechende Korrekturen möglich sein, stellte dies einen erheblichen Nachteil des betreffenden Ansatzes dar. Sollten insoweit selbst Korrekturen keine Abhilfe schaffen können, könnte sogar ein Ausschlussgrund anzunehmen sein (sogleich unter (4)).

Ein weiteres Argument kann daraus gewonnen werden, wie sich die beiden Ansätze zunächst grundsätzlich und sodann konkret in Bezug auf solche Verluste verhalten, die ein Gesellschafter im Hinblick auf dem Sanierungs- oder Kleinbeteiligtenprivileg unterfallende Finanzierungshilfen erleidet (sogleich unter (5)).

Letztlich sollte danach gefragt werden, inwieweit die Anwendung des jeweiligen Ansatzes – insbesondere durch Finanzverwaltung und Rechtsprechung – dazu geeignet ist, zu für den Rechtsanwender voraussehbaren Ergebnissen zu gelangen und damit ein hohes Maß an Rechtssicherheit zu gewährleisten (sogleich unter (6)).

(2) Vergleich der den Lösungsansätzen zugrunde liegenden Drittvergleichsmaßstäbe

Zunächst sollen die den jeweiligen Lösungsansätzen zugrunde liegenden Drittvergleichsmaßstäbe auf ihre prinzipielle Geeignetheit dahingehend untersucht werden, gesellschaftsrechtlich veranlasste Vorgänge hinsichtlich der Finanzierungshilfengewährung von solchen Vorgängen abzugrenzen, die der Fremdüblichkeit entsprechen.

(a) Vergleich der Drittvergleichsmaßstäbe von Selbständigkeitslösung und Akzessorietätstheorie

Bezüglich des Drittvergleichsmaßstabes der Selbständigkeitslösung kann von den Überlegungen zur früheren Rechtslage ausgegangen werden, da die Selbständigkeitslösung im Rahmen der früheren Rechtslage jedenfalls wesensmäßig zur Anwendung gelangte, indem (auch) steuerrechtlich an das Merkmal der Gesellschaftskrise angeknüpft wurde. Auch die damalige weitgehende Anknüpfung am Zivilrecht steht dem nicht entgegen, da i.R.d. alten Rechtslage beide Rechtsgebiete maßgeblich auf die Kreditunwürdigkeit der Gesellschaft und damit auf ihre Krise abstellten. Die Beibehaltung dieser Richtschnur im Steuerrecht ist dessen unbeschadet passend mit dem Terminus „Selbständigkeitslösung“ umschrieben, da nunmehr nur noch das Steuerrecht die Maßgeblichkeit der Kreditunwürdigkeit beibehalten würde.

Die Beurteilung der möglichen Beibehaltung der Maßgeblichkeit der Krise der Gesellschaft muss von einer Analyse der Rechtsänderungen ausgehen:

Sowohl im zivilrechtlichen Eigenkapitalersatzrecht vor Geltung des MoMiG als auch im parallel geltenden Steuerrecht war anerkannt, dass die Frage nach der möglichen Nichtgewährung einer entsprechenden Finanzierungshilfe durch einen Dritten ob der Kreditunwürdigkeit der Gesellschaft, die frühestmöglich mit Beginn ihrer Krise eintrat, ein taugliches Kriterium, bei genauer Betrachtung sogar das entscheidende Kriterium zur Feststellung der gesellschaftsrechtlichen Veranlassung war. Die alleinige Maßgeblichkeit der Kreditunwürdigkeit der Gesellschaft ergab sich daraus, dass das zweite übergeordnete Tatbestandsmerkmal des nachträglichen Anschaffungskostenbegriffes, nämlich der Subsidiarität dieser gegenüber anderweitig erfassbaren Verlusten, der Verlust-berücksichtigung im Rahmen des § 17 EStG regelmäßig nicht entgegenstand.[922]

Auch der – bislang zum früheren Recht vertretenen – herrschenden Auffassung zur Tauglichkeit des Abstellens auf die Kreditunwürdigkeit zur Feststellung der Kreditunwürdigkeit war zuzustimmen. Da der Begriff der Kreditunwürdigkeit gerade voraussetzte, dass die Gesellschaft aufgrund ihrer finanziellen Situation keinen (Fremd-)Kredit von einem gesellschaftsfremden Dritten erhalten würde, sondern ihr entweder Eigenkapital zugeführt oder sie aufgelöst würde, konnte bei einer gleichwohl erfolgten Kreditgewährung durch einen Gesellschafter typischerweise darauf geschlossen werden, dass dieser den Kredit infolge seiner Gesellschafterstellung gewährt hatte. Die Trennscheide der Kreditunwürdigkeit der Gesellschaft bot dementsprechend ein geeignetes Abgrenzungskriterium zum Verhalten eines gesellschaftsfremden Dritten, der der Selbständigkeitslösung zugrunde liegende Drittvergleichsmaßstab war als geeignet anzusehen.

Insoweit ist nicht erkennbar, dass und inwiefern die Änderungen durch das MoMiG an dieser Tauglichkeit der Abgrenzungsmethodik als solcher etwas geändert haben könnten. Das MoMiG hat weder an § 17 EStG selbst noch an den mit § 17 EStG in Zusammenhang stehenden steuerrechtlichen Wertungen etwas geändert. Der Maßstab der Selbständigkeitslösung ermöglicht es demnach auch unter Geltung des MoMiG in geeigneter Weise, zwischen Verhaltensweisen des Gesellschafters aufgrund seiner Gesellschafterrolle und solchen, die ein außenstehender Dritter in gleicher Weise vornehmen könnte, zu unterscheiden.

Wenn sich auch durch das MoMiG nichts an der Eignung des Abstellens auf die Kreditwürdigkeit der Gesellschaft und damit am Maßstab der Selbständigkeitslösung als solchem geändert hat, so könnten die Änderungen durch das MoMiG gleichwohl u.U. einen geeigneteren Maßstab zur Verfügung stellen bzw. seine Zugrundelegung möglicherweise erforderlich machen. Wie bereits angesprochen kann nämlich auch die Akzessorietätslösung dahingehend verstanden werden, dass ihr ein Drittvergleichsmaßstab zugrunde liegt:

Ihr kann im Rahmen ihrer konkreten Auslegungsvarianten ein Drittvergleichsmaßstab dahingehend entnommen werden, dass jedenfalls jede von einem weder dem Kleinbeteiligten- noch dem Sanierungsprivileg unterfallenden Gesellschafter gewährte Finanzierungshilfe gesellschaftsrechtlich veranlasst ist, die später dem insol-

922 Siehe hierzu ausführlicher oben unter 1. Teil B. III. 3. d) aa).

venzrechtlichen Nachrang unterfällt oder in- bzw. außerhalb einer Insolvenz angefochten wird.[923] Dies schon deshalb, weil der hiervon betroffene Gesellschaft insoweit anders behandelt wird als ein gesellschaftsfremder Dritter. Jedenfalls die Gewährung der später tatsächlich nachrangigen bzw. angefochtenen Finanzierungsmittel würde sodann die Voraussetzung der gesellschaftsrechtlichen Veranlassung in § 17 EStG erfüllen.[924]

Da aber bereits jeder – nicht vom Kleinbeteiligten- oder Sanierungsprivileg begünstigte – Gesellschafter von der späteren Nachrangigkeit bzw. Anfechtung bedroht ist, bedarf es im Rahmen der abstrakten Auslegungsvariante für eine Verlustberücksichtigung nicht einmal der tatsächlichen Nachrangigkeit in einem Insolvenzverfahren oder einer Anfechtung, sondern die abstrakte Bedrohung mit einer späteren Nachrangigkeit oder Anfechtung soll für die Annahme eines gesellschaftsrechtlich veranlassten Verhaltens genügen.[925] Geht man von einem solchen Verständnis aus, würde also der Schluss gezogen, dass ein Gesellschafter nur (auch) aufgrund seiner Gesellschafterstellung bereit sein würde, das Finanzierungsmittel trotz dieser noch rein abstrakten Gefahr zu überlassen. Der Verlust des fraglichen Rückzahlungsanspruches soll sodann insbesondere auch geltend zu machen sein, wenn ein Insolvenzverfahren mangels Masse nicht eröffnet oder später wieder eingestellt wird.[926]

Indes sprechen andere Überlegungen sowohl gegen die Annahme eines solchen "abstrakten" Drittvergleichsmaßstabes als auch gegen einen "konkreten" Drittvergleichsmaßstab, der die tatsächliche Nachrangigkeit bzw. Anfechtung voraussetzt:

(b) Erwägungen hinsichtlich des konkreten Drittvergleichsmaßstab

Untersucht werden muss insoweit zunächst, ob allein die spätere tatsächliche Nachrangigkeit oder Anfechtung einer nicht dem Sanierungs- oder Kleinbeteiligtenprivileg unterfallenden Finanzierungshilfe eine genügende gesellschaftsrechtliche Veranlassung der ursprünglichen Finanzierungshilfengewährung bzw. -belassung bewirken kann. Denn geht man von einem solchen der Akzessorietätslösung zugrunde liegenden Drittvergleichsmaßstab dahingehend aus, hat dies im Ergebnis zur Folge, dass zur Versagung der Fremdüblichkeit letztlich nur die Gesellschafterstellung außerhalb von Sanierungs- und Kleinbeteiligtenprivileg samt späterer Insolvenz oder außerinsolvenzlicher Anfechtung erforderlich ist. Für diese Gesellschafterhilfen würde damit im Anwendungsbereich des § 17 EStG fingiert, dass der Gesellschafter gegenüber "seiner" Gesellschaft immer aus seiner Gesellschafterposition heraus agiert hat. Anders gewendet würde insoweit jegliche Unterscheidung zwischen fremdüblich und gesellschaftsrechtlich veranlasst aufgegeben.

923 Auf das denkbare Genügen der bloß abstrakten Möglichkeit der späteren Nachrangigkeit bzw. Anfechtung wird im Folgenden näher eingegangen.

924 Hierfür etwa *Hölze*, DStR 2007, 1185, 1190 f.

925 *Bode*, DStR 2009, 1781, 1785 f.; *Waclawik*, ZIP 2007, 1338, 1341 ff.

926 *Bode*, DStR 2009, 1781, 1785 f.

Das Zivilrecht beschreitet diesen Weg der Nivellierung nunmehr innerhalb der von ihm selbst in InsO und AnfG gesetzten Grenzen. Insoweit kann man sich selbstverständlich auf den Standpunkt stellen, dass die gesetzliche Nachrangigkeit bzw. die Anfechtung letztlich nur auf der Gesellschafterstellung beruht. In diesem Zusammenhang kann man von einer gesetzlich zwingend angeordneten oder auch unwiderlegbar vermuteten Missbräuchlichkeit der Finanzierungshilfenüberlassung sprechen.[927]

Dies ist alles zutreffend, indes handelt es sich insoweit jedoch um Erwägungen, die zumindest zunächst ausschließlich das Insolvenz- bzw. Anfechtungsrecht betreffen. Deshalb kann aus diesen Erwägungen nicht ohne Weiteres die zwingende Schlussfolgerung abgeleitet werden, dass auch im Steuerrecht eine solche gesellschaftsrechtliche Veranlassung für die erfassten Vorgänge bestehe. Denn eine solche Schlussfolgerung bildet tatsächlich kein Argument für die Akzessorietätslösung, sondern stellt vielmehr die Akzessorietätslösung selbst dar. M.a.W. ist es nur eine anders gewendete Formulierung der vorliegend erörterten Streitfrage, ob aus der zivilrechtlich angeordneten Verstrickung, die eine genügende gesellschaftsrechtliche Veranlassung – für das Zivilrecht – jedenfalls im Ergebnis bejaht, auch für die Zwecke des Steuerrechts eine genügende gesellschaftsrechtliche Veranlassung abgeleitet werden kann.

Ein Gleichlauf von Zivilrecht und Steuerrecht muss also aus anderen Überlegungen hergeleitet werden. Diese können jedoch bei zutreffendem Verständnis nicht darauf beruhen, dass wegen der zivilrechtlichen Verstrickung der Gesellschafterhilfe sich steuerrechtlich im Wege des Drittvergleichs zwingend ein von fremdüblichen Verhalten abweichendes und damit gesellschaftsrechtlich veranlasstes Verhalten ergebe.[928] Vielmehr kann die Gesellschafterstellung bei Vornahme eines Drittvergleichs nicht zugleich auch die hinreichende Voraussetzung für eine solche Erwartung bilden. Auf diese Weise wären – freilich insoweit zum Vorteil der Gesellschafter – jedenfalls sämtliche Verluste bezüglich Finanzierungshilfen, die später nachrangig sind oder angefochten werden, immer gesellschaftsrechtlich veranlasst. Dies entspricht zwar in Form der vorliegenden Akzessorietätslösung einer in der Literatur durchaus vertretenen Rechtsauffassung,[929] wobei z.T. insoweit gefordert wird, ausnahmslos den Nennwert der Finanzierungshilfen in Ansatz bringen.[930] Hierdurch aber verkäme die Tatbestandsvoraussetzung der gesellschaftsrecht-lichen Veranlassung zu einer reinen Leerformel. Jedenfalls hinsichtlich sämtlicher Verluste, bezüglich derer zivilrechtlich eine Nachrangigkeit oder Anfechtung vorliegt, würde angenommen, dass der Gesellschafter die Verluste *vollumfänglich* wegen seiner Gesellschafterposition erlitten hat und sie dann nicht hätte hinnehmen müssen, wenn er ein gesellschaftsfremder Dritter wäre. Eine solche Schlussfolgerung ist aber nach zutreffender Würdigung in manchen Fällen schlicht unzutreffend und kann daher nicht allgemein zugrunde gelegt werden.

---

927 *Gehrlein*, BB 2011, 1, 5.

928 Zur möglichen Begründung der Akzessorietätslösung aus Erwägungen zum objektiven Nettoprinzip siehe noch im Folgenden unter 2. Teil B. III. 1. g) dd) (4).

929 *Gschwendtner*, DStR 1999, Beihefter zu Heft 32, S. 6; *Hölzle*, DStR 2007, 1185, 1191; *Schwedhelm/ Olbing/ Binnewies*, GmbHR 2008, 1233, 1238.

930 *Hölzle*, DStR 2007, 1185, 1191; *Schwedhelm/Olbing/Binnewies*, GmbHR 2008, 1233, 1238.

Denn zwar wird eine Finanzierungshilfe nach neuem Recht (u.a.) selbstverständlich nur dann vom Nachrang bzw. der Anfechtung erfasst, wenn der Gewährende Gesellschafter ist, allerdings wird der Gesellschafter den Verlust jedenfalls des gesamten Nennwertes der Finanzierungshilfe oftmals bei wirtschaftlicher Betrachtung nicht deswegen erleiden, weil sie später nachrangig wird bzw. ihre – auch nur teilweise – Rückgewähr später angefochten wird. Insbesondere bezüglich der Nachrangigkeit ist dies offensichtlich: Ein im Rahmen der Insolvenz nachrangiger Rückgewähr- bzw. Rückgriffsanspruch des Gesellschafters wird oftmals bereits vor der Insolvenzeröffnung bzw. der diesbezüglicher Antragstellung einen erheblichen Wertverlust erlitten haben.

Bezüglich dieser Verluste eine gesellschaftsrechtliche Veranlassung zu erkennen, liegt daher zunächst fern. Auch warum die nur nachträgliche Nachrangigkeit bzw. Anfechtung hieran etwas ändern sollte und die – nicht notwendig aber u.U. – Drittvergleichsmaßstäben genügende ursprüngliche Gewährung der Finanzhilfe ex post in eine in jedem Fall gesellschaftsrechtlich veranlasste Finanzhilfe verwandeln soll, ist zumindest insoweit nicht erkennbar.

In diesen Fällen beruht der Wertverlust also insoweit gerade nicht auf den neuen insolvenzrechtlichen Regelungen, sondern auf einer zuvor einsetzenden finanziell angespannten Situation der Gesellschaft. Die spätere Nachrangigkeit bzw. Anfechtung ist dann tatsächlich oftmals nur eine Folge der – zeitlich vorangehenden – finanziell schwierigen Lage der Gesellschaft, welche bereits jedenfalls hinsichtlich eines Teils der Finanzierungshilfe i.d.R. für einen Wertverlust gesorgt haben wird, bewirkt aber gerade nicht den wirtschaftlichen Verlust der Finanzierungshilfe.

(c) Erwägungen hinsichtlich des abstrakten Drittvergleichsmaßstabs

Weitere Überlegungen ergeben sich aus der Betrachtung des Drittvergleichsmaßstabes, der der Akzessorietätslösung in ihrer abstrakten Auslegungsvariante zugrunde liegt. Insofern ergibt sich die Fremdunüblichkeit bereits aus der potentiellen Bedrohung des Unterfallens der Gesellschafterhilfe mit einer späteren Nachrangigkeit oder Anfechtung, unabhängig von deren späteren tatsächlichen Eintreffen. In Ermangelung von Nachrangigkeit und Anfechtung ist somit – wiederum außerhalb von Kleinbeteiligten- und Sanierungsprivileg – im Ergebnis allein die Gesellschafterstellung zur Annahme einer gesellschaftsrechtlichen Veranlassung erforderlich. Für diese Gesellschafterhilfen würde damit im Anwendungsbereich des § 17 EStG fingiert, dass der Gesellschafter gegenüber "seiner" Gesellschaft immer aus seiner Gesellschafterposition heraus agiert hat. Anders gewendet würde insoweit jegliche Unterscheidung zwischen fremdüblich und gesellschaftsrechtlich veranlasst aufgegeben.

Die im Rahmen der Untersuchung des konkreten Drittvergleichsmaßstabes ausgeführten Erwägungen gelten nun insoweit entsprechend, als es auch bei Zugrundlegung des abstrakten Drittvergleichsmaßstabes im weiteren Verlauf tatsächlich zu einer Nachrangigkeit oder Anfechtung kommt. Insbesondere gilt auch hier, dass der wirtschaftliche Verlust bezüglich der Finanzierungshilfe tatsächlich typischerweise nicht erst infolge einer Nachrangigkeit bzw. Anfechtung erlitten wird, sondern bereits zuvor eintreten wird. Abermals ist die spätere Nachrangigkeit bzw. Anfechtung ungeeignet, die gesellschaftsrechtliche Veranlassung der Finanzhilfenüberlassung samt eintretendem Verlust retrospektiv zu begründen.

Hinsichtlich der nur abstrakt bedrohten Finanzierungshilfen, deren mögliche Rückgewähr später nicht angefochten wird bzw. die nicht dem insolvenzrechtlichen Nachrang unterfallen, gilt zudem das Folgende:

Der der abstrakten Akzessorietätstheorie insoweit zugrunde liegende Drittvergleichsmaßstab kann nur dahingehend verstanden werden, dass ein gesellschaftsfremder Dritter eine solche Finanzierungshilfe schon deshalb nicht gewährt hätte, weil sie wegen der – freilich zum Zwecke des Drittvergleichs hypothetisch zu unterstellenden – Gesellschafterstellung von Beginn an abstrakt von einer späteren Nachrangigkeit bzw. Anfechtung einer diesbezüglichen Rückgewährhandlung bedroht gewesen wäre. Will man aber bereits wegen dieser abstrakten und im Einzelfall möglicherweise sehr fern liegenden Bedrohung die Fremdüblichkeit verneinen, gibt man die durch § 17 EStG angezeigte Unterscheidung zwischen fremdüblich einerseits und gesellschaftsrechtlich veranlasst andererseits letztlich auf. Dies aber ist nach zutreffendem Verständnis wegen der zwingenden Vorgaben des § 17 EStG unzulässig. Denn dieser ermöglicht eine Verlustberücksichtigung nur insoweit, als die Verluste in hinreichendem Zusammenhang mit der – durch § 17 EStG ausnahmsweise steuerverstrickten – Gesellschaftsbeteiligung stehen. Dementsprechend dürfen aber nicht sämtliche vom Gesellschafter erlittenen Verluste berücksichtigt werden, die in irgendeinem Zusammenhang mit der Beteiligung stehen, sondern es bedarf vielmehr einer konkreten gesellschaftsrechtlichen Veranlassung des Verlustanfalls.

Dass aber nicht sämtliche von der abstrakten Akzessorietätstheorie erfassten Verluste hinreichend gesellschaftsrechtlich veranlasst sind, ergibt sich bezogen auf die erfassten Sachverhalte aus Folgendem: Bezüglich sämtlicher von einem Gesellschafter gewährter Finanzierungshilfen wird i.R.d. abstrakten Auslegungsvariante unwiderleglich vermutet, dass ein gesellschaftsfremder Dritter diese bereits wegen der abstrakt drohenden Nachrangigkeit bzw. Anfechtung nicht gewährt hätte. Indes wurde bereits aufgezeigt, dass der Wertverlust oftmals weitgehend tatsächlich nicht auf einer Nachrangigkeit bzw. Anfechtung einer Rückgewährhandlung beruhen wird, sondern oftmals aus einer finanziellen Schieflage der Gesellschaft resultiert. Es entspricht jedoch einem Darlehen oder sonstigen Finanzierungshilfen zwangsläufig innewohnendem Risiko, ebendieses Darlehen oder ebendiese Finanzierungshilfe später zumindest teilweise wirtschaftlich zu verlieren, sofern es zu einer finanziell angespannten Situation der Gesellschaft kommt. Da dieses Verlustrisiko also jeder Finanzierungshilfe immanent ist, betrifft es auch jeden Kreditgeber und nicht nur den Gesellschafter-Kreditgeber. Resultiert der Wertverlust also nicht auf einer – insoweit tatsächlich erforderlichen – Nachrangigkeit oder Anfechtung – könnte er prinzipiell auch jeden gesellschaftsfremden Kreditgeber in gleicher Weise ereilen. Durch die nur abstrakte Bedrohung mit Nachrangigkeit bzw. Anfechtung ist gerade noch keine Aussage darüber getroffen, ob der Verlust gerade infolge der Gesellschafterstellung erlitten wurde oder nur gleichsam zufällig mit dieser zusammenfiel. Dass ein Dritter nämlich ebendiese

Finanzierungshilfe nur wegen der rein abstrakten Möglichkeit der späteren insolvenzrechtlichen Nachrangigkeit oder Anfechtung nicht gewährt bzw. belassen hätte, ist insoweit gerade nicht belegt oder als typischer Fall anzunehmen. Die abstrakte Akzessorietätstheorie bietet vielmehr gerade keine geeigneten Mittel, um einen solchen Beleg zu gewinnen.

Dies veranschaulicht auch die Konstellation der insolvenzlosen Liquidation recht deutlich: In diesen Fällen nämlich verliert der Gesellschafter seine Finanzierungshilfe zunächst gerade nicht wegen der insolvenzrechtlichen Nachrangigkeit oder Anfechtbarkeit, die ihn potentiell bereits vom Moment der Finanzierungshilfengewährung an bedroht haben; diese treten ja gerade nicht ein. Auch die insoweit gegebenen abstrakten Nachteile wirken sich im Ergebnis nicht aus. Die abstrakte Gefahr der Insolvenzeröffnung nämlich verursacht nicht den Wertverlust, sondern beruht auf identischen Ursachen, nämlich der Verschlechterung der finanziellen Situation der Gesellschaft. Insoweit liegt eine zeitlich Parallelität vor, nicht aber ein Ursache- und Wirkungszusammenhang. Der Gesellschafter wird dann aber in exakt gleicher Weise beeinträchtigt wie ein gesellschaftsfremder Dritter: Beide verlieren ihre Gesellschafterhilfen auf dieselbe Weise, da sich für den Gesellschafter die zuvor denkbare Nachrangig- bzw. Anfechtbarkeit weder konkret noch abstrakt ausgewirkt hat.

Auch dass nur möglicherweise ein Gesellschaftsgläubiger die außerinsolvenzrechtliche Anfechtung einer möglichen Rückzahlung angestrebt hätte, genügt nicht für die Annahme einer gesellschaftsrechtlichen Veranlassung der vorangegangenen Finanzierungshilfen-gewährung bzw. –überlassung. Insoweit handelt es sich um einen äußeren Umstand, der vom Verhältnis Gesellschafter-Gesellschaft noch weiter entfernt ist als die diesbezüglichen Folgen einer Insolvenz und daher erst Recht keine entscheidende Rolle für die sowohl zeitlich als auch inhaltlich vorgelagerte Frage der gesellschaftsrechtlichen Veranlassung spielen sollte.

Im Rahmen der abstrakten Auslegungsvariante der Akzessorietätslösung wird somit deutlich, dass die nur potentielle Bedrohung mit Nachrangigkeit bzw. Anfechtung nicht geeignet ist, die gesellschaftsrechtliche Veranlassung der ursprünglichen Finanzierungshilfenüberlassung samt späterem Wertverlust zu begründen.

(d) Fazit

Es ist festzuhalten, dass die Akzessorietätslösung in beiden Auslegungsvarianten in den vorgenannten Konstellationen keinen geeigneten Maßstab zur Abgrenzung von fremdüblichen Verhalten und gesellschaftsrechtlicher Veranlassung bereithält.

Zunächst kann und würde es regelmäßig zu Fällen kommen, in denen der Gesellschafter eine Finanzhilfe in derselben Weise gewährt hätte, wenn er nicht Gesellschafter wäre, diese Finanzhilfe aber gleichwohl später vom Nachrang erfasst bzw. die entsprechende Rückgewähr oder der entsprechende Rückgriff später angefochten wird oder bereits nur von Anfang an eine potentielle Bedrohung mit einer späten nicht eingetretenen Nachrangigkeit oder Anfechtung bestand. Dies wird insbesondere bei plötzlich auftretenden Verschlechterungen der Situation der Gesellschaft der Fall sein.

Dem Steuerrecht wäre es sodann unmöglich, im Rahmen des § 17 EStG zwischen derartigen Verlusten sowie solchen zu unterscheiden, die in der Tat ohne die Gesellschafterrolle nicht angefallen wären. Letztlich käme es insoweit zu einem begrenzten Gleichlauf mit der insbesondere von *Weber-Grellet* vertretenen Ansicht, wonach sämtliche durch die Beteiligung wirtschaftlich verursachten Aufwendungen im Rahmen des § 17 EStG anerkannt werden sollten.[931] Eine solche Sichtweise ist aber aus den bereits dargelegten Gründen abzulehnen.[932] Der Gleichlauf beschränkte sich zwar nur auf solche Finanzierungshilfen, die von den nunmehr maßgeblichen zivilrechtlichen Nachrangigkeits- bzw. Anfechtungsregeln erfasst würden bzw. – je nach Auslegungsvariante – potentiell bedroht würden. Diese Verluste aber würden vollumfänglich[933] und im Ergebnis ohne die tatsächliche Beantwortung der Frage nach ihrer gesellschaftsrechtlichen Veranlassung anerkannt.

Nach alledem ist zusammenfassend festzuhalten, dass bei einem Verständnis der der Akzessorietätslösung zugrunde liegenden *ratio* dahingehend, dass ihr vorgenannter Drittvergleich zugrunde liege, ebendieser – weder in Form des abstrakten noch in Form des konkreten Verständnisses – keinen geeigneten Maßstab für die Feststellung einer gesellschaftsrechtlichen Veranlassung darstellt. Demnach erweist sich die Selbständigkeitslösung insoweit infolge ihres geeigneten Drittvergleichsmaßstabs als vorzugswürdig. Denn wie eingangs ausgeführt wurde dieser jedenfalls in seinem Wesensgehalt bereits im Rahmen der alten Rechtslage zu Grunde gelegt und hatte sich bereits damals als geeignet erwiesen. Änderungen bezüglich seiner abstrakten Geeignetheit durch das MoMiG sind ebenfalls nicht ersichtlich.

(3) Die gesellschaftsrechtliche Veranlassung der konkret von nur durch die Akzessorietäts- bzw. nur durch die Selbständigkeitslösung erfassten Verluste

Nachdem zuvor die zugrunde liegenden Drittvergleichsmaßstäbe abstrakt auf ihre Geeignetheit überprüft wurden, kann man zudem die tatsächlich von Akzessorietäts- und Selbständigkeitslösung gefundenen Ergebnisse auf ihre Folgerichtigkeit hin untersuchen. Insoweit kann ggf. ein weiteres Argument daraus abgeleitet werden, welche tatsächlichen Sachverhalte von nur einem der beiden Ansätze erfasst werden, gleichwohl aber typischerweise als gesellschaftsrechtlich veranlasst im Rahmen des § 17 EStG angesehen werden sollten. All dies soll nachfolgend untersucht werden.

Die Akzessorietätstheorie vermag in ihrer konkreten Auslegungsvariante in solchen Fällen zu einem Ansatz nachträglicher Anschaffungskosten zu gelangen, in denen bei Gewährung der Finanzierungshilfe noch keine Krise der Gesellschaft vorlag, die Finanzierungshilfe jedoch später gemäß § 39 Abs. 1 Nr. 5 InsO im Insolvenzverfahren nachrangig wurde. Verliert die Gesellschafterhilfe insoweit innerhalb des An-

931 *Weber-Grellet*, DStR 1998, 1617, 1620 ff.

932 Siehe hierzu bereits oben unter 2. Teil B. III. 1. g) bb).

933 Die Vollumfänglichkeit der Verlustberücksichtigung erfährt natürlich auch im Rahmen der Akzessorietäts-theorie eine Einschränkung, wenn man wie vorliegend jedenfalls die vor Beginn des Anfechtungszeitraums eingetretenen Wertverluste nicht berücksichtigen will.

fechtungszeitraums, aber vor Eintritt einer Krise der Gesellschaft an Wert, kann ebenfalls nur die Akzessorietätslösung diesen Wertverlust erfassen. Zudem gelangt sie zu einem Anschaffungskostenansatz in denjenigen Fällen, in denen bei Gewährung der Finanzierungshilfe innerhalb der Jahresfrist der §§ 135 InsO, 6, 6a AnfG noch keine Krise der Gesellschaft vorlag, die Finanzierungshilfe anschließend zurückgewährt und diese Rückgewähr anschließend gemäß §§ 135 InsO, 6, 6a AnfG erfolgreich angefochten wurde. Im Rahmen der abstrakten Auslegungsvariante wird darüber hinaus auch dann eine Verlusterfassung zugelassen, wenn die Gesellschafterhilfe nur abstrakt von einer möglichen späteren Nachrangigkeit oder Anfechtbarkeit einer möglichen Rückgewähr bedroht war.[934]

Die Selbständigkeitslösung kann insoweit gemäß den bislang geltenden Maßstäben nur den gemeinen Wert ansetzen, der im Moment des Kriseneintritts noch vorhanden war. Insoweit handelt es sich um ein klassisches "Stehenlassen" der Finanzierungshilfe. Der Nennwertansatz ist nur bei einer vorherigen Krisenbestimmung, insbesondere einem Rangrücktritt, oder im Fall einer Finanzplanfinanzierungshilfe möglich.

Die Selbständigkeitslösung vermag es dagegen insbesondere - und im Unterschied zur Akzessorietätslösung nicht nur in einer bestimmten Auslegungsvariante - immer dann nachträgliche Anschaffungskosten anzusetzen, wenn die Finanzierungshilfe in einer Krisensituation gewährt wurde und anschließend verloren ging. Ob es hierbei zu einem Insolvenzverfahren samt Nachrang oder einer inner- oder außerinsolvenzlichen Anfechtung kam, ist für sie irrelevant.

Gemäß dem eingangs dargestellten Prüfungsmaßstab ist zum Zwecke der Gewinnung eines weiteren Arguments für bzw. gegen einen der Ansätze danach zu fragen, wann in den vorgenannten Konstellationen, die jeweils nur von einem der Ansätze als gesellschaftsrechtlich erfasst angesehen werden, typischerweise von einer gesellschaftsrechtlichen Veranlassung der Finanzierungshilfengewährung auszugehen sein dürfte:

Unterstellen wir, dass wir uns im Einjahreszeitraum des Anfechtungsgesetzes (§§ 6, 6a AnfG) befinden, gelangt für den Fall der Finanzhilfengewährung ohne Gesellschaftskrise samt späterer Nachrangigkeit des Rückzahlungsanspruches im Insolvenzverfahren nur die Akzessorietätslösung zu einer Verlustberücksichtigung i.H.d. Nennwertansatzes. Im umgekehrten Fall, d.h. die Finanzhilfe wird in der Krise gewährt, später kommt es jedoch schon mangels Insolvenzeröffnung zu keiner Nachrangigkeit, vermag nur die Selbständigkeitslösung es unzweifelhaft, ohne Weiteres das Ergebnis des Nennwertansatzes zu erzielen. Wann also dürfte insoweit typischerweise von einer gesellschaftsrechtlichen Veranlassung der Darlehensgewährung auszugehen sein?

Erste maßgebliche Trennscheide beider Konstellationen ist, ob es im späteren Verlauf zur Eröffnung eines Insolvenzverfahrens kommt. Die Akzessorietätslösung gelangt - wie erwähnt zumindest im Falle der Finanzierungshilfengewährung innerhalb des Anfechtungszeitraumes - jedenfalls im Falle des Insolvenzverfahrens zur ge-

934 *Bode*, DStR 2009, 1781, 1785 f.; *Waclawik*, ZIP 2007, 1338, 1341 ff.

sellschaftsrechtlichen Veranlassung und damit zum Nennwertansatz kraft Nachrangigkeit, und dies völlig unabhängig vom Bestehen einer Krise. Die Selbständigkeitslösung wiederum lässt ein mögliches späteres Insolvenzverfahren außer Betracht und stellt auf die Existenz einer Gesellschaftskrise ab.

(a) Die gesellschaftsrechtliche Veranlassung ausschließlich von der Akzessorietätslösung erfasster Sachverhalte

Ausschlaggebend für die Beurteilung der Vorzugswürdigkeit der Ansätze sollte demnach zunächst sein, welche Rolle der späteren Eröffnung eines Insolvenzverfahrens für die Frage der gesellschaftsrechtlichen Veranlassung zukommen sollte.

Die Akzessorietätslösung lässt jedenfalls die spätere Insolvenzeröffnung für die gesellschaftsrechtliche Veranlassung der Verluste genügen, nach hier vertretener Ansicht in Bezug auf innerhalb des Anfechtungszeitraums eingetretene Verluste, nach a.A. in Höhe des Nennwertes. I.R.d. abstakten Auslegungsvariante lässt sie bereits die potentielle Gefahr von Nachrangigkeit bzw. Anfechtung ausreichen.

Zutreffend ist, dass der Gesellschafter im Falle einer Finanzhilfengewährung – je nach konkreter Situation mehr oder weniger stark – mit der späteren Nachrangigkeit des Rückzahlungsanspruches im Insolvenzverfahren rechnen muss. Die Nachrangigkeit stellt – unbeschadet der Ausnahmen für privilegierte Sachverhalte – eine unausweichliche Folge eines Insolvenzverfahrens dar.

Indes kommt es in der Rechtspraxis oftmals auch dann nicht zur Eröffnung eines Insolvenzverfahrens, wenn einer der Insolvenzgründe gemäß §§ 17 ff. InsO gegeben ist. Insoweit kann es bereits an der erforderlichen Antragstellung (§ 13 Abs. 1 Satz 1 InsO) fehlen. Oftmals reicht aber auch diese nicht aus, nämlich in dem praktisch überaus häufig anzutreffenden Fall, dass die Masse die zu erwartenden Verfahrenskosten voraussichtlich nicht wird decken können (§ 26 Abs. 1 Satz 1 InsO). Als Folge unterbleibt die Eröffnung des Insolvenzverfahrens. Auch die Nachrangigkeit von Rückzahlungsansprüchen des Gesellschafters gemäß § 39 Abs. 1 Nr. 5 InsO muss hierdurch denklogisch entfallen, was eine Verlustberücksichtigung unter Geltung der Akzessorietätslösung in ihrer konkreten Auslegungsvariante ausschließt.

Regelmäßig wird die Frage der Insolvenzeröffnung von Ereignissen abhängen, die gänzlich außerhalb des Einflussbereiches des betroffenen Gesellschafters liegen.[935] So wird es etwa häufig darauf ankommen, ob bestimmte Ansprüche der Gesellschaft gegen Dritte noch vor Insolvenzeröffnung erfolgreich durchgesetzt werden können oder nicht, etwa weil der Dritte seinerseits ausfällt. Insbesondere der Insolvenzgrund der Überschuldung (§ 19 InsO) wird also häufig außerhalb der Einflusssphäre des Gesellschafters liegen.

Die Frage der Nachrangigkeit und damit im Rahmen der Akzessorietätslösung die gesellschaftsrechtliche Veranlassung hängt dann aber von Faktoren ab, die gänz-

935 Siehe insbesondere zum für eine Antragstellung durch einen Gläubiger notwendigen rechtlichen Interesse *Gundlach* in: Schmidt, InsO, § 14 Rn. 24 ff.; *Leithaus* in: Andres/Leithaus, InsO, § 14 Rn. 9.

lich außerhalb der zugrunde liegenden Rechtsbeziehung zwischen Gesellschafter und Gesellschaft liegen. Dies führt zu der Schlussfolgerung, dass es bei Anwendung der Akzessorietätslösung bei bestimmten Fallkonstellationen jedenfalls bezogen auf den Fall der Finanzhilfengewährung innerhalb der Jahresfrist letztlich von vom Gesellschafter nicht zu beeinflussenden und damit aus seiner Sicht zufälligen Umständen abhängen wird, ob und inwieweit zu seinen Gunsten von einer gesellschaftsrechtlichen Verlassung der Gewährung auszugehen sein wird und damit im Ergebnis nachträgliche Anschaffungskosten im Rahmen des § 17 EStG anzusetzen sein werden.

Die Qualität seiner Finanzhilfengewährung wird aber von der Frage einer späteren Eröffnung eines Insolvenzverfahrens in keiner Weise berührt. Denn außerhalb der vom Gesellschafter zu beeinflussenden Sphäre liegenden Umstände, die über die Insolvenzverfahrenseröffnung entscheiden, können diese vorangehende Gewährung nicht rückwirkend verändern. Ihr Charakter sollte vielmehr durch in der Beziehung zwischen Gesellschafter und Gesellschaft selbst liegende Umstände geprägt werden. Selbstverständlich steht zwar bereits im Moment der Gewährung fest, dass der Rückgewähranspruch in einer Insolvenz nachrangig würde. Damit steht aber der Umstand einer späteren Insolvenz keineswegs unausweichlich fest.

Das Kriterium der späteren Insolvenzeröffnung stellt dementsprechend nach zutreffender Ansicht jedenfalls für die vorstehend betrachtete Sachverhaltskonstellation kein zur Feststellung der gesellschaftsrechtlichen Veranlassung taugliches Instrument dar, weshalb die insoweit ausschließlich von der Akzessorietätslösung erfassten Fälle nicht typischerweise gesellschaftsrechtlich veranlasst sein müssen.

Parallel hierzu verhält es sich bezüglich des Kriteriums der Insolvenz- bzw. Gläubigeranfechtung. Auch der Eintritt dieser Tatbestände, für deren Erfolgsfall die Akzessorietätslösung wiederum von einer gesellschaftsrechtlichen Veranlassung und damit von einem Ansatz nachträglicher Anschaffungskosten ausgeht, hängt letztlich maßgeblich von äußeren Umständen ab, auf die der Gesellschafter – selbstverständlich unbeschadet seiner Beteiligung am anfechtbaren Rechtsgeschäft – keinen Einfluss nehmen kann. Für die Anfechtung innerhalb der Insolvenz gilt dies schon für die Eröffnung des Insolvenzverfahrens (s.o.) sowie ggf. anschließend für das entsprechende Tätigwerden des Insolvenzverwalters. Auch hinsichtlich einer außerinsolvenzrechtlichen Anfechtung kann der Gesellschafter üblicherweise nicht beeinflussen, ob und wann ein Gläubiger anfechten bzw. einen vollstreckbaren Schuldtitel gegen die Gesellschaft erlangen wird. Demzufolge ist auch das Kriterium der Anfechtung einer möglichen Rückgewähr von Gesellschafterhilfen für die Feststellung der gesellschaftsrechtlichen Veranlassung ungeeignet, weshalb auch diese Fälle nicht zwingend erfasst werden müssen.

Auch die Beachtung der Anfechtungsfristen hängt wesentlich von äußeren Umständen ab, auf die der Gesellschafter keinen Einfluss nehmen kann. Zunächst kann der Gesellschafter regelmäßig nicht wesentlich beeinflussen, in welchem zeitlichen Abstand eine spätere Insolvenzeröffnung einer vorherigen Rückgewähr der Finanzhilfe nachfolgen wird. Ebenfalls wird der Gesellschafter oft nicht beeinflussen können, ob eine Finanzhilfenrückgewähr in- oder außerhalb des Anfechtungszeitraums liegen wird. Zudem kann er nicht beeinflussen, wie zügig Insolvenzverwalter bzw. Gläubiger die Anfechtung erklären werden.

Im Rahmen der abstrakten Auslegungsvariante der Akzessorietätslösung kommt es darüber hinaus wie erläutert letztlich zu einem Gleichlauf mit derjenigen Ansicht, die sämtliche Beteiligungskosten als abzugsfähig erachtet. Dies gilt jedenfalls für einen innerhalb des Anfechtungszeitraums erlittenen Wertverlust. Dementsprechend kann sie – unabhängig von tatsächlicher Nachrangigkeit oder Anfechtung einer Rückgewährung – auch einen solchen Wertverlust abbilden, der zeitlich vor einem Kriseneintritt hinsichtlich der Gesellschaft erlitten wurde. Es muss dementsprechend geprüft werden, ob ein solcher Wertverlust, der vor einer Gesellschaftskrise – aber nach einer Auslegungsvariante innerhalb des Anfechtungszeitraums – eingetreten ist, typischerweise ein gesellschaftsrechtlich veranlasster Wertverlust ist.

Bereits im Rahmen der Untersuchung des der abstrakten Akzessorietätstheorie insoweit zugrunde liegenden Drittvergleichsmaßstabs wurde aufgezeigt, dass die gesellschaftsrechtliche Veranlassung insoweit letztlich mit der Gesellschafterstellung einhergeht.[936] Dies spiegelt sich auch in den konkret gefundenen Ergebnissen wieder: Verliert die Gesellschafterhilfe vor Kriseneintritt an Wert und will man diesen später – ab dem Moment seiner Realisierung – berücksichtigen, begnügt man sich letztlich mit der bloßen Gesellschafterstellung als hinreichender Voraussetzung für die gesellschaftsrechtliche Veranlassung. Wie bereits dargestellt begibt man sich indes hierdurch nach vorliegender Auffassung jeder Differenzierungsmöglichkeit zwischen fremdüblich einerseits und gesellschaftsrechtlich veranlasst andererseits. Bezüglich eines solchen Wertverlustes kann gerade nicht davon ausgegangen werden, dass dieser wegen der Gesellschafterstellung erlitten wurde. Vielmehr tritt er bereits unabhängig von einer Insolvenz oder Anfechtung einer Rückgewährhandlung ein und könnte bereits insofern in gleicher Weise auch einen gesellschaftsfremden Kreditgeber treffen. Zudem ist eine fremdübliche Kreditgewährung vor Kriseneintritt typischerweise auch durch ebendiese gesellschaftsfremden Kreditgeber möglich. Dies gilt jedenfalls dann, wenn es sich um eine Kreditvergabe zu marktüblichen Konditionen, also insbesondere mit fremdüblichem Zinssatz und genügender Besicherung, handelt.

Parallel zur Beurteilung des Drittvergleichsmaßstabes als solchem gilt vor diesem Hintergrund auch bezüglich der konkreten Fallgestaltungen, dass die prinzipiell ausschließlich von der abstraktes Akzessorietätslösung erfassten Wertverlust nicht typischerweise gesellschaftsrechtlich veranlasst sind. Vielmehr lässt sich die gesellschaftsrechtliche Veranlassung ebendieser Wertverluste nach hier vertretener Ansicht mit den Mitteln der Akzessorietätstheorie gerade nicht qualifiziert beurteilen, sondern die durch § 17 EStG angezeigte Unterscheidung zwischen fremdüblich und gesellschaftsrechtlich veranlasst wird in zu weitgehendem Maße aufgegeben.

Im Rahmen der Selbständigkeitslösung hingegen ist dann nur ein Ansatz des gemeinen Wertes möglich, wenn die Finanzierungshilfe ausschließlich in der Krise stehengelassen wurde, während die Akzessorietätslösung nach teilweise vertretener Auf-

936 Dies gilt selbstverständlich nur innerhalb der Grenzen der zivilrechtlichen Verstrickung der Gesellschafterhilfe, mithin außerhalb von Sanierungs- und Kleinbeteiligtenprivileg.

fassung insoweit jedenfalls dann zu einem Nennwertansatz[937] gelangt, wenn die gewährte Finanzhilfe später nachrangig oder ihre Rückgewähr angefochten wird.

Um von einer gesellschaftsrechtlichen Veranlassung der ausschließlich von der Akzessorietätslösung erfassten Konstellation auszugehen, müsste also der Verlust des Finanzhilfenrückzahlungsanspruches in diesem vorgenannten Fall gesellschaftsrechtlich veranlasst sein.

Die dies befürwortende Argumentation setzt nun daran an, dass der Gesellschafter hier durch die Nachrangigkeit im vollem Umfang des erfassten Rückzahlungsanspruches[938] sowie durch die Anfechtung in vollem Umfang einer vorherigen Rückgewähr anders behandelt wird als ein gesellschaftsfremder Kreditgeber. Die zivilrechtlichen Vorgaben schmälerten die persönliche Leistungsfähigkeit des Gesellschafters in ebendiesen Umfängen, weshalb auch das Steuerrecht schon gemäß des ihm eigenen objektiven Nettoprinzips die gesellschaftsrechtliche Veranlassung sowie letztlich den Ansatz nachträglicher Anschaffungskosten im selben Umfang anzuerkennen habe.

Dieser Argumentation wäre dann zuzustimmen, wenn der Gesellschafter auch den Verlust seiner Gesellschafterhilfe i.H.d. Differenz zwischen Nennwert und gemeinen Wert im Zeitpunkt des o.g. Stehenlassens aufgrund seiner Gesellschafterstellung erlitten hätte. Nur dann nämlich könnte man folgern, dass die zivilrechtliche Schlechterstellung aufgrund der Gesellschafterrolle auch in vollem Umfang im Steuerrecht Berücksichtigung finden müsste, weil die Schlechterstellung nur dann gemäß der steuerrechtlichen Systematik vor dem UntStRefG in einem steuerlich relevanten Bereich stattfände, nämlich dem des vorliegend allein maßgeblichen § 17 EStG.

Indes ist der zwischen Nenn- und gemeinem Wert liegende Wertverlust gemäß vorliegend vertretener Auffassung gerade nicht gesellschaftsrechtlich veranlasst. Dies ergibt sich aus den Erwägungen, die schon an anderer Stelle im Rahmen der Berteilung des Drittvergleichsmaßstabes ausgeführt worden, der als der Akzessorietätslösung zugrunde liegend angesehen werden kann.[939] Wie dort ausführlich dargelegt wurde, stellen weder die Nachrangigkeit im Insolvenzverfahren noch eine spätere Anfechtung geeignete Maßstäbe dar, um eine gesellschaftsrechtliche Veranlassung von einer Fremdüblichkeit abzugrenzen.[940] Für eine Bejahung oder Verneinung der gesellschaftsrechtlichen Veranlassung sollte es demnach nicht auf eine spätere Verstrickung als nachrangig oder angefochten ankommen. Dies – wie ausgeführt – vor allem deshalb, weil eine mögliche spätere Insolvenz oder Anfechtung oftmals auf Gründen beruhen wird, die außerhalb der Rechtsbeziehung zwischen Gesellschafter und Gesellschaft liegen und deshalb nicht rückwirkend auf eine gesellschaftsrechtliche Veranlassung dort anzutreffender Vorgänge Einfluss nehmen sollten. Daraus folgt auch, dass der Verlust in Höhe der Differenz zwischen Nennwert und gemeinen Wert im Mo-

937 Vorliegend wird freilich die Auffassung vertreten, dass ein vor Beginn des Anfechtungszeitraums eingetretener Wertverlust nicht zu berücksichtigen ist, siehe oben 2. Teil B. III. 1. b) bb) (3).

938 Soweit dieser Rückzahlungsanspruch auch nach neuem Recht in zulässiger Weise, d.h. insbesondere außerhalb der Anfechtungsfristen getilgt wurde, kann er natürlich anschließend auch nicht mehr dem Nachrang unterfallen.

939 Siehe schon oben 2. Teil B. III. 1. g) dd) (2).

940 Siehe schon oben 2. Teil B. III. 1. g) dd) (2).

ment des Stehenlassens nicht gesellschaftsrechtlich veranlasst ist. Denn ein Dritter würde die Finanzierungshilfe typischerweise wegen der Krise der Gesellschaft nicht überlassen. Solange diese aber noch nicht besteht, kann auch ein in diesem Zeitraum entstehender Wertverlust steuerrechtlich nicht anders zu beurteilen sein als ein entsprechender Wertverlust, den ein Dritter insoweit erleiden würde. Erst durch das ab dem Moment des Kriseneintritts beginnende Belassen der Finanzierungshilfe verhält sich der Gesellschafter anders als ein außenstehender Dritter. Dass es unabhängig vom Wertverlust zwischen ursprünglicher Finanzhilfengewährung und dem Moment des Stehenlassens zu einer gesellschaftsrechtlichen Veranlassung aufgrund einer späteren Insolvenz oder Anfechtung kommt, ist gemäß vorliegender Ansicht hingegen abzulehnen, und zwar sowohl bezüglich der gesellschaftsrechtlichen Veranlassung im Moment des Kriseneintritts als auch vorgeschaltet – wie es wohl überwiegend vertreten wird – bezogen auf den Moment der ursprünglichen Gewährung der Finanzierungshilfe. Aus diesem Grunde kann es in den hier untersuchten Fallkonstellationen auch nicht zu einem Ansatz i.H.d. Nennwerts des Rückzahlungsanspruches kommen.

Zusammenfassend kann somit festgehalten werden, dass die Akzessorietätslösung für die vorgenannten Fallkonstellationen keine für die Feststellung der gesellschaftsrechtlichen Veranlassung geeigneten Kriterien bereithält und dass aus diesem Grunde die nur von der Akzessorietätslösung erfassten Verluste nicht typischerweise gesellschaftsrechtlich veranlasst sind.

(b) Die gesellschaftsrechtliche Veranlassung ausschließlich von der Selbständigkeits-lösung erfasster Sachverhalte

Fraglich ist, wie die konkret nur von der Selbständigkeitslösung erfassten Sachverhalte im Hinblick auf ihre gesellschaftsrechtliche Veranlassung zu beurteilen sind. Wie dargelegt gelangt die Selbständigkeitslösung im Gegensatz zur Akzessorietätslösung auch dann zu einer gesellschaftsrechtlichen Veranlassung und einem Ansatz nachträglicher Anschaffungskosten, wenn es weder zu einem Insolvenzverfahren noch zu einer Anfechtung kommt, die Finanzierungshilfe jedoch in einer Krise gewährt oder stehengelassen wurde. Dies deshalb, weil der für sie – prinzipiell ausschließlich[941] – entscheidende Maßstab im Bestehen einer Gesellschaftskrise zu finden ist.

Die Selbständigkeitslösung wird sich dann als im Vergleich vorzugswürdig darstellen, wenn im Falle der Finanzierungshilfenüberlassung in der Krise mit anschließendem Verlust der Finanzierungshilfe unabhängig von einem möglichen späteren Insolvenzverfahren bzw. einer möglichen späteren Anfechtung zumindest typischerweise von einer gesellschaftsrechtlichen Veranlassung auszugehen sein dürfte.

941 Die gesellschaftsrechtliche Veranlassung kann sich selbstverständlich auch aus einer Krisenbestimmtheit der Finanzierungshilfe ergeben sowie daraus, dass diese der Finanzplan-Rspr. unterfällt; diese Fallgruppen sind indes für die vorliegend untersuchte Frage nach der Vorzugswürdigkeit von Selbständigkeits- bzw. Akzessorietätsansatz uninteressant, da sich in diesen Fällen die gesellschaftsrechtliche Veranlassung bereits aus der individuellen Abrede zwischen Gesellschaft und Gesellschafter ergibt.

Die Umstände einer späteren Insolvenzeröffnung sowie einer späteren Anfechtung stellen wie ausgeführt keine geeigneten Kriterien dar. Für den Umstand einer Krise der Gesellschaft, die sich auch weiterhin entsprechend der bisherigen Rechtsprechung des BFH nach der Kreditwürdigkeit der Gesellschaft bemessen sollte, gilt dies jedoch i.Erg. nicht:

Das Abstellen auf die Gesellschaftskrise stellt in abstrakter Hinsicht – wie bereits dargelegt[942] – einen geeigneten Drittvergleichsmaßstab dar. Hierdurch wird es ermöglicht, zwischen typischerweise durch die zugrunde liegenden Gesellschafterstellung verursachten Verhalten und drittüblichem Verhalten zu differenzieren. Denn es ist für den Gesellschafter schon mangels Einflussnahmemöglichkeit auf die diesbezüglich maßgeblichen Faktoren oftmals nicht vorauszusehen, ob seine Finanzhilfe später nachrangig oder ihre Rückgewähr angefochten werden wird. Allerdings kann er im Moment der Krise der Gesellschaft sehr wohl voraussehen, dass er seine Finanzierungshilfe infolge ebendieser Krise möglicherweise verlieren wird, und dies letztlich unabhängig davon, ob die Gesellschaft ihrer Beendigung im Wege des Insolvenzverfahrens zugeführt wird. Die Krise macht einen möglichen späteren Verlust nämlich auch für den Fall voraussehbar, dass die Gesellschaft ohne Insolvenz beendet wird. Denn bei wirtschaftlicher Betrachtung ist es die finanzielle Krise einer Gesellschaft, die im Falle ihrer Nichtüberwindung letztlich zu deren Beendigung führen wird, und zwar unabhängig davon, ob dieser ein Insolvenzverfahren vorangeht. Das Insolvenzverfahren ist vielmehr selbst lediglich eine mögliche Folge der Krise und sollte dementsprechend nicht rückwirkend darüber entscheiden, ob der Verlust einer zuvor überlassenen Finanzierungshilfe gesellschaftsrechtlich veranlasst ist.

Aus alledem ergibt sich, dass in denjenigen Fällen, die zumindest im Ausgangspunkt nur die Selbständigkeits-, nicht aber die Akzessorietätslösung erfassen kann, jedenfalls typischerweise von einer gesellschaftsrechtlichen Veranlassung der Finanzierungshilfen-überlassung auszugehen ist. Auch unter diesem Gesichtspunkt erweist sich die Selbständigkeitslösung demnach als vorzugswürdig.

(4) Die Vorgaben des objektiven Nettoprinzips und die unterschiedlichen Perspektiven von Selbständigkeits- und Akzessorietätslösung

Teilweise wird in der Literatur aus dem objektiven Nettoprinzip eine Vorzugswürdigkeit der Akzessorietätslösung abgeleitet.[943] Dies wird damit begründet, dass nur die Akzessorietätslösung es vermöge, die sich aus einer Gesamtschau von zivilrechtlichen Vorgaben und der korrespondierenden steuerrechtlichen Behandlung ergebenden Resultate derart zu gestalten, dass diese ihrerseits mit den Vorgaben des objektiven Nettoprinzips in Einklang zu bringen sind.[944] Diese *ratio* kann der Akzessorietätslösung sowohl alternativ als auch kumulativ zum o.g. Drittvergleichsmaßstab beigemes-

942 Siehe hierzu bereits oben unter 2. Teil B. III. 1. g) dd) (2).

943 Bspw. zieht *Hölze* das obj. Nettoprinzip zur Begründung der von ihm präferierten Akzessorietätstheorie heran in DStR 2007, 1185, 1190 f.

944 *Hölze*, DStR 2007, 1185, 1190 f.

sen werden. Das objektive Nettoprinzip ist eine Konkretisierung des Prinzips der Besteuerung nach der persönlichen wirtschaftlichen Leistungsfähigkeit, das seinerseits auf dem Gleichbehandlungsgrundsatz gemäß Art. 3 GG beruht.[945]

Das Verständnis der Akzessorietätslösung als dem eine genügende Berücksichtigung des objektiven Nettoprinzips gewährleistendem Ansatz gestaltet sich nun im Einzelnen wie folgt:[946] Die Verstrickung einer Finanzierungshilfe gemäß den neuen Nachrangigkeits- und Anfechtungsregeln setzt notwendigerweise voraus, dass der Gewährende auch Gesellschafter der begünstigten Gesellschaft ist. Wird nun seine Finanzierungshilfe nachrangig oder ihre Rückgewährung angefochten, so wird der Gesellschafter – unstreitig – anders behandelt als ein gesellschaftsfremder Dritter.[947] Weder kann er sich innerhalb der Jahresfrist und innerhalb der tatbestandlichen Grenzen der §§ 135 InsO, 6, 6a AnfG seine Finanzhilfe unanfechtbar zurückgewähren lassen, noch wird er im Insolvenzfall entsprechend den anderen nicht nachrangigen Insolvenzgläubiger zumindest in Höhe der Insolvenzquote befriedigt. Wenn er aber insoweit wegen seiner Gesellschafterstellung schlechter behandelt wird als Dritte, dann sollte bzw. müsse der ihm insoweit entstehende Verlust im Falle eines Realisierungsvorganges bezüglich der zugrunde liegenden Gesellschaftsbeteiligung gemäß § 17 EStG Berücksichtigung finden.[948] Andernfalls nämlich würde der Gesellschafter gerade nicht entsprechend seiner tatsächlichen wirtschaftlichen Leistungsfähigkeit besteuert, denn diese müsse – da § 17 EStG eben auch für eine Erfassung der positiven Wertzuwächse bezüglich der Beteiligung sorgt – auch negative Vermögensveränderungen aufgrund der Gesellschaftsbeteiligung erfassen, da es ansonsten zu einer Besteuerung käme, die gleichheitswidrig Vermögenszuwächse erfasse, aber die korrespondierenden Vermögensverluste vernachlässige, wodurch letztlich gegen das objektive Nettoprinzip verstoßen würde.[949]

Verkürzt kann man diesen Gedankengang auch damit zusammenfassen, dass die persönliche Leistungsfähigkeit des Gesellschafters durch die veränderten zivilrechtlichen Vorgaben – im Vergleich zu einem Dritten – geschwächt wird. Da auch dieser Ausschnitt der persönlichen Leistungsfähigkeit durch die Annahme nachträglicher Anschaffungskosten im Rahmen einer Auslegung des § 17 EStG nach den Vorgaben des objektiven Nettoprinzips erfassbar sei, dürfe das Steuerrecht diese durch InsO und AnfG veränderte Leistungsfähigkeit nicht unbeachtet lassen.

All diese Gedankengänge sind gut nachvollziehbar und in sich schlüssig. Zudem führen sie – sofern eine zivilrechtliche Verstrickung gegeben ist – zu dem für den Gesellschafter positiven Ergebnis der Anerkennung nachträglicher Anschaffungskosten.

---

945 Nach überwiegender Literaturauffassung kann das objektive Nettoprinzip aus Art. 3 GG abgeleitet werden, obgleich sich das BVerfG bislang nicht zu dieser Aussage hat durchringen können, siehe *Hey*, BB 2007, 1303.

946 Siehe zum gesamten nachfolgenden Absatz *Hölze*, DStR 2007, 1185, 1190 ff.

947 Er wird zudem anders behandelt als ein dem Kleinbeteiligten- oder Sanierungsprivileg unterfallender Gesellschafter, da (auch) das neue Zivilrecht diesen von einer möglichen Verstrickung ausnimmt.

948 *Hölze*, DStR 2007, 1185, 1190 ff.

949 Hierzu sowie zum gesamten vorstehenden Absatz *Hölze*, DStR 2007, 1185, 1190 ff.

Allerdings wird im Nachfolgenden dargestellt werden, dass diesen Überlegungen zu § 17 EStG ein wesensmäßiger Nachteil im Vergleich zur sog. Selbständigkeitslösung innewohnt. Es wird sich zeigen, dass diese Grundgedanken zum Akzessorietätsansatz vom gewünschten wirtschaftlichen Ergebnis des Ansatzes nachträglicher Anschaffungskosten her operieren und ihren Ausgangspunkt nicht in einer möglichen Auslegung von § 17 EStG dahingehend haben, dass dieser bereits ohne das übergeordnete objektive Nettoprinzip einen Ansatz nachträglicher Anschaffungskosten (regelmäßig) erlauben wird. Insoweit wird deutlich werden, dass Selbständigkeitslösung und Akzessorietätstheorie bereits im Ansatz von einem unterschiedlichen Verständnis des § 17 EStG ausgehen. All dies ergibt sich aus Folgendem:

Die Akzessorietätstheorie betrachtet zunächst die wirtschaftlichen Fakten. Hierbei ergibt sich, dass die Gesellschafterhilfen zunächst vom Zivilrecht gegenüber von Dritten gewährtem Fremdkapital schlechter gestellt werden. Das Zivilrecht geht insoweit von einer genügenden gesellschaftsrechtlichen Veranlassung aus, es unterstellt sie gleichsam in den erfassten Fällen. Sodann wird das im Regelungsbereich von § 17 EStG entstehende Ergebnis betrachtet. Ohne eine teleologisch erweiterte Anwendung des § 17 EStG bleibt der Verlust des Gesellschafters irrelevant, denn originär erfasst § 17 EStG nur die Gesellschaftsbeteiligung. Dies entspricht der prinzipiellen steuerlichen Behandlung analoger Verluste eines gesellschaftsfremden Dritten. Mithin liegt eine den Gesellschafter benachteiligende Divergenz vor: Während er im Zivilrecht schlechter gestellt wird als ein vergleichbar handelnder Dritter, werden beide im Steuerrecht prinzipiell identisch behandelt. Da dieses Ergebnis vor dem Hintergrund des zuvor erläuterten objektiven Nettoprinzips als ungerecht bzw. unzulässig empfunden wird, wird der Begriff der nachträglichen Anschaffungskosten in § 17 EStG entsprechend weiter gefasst. Insoweit handelt es sich mithin um eine Korrekturmaßnahme: Da das Steuerrecht in seiner unmittelbaren Anwendung grundsätzlich keine diesbezügliche Verlusterfassung ermögliche, soll es mittels teleologisch erweiterter Anwendung angepasst werden. Insoweit kann man daher davon sprechen, dass die aktuelle Rechtslage als unzureichend wahrgenommen wird und dementsprechend zu modifizieren sei. Eine solche Sichtweise geht dementsprechend davon aus, dass eine bloße Anwendung von § 17 EStG innerhalb seines unmittelbaren Anwendungsbereich nicht dazu geeignet sei, auf derartige Gesellschafterhilfen entfallende gesellschaftsrechtlich veranlasste Verluste zu berücksichtigen. Nur eine erweiterte Auslegung gemäß dem übergeordneten objektiven Nettorprinzips könne insoweit Abhilfe schaffen.

Insoweit offenbart sich ein, vielleicht der wesensmäßige Unterschied beider Herangehensweisen: Die Akzessorietätstheorie hält § 17 EStG als solchen unmittelbar nicht für fähig, gesellschaftsrechtlich veranlasste Finanzierungshilfenverluste zu erfassen und muss aus diesem Grunde das übergeordnete objektive Nettorprinzip bemühen. Nur durch diese korrekturartige Heranziehung des objektiven Nettoprinzips hält sie das Erzielen steuergerechter Ergebnisse, nämlich die Anerkennung gesellschaftsrechtlich veranlasster Verluste, für möglich.

Die Selbständigkeitslösung hingegen hält den § 17 EStG nicht für derart eingeschränkt. Zwar muss auch sie den Begriff der nachträglichen Anschaffungskosten teleologisch erweitern. Allerdings muss sie hierfür nur auf eine der grundlegenden juristischen Auslegungsmethoden zurückgreifen, nämlich derjenigen der Auslegung des § 17 EStG, konkret des normorientiert zu verstehenden Begriffes der nachträglichen Anschaffungskosten, nach seinem Sinn und Zweck (*ratio*). Die Selbständigkeitslösung muss sich dagegen nicht zu Korrekturzwecken eines übergeordneten Prinzips bedienen. Man kann insoweit davon sprechen, dass die Selbständigkeitslösung im Vergleich sachnäher oder auch unmittelbarer operiert.

Hierbei offenbaren sich auch die unterschiedlichen Perspektiven, die beide Ansätze einnehmen: Während die Akzessorietätslösung – wie dargelegt – das unbefriedigende Ergebnis der Anwendung des § 17 EStG "in Reinform" anschließend durch entsprechende Anpassung der an sich vorangehenden Rechtsfindung korrigiert, betrachtet die Selbständigkeitslösung bereits im Ausgangspunkt, wie § 17 EStG als solcher im vorliegenden Kontext seinen Sinn und Zweck entsprechend auszulegen und anzuwenden ist. Hierbei muss in einem ersten Schritt festgestellt werden, dass unmittelbar nur die Gesellschaftsbeteiligung, nicht aber mit ihr zusammenhängende Finanzierungshilfen steuerrechtlich verstrickt werden. Sodann wird aber bezüglich der unstreitig zu berücksichtigenden (nachträglichen) Anschaffungskosten auf die Beteiligung die Frage gestellt, welche Aufwendungen des Gesellschafters insoweit berücksichtigt werden sollten. Insoweit gelangt die Selbständigkeitslösung – entsprechend der bisherigen BFH-Rechtsprechung – zu dem Ergebnis, dass der Gesellschafter bezüglich verlorener Gesellschafterhilfen solche Verluste berücksichtigen können sollte, die – neben der nicht gegebenen anderweitigen Erfassung (Subsidiarität der nachträglichen Anschaffungskosten) – durch die zugrunde liegenden Beteiligung gesellschaftsrechtlich veranlasst sind. Diese Verluste werden somit nicht gleichsam retrospektiv nur durch eine Überlagerung des ansonsten zu unbilligen bzw. unzulässigen Ergebnissen führenden § 17 EStG durch das objektive Nettoprinzip als auch steuerlich gesellschaftsrechtlich veranlasst qualifiziert, sondern § 17 EStG wird durch die Auslegung gemäß seiner zugrunde liegenden *ratio* in einer Art und Weise angewendet, die von vornherein die Anerkennung gesellschaftsrechtlich veranlasster Verlust ermöglicht.

Hierbei definiert die Selbständigkeitslösung selbstverständlich die gesellschaftsrechtliche Veranlassung anders als die Akzessorietätslösung, nämlich nach eigenständigen steuerrechtlichen Kriterien. Hierzu ist aber gerade nur sie allein ausschließlich in der Lage, da sie bereits im Ausgangspunkt die Frage nach dem Sinn und Zweck der steuerrechtlichen Regelung des § 17 EStG stellt und nicht erst die sich aus einer Gesamtschau von Zivilrecht unter Geltung des MoMiG und der Anwendung des § 17 EStG in seiner unmittelbaren Form ergebenden und als missbilligenswert empfundenen Ergebnisse durch eine gleichsam rückanknüpfend veränderte Anwendung des § 17 EStG korrigiert.

Dies stellt eine rechtlich vorzugswürdige Vorgehensweise dar, denn – vereinfacht ausgedrückt – ist der Lösungsansatz „Wie ist das Steuerrecht seinem eigenen Sinn und Zweck entsprechend auszulegen“ rechtsdogmatisch gegenüber demjenigen Lösungsansatz zu präferieren, der nach der Vorgehensweise operiert „Zu welchen Ergebnissen führen die steuerrechtlichen Regelungen gemäß ihrem unmittelbaren Anwendungsbereich und durch welche übergeordnete Prinzipien können insoweit als missbilligenswert empfundene Ergebnisse korrigiert werden."

Auch ein weiterer rechtsdogmatischer Vorteil der Selbständigkeitslösung bzw. eine Unzulänglichkeit der Akzessorietätslösung kann aus den vorstehenden Erwägungen abgeleitet werden: Wenn Letztere der Anwendung des § 17 EStG das objektive Nettoprinzip gleichsam "überstülpen" muss, während Erstere sich auf – nach vorliegender Auffassung zutreffendem – Wege der "gewöhnlichen" Auslegungsmethoden bedient, dann muss sich Erstere die Frage gefallen lassen, ob sie nicht den Sinn und Zweck des § 17 nur unzureichend berücksichtigt.

All diese Erwägungen stellen demnach die Selbständigkeitslösung als vorzugswürdig dar.

Das gleiche Ergebnis ergibt sich auch dann, wenn man die Regelung des § 17 EStG zum Ausgangspunkt der Überlegungen zu einem möglichen Widerspruch zwischen der Selbständigkeitslösung und dem objektiven Nettoprinzip macht. § 17 EStG erklärt nur einen eng umrissenen Ausschnitt der prinzipiell unbeachtlichen privaten Vermögenssphäre für steuerlich relevant. Originär werden nur realisierte Wertveränderungen hinsichtlich bestimmter Gesellschaftsbeteiligungen erfasst. Das insoweit fraglos übergeordnete objektive Nettoprinzip kann aber sodann im Regelungsbereich des § 17 EStG – sofern dieser selbst eine insbesondere verfassungsrechtlich zulässige Vorschrift darstellt[950] – eine Berücksichtigung von negativen Wertveränderungen bzw. Verlusten nur verlangen, soweit diese gleichsam spiegelbildlich mit den originär erfassten Wertsteigerungen korrelieren. Da positive Wertveränderungen im Hinblick auf zugunsten der Gesellschaftsbeteiligung gewährte Finanzierungshilfen aber – abgesehen von möglichen Wertaufholungen – weder vom unmittelbaren noch vom erweiterten Anwendungsbereich des § 17 EStG erfasst werden, können negative Wertveränderungen im Hinblick auf solche Finanzierungshilfen überhaupt nur dann erfasst werden, wenn sie in genügendem Zusammenhang mit der Beteiligung stehen, m.a.W. gemäß ganz herrschender und auch hier vertretener Auffassung gesellschaftsrechtlich veranlasst sind. Wann dies der Fall ist, versuchen die Lösungsansätze von Akzessorietäts- und Selbständigkeitslösung zu beantworten. Das objektive Nettoprinzip aber bietet insoweit keine Antwort. Es kann allenfalls korrigierend zur Überprüfung der gewonnenen Ergebnisse der jeweiligen Rechtsanwendung herangezogen werden. Wie gezeigt wurde, stellen die von der Selbständigkeitslösung gefundenen Ergebnisse keinen Verstoß gegen das objektive Nettoprinzip dar. Gemäß vorliegend vertretener Auffassung kann aus den Vorgaben des objektiven Nettoprinzips mithin kein Argument zu Lasten der Selbständigkeitslösung gewonnen werden. Vielmehr kann allenfalls die Vorzugswürdigkeit der Selbständigkeitslösung gemäß den vorangegangenen Erwägungen auch durch eine Überprüfung der gewonnenen Ergebnisse auf ihre Vereinbarkeit mit dem objektiven Nettoprinzip hin herausgestellt werden.

---

950 Dies ist nach vorliegender Ansicht in Übereinstimmung mit der Rechtsprechung des BVerfG sowie des BFH der Fall, siehe schon oben unter 1. Teil B. III. 3. a), b).

(5) Die Verluste von Kleinbeteiligten- oder Sanierungsprivileg unterfallenden Finanzierungshilfen

Ein weiteres Argument könnte daraus gewonnen werden, wie die beiden Ansätze mit solchen Verlusten umgehen müssten, die ein Gesellschafter bezüglich solcher Finanzierungshilfen erleidet, die dem weiterhin gültigen Sanierungs- oder Kleinbeteiligtenprivileg unterfallen.

Die Akzessorietätslösung muss es jedenfalls bei strenger – oder auch als konsequent verstandener – Anwendung dabei belassen, insoweit eine gesellschaftsrechtliche Veranlassung und damit auch einen Verlustabzug im Rahmen des § 17 Abs. 2, Abs. 4 EStG abzulehnen. Außerhalb von besonderen Abreden zwischen Gesellschaft und Gesellschafter, die ihrerseits eine gesellschaftsrechtliche Veranlassung und damit einen Anschaffungskostenansatz bedingen könnten, wäre es der Akzessorietätslösung nur mittels einer Durchbrechung ihres Grundprinzips möglich, auch insoweit einen Anschaffungskostenansatz anzunehmen:

Denkbar ist bspw., auch weiterhin bezüglich des Sanierungsprivilegs unter Verweis auf dessen ansonsten konterkarierten Zweck doch nachträgliche Anschaffungskosten anzunehmen. Auch hinsichtlich des Kleinbeteiligtenprivilegs könnte man besondere Schutz- und Interessenabwägungen vornehmen, um zu einem Anschaffungskostenansatz zu gelangen. Man könnte etwa darauf abstellen, dass auch zwischen einem und zehn Prozent beteiligte Gesellschafter von der Besteuerung nach § 17 EStG erfasst werden. Dies alles ist aber selbstverständlich keineswegs zwingend, sondern würde letztlich das Vertreten einer für bestimmte Konstellationen modifizierten Akzessorietätslösung bedeuten. Insbesondere kann man im Rahmen der Akzessorietätslösung bezüglich beider Privilegien besonders gut dahingehend argumentieren, dass die betreffenden Gesellschafter zunächst vom Zivilrecht nicht schlechter gestellt werden als gesellschaftsfremde Dritte und demzufolge insoweit auch im Rahmen des § 17 EStG keine über dessen originären Anwendungsbereich hinausgehende Verlusterfassung erforderlich sei. Auch das objektive Nettoprinzip kann insoweit keine Abweichung bedingen. Aus alledem folgt, dass bei einer zumindest im Ausgangspunkt der Akzessorietätslösung folgenden Rechtsanwendung enorme Schwierigkeiten bezüglich einer Verlustanerkennung hinsichtlich privilegierter Finanzhilfen bestünden. Zudem könnte insoweit nicht verlässlich prognostiziert werden, wie Gerichte insoweit im Einzelfall entscheiden würden.

Die Selbständigkeitstheorie hingegen will mit der durch das MoMiG veränderten steuerrechtlichen Situation durch eine eigenständige, an steuerrechtlichen Wertungen orientierte Lösung umgehen. Demzufolge kann sie die zivilrechtliche Privilegierung bestimmter Finanzierungshilfen jedenfalls im Ausgangspunkt vernachlässigen. Vielmehr kann sie auch insofern von der für sie maßgeblichen Frage zur Feststellung nach der gesellschaftsrechtlichen Veranlassung ausgehen, nämlich ob ein gesellschaftsfremder Dritter die fragliche Finanzierungshilfe ebenfalls in gleicher Weise gewährt hätte. Dies wäre wiederum zu verneinen im Fall der Kreditunwürdigkeit, mithin der Krise der Gesellschaft.

Bezüglich dem Kleinbeteiligtenprivileg unterfallenden Gesellschafterhilfen dürfte sich insoweit keine Abweichung zu den bereits dargelegten Vergleichsmaßstäben ergeben: Gewährt ein Gesellschafter seiner Gesellschaft trotz Kreditunwürdigkeit eine nicht weit über das gewöhnliche Maß hinausgehend abgesicherte Finanzierungshilfe, so tut er dies zumindest auch wegen seiner Gesellschafterstellung und zwar unabhängig davon, ob diese eine Beteiligungshöhe von 10 % über- oder unterschreitet. Allenfalls bei Vorliegen von äußerst geringen Beteiligungen könnte man insoweit an der gesellschaftsrechtlichen Veranlassung zweifeln. Insoweit muss die Frage nach der gesellschaftsrechtlichen Veranlassung letztlich einer Abwägung im Einzelfall vorbehalten werden. In deren Rahmen dürfte insbesondere die Frage aufzuwerfen sein, ob der Beteiligungsumfang derart gering ist, dass eine Kreditüberlassung in der Krise vernünftiger Weise nicht mehr adäquat kausal auf die bestehende Beteiligung zurückgeführt werden kann. Dies dürfte i.d.R. etwa dann der Fall sein, wenn die wirtschaftliche Bedeutung des Kreditgeschäfts weit über diejenige der Beteiligung hinausgeht, wodurch das Zusammentreffen Beider als eher zufällig erscheint.

All diese vorgenannten Konstellationen aber sind zur Bewertung des der Selbständigkeitslösung zugrunde liegenden Drittvergleichsmaßstabs ungeeignet. Denn sie stellen im vorliegend gegebenen Kontext – nämlich der im Privatvermögen gehaltenen Gesellschaftsbeteiligungen – keine typischerweise anzutreffenden Konstellationen dar. Vor diesem Hintergrund sind sie ungeeignet, etwas am auch im Bereich der Kleinbeteiligtendarlehen gültigen Drittvergleichsmaßstab der Selbständigkeitslösung zu ändern.

Hinsichtlich des Sanierungsprivilegs verhält es sich freilich etwas anders: Eine Sanierungshilfe wird begriffsnotwendig immer in einer Situation gewährt, in welcher sich die Gesellschaft in einer finanziellen Schieflage befindet. Dies allein kann jedoch nicht zwangsläufig zur Fremdunüblichkeit und somit zur gesellschaftsrechtlichen Veranlassung führen. Vielmehr muss die Selbständigkeitslösung auch insoweit die ihr inhärente Frage stellen, nämlich ob ein gesellschaftsfremder Dritter die fragliche Finanzierungshilfe ebenfalls in gleicher Weise gewährt hätte. Auch und insbesondere bei zu Sanierungszwecken gewährten Finanzierungshilfen wird dies allenfalls bei in besonderem Maße gesicherten Finanzierungshilfen der Fall sein.

Damit ist festzuhalten, dass die Selbständigkeitslösung auch bezüglich der privilegierten Finanzierungshilfen nicht von ihrem üblichen Drittvergleichsmaßstab abweichen muss, um eine sachgerechte Lösung zu finden. Eine Verlustanerkennung ist innerhalb der gewöhnlichen Grenzen möglich. Da eine Verlustberücksichtigung – wie dargelegt wurde – im Rahmen der Akzessorietätslösung nur dann möglich ist, wenn insbesondere durch Rekurrieren auf den Sinn und Zweck der Privilegien Ausnahmen zugelassen werden, erweist sich die Selbständigkeitslösung auch unter diesem Aspekt als vorzugswürdig.

(6) Rechts(un)sicherheit durch Symmetrie von Steuer- und Zivilrecht?

Ein weiteres Argument könnte daraus gewonnen werden, inwieweit beide Ansätze Rechtsunsicherheiten auslösen bzw. diese vermeiden würden.

Man könnte zunächst in Erwägung ziehen, dass der Akzessorietätsansatz zu einem besonderen Maße an Rechtssicherheit beitragen würde. Eine solche Überlegung basierte darauf, dass an das durch das MoMiG vereinfachte Zivilrecht angeknüpft wird und mittels dieser Symmetrie[951] nunmehr auch im Steuerrecht eine Vereinfachung stattfände, die wiederum die durch die konkrete Rechtsanwendung erzielten Ergebnisse vorhersehbarer und "gesicherter" erscheinen ließe.

Allerdings muss diese erste Überlegung schon auf den zweiten Blick hin eingeschränkt werden: Schon dem Akzessorietätsansatz selbst haften Unsicherheiten an, nämlich dahingehend, inwiefern Finanzverwaltung und Gerichte tatsächlich streng akzessorisch an das Zivilrecht anknüpfen würden. Insoweit wurde bereits dargelegt, dass innerhalb des Akzessorietätsansatzes mehrer Auslegungsvarianten bestehen. Es kann insbesondere nicht sicher prognostiziert werden, wie Finanzverwaltung und Gerichte mit vom Nachrang erfassten Gesellschafterhilfen verfahren würden, bezüglich derer bereits vor Beginn des einjährigen Anfechtungszeitraums ein Wertverlust eingetreten ist. Insoweit ist denkbar, den Nennwert oder aber nur den bei Beginn des Anfechtungszeitraums verbliebenen gemeinen Wert als Anschaffungskosten zu berücksichtigen.[952] Auch, ob hinsichtlich privilegierter Verluste trotz prinzipieller Akzessorietät eine Verlustberücksichtigung ermöglicht würde, kann nicht sicher prognostiziert werden.[953] Beide vorgenannten Konstellationen sind letztlich das Ergebnis einer mit dem Akzessorietätsansatz verbundenen Konsequenz: Will man weiterhin an das Zivilrecht anknüpfen, können bzw. müssen dessen Änderungen durch das MoMiG auch im Steuerrecht zu bestimmten Änderungen führen. Wie genau Rechtsprechung und Verwaltung diese Änderungen konkret gestalten würden, kann freilich nicht exakt vorhergesehen werden.

Hinsichtlich des Selbständigkeitsansatzes verhält es sich letztlich spiegelverkehrt: Dieser will an der Schnittstelle von Zivil- und Steuerrecht einen "Bruch" vornehmen, indem er das Steuerrecht im Geltungsbereich des MoMiG vom Zivilrecht abkoppelt. Hierdurch wird es jedoch möglich, für das Steuerrecht die schon bisher maßgeblichen Kriterien aufrechtzuerhalten. Finanzverwaltung und Rechtsprechung könnten damit ihre bisherigen Ergebnisse der Rechtsfindung nahezu unverändert beibehalten.[954] Dies alles würde das MoMiG in dieser Auslegungsvariante für das Steuerrecht ermöglichen. Anders gewendet erforderte das MoMiG zum Zweck der nahezu unveränderten Beibehaltung der Ergebnisse der Gerichts- und Verwaltungspraxis, das vorliegende Verhältnis von Zivilrecht und Steuerrecht "vom Kopf auf die Füße zu stellen", indem man von einer Akzessorietät zu einer umfassenden Selbständigkeit gelangte.

---

951 *Waclawik* spricht insoweit von einer „Ästhetik der Symmetrie" in ZIP 2007, 1838, 1841.

952 Zur im Rahmen der vorliegenden Untersuchung vertretenen Auffassung siehe schon oben unter 2. Teil B. III. 1. b) bb) (3).

953 Zur im Rahmen der vorliegenden Untersuchung vertretenen Auffassung siehe schon oben unter 2. Teil B. III. 1. g) dd) (5).

954 Zumindest i. Erg. gl. A. ist die unterinstanzliche Rechtsprechung, siehe FG Berlin-Brandenburg vom 28.05.2015 – 4 K 7114/12, DStRE 2016, 452 (Beschwerde gegen die Nichtzulassung zur Revision anh. beim BFH unter Az. IX B 91/15); FG Köln vom 20.03.2014 – 3 K 2518/11, BeckRS 2014, 96128, EFG 2014, 2136 m. Anm. *Hoffmann* (rkr.); vom 30.09.2015 – 3 K 706/12, EFG 2016, 193 m. Anm. *Hoffmann*; gl. A. wohl auch *Frotscher* in: Frotscher, EStG, § 17 Rn. 274.

Im Ergebnis ginge demnach die Anwendung der Selbständigkeitslösung mit einem im Vergleich höheren Maß an Rechtssicherheit einher.

h) Abschließende Würdigung

Die in den vorstehenden Abschnitten (2) – (6) ausgeführten Überlegungen führen nach vorliegender Auffassung zu der Schlussfolgerung, dass die Selbständigkeitslösung für die Rechtslage unter Geltung (nur) des MoMiG[955] im Hinblick auf im Anwendungsbereich des § 17 EStG angefallene Verluste bezüglich Gesellschafterfinanzierungshilfen die vorzugswürdige Lösung darstellt.

Zunächst hat sich der ihr zugrunde liegende Drittvergleichsmaßstab schon im Rahmen einer abstrakten Betrachtung als vorzugswürdig gegenüber demjenigen Drittvergleichsmaßstab erwiesen, der als der Akzessorietätslösung zugrunde liegend angesehen werden kann (2). Auch in seiner konkreten Anwendung erfasst er diejenigen Konstellationen, die als gesellschaftsrechtlich veranlasst erachtet werden sollten (3).

Auch das objektive Nettoprinzip birgt letztlich kein Argumentationspotenzial zugunsten der Akzessorietätstheorie und zwar auch dann nicht, wenn man es als die der Akzessorietätslösung im Wesentlichen zugrunde liegende *ratio* betrachtet (4).

Schließlich ermöglicht die Selbständigkeitslösung auch einen sachgerechteren Umgang mit Verlusten bezüglich von Kleinbeteiligten- oder Sanierungsprivileg erfassten Gesellschafterhilfen (5) und führt in ihrer konkreten Anwendung zu einem vergleichsweise geringeren Maß an Rechtsunsicherheit (6).

Im Rahmen der vorliegenden Untersuchung wird vor diesem Hintergrund dafür plädiert, bezüglich der im Hinblick auf Gesellschafterfinanzierungshilfen erlittenen Verluste, auf die die Rechtslage unter Geltung (nur) des MoMiG Anwendung findet, der Selbständigkeitslösung zu folgen.

i) Der zeitliche Anwendungsbereich des neuen Rechtes

Neben der nunmehr beantworteten Frage, auf welche Weise die Änderungen durch das MoMiG im Steuerrecht Berücksichtigung finden sollten, stellt sich zudem die Frage, ab welchem Moment das MoMiG das Steuerrecht mittelbar verändert. Da es sich – wie beschrieben – um lediglich unbewusst herbeigeführte Änderungen handelt, kann insoweit nur die für das Zivilrecht vorgesehene Anwendungsvorschrift des Art. 103d EGInsO zu Rate gezogen werden. Diese legt also primär fest, ab welchem Moment die zivilrechtlichen Änderungen gelten, wirkt sich aber zudem mittelbar auch im Steuerrecht aus.

Art. 103d EGInsO stellt den Rechtsanwender dabei vor erhebliche Probleme, indem er leider einige Fragestellungen nicht eindeutig beantwortet. Insofern besteht laut einigen Literaturstimmen die Gefahr, dass es – zunächst zivilrechtlich – zu einer

955 Der Einfluss der zusätzlichen Geltung des UntStRefG wird im anschließenden Abschnitt untersucht, siehe 2. Teil B. III. 2.

sog. „Ewigkeitsgeltung“[956] des früheren Eigenkapitalersatzrechts kommen könnte.[957] Sollte dies tatsächlich der Fall sein, wäre dies von enormer Bedeutung für die Zwecke der vorliegenden Untersuchung, da sodann auch das bereits dargestellte frühere Handels- und Steuerbilanzrecht möglicherweise noch lange Zeit weitergelten könnte und die beschriebenen Änderungen im Steuerrecht erst erheblich später bzw. für bestimmte Sachverhalte überhaupt keine Relevanz entfalten könnten.

(aa) Der zeitliche Anwendungsbereich der neuen insolvenzrechtlichen Nachrangig- und Anfechtbarkeit

Art. 103d EGInsO[958] lautet:

> *„Auf Insolvenzverfahren, die vor dem Inkrafttreten des Gesetzes vom 23. Oktober 2008 (BGBl. I S. 2026) am 1. November 2008 eröffnet worden sind, sind die bis dahin geltenden gesetzlichen Vorschriften weiter anzuwenden. Im Rahmen von nach dem 1. November 2008 eröffneten Insolvenzverfahren sind auf vor dem 1. November 2008 vorgenommene Rechtshandlungen die bis dahin geltenden Vorschriften der Insolvenzordnung über die Anfechtung von Rechtshandlungen anzuwenden, soweit die Rechtshandlungen nach dem bisherigen Recht der Anfechtung entzogen oder in geringerem Umfang unterworfen sind.“*

Es war und ist auch weiterhin einerseits streitig, inwieweit der Anwendungsbereich des grundlegenden Art. 103d Satz 1 EGInsO greift. Zudem besteht auch eine Kontroverse bezüglich des Anwendungsbereiches von Art. 103d Satz 2 EGInsO.

(1) Der Anwendungsbereich von Art. 103d Satz 1 EGInsO

Unterschiedliche Auffassungen bestehen insoweit hinsichtlich der Frage, was genau unter den „gesetzlichen Vorschriften“ zu verstehen ist, die für sog. "Altfälle" – also für vor dem 01.11.2008 eröffnete Insolvenzverfahren – gelten. Auch hierbei kann zwischen den Novellen- und den Rechtsprechungsregeln unterschieden werden:

Hinsichtlich sämtlicher Novellenregelungen – d.h. nicht nur hinsichtlich der §§ 32a, b GmbHG a.F. als Novellenregelungen im engeren Sinne, sondern bezüglich aller insoweit relevanten und originär für Zwecke des Eigenkapitalersatzrechts vom Gesetzgeber statuierten Regelungen[959] – war zunächst nur allgemein anerkannt, dass diejenigen Regelungen unter die „gesetzlichen Vorschriften“ zu fassen waren, die sich in der InsO befanden, da das EGInsO unmittelbar nur für diese gilt.[960] Der BGH hat nunmehr indes erfreulicherweise klargestellt, dass „zu diesen „gesetzlichen Vorschriften” ersichtlich nicht nur solche“ gehören, „die – wie 135 InsO a. F. – in der InsO ge-

956 *Rellermeyer/Gröblinghoff*, ZIP 2009, 1933, 1937.
957 Siehe *Altmeppen*, ZIP 2011, 641, 644, 646, der eine solche unbegrenzte Weitergeltung jedoch ablehnt.
958 Zur anfechtungsrechtlichen Anwendungsvorschrift des § 20 Abs. 3 AnfG n.F. siehe noch unten unter 2. Teil B. III. 1. i) bb).
959 Dies umfasst damit insbesondere §§ 39, 135 InsO a.F.; die Regelungen des AnfG sind in Bezug auf den Anwendungsbereich von Art. 103d EGInsO zu vernachlässigen.
960 *Haas*, DStR 2009, 976.

regelt waren, sondern auch die damit konkurrierenden „parallelen" Anspruchsnormen der Novellenregeln gemäß § 32b, § 32a GmbHG a. F."[961]

Dieser Lösung ist zuzustimmen, da es sich auch bei den §§ 32a, b GmbHG a.F. um „gesetzliche Regelungen" handelte und eine Beschränkung des EGInsO ausschließlich auf die Vorschriften der InsO insoweit rein formalistisch und zudem zweckwidrig wäre. Der Anwendungsbereich der Novellenregelungen im weiteren Sinne ist somit dahingehend geklärt, dass sie zwar grundsätzlich nur dann Anwendung finden, wenn das Insolvenzverfahren vor dem 01.11.2008 eröffnet wurde, dies aber sodann zumindest für sämtliche von ihnen gilt, die sachlich die Eröffnung eines Insolvenzverfahrens voraussetzen.[962]

Zudem ist umstritten und war höchstrichterlich zunächst nicht geklärt, ob die Rechtsprechungsregeln aus §§ 30 f. GmbHG a.F. analog ebenfalls als solche „gesetzlichen Vorschriften" zu verstehen sind, die gemäß Art. 103d Satz 1 EGInsO auch weiterhin im Rahmen von vor dem 01.11.2008 eröffneten Insolvenzverfahren, also im Rahmen sog. Altfälle, anzuwenden sind.

Problematisch erscheint insofern bereits, dass es sich bei den Rechtsprechungsregeln um sog. Richterrecht handelt, welches zwar gesetzliche Vorschriften analog anwendet, allerdings selbst zumindest keine originäre „gesetzliche Vorschrift" darstellt. Dementsprechend wird die Erfassung der Rechtsprechungsregeln durch Art. 103d Satz 1 InsO z.T. abgelehnt.[963] Dies wird weiter damit begründet, dass der Gesetzgeber auf eine Übergangsregelung für gesellschaftsrechtliche Normen verzichtet hat und damit ganz bewusst (u.a.) zu erreichen gedachte, dass die Rechtsprechungsregeln ab dem 01.11.2008 gerade nicht mehr angewendet werden könnten, weshalb Art. 103d Satz 1 EGInsO dem Willen des Gesetzgebers nach gerade nur die neuen insolvenzrechtlichen Bestimmungen erfassen solle.[964] Hier nämlich gelte die allgemeine Regelung des Art. 25 MoMiG,[965] sodass die Rechtsprechungsregeln nach dem 01.11.2008 überhaupt nicht mehr angewendet werden dürften.[966]

Insoweit muss man sich vor Augen führen, dass dieser Ansicht zufolge die §§ 30 f. GmbHG a.F. analog ab dem 01.11.2008 überhaupt nicht mehr, d.h. nicht einmal mehr

---

961 BGH vom 26.01.2009 – II ZR 260/07, DStR 2009, 699, 701 mit Anmerkung *Goette*; siehe auch hierzu *Haas*, DStR 2009, 976, der auf dieses Urteil verweist; offenlassend *Rellermeyer/Gröblinghoff*, ZIP 2009, 1933, 1934.

962 Dies umfasst damit insbesondere §§ 32a, b GmbHG a.F., §§ 39, 135 InsO a.F.

963 *Hirte/Knof/Mock*, NZG 2009, 48, 49 f.

964 So auch OLG Jena vom 18.03.2009 – 6 U 761/07, DStR 2009, 651, dass i. Erg. dennoch eine Rückwirkung des § 30 Abs. 1 Satz 3 GmbHG n.F. ablehnt, sich dabei jedoch nicht auf Art. 103d Satz 1 EGInsO, sondern auf allgemeine Rechtsgrundsätze stützt; siehe auch *Hirte/Knof/Mock*, NZG 2009, 48, 49 f.

965 Gemäß Art. 25 MoMiG tritt das MoMiG am ersten Tag des auf die Verkündung folgenden Kalendermonats in Kraft; da das Gesetz am 28.10.2008 verkündet wurde, trat es somit am 01.11.2008 in Kraft.

966 Siehe zu diesem und weiteren Argumentationssträngen ausführlich *Hirte/Knof/Mock*, NZG 2009, 48, 49 f.; a.A. OLG Jena vom 18.03.2009 – 6 U 761/07, DStR 2009, 651, dass weder Art. 25 MoMiG noch Art. 103d Satz 1 EGInsO für einschlägig erachtet und stattdessen die Rechtsprechungsregeln auch weiterhin auf Altfälle anwenden will mit der Begründung, dass sich dies aus allgemeinen Rechtsgrundsätzen ergebe.

im Rahmen von vor dem 01.11.2008 eröffneten Insolvenzverfahren, angewendet werden könnten. Dieser Rechtsansicht nach kommt dem MoMiG – und *in concreto* der Nichtanwendungsvorschrift von § 30 Abs. 1 Satz 3 GmbHG n.F. – also in Bezug auf derlei Altfälle eine Rückwirkung zu. Dies deshalb, weil dementsprechend Sachverhalte, während deren Verwirklichung die Rechtsprechungsregeln unbestritten noch geltendes Recht darstellten, gleichwohl ab dem 01.11.2008 auch in Bezug auf den früheren Zeitraum unter Außerachtlassung der Rechtsprechungsregeln behandelt werden müssten.

Überwiegend jedoch wird eine solche vom Gesetzgeber intendierte oder zumindest gesetzlich festgeschriebene Rückwirkung des § 30 Abs. 1 Satz 3 GmbHG n.F. abgelehnt.[967] Dies wiederum hätte zur Folge, dass i.R.d. vor dem 01.11.2008 eröffneten Insolvenzverfahren auch nach Inkrafttreten des MoMiG die Rechtsprechungsregeln anzuwenden wären.

Zum einen ist denkbar, hierzu die Vorschrift des Art. 103d Satz 1 EGInsO gerade doch auf die §§ 30 f. GmbHG a.F. analog anzuwenden. Dafür spricht zunächst, dass Art. 103d Satz 1 EGInsO allgemein von „gesetzlichen Vorschriften" spricht und die Rechtsprechungsregeln letztlich nichts anderes als eine ausgedehnte Anwendung von gesetzlichen Vorschriften darstellen.[968] Zudem sollte eine vom Gesetzgeber beabsichtigte Rückwirkung vor dem Hintergrund der damit eingeschränkten Vertrauensschutzinteressen nicht einer derart allgemein gefassten Regelung wie Art. 25 MoMiG beigemessen werden. Diesbezüglich kann und sollte man vielmehr annehmen, dass der Gesetzgeber bei Verfolgung eines solchen Zieles eine explizite gesellschaftsrechtliche Übergangsregelung verfasst hätte, die ihrerseits selbständig neben Art. 103d EGInsO gestanden hätte.[969] Da dies jedoch nicht geschehen ist, stellt die Annahme eines auf eine Rückwirkung von § 30 Abs. 1 Satz 3 GmbHG n.F. gerichteten gesetzgeberischen Willens bei zutreffender Würdigung eine nicht gerechtfertigte Unterstellung dar.

Will man die Anwendung der Rechtsprechungsregeln auf Altfälle nicht schon – unmittelbar oder analog – aus Art. 103d Satz 1 EGInsO herleiten, kann man die allgemein für Schuldverhältnisse geltenden Rechtsgrundsätzen heranziehen. Diese besagen insbesondere, dass ein Schuldverhältnis in Bezug auf seine Voraussetzungen, seinen Inhalt und seine Wirkungen demjenigen Recht zu unterstellen ist, das zur Zeit seiner Entstehung galt.[970] Allgemein ausgedrückt bedeutet dies, dass früheres Recht auch nach Inkrafttreten einer gesetzlichen Neuregelung insoweit anwendbar bleibt, als das fragliche Schuldverhältnis bereits unter seiner Geltung entstanden ist bzw. sich

967 *Altmeppen*, ZIP 2011, 641, 642; *Haas*, DStR 2009, 976, 978 f.; *K. Schmidt* in Scholz, GmbHG, 10. Auflage 2010, Nachtrag zum MoMiG, § 32a, b Rn. 12 m.w.N.

968 So auch – jedenfalls i. Erg. und wohl auch in der Begründung BGH vom 26.01.2009 – II ZR 260/07, DStR 2009, 699, 701 mit Anmerkung *Goette*; diese Rechtsprechung hat der BGH nunmehr bereits mehrfach bestätigt, siehe BGH vom 01.03.2010 - II ZR 13/09, NZI 2010, 867 sowie die dort enthaltenen Verweise; Art. 103d Satz 1 EGInsO nur analog anwenden will hingegen OLG Köln vom 11.12.2008 – 18 U 138/07, NZI 2009, 128, 129; gänzlich gegen eine Anwendung von Art. 103d Satz 1 EGInsO jedoch OLG Jena vom 18.03.2009 – 6 U 761/07, DStR 2009, 651.

969 So wohl auch BGH vom 26.01.2009 – II ZR 260/07, DStR 2009, 699, 701 mit Anmerkung *Goette*.

970 OLG Jena vom 18.03.2009 – 6 U 761/07, DStR 2009, 651.

verwirklicht hat.[971] Für die vorliegende Fragestellung der Behandlung einer Gesellschafterhilfe nach den Rechtsprechungsregeln ist dies dann der Fall, wenn eine Verstrickung der fraglichen Gesellschafterleistung gemäß den Rechtsprechungsregeln eingetreten ist, soweit es auch *ex post* betrachtet nicht wieder zu einer Entstrickung gekommen ist.[972] Auch mittels des Begründungsstranges der allgemeinen Rechtsgrundsätze gelangt man also nicht etwa zu einer Rückwirkung des § 30 Abs. 1 Satz 3 GmbHG n.F., sondern zu einer auch weiterhin gegebenen Anwendbarkeit der Rechtsprechungsregeln für die sog. Altfälle, sofern die betreffende Gesellschafterhilfe bereits vor dem 01.11.2008 – auch retrospektiv betrachtet – endgültig gemäß den Rechtsprechungsregeln §§ 30 f. GmbHG a.F. analog verstrickt war. Dies muss freilich erst recht immer dann gelten, wenn die Gesellschafterhilfe den Rechtsprechungsregeln zuwider zurückgewährt worden war, mithin also bereits ein Anspruch gemäß § 31 GmbHG a.F. analog bestand.

Zur Begründung der Weitergeltung der Rechtsprechungsregeln für Altfälle kann man sich kumulativ auf beide Begründungsstränge berufen. Eine Alternativität beider Begründungen ist bei zutreffendem Verständnis nicht gegeben, sie schließen sich in keiner Form gegenseitig aus. Dies ergibt sich schon daraus, dass sich eine auf die Auslegung einer Rechtsnorm beruft, die andere hingegen auf die allgemeinen Rechtsgrundsätze zum intertemporalen Recht verweist. Auch der BGH scheint dieser Auffassung zu sein, da er sich – ohne überhaupt auf das Verhältnis beider Argumentationsstränge einzugehen – auf beide grundsätzlichen Thesen beruft und somit zu dem Ergebnis gelangt, dass die Rechtsprechungsregeln grundsätzlich auch im Rahmen von nach dem 01.11.2008 eröffneten Insolvenzverfahren Anwendung finden.[973]

Eine primäre Begründung der (begrenzten) Weitergeltung der Rechtsprechungsregeln durch die zumindest entsprechende Anwendung von Art. 103d Satz 1 EGInsO bringt jedenfalls einen Vorteil dahingehend mit sich, dass dadurch nicht die – wiederum unterschiedlich beurteilte[974] – Verwirklichung des vorliegenden Rechtsverhältnisses der „Behandlung einer Gesellschafterhilfe nach den Rechtsprechungsregeln" gemäß den Grundsätzen intertemporalen Rechts eingehender untersucht werden muss, da Art. 103d Satz 1 EGInsO unzweifelhaft sämtliche Fallkonstellationen erfasst, in denen es zu einer Eröffnung des Insolvenzverfahrens vor dem 01.11.2008 gekommen ist.

---

971 OLG Jena vom 18.03.2009 – 6 U 761/07, DStR 2009, 651.

972 Dies stellt wohl auch die h.M. dar; allerdings sind auch insoweit vielerlei Zeitpunkte denkbar, zu denen man das „Schuldverhältnis" der Behandlung nach den Rechtsprechungsregeln als verwirklicht ansehen kann; so kann etwa bereits auf die jeweilige Kreditierung, aber auch erst auf die tatsächliche Geltendmachung oder die tatsächliche Entstehung eines Erstattungs- bzw. Rückzahlungsanspruchs gegenüber dem Gesellschafter abgestellt werden; zum Ganzen ausführlich *Haas*, DStR 2009, 976, 978 m.w.N.; im Grundsatz gl.A. ist auch *K. Schmidt* in Scholz, GmbHG, 10. Auflage 2010, Nachtrag zum MoMiG, § 32a, b Rn. 14, der jedoch den konkreten Zeitpunkt der Verwirklichung des Schuldverhältnisses offenlässt.

973 BGH vom 26.01.2009 – II ZR 260/07, DStR 2009, 699, 701 f. mit Anmerkung *Goette*.

974 Hierzu ausführlich *Haas*, DStR 2009, 976, 978.

(2) Der Anwendungsbereich von Art. 103d Satz 2 EGInsO

(a) Die verschiedenen Rechtsansichten bezüglich sog. "Neufälle"

Äußerst umstritten ist jedoch auch der Geltungsbereich des alten Rechts in Bezug auf "Neufälle" i.S.v. § 103d Satz 2 EGInsO, d.h. solche Sachverhalte, bezüglich derer das Insolvenzverfahren nach dem 01.11.2008 eröffnet worden ist.

Basis der Unklarheiten ist die nur rudimentäre gesetzliche Regelung dieser Neufälle. In Art. 103d Satz 2 EGInsO findet sich lediglich die Aussage, „dass auf vor dem 1. November 2008 vorgenommene Rechtshandlungen die bis dahin geltenden Vorschriften der Insolvenzordnung über die Anfechtung von Rechtshandlungen anzuwenden" sind, „soweit die Rechtshandlungen nach dem bisherigen Recht der Anfechtung entzogen oder in geringerem Umfang unterworfen sind."

Hierbei handelt es sich erkennbar um eine vertrauensschützende Vorschrift zugunsten der Gesellschafter, da diesen gegenüber die alten Vorschriften der InsO[975] dann – in Bezug auf Rechtshandlungen vor dem 01.11.2008 – anzuwenden sind, wenn diese gegenüber den neuen Regelungen weniger weitgehend waren, insbesondere eine Anfechtung nach altem Recht gänzlich unmöglich war.[976] Diese war gemäß § 135 InsO a.F. i.V.m. §§ 32a, b GmbHG a.F. insbesondere dann ausgeschlossen, wenn es sich nicht um eine eigenkapitalersetzende Finanzierungshilfe (Darlehen oder gleichgestellter Vorgang) handelte.[977]

Das Ob und Wie der Weitergeltung der Rechtsprechungsregeln analog §§ 30 f. GmbHG a.F. im Hinblick auf Neufälle i.S.d. Art. 103d Satz 2 EGInsO ist überaus umstritten.

Weitgehende Einigkeit besteht nur insofern, als die Rechtsprechungsregeln jedenfalls dann keine Anwendung finden können, wenn vor dem 01.11.2008 noch keine Tilgungsleistung der Gesellschaft zugunsten des Gesellschafters erfolgt ist, die § 30 GmbHG a.F. analog verletzen und damit einen Anspruch gemäß § 31 GmbHG a.F. analog begründen würde.[978] Dies folgt daraus, dass die Nichtanwendungsregel des § 30 Abs. 1 Satz 3 GmbHG n.F. ab dem 01.11.2008 zumindest insoweit Anwendung finden muss, als ein noch nicht abgeschlossener Sachverhalt vorliegt. Ist bis zu diesem Datum kein Anspruch gemäß § 31 GmbHG a.F. entstanden, ist dies der Fall.

975 Teilweise wird auch dafür plädiert, die vertrauensschützende Weitergeltung auf sämtliche früheren Eigenkapitalersatzregelungen zu erstrecken, insbesondere auf die Rechtsprechungsregeln, siehe *Altmeppen*, ZIP 2011, 641, 647 sowie noch ausführlich im Folgenden.

976 *K. Schmidt* in Scholz, GmbHG, 10. Auflage 2010, Nachtrag zum MoMiG, § 32a, b Rn. 15.

977 *K. Schmidt* in Scholz, GmbHG, 10. Auflage 2010, Nachtrag zum MoMiG, § 32a, b Rn. 15 a.E.; dies war freilich insbesondere dann der Fall, wenn sich die Gesellschaft nicht in der Krise befand, *Altmeppen*, ZIP 2011, 641, 647.

978 So nun auch BGH vom 15.11.2011 - II ZR 6/11, NJW 2012, 682; siehe auch schon ausführlicher die Vorinstanz OLG München vom 22.12.2010 – 7 U 4960/07, BB 2011, 631, m. Anm. *Marhewka* sowie *Hirte/Knof/Mock*, NZG 2009, 48; *Rellermeyer/Gröblinghoff*, ZIP 2009, 1933, 1934; ausführlicher *Altmeppen*, demgemäß die nachfolgend darzustellende h.M. jedoch konsequenterweise auch dann eine Weitergeltung der Rechtsprechungsregeln annehmen müsste, wenn noch keine Tilgungsleistung vor dem 01.11.2008 erfolgt ist, wobei *Altmeppen* die h.M. bereits im Ausgangspunkt ablehnt in ZIP 2011, 641, 642 ff., siehe noch eingehender im Folgenden.

Überaus umstritten ist jedoch, wie mit derjenigen Fallkonstellation zu verfahren ist, in welcher das Insolvenzverfahren zwar nach dem 01.11.2008 eröffnet wurden ist (Neufall), jedoch bereits zuvor eine dem § 30 GmbHG a.F. zuwiderlaufende Tilgungsleistung erfolgt und somit ein Anspruch der Gesellschaft gemäß § 31 GmbHG a.F. entstanden ist.

Die mittlerweile deutlich herrschende Meinung stellt folgende Überlegung an:[979] Dem MoMiG und insoweit insbesondere § 30 Abs. 1 Satz 3 GmbHG n.F. könne in Bezug auf die Rechtsprechungsregeln keine Rückwirkung zukommen. Dies ergebe sich daraus, dass es schlicht an einer die Rückwirkung begründenden Übergangsbestimmung fehle.[980] Vor allem Art. 25 MoMiG und Art. 103d EGInsO kämen hierfür nicht in Betracht.[981] Aus diesem Grunde könnten einmal gemäß den Rechtsprechungsregeln entstandene Rückzahlungsansprüche der Gesellschaft gegen den Gesellschafter aufgrund eines zuvor zurückgewährten Gesellschafterdarlehens bzw. aufgrund einer zuvor zurückgewährten Gesellschaftersicherheit gemäß § 31 GmbHG a.F. nicht durch das Inkrafttreten des MoMiG (§ 30 Abs. 1 Satz 3 GmbHG n.F.) zum Erlöschen gebracht werden.[982] Sofern in der Tat ein Anspruch gemäß § 31 GmbHG a.F. analog entstanden ist, könne dieser aufgrund des Fehlens einer dies ausdrücklich anordnenden Überleitungsvorschrift nicht durch das MoMiG untergehen.[983] Maßgeblich sei also das Vorliegen einer Tilgungsleistung bereits vor diesem Datum, § 30 GmbHG a.F. müsse hingegen bezüglich nach dem 01.11.2008 stattfindender Vorgänge nicht mehr beachtet werden, da er als solcher keine Anspruchsgrundlage bilde und daher bei Inkrafttreten des MoMiG kein hinreichend abgeschlossener Sachverhalt vorliege.[984] Die am Stichtag gemäß § 30 GmbHG a.F. analog verstrickten Gesellschafter-Finanzierungshilfen würden demnach ohne weiteres mit Wirkung für die Zukunft entsperrt, wobei es sich gerade nicht um eine – insoweit ja für unzulässig gehaltene – Rückwirkung des MoMiG handele, da die Bindung des § 30 GmbHG a.F. lediglich *ex nunc* mit dem 01.11.2008 beendet werde.[985] Die Nichtweitergeltung von § 30 GmbHG a.F. führe indes nicht dazu, dass der Gesellschafter eine zunächst gemäß § 31 GmbHG a.F. zurückgewährte Finanzierungshilfe erneut herausverlangen dürfe, da dies erkennbar dem Willen des Gesetzgebers widerspreche.[986] Vielmehr könnten die zum Stichtag des 01.11.2008 entstandenen Ansprüche der Gesellschaft gemäß § 31 GmbHG a.F. bis

---

979 Siehe zum gesamten nachfolgenden Absatz *Altmeppen*, ZIP 2011, 641, 644 f. mit zahlreichen weiteren Nachweisen, der diese h.M. jedoch letztlich ablehnt; zu ihren Vertretern zählen etwa *Dahl/Schmitz*, NZG 2009, 325, 331; OLG Jena vom 18.03.2009 – 6 U 761/07, ZIP 2009, 2098, 2099 (per *obiter dictum*).

980 Noch weitgehender OLG Jena vom 18.03.2009 – 6 U 761/07, DStR 2009, 651.

981 OLG Jena vom 18.03.2009 – 6 U 761/07, DStR 2009, 651.

982 Sehr kritisch *Altmeppen*, ZIP 2011, 641, 644 m. zahlreichen Verweisen auf die h.M.

983 *Rellermeyer/Gröblinghoff* bezeichnen diese Argumentation als „nahezu zwingend“, kritisieren die h.M. in ZIP 2009, 1933, 1936 f. freilich aus anderem Grunde, da sie den Rechtsgrundsatz des „*dolo agit*“ verletze; siehe zu diesem Gegenargument sogleich noch im Folgenden.

984 Sehr kritisch *Altmeppen*, ZIP 2011, 641, 644.

985 Sehr kritisch *Altmeppen*, *ebd.*

986 Sehr kritisch *Altmeppen*, *ebd.* m. zahlreichen Verweisen auf die h.M.

zu deren zehnjähriger Verjährung nach § 31 Abs. 5 GmbHG a.F. durch die Insolvenzverwalter geltend und dauerhaft – d.h. rückforderungsfrei – durchgesetzt werden.[987]

Diese herrschende Auffassung wird nun in vielfältiger Weise kritisiert:

Zum einen muss freilich diejenige Rechtsansicht die Anwendbarkeit der Rechtsprechungsregeln in derartigen Neufällen ablehnen, die dies sogar für Altfälle für den gesamten Zeitraum ab dem 01.11.2008 befürwortet. Dieser Ansicht nach kommt es mangels Existenz einer speziellen Anwendungsvorschrift für § 30 Abs. 1 Satz 3 GmbHG n.F. dazu, dass insoweit Art. 25 MoMiG greift,[988] sodass die Rechtsprechungsregeln nach dem 01.11.2008 überhaupt nicht mehr angewendet werden dürften, unabhängig ob es sich um einen Neu- oder Altfall handelt.[989]

Desweiteren wird vorgebracht, dass Bestehenlassen von Ansprüchen aus § 31 GmbHG a.F. stehe im Widerspruch zum *dolo-agit*-Rechtsgrundsatz (*dolo agit qui petit quod statim redditturus est*).[990] Dieser nämlich werde verletzt, wenn die Gesellschaft die Tilgungsleistung zwar zunächst gemäß § 31 GmbHG a.F. analog zurückverlangen, anschließend jedoch wiederum der Gesellschafter eine Rückforderung geltend machen könne, da schließlich die dies zuvor untersagende Norm des § 30 GmbHG a.F. gemäß der h.M. gerade nicht mehr anzuwenden ist.[991] Allerdings wird dies teilweise wiederum insoweit eingeschränkt, als die Geltendmachung der *dolo-agit* Einrede dann ausgeschlossen sei, wenn der Insolvenzeröffnungsantrag vor dem 01.11.2009 gestellt wird.[992] Dies wird mit dem gesetzgeberischen Willen begründet, die Ansprüche der Gesellschafter im Rahmen der neuen Rechtslage innerhalb der Einjahresfrist der Anfechtung zu unterwerfen, weshalb die *dolo-agit* Einrede für diesen Zeitraum i. Erg. nicht durchgreifen könne, ohne einen Wertungs-widerspruch zu provozieren.[993] Nach Ablauf dieses Zeitraumes aber könne die Gesellschaft ihren Anspruch letztlich nicht mehr durchsetzen.[994]

Desweiteren werden die mittels der h.M. erreichten Ergebnisse als für die Rechtsanwendungspraxis untauglich kritisiert.[995] Dies gilt zunächst in Bezug auf die zehnjährige Verjährungsfrist gemäß § 31 Abs. 5 GmbH a.F., die eine Geltendmachung der

987 Siehe hierzu ausführlicher und äußerst kritisch *Altmeppen*, ZIP 641, 642, 644; *Rellermeyer/Gröblinghoff*, ZIP 2009, 1933, 1936 f.

988 Gemäß Art. 25 MoMiG tritt das MoMiG am ersten Tag des auf die Verkündung folgenden Kalendermonats in Kraft; da das Gesetz am 28.10.2008 verkündet wurde, trat es somit am 01.11.2008 in Kraft.

989 Siehe zu diesem und weiteren Argumentationssträngen ausführlich *Hirte/Knof/Mock*, NZG 2009, 48, 49 f.; a.A. OLG Jena vom 18.03.2009 – 6 U 761/07, DStR 2009, 651, dass weder Art. 25 MoMiG noch Art. 103d Satz 1 EGInsO für einschlägig erachtet und stattdessen die Rechtsprechungsregeln für bereits entstandene Ansprüche nach § 31 GmbHG a.F. auch weiterhin auf Altfälle anwenden will mit der Begründung, dass sich dies aus allgemeinen Rechtsgrundsätzen ergebe.

990 *Rellermeyer/Gröblinghoff*, ZIP 2009, 1933, 1935 ff.

991 OLG Köln vom 11.12.2008 – 18 U 138/07, NZI 2009, NZI 2009, 128, 129, ohne ausdrücklich auf diesen Rechtsgrundsatz zu verweisen; im Ausgangspunkt gl. A.: *Rellermeyer/Gröblinghoff*, ZIP 2009, 1933, 1935 ff.

992 *Rellermeyer/Gröblinghoff*, ZIP 2009, 1933, 1935 ff.

993 Ausführlich *Rellermeyer/Gröblinghoff*, ZIP 2009, 1933, 1936 f.

994 *Rellermeyer/Gröblinghoff*, ZIP 2009, 1933, 1936 f.

995 *Altmeppen*, ZIP 2011, 641, 646.

laut h.M. fortbestehenden Ansprüche analog § 31 GmbHG a.F. noch im Oktober 2018 erlauben würde, was als mit dem Willen des Gesetzgebers des MoMiG unvereinbar angesehen wird.[996] Überdies wird der h.M. vorgeworfen, dass sie konsequenterweise auch § 30 GmbHG a.F. fortgesetzt anwenden müsste, weshalb es mit Inkrafttreten des MoMiG gerade nicht zu einer Entsperrung von gemäß § 30 GmbHG a.F. verstrickten Finanzierungshilfen käme.[997] Diese könnte sodann folgerichtig nur mit der Beendigung der Krise der Gesellschaft eintreten, weshalb die Rechtsprechungsregeln gemäß h.M. auf unbestimmte Zeit und ohne jegliche zeitliche Begrenzung relevant bleiben könnten.[998] Eine solche „Ewigkeitsgeltung"[999] könne aber unmöglich den Absichten des Gesetzgebers entsprechen.[1000]

Um diesen letztlich doch zur Durchsetzung zu verhelfen, wendet diese Gegenauffassung Art. 103d Satz 2 EGInsO auch auf die Rechtsprechungsregeln an, obwohl Art. 103d Satz 2 EGInsO lediglich von den „Vorschriften der Insolvenzordnung" spricht.[1001] Auf diese Weise würden die Rechtsprechungsregeln gemäß Art. 103d Satz 2 EGInsO nur insoweit weitergelten, als sie sich für den Gesellschafter günstiger darstellen.[1002] Dies ist freilich vor allem dann der Fall, wenn zwar die Rückgewährung einer Gesellschafterfinanzierungshilfe gegeben ist, diese aber gemäß altem Recht nicht eigenkapitalersetzend ist, d.h. nicht in der Krise gewährt oder stehengelassen wurde.[1003] Zum Nachteil des Gesellschafters aber dürfe § 31 GmbHG a.F. nicht mehr angewendet werden.[1004] Daraus folge, dass § 31 GmbHG a.F. zwar dem Grunde nach auch in Bezug auf Neufälle angewendet werden könne, man i.Erg. aber immer nur dann zu einer Anwendbarkeit von § 31 GmbHG a.F. gelange, wenn seine Tatbestandsvoraussetzungen nicht vollständig vorliegen und mithin eine Anspruchsbejahung ausgeschlossen ist.[1005] *A maiore ad minus* müsse dies sodann auch für § 30 GmbHG a.F. gelten.[1006]

Diese Ansicht hätte im Übrigen zur Konsequenz, dass der Gesellschafter immer dann kein Rückgewährverlangen fürchten müsste, wenn der Insolvenzantrag nach dem 31.10.2009 erfolgt ist. Dies deshalb, weil zum einen gemäß neuem Recht die Jahresfrist des § 135 Abs. 1 Nr. 2 InsO n.F. verstrichen wäre,[1007] zum anderen aber § 31 GmbHG a.F. ohnehin nur zum Vorteil des Gesellschafters dann angewendet werden

996 *Altmeppen, ebd.*
997 *Altmeppen*, ZIP 2011, 641, 644, 646.
998 *Altmeppen, ebd.*
999 *Rellermeyer/Gröblinghoff*, ZIP 2009, 1933, 1937.
1000 *Altmeppen*, ZIP 2011, 641, 646.
1001 *Altmeppen*, ZIP 2011, 641, 647 f.
1002 *Altmeppen, ebd.*
1003 So auch *Altmeppen, ebd.*
1004 *Altmeppen, ebd.*
1005 *Altmeppen, ebd.*
1006 *Altmeppen, ebd.*
1007 Der Klarstellung halber sei noch einmal erwähnt, dass sich der vorliegende Streitstand – wie eingangs dargestellt – nur auf Sachverhalte bezieht, in denen die Tilgungsleistung vor dem 01.11.2008 erfolgt ist.

dürfte, wenn es sich nicht um eine eigenkapitalersetzende Finanzierungshilfe handelt.[1008]

Bei eingehender Betrachtung gelangen damit sämtliche Ansichten zu dem Ergebnis, dass es nicht zu einer "ewigen" Weitergeltung der Rechtsprechungsregeln kommt. Allein der Weg dorthin wird unterschiedlich beschritten, zum einen mittels Rückwirkung des § 30 Abs. 1 Satz 3 GmbHG a.F., zum anderen mit einer Begrenzung des an sich für einschlägig befundenen *dolo-agit*-Rechtsgrundsatzes, des weiteren mit einer erweiternden Auslegung des Art. 103d Satz 2 EGInsO sowie letztlich gemäß der h.M. mittels einer Weitergeltung des § 31 GmbHG a.F. in einer dem Willen des Gesetzgebers Rechnung tragenden Auslegung.

(b) Eigene Würdigung

Zunächst ist diejenige Ansicht abzulehnen, die eine vollständige Rückwirkung des MoMiG, konkret des § 30 Abs. 1 Satz 3 GmbHG n.F., in Bezug auf die Rechtsprechungsregeln annimmt und – *a maiore ad minus* – auch in Bezug auf Neufälle die Anwendung der §§ 30 f. GmbHG a.F. analog ablehnen will. Die bereits bezüglich der Altfälle vorgebrachten Gründe sind auch vorliegend für diese Ablehnung verantwortlich: Insbesondere ist es abzulehnen, die mit dieser Ansicht auch in Bezug auf Neufälle einhergehende Rückwirkung – diese ist insoweit gegeben, als sich Sachverhalte, vorliegend vor allem Tilgungsleistung und damit verbundene Anspruchsentstehung analog § 31 GmbHG a.F., bereits abschließend vor der Trennscheide des 01.11.2008 verwirklicht haben – einer so allgemeinen Regelung wie Art. 25 MoMiG beizulegen.

Die Schwäche derjenigen Ansicht, die in der h.M. einen Verstoß gegen den *dolo-agit*-Rechtsgrundsatz erblickt, offenbart sich in der ihr eigenen Einschränkung dahingehend, dass die Geltendmachung dieser Einrede letztlich dann ausgeschlossen sei, wenn der Insolvenzeröffnungsantrag vor dem 01.11.2009 gestellt wird, da es ansonsten zu einem unauflösbaren Wertungswiderspruch zum Willen des Gesetzgebers des MoMiG käme, der Ansprüche des Gesellschafters nunmehr der einjährigen Anfechtungsfrist unterwirft. [1009] Es ist aber widersprüchlich und inkonsequent, die h.M. wegen ihrer maßgeblich auf den gesetzgeberischen Willen abstellenden Auslegung der §§ 30 f. GmbHG a.F. analog im Bezug auf Neufälle zu kritisieren, anschließend aber den an sich für einschlägig befundenen Rechtsgrundsatz selbst unter Hinweis auf ebendiesen Willen des Gesetzgebers in erheblicher Weise auszuhebeln. Insoweit erscheint es zweckdienlicher, die Art und Weise der Weitergeltung der §§ 30 f. GmbHG a.F. sogleich – wenn auch in weitreichender Form – vom konkreten Willen des Gesetzgebers abhängig zu machen.

Die letztgenannte Gegenansicht bringt im Wesentlichen vor, dass es gemäß der h.M. zu einer Ewigkeitsgeltung der Rechtsprechungsregeln kommen müsste und bedient sich anschließend der für angemessen erachteten Anwendung des Art. 103d

1008 Siehe zum Ganzen *Altmeppen*, ZIP 2011, 641, 646 ff.
1009 *Rellermeyer/Gröblinghoff*, ZIP 2009, 1933, 1936 f.

Satz 2 auf Neufälle. Hiergegen ist Folgendes anzuführen: Zunächst kommt es gemäß der h.M. gerade nicht zu einer unbegrenzten Weitergeltung der Rechtsprechungsregeln, sondern Ansprüche gemäß § 31 GmbHG a.F. analog können binnen zehn Jahren geltend gemacht werden gemäß § 31 Abs. 5 GmbHG a.F. analog. Zu einer ewigen Weitergeltung kommt es aber gerade nicht, da die h.M. § 30 GmbHG a.F. analog seit dem 01.11.2008 nicht mehr anwenden will. Hierauf aber fußt das Gegenargument der Kritiker.

Überdies ist eine erweiternde Anwendung des Art. 103d Satz 2 EGInsO nicht geboten. Während die Gegenansicht eine solche Extension des Art. 103d Satz 2 EGInsO insbesondere deswegen befürwortet, weil auch Art. 103d Satz 1 EGInsO (erweiternd) auf die Rechtsprechungsregeln angewendet wird,[1010] kann diese Schlussfolgerung letztlich nicht verfangen. Dies ergibt sich bereits daraus, dass Art. 103d Satz 1 EGInsO allgemein von den „gesetzlichen Vorschriften" spricht, während Art. 103d Satz 2 EGInsO lediglich die Weitergeltung von Vorschriften der „Insolvenzordnung" anordnet. Der originäre Anwendungsbereich dieser – in ihrem Regelungsbereich gänzlich selbständigen – Regelungen ist somit höchst unterschiedlich vorgegeben: Während Satz 1 einen weiten Rahmen vorgibt, beschränkt sich Satz 2 zumindest zunächst auf die Insolvenzordnung. Eine Differenzierung zwischen beiden Regelungen im Hinblick auf ihre Anwendbarkeit auf die Rechtsprechungsregeln ist daher gerade nicht „evident abwegig",[1011] sondern zumindest im Ausgangspunkt vom Gesetzgeber vorgegeben. Vor diesem Hintergrund bedarf es erheblicher Gründe, um eine erweiternde Auslegung vorzunehmen. Insbesondere müsste diese in Bezug auf die in Rede stehenden Interessen von Gesellschaft, Gesellschaftern und sonstigen Gläubigern geboten sein. Indes ist bereits dies nicht der Fall:

Die analoge Anwendung der Vertrauensschutzvorschrift des Art. 103d Satz 2 EGInsO entsprechend dieser Ansicht würde dazu führen, dass die Rechtsprechungsregeln in Neufällen nur noch zugunsten der Gesellschafter angewendet werden dürften und ihre Anwendbarkeit damit i. Erg. niemals zu Lasten des Gesellschafters bejaht werden könnte.

Ein solch extensiver Schutz der Gesellschafter war aber weder vom Gesetzgeber intendiert, noch ist er aus sonstigen Gründen geboten. Das MoMiG sollte vielmehr gerade nicht bereits zum 31.10.2008 bestehende Ansprüche – insbesondere aus § 31 GmbHG a.F. analog – zum Erlöschen bringen. Dies deshalb, weil es ansonsten zu einer übermäßigen Bevorzugung der Gesellschafter auf Kosten der Gesellschaft bzw. deren Gläubiger kommen würde. Die Gesellschafter aber sind in hinreichender Weise geschützt, wenn man Art. 103d Satz 2 EGInsO in der von der h.M. befürworteten Weise auslegt und anwendet.

Auf diese Weise findet die h.M. einen interessengerechten und gesetzeskonformen Weg, das Verhältnis der §§ 30 f. GmbHG a.F. zu Art. 103d Satz 2 EGInsO auszutarieren: Einerseits sollen die Rechtsprechungsregeln als solche in Bezug auf Neufälle gemäß Art. 103d Satz 2 EGInsO nicht mehr gelten, andererseits soll und kann weder

---

1010 *Altmeppen*, ZIP 2011, 641, 647.
1011 So aber *Altmeppen*, *ebd.*

dieser noch einer anderen Anwendungsvorschrift ein solcher Regelungsinhalt beigemessen werden, bereits in Ansprüche verfestigte Rechtsverhältnisse rückwirkend beeinflussen zu wollen. Daher können Ansprüche aus § 31 GmbHG a.F. analog gerade nicht zum Erlöschen gebracht oder in sonstiger Form durch eine – sodann über den 31.10.2008 andauernde – (Weiter-)Geltung des § 30 GmbHG a.F. ausgehebelt werden. Dies muss vor allem deshalb gelten, weil § 30 GmbHG a.F. Rechtsverhältnisse im Unterschied zu § 31 GmbHG a.F. insoweit nicht betrifft, als diese sich schon in konkreten Ansprüchen verfestigt haben. Bei genauer Betrachtung weist die h.M. daher keinen inneren Widerspruch auf, sondern fußt auf systematischen Überlegungen: Nach dem 31.10.2008 finden weder § 30 GmbHG a.F. analog noch § 31 GmbHG a.F. analog Anwendung gemäß Art. 103d Satz EGInsO; ist aber bereits vorher aufgrund von § 30 GmbHG a.F. analog ein Anspruch nach § 31 GmbHG a.F. analog entstanden, so kann dieser unverändert eingefordert werden.

Dieser überzeugende Weg kann aber nur dann in folgerichtiger Weise und im Einklang mit dem gesetzgeberischen Willen beschritten werden, wenn sich das Attribut „unverändert" nicht nur auf den unmittelbaren Anspruch selbst, sondern auch auf mögliche Gegenrechte bezieht. Dies gilt speziell für einen mögliche Argumentation dahingehend, der Anspruch aus § 31 GmbHG a.F. analog bestehe zwar an sich auch weiterhin, da der Gesellschafter aber mangels Fortbestehen von § 30 GmbHG a.F. analog eine einmal an die Gesellschaft zurückgewährte Finanzierungshilfe sofort wieder herausverlangen könne, sei er gemäß des *dolo-agit*-Rechtsgrundsatzes (§ 242 BGB) nicht durchsetzbar.[1012] Bestehen nämlich entstandene Ansprüche gemäß § 31 GmbHG a.F. analog auch über den 31.10.2008 hinaus fort – und dies wird soweit ersichtlich lediglich von *Hirte/Knof/Mock* bestritten[1013] - so dürfen insoweit auch Einreden und Einwendungen nicht ihre wesensmäßige Gestalt verändern aufgrund der reformierten Rechtslage, da dies das nahezu einhellig befürwortete Fortbestehen von Forderungen gemäß § 31 GmbHG a.F. analog *ad absurdum* führen würde. Etwas anderes dürfte nur dann gelten, wenn die gesetzlichen Neuregelungen dies bezwecken sollten. Da dies aber offenkundig nicht dem Willen des Gesetzgebers entspricht und den maßgeblichen Anwendungsvorschriften nach zutreffender Ansicht auch im Übrigen keine solche Rückwirkung zugemessen werden kann, sprechen die deutlich überwiegenden Gründe dafür, in Bezug auf das Regelungsverhältnis von Art. 103d Satz 2 EGInsO zu den Rechtsprechungsregeln mit Blick auf Neufälle, in deren Rahmen eine Tilgungsleistung schon vor dem 01.11.2008 erfolgt ist, der h.M. zu folgen.

(bb) Der zeitliche Anwendungsbereich der Regelungen des AnfG

Für das außerinsolvenzrechtliche Anfechtungsrecht hat der Gesetzgeber eine Anwendungsvorschrift in § 20 Abs. 3 AnfG normiert. Diese lautet:

> *„Die Vorschriften dieses Gesetzes in der ab dem Inkrafttreten des Gesetzes vom 23. Oktober 2008 (BGBl. I S. 2026) am 1. November 2008 geltenden Fassung sind auf vor dem 1. Novem-*

1012 *Rellermeyer/Gröblinghoff*, ZIP 2009, 1933, 1935 ff.
1013 *Hirte/Knof/Mock*, NZG 2009, 48.

ber 2008 vorgenommene Rechtshandlungen nur anzuwenden, soweit diese nicht nach dem bisherigen Recht der Anfechtung entzogen oder in geringerem Umfang unterworfen sind; andernfalls sind die bis zum 1. November 2008 anwendbaren Vorschriften weiter anzuwenden."

Diese Neuregelung hat in Parallelität zu Art. 103d Satz 2 EGInsO zunächst wiederum zur Folge, dass der Gesellschafter auch außerhalb der Insolvenz einen Vertrauensschutz insoweit genießt, als dass die §§ 6, 6a AnfG n.F. nicht angewendet werden dürfen, soweit die fragliche Rechtshandlung - die vor dem 01.11.2008 vorgenommen worden sein muss - nach bisherigem Recht nicht oder nur in geringerem Maße anfechtbar war. Dies ist wiederum speziell dann der Fall, wenn nach altem Recht eine Gesellschafterleistung ohne Eigenkapitalersatzfunktion vorliegt.

Gemäß § 20 Abs. 3 Hs. 2 AnfG greifen im Rahmen dieser Altfälle die bis zum Inkrafttreten des MoMiG „anwendbaren Vorschriften". Unter diesen kann bei zutreffender Betrachtung erneut nur das gesamte zivilrechtliche Eigenkapitalersatzrecht zu verstehen sein,[1014] sodass auch im außerinsolvenzlichen Bereich § 31 GmbHG a.F. weiterhin auf vor dem 01.11.2008 abgeschlossene Sachverhalte anwendbar bleibt.[1015]

Fand die fragliche Rechtshandlung am 01.11.2008 oder später statt, findet hingegen ausnahmslos das neue Recht Anwendung.[1016]

(cc) Fazit

Weder Art. 103d Satz 2 EGInsO noch § 20 Abs. 3 AnfG bewirken für bestimmte Konstellationen eine „Ewigkeitsgeltung" des früheren Eigenkapitalersatzrechts. Entsprechend muss auch das Steuerrecht die Änderungen durch das MoMiG insofern nicht unberücksichtigt lassen. Lediglich bereits vor dem 01.11.2008 entstandene Ansprüche werden durch das MoMiG nicht zum Erlöschen gebracht. Im Übrigen aber sind die Änderungen durch das MoMiG ab dem 01.11.2008 auch im Steuerrecht zu berücksichtigen und sollten entsprechend den vorstehenden Ausführungen im Wege der Selbständigkeitslösung abgebildet werden.

2. Änderungsbedürftigkeit der bisherigen BFH – Rechtsprechung zu nachträglichen Anschaffungskosten bei § 17 EStG im Falle des Verlusts einer (bisher: eigenkapitalersetzenden) Gesellschafterhilfe aufgrund der veränderten Rechtslage, die sich aus UntStRefG und MoMiG ergibt

Wie gezeigt wurde, bewirken schon die Änderungen durch das MoMiG allein, dass steuerrechtlich im Bereich der im Privatvermögen gehaltenen Beteiligungen Vieles

1014 Dies ergibt sich mangels gesetzlich angeordneter Rückwirkung der §§ 6, 6a AnfG jedenfalls aus den Grundsätzen intertemporalen Rechts, nach welchen sich ein Schuldverhältnis nach seinen Voraussetzungen, seinem Inhalt und seinen Wirkungen nach dem Recht bemisst, das zur Zeit seiner Entstehung galt; siehe insoweit zu Art. 103d Satz 1 EGInsO BGH vom 26.01.2009 - II ZR 260/07, DStR 2009, 699, 701 f. mit Anm. *Goette*.

1015 Jedenfalls i. Erg. gl.A.: *K. Schmidt* in Scholz, GmbHG, 10. Auflage 2010, Nachtrag zum MoMiG, § 32a, b Rn. 16.

1016 *Haas*, DStR 2009, 976, 977.

unsicher geworden ist. Der bisherigen BFH-Rechtsprechung bezüglich der Verluste von Gesellschafter-Kreditgebern ist durch das MoMiG jedenfalls der zivilrechtliche Anknüpfungspunkt entzogen worden. Wie man nunmehr verfahren könnte und nach vorliegender Ansicht sollte, wurde im vorstehenden Abschnitt dargelegt.

Will man die neue, derzeitige Rechtslage im Steuerrecht im Hinblick auf im Privatvermögen gehaltenen Gesellschaftsbeteiligungen indes vollumfänglich erfassen, müssen zwingend auch die durch das UntStRefG herbeigeführten Änderungen Berücksichtigung finden. Überraschenderweise lassen jedoch einige Beiträge, die einen ähnlich gelagerten Untersuchungsgegenstand wie die vorliegende Arbeit haben, ebendiese Änderungen außer Betracht. Während die Änderungen des MoMiG mit dem veränderten Insolvenz- und Anfechtungsrecht aber nur den Anknüpfungspunkt des steuerlichen Rechts der vormals eigenkapitalersetzenden Gesellschafterhilfen verändert haben, verändert das UntStRefG das Steuerrecht selbst. Insbesondere wird in § 20 Abs. 2 EStG n.F. ein ganz erheblicher Anteil des bisher steuerrechtlich unerheblichen Privatvermögens auch in seinem Vermögensstamm in die steuerbare Sphäre überführt. Gemäß § 20 Abs. 2 Satz 1 Nr. 7 EStG n.F. gilt dies speziell für bestimmte „Kapitalforderungen", was im Einzelnen noch näher auszuführen sein wird. Jedenfalls wird bereits auf den ersten Blick erkennbar, dass das UntStRefG im Gegensatz zum MoMiG nicht nur den vorgelagerten Anknüpfungspunkt der BFH-Rechtsprechung, sondern insbesondere in § 20 Abs. 2 EStG n.F. das Steuerrecht selbst und damit auch die primäre Rechtsquelle des Rechts der steuerlichen Behandlung vormals eigenkapitalersetzender Gesellschafterhilfen im Privatvermögen verändert.

Inwieweit diese Änderungen dieses Rechtsgebiet konkret betreffen, wird nachfolgend eingehend analysiert. Misst man dem UntStRefG aber für den vorliegend untersuchten Bereich eine rechtliche Erheblichkeit zu, so ergibt sich bereits vorab der eigentlichen Untersuchungen eine erste, überaus essentielle Erkenntnis: Für den vorliegenden Untersuchungsschwerpunkt der Frage nach der steuerlichen Behandlung der vormals eigenkapitalersatzrechtlichen, im Privatvermögen gehaltenen Gesellschafterhilfen ergeben sich drei unterschiedliche Rechtslagen: Die sogenannte alte oder frühere Rechtslage vor Einführung des MoMiG, die jedenfalls für alle bis zum 31.10.2008 eröffneten Insolvenzverfahren galt bzw. gilt; die Rechtslage, die (nur) die Änderungen durch das MoMiG berücksichtigen muss, die zunächst im Rahmen aller ab dem 01.11.2008 eröffneten Insolvenzverfahren gilt; sowie diejenige Rechtslage, die sowohl die Änderungen durch das MoMiG als auch die Änderungen durch das UntStRefG berücksichtigen muss. Diese greift prinzipiell für alle nach dem 31.12.2008 gewährten bzw. erworbenen Gesellschafterhilfen gemäß § 52a Abs. 10 a.F. EStG.[1017]

Während die frühere Rechtslage sowie diejenige, die lediglich das MoMiG berücksichtigen muss, bereits dargestellt wurden,[1018] soll nachfolgend die sich durch die

1017 *Bayer*, DStR 2009, 2397, 2398; *Förster*, DB 2011, 259, 263; *Neumann*, GmbHR 2008, 473, 474; a.A. *Schwetlik*, GmbHR 2008, 358, 361; dies ist jedenfalls dann der Fall, sofern nicht vor dem 01.11.2008 ein Insolvenzverfahren eröffnet wurde; sollte es hingegen zu einer Eröffnung des Insolvenzverfahrens vor dem 01.11.2008 gekommen sein, greifen bei Erwerb bzw. Gewährung der Finanzierungshilfe nach dem 31.12.2008 nur die Änderungen durch das UntStRefG.

1018 Siehe oben unter 1. Teil A. und B. sowie 2. Teil A. und B. III. 1.

zusätzlichen Änderungen des UntStRefG ergebende Rechtslage eingehend untersucht werden. Hierzu werden die Auswirkungen der Gesetzesänderungen auf beide Tatbestandsmerkmale der bisherigen Rechtsprechung zu nachträglichen Anschaffungskosten im Bereich des § 17 EStG untersucht, also derjenigen Rechtsprechung zur im vorstehenden Sinne "ersten" Rechtslage.

In Parallelität zu den Ausführungen zur "zweiten" Rechtslage unter Geltung nur des MoMiG kann diese Rechtsprechung abermals als Ausgangspunkt fungieren. Denn bezüglich der alten Rechtslage war sie sowohl in ihrem Obersatz als auch in ihrer konkreten Subsumtion gemäß den Ergebnissen der vorliegenden Untersuchung zutreffend.

Auch muss an ihrem Obersatz selbst, d.h. an den beiden Tatbestandsmerkmalen, für die Zwecke der "dritten" Rechtslage nichts geändert werden. Denn die Tatbestandsmerkmale der gesellschaftsrechtlichen Veranlassung bzw. der möglichen vorrangigen anderweitigen Erfassung der Verluste (Subsidiarität der nachträglichen Anschaffungskosten insoweit) ergeben sich einerseits aus § 17 EStG selbst bzw. aus dem Umstand, dass dort unmittelbar nur Gesellschaftsbeteiligungen, nicht aber mit dieser in Zusammenhang stehende andere Wirtschaftsgüter – für vorliegende Zwecke Gesellschafterhilfen – geregelt sind. Letztgenannter Umstand war Voraussetzung dafür, dass § 17 EStG im Wege der teleologischen Extension auf diesen ungeregelten Bereich erstreckt werden konnte. An den vorgenannten Umständen aber hat auch das UntStRefG erkennbar nichts geändert, da es auch an § 17 EStG selbst nichts geändert hat, weshalb der Obersatz der Rechtsprechung als solcher für die Zwecke der nachfolgenden Untersuchung aufrechtzuerhalten ist.

Um die Frage nach der im Rahmen der jetzigen Rechtslage gebotenen Behandlung der vormals kapitalersetzenden Gesellschafterhilfen beantworten zu können, muss man sich dementsprechend der Subsumtion unter den Obersatz der Rechtsprechung zuwenden. Insoweit erscheint es vorzugswürdig, mit der möglichen Einordnung der Finanzierungshilfenverluste als Werbungs- oder Veräußerungskosten oder einer sonstigen Betriebsausgabe im Sinne der bisherigen Rechtsprechung bei den Einkünften aus Kapitalvermögen aufgrund der Neuregelung des § 20 Abs. 2 EStG zu beginnen. Dies deshalb, weil eine solche "Neueinordnung" der Verluste dazu führen würde, dass § 17 EStG insoweit gänzlich unerheblich würde. Soweit man nämlich die Verluste nunmehr dem Regelungsbereich des § 20 EStG zuordnen will – und zwar unabhängig davon, ob man sie als Werbungs- oder Veräußerungskosten oder eine sonstige Betriebsausgabe i.S.d. BFH-Rechtsprechung einstufen würde –, so käme eine wie auch immer geartete zusätzliche Anwendung des § 17 EStG nicht mehr in Betracht, da das zweite Tatbestandsmerkmal der BFH-Rechtsprechung, nämlich die Subsidiarität der Annahme nachträglicher Anschaffungskosten bei § 17 EStG, nicht länger erfüllt wäre. Die Verluste könnten also auch nicht mittels der Annahme nachträglicher Anschaffungskosten auf die Beteiligung im Sinne des § 17 Abs. 2 EStG abgebildet werden – § 20 EStG wäre in diesem Sinne abschließend vorrangig. Ginge man also diesen "neuen Weg" über § 20 EStG, könnte sich in denklogischer Konsequenz auch nicht mehr die Frage stellen, wann unter Geltung des reformierten (zivilrechtlichen) Rechts der Gesellschafterhilfen von einer für Zwecke des § 17 Abs. 2,

Abs. 4 EStG hinreichenden gesellschaftsrechtlichen Veranlassung der Finanzierungshilfen-überlassung gesprochen werden könnte. Diese Frage kann sich vielmehr überhaupt nur dann stellen, wenn man auch weiterhin entsprechende Verluste dem Regelungsbereich des § 17 zuordnen will.

a) Unmöglichkeit der kontinuierlichen Weiterentwicklung des bisherigen Rechtsprechung aufgrund des Änderungen des Unternehmensteuerreformgesetzes?

Durch das UntStRefG ist es also zu Rechtsänderungen gekommen, die im Ergebnis dafür Sorge tragen könnten, dass der BFH durch bloße Gesetzesanwendung überhaupt nicht mehr vor die Frage gestellt würde, wie er den Begriff der nachträglichen Anschaffungskosten im Rahmen von § 17 EStG bezüglich Gesellschafterdarlehen auszulegen hat. Dies deshalb, weil sich mit dem UntStRefG gemäß der ständigen BFH-Rechtsprechung der jeweilige Regelungskontext von § 17 EStG und § 20 EStG dahingehend geändert haben könnte, dass Letzterer zulasten des Ersteren eine Ausdehnung seines Anwendungsbereiches erfahren haben könnte, sodass nunmehr auch Gesellschafterfinanzierungshilfen als solche – und damit auch deren Verlust – seinem Regelungsbereich unterfallen könnten bzw. ihr Verlust als Veräußerungs- oder Werbungskosten oder als gewöhnlicher Verlust aus Kapitalvermögen gemäß § 20 Abs. 4 bzw. Abs. 9 EStG zu erfassen sein könnte:

Wie gezeigt wurde,[1019] bejahte der BFH unter Geltung des "alten" Eigenkapitalersatzrechtes und vor Inkrafttreten der mit dem UntStRefG verbundenen Änderungen nachträgliche Anschaffungskosten aufgrund ausgefallener Gesellschafterhilfen immer dann, wenn die Hilfe durch das Gesellschaftsverhältnis veranlasst war und der Wertverlust nicht bereits anderweitig als Werbungskosten bei den Kapitaleinkünften – also bei § 20 EStG –, als Veräußerungskosten oder als sonstige Betriebsausgaben steuerlich zu erfassen war.

Die Verursachung der Gewährung bzw. des Stehenlassens der Gesellschafterhilfe *causa societatis* wurde im Falle einer eigenkapitalersetzenden Gesellschafterhilfe bejaht;[1020] die anderweitige Erfassung als Werbungskosten bei den Kapitaleinkünften oder als sonstiger betrieblicher Verlust kam laut BFH nicht in Betracht, da die Gesellschafterhilfe – also typischerweise das Darlehen – als solche überhaupt nicht steuerverstrickt war.[1021] Dementsprechend konnten auch entsprechende Wertverluste bezüglich des Darlehens nicht steuerlich berücksichtigt werden. Es fehlte für eine Steuerverstrickung des Darlehens bzw. der sonstigen Finanzierungshilfe schlicht an einer Spezialvorschrift, etwa im Rahmen des § 20 EStG, die eine Steuerverstrickung angeordnet hätte. Auch eine Erfassung der Verluste als Veräußerungskosten – z.B. im Rah-

1019 Siehe hierzu schon oben unter 1. Teil B. III. 3. d).

1020 BFH vom 07.07.1992 – VIII R 24/90, BStBl II 1993, 333, DStR 1992, 1545; BFH vom 23.05.2000 – VIII R 3/99, GmbHR 2001, 40; erstmals wurde die gesellschaftliche Veranlassung im Falle eines eigenkapitalersetzenden Darlehens anerkannt im Urteil vom 02.10.1984 - VIII R 36/83, BStBl II 1985, 320, BFHE 143, 228.

1021 Siehe hierzu schon oben unter 1. Teil B. III. 3. d) aa) sowie *Hahne*, Anmerkung zum Urteil des BFH vom 02.04.2008 – I R 76/06, BB 2009, 1941, 1943; *Neumann*, GmbHR 2008, 473.

men des § 17 Abs. 2, 4 EStG – wäre systemwidrig gewesen.[1022] Dies deshalb, weil das Gesetz in § 17 Abs. 2, 4 EStG allein die durch die Anteilsveräußerung entstehenden Veräußerungskosten erfasst und sonstige, anderen Aufwand verursachende tatsächliche Vorgänge unerheblich sind.

Diese einhellige Auslegung der früheren Rechtslage könnte aufgrund der Änderungen des § 20 EStG durch das UntStRefG nunmehr hinfällig sein. Die Änderungen des § 20 EStG könnten im Ergebnis dafür Sorge tragen, dass der Verlust sämtlicher nach dem 31.12.2008 gewährter bzw. übernommener Gesellschafterfinanzierungshilfen als im Rahmen des § 20 EStG zu berücksichtigender Verlust bzw. als im Rahmen des § 20 EStG zu berücksichtigende Werbungs- oder Veräußerungskosten anzusehen sind. Zwar ist das UntStRefG grundsätzlich schon am 18.08.2007 in Kraft getreten gemäß Art. 14 UntStRefG; die grundsätzliche Eingrenzung auf nach dem 31.12.2008 gewährte Gesellschafterdarlehen ergibt sich jedoch aus der Anwendungsvorschrift des § 52a Abs. 10 EStG a.F.[1023] Die durch die Modifizierungen des § 20 EStG eingetretenen Rechtsänderungen können aufgrund des § 52a Abs. 10 EStG a.F also sowohl für Gesellschafterfinanzierungshilfen gelten, die gemäß § 103d EGInsO dem „alten“ Eigenkapitalersatzrecht unterfallen, als auch solche Gesellschafterfinanzierungshilfen betreffen, auf die das insolvenzrechtlich geprägte "neue" Recht der Gesellschafterfinanzierungshilfen Anwendung findet.[1024] Im Laufe der Zeit werden sich die Rechtsänderungen durch das UntStRefG freilich in immer größerem Maße auf Gesellschafterhilfen beziehen, für die auch das neue insolvenzrechtlich geprägte Recht der Gesellschafterfinanzierungshilfen gilt.

Bevor die Auswirkungen des UntStRefG auf den vorliegenden Untersuchungsgegenstand eingehend analysiert werden, müssen die relevanten Änderungen als solche zunächst dargestellt werden. Im Einzelnen hat sich die Rechtslage in Bezug auf die §§ 17, 20 EStG und ihr Zusammenwirken sowie hinsichtlich der parallel eingeführten Abgeltungsbesteuerung durch das UntStRefG wie folgt verändert:

(aa) Einführung einer Abgeltungsbesteuerung (§§ 32d, 43 ff. i.V.m. § 20 EStG)

(1) Einführung

Zunächst hat der Gesetzgeber das Halbeinkünfteverfahren im Privatvermögen (§ 3 Nr. 40 EStG a.F.) abgeschafft.[1025] Stattdessen werden sämtliche Kapitaleinkünfte des Privatvermögens grundsätzlich mit einer Einkommensteuer mit Abgeltungswir-

---

1022 Siehe zum Ganzen schon oben unter 1. Teil B. III. 3. d) aa).

1023 *Bayer*, DStR 2009, 2397, 2398; *Förster*, DB 2011, 259, 263; *Neumann*, GmbHR 2008, 473, 474.

1024 Im letztgenannten Fall müssten dementsprechend prinzipiell auch im Steuerrecht die mittelbaren Auswirkungen durch das MoMiG berücksichtigt werden, sofern nicht – was nachfolgend eingehend untersucht werden wird – diese infolge des UntStRefG obsolet würden.

1025 *von Glasenapp*, BB 2008, 360, 361; *Wagner*, DStR 2009, 626, 628; im Betriebsvermögen von natürlichen Personen auf wurde das Halbeinkünfteverfahren auf ein sog. Teileinkünfteverfahren mit einem Ansatz von 60 % umgestellt, siehe § 3 Nr. 40 Satz 1 EStG sowie *Wagner, ebd.*; in Entsprechung dazu muss auch die Anwendung von § 3c Abs. 2 EStG auf ein Teilabzugsverbot reduziert werden, siehe hierzu *Bron/Seidel*, DStZ 2009, 859.

kung[1026] (Abgeltungsteuer) von 25 %[1027] belegt gemäß § 32d Abs. 1 EStG.[1028] Dies gilt gemäß § 52a Abs. 1 EStG a.F. grundsätzlich für Kapitalerträge, die nach dem 31.12.2008 zufließen.[1029] Auch Veräußerungs- und Erlösgewinne aus Kapitalvermögen sind gemäß neuer Rechtslage grundsätzlich insbesondere nur dann als Einkünfte aus Kapitalvermögen anzusehen, wenn die betreffenden Wirtschaftsgüter nach dem 31.12.2008 angeschafft wurden.[1030]

Die Beschränkung auf das Privatvermögen ergibt sich unmittelbar aus § 32d Abs. 1 Satz 1 EStG, der auf die Subsidiaritätsklausel des § 20 Abs. 8 EStG verweist, nach welcher Einkünfte, die an sich Einkünfte aus Kapitalvermögen darstellen würden, dann den Einkünften aus Land- und Forstwirtschaft, aus Gewerbebetrieb, aus selbständiger Arbeit oder aus Vermietung und Verpachtung zuzurechnen sind, soweit sie „zu diesen Einkünften gehören".[1031] Letztgenannte Einschränkung dieses Vorrang-Nachrangigkeitsverhältnisses wird vorliegend noch äußerst relevant werden.[1032]

Unabhängig von der Frage der abgeltenden Wirkung der Steuer erfolgt die Besteuerung im Rahmen aller Einkünftekategorien grundsätzlich durch Einbehalt von Kapitalertragsteuer durch die auszahlenden Stellen, also die Schuldner der Kapitalerträge.[1033] Dabei wird es sich regelmäßig um Kreditinstitute oder Unternehmen handeln, die Erträge auszahlen.[1034] Der Kapitalertragsgläubiger und materielle Steuerschuldner hingegen muss grundsätzlich gerade keine weiteren Erklärungen im Rahmen seiner Veranlagung machen.[1035] Dies deshalb, weil nach dem neuen Modell des UntStRefG grundsätzlich gerade keine Anrechung der vorausgezahlten Kapitalertragsteuer auf die Einkommensteuerschuld erfolgt, sondern die Steuerlast vielmehr insoweit als abgegolten gilt.[1036] Insbesondere diese Technik der Steuererhebung soll das gesetzgeberische Ziel der Vereinfachung des Besteuerungsverfahrens verwirklichen.[1037] Im Übrigen soll die Abgeltungsteuer auch für eine gleichmäßigere und ge-

---

1026 Konkret ist diese ausgestaltet als Kapitalertragsteuer i.H.v. 25 %, der grundsätzlich eine Abgeltungswirkung beigemessen wird, *Binnewies*, GmbH – StB 2008, 16; *Weber-Grellet*, DStR 2013, 1357, 1358.

1027 Der Steuersatz beträgt 25 % zuzüglich Solidaritätszuschlag und ggf. Kirchensteuer, *Schulz/Vogt*, DStR 2008, 2189, 2190.

1028 *von Glasenapp*, BB 2008, 360 f.; *Wagner*, DStR 2009, 626, 628.

1029 *Binnewies*, GmbH – StB 2008, 16; *Weber-Grellet*, DStR 2013, 1357.

1030 *Binnewies*, GmbH – StB 2008, 16.

1031 *Barth*, Unternehmensteuerreform 2008, S. 82.

1032 Siehe ausführlich noch unten unter 2. Teil B. III. 2. b) bb).

1033 Siehe zu den Ausnahmen insbesondere § 43 Abs. 2 EStG; nach dieser Regelung findet speziell dann grundsätzlich kein Kapitalertragsteuereinbehalt statt, wenn es sich im Rahmen einer Beteiligungsveräußerung nach § 20 Abs. 2 Satz 1 Nr. 1 EStG bei dem Gläubiger des Veräußerungsgewinnes (der ›Veräußerungskapitalerträge‹) um eine Kapitalgesellschaft handelt oder die Beteiligung in einem sonstigen Betriebsvermögen gehalten wurde (§ 43 Abs. 2 Satz 3 Nr. 1 bzw. Nr. 2 EStG).

1034 *von Glasenapp*, BB 2008, 360, 361; *Weber-Grellet* spricht davon, dass es dadurch „praktisch zu einer Veranlagung durch die Banken" kommt in: Schmidt, EStG, § 43 Rn. 5; bei den Erträge auszahlenden Unternehmen wird es sich vielfach um Kapitalanlagegesellschaften handeln, *Schulz/Vogt*, DStR 2008, 2189, 2190.

1035 *Weber-Grellet*, NJW 2008, 545; eine Veranlagung von Kapitaleinkünften soll vielmehr gerade vermieden werden, siehe *Behrens*, BB 2007, 1025; *Binnewies*, GmbH – StB 2008, 16.

1036 *Binnewies*, GmbH – StB 2008, 16; *Weber-Grellet*, DStR 2013, 1357, 1358.

1037 So auch *Binnewies*, GmbH – StB 2008, 16; *von Glasenapp*, BB 2008, 360, 361.

rechtere Steuererhebung sorgen und somit den Finanzplatz Deutschland insgesamt stärken.[1038]

(2) Die Fallgruppen der möglichen Besteuerungsarten im Zusammenhang mit der Abgeltungsteuer

Im Einzelnen kommen im Zusammenhang mit dem neu eingeführten Abgeltungsbesteuerungssystem im Wesentlichen sechs unterschiedliche Varianten der Besteuerung in Betracht:[1039]

(a) Der Regelfall der Abgeltungsbesteuerung gemäß § 32d Abs. 1 EStG

Die erste Fallgruppe bildet den vom Gesetzgeber vorgesehenen Regelfall und besteht darin, dass bei Kapitaleinkünften i.S.d. § 20 Abs. 1-3 EStG des Privatvermögens eine abschließende Einkommensbesteuerung durch Kapitalertragsteuereinbehalt an der Quelle erfolgt, d.h. die Steuerlast gilt insoweit grundsätzlich als abgegolten gemäß § 43 Abs. 5 Satz 1 EStG. Der Steuersatz ergibt sich dabei aus § 32d Abs. 1 EStG und beträgt 25 % zuzüglich Solidaritätszuschlag und ggf. Kirchensteuer.[1040]

Es dürfen insbesondere keine Einkünfte vorliegen, die vorrangig anderen Einkunftsarten zuzurechnen sind (§ 20 Abs. 8 EStG) und die Abgeltungsbesteuerung darf nicht aufgrund der tatsächlichen Umstände ausgeschlossen sein nach § 32d Abs. 2 EStG.[1041]

(b) Ausschluss der Abgeltungsbesteuerung gemäß § 20 Abs. 8 EStG

Innerhalb des Anwendungsbereichs des § 20 Abs. 8 EStG liegen zwar an sich auch Kapitaleinkünfte i.S.d. § 20 EStG vor. Gleichwohl ordnet die Subsidiaritätsklausel des § 20 Abs. 8 EStG an, dass die entsprechenden Einkünfte, soweit sie (auch) zu den Einkünften aus Land- und Forstwirtschaft, aus Gewerbebetrieb, aus selbständiger Arbeit oder aus Vermietung und Verpachtung gehören, diesen Einkünften zuzurechnen sind. Es kommt sodann zu einer Besteuerung i.R.d. üblichen Pflichtveranlagung zum individuellen Steuersatz, die folgende Besonderheiten aufweist:

Wird eine der vorgenannten Einkünftekategorien verwirklicht – was insbesondere dann der Fall ist, wenn es sich um einen Anteilseigner einer GmbH oder AG handelt, der seine zugrundeliegende Beteiligung in einem betrieblichen Vermögen hält –

1038 Siehe *Schulz/Vogt*, DStR 2008, 2189.

1039 Eine ähnliche, indes anders aufgegliederte Übersicht findet sich bei *Schulz/Vogt*, DStR 2008, 2189, 2190.

1040 *Schulz/Vogt*, *ebd.*

1041 Im letztgenannten Fall gelten sodann auch § 20 Abs. 6, Abs. 9 EStG nicht,siehe *Schulz/Vogt*, DStR 2008, 2189, 2190; siehe noch ausführlich zu § 32d Abs. 2 EStG unten unter 2. Teil B. III. 2. a) cc) (1) (f).

so findet zwar ebenfalls im Grundsatz ein Einbehalt von Kapitalertragsteuer[1042] an der Quelle statt gemäß § 43 Abs. 4 EStG; allerdings gilt sodann die insoweit zu leistende Einkommensteuer gerade nicht als abgegolten gemäß § 43 Abs. 5 Satz 2 Var. 2 EStG.[1043] Dessen unbeschadet erfolgt insoweit bei Erfüllung der übrigen formellrechtlichen Voraussetzungen[1044] eine Anrechnung der geleisteten Steuer auf die Einkommen- bzw. Körperschaftsteuer gemäß § 36 Abs. 2 Nr. 2 EStG (ggf. i.V.m. § 31 Abs. 1 KStG).[1045]

Oftmals wird jedoch in diesen Fällen der Kapitalertragsteuereinbehalt bereits im Ansatz ausgeschlossen sein aufgrund der in § 43 Abs. 2 EStG enthaltenen Regelungen. Dies gilt gemäß § 43 Abs. 2 Satz 2 EStG z.B. grundsätzlich immer dann, wenn es sich beim Gläubiger – nicht sämtlicher, sondern nur der abschließend vom Gesetz aufgezählten – Kapitalerträge um bestimmte inländische Kreditinstitute, Kapitalanlagegesellschaften oder Finanzdienstleistungsinstitute handelt oder ebenfalls nur im Rahmen bestimmter Kapitalerträge, wenn der Gläubiger eine Kapitalgesellschaft ist bzw. die Kapitalerträge Betriebseinnahmen eines inländischen Betriebes sind gemäß § 43 Abs. 2 Satz 3 Nr. 1 bzw. Nr. 2 EStG. Aufgrund letztgenannter Regelung findet insbesondere dann im Grundsatz kein Kapitalertragsteuereinbehalt statt, wenn der Gläubiger der Kapitalerträge einer Anteilsveräußerung i.S.d. § 20 Abs. 2 Satz 1 Nr. 1 EStG eine Kapitalgesellschaft ist oder die Beteiligung in einem sonstigen Betriebsvermögen gehalten wurde.

(c) Ausschluss der Abgeltungsbesteuerung gemäß § 32d Abs. 2 EStG

Auch an sich der Abgeltungsbesteuerung unterliegende Kapitaleinkünfte des Privatvermögens – auf die also § 20 Abs. 8 EStG keine Anwendung findet – sind in bestimmten Konstellationen von der Abgeltungsbesteuerung ausgeschlossen. Der Gesetzgeber will hiermit die missbräuchliche Inanspruchnahme des im Vergleich zur progressionstariflichen Einkommensbesteuerung zumeist vergleichsweise niedrigen Abgeltungssteuersatzes vermeiden.[1046]

1042 Die Kapitalertragsteuer (§§ 43 ff. EStG) ist keine eigene Steuerart, sondern lediglich eine Erhebungsform der Einkommensteuer; soweit ihr abgeltende Wirkung zukommt – was nunmehr grundsätzlich der Fall sein soll, siehe *Schulz/Vogt*, DStR 2008, 2189, 2190 – kann sie nach dem neuen Steuermodell auch als Abgeltungsteuer bezeichnet werden.

1043 Siehe auch *Häuselmann*, DStR 2009, 1996.

1044 Insbesondere muss gemäß § 36 Abs. 2 Nr. 2 Satz 2 EStG die in § 45a Abs. 2 bzw. Abs. 3 EStG bezeichnete Bescheinigung vorgelegt werden.

1045 *Häuselmann*, DStR 2009, 1996.

1046 Insbesondere wäre es ohne § 32d Abs. 2 EStG nahezu uneingeschränkt möglich, betriebliche Gewinne über das Ausbezahlen von Darlehenszinsen (§ 20 Abs. 1 Nr. 7 EStG) abzusaugen, wobei dem Gesellschafter eine vergleichsweise niedrige Steuerlast von nur 25 % entstünde und zugleich die Bemessungsgrundlage der ca. 30 %igen Unternehmensteuer verringert würde (es dürfte freilich insoweit auch keine vGA vorliegen), *Neumann/Stimpel*, GmbHR 2008, 57; *Plewka*, NWJ 2010, 488, 490; siehe zu den Ausnahmen des § 32d Abs. 2 EStG im Einzelnen noch unten unter 2. Teil B. III. 2. a) cc) (1) (f).

Während in den Fällen des § 32d Abs. 2 Nr. 1, 2 EStG ein Ausschluss der Abgeltungsbesteuerung *ipso iure* erfolgt, wird dem Gesellschafter in § 32d Abs. 2 Nr. 3 EStG ein Wahlrecht zur Anwendung des Teileinkünfteverfahrens eingeräumt. Da dieses jedoch nur im Hinblick auf Kapitaleinkünfte nach § 20 Abs. 1 Nr. 1, 2 EStG (insb. Dividenden) besteht, ist es im hier gegebenen Kontext der Einkünfte aus (Gesellschafter-)Darlehen unbeachtlich.[1047]

(d) Pflichtveranlagung zum Abgeltungsteuersatz durch Erklärung des Steuerpflichtigen über die Kapitaleinkünfte, § 32d Abs. 3 EStG

Bezieht der Steuerpflichtige private kapitalertragsteuerpflichtige Erträge, die gleichwohl nicht dem Kapitalertragsteuerabzug unterlegen haben, so muss der Steuerpflichtige diese Einkünfte im Rahmen seiner Einkommensteuererklärung angeben gemäß § 32d Abs. 3 Satz 1 EStG. Entgegen des eigentlichen Ziels des Gesetzgebers muss es insoweit also doch zu einer (Pflicht-)Veranlagung kommen, die dessen unbeschadet zum Abgeltungsteuersatz erfolgt (§ 32d Abs. 2 Satz 2 EStG). Eine Veranlagungspflicht kann insoweit insbesondere entstehen bei der Veräußerung von Kapitalgesellschaftsanteilen, der Nichtberücksichtigung der Kirchensteuer seitens der auszahlenden Stelle oder im Falle ausländischer Zinseinkünfte.[1048]

(e) Wahlveranlagung zum Abgeltungsteuersatz durch Antrag und Erklärung des Steuerpflichtigen über die Kapitaleinkünfte, § 32d Abs. 4 EStG

Haben Kapitalerträge dem Abgeltungsbesteuerungsverfahren unterlegen und ist die Steuerpflicht damit an sich abgegolten gemäß § 43 Abs. 5 Satz 1 EStG, so kann der Steuerpflichtige unter bestimmten Voraussetzungen gleichwohl die besondere Besteuerung nach § 32d Abs. 3 EStG im vorstehend erläuterten Sinne beantragen. Dies ist indes nur in den abschließend enumerierten Fällen des § 32d Abs. 4 EStG zulässig, also insbesondere, wenn der Sparer-Pauschbetrag noch nicht vollständig ausgeschöpft wurde, ein noch nicht im Rahmen von § 43a Abs. 3 EStG berücksichtigter Verlust vorliegt, ein Verlustvortrag gemäß § 20 Abs. 6 EStG besteht oder eine anrechenbare ausländische Steuer noch nicht berücksichtigt wurde.[1049]

1047 Eine Antragsbefugnis besteht zudem nur zugunsten desjenigen Gesellschafters, der zu mindestens 25 % an der Kapitalgesellschaft beteiligt ist oder zu mindestens einem Prozent beteiligt ist und zudem beruflich für die Gesellschaft tätig ist; siehe zu diesen Voraussetzungen im Einzelnen *Neumann/Stimpel*, GmbHR 2008, 57, 61; *Plewka*, NWJ 2010, 488, 490.

1048 *Schulz/Vogt*, DStR 2008, 2189, 2190.

1049 Siehe zu diesen Fallgruppen auch *Schulz/Vogt*, *ebd.*

(f) Wahlveranlagung zum (günstigeren) individuellen Steuersatz durch Antrag des Steuerpflichtigen, § 32d Abs. 6 EStG

Eine äußerst praxisrelevante weil häufig umgesetzte Möglichkeit des Steuerpflichtigen besteht darin, einen Antrag nach § 32d Abs. 6 Satz 1 EStG dahingehend zu stellen, dass die privaten Kapitaleinkünfte, statt dem an sich anzuwendenden Abgeltungsbesteuerungs-verfahren nach § 32d Abs. 1, Abs. 3, Abs. 4 EStG zu unterliegen, den übrigen Einkünften i.S.d. § 2 EStG hinzugerechnet und dem individuellen Einkommensteuersatz unterworfen werden. Die Finanzbehörde muss sodann prüfen, ob eine Veranlagung zum individuellen Steuersatz in der Tat aus Sicht des Steuerpflichtigen günstiger wäre. Sollte dies nicht der Fall sein, gilt der Antrag als nicht gestellt.[1050] Eine Besteuerung zum üblichen Einkommensteuersatz führt indes nicht dazu, dass das Werbungskostenabzugsverbot des § 20 Abs. 9 EStG oder die Verlustbeschränkungsvorschrift des § 20 Abs. 6 ausgeschlossen würden.[1051]

Mit der Möglichkeit der Wahlveranlagung zum individuellen Steuersatz sorgt der Gesetzgeber dafür, dass Steuerpflichtige mit einem individuellen Einkommensteuersatz von weniger als 25 % durch die Einführung der Abgeltungsteuer keine Nachteile erleiden.

(3) Die materiellrechtlichen Änderungen durch die Abgeltungsteuer

Die Abgeltungsteuer bedeutet aber nicht nur eine gravierende Änderung des formalen Steuererhebungsverfahrens, sondern hat materiell eine wesentliche Durchbrechung der in Deutschland prinzipiell geltenden synthetischen Einkommensbesteuerung zugunsten einer sog. Schedulenbesteuerung zum Gegenstand. Dies bedeutet konkret, dass nunmehr nicht länger – wie bislang zumindest im Grundsatz der Fall – sämtliche Einkommensarten einem einheitlichen Steuersatz unterliegen, sondern der Gesetzgeber für verschiedene Arten von Einkünften unterschiedliche Tarifverläufe gewählt hat.[1052] Es kommt mithin zu einer Ungleichbehandlung verschiedener Einkunftsarten.[1053] Da vorliegend nur eine Art von Einkünften – nämliche solche aus Kapitalvermögen – einem abweichenden Steuertarif unterliegen, kann man insoweit auch von einer „dualen Einkommensbesteuerung“ sprechen.[1054]

1050 *Schulz/Vogt, ebd.*

1051 *Hey*, BB 2007, 1303, 1304, 1307; *Schulz/Vogt, ebd.*

1052 *Schulz/Vogt, ebd*; *Weber-Grellet*, NJW 2008, 545, 547.

1053 Zur verfassungsrechtlichen Rechtfertigung dieser Ungleichbehandlung vor dem Hintergrund von Art. 3 GG siehe *Weber-Grellet*, NJW 2008, 545, 546 ff.; eine solche der Schedulenbesteuerung wesensimmanente Ungleichbehandlung ist schon lange vor Einführung der Abgeltungsteuer aufgrund allgemeiner Erwägungen häufig abgelehnt worden; siehe stellvertretend *Kirchhof*, nach welchem es durch die Schedule „in letzter Konsequenz – über die Differenzierung auch hinsichtlich des Steuersatzes – zur Verabschiedung des Leistungsfähigkeitsprinzips im Ertragsteuerrecht“ komme in Verluste im Steuerrecht, S. 1, 36.

1054 *Schulz/Vogt*, DStR 2008, 2189 und dortige Fußnote 7; *Weber-Grellet*, NJW 2008, 545, 547 ff.; *ders.*, DStR 2013, 1357, 1358; *Hey* spricht zwar ebenfalls von einer dualen Einkommensteuer, bezeichnet

Das UntStRefG sieht zudem nicht nur eine Veränderung der technischen Art und Weise der Besteuerung von Einkünften aus Kapitalvermögen vor, sondern erweitert auch den Katalog der steuerpflichtigen Vorgänge in erheblichem Maße. Dies geschieht durch die Neufassung des § 20 Abs. 2 EStG. Im Folgenden werden diejenigen Änderungen des § 20 Abs. 2 EStG betrachtet, die für die Beurteilung der hier relevanten Frage maßgeblich sind, ob, inwieweit und auf welche Weise der Wertverlust bzw. Ausfall einer Gesellschafterhilfe steuerlich zu berücksichtigen ist, die hinsichtlich einer im Privatvermögen gehaltenen Gesellschaftsbeteiligung gewährt wurde.

(bb) Die Änderungen des § 20 Abs. 2 EStG und die Ausweitung des Katalogs der steuerpflichtigen Einkünfte aus Kapitalvermögen

Bislang war der Gewinn aus der Veräußerung von Anteilen an Kapitalgesellschaften, die im Privatvermögen gehalten wurden, grundsätzlich steuerfrei. Die Beteiligung also solche[1055] stand außerhalb des steuerbaren Bereiches, entsprechende Wertveränderungen blieben daher unberücksichtigt. Ausnahmen sah das Gesetz lediglich für Spekulationsgeschäfte gemäß § 22 Nr. 2 i.V.m. § 23 Abs. 1 Satz 1 Nr. 2 EStG[1056] sowie in § 17 Abs. 2, 4 EStG für in diesem Sinne „wesentliche Beteiligungen" vor. Die Sonderregelungen für Spekulationsgeschäfte können für Zwecke dieser Untersuchung vernachlässigt werden.[1057]

Für die Zwecke des § 17 EStG blieb eine Steuerverstrickung des Anteils und des Anteilsveräußerungsgewinns immer dann aus, wenn nicht innerhalb der letzten fünf Jahre eine Beteiligungsschwelle von 1 % erreicht worden war.[1058] Nunmehr aber werden auch Gewinne aus der Veräußerung solch niederschwelliger Beteiligungen grundsätzlich als Kapitaleinkünfte erfasst gemäß § 20 Abs. 2 Satz 1 Nr. 1 EStG n.F.[1059] Denn gemäß § 20 Abs. 2 Satz 1 Nr. 1 EStG n.F. gehört zu den Einkünften aus Kapitalvermögen auch

> *„der Gewinn aus der Veräußerung von Anteilen an einer Körperschaft im Sinne des Absatzes 1 Nr. 1."*

§ 20 Abs. 1 Nr. 1 EStG n.F. erfasst Kapitalgesellschaften, Gesellschaften mit beschränkter Haftung, Erwerbs- und Wirtschaftsgenossenschaften sowie bergbautreibende Vereinigungen, die die Rechte einer juristischen Person haben.

Die Neuregelung des § 20 Abs. 2 Satz 1 Nr. 1 EStG ersetzt z.T. die Regelung über private Veräußerungsgeschäfte in § 23 Abs. 1 Nr. 2 EStG a.F.[1060] Zudem ist die neue

---

den vom Gesetzgeber eingeschlagenen Weg jedoch als nicht „systematisch folgerichtig ausgestaltet" in BB 2007, 1303, 1304.

1055 Und damit mangels Spezialregelung auch die anlässlich der Beteiligung gewährte Gesellschafterhilfe, also typischerweise das Darlehen, siehe *Neumann*, GmbHR 2008, 473.

1056 *von Glasenapp*, BB 2008, 360.

1057 Siehe zu diesen etwa *Weber-Grellet* in: Schmidt, EStG, § 23 Rn. 12 ff.

1058 Siehe im Einzelnen schon oben unter 1. Teil B. III. 3. b).

1059 *Weber-Grellet*, DStR 2013, 1357, 1360 f.; zuvor waren lediglich die aus der Beteiligung gezogenen Früchte – also insbesondere die Dividenden – einer Besteuerung unterworfen; die diesbezügliche Besteuerung erfolgt auch weiterhin über § 20 Abs. 1 EStG.

1060 *Barth*, Unternehmensteuerreform 2008, S. 82.

Fassung des § 23 Abs. 1 Nr. 2 EStG gemäß § 23 Abs. 2 EStG gegenüber § 20 Abs. 2 Nr. 1 EStG subsidiär.[1061]

§ 20 Abs. 2 Nr. 1 EStG n.F. findet jedoch nur auf Anteile Anwendung, die nach dem 31.12.2008 erworben wurden gemäß § 52a Abs. 10 Satz 1 EStG a.F.[1062]

Diese Ausweitung der Besteuerung der Veräußerung von im Privatvermögen gehaltenen Kapitalgesellschaftsbeteiligungen im Vergleich zur früheren Rechtslage war ein Mittel der Gegenfinanzierung i.R.d. Unternehmensteuerreform 2008.[1063] Zudem sollten mit dem neuen § 20 Abs. 2 EStG sämtliche dort genannten und für besteuerungswürdig erachteten Wertzuwächse im Zusammenhang mit Kapitalanlagen nunmehr erfasst werden.[1064]

Doch nicht nur Beteiligungsveräußerungen werden seit der Gesetzesreform vollumfänglich erfasst, vielmehr werden kraft expliziter gesetzlicher Anordnung nunmehr auch Gewinne aus der Veräußerung von Kapitalforderungen als Kapitaleinkünfte erfasst gemäß und in den Grenzen von § 20 Abs. 2 Satz 2 Nr. 7 EStG n.F. Gemäß § 20 Abs. 2 Satz 2 Nr. 7 EStG n.F. gehört zu den Einkünften aus Kapitalvermögen auch

> *„der Gewinn aus der Veräußerung von sonstigen Kapitalforderungen jeder Art im Sinne des Absatzes 1 Nr. 7.“*

Gemäß § 20 Abs. 1 Nr. 7 EStG n.F. gehören zu den Einkünften aus Kapitalvermögen auch

> *„Erträge aus sonstigen Kapitalforderungen jeder Art, wenn die Rückzahlung des Kapitalvermögens oder ein Entgelt für die Überlassung des Kapitalvermögens zur Nutzung zugesagt oder geleistet worden ist, auch wenn die Höhe der Rückzahlung oder des Entgelts von einem ungewissen Ereignis abhängt. Dies gilt unabhängig von der Bezeichnung und der zivilrechtlichen Ausgestaltung der Kapitalanlage.“*

Auch hier sollen vom zeitlichen Anwendungsbereich der Neuregelung grundsätzlich nur solche Kapitalforderungen erfasst werden, die nach dem 31.12.2008 geschaffen oder erworben wurden. Dies ergibt sich aus § 52a Abs. 10 Sätze 6, 7 EStG a.F.[1065] Altdarlehen außerhalb der einjährigen Spekulationsfrist erfahren somit durch die Neufassung von § 20 Abs. 2 Satz 1 Nr. 7 EStG n.F. grundsätzlich keine Steuerverstrickung.[1066]

Im Übrigen aber werden damit insbesondere Neudarlehen durch § 20 Abs. 2 Satz 2 Nr. 7 EStG n.F. auch als solche vom steuerbaren Bereich erfasst, sodass nunmehr auch ihre Wertveränderungen und nicht mehr nur länger der von ihnen abge-

---

1061 Und damit insoweit nicht mehr anwendbar, *Barth, ebd.*

1062 *Hahne/Krause*, DStR 2008, 1724, 1725.

1063 *Barth, ebd.*

1064 BT-Drs. 16/4841, 56.

1065 BGH vom 12.12.2012 – I R 27/12, BStBl II 2013, 682, DStRE 2013, 1231; siehe hierzu auch *Bayer*, DStR 2009, 2397, 2398; *Weber-Grellet* in: Schmidt, EStG, § 20 Rn. 146.

1066 Siehe *Bayer*, DStR 2009, 2397, 2398; dies gilt allerdings dann nicht, wenn es sich um sog. Finanzinnovationen nach § 20 Abs. 2 Satz 1 Nr. 4 EStG a.F. oder reine Spekulationsanlagen nach § 20 Abs. 1 Nr. 7 EStG n.F. handelt, *Bayer, ebd.*, dortige Fußnote 15.

worfene Ertrag einer Besteuerung unterliegen.[1067] Dies gilt analog für sämtliche in § 20 Abs. 2 (i.V.m. Abs. 1) EStG n.F. genannten Kapitalanlagen und damit insbesondere auch für Beteiligungen an Körperschaften i.S.d. Abs. 1 Nr. 1 gemäß § 20 Abs. 2 Satz 1 Nr. 1 EStG n.F.[1068] § 20 Abs. 2 (i.V.m. Abs. 1) n.F. erstreckt also das staatliche Besteuerungsrecht hinsichtlich der dort genannten Sachverhalte auch auf den Vermögensstamm.[1069] In Bezug auf die im Privatvermögen befindlichen Darlehen stellt dies einen grundlegenden Paradigmenwechsel dar.

§ 20 Abs. 4 EStG n.F. gibt nun vor, wie der zu besteuernde Veräußerungsgewinn i.S.d. § 20 Abs. 2 EStG n.F. im Einzelnen zu ermitteln ist. Im Regelfall bestimmt sich der Gewinn gemäß § 20 Abs. 4 Satz 1 Hs. 1 EStG n.F. wie folgt:

> *„Gewinn im Sinne des Absatzes 2 ist der Unterschied zwischen den Einnahmen aus der Veräußerung nach Abzug der Aufwendungen, die im unmittelbaren sachlichen Zusammenhang mit dem Veräußerungsgeschäft stehen, und den Anschaffungskosten;* [...]"

Nach allgemeiner Ansicht erfasst die Regelung des § 20 Abs. 4 EStG n.F. damit auch einen Verlust.[1070]

Die mit den Änderungen des § 20 EStG herbeigeführte Ausweitung der Besteuerung soll laut Gesetzesbegründung dazu dienen, eine vollständige Erfassung sämtlicher Wertzuwächse im Zusammenhang mit Kapitalanlagen zu erreichen.[1071] Auch zu diesem Zwecke werden der Veräußerung der Kapitalforderung deren Rückzahlung, Abtretung, Einlösung sowie die verdeckte Einlage in eine Kapitalgesellschaft gleichgestellt gemäß § 20 Abs. 2 Satz 2 EStG n.F.:

> *„Als Veräußerung im Sinne des Satzes 1 gilt auch die Einlösung, Rückzahlung, Abtretung oder verdeckte Einlage in eine Kapitalgesellschaft; in den Fällen von Satz 1 Nr. 4 gilt auch die Vereinnahmung eines Auseinandersetzungsguthabens als Veräußerung."*

Diese Gleichstellung durch § 20 Abs. 2 Satz 2 Hs. 1 EStG bezieht sich auf sämtliche Vorgänge im Sinne des § 20 Abs. 2 Satz 1 EStG. Für die Zwecke der steuerlichen Geltendmachung eines entsprechenden Finanzierungshilfenverlustes können grundsätzlich sämtliche dieser tatsächlichen Realisationsvorgänge relevant werden.[1072]

Die Änderungen des § 20 EStG sollen den tatsächlichen Steuerertrag aber nicht nur dadurch erhöhen, dass sie einen bisher nicht steuerbaren Bereich der Besteuerung unterwerfen; vielmehr führen sie zugleich auch dazu, dass eine diesbezügliche

---

1067 *Neumann*, GmbHR 2008, 473.

1068 Siehe auch *Hahne*, Anmerkung zum Urteil des BFH vom 02.04.2008 – I R 76/06, BB 2009, 1941, 194.

1069 *von Glasenapp*, BB 2008, 360, 361.

1070 *Bayer*, DStR 2009, 2397, 2398; *Doege*, Stbg 2008, 440, 442; *Hoffmann*, GmbH – StB 2009, 349, 350; *Neumann*, GmbH – StB 2008, 361, 363; *Wiese/Möller*, GmbHR 2010, 462, 464; dies ergibt sich auch – zumindest für die grundsätzliche Anwendung des § 20 Abs. 4 EStG – aus einem Umkehrschluss aus der Regelung des § 20 Abs. 6 EStG, da diese Verlustberücksichtigungen zwar in bestimmtem Umfang ausschließt, sie damit aber zugleich für im Grunde zulässig erklärt und auch keine spezielle Nichtberücksichtigungsmöglichkeit für Verluste aus Kapitalforderungen vorsieht.

1071 BT-Drs. 16/4841, 56.

1072 Siehe zu den einzelnen im Gesetz vorgesehenen und zusätzlich denkbaren Realisationszeitpunkten noch ausführlich unten unter 2. Teil B. III. 2. a) cc) (1) (d) sowie 2. Teil B. III. 2. b) ee).

Verlustberücksichtigung und ein Abzug tatsächlich angefallener Werbungskosten grundsätzlich nur stark eingeschränkt bzw. überhaupt nicht möglich sind:

Letzteres ist i.R.d. nunmehr seit 01.01.2009 geltenden Abgeltungsbesteuerung grundsätzlich[1073] ausgeschlossen aufgrund der Regelung des § 20 Abs. 9 EStG n.F. Diese ordnet stattdessen an, dass als Werbungskosten pauschal ein Betrag von 801 Euro abzuziehen ist (Sparer-Pauschbetrag).[1074]

Indes gehen die Regelung hinsichtlich der Verlustberücksichtigung in § 20 Abs. 6 EStG dem grundsätzlichen Werbungskostenabzugsverbot aus § 20 Abs. 9 EStG vor:[1075]

Eine Verlustberücksichtigung bei den Kapitaleinkünften ist zwar grundsätzlich ab dem Veranlagungszeitraum 2009 möglich, unterliegt jedoch zahlreichen weitgehenden Einschränkungen, von welchen das Gesetz allerdings wiederum zahlreiche (Rück-)Ausnahmen macht:[1076]

Verbleiben nach Vornahme des horizontalen Verlustausgleichs[1077] Verluste aus Kapitaleinkünften, so können diese bis einschließlich des Veranlagungszeitraums 2013 gemäß § 20 Abs. 6 Satz 2 Hs. 1 EStG a.F. und ab dem Veranlagungszeitraum 2014 durch die identische Regelung des § 20 Abs. 6 Satz 1 Hs. 1 EStG n.F.[1078] nicht mit Verlusten aus anderen Einkunftsarten verrechnet werden, d.h. der vertikale Verlustausgleich ist ausgeschlossen. Dies wird vom Gesetzgeber damit begründet, dass andererseits im Falle des Bestehens positiver Einkünfte aus Kapitalvermögen ja nunmehr auch ein vergleichsweise niedriger Steuersatz von 25 % anzuwenden ist.[1079] Dann soll aber auch ein entsprechender Verlust nur mit positiven Einkünften derselben Einkunftsart verrechenbar sein, um eine gewisse Art von Doppelbegünstigung zu vermeiden.[1080]

Überdies dürfen Verluste, die aus der Veräußerung von Aktien entstehen, nur mit Gewinnen, die aus der Veräußerung von Aktien entstehen, ausgeglichen werden.[1081] Insoweit wird also selbst der grundsätzlich mögliche vertikale Verlustausgleich weit-

---

1073 Siehe zu den Ausnahmen noch unten unter 2. Teil B. III. 2. a) cc) (1) (f).

1074 Gemäß § 20 Abs. 9 Satz 2 EStG n.F. wird Ehegatten, die zusammen veranlagt werden, ein gemeinsamer Sparer-Pauschbetrag von 1.602 Euro gewährt.

1075 BMF vom 09.10. 2012 - IV C 1 – S 2252/10/10013, BStBl I 2012, 953, Rn. 119b; *Weber-Grellet* in Schmidt, EStG, § 20 Rn. 186 a.E.

1076 Siehe hierzu noch unten unter 2. Teil B. III. 2. a) cc) (1) (f).

1077 Der sog. horizontale Verlustausgleich bezeichnet die Verrechnung von Einkünften und Verlusten aus derselben Einkunftsart; er ist i.d.R. vor dem vertikalen Verlustausgleich vorzunehmen, bei welchem Einkünfte und Verluste aus verschiedenen Einkunftsarten verrechnet werden.

1078 § 20 Abs. 6 Satz 1 EStG a.F. wurde abgeschafft durch Gesetz vom 25.07.2014, BGBl. I S. 1266.

1079 BReg, BR-Drs. 220/07, 92.

1080 Siehe auch *Kleinmanns*, DStR 2009, 2359, 2361.

1081 Der Gesetzgeber begründet dies damit, dass er hiermit einem „abstrakt drohenden Haushaltsrisiko" vorbeugen wolle, denn „die Erfahrung der Vergangenheit hat gezeigt, dass Kursstürze an den Aktienmärkten zu einem erheblichen Verlustpotenzial bei den Einkünften aus privaten Veräußerungsgeschäften mit Aktien führen"; siehe hierzu kritisch *Loos* in DStZ 2010, 78, 80 ff., der dem Gesetzgeber vorwirft, in Wirklichkeit andere Motive, nämlich die bloße Verankerung einer Gegenfinanzierungsmaßnahme im Hinblick auf gleichzeitige Entlastungen bei der Zinsschranke, verfolgt zu haben; *Loos* hält die Beschränkung der Verrechnung von Verlusten aus Aktienveräußerungen sodann für verfassungswidrig, *Loos*, *ebd.*

gehend beschränkt, indem gewissermaßen für Zwecke des Verlustausgleichs eine weitere Einkunftsart, nämlich die der Einkünfte aus Aktien, fingiert wird.[1082]

Gemäß § 20 Abs. 6 Satz 2 Hs. 2 EStG a.F. bzw. gemäß dem identischen § 20 Abs. 6 Satz 1 Hs. 2 EStG n.F.[1083] ist zudem der Verlustabzug nach § 10d EStG grundsätzlich ausgeschlossen, d.h. weder Verlustrücktrag (§ 10d Abs. 1 EStG) noch Verlustvortrag (§ 10d Abs. 2 EStG) im Sinne dieser Vorschrift kommen in Betracht. Grundsätzlich ist allein ein Vortrag der verbleibenden Verluste in kommende Veranlagungsjahre und eine dortige Verrechnung mit positiven Kapitaleinkünften möglich gemäß § 20 Abs. 6 Satz 3 EStG a.F. bzw. § 20 Abs. 6 Satz 2 EStG n.F.[1084] Nach in der Literatur vertretener Auffassung ist der insoweit zulässige Verlustvortrag zudem nicht durch die Sockelbeträge des § 10d Abs. 2 EStG beschränkt.[1085]

Bis einschließlich des Veranlagungszeitraums 2013[1086] besteht zudem die Besonderheit, dass nicht genutzte Verlustvorträge aus privaten Veräußerungsgeschäften nach § 23 Abs. 3 Sätze 8, 9 EStG, die bis Ablauf des Jahres 2008 entstanden sind, als sog. Altverluste wahlweise Kapitaleinkünfte nach § 20 Abs. 2 EStG n.F. oder Einkünfte aus privaten Veräußerungsgeschäften mindern (§§ 20 Abs. 6 Satz 1 EStG a.F., 23 Abs. 3 Sätze 9, 10 EStG n.F.).[1087]

Verbleibt nach allen möglichen Verrechnung ein positiver Gesamtbetrag der Einkünfte aus Kapitalvermögen, ist insoweit grundsätzlich die Abgeltungsbesteuerung nach § 32d EStG durchzuführen.

(cc) Die konkret denkbaren Auswirkungen der Änderungen des § 20 Abs. 2 (i.V.m. § 20 Abs. 4) EStG auf die bisherige Rechtsprechung des BFH zu nachträglichen Anschaffungskosten im Sinne des § 17 EStG

Diese Änderungen des § 20 EStG[1088] i.V.m. der Einführung eines Abgeltungsbesteuerungs-systems könnten nun auf verschiedenen Wegen dafür Sorge tragen, dass das zweite (übergeordnete) Tatbestandsmerkmal der bisherigen BFH – Rechtsprechung nicht länger erfüllt sein könnte, da aufgrund besagter Gesetzesänderungen nunmehr bei Vorliegen eines entsprechenden Finanzierungshilfenverlustes entweder Wer-

---

1082 Zu den Schwierigkeiten, die die Neuregelung des § 20 Abs. 4a durch das JStG 2009 für die Anwendung dieser Verlustausgleichsbeschränkungsvorschrift herbeiführt, siehe *Hahne/Krause*, DStR 2008, 1724, 1726.

1083 § 20 Abs. 6 Satz 1 EStG a.F. wurde abgeschafft durch Gesetz vom 25.07.2014, BGBl. I S. 1266.

1084 Die Verschiebung innerhalb der Neufassung von Absatz 6 ergibt sich daraus, dass § 20 Abs. 6 Satz 1 EStG a.F. abgeschafft wurde durch Gesetz vom 25.07.2014, BGBl. I S. 1266; um den Verlustvortrag nutzen zu können, ist die Durchführung der Einkommensteuer – Veranlagung zu beantragen gemäß § 32d Abs. 4 EStG (jeweils bis zum 15.12. des entsprechenden Jahres, § 43a Abs. 3 Satz 5 EStG); der Steuerpflichtige erhält sodann eine Bescheinigung, aufgrund derer er die Verluste im Veranlagungsverfahren geltend machen kann; siehe zu den technischen Einzelheiten *Binnewies*, GmbH – StB 2008, 16, 19.

1085 *Weber-Grellet* in: Schmidt, EStG, § 20 Rn. 188.

1086 Siehe zu diesem Zeitraum *Binnewies*, GmbH – StB 2008, 16, 19.

1087 *Binnewies*, GmbH – StB 2008, 16, 19; der frühere § 20 Abs. 6 Satz 1 EStG a.F. wurde abgeschafft durch Gesetz vom 25.07.2014, BGBl. I S. 1266.

1088 Im Folgenden wird aus Vereinfachungsgründen auf die Anfügung der Abkürzung „n.F." verzichtet.

bungskosten bei § 20 EStG oder ein sonstiger zu berücksichtigender Verlust anzunehmen sein könnten.

Je nachdem, wie man für das Verhältnis von § 17 EStG und § 20 EStG nach dessen Änderungen nunmehr beurteilen will, könnte dies sodann für sämtliche Finanzierungshilfen gelten, d.h. unabhängig davon, welchen Umfang die ihnen zugrundeliegende Beteiligung innehätte. Es werden also möglicherweise auch Finanzierungshilfenverluste bezüglich „wesentlicher Beteiligungen" im Sinne des § 17 EStG erfasst, d.h. Beteiligungen, bei denen der Gesellschafter in den letzten fünf Jahren zu mindestens 1 % an der Gesellschaft beteiligt war und für die i.R.d. alten Rechtslage unzweifelhaft nur die Anwendung des § 17 EStG in Betracht kam.

Dies könnte nun zwar nicht deshalb anders sein, weil man bei entsprechenden Verlusten nunmehr Veräußerungskosten im Sinne der Rechtsprechung bejahen wollte, denn der Veräußerungskostenbegriff des § 20 Abs. 4 EStG entspricht demjenigen des § 17 Abs. 2 EStG,[1089] sodass Veräußerungskosten bereits deshalb abzulehnen sind, weil der (anteilige) Wertverlust bezüglich der Gesellschafterhilfe in keinem hinreichenden Zusammenhang mit dem Veräußerungs- bzw. einem gleichgestellten Vorgang steht. Auch in der Fachliteratur wird nicht für eine Annahme von Veräußerungskosten plädiert.

Hingegen ist zum einen sehr wohl denkbar und wird dementsprechend auch in der Literatur vorgeschlagen, dass i.R.d. neuen Rechtslage ein entsprechender Wertverlust bezüglich der Gesellschafterfinanzierunghilfe zu Werbungskosten im Sinne des § 20 Abs. 9 EStG[1090] führt.[1091]

Ebenfalls erscheint möglich und wird – soweit ersichtlich – in noch stärkerem Maße vorgeschlagen, nunmehr aufgrund der von § 20 Abs. 2 EStG angeordneten Steuerverstrickung von Kapitalforderungen den vorgenannten Wertverlust als einen im Rahmen des § 20 Abs. 2 Satz 1 Nr. 7 EStG (i.V.m. Abs. 1 Nr. 7, Abs. 4 EStG) zu verortenden und damit steuerrechtlich relevanten Verlust aufzufassen.[1092] Die Möglichkeit einer insoweit vorzunehmenden Erfassung auch negativer Wertveränderungen wird insbesondere deswegen bejaht, weil nach allgemeiner Ansicht die Regelung des § 20 Abs. 4 EStG (Definition des Veräußerungsgewinns) i.V.m. § 20 Abs. 2 EStG auch einen Verlust erfasst.[1093]

Wie bereits kurz erwähnt wurde, ist für das Wesen beider soeben eingeführter Lösungswege konstitutiv, dass sie grundsätzlich *sämtliche* Gesellschafterfinanzierungshilfenverluste dem Bereich des § 20 EStG zuordnen wollen und gerade nicht nur solche, denen eine nur unwesentliche Beteiligung von unter 1 % zugrunde liegt. Denn

---

1089 *Aigner*, Wegfall der Einkunftsquelle bei den Kapitaleinkünften (§ 20 EStG n.F.), S. 127 m.w.N.

1090 Ein Abzug der tatsächlich angefallenen Werbungskosten ist gemäß § 20 Abs. 9 EStG grundsätzlich nicht mehr möglich, stattdessen ist als Werbungskosten pauschal ein Betrag von 801 Euro abzuziehen ist (Sparer-Pauschbetrag), der sich gemäß § 20 Abs. 9 Satz 2 EStG für zusammenveranlagte Ehegatten auf 1.602 Euro erhöht.

1091 Siehe etwa *Aigner*, Wegfall der Einkunftsquelle bei den Kapitaleinkünften (§ 20 EStG n.F.), S. 205 ff. *Heuermann*, DB 2009, 2173, 2175 ff.

1092 *Bayer*, DStR 2009, 2397, 2398; *Fischer*, Ubg 2008, 684, 690; *Förster*, Ubg 2010, 758, 761 f.

1093 *Bayer*, DStR 2009, 2397, 2398; *Schwenker/Fischer*, FR 2010, 643, 645; *Weber-Grellet* in: Schmidt, EStG, § 20 Rn. 161; *Wiese/Möller*, GmbHR 2010, 462, 464.

Letzteres hieße ja gerade, § 17 EStG bezüglich der Verluste im Hinblick auf Gesellschafterfinanzierungshilfen, denen wesentliche Beteiligungen zugrunde liegen, als gegenüber § 20 EStG vorrangig zu einzustufen.

Beide Denkmodelle wollen also insbesondere auch Finanzierungshilfenverluste bei zugrunde liegenden Beteiligungen ab 1 % nunmehr – in der jeweils konkreten Ausprägung der Ansicht – dem Regelungskontext von § 20 EStG zuordnen, dies stellt gleichsam den Kern der angesprochenen Lösungswege dar.

Vielfach wird jedoch auch für eine unveränderte Anwendung des § 17 EStG bezüglich solcher Finanzierungshilfenverluste plädiert, die im Hinblick auf eine „wesentliche Beteiligung" i.S.d. § 17 EStG gewährt worden sind, m.a.W. also gesellschaftsrechtlich veranlasst sind – wie auch immer man die gesellschaftsrechtliche Veranlassung im Einzelnen bestimmen will.[1094] § 20 EStG könnte sodann allenfalls dann subsidiär angewendet werden, wenn es an einer solchen gesellschaftsrechtlichen Veranlassung der Darlehensverluste fehlen würde.

Die Rechtslage für den Fall, dass man für Finanzierungshilfenverluste hinsichtlich Beteiligungen ab 1 % auch weiterhin § 17 EStG für vorrangig erachten wollte, wurde bereits dargestellt. Sie entspricht derjenigen Rechtslage, die sich aus den Änderungen durch das MoMiG ergeben hat.[1095] Denn hält man auch unter der zusätzlichen Geltung des UntStRefG weiterhin § 17 EStG für vorrangig, spricht man zugleich dem UntStRefG und damit dem § 20 Abs. 2 EStG n.F. einem durchgreifenden Einfluss auf die vorliegend relevanten Sachverhalte ab. Die Rechtslage bezüglich der steuerlichen Berücksichtigungsfähigkeit von Darlehensverlusten bzw. gleichzustellenden Konstellationen wäre dementsprechend unter Geltung nur des MoMiG sowie unter Geltung von MoMiG und UntStRefG – fast – identisch. Allerdings muss man sich bei Vertreten dieser Rechtsauffassung die Frage stellen, ob und inwieweit § 20 EStG sodann zumindest subsidiär angewendet werden sollte. Will man § 20 EStG subsidiär anwenden, muss man sich wiederum zwischen den verschiedenen Lösungsansätzen zur konkreten Anwendung des § 20 Abs. 2 i.V.m. Abs. 4 EStG auseinandersetzen.

Da es aber dessen unbeschadet im Ausgangspunkt dabei bleibt, dass die Rechtslage bei weiterhin favorisierter Vorrangigkeit von § 17 EStG derjenigen unter Geltung nur des MoMiG entspricht, soll im Folgenden zunächst eine Auseinandersetzung mit denjenigen Ansätzen erfolgen, die eine prinzipielle Vorrangigkeit von § 20 EStG vor § 17 EStG zur Gemeinsamkeit haben.

Die einzelnen Argumente für und wider eine fortgesetzte Vorrangigkeit von § 17 EStG gegenüber § 20 EStG werden im Anschluss hieran erörtert. Ebenfalls erfolgt

---

1094 FG Köln vom 20.03.2014 – 3 K 2518/11, EFG 2014, 2136, 2138 f. m. Anm. *Hoffmann* (rkr.); vom 30.09.2015 – 3 K 706/12, EFG 2016, 193 m. Anm. *Hoffmann*; *Binnewies*, GmbH-StB 2008, 16, 18; *Bode*, DStR 2009, 1781, 1783; *Bron/Seidel*, DStZ 2009, 863; *Demuth*, KÖSDI 2008, 16177, 16187; *Eilers/Schmidt* in Herrmann/Heuer/Raupach, § 17 Rn. 201b; *Fuhrmann*, NWB 2009, 3990, 3991; *Groh*, FR 2008, 264, 265; *Hölzle*, DStR 2007, 1185, 1190 f.; *Maciejewski*, GmbHR 2012, 1335, 1342; *Neumann*, GmbH-StB 2008, 361; *Niemeyer/Stock*, DStR 2011, 445, 446; *Pung/Werner* in Dötsch/Pung/Möhlenbrock, Körperschaftsteuergesetz, § 17 EStG, Tz. 340; *Rapp* in Littmann/Bitz/Putz, § 17 EStG Rn. 212a.

1095 Siehe hierzu oben unter 2. Teil B. III. 1.

eine Analyse der jeweiligen Vor- und Nachteile der konkret für den Fall einer Anwendung von § 20 EStG vorgeschlagenen Theorien.

Im Rahmen der zunächst folgenden Untersuchung der Ansichten zur Vorrangigkeit von § 20 EStG erfolgt anfangs eine Subsumtion der typischen Sachverhalte der Darlehens- und Sicherheitengewährung unter die reformierte Rechtslage, die entsprechend dem jeweils zu analysierenden Lösungsweg ausgelegt wird.

Zu Beginn soll diejenige Variante einer Zuordnung der Verluste untersucht werden, nach welcher die negativen Wertveränderungen als "gewöhnlicher" Verlust gemäß § 20 Abs. 2 Satz 1 Nr. 7 i.V.m. Abs. 4 EStG aufzufassen sind. Im Sinne der bisherigen BFH – Rechtsprechung läge in diesem Falle eine sonstige zu berücksichtigende "betriebliche" Ausgabe vor,[1096] weshalb das zweite Merkmal des Rechtsprechungs-Tatbestandes nicht erfüllt wäre und daher auch keine nachträglichen Anschaffungskosten auf die Beteiligung im Sinne von § 17 EStG vorliegen könnten.

(1) Lösungsweg 1: Berücksichtigung der Finanzierungshilfenverluste als "gewöhnlicher" Verlust – oder: Tatbestand- und Rechtsfolgenseite des § 20 Abs. 2 Satz 1 Nr. 7 i.V.m. Abs. 4 EStG im Hinblick auf Finanzierungshilfenverluste

Im Folgenden soll analysiert werden, inwieweit diejenige Rechtsansicht, die die Finanzierungshilfenverluste des Gesellschafters im Rahmen des neuen Rechts als gewöhnlichen Verlust in § 20 Abs. 2 Satz 1 Nr. 7 i.V.m. Abs. 4 EStG und nicht länger in § 17 EStG verorten will, eine mögliche Alternative aufzeigt und ob dieser Lösungsweg letztendlich beschritten werden sollte.

Zu diesem Zwecke wird zunächst untersucht, ob bzw. inwieweit der Tatbestand von § 20 Abs. 2 Satz 1 Nr. 7 (i.V.m. Abs. 1 Nr. 7, Abs. 4 EStG) in Bezug auf die typischen Sachverhalte überhaupt verwirklicht wird. Anschließend wird zu überprüfen sein, welche Rechtsfolgen sich aus der Verortung der Verluste in § 20 Abs. 2 Satz 1 Nr. 7 EStG ergeben, d.h. insbesondere, inwieweit die Verluste steuerlich berücksichtigungsfähig sein würden.[1097] In einem späteren Abschnitt[1098] soll eine Abwägung der Argumente Für und Wider eine Anwendung von § 20 Abs. 2 Satz 1 Nr. 7 EStG aufzeigen, ob dieser Lösungsansatz i.R.d. neuen Rechtslage verfolgt werden sollte.

1096 Das Nichtvorliegen einer sonstigen "betrieblichen" Ausgabe wurde vom BFH i.R.d. alten Rechtslage meistens nicht ausdrücklich sondern gewissermaßen stillschweigend geprüft, weshalb man auch von einer (nahezu) ungeschriebenen Tatbestandsvoraussetzung der Rechtsprechung sprechen kann;siehe im Einzelnen schon oben unter 1. Teil B. III. 3. d) aa) (3), siehe noch ausführlich unten unter 2. Teil B. III. 2. b) cc).

1097 Wie bereits im Text vermerkt gilt dies unabhängig davon, welcher Beteiligungsumfang den Darlehen zugrundelag bzw. -liegt; die folgenden Ausführungen gelten also insbesondere auch für Darlehen zugunsten von Gesellschaften, an denen der Gesellschafter in den letzten fünf Jahren zu mehr als 1 % an der Gesellschaft beteiligt war

1098 Siehe ausführlich unten unter 2. Teil B. III. 2. b).

(a) Die Tatbestandsvoraussetzungen von § 20 Abs. 2 Satz 1 Nr. 7 i.V.m. Abs. 4 EStG

Will man die hinsichtlich eines Gesellschafterdarlehens oder einer Gesellschaftersicherheit erlittenen Wertverluste über die Anwendung von § 20 Abs. 2 Satz 1 Nr. 7 i.V.m. Abs. 4 EStG berücksichtigen, müsste zunächst bezüglich beider Kategorien von Finanzierungshilfen der tatbestandliche Anwendungsbereich von § 20 Abs. 2 Satz 1 Nr. 7 EStG i.V.m. § 20 Abs. 1 Nr. 7 EStG eröffnet sein. § 20 Abs. 2 Satz 1 Nr. 7 EStG lautet:

> *„Zu den Einkünften aus Kapitalvermögen gehören auch [...] der Gewinn aus der Veräußerung von sonstigen Kapitalforderungen jeder Art im Sinne des Absatzes 1 Nr. 7."*

§ 20 Absatzes 1 Nr. 7 EStG lautet:

> *„Zu den Einkünften aus Kapitalvermögen gehören [...] Erträge aus sonstigen Kapitalforderungen jeder Art, wenn die Rückzahlung des Kapitalvermögens oder ein Entgelt für die Überlassung des Kapitalvermögens zur Nutzung zugesagt oder geleistet worden ist, auch wenn die Höhe der Rückzahlung oder des Entgelts von einem ungewissen Ereignis abhängt. Dies gilt unabhängig von der Bezeichnung und der zivilrechtlichen Ausgestaltung der Kapitalanlage."*

Zudem ist von erheblicher Bedeutung, dass § 20 Abs. 2 Sätze 2, 3 EStG bestimmte Vorgänge der Veräußerung einer Kapitalforderung gleichstellt. Vorliegend ist vor allem § 20 Abs. 2 Satz 2 Hs. 1 EStG relevant:

> *„Als Veräußerung im Sinne des Satzes 1 gilt auch die Einlösung, Rückzahlung, Abtretung oder verdeckte Einlage in eine Kapitalgesellschaft;"*

(b) Das Gesellschafterdarlehen

Im Ausgangspunkt ist zu untersuchen, ob der "klassische" und in der Rechtspraxis am häufigsten anzutreffende Fall der Überlassung eines Gesellschafterdarlehens von der Vorschrift des § 20 Abs. 2 Satz 1 Nr. 7 EStG erfasst wird:

Hierzu müsste es sich bei einem Gesellschafterdarlehen zunächst um eine Kapitalforderung im Sinne des § 20 Abs. 1 Nr. 7 EStG handeln.[1099] Dazu müssen zwei kumulativ zu erfüllende Voraussetzungen gegeben sein: Es muss eine Forderung i.S.v. 398 BGB vorliegen, die auf eine Geldleistung („Kapital") gerichtet ist.[1100] Dies ist bei einem Gesellschafterdarlehen der Fall, da der Gesellschafter bezüglich der Darlehensvaluta gemäß § 488 Abs. 1 Satz 2 BGB in den vertraglichen Grenzen berechtigt ist, die Rückzahlung der überlassenen Geldsumme zu verlangen.

1099 Ob es sich bei vom Gesellschafter ausgereichten Bürgschaften oder sonstigen Sicherheiten, die dem Gesellschafterdarlehen durch das Insolvenzrecht gleichgestellt werden, um solche „sonstigen Kapitalforderungen" handeln kann, kann an dieser Stelle dahinstehen; dies deshalb, weil vorliegend ja – jedenfalls zunächst – der "neue Weg" über § 20 Abs. 2 EStG ausschließlich für Gesellschafterdarlehen geprüft wird; wird das Einschlagen dieses Lösungsweges nämlich schon für Gesellschafterdarlehen abgelehnt, stellt sich nicht mehr die Frage der Anwendbarkeit des § 20 Abs. 2 Satz 1 Nr. 7 EStG auf Bürgschaften oder sonstige gleichgestellte Vorgänge.

1100 *Weber-Grellet* in: Schmidt, EStG, § 20 Rn. 100; *Weißbrodt/Michalke*, DStR 2012, 1533.

Überdies müsste entweder die Rückzahlung des Kapitalvermögens oder ein Entgelt für die Überlassung des Kapitalvermögens zur Nutzung zugesagt oder geleistet worden sein. Insoweit unschädlich wäre die Abhängigkeit der Höhe der Rückzahlung oder des Entgelts von einem ungewissen Ereignis, ebenfalls irrelevant sind die Bezeichnung und die zivilrechtliche Ausgestaltung der Kapitalanlage.[1101] Ebenfalls kommt es nicht darauf an, ob es sich bei der Gesellschafterforderung um eine verbriefte oder unverbriefte Forderung handelt.[1102]

Oftmals wird dem Gesellschafter ein Entgelt in Form von Zinsen ausbezahlt, zumindest aber zugesagt sein, sodass häufig schon diese Tatbestandsvariante erfüllt sein wird. Jedenfalls aber wird es eine Zusage hinsichtlich der Rückzahlung des Darlehens geben. Dies ist bereits eine begriffsnotwendige Voraussetzung, da es sich ohne eine solche Zusage gar nicht um ein Darlehen handeln würde. Im Rahmen eines Gesellschafterdarlehens liegt damit auch eine Kapitalforderung auf Rückzahlung des Darlehens[1103] im Sinne des § 20 Abs. 1 Nr. 7 EStG vor.[1104]

Ebenfalls für die mögliche Darlehensverlusterfassung mittels § 20 Abs. 2 EStG kein Hindernis ist nach allgemeiner Ansicht, dass § 20 Abs. 2 Satz 1 Nr. 7 EStG allein von einem „Gewinn" spricht. Dies deshalb, weil die Vorschrift im Zusammenspiel mit der eigentlichen Gewinnermittlungsvorschrift des § 20 Abs. 4 EStG auch einen Verlust erfasst.[1105]

Nach alledem handelt es sich bei einem Gesellschafterdarlehen um eine von § 20 Abs. 2 Satz 1 Nr. 7 EStG erfasste Kapitalforderungen.

(c) Die Gesellschaftersicherheit

Zu prüfen ist darüber hinaus, ob dies gemäß den vorstehend erläuterten Maßstäben auch für (bislang eigenkapitalersatzrechtlichen) Gesellschaftersicherheiten gilt, insbesondere also für die Gesellschafterbürgschaft gemäß § 765 Abs. 1 BGB.

Insoweit ist zu untersuchen, ob der Rückgriffsanspruch des Gesellschafters gegen die Gesellschaft der Regelung des § 20 Abs. 2 Satz 1 Nr. 7 i.V.m. Abs. 1 Nr. 7 EStG unterfällt, der infolge einer Leistung des Gesellschafters an den Gläubiger wegen der bzw. auf die (bislang eigenkapitalersatzrechtliche) Sicherheit entsteht.

1101 *Weber-Grellet* in: Schmidt, EStG, § 20 Rn. 100; *Weißbrodt/Michalke*, DStR 2012, 1533, 1534.

1102 *Buge* in Herrmann/Heuer/Raupach, § 20 Rn. 510 f.

1103 Dieser Anspruch findet seine gesetzliche Verortung in § 488 Abs. 1 Satz 2 Var. 2 BGB.

1104 Gl. A.: BMF vom 09.10.2012 - IV C 1 – S 2252/10/10013, BStBl I 2012, 953, Rn. 58; vom 22.12.2009 – IV C 1-S 2252/08/10004, BStBl I 2010, 94, Rn. 58; *Bode*, DStR 2009, 1781, 1783; *Buge* in Herrmann/Heuer/Raupach, § 20 Rn. 511; *Doege*, Stbg 2008, 440, 442; *Hahne*, Anmerkung zum Urteil des BFH vom 02.04.2008 – I R 76/06, BB 2009, 1941, 1944; *Hoffmann*, GmbH – StB 2009, 349, 350; *Schwenker/Fischer*, FR 2010, 643, 645; *Weber-Grellet* in: Schmidt, EStG, § 20 Rn. 161; *Wiese/Möller*, GmbHR 2010, 462, 464.

1105 *Bayer*, DStR 2009, 2397, 2398; *Bode*, DStR 2009, 1781, 1783; *Fuhrmann*, NWB 2009, 3990, 3993; *Schmitt-Homann*, BB 2010, 351, 353; *Schwenker/Fischer*, FR 2010, 643, 645; *Wiese/Möller*, GmbHR 2010, 462, 464.

Insofern wird deutlich, dass für den vorliegend zu untersuchenden steuerlichen Bereich nur solche Sicherheiten relevant werden können, bei denen die wirtschaftliche Belastung gemäß der Abrede zwischen Gesellschafter und Gesellschaft i. Erg. die Gesellschaft tragen soll. Denn andernfalls kann bereits kein Rückgriffsanspruch des Gesellschafters aufgrund einer vorherigen Leistung an einen Dritten wegen seiner Gesellschaftersicherheit entstehen. Entsteht aber kein Rückgriffsanspruch, kann denklogisch auch keine dem Nachrang nach § 39 Abs. 1 Nr. 5 InsO fähige Forderung i.S.d. § 20 Abs. 1 Nr. 7 Satz 1 EStG des Gesellschafters gegen die Gesellschaft entstehen – und nach früherem Recht wäre kein eigenkapitalersatzrechtlich verstrickter Anspruch des Gesellschafters entstanden.

I. Erg. parallel hierzu verhält es sich bezüglich einer insolvenz- oder anfechtungsrechtlichen Anfechtung: Eine zu Unrecht erfolgte und damit anfechtbare Leistungshandlung der Gesellschaft zugunsten des Gesellschafters ist nur dann möglich, wenn diesem zuvor ein – freilich i.Erg. durch die Regelungen der InsO und des AnfG wirtschaftlich eingeschränkter – Rückgriffsanspruch dem Grunde nach zustand.

Vor diesem Hintergrund besteht in all diesen Fällen, in denen letztlich die Gesellschaft die wirtschaftliche Belastung tragen soll, zunächst aber nur der Gesellschafter auf seine Sicherheit geleistet hat bzw. eine anschließende Erstattungsleistung der Gesellschaft angefochten wurde und hierdurch jeweils ein Rückgriffsanspruch gegen die Gesellschaft entstanden ist, in Form ebendieses Rückgriffsanspruches auch eine Kapitalforderung nach § 20 Abs. 1 Nr. 7 Satz 1 EStG. Denn zum einen ist der entstandene Rückgriffsanspruch des Gesellschafters eine auf Geld gerichtete Forderung,[1106] zum anderen ist insoweit auch die diesbezügliche Leistung der Gesellschaft zugesagt i.S.d. § 20 Abs. 1 Nr. 7 Satz 1 EStG. Denn gemäß der Abrede im Innenverhältnis hat die Gesellschaft dem Gesellschafter in allen vorliegend zu untersuchenden Fällen von Nachrangig- und Anfechtbarkeiten versprochen, dass er bei ihr Regress nehmen dürfe, soweit er zuvor auf die Sicherheit leisten musste. Eine spätere, rein tatsächliche Nichtrealisierbarkeit des Regressanspruches infolge fehlender Leistungsfähigkeit der Gesellschaft ist insoweit unerheblich.

Soll hingegen gemäß Innenverhältnis der Gesellschafter der endgültig Belastete sein, fehlt es bereits an einer nach den Neuregelungen von InsO und AnfG erfassbaren Finanzierungshilfe, da weder ein Gesellschafterdarlehen noch eine Gesellschaftersicherheit in diesem Sinne vorliegen. Vielmehr liegen insoweit ab dem Moment der wirtschaftlichen Belastung des Gesellschafters prinzipiell nachträgliche Anschaffungskosten auf seine Beteiligung vor. Eine hinreichende Belastung des Gesellschafters ist – wie bereits vor Einführung von MoMiG und UntStRefG – dann gegeben, wenn bzw. soweit seine Inanspruchnahme aus der Sicherheit konkret bevorsteht und er leistungsfähig ist.

Dementsprechend liegt im Fall einer (bislang eigenkapitalersatzrechtlichen) Gesellschaftersicherheit immer auch eine Kapitalforderung gemäß § 20 Abs. 2 Satz 1 Nr. 7 i.V.m. Abs. 1 Nr. 7 EStG vor.

1106 Siehe zu dieser Voraussetzung *Weber-Grellet* in: Schmidt, EStG, § 20 Rn. 100; *Weißbrodt/Michalke*, DStR 2012, 1533.

Gemäß dem Vorstehenden steht fest, dass es jedenfalls nach diesseitiger Auffassung für die Zwecke des § 20 Abs. 2 Satz 1 Nr. 7 EStG im Ausgangspunkt keinen Unterschied macht, ob ein "klassischer Fall" eines Gesellschafterdarlehens vorliegt oder aber der Gesellschafter "seiner" Gesellschaft eine Sicherheit gewährt hat. Aus Gründen der Vereinfachung, insbesondere auch zum Zwecke einer besseren Lesbarkeit, soll vor diesem Hintergrund nachfolgend der – im Übrigen speziellere – Terminus des „*Gesellschafterdarlehens*" denjenigen der „Gesellschafterfinanzierungshilfe" ersetzen. Der Begriff des Gesellschafterdarlehens ist also nachfolgend – vorbehaltlich ausdrücklicher Einschränkungen – immer in einem weitgehenden Sinne dahingehend zu verstehen, dass sämtliche (bislang eigenkapitalersatzrechtlichen) Gesellschafterfinanzierungshilfen von ihm erfasst werden. Sofern für den Fall der Gesellschaftersicherheit Abweichendes gilt, wird dies ausdrückliche Erwähnung finden.

(d) Der Realisationsvorgang bzw. Vermögensabfluss gemäß § 11 EStG

Nachdem nunmehr gezeigt wurde, dass sowohl Gesellschafterdarlehen als auch Gesellschaftersicherheit zu den Kapitalforderungen i.S.d. § 20 Abs. 2 Satz 1 Nr. 7 EStG zählen, müsste darüber hinaus gemäß dem im Rahmen des § 20 EStG Anwendung findenden Zuflussprinzip nach § 11 EStG ein tatsächlicher Vorgang gegeben sein, der nach § 20 Abs. 2 Satz 1 Nr. 7 EStG die Steuerpflicht auslöst.[1107] Nur im Rahmen dieser tatsächlichen Vorgänge wäre es zugleich möglich, die Realisierung auch eines steuerlichen Verlustes anzunehmen:

Originär erfasst § 20 Abs. 2 Satz 1 Nr. 7 EStG lediglich die Veräußerung der Darlehensforderung, § 20 Abs. 2 Satz 2 Hs. 1 EStG stellt dieser ihre Einlösung, Rückzahlung, Abtretung oder verdeckte Einlage in eine Kapitalgesellschaft gleich. Ein anteiliger Wertverlust hinsichtlich des Gesellschafterdarlehens könnte mithin jedenfalls immer dann berücksichtigt werden, wenn einer dieser tatsächlichen Vorgänge gegeben wäre.

Insbesondere der Vorgang einer Veräußerung der Darlehensforderung erscheint insoweit als eine in tatsächlicher Hinsicht aus Perspektive des Gesellschafters zum Zwecke der Verlustrealisation relativ leicht durchführbare Maßnahme. Denn selbst wenn hinsichtlich der Forderung bereits ein Wert- oder ggf. gar ein Totalverlust eingetreten ist, wird sich bei entsprechend geringem Entgelt regelmäßig ein Abnehmer finden. Bereits in seinem originärem Anwendungsbereich bietet das neue Recht in § 20 Abs. 2 Satz 1 Nr. 7 EStG mit dem Vorgang der Veräußerung der Darlehensforderung also einen Tatbestand, der i.d.R. ohne größere Schwierigkeiten vom betroffenen Gesellschafter in die Tat umgesetzt werden könnte.[1108] Dementsprechend kann man die Schlussfolgerung ziehen, dass die tatsächliche Verwirklichung eines Darlehensver-

1107 Siehe auch *Bayer*, DStR 2009, 2397, 2401.

1108 Siehe etwa die Ausführungen von *Graf*, Jahrbuch der Fachanwälte für Steuerrecht 2009/2010, S. 260, 270 f. zur Veräußerung der Darlehensvaluta an eine nahestehende Person bzw. an eine andere Gesellschaft, an der der Gesellschafter ebenfalls beteiligt ist.

lustes mit ihrer Folge der tatsächlichen Minderung der steuerlichen Bemessungsgrundlage[1109] bereits hiermit vom Gesetz ohne allzu große praktische Hürden ermöglicht wird. Im Rahmen des hier zu analysierenden Lösungsansatzes wäre also jedenfalls die Darlehensveräußerung als ein den Vermögensabfluss gemäß § 11 Abs. 2 EStG verwirklichender Tatbestand anzuerkennen.

Auch das tatsächliche Vorliegen der übrigen vom Gesetz genannten Realisationsvorgänge scheint im Hinblick auf Verluste bezüglich Gesellschafterdarlehen leicht realisierbar: So kommt etwa eine Rückzahlung auf die Forderung dann in Betracht, wenn der Gesellschafter im Anschluss an eine Liquidation der Gesellschaft noch eine (anteilige) Zahlung auf sein Gesellschafterdarlehen erhält.[1110] Auch eine verdeckte und ggf. auch eine offene Einlage in eine andere Kapitalgesellschaft, an welcher der Gesellschafter beteiligt ist, sollte im Rahmen entsprechender Sachverhalte in die Tat umsetzbar sein.[1111]

Problematisch erscheint indes derjenige tatsächliche Vorgang, bei welchem der Gesellschafter sein Darlehen schlicht "stehen lässt", es also zu einem Wert- bzw. Totalverlust an der Forderung kommt und der Gesellschafter diese trotz bestehender Möglichkeit nicht von der Gesellschaft zurückfordert und anschließend auch keine Rückzahlung auf das Darlehen mehr erhält, etwa aus einer nach der Gesellschaftsliquidation verbleibenden Masse.[1112] Dieser schlichte Darlehensausfall ohne unmittelbare Verwirklichung eines von § 20 Abs. 2 Satz 1 Nr. 7 bzw. Satz 2 EStG genannten Tatbestandes erscheint i.R.d. vorstehenden Lösungsansatzes problematisch. Denn zumindest in einem unmittelbaren Sinne scheint keiner der vier im Gesetz vorgesehen tatsächlichen Vorgänge vorzuliegen: Weder eine Veräußerung noch eine Einlösung, Rückzahlung, Abtretung oder eine verdeckte Einlage in eine Kapitalgesellschaft sind insoweit – zumindest *prima facie*[1113] – gegeben.

I.R.d. alten Rechtslage konnte als Verlust insoweit grundsätzlich immerhin der gemeine Wert des Darlehens angesetzt werden, den es im Moment des Kriseneintritts noch innehatte.[1114] Ist hingegen auch im Ergebnis gemäß den vorstehenden Ausführungen kein von § 20 Abs. 2 Satz 1 Nr. 7 bzw. Satz 2 EStG erfasster tatsächlicher Vorgang gegeben, muss eine Verlustberücksichtigung ausscheiden.

Vor diesem Hintergrund werden in der Fachliteratur verschiedene rechtliche Konstruktionen erwogen bzw. vorgeschlagen, nach welchen der reine Darlehensausfall erfolgreich unter eine der im Gesetz vorgesehenen Varianten subsumiert werden kann:

1109 Dabei handelt es sich natürlich "nur" um die grundsätzliche Folge jeglicher und auch dieser Verlustrealisation; inwieweit das Gesetz diese Konsequenz einschränkt wird im Folgenden untersucht werden, siehe hierzu noch unten unter 2. Teil B. III. 2. a) cc) (1) (f) (zu § 32d Abs. 2 EStG).

1110 *Bayer*, DStR 2009, 2397, 2401.

1111 *Bayer*, *ebd.*

1112 Der Zeitraum, um ein solches reines Stehenlassen des Darlehens zu vermeiden, erstreckt sich mithin bis zur Vollbeendigung der Gesellschaft.

1113 Siehe zu den einzelnen, diesbezüglich denkbaren Konstruktionen noch ausführlich unten unter 2. Teil B. III. 2. b) ee).

1114 Dieser konnte sich freilich auch bereits auf Null belaufen; siehe hierzu ausführlich oben unter 1. Teil B. III. 3. e) aa).

Konkret wird zum einen dafür plädiert, den Vorgang des Wertverlustes aufgrund des Stehenlassens einer Veräußerung gleichzustellen.[1115] Zum anderen wird angenommen, dass insoweit eine Rückzahlung zum Nullwert vorliege.[1116] Von der Finanzverwaltung jedoch werden beide Lösungsvorschläge abgelehnt;[1117] das FG Düsseldorf hat sich ebenfalls dieser Sichtweise angeschlossen.[1118]

Indes kann beiden Konstruktionen ein gewisser Reiz nicht abgesprochen werden. Denn vor dem Hintergrund des Telos von § 20 Abs. 2 Satz 1 Nr. 7 EStG[1119] will es nicht einleuchten, warum derjenige Gesellschafter, der ggf. "in letzter Sekunde" doch noch einen Erwerber für seine Darlehensforderung ausfindig macht – und sei es auch nur zu einem äußerst geringen und rein symbolischen Kaufpreis – in erheblichem Maße gegenüber demjenigen Gesellschafter bevorzugt wird, bei dem es bei einem bloßen Stehenlassen des Darlehens samt Wertverfall verbleibt.[1120] Denn folgte man den erwähnten Konstruktionen nicht, könnte Letzterer seinen Verlust bereits dem Grunde nach nicht in Ansatz bringen.[1121]

Die Beantwortung der Frage, ob ein Verlust hinsichtlich stehengelassener Darlehen im Rahmen des hier analysierten Lösungsansatzes über § 20 Abs. 2 Satz 1 Nr. 7 EStG berücksichtigungsfähig sein sollte oder nicht, verspricht jedoch zunächst keinerlei Erkenntnisgewinn für die übergeordnete Fragestellung, ob dieser Lösungsansatz im Rahmen des neuen Rechts überhaupt einen gangbaren Weg bietet bzw. ob dieser Weg tatsächlich beschritten werden sollte. Denn die insoweit gegebene Problematik bezüglich stehengelassener Darlehen betrifft – zumindest unmittelbar – lediglich das "Wie", nicht aber das "Ob" der Anwendung des § 20 Abs. 2 Satz 1 Nr. 7 EStG.[1122]

1115 *Bode*, DStR 2008, 1781, 1783; *Fischer*, Ubg 2008, 684, 690; *Fuhrmann*, NWB 2009, 3990, 3991; *Schwenker/Fischer*, FR 2010, 643, 645; *Wiese/Möller*, GmbHR 2010, 462, 464.

1116 *Möhlenbrock*, Ubg 2010, 256, 261; *Ott*, DStZ 2010, 623, 633.

1117 BMF vom 22.12.2009 – IV C 1-S 2252/08/10004, BStBl I 2010, 94, Rn. 60; *Neumann*, GmbH – StB 2008, 361, 363 f.; oftmals stößt die Fachliteratur insoweit folgerichtig bereits gar nicht auf diese Problematik, da sie den Lösungsansatz über § 20 Abs. 2 Satz 1 Nr. 7 EStG z.T. gar nicht diskutiert oder – mit mehr oder minder tiefgehender Diskussion – ablehnt.

1118 FG Düsseldorf vom 11.03.2015 – 7 K 3661/14 E, BeckRS 2015, 94977 bezüglich einer Darlehensforderung gegenüber einer insolventen natürlichen Person (Rev. anh. beim BFH unter Az. VIII R 13/15).

1119 Dieser besteht zuvörderst darin, sämtliche Wertveränderungen der steuerverstrickten Tatbestände zu erfassen, siehe BT-Drs. 16/4841, 56.

1120 So auch *Aigner*, DStR 2016, 345, 346 f.

1121 Diese Erwägungen kommen bezüglich zivilrechtlich verstrickter Gesellschafterfinanzierungshilfen freilich immer nur dann zum Tragen, wenn man den hier analysierten Lösungsweg über § 20 Abs. 2 Satz 1 Nr. 7 EStG überhaupt für einschlägig erachtet bzw. zumindest erwägt.

1122 Man kann natürlich auch gegen die grundsätzliche Anwendbarkeit von § 20 Abs. 2 Satz 1 Nr. 7 EStG argumentieren, dass es mit dieser aufgrund der (möglichen) Nichterfassung von Verlusten bezüglich stehengelassener Darlehen in einem großen Umfang zu steuerlich nicht berücksichtigungsfähigen Verlustfällen käme, der Gesellschafter im Rahmen eines solchen neuen Weges also erheblich schlechter gestellt würde als i.R.d. alten Rechtslage und der Lösungsansatz über § 20 Abs. 2 Satz 1 Nr. 7 EStG (zumindest auch) daher abzulehnen sei; diesem Argument kommt zwar durchaus Gewicht zu, da eine solche für den Gesellschafter negative Konsequenz von nicht unerheblichem rechtstatsächlicher Bedeutung wäre; allerdings ist ein solches Argumentieren mit den Folgen der Anwendung von § 20 EStG zumindest nachrangig gegenüber den vordringlicheren

Auch macht es wenig Sinn, sich bereits an dieser Stelle der Untersuchung eingehend mit den einzelnen Problemfeldern innerhalb der konkreten Anwendung von § 20 Abs. 2 Satz 1 Nr. 7 EStG zu befassen, wenn sich noch gar nicht erwiesen hat, ob dieser Lösungsweg über § 20 i.R.d. reformierten Rechtslage überhaupt eingeschlagen werden kann bzw. eingeschlagen werden sollte.

Aus diesem Grunde wird im Folgenden zunächst die vordringlichere Fragestellung untersucht, ob man § 20 Abs. 2 Satz 1 Nr. 7 EStG überhaupt im Grundsatz anwenden sollte. Die einzelnen Schwierigkeiten, die sich im Falle einer konkreten Anwendung des § 20 Abs. 2 Satz 1 Nr. 7 EStG ergeben, sollen i.R.d. Diskussion über die Pro und Contra der grundsätzlichen Anwendung dieses Lösungsansatzes eingehender beleuchtet werden.

Im Folgenden werden zunächst die allgemeinen Rechtsfolgen einer Anwendung des § 20 Abs. 2 Satz 1 Nr. 7 EStG auf entsprechende Darlehensverluste dargestellt.

(e) Die Rechtsfolgenseite bei Eingreifen des gesetzlich vorgesehenen Normalfalls der Abgeltungsbesteuerung – Anwendung des § 20 Abs. 2 Satz 1 Nr. 7 i.V.m. Abs. 4 EStG einschließlich der Beschränkungen für die Berücksichtigung von Verlusten (§§ 32d, 20 Abs. 6, Abs. 9 EStG)

Sind die vorstehend dargestellten Tatbestandsvoraussetzungen des § 20 Abs. 2 Satz 1 Nr. 7, Abs. 2 Satz 1 Nr. 7, Satz 2 EStG sowie gemäß Abs. 4 erfüllt und hält man die Darlehensverluste für vorrangig im Rahmen dieser Vorschriften[1123] zu verortende "gewöhnliche" Verluste, so ist dieser Verlust grundsätzlich steuerlich zu berücksichtigen. Allerdings ist – sofern keine Ausnahmevorschrift einschlägig ist – die Abgeltungsbesteuerung anzuwenden samt ihrer Verlustabzugsbeschränkung in § 20 Abs. 6 EStG und ihrem Verbot des Abzugs der tatsächlich angefallenen Werbungskosten in § 20 Abs. 9 EStG:

In concreto hat die Anwendung von § 20 EStG also zwar zunächst zugunsten des Gesellschafters und Steuerschuldners zur Folge, dass das Teilabzugsverbots des § 3c Abs. 2 EStG nicht eingreift,[1124] sodass der berücksichtigungsfähige Verlust an sich zu 100 % in die steuerliche Bemessungsgrundlage einfließen kann.[1125] Gleichwohl wird der Gesellschafter seinen Verlust prinzipiell gemäß § 20 Abs. 6 Satz 2 EStG a.F. bzw. § 20 Abs. 6 Satz 1 EStG n.F.[1126] immer dann nicht berücksichtigen können, wenn er nicht zugleich auch andere positive Einkünfte aus Kapitalvermögen hat. Sollten diese jedoch nicht vorliegen, ermöglicht § 20 Abs. 6 Satz 3 EStG a.F. bzw. § 20 Abs. 6 Satz 2

Überlegungen dahingehend, ob im Rahmen des neuen Rechts eine Lösung über § 20 EStG nicht aus systematischen und den Gesetzeszweck betreffenden Gründen einer fortgesetzten Anwendung von § 17 EStG vorgezogen werden sollte.

1123 D.h. es wird insoweit unterstellt – wie von dieser Rechtsauffassung vertreten –, dass § 20 Abs. 2 Satz 1 Nr. 7, Abs. 2 Satz 2, Abs. 4 EStG gegenüber § 17 EStG vorrangig ist.

1124 Dies deshalb, weil der Gesetzgeber das Halbeinkünfteverfahren im Privatvermögen abgeschafft hat (§ 3 Nr. 40 EStG), siehe *von Glasenapp*, BB 2008, 360, 361; *Wagner*, DStR 2009, 626, 628.

1125 Siehe *Bayer*, DStR 2009, 2397, 2400.

1126 § 20 Abs. 6 Satz 1 EStG a.F. wurde abgeschafft durch Gesetz vom 25.07.2014, BGBl. I S. 1266.

EStG n.F.[1127] es dem Steuerschuldner lediglich, verbleibende Verluste in zukünftige Veranlagungszeiträume vorzutragen, um sie dort mit positiven Einkünften aus Kapitalvermögen zu verrechnen.[1128]

Zusammengefasst lässt sich damit festhalten, dass die Verluste des Gesellschafters grundsätzlich oft unberücksichtig bleiben und er insoweit eine wirtschaftliche Doppelbestrafung erfahren wird. Die neue Verortung der Darlehensverluste mit der hier zu analysierenden Rechtsansicht in § 20 Abs. 2 wäre also grundsätzlich – d.h. bei Nichteingreifen der Ausnahmevorschriften – gemäß dem vom Gesetz vorgesehenen Regelfall gegenüber einer weiterhin erfolgenden Anwendung von § 17 EStG nachteilig für den Steuerpflichtigen.[1129] Im Rahmen des § 17 EStG würden dessen unbeschadet – zumindest nach h.M. – die Beschränkungen des Teilabzugverbotes des § 3c Abs. 2 EStG Platz greifen.[1130] Im Vergleich zum gesetzlich vorgesehenen Regelfall der Abgeltungsbesteuerung stellte sich aber infolge des § 20 Abs. 6 EStG selbst dieses als im Vergleich vorteilhaft dar.

Zudem werden durch § 20 Abs. 6 EStG tendenziell diejenigen Gesellschafter benachteiligt, die nicht in großem Umfang unternehmerisch tätig sind und daher oft keine anderweitigen positiven Einkünfte aus Kapitalvermögen vorweisen können. Es käme mithin häufig zu einer Benachteiligung insbesondere von Kleinanlegern und Familienunternehmern.

Vor diesem Hintergrund wird deutlich, dass i.R.d. Abgeltungsbesteuerung infolge ihrer prinzipiellen Verlustabzugsbeschränkungen der bezüglich eines Gesellschafterdarlehens erlittene Verlust gemäß dem gesetzlichen Regelfall steuerlich unberücksichtigt bleibt. Dies würde mithin im Rahmen des hier zu untersuchenden Lösungsansatzes immer auch im Rahmen von Gesellschaftsbeteiligungen von über 1 % gelten.

Kehrt man nun zum Ausgangspunkt der Untersuchung zurück und untersucht das zweite (negative) Tatbestandsmerkmal der Rechtsprechung – also das Nichtvorliegen von Werbungs- oder Veräußerungskosten oder eines sonstigen betrieblichen Verlustes – darauf, ob es noch Gültigkeit beanspruchen kann bzw. sollte, stellt man

---

1127 Die Verschiebung in der Neufassung von Absatz 6 ergibt sich daraus, dass § 20 Abs. 6 Satz 1 EStG a.F. abgeschafft wurde durch Gesetz vom 25.07.2014, BGBl. I S. 1266.

1128 Siehe zu den Beschränkungen der Verlustberücksichtigung durch § 20 Abs. 6 EStG schon oben unter 2. Teil B. III. 2. a) aa) (2).

1129 Gl. A.: *Groh*, FR 2008, 264, 266 der überdies zutreffend darauf hinweist, dass diese prinzipielle Vorteilhaftigkeit des § 17 EStG nur vorbehaltlich des § 17 Abs. 2 Satz 6 EStG gilt; allerdings findet sich bei *Groh* kein Hinweis darauf, dass diese grundsätzliche Vorteilhaftigkeit der Weitergeltung des § 17 EStG in der Rechtswirklichkeit den Ausnahmefall darstellen dürfte, da zumeist in Umkehrung des Regel – Ausnahme – Verhältnisses von § 32d Abs. 1 zu Abs. 2 EStG in den hier relevanten Fällen meist eine Ausnahme von der Abgeltungsbesteuerung samt ihrer Beschränkungen der Verlustberücksichtigung zu machen sein wird; dies wird im Folgenden demonstriert und erläutert werden, siehe noch unten unter 2. Teil B. III. 2. a) cc) (1) (f); dem widersprechend erscheinen die Ausführungen bei *Bayer* in DStR 2009, 2397, 2400, der in einem ersten Schritt den Einfluss des Verlustes zu 100 % in die steuerliche Bemessungsgrundlage anmerkt und sodann zutreffend auf das im Rahmen des § 17 EStG zu beachtende Teilabzugsverbot verweist und aus diesen Umständen die Schlussfolgerung zieht, dass für Neudarlehen die Verortung bei § 20 Abs. 2 Satz 2 Nr. 7 EStG vorteilhaft wäre gegenüber einer Anwendung von § 17 EStG.

1130 Siehe zur Anwendbarkeit des § 3c Abs. 2 EStG im Rahmen des § 17 EStG schon oben ausführlich unter 2. Teil B. III. 3. e) bb).

zunächst fest, dass in Anwendung der hier untersuchten Rechtsansicht auch nach neuem Recht der Verlust des Gesellschafterdarlehens im vom Gesetz vorgesehenen Regelfall gemäß § 20 Abs. 2 Satz 1 Nr. 7 i.V.m. Abs. 4 EStG *nicht* zu einem berücksichtigungsfähigen Verlust im Sinne der bisherigen BFH – Rechtsprechung führen wird. Dies liegt indes nicht daran, dass aus systematischen Gründen keine Erfassung des Verlustes in Betracht käme, sondern folgt schlicht daraus, dass die Tatbestandsvoraussetzungen der die Verlustberücksichtigung untersagenden Vorschrift des § 20 Abs. 6 EStG im gesetzlichen Regelfall greifen würden. Gleichwohl läge nach diesem Denkmuster *dem Grunde nach* ein berücksichtigungsfähiger Verlust vor; dieser könnte lediglich infolge von § 20 Abs. 6 EStG nicht geltend gemacht werden. Das negative Tatbestandsmerkmal der bisherigen BFH – Rechtsprechung der Subsidiarität der nachträglichen Anschaffungskosten in seiner Ausprägung des Nichtvorliegens einer sonstigen betrieblichen Ausgabe kann jedoch nur dahingehend verstanden werden, dass diese bereits dem Grunde nach nicht vorliegen dürfen. Ist dies jedoch der Fall und kann der Verlust lediglich aufgrund einer Ausnahmevorschrift wie der des § 20 Abs. 6 EStG steuerlich nicht berücksichtigt werden, würde die Anwendung der "alten Formel" des BFH scheitern; es läge mithin eine sonstige betriebliche Ausgabe im Sinne der BFH–Rechtsprechung vor und eine Subsumtion des Verlustes unter den Begriff der nachträglichen Anschaffungskosten im Sinne des § 17 Abs. 2, Abs. 4 EStG käme nicht in Betracht.[1131]

Indes wird sich im nachfolgenden Abschnitt zeigen, dass diese in Bezug auf die Gesetzessystematik prinzipielle und für den Gesellschafter nachteilige Konsequenz einer Verortung der Darlehen im Rahmen des § 20 Abs. 2 Satz 1 Nr. 7 EStG in der Rechtspraxis ohnehin die Ausnahme bilden dürfte, da – entgegen dem Regel-Ausnahme Verhältnis von § 32d Abs. 1 EStG zu § 32d Abs. 2 EStG – in den meisten Fällen des (Gesellschafter-)Darlehensverlustes gerade eine der Ausnahmevorschriften des § 32d Abs. 2 Nr. 1 Satz 1 lit. a, b EStG eingreifen wird.[1132] Dementsprechend wird i.d.R. die Abgeltungsbesteuerung samt der Beschränkungen in § 20 Abs. 6, Abs. 9 EStG ausgeschlossen, weshalb regelmäßig ohne Weiteres ein berücksichtigungsfähiger Verlust vorliegen würde.[1133]

1131 Gl. A.: *Bayer*, DStR 2009, 2397, 2400; im Ergebnis wohl ebenfalls *Schwenker/Fischer*, FR 2010, 643, 646.

1132 Gl. A.: *Bayer*, DStR 2009, 2397, 2400.

1133 Der Ausschluss von § 20 Abs. 6 EStG ergibt sich insoweit aus § 32d Abs. 2 Satz 2 EStG,siehe noch im Einzelnen sogleich nachfolgend; stattdessen gelten die allgemeinen Regelungen, also insbesondere § 10d EStG; siehe hierzu auch *Binnewies*, GmbH – StB 2008, 16, 17.

(f) Die Rechtsfolgenseite bei Eingreifen der Ausnahmen von der Abgeltungsbesteuerung insbesondere gemäß § 32d Abs. 2 Nr. 1 Satz 1 lit. a, b EStG – Anwendung des § 20 Abs. 2 Satz 1 Nr. 7 i.V.m. Abs. 4 EStG bei Ausschluss der Beschränkungen für Werbungskostenabzug und Verlustberücksichtigung (§ 20 Abs. 6, Abs. 9 EStG)

Das soeben Dargestellte spiegelt also die neue prinzipielle Systematik der Verlustbeschränkungen i.R.d. Einkünfte aus Kapitalvermögen unter Geltung der Abgeltungsteuer wider. Wie bereits ausgeführt wurde, greifen jedoch gewisse Ausnahmen von der Abgeltungsbesteuerung samt ihrer Einschränkungen für Werbungskostenabzug und Verlustberücksichtigung. Für die hier relevante Frage der Besteuerung von (Gesellschafter-)Darlehen bzw. die Anerkennung eines insoweit entstehenden Verlustes sind die in § 32d Abs. 2 Nr. 1 Satz 1 lit. a, b EStG vorgesehenen Ausnahmen wesentlich:

Gemäß § 32d Abs. 2 EStG ist die Abgeltungsbesteuerung für die Erträge aus (Gesellschafter-)Darlehen sowie für insofern anfallende Veräußerungsgewinne dann nicht durchzuführen, wenn Gläubiger (Gesellschafter) und Schuldner (Kapitalgesellschaft) der Kapitalerträge im Sinne des § 20 Absatz 1 Nr. 4 und 7 sowie Absatz 2 Satz 1 Nr. 4 (Erträge und Veräußerungsgewinne im Zusammenhang mit Darlehensvereinbarungen, einer Beteiligung als stiller Gesellschafter oder partiarischen Darlehen[1134]) und Nr. 7 einander nahe stehende Personen sind (§ 32d Abs. 2 Nr. 1 Satz 1 lit. a EStG) oder der Gesellschafter zumindest mit 10 % an der Gesellschaft beteiligt ist (§ 32d Abs. 2 Nr. 1 Satz 1 lit. b EStG). Die übrigen in § 32d Abs. 2 Nr. 1-4 EStG vorgesehenen Ausnahmen von der Abgeltungsbesteuerung sind hingegen für die vorliegende Untersuchung unwesentlich, da sie sich entweder auf Kapitaleinkünfte außerhalb des § 20 Abs. 1 Nr. 7, Abs. 2 Satz 2 Nr. 7 EStG beziehen (§ 32 d Abs. 2 Nr. 2-4 EStG) bzw. ausschließlich sog. back-to-back Finanzierungen erfassen wollen (§ 32d Abs. 2 Nr. 1 Satz 1 lit. c EStG).[1135]

Die relevante Vorschrift des § 32d Abs. 2 Nr. 1 Satz 1 lit. a, b EStG hingegen lautet:

„Absatz 1 gilt nicht

1. *für Kapitalerträge im Sinne des § 20 Abs. 1 Nummer 4 und 7 sowie Absatz 2 Satz 1 Nummer 4 und 7,*

a) *wenn Gläubiger und Schuldner einander nahe stehende Personen sind, soweit die den Kapitalerträgen entsprechenden Aufwendungen beim Schuldner Betriebsausgaben oder Werbungskosten im Zusammenhang mit Einkünften sind, die der inländischen Besteuerung unterliegen und § 20 Absatz 9 Satz 1 zweiter Halbsatz keine Anwendung findet,*

1134 *Schulz/Vogt*, DStR 2008, 2189, 2191.

1135 *Schulz/Vogt*, DStR 2008, 2189, 2194; hierbei handelt es sich um Konstellationen, bei denen einem Unternehmen Fremdkapital überlassen wird, um an sich ebenso verfügbares Eigenkapital als private Kapitalanlage zu nutzen, siehe *Schulz/Vogt, ebd.* m. Verweis auf BT-Drs. 16/7036, S. 13 sowie mit Hinweis darauf, dass es sich beim Schuldner der Kapitalerträge regelmäßig um eine Bank handeln wird.

b) *wenn sie von einer Kapitalgesellschaft oder Genossenschaft an einen Anteilseigner gezahlt werden, der zu mindestens 10 Prozent an der Gesellschaft oder Genossenschaft beteiligt ist. Dies gilt auch, wenn der Gläubiger der Kapitalerträge eine dem Anteilseigner nahestehende Person ist [...]*"

Gemäß § 32d Abs. 2 Satz 2 EStG findet in diesen Fällen die übliche progressive Einkommensbesteuerung nach § 32a EStG statt.[1136] Für Zwecke dieser Untersuchung noch wichtiger ist jedoch, dass gemäß § 32d Abs. 2 Nr. 1 Satz 2 EStG § 20 Abs. 6 sowie Abs. 9 EStG keine Anwendung finden.[1137] Denn dies bedeutet, dass insbesondere in den vorstehend genannten Fällen des einander nahe Stehens und der Beteiligung des Gesellschafters von zumindest 10 % weder das Verbot des Werbungskostenabzugs (Abs. 9) noch die Einschränkungen der Verlustberücksichtigungsmöglichkeiten (Abs. 6) i.R.d. Darleheneinkünfte[1138] aus Kapitalvermögen Anwendung finden. Ein hinsichtlich des Darlehens entstehender Verlust ist also in den Fällen des § 32d Abs. 2 Satz 1 Nr. 1a, b EStG über § 20 Abs. 2 Satz 1 Nr. 7 grundsätzlich vollumfänglich berücksichtigungsfähig.

Beleuchtet man nun die Praxis der Gesellschafterfinanzierungshilfe näher, wird man in den meisten Fällen zu dem Ergebnis gelangen, dass zumindest einer der vorgenannten Fälle gegeben ist,[1139] was sogleich im Einzelnen ausgeführt wird.

Die Vorschrift des § 32d Abs. 2 Nr. 1 Satz 1 lit. a, b EStG ist also von nicht zu unterschätzender Bedeutung, da durch sie die Grundsystematik der Verlust- und Werbungskostenbeschränkungen des § 20 EStG n.F. für die hier relevante Form von Darleheneinkünften regelmäßig in ihr Gegenteil verlehrt wird.[1140]

Unterstellt man also zugunsten der Untersuchung zweierlei Dinge, nämlich zum einen mit der hier zu analysierenden Rechtsansicht, dass für den typischen Untersuchungsgegenstand, also den Verlust eines Gesellschafterdarlehens aufgrund der insolvenz- oder anfechtungsrechtlichen Behandlung solcher Hilfen durch das MoMiG i.V.m. den durch das UntStRefG eingetretenen Änderungen des § 20 EStG, nunmehr tatsächlich § 20 Abs. 2 Satz 1 Nr. 7 EStG n.F. vorrangig anzuwenden ist gegenüber § 17 Abs. 2, Abs. 4 EStG und zum anderen, dass – wie in den meisten hier erheblichen Konstellationen – zumindest eine der Ausnahmen von der Abgeltungsbesteuerung einschlägig sein wird, bedeutet dies auf den konkreten Fall umgemünzt Folgendes:

In einem ersten Schritt mindert der Darlehensverlust des Gesellschafters die steuerliche Bemessungsgrundlage zu 100 %, da im Bereich des § 20 EStG das Teileinkünfteverfahren samt entsprechendem Teilabzugsverbot (§ 3c Abs. 2 EStG) gerade nicht

1136 *Bayer*, DStR 2009, 2397, 2399; *Behrens/Renner*, BB 2008, 2319 f.; *Binnewies*, GmbH – StB 2008, 16, 17; *Groh*, FR 2008, 264, 265; *Weber-Grellet* in: Schmidt, EStG, § 32d Rn. 6.

1137 Siehe hierzu auch *Groh*, FR 2008, 264, 265; *Schwenker/Fischer*, FR 2010, 643, 645 f.

1138 Der Begriff der „Darleheneinkünfte" ist hier in einem weiten Sinne zu verstehen, d.h. es sind sowohl die Einkünfte aus dem Darlehen (Zinsen) sowie der Darlehensveräußerungsgewinn bzw. gleichgestellte Vorgänge erfasst, wobei dies in beiden Fällen auch für negative Einkünfte gilt.

1139 So auch *Bayer*, DStR 2009, 2397, 2399.

1140 Gl. A.: Bayer, DStR 2009, 2397, 2400.

gilt.[1141] Weil das Teileinkünfteverfahren hingegen im Bereich von § 17 EStG jedenfalls seit der Neufassung des § 3c Abs. EStG unzweifelhaft gilt, könnte der Verlust dort nur anteilig berücksichtigt werden.

In einem zweiten Schritt ist zu beachten, dass die i.R.d. Abgeltungsbesteuerung prinzipiell geltenden Beschränkungen der Verlustberücksichtigung sowie des Werbungskostenabzuges nach § 20 Abs. 6, Abs. 9 EStG gemäß § 32d Abs. 2 Nr. 1 Satz 1 lit. a, b EStG gerade nicht eingreifen, wodurch sich keine Einschränkung des Verlust- bzw. Werbungskostenabzugs ergibt.

Ordnete man also mit der hier untersuchten Rechtsauffassung den bezüglich Gesellschafterdarlehen erlittenen Verlust dem Regelungsbereich des § 20 Abs. 2 Satz 1 Nr. 7 EStG i.d.F. des UntStRefG zu, hätte dies typischerweise zur Konsequenz, dass der Gesellschafter den entstandenen Verlust zu 100 % in seine steuerlichen Bemessungsgrundlage einfließen lassen könnte. Immer vorausgesetzt, dass zumindest einer der Fälle des § 32d Abs. 2 Nr. 1 Satz 1 lit. a, b EStG verwirklicht ist, würde diese neue Verortung des Darlehensausfalls mithin eine erhebliche Verbesserung für den Gesellschafter im Vergleich zur alten Verortung im Rahmen des § 17 EStG mit sich bringen. Zwar wäre sein Darlehen auch weiterhin entsprechend den zivilrechtlichen Regelungen wirtschaftlich verloren; der Gesellschafter könnte nunmehr jedoch – zumindest typischerweise – den entsprechenden Verlust immerhin steuerlich geltend machen, ohne dass das Teilabzugsverbot Anwendung fände.

Dass in der Praxis oftmals einer der zwingenden Ausnahmefälle von der Abgeltungsbesteuerung samt ihrer Verlustabzugs- und Werbungskostenbeschränkungen gemäß § 20 Abs. 6, Abs. 9 EStG vorliegen wird, ergibt sich aus der näheren Betrachtung und Auslegung des § 32d Abs. 2 Nr. 1 Satz 1 lit. a, b EStG.

Gemäß § 32d Abs. 2 Nr. 1 Satz 1 lit. b EStG greift die progressionstarifliche Einkommensteuerung, wenn die Kapitalerträge von einer Kapitalgesellschaft oder Genossenschaft an einen Anteilseigner gezahlt werden, der zu mindestens 10 Prozent an der Gesellschaft oder Genossenschaft beteiligt ist. Dies gilt auch, wenn der Gläubiger der Kapitalerträge eine dem Anteilseigner nahestehende Person ist.

Gewendet auf den Fall der Darlehensgewährung eines Gesellschafters an seine Gesellschaft bedeutet dies, dass die Abgeltungsbesteuerung einschließlich der Verlustabzugs- und Werbungskostenbeschränkungen nicht greift, sofern der Gesellschafter mit mindestens 10 % an der Gesellschaft beteiligt ist. Dies gilt sowohl für die Kapitalerträge in Form der Darlehenszinsen (§ 20 Abs. 1 Nr. 7 EStG) als auch für die Wertveränderungen hinsichtlich des Darlehens (§ 20 Abs. 2 Satz 1 Nr. 7 EStG).

Die Ausnahmevorschrift des § 32d Abs. 2 Nr. 1 Satz 1 lit. b EStG hat zwar zunächst die Besteuerung positiver Einkünfte der vorgenannten Arten im Blick. Denn ihr Regelungssinn liegt darin begründet, die Verschiebung von anderen Einkünften in den Bereich des § 20 EStG zum Zweck der Inanspruchnahme des geringen Abgeltungsteuersatzes zu verhindern.[1142] Eine solche Verschiebung kann letztlich nur derjenige Gesellschafter herbeiführen, dessen Beteiligung einen gewissen Umfang ein-

1141 *von Glasenapp*, BB 2008, 360, 361; *Wagner*, DStR 2009, 626, 628.
1142 BT-Drs. 16/4841, S. 60; *Weber-Grellet* in: Schmidt, EStG, § 32d Rn. 6.

nimmt, wodurch die von § 32d Abs. 2 Nr. 1 Satz 1 lit. b EStG geforderte 10 % Mindestbeteiligung zu erklären ist. Dieser primäre Regelungssinn ändert jedoch nichts daran, dass bei Vorliegen des Anwendungsvoraussetzungen des § 32d Abs. 2 Nr. 1 Satz 1 lit. b EStG auch im Falle von negativen Einkünften das gesamte Abgeltungsbesteuerungssystem, d.h. einschließlich der Beschränkungen nach § 20 Abs. 6, Abs. 9 EStG, keine Anwendung finden kann.

Die für die Zwecke der vorliegenden Untersuchung überaus erhebliche Bedeutung des § 32d Abs. 2 Nr. 1 Satz 1 lit. b EStG ergibt sich aus Folgendem:

Die vorliegende Arbeit hat ihrem Wesen nach im Schwerpunkt die Frage zum Gegenstand, wie nach der Deregulierung des früheren Eigenkapitalersatzrechts mit denjenigen Gesellschafterhilfen steuerlich zu verfahren ist, die früher vom Eigenkapitalersatzrecht erfasst wurden und nunmehr gemäß den Neuregelungen durch das MoMiG zu behandeln sind. Wie der vorliegende Abschnitt aufzeigt, hat insoweit auch das UntStRefG eine herausragende Bedeutung.

Rein zivilrechtlich aber gilt, dass weder das frühere Eigenkapitalersatzrecht noch das neue insolvenzrechtlich geprägte Recht der Gesellschafterhilfen dann Anwendung fanden bzw. finden, wenn der Gesellschafter mit maximal 10 % oder weniger am Kapital der Gesellschaft beteiligt war bzw. ist. Insoweit kommt es letztlich zu einer – i. Erg. nur fast deckungsgleichen – Überschneidung zwischen dem alten und insoweit identischen neuen Zivilrecht einerseits und dem veränderter Steuerrecht in § 32d Abs. 2 Nr. 1 Satz 1 lit. b EStG andererseits.

Diese Überschneidung bewirkt, dass in den positiv vom früheren Eigenkapitalersatzrecht und nunmehr vom insolvenzrechtlichen Recht der Gesellschafterfinanzierungshilfen erfassten Darlehen, also Darlehen außerhalb von Sanierungs- und Kleinbeteiligtenprivileg, in keinem Fall die Abgeltungsbesteuerung anzuwenden ist, wodurch auch die Beschränkungen des § 20 Abs. 6 und Abs. 9 nicht Platz greifen können. Denn favorisiert man die Anwendung von § 17 EStG, findet von vornherein die progressionstarifliche Einkommensbesteuerung statt, bei Anwendung von § 20 EStG greift im Falle von zivilrechtlichen verstrickten Finanzierungshilfen zwingend die Ausnahmeregelung von § 32d Abs. 2 Nr. 1 Satz 1 lit. b EStG, da ja zugleich keine zivilrechtlich privilegierte Kleinbeteiligung vorliegen kann. Zusammenfassend ist damit festzuhalten, dass bei positiv zivilrechtlich verstrickten Finanzierungshilfen nach e.A. § 17 EStG greift oder nach a.A. § 20 EStG i.V.m. § 32d Abs. 2 Nr. 1 Satz 1 lit. b EStG Anwendung findet. Da eine gleichsam neben den beiden vorgenannten Grundansichten stehende dritte Variante ausscheidet,[1143] finden jedenfalls die Beschränkungen gemäß § 20 Abs. 6, Abs. 9 EStG keine Anwendung.

Anders gestaltet sich die Rechtslage natürlich bezüglich derjenigen Darlehensverluste, denen eine dem Kleinbeteiligtenprivileg unterfallende Beteiligung zugrunde liegt:

1143 Es gibt natürlich innerhalb dieser beiden Grundmöglichkeiten Variationen, d.h. unterschiedliche konkrete Lösungsmöglichkeiten, allerdings existiert soweit ersichtlich kein zur jetzigen Rechtslage vertretener Lösungsansatz, der sowohl § 17 EStG als auch § 20 EStG gänzlich außer Betracht lassen will.

Hält man nunmehr mit der hier analysierten Auffassung § 20 EStG für vorrangig, ist § 32d Abs. 2 Nr. 1 Satz 1 lit. b EStG zwar prinzipiell zu beachten, schlägt aber i. Erg. (fast[1144]) niemals durch. Denn bei Kleinbeteiligtendarlehen greift § 32d Abs. 2 Nr. 1 Satz 1 lit. b EStG mit Ausnahme von zugrunde liegenden Beteiligungen von exakt 10 % gerade nicht ein. Damit gelten auch die Beschränkungen nach § 20 Abs. 6, Abs. 9 EStG und der Gesellschafter kann seinen Verlust nur in deren Rahmen in Ansatz bringen.

Will man auch unter Geltung des UntStRefG § 17 EStG vorrangig anwenden, entspricht die Rechtslage zunächst denjenigen Ausführungen, die zu den Auswirkungen des MoMiG gemacht wurden.[1145] Die Akzessorietätslösung kann dann nachträgliche Anschaffungskosten im Grundsatz sinnvollerweise nicht annehmen; bezüglich der Selbständigkeitslösung ist letztlich eine Einzelfallentscheidung zu treffen, in deren Rahmen der gewöhnliche Drittvergleichsmaßstab anzulegen ist.[1146]

Gelangt man bei Anwendung des § 17 EStG zu dem Ergebnis, dass nachträgliche Anschaffungskosten nicht anzusetzen sind, muss sich diese Rechtsauffassung unter Geltung des UntStRefG eine weitere Anschlussfrage stellen. Diese besteht darin, ob im Anschluss an die i. Erg. negative Anwendung von § 17 EStG die Regelung des § 20 EStG noch subsidiäre Anwendung finden kann.

In jedem Fall aber stellt sich die Rechtslage im Steuerrecht für den Darlehensverluste erleidenden Kleinbeteiligtengesellschafter im Vergleich deutlich schlechter dar als für den zu mehr als 10 % Beteiligten. Vereinzelt scheint gerade hierin der Sinn und Zweck von § 32d Abs. 2 Nr. 1 Satz 1 lit. b EStG erblickt zu werden.[1147] Zwar könnte man bei Betrachtung von § 32d Abs. 2 Nr. 1 Satz 1 lit. b EStG einerseits und dem Zivilrecht andererseits zunächst zu der Schlussfolgerung gelangen, dass § 32d Abs. 2 Nr. 1 Satz 1 lit. b EStG insoweit eine Parallelität herstellen wolle: Denn wenn der Kleinbeteiligtengesellschafter weiterhin vom Zivilrecht bevorzugt werde, dann dürfe er gleichsam spiegelbildlich hierzu die betroffenen tatsächlichen Darlehensverluste steuerlich nicht in Ansatz bringen, sondern lediglich in den Grenzen des § 20 Abs. 6, Abs. 9 EStG. Eine solche Sichtweise geht implizit von einer Anwendbarkeit von § 20 EStG auf die Darlehensverluste aus, wobei noch keine Festlegung bezüglich einer Vorrangigkeit gegenüber § 17 EStG bzw. einer nur subsidiären Anwendung im Fall des Nichtvorliegens der Voraussetzungen getroffen ist.

Dessen unbeschadet geht eine solche Interpretation des Regelungssinns von § 32d Abs. 2 Nr. 1 Satz 1 lit. b EStG gemäß dem insoweit zutreffenden herrschenden Verständnis fehl. Wie ausgeführt besteht der tatsächlich vom Gesetzgeber intendierte und zudem explizit genannte Zweck der Regelung nämlich darin, die Verschiebung von anderen Einkünften in den Bereich des § 20 EStG zum Zweck der Inanspruch-

1144 Eine Ausnahme gilt bei Beteiligungen von exakt 10 %, denn dort greifen ausnahmsweise zugleich Kleinbeteiligtenprivileg (§ 39 Abs. 5 InsO) sowie § 32d Abs. 2 Nr. 1 Satz 1 lit. b EStG.

1145 Siehe schon oben unter 2. Teil B. III. 1.

1146 Siehe ausführlich oben unter 2. Teil B. III. 1. g) dd) (5).

1147 So wohl *Schüppen* in Diskussion im Anschluss an *Graf*, Jahrbuch der Fachanwälte für Steuerrecht 2009/2010, S. 260, 277.

nahme des geringen Abgeltungsteuersatzes zu verhindern.[1148] Derartige Verschiebungen können letztlich nur Gesellschafter herbeiführen, deren Beteiligung einen gewissen Umfang einnimmt, wodurch die von § 32d Abs. 2 Nr. 1 Satz 1 lit. b EStG geforderte 10 % Mindestbeteiligung zu erklären ist.

Gemäß § 32d Abs. 2 Nr. 1 Satz 1 lit. a EStG findet die Abgeltungsbesteuerung samt § 20 Abs. 6, Abs. 9 EStG zudem auch dann keine Anwendung, wenn Gläubiger und Schuldner einander nahe stehende Personen sind, soweit die den Kapitalerträgen entsprechenden Aufwendungen beim Schuldner Betriebsausgaben oder Werbungskosten im Zusammenhang mit Einkünften sind, die der inländischen Besteuerung unterliegen und § 20 Absatz 9 Satz 1 zweiter Halbsatz keine Anwendung findet.

Die praktische Relevanz des § 32d Abs. 2 Nr. 1 Satz 1 lit. a EStG für die Zwecke der vorliegenden Untersuchung erfährt nun durch die vorstehenden Ausführungen zu § 32d Abs. 2 Nr. 2 Satz 1 lit. b EStG eine erhebliche Einschränkung.

Entgegen der Auffassung der Finanzverwaltung ist diese jedoch nicht so weitgehend, dass § 32d Abs. 2 Nr. 2 Satz 1 lit. a EStG ausnahmslos nicht anzuwenden sei, wenn die Erträge i.S.d. § 20 EStG von einer Kapitalgesellschaft oder Genossenschaft gezahlt werden.[1149] Die Finanzverwaltung unterstellt damit zwischen § 32d Abs. 2 Nr. 2 Satz 1 lit. a EStG und § 32d Abs. 2 Nr. 2 Satz 1 lit. b EStG ein Exklusivitätsverhältnis, dass selbst bei Beteiligungen unter 10 % einer Anwendung von § 32d Abs. 2 Nr. 2 Satz 1 lit. a EStG entgegenstehen soll.[1150] Indes ist diese Beurteilung mit dem Gesetzeswortlaut schlicht unvereinbar. Denn eine solche Bereichsausnahme ist im Wortlaut des § 32d Abs. 2 Nr. 2 Satz 1 lit. a EStG in keiner Weise angelegt. Insbesondere lässt sie sich auch nicht aus dem zweiten Halbsatz der Regelung entnehmen, wonach die den Kapitalerträgen entsprechenden Aufwendungen beim Schuldner Betriebsausgaben oder Werbungskosten im Zusammenhang mit Einkünften sein müssen, die der inländischen Besteuerung unterliegen. Denn insbesondere bei Kapitalgesellschaften stellen die Aufwendungen grundsätzlich Betriebsausgaben dar und es ist überdies nicht ersichtlich, dass der vorgenannte Halbsatz 2 implizieren wollte, dass Kapitalgesellschaften vom Anwendungsbereich ausgenommen seien – etwa mit der Begründung, dass Halbsatz 2 in Bezug auf sie vollkommen überflüssig sei. Im Übrigen erschöpfen sich auch die Ausführungen des BMF[1151] in der bloßen Behauptung der eingangs erläuterten Nichtanwendbarkeit von § 32d Abs. 2 Nr. 1 Satz 1 lit. a EStG und bleiben ohne Begründung

Ungeachtet dessen ist für die Zwecke der vorliegenden Untersuchung die praktische Relevanz von § 32d Abs. 2 Nr. 1 Satz 1 lit. a EStG eingeschränkt, was aus § 32d Abs. 2 Nr. 1 Satz 1 lit. b EStG folgt:

Wie gezeigt wurde, greifen infolge der Regelung des § 32d Abs. 2 Nr. 1 Satz 1 lit. b EStG nach allen Ansichten die Beschränkungen des § 20 Abs. 6, Abs. 9 EStG dann nicht ein, wenn es sich um einen zivilrechtlich positiv verstrickten Sachverhalt han-

1148 BT-Drs. 16/4841, S. 60; *Weber-Grellet* in: Schmidt, EStG, § 32d Rn. 6.

1149 So aber BMF vom 09.10.2012 - IV C 1 – S 2252/10/10013, BStBl I 2012, 953, Rn. 135.

1150 BMF vom 09.10.2012 - IV C 1 – S 2252/10/10013, BStBl I 2012, 953, Rn. 135.

1151 BMF vom 09.10.2012 - IV C 1 – S 2252/10/10013, BStBl I 2012, 953, Rn. 135.

delt. Denn wegen der fortgesetzten Gültigkeit des Kleinbeteiligtenprivilegs in § 39 Abs. 5 InsO liegt dem Gesellschafterdarlehen dann eine Beteiligung von über 10 % zugrunde, weshalb bei favorisierter Anwendung von § 20 EStG zwingend die Ausnahmeregelung des 32d Abs. 2 Nr. 1 Satz 1 lit. b EStG eingreift, während im Falle einer vorrangigen Anwendung von § 17 EStG ohnehin die übliche Einkommensbesteuerung (§ 32a EStG) anzuwenden ist. Geht man also mit der hier analysierten Rechtsansicht von einer Vorrangigkeit des § 20 EStG aus, so ist die praktische Relevanz des § 32d Abs. 2 Nr. 1 Satz 1 lit. a EStG neben § 32d Abs. 2 Nr. 1 Satz 1 lit. b EStG auf solche Fälle beschränkt, deren zivilrechtliche Verstrickung immer zumindest auch daran scheitert, dass die zugrunde liegenden Beteiligungen dem Kleinbeteiligtenprivileg unterfallen. Darüber hinaus greift § 32d Abs. 2 Nr. 1 Satz 1 lit. b EStG auch bei Kleinbeteiligungen von exakt 10 %.

Nur in den vorgenannten Fällen lassen sich die Beschränkungen des § 20 Abs. 6, Abs. 9 EStG also lediglich durch § 32d Abs. 2 Nr. 1 Satz 1 lit. a EStG überwinden.[1152] Die übrigen Ausnahmevorschriften nach § 32d Abs. 2 EStG sind für die vorliegende Untersuchung unerheblich, da sie lediglich für nicht erhebliche Einkunftsarten des § 20 EStG gelten bzw. im Fall von § 32d Abs. 2 Nr. 1 Satz 1 lit. c EStG eine gänzlich andere Zielrichtung haben. Sinn und Zweck letztgenannter Regelung besteht in der Erfassung sog. back-to-back Finanzierungen, bei denen es sich beim Schuldner der Kapitalerträge regelmäßig um eine Bank handelt.[1153]

Zum Zwecke der Anwendbarkeit von § 32d Abs. 2 Nr. 2 Satz 1 lit. a EStG müssten also der Gesellschafter als Darlehensgeber und die Gesellschaft als Darlehensnehmer „nahestehende Personen" sein sowie die Voraussetzungen von Halbsatz 2 vorliegen.

Bezüglich Halbsatz 2 gilt, dass bei der Gesellschaft jedenfalls dann Betriebsausgaben gemäß § 32d Abs. 2 Nr. 1 Satz 1 lit. a Hs. 1 EStG vorliegen werden, wenn es sich bei der Gesellschaft – wie typischerweise der Fall – um eine GmbH oder Aktiengesellschaft handeln wird. Dies gilt auch für Personengesellschaften, sofern diese gewerblich tätig sind.[1154]

Problematisch ist jedoch das Tatbestandsmerkmal der „nahestehenden Personen". Dieser unbestimmte Rechtsbegriff taucht mehrfach im Steuerrecht auf, wobei ihm mitunter verschiedene Bedeutungen zugemessen werden.[1155]

Nach der Gesetzesbegründung zum UntStRefG[1156] soll zwischen den Beteiligten ein genügendes Näheverhältnis insbesondere dann bestehen, wenn der Schuldner der Kapitalerträge auf den Steuerpflichtigen einen beherrschenden Einfluss ausüben kann oder umgekehrt der Steuerpflichtige auf den Schuldner der Kapitalerträge einen be-

1152 Immer vorausgesetzt natürlich, dass man, wie hier zum Zwecke der Analyse ebendieser Rechtsansicht geschehen, § 20 EStG insoweit nunmehr gegenüber § 17 EStG vorrangig anwenden will.

1153 *Schulz/Vogt*, DStR 2008, 2189, 2194; hierbei handelt es sich um Sachverhalte, in deren Rahmen einem Unternehmen Fremdkapital überlassen wird, um an sich ebenfalls verfügbares Eigenkapital als private Kapitalanlage nutzen zu können, siehe *Schulz/Vogt*, *ebd.* m. Verweis auf BT-Drs. 16/7036, S. 13.

1154 Siehe zum Anwendungsbereich des nunmehr insolvenzrechtlich geprägten Rechts der Gesellschafterfinanzierungshilfen schon oben unter 2. Teil A.

1155 Siehe die Nachweise bei *Schulz/Vogt*, DStR 2008, 2189, 2191.

1156 BT-Drs. 16/4841, S. 61.

herrschenden Einfluss ausüben kann oder eine dritte Person auf beide einen beherrschenden Einfluss ausüben kann.[1157]

Gleiches soll gelten, sofern der Schuldner oder der Steuerpflichtige oder die vorgenannte dritte Person in der Lage sind, bei der Vereinbarung der Konditionen auf den Steuerpflichtigen oder die nahestehende Person einen außerhalb dieser Geschäftsbeziehung begründeten Einfluss auszuüben.[1158]

Schließlich soll auch dann ein hinreichendes Näheverhältnis vorliegen, wenn der Schuldner der Kapitalerträge oder der Steuerpflichtige ein eigenes wirtschaftliches Interesse an der Einkunftserzielung des jeweils anderen hat.[1159]

Hinsichtlich des beherrschenden Einflusses, der laut Gesetzesbegründung mit der Folge des Vorliegens von § 32d Abs. 2 Nr. 1 Satz 1 lit. a EStG in beide Richtungen (Gläubiger-Schuldner und umgekehrt) ausgeübt werden kann,[1160] gilt das Nachfolgende:

Die Beherrschung des Gläubigers, also des Gesellschafters, durch den Schuldner, hat für die Zwecke der vorliegenden Arbeit nur sehr eingeschränkte Bedeutung. Dies deshalb, weil es im streitigen Regelungskontext der §§ 17, 20 EStG um Privatvermögen geht. Dementsprechend wird es sich bei dem Gesellschafter i.d.R. um eine natürliche Person handeln, bezüglich derer aber eine Beherrschung gemäß zutreffender h.M. denklogisch ausscheidet.[1161] Es verbleibt somit lediglich die Möglichkeit der Beherrschung einer Personengesellschaft, die ihre Beteiligung in einem Privatvermögen hält.[1162]

Die Beherrschung der Schuldnerin, also der Gesellschaft, durch den Gesellschafter (Gläubiger) ist hingegen selbstverständlich möglich. Indes setzt diese prinzipielle einen gewissen Mindestbeteiligungsumfang voraus. Dieser sollte eine Beteiligung von 10 % nicht unterschreiten,[1163] weshalb sodann die Abgeltungsbesteuerung bereits gemäß § 32d Abs. 2 Nr. 1 Satz 1 lit. b EStG keine Anwendung fände, ohne dass man weitere tatsächliche Anhaltungspunkte für das Bestehen eines Beherrschungsverhältnisses festzustellen bräuchte. Eigenständige Relevanz verbleibt für § 32d Abs. 2 Nr. 1 Satz 1 lit. a EStG sodann insoweit nur noch in Sonderkonstellationen, in denen zu weniger als 10 % beteiligten Gesellschaftern weitgehende Geschäftsführungsbefugnisse oder Ähnliches eingeräumt werden.[1164]

Bezüglich des beherrschenden Einflusses eines Dritten auf Schuldner und Gläubiger zugleich gilt, dass diese Variante vornehmlich die Beziehungen von Schwestergesellschaften im Blick hat, die beide dem Einfluss der gemeinsamen Muttergesellschaft unterliegen.[1165] Im Übrigen gelten hinsichtlich der Beherrschung des Gläubigers (Ge-

1157 *Schulz/Vogt*, DStR 2008, 2189, 2191.
1158 BT-Drs. 16/4841, S. 61; *Schulz/Vogt, ebd.*
1159 BT-Drs. 16/4841, S. 61; *Schulz/Vogt, ebd.*
1160 BT-Drs. 16/4841, S. 61.
1161 So i. Erg. auch *Schulz/Vogt*, DStR 2008, 2189, 2192.
1162 *Schulz/Vogt, ebd.*
1163 *Schulz/Vogt*, DStR 2008, 2189, 2192 f.
1164 *Schulz/Vogt*, DStR 2008, 2189, 2193.
1165 *Schulz/Vogt, ebd.*

sellschafters) die eingangs gemachten Erläuterungen dahingehend entsprechend, dass die praktische Relevanz dieser Fallgruppe deshalb äußerst gering ist, weil eine Beherrschung einer natürlichen Person nach diesseitiger Auffassung von vornherein abzulehnen ist.

Die zweite vom Gesetzgeber genannte Möglichkeit besteht in der geschäftsfremden Einflussnahmemöglichkeit. Eine solche erscheint etwa denkbar, wenn einer der Beteiligten eine Monopolstellung innehat oder wenn beide durch ein gemeinsames Vertriebssystem verbunden sind, dass Schuldner oder Gläubiger die Ausübung eines außerhalb seiner Beteiligung liegendem Einflusses ermöglicht.[1166]

Schließlich verbleibt die Fallgruppe des eigenen wirtschaftlichen Interesses von Gläubiger bzw. Schuldner an der Einkünfteerzielung des Anderen. Auch diese Fallgruppe leidet an nur unkonkreten Vorgaben durch den Gesetzgeber. Jedenfalls nicht genügen kann das bereits aus seiner Gesellschafterstellung entspringende Interesse des Gläubigers am finanziellen Wohlergehen "seiner" Gesellschaft, damit auch er mittelbar hiervon profitieren möge, da ansonsten die Abgeltungsbesteuerung insoweit nie durchzuführen wäre. Insofern ist sehr auf eine präzisierende Rechtsprechung zu hoffen, ähnlich wie es zu § 1 Abs. 2 AstG der Fall gewesen ist.[1167]

(g) Fazit

Wie wir gesehen haben, erweist sich das Beschreiten des "neuen Weges" über § 20 Abs. 2 Satz 1 Nr. 7 EStG und der Annahme eines gewöhnlichen Verlustes infolge der Ausnahmevorschriften von § 32d Abs. 2 Nr. 1 Satz 1 lit. a, b EStG als im tatsächlichen Regelfall für den Gesellschafter vorteilhaft.[1168] All dies ist aber selbstverständlich überhaupt nur insoweit möglich, als man die vorliegend relevanten tatsächlichen Fälle des Verlusts des Gesellschafterdarlehens positiv unter § 20 Abs. 2 Satz 1 Nr. 7 EStG subsumieren will. Es wurde bereits angesprochen, dass dies hinsichtlich des sehr praxisrelevanten Falles des bloßen Ausfalls des Gesellschafterdarlehens fraglich ist. Dies wird eingehender im Rahmen der grundsätzlich für und gegen die Annahme eines gewöhnlichen Verlustes im Rahmen des § 20 Abs. 2 Satz 1 Nr. 7 EStG sprechenden Erwägungen betrachtet.[1169]

Zunächst sollen jedoch andere insoweit denkbare Lösungsmöglichkeiten dargestellt werden.

1166 Fallgruppen nach *Schulz/Vogt, ebd.*, die zutreffend darauf hinweisen, dass diese vom Gesetzgeber angeführte Fallgruppe im Übrigen in ihren Ausmaßen und Grenzen völlig konturlos bleibt.

1167 Siehe hierzu auch mit konkreten Beispielen *Schulz/Vogt, ebd.*

1168 So auch *Bayer*, DStR 2009, 2397, 2400.

1169 Siehe noch unten unter 2. Teil B. III. 2. b) ee).

(2) Lösungsweg 2: Berücksichtigung des Verlustes infolge des Forderungsausfalls als Werbungskosten nach § 20 Abs. 1 Nr. 1 bzw. Abs. 1 Nr. 7 EStG

Wie erwähnt, bereitet die Erfassung desjenigen Wertverlustes, der durch den bloßen Ausfalls des Rückzahlungsanspruches des Gesellschafters hinsichtlich seines Gesellschafterdarlehens entsteht,[1170] i.R.d. des Lösungsweges der Verlusterfassung über § 20 Abs. 2 Satz 1 Nr. 7, Satz 2 i.V.m. Abs. 4 EStG Schwierigkeiten.

Teilweise wird daher die Berücksichtigung der erlittenen Wertverluste als Werbungskosten bei den Einkünften aus Kapitalvermögen gemäß § 20 Abs. 1 Nr. 1 bzw. gemäß Abs. 1 Nr. 7 EStG favorisiert.[1171]

(a) Einführung

Der Ausfall des Gesellschafterdarlehens ist in diesem Zusammenhang dahingehend zu verstehen, dass gerade keine von § 20 Abs. 2 i.V.m. Abs. 4 EStG erfasste Veräußerung bzw. ein gleichgestellter Vorgang gegeben ist, sondern jedenfalls der endgültige Wertverlust bezüglich des Darlehensrückzahlungsanspruches durch den anderweitigen, insbesondere insolvenz- oder liquidationsbedingten Untergang ebendieses Anspruches eintritt.

Hintergrund dieser Rechtsauffassung ist wie ausgeführt, dass § 20 Abs. 2 i.V.m. Abs. 4 EStG den bloßen Ausfalls eines Gesellschafterdarlehens im vorgenannten Sinne nur nach bestrittener Ansicht erfasst. Lehnt man diese Ansicht hingegen ab, verbleibt bei unverändert angenommener Vorrangigkeit einer Lösung über § 20 EStG statt § 17 EStG – (auch) für Beteiligungen ab 1 % – lediglich die Möglichkeit einer diesbezüglichen Berücksichtigung als Werbungskosten.[1172]

Im Übrigen geht auch diese Rechtsauffassung davon aus, dass der Obersatz der bisherigen ständigen BFH-Rechtsprechung bezüglich nachträglichen Anschaffungskosten i.R.d. § 17 EStG weiterhin Geltung hat und stimmt zugleich mit ebendieser Rechtsprechung überein: Denn wie gezeigt wurde, war gemäß der BFH-Rechtsprechung negative Voraussetzung für die Annahme nachträglicher Anschaffungskosten auf die Beteiligung i.R.d. § 17 EStG in Bezug auf Darlehensverluste insbesondere, dass keine Werbungskosten bei der Einkunftsart des § 20 EStG vorliegen durften. Diese aber bejaht die vorliegende Rechtsauffassung indes nunmehr infolge des veränderten § 20 EStG, sodass sie unter Beibehaltung des bisherigen Obersatzes der Rechtspre-

1170 Der endgültige Forderungsausfall wird insbesondere durch die Liquidation der Gesellschaft bewirkt.

1171 Als insoweit federführender Vertreter dieser Ansicht dürfte *Heuermann* anzusehen sein in DB 2009, 2173, 2177; für die Annahme von Werbungskosten bei nicht wesentlichen Beteiligungen i.S.d. § 17 EStG auch *Fuhrmann*, NWB 2009, 3990, 3995 f.

1172 Will man § 20 EStG hingegen nur für Beteiligungen bis zu 1 % anwenden, stellt sich die Frage insoweit natürlich ebenfalls.

chung zu einem nunmehr veränderten Ergebnis gelangt, indem sie nicht länger § 17 EStG anwenden will.[1173]

Bei Beschreiten des vorstehenden Lösungsweges werden vergleichsweise rasch offensichtliche Problemfelder deutlich, nämlich einerseits die Fragestellung, ob überhaupt ein genügender Veranlassungszusammenhang zwischen den nur ausfallbedingten Darlehensverlusten und den gemäß § 20 Abs. 1 Nr. 1 bzw. Abs. 1 Nr. 7 EStG angestrebten bzw. vereinnahmten Einkünften besteht sowie andererseits die Problematik, wie bei einer grundsätzlichen Annahme von Werbungskosten mit der Abzugsbeschränkung des § 20 Abs. 9 EStG zu verfahren wäre. Zudem müssten im Falle des Darlehensausfalls tatbestandlich überhaupt Werbungskosten vorliegen.

(b) Das (Nicht-)Vorliegen von Werbungskosten i.R.d. § 20 Abs. 1 Nr. 1, Nr. 7 EStG

Gemäß § 9 Abs. 1 Satz 1 EStG sind Werbungskosten Aufwendungen zur Erwerbung, Sicherung und Erhaltung der Einnahmen. Insoweit wird teilweise in nachvollziehbarer Weise vertreten, dass der insolvenz- bzw. liquidationsbedingte Ausfall des Darlehens Aufwendungen bei der Einkunftsart des § 20 Abs. 1 Nr. 1 EStG (Dividenden) darstelle, sofern das Darlehen auch im Hinblick auf die Sicherung der zugrunde liegenden Beteiligung gewährt worden ist, mithin in diesem Sinne gesellschaftsrechtlich veranlasst ist[1174] bzw. anderenfalls, d.h. wenn infolge der Fremdüblichkeit der Darlehensüberlassung eine reine Kapitalanlagefunktion gegeben sei, Aufwendungen bei der Einkunftsart des § 20 Abs. 1 Nr. 7 EStG (Zinsen) vorliegen würden.[1175]

Nun sind diese Erwägungen in sich nachvollziehbar und schlüssig. Allerdings vernachlässigen sie die ständige und zutreffende Rechtsprechung des BFH zu den tatbestandlichen Voraussetzungen von Werbungskosten gemäß § 7 Abs. 1 EStG im Bereich der Einkünfte aus Kapitalvermögen gemäß § 20 EStG sowie die Regelungssystematik des § 20 EStG i.d.F. des UntStRefG:

Werbungskosten können laut BFH sowohl im Wege der gewöhnlichen Absetzung für Abnutzung (AfA) als auch im Wege der Absetzung für außergewöhnliche Abnutzung (AfaA) prinzipiell nur dann vorliegen, wenn es sich um ein abnutzbares Wirtschaftsgut handelt.[1176] Hierzu muss das fragliche Wirtschaftsgut entweder technisch, rechtlich oder wirtschaftlich nur für eine bestimmte Zeit nutzbar sein.[1177] Weder die gewöhnliche Absetzung für Abnutzung oder Substanzverringerung noch diejenige für außergewöhnliche Abnutzung sind dagegen zulässig, wenn es sich um ein nicht abnutzbares Wirtschaftsgut handelt.[1178]

1173 Vgl. im Ausgangspunkt ähnlich *Heuermann*, DStR 2008, 2089, 2090.

1174 *Fuhrmann*, NWB 2009, 3990, 3995.

1175 *Fuhrmann, ebd.*

1176 BFH vom 20.04.2004 – VIII R 4/02, BStBl. II 2004, 597, DStRE 2004, 739; *Heuermann*, DStR 2008, 2089, 2090.

1177 *Heuermann*, DStR 2008, 2089, 2090; *Kellersmann*, FR 2012, 57, 61; *Maciejewski*, GmbHR 2012, 1335, 1340.

1178 BFH vom 20.04.2004 – VIII R 4/02, BStBl. II 2004, 597, DStRE 2004, 739; *Kellersmann*, FR 2012, 57, 61; A.A. *Heuermann*, NZG 2009, 841, 846 f.; *ders.* DB 2009, 2173, 3176 f.

Ebendies aber ist in Bezug auf Darlehen im Allgemeinen und Gesellschafterdarlehen im Besonderen der Fall: Der Nutzwert eines Darlehens wird im Laufe der Zeit weder aus technischen, noch aus rechtlichen oder wirtschaftlichen Gründen eingeschränkt.[1179] Er wird vielmehr durch die konkrete Darlehensvereinbarung selbst bestimmt. Sowohl die gewöhnliche Absetzung für Abnutzung (AfA) als auch die Absetzung für außergewöhnliche Abnutzung (AfaA) scheitern bereits aus diesem Grunde.[1180]

Die Vertreter der vorliegenden Ansicht wollen freilich dadurch von dieser Rechtsprechung abweichen, indem sie für den Wertverfall des Darlehens in Abwesenheit eines der Realisationstatbestände des § 20 Abs. 2, Abs. 4 EStG eine Absetzung für außergewöhnliche Abnutzung annehmen.[1181]

Absetzungen für außergewöhnliche Abnutzung erfordern indes eine herabgesetzte wirtschaftliche Nutzbarkeit in dem Sinne, dass die Verwendungsmöglichkeiten des Wirtschaftsgutes vermindert sind.[1182] Im Falle des Wertverfalls des Darlehens ohne (unmittelbare) Verwirklichung eines der Realisationstatbestände des § 20 Abs. 2, Abs. 4 EStG ist dieser jedoch allein in den persönlichen Verhältnissen des Darlehensschuldners begründet, konkret in dessen eingeschränkter finanzieller Leistungsfähigkeit, die typischerweise im insolvenz- bzw. liquidationsbedingten Totalausfall der Darlehensforderung münden wird.[1183] Eine Einschränkung der Verwendungsmöglichkeiten des Darlehens als von § 7 Abs. 1 Satz 7 EStG statuierter Spezialform der wirtschaftlichen Abnutzung wird hiermit aber gerade nicht begründet.[1184]

Indes ist zu konstatieren, dass der BFH in bestimmten Konstellationen eine von den vorstehenden Ausführungen abweichende Linie vertritt. So existiert eine Rechtsprechung des BFH, gemäß der bei Einkünften aus Vermietung und Verpachtung sowie bei solchen aus nichtselbständiger Tätigkeit der endgültige Darlehensausfall bzw. der Ausfall des Rückgriffsanspruchs bezüglich einer Sicherheit (insbesondere Bürgschaft) im Falle eines genügenden wirtschaftlichen Zusammenhangs zur jeweiligen Einkunftsart zu Werbungskosten führen kann.[1185] Dies kann sowohl normalverzinsliche als auch unverzinsliche Darlehensforderung betreffen.[1186] Diese Rechtsprechung ist sowohl begrüßenswert als auch zutreffend, da sie eine leistungsgerechte Besteuerung des Steuerpflichtigen im Einklang mit dem objektiven Nettoprinzip ermöglicht.

1179 Gl. A. *Kellersmann*, FR 2012, 57, 61; *Maciejewski*, GmbHR 2012, 1335, 1340.

1180 Im Ergebnis gl. A.: *Jachmann*, DStJG 34 (2011), 251, 271 f.

1181 *Heuermann*, DB 2009, 2173, 2176 f.; *Fuhrmann*, NWB 2009, 3990, 3995 f. für nicht wesentliche Beteiligungen i.S.d. § 17 EStG

1182 *Maciejewski*, GmbHR 2012, 1335, 1340 m.w.N.; ähnlich auch *Bayer*, DStR 2009, 2397, 2402, der eine AfaA daher ebenfalls ablehnt.

1183 So auch *Bayer*, DStR 2009, 2397, 2402; *Maciejewski*, GmbHR 2012, 1335, 1340.

1184 *Maciejewski*, GmbHR 2012, 1335, 1340.

1185 Bezüglich Einkünften aus Vermietung und Verpachtung: FG Düsseldorf vom 22.08.1995 – 8 K 3172/91, EFG 1995, 1096; bezüglich Einkünften aus nichtselbständiger Tätigkeit BFH vom 07.05.2015 – VI R 55/14, BFH/NV 2015, 1556, GmbHR 2015, 1101; vom 16.11.2011 – VI R 97/10, BStBl II 2012, 343, DStZ 2012, 97; vom 25.11.2010 – VI R 34/08, BStBl II 2012, 24, NJW-RR 2011, 683.

1186 BFH vom 12.05.1995 – VI R 64/94, BStBl II 1995, 644, DStR 1995, 1060, 1061.

Die im wirtschaftlichen Zusammenhang mit der jeweiligen Einkunftsart stehenden Aufwendungen blieben nämlich andernfalls zu Unrecht unberücksichtigt.

Sie kann jedoch letztlich nicht auf die Einkünfte aus Kapitelvermögen ausgedehnt werden mit der Folge, dass insoweit gemäß den ausgeführten Grundsätzen Werbungskosten im Falle des Darlehensausfalls angenommen werden könnten.[1187] Dies erschließt sich aus Folgendem:

Eine Erstreckung dieser Rechtsprechung auf die Einkünfte aus Kapitalvermögen liefe der Systematik der Einkünfte aus Kapitalvermögen gemäß § 20 EStG zuwider. Dies galt bereits für § 20 EStG a.F., für den der BFH die Annahme von Werbungskosten für Fälle des endgültigen Darlehensausfalls in ständiger Rechtsprechung zutreffend ablehnte mit der Begründung, dass insoweit im Rahmen der Einkünfte aus § 20 EStG a.F. gerade nicht das Kapital als solches, sondern lediglich die diesbezüglichen Nutzungsmöglichkeiten des Kapitals verwendet würden.[1188] Dies gilt aber unverändert auch nunmehr hinsichtlich des durch das UntStRefG neu konzipierten § 20 EStG:

Während nämlich § 20 Abs. 1 EStG n.F. keine gravierenden inhaltlichen Änderungen mit sich bringt, sondern lediglich die Besteuerung der laufenden Einkünfte fortsetzt, führt § 20 Abs. 2 EStG zu einer Neukonzeption der Einkünfte aus Kapitalvermögen insoweit, als in seinen Grenzen nunmehr auch die Wertveränderungen der erfassten Vermögensstämme steuerbar werden. Dies gilt gemäß § 20 Abs. 2 Satz 1 Nr. 7 EStG n.F. insbesondere für Darlehen.

Inhaltlich hat sich demnach zwar im Bereich des § 20 Abs. 2 EStG n.F. Vieles geändert, § 20 Abs. 1 EStG n.F. hingegen verändert sein Wesen nicht. Die vorliegend analysierte Rechtsauffassung will nun Werbungskosten bei den Einkunftsarten nach § 20 Abs. 1 Nr. 1 EStG (Dividenden) bzw. nach § 20 Abs. 1 Nr. 7 EStG (Zinsen) annehmen. Bezüglich dieser Einkunftsarten aber wird gemäß der ständigen, zutreffenden Rechtsprechung des BFH gerade nicht der Vermögensstamm selbst zur Einkünfteerzielung eingesetzt, sondern lediglich die Nutzungsmöglichkeiten des Vermögensgegenstandes,[1189] vorliegend also die Darlehensvaluta. Diese Rechtsprechung des BFH muss auch unter Geltung des UntStRefG und damit unter Geltung des § 20 EStG n.F. Gültigkeit beanspruchen, denn bezüglich § 20 Abs. 1 EStG wurden insoweit keine maßgeblichen Änderungen vorgenommen. Insoweit werden unverändert lediglich die aus dem Kapital fließenden Verwendungsmöglichkeiten zur Einkünfteerzielung ge-

---

1187 So auch *Maciejewski*, GmbHR 2012, 1335, 1340 f.

1188 BFH vom 16.04.1991 – VIII R 100/87, BStBl II 92, 234, BeckRS 1991 22009945; vom 07.02.2008 – VI R 75/06, BStBl II 2010, 48, DStRE 2008, 467; vom 25.11.2010 – VI R 34/08, BStBl II 2012, 24, NJW-RR 2011, 683 (*obiter dictum*); siehe auch *Maciejewski*, GmbHR 2012, 1335, 1340 f.

1189 Zur Einkunftsart der Zinsen: BFH vom 16.04.1991 – VIII R 100/87, BStBl II 92, 234, BeckRS 1991 22009945; vom 07.02.2008 – VI R 75/06, BStBl II 2010, 48, DStRE 2008, 467; vom 25.11.2010 – VI R 34/08, BStBl II 2012, 24, NJW-RR 2011, 683 (*obiter dictum*); zur Unbeachtlichkeit von Wertveränderungen von Wirtschaftsgütern (konkret Wertpapieren), die zur Erzielung von Dividenden eingesetzt werden, siehe BFH vom 27.06.1989 – VIII R 30/88, BStBl II 1989, 934, NJW 1990, 1687; ähnlich BFH vom 12.05.1995 – VI R 64/94, BStBl II 1995, 644, DStR 1995, 1060, 1061: „Verluste aus der Veräußerung von Kapitalanlagen gehören [...] nicht zu den Werbungskosten bei den Einkünften aus Kapitalvermögen"; siehe zum Ganzen auch *Maciejewski*, GmbHR 2012, 1335, 1340 f.

nutzt, denn zur Erzielung von Dividenden bzw. Zinsen wird nicht das eingesetzte Kapital als solches, sondern lediglich dies aus dessen Einsatz hervorgehenden Nutzungsmöglichkeiten aufgewendet. Dies entspricht dem Wesen der Überschusseinkünfte,[1190] für die – bezogen auf Kapitaleinkünfte – lediglich in Abs. 2, nicht aber in Abs. 1 von § 20 EStG eine Ausnahme gemacht wird. Deshalb kann der Verlust des Kapitals als solchem, hier der Darlehensvaluta, gerade keine Werbungskosten bei diesen Einkunftsarten des § 20 Abs. 1 EStG darstellen.[1191] Der Vermögensstamm selbst ist nur gemäß und in den Grenzen von § 20 Abs. 2 EStG n.F. steuerbar. Insoweit wird jedoch ein Abzug von Werbungskosten – soweit ersichtlich – nicht vorgeschlagen.

§ 20 EStG n.F. weist somit in Gestalt seiner Absätze 1 und 2 eine Systematik auf, die sich maßgeblich von derjenigen der Einkünfte aus Vermietung und Verpachtung sowie aus nichtselbständiger Tätigkeit unterscheidet. Die diesbezüglich zutreffende Rechtsprechung kann demnach sinnvollerweise gerade nicht auf § 20 EStG n.F. erstreckt bzw. übertragen werden.

Eine andere Sichtweise führte zudem letztlich dazu, dass die Grenzen zu der im hier betroffenen Privatvermögen unzulässigen Teilwertabschreibung nach § 6 Abs. 1 Nr. 2 Satz 2 EStG in unzulässiger Weise aufgeweicht würden.[1192] Denn Letztere erfordert lediglich eine Wertminderung von gewisser Dauer, die selbstverständlich auch in der Konstellation des Wertverfalls des Darlehens samt späterem Totalausfall gegeben ist. Durch das prinzipiell enumerative Aufzählen der i.R.d. § 20 Abs. 2 i.V.m. Abs. 4 EStG relevanten Realisationsvorgänge wird aber in keiner Weise eine Ausnahme von der Unzulässigkeit der Teilwertabschreibung im Privatvermögen gemacht. Vielmehr wird das Prinzip der Unbeachtlichkeit bloßer Wertveränderungen ohne Realisation auch in § 20 Abs. 2 i.V.m. Abs. 4 EStG aufrechterhalten. Es darf nach vorliegender Auffassung jedenfalls nicht dadurch umgangen werden, dass mittels der Annahme von Absetzungen für außergewöhnliche Abnutzungen de facto eine Teilwertabschreibung im Bereich des § 20 EStG zugelassen wird.

De lege lata stellt somit auch die Unzulässigkeit der Teilwertabschreibung im Bereich des § 20 EStG ein entscheidendes Argument gegen die Annahme einer Absetzung für außergewöhnliche Abnutzung dar.[1193]

Nach alledem ist die Annahme von Werbungskosten bei den Einkunftsarten nach § 20 Abs. 1 Nr. 1 bzw. nach § 20 Abs. 1 Nr. 7 EStG im Falle des Ausfalls eines Gesellschafterdarlehens bzw. des Rückforderungsanspruches im Hinblick auf eine Gesellschaftersicherheit abzulehnen, weil weder tatbestandlich Werbungskosten vorliegen, eine (ausnahmsweise) Annahme von Werbungskosten in Parallelität zu den Einkünften aus nichtselbständiger Tätigkeit bzw. aus Vermietung und Verpachtung der Systematik von § 20 EStG (unverändert) widersprechen würde und es zudem andernfalls zu einer Umgehung der Unzulässigkeit von Teilwertabschreibungen im Privatvermögen kommen würde.

1190 BFH vom 27.06.1989 – VIII R 30/88, BStBl II 1989, 934, NJW 1990, 1687.

1191 Gl. A.: *Maciejewski, ebd.*

1192 Gl. A.: *Maciejewski, ebd.*

1193 Siehe zum Ganzen mit gl. A.: *Maciejewski, ebd.*

(3) Lösungsweg 3: Unveränderte Berücksichtigung des Darlehensverlust bei § 17 EStG

Weitgehend, i.S. einer wohl überwiegenden Meinung, wird der Standpunkt vertreten, dass § 17 EStG für die bezüglich Gesellschafterdarlehen erlittenen Wertverluste auch unter Geltung des UntStRefG vorrangig vor § 20 EStG anzuwenden ist.[1194] Geht man hiervon aus, kann sich die Frage, ob insoweit möglicherweise ein über § 20 Abs. 2 Satz 1 Nr. 7 i.V.m. Abs. 1 Nr. 7, Abs. 4 EStG erfassbarer Verlust oder Werbungskosten bei den Einkünften gemäß § 20 Abs. 1 Nr. 1 bzw. Nr. 7 EStG vorliegen, nur noch bezüglich zugrunde liegender Beteiligungen von unter 1 % stellen.[1195] Diese Frage ist nach diesseitiger Auffassung gemäß der vorstehenden Argumentation positiv zu beantworten, konkret zuungunsten der Werbungskosten und zugunsten des "gewöhnlichen" Verlustes.[1196]

Im Übrigen aber, d.h. bei zugrunde liegenden Beteiligungen ab 1 %, entspricht die Rechtslage bei Vertreten dieser Rechtsauffassung – wie bereits erwähnt – i. Erg. prinzipiell derjenigen Rechtslage, die seit Einführung des MoMiG Geltung hat. Denn insoweit misst man dem Änderungen des UntStRefG in Bezug auf gemäß dem Lösungsansatz von § 17 EStG erfasste Darlehensverluste keine durchschlagende Bedeutung zu. Insoweit gelten die im 2. Teil Abschnitt B. III. 1. gemachten Ausführungen entsprechend.

Indes stellt sich sodann die Anschlussfrage, ob und inwieweit man § 20 EStG zumindest subsidiär zu § 17 EStG anwenden will. Also insbesondere in dem Fall, in dem in einem ersten Schritt die – konkret durch die einzelnen Lösungsansätze unterschiedlich gestaltete – gesellschaftsrechtliche Veranlassung i.R.d. § 17 EStG abgelehnt wird. Diese mögliche subsidiäre Anwendung kann sich dementsprechend gerade nicht nur für Beteiligungen unter 1 % ergeben, sondern etwa auch dann, wenn man i.R.d. § 17 EStG i.S. einer akzessorischen Anknüpfung die Verluste eines Kleinbeteiligtengesellschafters hinsichtlich seiner Finanzierungshilfe unberücksichtigt lassen will.[1197]

Das Für und Wider einer Vorrangigkeit von § 17 EStG gegenüber § 20 Abs. 2 Satz 1 Nr. 7 i.V.m. Abs. 4 EStG unter Geltung des UntStRefG wird sogleich nachfolgend in einem eigenen Abschnitt ausführlich erläutert werden.[1198]

1194 *Binnewies*, GmbH-StB 2008, 16, 18; *Bode*, DStR 2009, 1781, 1783; *Bron/Seidel*, DStZ 2009, 863; *Demuth*, KÖSDI 2008, 16177, 16187; *Eilers/Schmidt* in Herrmann/Heuer/Raupach, § 17 Rn. 201b; *Fuhrmann*, NWB 2009, 3990, 3991; *Groh*, FR 2008, 264, 265; *Hölzle*, DStR 2007, 1185, 1190f.; *Maciejewski*, GmbHR 2012, 1335, 1342; *Neumann*, GmbH-StB 2008, 361; *Niemeyer/Stock*, DStR 2011, 445, 446; *Pung/Werner* in Dötsch/Pung/Möhlenbrock, Körperschaftsteuergesetz, § 17 EStG, Tz. 340; *Rapp* in Littmann/Bitz/Putz, § 17 EStG Rn. 212a.

1195 Sowie bezüglich darüber hinausgehender Beteiligungen im Hinblick auf die mögliche subsidiäre Anwendung von § 20 Abs. 2 Satz 1 Nr. 7 i.V.m. Abs. 1 Nr. 7, Abs. 4 EStG, siehe noch sogleich nachfolgend.

1196 Siehe zur Ablehnung von Werbungskosten schon oben unter 2. Teil B. III. 2. a) cc) (2).

1197 So etwa *Fuhrmann*, NWB 2009, 3990, 3993.

1198 Siehe noch unten unter 2. Teil B. III. 2. b).

b) Rechtliche Würdigung der Anwendung des § 20 Abs. 2 Satz 1 Nr. 7 i.V.m. Abs. 4 EStG auf Verluste hinsichtlich Gesellschafterfinanzierungshilfen anstelle von § 17 EStG – Lösungsweg 1 und Lösungsweg 3 in der Abwägung

Nunmehr wurde die Ansicht, dass von Gesellschaftern erlittene Verluste bezüglich ihrer Finanzierungshilfen seit dem UntStRefG einen über § 20 Abs. 2 Satz 1 Nr. 7 i.V.m. Abs. 4 EStG zu berücksichtigenden Verlust darstellen, in dem ihr eigenen Wesen dargestellt. Insbesondere wurde dargelegt, inwieweit der Tatbestand von § 20 Abs. 2 Satz 1 Nr. 7 i.V.m. Abs. 4 EStG insofern erfüllt ist sowie welche Rechtsfolgen dies im Einzelnen nach sich zieht – insbesondere im Vergleich zu einer fortgesetzten Anwendung von § 17 EStG und dem Teileinkünfteverfahren.

Ebenfalls wurde dargestellt, dass der durch den reinen Darlehensausfall entstehende Aufwand z.T. als Werbungskosten klassifiziert wird, dies jedoch nach vorliegender Auffassung abzulehnen ist. Inwieweit der reine Darlehensausfall im Rahmen der vorliegenden Ansicht berücksichtigungsfähig ist, stellt ein dieser Ansicht immanentes, insbesondere für den Rechtsanwender erhebliches Problem dar. Seine Erörterung soll in einem eigenen Abschnitt der nachfolgenden, umfassenden Untersuchung dahingehend erfolgen, welche Argumente für und welche Argumente gegen eine vorrangige Anwendung des § 20 Abs. 2 Satz 1 Nr. 7 i.V.m. Abs. 4 EStG unter Geltung des UntStRefG gegenüber § 17 EStG im Bereich der Gesellschafterhilfenverluste sprechen.

Ein Abstrahieren der einzelnen Argumente und Erwägungen sowie ihre trennscharfe Angrenzung voneinander ist insofern nur in bestimmten Grenzen möglich, da die einzelnen Argumente z.T. ineinander übergehen, z.T. auch nicht nur für oder gegen eine, sondern für oder gegen mehrere Grunderwägungen zum diesbezüglichen Verhältnis von § 17 EStG und § 20 Abs. 2 Satz 1 Nr. 7 EStG sprechen. Gleichwohl soll vorliegend der Versuch unternommen werden, die einzelnen Argumente voneinander zu separieren und sie bestimmten Grundüberlegungen zuzuordnen. Dementsprechend soll die sich anschließende Untersuchung in einzelne Grunderwägungen zum fraglichen Regelungsverhältnis von § 17 EStG und § 20 Abs. 2 Satz 1 Nr. 7 EStG aufgegliedert werden.

Eingangs soll untersucht werden, welche der beiden vorgenannten Regelungen gemäß den klassischen juristischen Auslegungsmethoden vorrangige Anwendung auf Gesellschafterdarlehensverluste finden sollte. Sodann wird die Erheblichkeit der Subsidiaritätsklausel des § 20 Abs. 8 EStG in einem eigenständigen Abschnitt untersucht. Anschließend soll danach gefragt werden, ob die gesellschaftsrechtliche Veranlassung die maßgebliche Trennscheide zwischen den Regelungen von § 17 und § 20 EStG bilden sollte. Zuletzt soll der Umgang mit durch den bloßen Darlehensausfall entstehenden Verlusten betrachtet werden. Hierbei muss speziell die Frage beleuchtet werden, ob eine Erfassung derlei entstandener Verluste bei vorrangiger Anwendung von § 20 Abs. 2 Satz 1 Nr. 7 EStG ausscheiden muss sowie, ggf. anschließend, ob dies einer vorrangigen Anwendung von § 20 Abs. 2 Satz 1 Nr. 7 EStG prinzipiell entgegenstehen könnte.

(aa) Prima facie Vorzugswürdigkeit der Anwendung des § 20 Abs. 2 Satz 1 Nr. 7 i.V.m. Abs. 4 EStG gegenüber § 17 EStG

Wie nachfolgend ausführlich dargestellt wird, sprechen im Ausgangspunkt durchaus gewichtige Gründe dafür, § 20 Abs. 2 Satz 1 Nr. 7 i.V.m. Abs. 4 EStG nunmehr bezüglich sämtlicher Gesellschafterdarlehensverluste anzuwenden, und zwar unabhängig von der Größe der zugrunde liegenden Beteiligung.

Wie zu zeigen sein wird, ergibt sich dies vornehmlich aus steuersystematischen Erwägungen, die die bisherige Rechtsprechung des BFH zu nachträglichen Anschaffungskosten auf die Gesellschaftsbeteiligung im Rahmen des § 17 EStG zumindest im Ausgangspunkt als obsolet erscheinen lassen. Aber auch die historische Auslegung sowie der Wortlaut der Normen können insoweit fruchtbar gemacht werden.

(1) Wortlaut

Nunmehr werden sämtliche im privaten Bereich ausgehändigte Gesellschafterdarlehen dem steuerbaren Bereich unterworfen gemäß § 20 Abs. 2 Satz 1 Nr. 7 EStG. Erst ab einem Beteiligungsumfang von 1 % erscheint eine alternativ vorzunehmende Anwendung von § 17 EStG überhaupt (nur) denkbar; im darunter liegenden Bereich ist jedenfalls § 20 Abs. 2 Satz 1 Nr. 7 EStG anzuwenden. In jedem Falle aber sind sämtliche Darlehen aus dem privaten Bereich und damit auch insoweit gegebene Gesellschafterdarlehen vollumfänglich steuerverstrickt. Insbesondere ist § 20 Abs. 2 Satz 1 Nr. 7 EStG jedenfalls unmittelbar keine Beschränkung dahingehend zu entnehmen, Gesellschafterdarlehen oder aber gesellschaftsrechtlich veranlasste Darlehensverluste nicht erfassen zu wollen.[1199]

Insofern spricht der Wortlaut als Ausgangspunkt jeder juristischen Überlegung für eine Anwendbarkeit von § 20 Abs. 2 Satz 1 Nr. 7 EStG auf Gesellschafterdarlehensverluste – und zwar unabhängig davon, ob diese nach neuem Recht insolvenz- bzw. anfechtungsrechtlich verstrickt sind oder nicht. § 17 EStG hingegen erfasst die vorgenannten Verluste gemäß seinem Wortlaut keinesfalls in unzweifelhafter Weise: § 17 EStG umfasst vielmehr in seinem originären Anwendungsbereich nur die Gesellschaftsbeteiligung und insbesondere die insoweit anzusetzenden Anschaffungskosten, nicht aber ohne Weiteres auch in Bezug auf die Gesellschaftsbeteiligung gewährte Finanzierungshilfen. Aus ebendiesem Grunde konnten hinsichtlich der Finanzierungshilfenverluste (nachträgliche) Anschaffungskosten gemäß zutreffender und ständiger BFH-Rechtsprechung nur dann angesetzt werden, wenn eine hinreichende Verknüpfung zur zugrunde liegenden Beteiligung gegeben war – und eine anderweitige Erfassung der Verluste nicht in Betracht kam.

1199 Diese fallen vielmehr in den Anwendungsbereich der Norm, siehe schon oben unter 2. Teil B. III. 2. a) cc) (1) (b); siehe zu der These, wonach diese Beschränkungen sich jedoch aus der Regelungssystematik von §§ 17, 20 EStG bzw. mittelbar aus § 32 Abs. 2 Nr. 1 lit. b EStG ergeben sollen noch unten unter 2. Teil B. III. 2. b) dd).

(2) Historische Auslegung

Das sich aus dem Wortlaut der Normen ergebende Argument zugunsten einer Vorrangigkeit von § 20 Abs. 2 Satz 1 Nr. 7 EStG n.F. entspricht zudem unzweifelhaft der prinzipiellen Intention des Gesetzgebers. Denn zwar hatte dieser bei Schaffung des § 20 Abs. 2 Satz 1 Nr. 7 EStG n.F. die entstehenden Abgrenzungsproblematik zu § 17 EStG nicht im Blick.[1200] Allerdings entsprach und entspricht es seinem verkündeten Willen, im Hinblick auf die durch § 20 Abs. 2 EStG n.F. steuerverstrickten Gegenstände und Rechtsverhältnisse sämtliche Wertveränderungen nunmehr auch im Privatvermögen zu erfassen.[1201] Da auch Gesellschafterdarlehen von § 20 Abs. 2 Satz 1 Nr. 7 EStG n.F. erfasst werden, muss dies auch für diese gelten.

(3) Gesetzessystematik und Telos der §§ 17, 20 Abs. 2 Satz 1 Nr. 7 EStG

Auch aus steuersystematischen Erwägungen heraus macht es – jedenfalls im Ausgangspunkt[1202] – keinen Sinn, bestimmte Darlehen trotz der Neufassung des § 20 Abs. 2 Satz 1 Nr. 7 EStG – wie bisher eigenkapitalersetzende Darlehen – der Regelung des § 17 EStG zu unterstellen. Dies ergibt sich aus der Regelung des § 17 EStG und dem ihr zugrunde liegenden Regelungssinn selbst:

§ 17 EStG stellt eine Sonderregelung für im Privatvermögen gehaltene Gesellschaftsbeteiligungen dar, nicht aber für bestimmte oder auch sämtliche mit Gesellschaftsbeteiligungen in Zusammenhang stehende Wertzuwächse bzw. Wertverluste. Die Letzteres befürwortende Ansicht (sog. "Beteiligungskostentheorie") wurde vielmehr zu Recht von h.M. und BFH abgelehnt. Darüber hinaus wurde § 17 EStG bislang zum Zwecke der steuerlichen Verlusterfassung im Einklang mit dem objektiven Nettoprinzip[1203] noch über seinen ursprünglichen Anwendungsbereich hinaus auch auf eigenkapitalersetzende Gesellschafterdarlehen angewendet. Dies jedoch, wie ausführlich gezeigt wurde,[1204] letztlich deshalb, weil eine anderweitige Erfassung des insoweit erlittenen Verlustes im Rahmen der alten Rechtslage unmöglich war.

Eine solche erhebliche Ausweitung des Anwendungsbereichs einer ohnehin für einen anderen Sachzusammenhang verfassten Spezialregelung für bisher eigenkapitalersetzende und nunmehr sämtliche Gesellschafterdarlehen aber scheint vor dem Hintergrund der Änderungen des § 20 EStG durch das UntStRefG gerade nicht mehr erforderlich zu sein. Der Gesetzgeber hat nunmehr nämlich Privatdarlehen zumindest grundsätzlich – und damit auch die insoweit von Gesellschaftern überlassenen Darlehen – der (allgemeinen) Regelung des § 20 Abs. 2 Satz 1 Nr. 7 EStG unterstellt und erklärt, dass Privatdarlehen in den Grenzen dieser Vorschrift als steuerverstrickt gelten. Da damit aber vor dem Hintergrund des Prinzips der Besteuerung nach der

---

1200 *Moritz*, DStR 2014, 1636, 1644.

1201 BT-Drs. 16/4841, S. 58.

1202 Die gegenläufigen Erwägungen werden anschließend dargestellt und beurteilt.

1203 Siehe hierzu schon ausführlich oben unter 1. Teil B. III. 3. d) bb) sowie 1. Teil B. III. 3. f).

1204 Siehe schon oben unter 1. Teil B. III. 3. d) bb) sowie 1. Teil B. III. 3. f).

Leistungsfähigkeit sowie gemäß der Gewinnermittlungsvorschrift des § 20 Abs. 4 EStG nach einhelliger Auffassung auch der in Bezug auf verstrickte Darlehen entstehende Verlust steuerlich berücksichtigungsfähig sein muss,[1205] besteht an sich aufgrund der Neufassung des § 20 Abs. 2 Satz 1 Nr. 7 EStG gerade kein Bedürfnis mehr, den hinsichtlich nur bestimmter Darlehen – nämlich derjenigen, die von mindestens zu 1 % beteiligten Gesellschaftern überlassen wurden – entstehenden Verlust über die Sonderregelung des § 17 EStG zu erfassen. Wie aufgezeigt wurde, wählte der BFH den Weg der Verlusterfassung bezüglich eigenkapitalersetzender Gesellschafterdarlehen mittels der Annahme nachträglicher Anschaffungskosten auf die Gesellschaftsbeteiligung deshalb, um – ebenfalls auf Basis des Prinzips der Besteuerung entsprechend der Leistungsfähigkeit bzw. in dessen konkretisierter Ausprägung des objektiven Nettoprinzips – eine wirtschaftliche Doppelbestrafung des Gesellschafters durch das zivilrechtliche Eigenkapitalersatzrecht einerseits und das darauf fußende steuerliche Eigenkapitalersatzrecht andererseits zu verhindern: Wenn der Gesellschafter seine Gesellschafterhilfe schon aufgrund des zivilrechtlichen Eigenkapitalersatzrechtes wirtschaftlich verlor, so sollte dieser Verlust zumindest steuerlich berücksichtigungsfähig sein. Der BFH gewährleistete dies durch seine konkrete Auslegung des § 17 EStG und des Rechtsbegriffes der nachträglichen Anschaffungskosten.[1206]

Nunmehr aber wären Darlehen nach dem hier zu analysierenden Lösungsansatz ohnehin vollumfänglich steuerverstrickt aufgrund der Neufassung des § 20 Abs. 2 Satz 1 Nr. 7 EStG. Auch ein insoweit anfallender Verlust würde demnach erfasst. Da eine wirtschaftliche Doppelbestrafung des sein Darlehen aufgrund des zivilrechtlichen Rechts der Gesellschafterhilfen – und zwar unabhängig davon, ob das alte Eigenkapitalersatzrecht oder das neue, insolvenzrechtlich ausgeprägte Recht der Gesellschafterhilfen im konkreten Fall anzuwenden ist – verlierenden Gesellschafters somit bei einer Anwendung des § 20 Abs. 2 Satz 1 Nr. 7 EStG auf sämtliche Gesellschafterdarlehen ausscheiden würde, besteht somit an sich überhaupt kein Bedürfnis, den ohnehin als Ausnahmevorschrift konzipierten § 17 EStG auch noch über seinen eigentlichen Anwendungsbereich hinaus anwenden und auch Gesellschafterdarlehen ab einem Beteiligungsumfang von 1 % erfassen zu wollen. Vielmehr erscheint eine Verortung entsprechender Darlehensverluste i.R.d. "Basisvorschrift" des § 20 Abs. 2 Satz 1 Nr. 7 EStG erheblich systematischer und ist damit grundsätzlich als vorzugswürdig anzusehen.

Ein weiteres gewichtiges systematisches Argument zugunsten einer vollumfänglichen Anwendung von § 20 Abs. 2 Satz 1 Nr. 7 EStG folgt aus dem ganz erheblichen

---

1205 Die Berücksichtigungsfähigkeit des Verlustes ergibt sich bereits aus einem Umkehrschluss aus § 20 Abs. 6 EStG, da dieser die (einschränkende) Behandlung von Verlusten aus Kapitalvermögen regelt und diese daher im Grundsatz zulässig sein muss; auch erfolgt kein Ausschluss der Berücksichtigungsfähigkeit von Verlusten aus Kapitalforderungen; siehe zum Ganzen auch *Schmitt-Homann*, BB 2010, 351, 353.

1206 Der BFH bezeichnete dies als einen „normspezifischen Anschaffungskostenbegriff"; *Paus* hingegen nannte die Lösung des BFH einen „von dem gewünschten Ergebnis her geprägten Notbehelf, der sich rechtssystematisch nicht rechtfertigen lässt" in FR 2008, 1106, 1108.

steuerrechtlichen "Bruch", den die Anwendung von § 17 EStG bei Beteiligungen ab 1 % jedenfalls gem

äß dem gesetzlich vorgesehenen Regelfall nach sich zöge. Denn während für in diesem Sinne nicht wesentliche Beteiligungen prinzipiell die Abgeltungsbesteuerung samt ihrer Verlust- und Werbungskostenabzugsbeschränkungen in § 20 Abs. 6, Abs. 9 EStG eingreifen würde, fände bei zugrunde liegenden wesentlichen Beteiligungen das Teileinkünfteverfahren samt Teilabzugsverbot Anwendung. Jedenfalls zwischen nicht wesentlichen und wesentlichen Beteiligungen, die gleichwohl eher geringen Umfangs sind, ist aber typischerweise kein derart erheblicher Unterschied ersichtlich, der diese gravierend voneinander abweichende steuerliche Behandlung rechtfertigen würde.[1207] Die maßgeblichen Unterschiede auf Rechtsfolgenseite bestünden insoweit in den divergierenden Steuersätzen (progressionstarifliche Besteuerung im Unterschied zum Abgeltungsteuersatz) sowie im grundsätzlich nur im Rahmen des § 17 EStG anwendbaren Teileinkünfteverfahrens samt Teilabzugsverbot.[1208]

Ein die erhebliche Ungleichbehandlung rechtfertigender wesentlicher Unterschied kann insbesondere nicht darin gesehen werden, dass § 17 EStG den Gesellschafter einem Mitunternehmer bzw. seit der Absenkung der Beteiligungsschwelle auf 1 % demjenigen Gesellschafter gleichstellen will, der seine Beteiligung in einem Betriebsvermögen hält. Denn in den vorgenannten Fällen sind die entsprechenden Darlehensverluste prinzipiell immer zu berücksichtigen, im Falle von § 17 EStG jedoch nur innerhalb dessen tatbestandlicher Grenzen sowie samt der Beschränkungen des Teilabzugsverbotes, bei Anwendung von § 20 EStG nur unter Berücksichtigung von § 20 Abs. 6, Abs. 9 EStG, wobei tatsächlich – wie gezeigt wurde – die vorgenannten Beschränkungen gerade wieder durch § 32d Abs. 2 EStG abbedungen werden, sodass letzterenfalls wieder eine Annäherung an betriebliche Vermögen hergestellt wird.

Der vorgenannte "Bruch" bei fortgesetzter Anwendung von § 17 EStG ist damit – zumindest *prima facie* – weder aus systematischen noch aus rechtstatsächlichen Gründen zu rechtfertigen.[1209]

Auch hinsichtlich der – aus rechtssystematischer Sicht freilich nur nachrangigen – Frage nach den praktischen wirtschaftlichen Auswirkungen für betroffene Gesellschafter würde eine auch Beteiligungsumfänge von über 1 % erfassende Anwendung von § 20 Abs. 2 Satz 1 Nr. 7 EStG i.V.m. Abs. 4 für den Steuerpflichtigen in vielen Fällen keine nachteiligen Konsequenzen im Vergleich zur fortgesetzten Anwendung von § 17 EStG bedeuten:[1210] Wie aufgezeigt wurde, würde das Abgeltungsbesteuerungssystem samt seines Werbungskostenausschlusses und seiner begrenzten Verlustberücksichtigungsmöglichkeiten nämlich in der überwiegenden Zahl der Fälle ohnehin keine Anwendung finden.[1211] I.R.d. stattdessen vorzunehmenden progressiven Ein-

1207 So auch *Fischer*, Ubg 2008, 684, 690.

1208 Zu den Ausnahmefällen, in denen auch im Bereich des § 20 EStG gemäß § 32d EStG nicht das Abgeltungsbesteuerungssystem, sondern die progressionstarifliche Besteuerung samt Teileinkünfteverfahren anzuwenden ist, siehe bereits oben unter 2. Teil B. III. 2. a) cc) (1) (f).

1209 I. Erg. gl. A.: *Fischer*, Ubg 2008, 684, 689.

1210 So auch *Bayer*, DStR 2009, 2397, 2400.

1211 Siehe schon oben unter 2. Teil B. III. 2. a) cc) (1) (f).

kommensbesteuerung wird der Gesellschafter seinen hinsichtlich eines Darlehens entstehenden Verlust zumeist in erheblich größerem Umfang geltend machen können.[1212]

(bb) Nichtanwendbarkeit des § 20 Abs. 2 Satz 1 Nr. 7 i.V.m. Abs. 4 EStG aufgrund der Subsidiaritätsklausel des § 20 Abs. 8 EStG?

Gleichwohl könnte all diesen steuersystematischen Erwägungen, die zudem regelmäßig eine Begünstigung der Gesellschafter bedeuten würden, die Subsidiaritätsklausel des § 20 Abs. 8 EStG entgegenstehen. § 20 Abs. 8 EStG lautet:

> *„Soweit Einkünfte der in den Absätzen 1, 2 und 3 bezeichneten Art zu den Einkünften aus Land- und Forstwirtschaft, aus Gewerbebetrieb, aus selbständiger Arbeit oder aus Vermietung und Verpachtung gehören, sind sie diesen Einkünften zuzurechnen. Absatz 4a findet insoweit keine Anwendung."*

Der Ausschluss der Anwendung von Absatz 4a durch § 20 Abs. 8 Satz 2 EStG ist hier ohne Bedeutung. Allerdings ordnet § 20 Abs. 8 Satz 1 EStG an, dass sämtliche Einkünfte aus Kapitalvermögen nach § 20 Abs. 1 – 3 EStG dann vorrangig den Einkünften aus Land- und Forstwirtschaft, aus Gewerbebetrieb, aus selbständiger Arbeit oder aus Vermietung und Verpachtung zuzurechnen sind, soweit sie (auch) zu diesen gehören.

Auch § 17 EStG qualifiziert die dort genannten Einkünfte – also insbesondere die Einkünfte aus der Veräußerung eines mindestens 1%-igen Anteils an einer Kapitalgesellschaft – als Einkünfte aus Gewerbebetrieb.

Aus diesem Grunde könnte nun die Subsidiaritätsvorschrift des § 20 Abs. 8 Satz 1 EStG dafür Sorge tragen, dass Verluste aus Gesellschafterdarlehen jeder Art bei zugrundeliegenden Beteiligungen von zumindest einem Prozent auch weiterhin, d.h. auch unter Geltung der neuen Rechtslage, vorrangig über die Vorschrift des § 17 EStG und damit über die Prüfung des Vorliegens nachträglicher Anschaffungskosten auf die Beteiligung zu berücksichtigen wären und eine Verortung dieser Verluste im Rahmen des § 20 Abs. 2 Satz 1 Nr. 7 EStG damit ausscheiden müsste.

Die insoweit mögliche Vorrangigkeit des § 17 EStG könnte wiederum auf zwei Weisen zu verstehen sein: Zum einen könnte man einen vollumfänglichen Ausschluss von § 20 Abs. 2 Satz 1 Nr. 7 EStG annehmen. Dies würde bedeuten, dass selbst dann, wenn eine Annahme nachträglicher Anschaffungskosten auf die Beteiligung und damit ein berücksichtigungsfähiger Verlust im Rahmen des § 17 EStG verneint werden müsste,[1213] eine insoweit anschließende Prüfung eines Verlustes im Rahmen des § 20 Abs. 2 Satz 1 Nr. 7 EStG ausbleiben müsste. Zum anderen ist jedoch auch ein weniger

---

1212 Dies gilt insbesondere durchgängig für die nunmehr zivilrechtlich positiv verstrickten Finanzierungshilfen infolge der Regelung von § 32d Abs. 2 Nr. 1 Satz 1 lit. b EStG: Denn wegen der fortgesetzten Gültigkeit des Kleinbeteiligtenprivilegs in § 39 Abs. 5 InsO liegt der Finanzierungshilfe dann eine Beteiligung von über 10 % zugrunde, weshalb bei favorisierter Anwendung von § 20 EStG zwingend die Ausnahmeregelung des § 32d Abs. 2 Nr. 1 Satz 1 lit. b EStG eingreift.

1213 Auf welche Weise das Vorliegen nachträglicher Anschaffungskosten auf die Beteiligung im Rahmen des § 17 EStG bei entsprechenden Darlehensverlusten konkret zu prüfen ist, war bereits i.R.d.

weitgehendes Verständnis der Subsidiarität letztgenannter Vorschrift dahingehend denkbar, dass ihre Anwendung nur dann unterbleiben muss, soweit ein berücksichtigungsfähiger Verlust im Rahmen des § 17 EStG anzunehmen ist. Sollte dies jedoch nicht der Fall sein, könnte man anschließend § 20 Abs. 2 Satz 1 Nr. 7 EStG – in diesem Sinne subsidiär – fruchtbar machen.

In der Literatur wird sehr weitgehend dafür plädiert, aufgrund der Subsidiaritätsklausel des § 20 Abs. 8 Satz 1 EStG eine Anwendung von § 20 Abs. 2 Satz 1 Nr. 7 EStG auf Gesellschafterdarlehen bei Beteiligungen von zumindest einem Prozent abzulehnen und stattdessen insoweit auch weiterhin auf § 17 EStG zurückzugreifen.[1214] Dies entspricht auch der Auffassung der Finanzverwaltung[1215] sowie derjenigen des FG Köln.[1216] Dabei wird sowohl eine abschließender Vorrang des § 17 EStG als auch eine subsidiäre Anwendung des § 20 Abs. 2 Satz 1 Nr. 7 EStG bei Nichtvorliegen der Tatbestandsvoraussetzungen des § 17 EStG vorgeschlagen.[1217]

Vorliegend soll jedoch analysiert werden, ob die Subsidiaritätsklausel überhaupt einen – wie auch immer gearteten – Nachrang von § 20 Abs. 2 Satz 1 Nr. 7 EStG dahingehend begründet, dass Verluste hinsichtlich Gesellschafterdarlehen bei Beteiligungen von zumindest einem Prozent auch unter Geltung der neuen Rechtslage – zumindest im Ausgangspunkt, ggf. auch ausschließlich – mittels einer normspezifischen Auslegung des Begriffes der nachträglichen Anschaffungskosten des § 17 EStG zu erfassen sind.

Das wohl gewichtigste Argument hierfür offenbart sich recht deutlich: Für eine Vorrangigkeit des § 17 EStG wegen der Subsidiaritätsklausel des § 20 Abs. 8 EStG spricht, dass bisher eigenkapitalersetzende Darlehensverluste in den Grenzen der BFH-Rechtsprechung mittels der Annahme nachträglicher Anschaffungskosten im Rahmen des § 17 EStG erfasst wurden, § 17 EStG das Vorliegen von Einkünften aus Gewerbebetrieb behandelt und diese unzweifelhaft gegenüber Einkünften aus Kapitalvermögen vorrangig sind gemäß § 20 Abs. 8 Satz 1 EStG. Dieser Umstand – der sich schlicht ausgedrückt darin erschöpft, dass derartige Sachverhalte im Steuerrecht bislang nach herrschender Doktrin unter § 17 EStG subsumiert wurden und die Einkünfteerfassung nach dieser Vorschrift gegenüber der aus § 20 EStG vorrangig ist – scheint auch das vordringlichste – und teilweise einzige – Argument vieler der bereits angesprochenen Autoren zu sein. Auch das FG Köln begründet seine Sichtweise aus-

---

alten Rechtslage umstritten, siehe zur insoweit maßgeblichen BFH – Rechtsprechung sowie den Gegenansichten schon oben unter 1. Teil B. III. 3. d).

1214 Siehe zu einem Vorrang des § 17 EStG gegenüber § 20 EStG aus diesem Grunde statt vieler etwa *Moritz*, DStR 2014, 1636, 1642, der gleichwohl die „Wertungen" des § 20 bei der Anwendung von § 17 EStG berücksichtigen will.

1215 BMF vom 22.12.2009 – IV C 1-S 2252/08/10004, BStBl I 2010, 94, Rn. 61 a.E., 63.

1216 FG Köln vom 20.03.2014 – 3 K 2518/11, EFG 2014, 2136, 2138 f. m. Anm. *Hoffmann* (rkr.).

1217 Für die subsidiäre Anwendung von § 20 EStG für den Fall der Berücksichtigungsfähigkeit (nur) des gemeinen Wertes des stehengelassenen Rückzahlungsanspruches bezüglich der Differenz zum Nominalwert *Pung/Werner* in Dötsch/Pung/Möhlenbrock, Körperschaftsteuergesetz, § 17 EStG, Tz. 340.

schließlich mit diesem Argument.[1218] Das BMF dagegen verzichtet gänzlich auf das Benennen eines Argumentes.[1219]

Allerdings wurde im Rahmen dieser Untersuchung bereits dargestellt, dass der BFH dem Weg der nachträglichen Anschaffungskosten auf die Beteiligung bei § 17 EStG in Ermangelung anderer Optionen nur wählte, um eine Besteuerung nach der individuellen Leistungsfähigkeit zu gewährleisten und eine wirtschaftliche Doppelbestrafung des Gesellschafters zu verhindern.[1220] Mit *Paus*[1221] kann man insoweit davon sprechen, dass der BFH hier vom Ergebnis her gedacht und sich eines bloßen „Notbehelfs" bedient hat. Bei zutreffender Analyse ebenjener Rechtsprechung ist festzustellen, dass sich der BFH in rechtsdogmatischer Hinsicht einer teleologischen Extension des § 17 – *in concreto* des in § 17 EStG inkorporierten normspezifisch ausgelegten Begriffs der nachträglichen Anschaffungskosten – bedient hat.[1222] Im Ergebnis war dies zwar zu begrüßen, rechtsdogmatisch blieb es indes eine zumindest fragwürdige Konstruktion.

Die Neufassung des § 20 Abs. 2 Satz 1 Nr. 7 EStG aber würde das Fortführen einer solchen "Rettungsaktion" seitens des BFH dann überflüssig machen, wenn man folgende Frage verneint: Greift der Vorrang des § 17 EStG vor § 20 EStG gemäß § 20 Abs. 8 Satz 1 EStG auch insoweit, als § 17 EStG lediglich mittels einer teleologischen Extension anzuwenden ist bzw. angewendet werden könnte?

Anders gewendet entscheidet die Frage, was vorrangig anzuwenden ist: Die an sich *qua lege* vorrangige Rechtsnorm, die jedoch vorliegend zunächst teleologisch erweitert werden muss, um überhaupt angewendet zu werden können, oder die an sich nachrangige Rechtsnorm, die indes in ihrem unmittelbaren Anwendungsbereich einschlägig wäre? *Schüppen* fragt insoweit danach, „ob es nicht eine vorgelagerte Subsidiarität in Bezug auf die Annahme nachträglicher Anschaffungskosten" in § 17 EStG im Verhältnis zu § 20 Abs. 8 EStG gibt sowie danach, ob der Begriff der nachträglichen Anschaffungskosten nicht eine „immanente Subsidiarität" hat.[1223] Diese entscheidungserhebliche Frage wird in der Fachliteratur nahezu sträflich vernachlässigt – i.d.R., indem schlicht von einer Einschlägigkeit der Subsidiaritätsklausel des § 20 Abs. 8 EStG ausgegangen wird, ohne die jedenfalls mögliche „immanente Subsidiarität" der nachträglichen Anschaffungskosten bei § 17 EStG überhaupt zu thematisieren.

Die vorstehend aufgeworfenen Fragestellungen werden nach vorliegender Auffassung letztlich dahingehend zu beantworten sein, dass die an sich gesetzlich nachrangige Norm dann den Vorrang genießt, wenn die an sich vorrangige Rechtsnorm nur angewendet werden kann, wenn man ihren Anwendungsbereich zunächst erweitert – was vorliegend bislang im Wege der teleologischen Extension geschah. Die Fragen

---

1218 FG Köln vom 20.03.2014 – 3 K 2518/11, EFG 2014, 2136, 2138 f. m. Anm. *Hoffmann* (rkr.).

1219 Siehe BMF vom 22.12.2009 – IV C 1-S 2252/08/10004, BStBl I 2010, 94, Rn. 61, 63.

1220 Siehe hierzu schon oben unter 1. Teil B. III. 3. d), f).

1221 *Paus*, FR 2008, 1106, 1108.

1222 Siehe hierzu ausführlich schon oben unter 1. Teil B. III. 3. f).

1223 *Schüppen* in Diskussion im Anschluss an *Graf*, Jahrbuch der Fachanwälte für Steuerrecht 2009/2010, S. 260, 276.

von *Schüppen* müssen demnach mit einem „Ja" beantwortet werden. All dies ergibt sich aus den nachfolgenden Erwägungen:

Die teleologische Erweiterung einer Rechtsnorm geschieht immer zu dem Zweck, einen ansonsten insoweit ungeregelten Sachverhalt unter diese Rechtsnorm zu subsumieren und diesen Sachverhalt damit einer Regelung zuzuführen. Ein solches Vorgehen ist jedoch nur dann zulässig und geboten, wenn hinsichtlich dieses Sachverhaltes auch ein entsprechendes Regelungsbedürfnis besteht. Wenn aber der Sachverhalt – auch im jeweiligen Sachzusammenhang – bereits einer gesetzlichen Regelung unterworfen wurde, kann ein Rechtsanwender, insbesondere ein Gericht, nicht ohne weiteres eine andere Regelung für insoweit stattdessen maßgeblich erklären.[1224] Dies wäre schon im Hinblick auf den verfassungsrechtlichen Grundsatz der Gewaltenteilung problematisch, da das Gericht in zu starkem Maße de facto Aufgaben des Gesetzgebers übernehmen würde, ohne dass eine unbeabsichtigte Regelungslücke bestünde.

I.R.d. Rechtslage vor der Neufassung des § 20 EStG i.V.m. der Einführung einer Abgeltungsbesteuerung bestand indes ein solches Regelungsbedürfnis hinsichtlich Gesellschafterdarlehen, es bestand m.a.W. eine unbeabsichtigte Regelungslücke: Mangels einer Steuerverstrickung des Darlehens konnten die entsprechenden Verluste steuerlich grundsätzlich nicht berücksichtigt werden. Dies hätte an sich auch dann gegolten, wenn es sich um eigenkapitalersetzende Darlehen handelte, denen eine wesentliche Beteiligung i.S.d. § 17 EStG zugrundelag. Nur um die ausführlich dargestellte drohende Doppelbestrafung des sein eigenkapitalersetzendes Darlehen verlierenden Gesellschafters zu verhindern, wollte der BFH entsprechende Verluste für berücksichtigungsfähig erklären und bediente sich mangels einer steuerlichen Berücksichtigung des Darlehens im Übrigen einer teleologischen Extension des § 17 EStG.

Da nunmehr aber über § 20 Abs. 2 Satz 1 Nr. 7 EStG grundsätzlich sämtliche Gesellschafterdarlehen – und zwar unabhängig vom Beteiligungsumfang und eines eigenkapitalersetzenden Charakters – steuerverstrickt sind, muss sich der BFH dieses "Kunstgriffes" jedenfalls nicht zwingend länger bedienen. Auch eine an sich vorrangige Norm kann dann nicht vorrangig anzuwenden sein, wenn der fragliche Sachverhalt überhaupt nicht ihrem Regelungsbereich unterfällt, sondern demjenigen einer anderen Norm, auch wenn diese prinzipiell nachrangig ist.

M.a.W. ausgedrückt normiert es die Subsidiaritätsklausel von § 20 Abs. 8 Satz 1 EStG selbst: Die Einkünfte aus § 20 Abs. 2 Satz 1 Nr. 7 EStG sind nur insoweit den Einkünften aus Gewerbebetrieb (u.a.) zuzuordnen, soweit sie auch zu diesen gehören. Die Einkünfte aus entsprechenden Darlehensverlusten gehören aber seit der Neufassung des § 20 EStG prinzipiell zu den Einkünften aus Kapitalvermögen und könnten nur dann den Einkünften aus Gewerbebetrieb zugerechnet werden, wenn man § 17 EStG über seinen eigentlichen Anwendungsbereich hinaus aufgrund teleologischer Erwägungen anwendet. Dies aber ist nur dann geboten, wenn hinsichtlich des betrof-

1224 So aber nunmehr das FG Köln vom 20.03.2014 – 3 K 2518/11, EFG 2014, 2136, 2138 f. m. Anm. *Hoffmann* (rkr.), ohne dass die Thematik der immanenten Subsidiarität des ursprünglich teleologisch erweiterten Begriffes der nachträglichen Anschaffungskosten im Rahmen des § 17 EStG überhaupt thematisiert würde.

fenen Bereichs ein Regelungsbedürfnis besteht. Mit der Neufassung des § 20 Abs. 2 Satz 1 Nr. 7 EStG hat sich dieses Regelungsbedürfnis indes erledigt; eine Erweiterung des § 17 EStG ist nicht länger geboten bzw. erforderlich, sodass auch keine Einkünfte aus Gewerbebetrieb vorliegen können und die Subsidiaritätsklausel des § 20 Abs. 8 Satz 1 EStG somit ins Leere geht.

(cc) Nichtanwendbarkeit des § 20 Abs. 2 Satz 1 Nr. 7 i.V.m. Abs. 4 EStG wegen des Nichtvorliegens einer sonstigen "betrieblichen" Ausgabe i.S.d. bisherigen BFH – Rechtsprechung?

Man könnte zudem noch aus einer weiteren Überlegung heraus daran zweifeln, dass nunmehr § 20 Abs. 2 Satz 1 Nr. 7 i.V.m. Abs. 4 EStG in Form der Anerkennung eines gewöhnlichen Verlustes bei Verfall von Gesellschafterdarlehen die gegenüber § 17 EStG vorzugswürdige Lösung anbietet.

Wie aufgezeigt wurde, bejahte der BFH bislang, d.h. vor Inkrafttreten von MoMiG und UntStRefG, nachträgliche Anschaffungskosten auf die Beteiligung im Falle des Darlehensausfalls bei § 17 EStG grundsätzlich dann, wenn die Darlehensüberlassung gesellschaftsrechtlich veranlasst war und der Wertverlust weder als Werbungskosten bei den Einkünften aus Kapitalvermögen noch – als aufgrund der damaligen Rechtslage nahezu immer ungeschriebene Tatbestandsvoraussetzung – als eine sonstige betriebliche Ausgabe einzustufen war (Subsidiarität der nachträglichen Anschaffungskosten).[1225] Verordnet man nun den Darlehensverlust als einen Verlust i.S.d. § 20 Abs. 4 EStG, liegen zum einen weder Werbungskosten im Rahmen des § 20 EStG vor, noch kann dieser Verlust hinsichtlich einem aus dem Privatvermögen ausgereichten Darlehen eine betriebliche Ausgabe im eigentlichen Sinne dieses Terminus' darstellen. Der Obersatz der Rechtsprechung bezüglich der Anwendung von § 17 EStG könnte somit in den entsprechenden Fällen weiterhin – jedenfalls hinsichtlich des zweiten übergeordneten Tatbestandsmerkmals der Subsidiarität der nachträglichen Anschaffungskosten gegenüber Werbungskosten bei § 20 EStG sowie gegenüber sonstigen betrieblichen Ausgaben – erfüllt sein, sodass eine Anwendbarkeit von § 17 EStG weiterhin gegeben und eine Anwendung von § 20 EStG ausgeschlossen sein könnte.

Gleichwohl steht diese Überlegung einer nunmehr vorrangigen Anwendung von § 20 Abs. 2 Satz 1 Nr. 7 i.V.m. Abs. 4 EStG gegenüber § 17 EStG letztlich nicht im Wege, was sich aus den nachfolgenden Erwägungen ergibt:

Wirtschaftsgüter des Privatvermögens sind grundsätzlich nicht steuerverstrickt, und zwar weder hinsichtlich ihres Vermögensstammes noch hinsichtlich ihrer Ertragsebene. Etwas anderes galt und gilt immer nur dann, wenn eine Spezialnorm dies anordnet. Vor Inkrafttreten des UntStRefG war dies nur im Rahmen von § 23 EStG (Spekulationsgeschäfte) und § 17 EStG der Fall.

§ 23 EStG war und ist für die Zwecke dieser Untersuchung zu vernachlässigen. Im Rahmen des § 17 EStG kam es für die steuerliche Berücksichtigungsfähigkeit des pri-

1225 Siehe hierzu sowie zur Existenz der ungeschriebenen (negativen) Tatbestandsvoraussetzung schon ausführlich oben unter 1. Teil B. III. 3. d) aa), bb).

vaten Darlehensverlustes nun gerade darauf an, ob insoweit eine sonstige "betriebliche" Ausgabe vorlag. Da es sich ja aber um Beteiligungen und Darlehen im Privatvermögen handelt(e), ist der Begriff "betrieblich" hier dahingehend zu verstehen, dass laut BFH der private Darlehensverlust nicht bereits aufgrund einer anderen steuerlichen Spezialvorschrift im konkreten Fall – und mangels grundsätzlicher Steuerverstrickung ausnahmsweise – steuerlich zu berücksichtigen war. "Betrieblich" in diesem Zusammenhang ist also gewissermaßen synonym zur steuerlichen Berücksichtigungsfähigkeit als solcher zu verstehen, da vor dem UntStRefG diese Begrifflichkeiten mit Ausnahme der Regelungen von §§ 17, 23 EStG deckungsgleich waren.[1226]

Eine solche "Betrieblichkeit", d.h. eine steuerliche Berücksichtigungsfähigkeit war i.R.d. alten Rechtslage nach herrschender Ansicht und auch nach Auffassung des BFH indes völlig ausgeschlossen, da wie dargestellt nur die §§ 17, 23 EStG in ihren jeweiligen Grenzen als derlei Ausnahmevorschriften anerkannt waren.[1227] Nach BFH und herrschender Meinung kam also vor Inkrafttreten des UntStRefG *de lege lata* überhaupt keine sonstige Berücksichtigung solcher privater Darlehensverluste in Betracht. Exakt dieser Umstand war dementsprechend auch der Grund dafür, dass der BFH das Nichtvorliegen einer „sonstigen betrieblichen Ausgabe“ nahezu ausnahmslos gerade nicht explizit überprüfte, da seiner Auffassung nach schon die Gesetzeslage das Vorliegen einer solchen Ausgabe ausschloss. „Betrieblich“ i.S.d. Rechtsprechung konnte und kann also nur dahingehend verstanden werden, dass zu überprüfen war, ob das Gesetz den privaten und daher an sich irrelevanten Darlehensverlust bzw. den gleichgestellten Vorgang nicht doch ausnahmsweise wie einen betrieblichen Vorfall behandelte und eine steuerliche Berücksichtigung damit – außerhalb der Grenzen von § 17 EStG und § 23 EStG, denn unter Ersteren subsumierte man in diesem Moment und Letzterer war von vornherein unwesentlich – möglich war.[1228] Nur kam dies laut BFH schon aufgrund der damaligen Rechtslage überhaupt nicht in Betracht, weshalb die Überprüfung zumeist gänzlich weggelassen wurde.

Die Änderungen des § 20 Abs. 2 EStG erweitern dementsprechend zwar den ausnahmsweise steuerpflichtigen Bereich des Privatvermögens, gleichwohl kann den dort nunmehr für steuerlich berücksichtigungspflichtig bzw. –fähig erklärten Sachverhalten nicht die Qualität einer sonstigen "betrieblichen" Ausgabe i.S.d. bisherigen BFH-Rechtsprechung abgesprochen werden. Liegt ein gemäß § 20 Abs. 2 EStG steuerpflichtiger Sachverhalt bzw. damit korrespondierend berücksichtigungsfähige Verluste vor, ist vielmehr das Tatbestandsmerkmal der Subsidiarität der nachträglichen Anschaffungskosten i.R.d. § 17 EStG als nicht erfüllt anzusehen.[1229]

1226 Vgl. zum diesbezüglich vom BFH genutzten Begriff der „sonstigen Betriebsausgabe“ auch *Bayer*, DStR 2009, 2397, 2398, 2400.

1227 I.R.d. Gegenansicht(en) federführend war *Weber-Grellet*, der sämtliche Aufwendungen auf die (im Privatvermögen gehaltene) Beteiligung und mithin auch Verluste bezüglich (eigenkapitalersetzender) Gesellschafterdarlehen als sog. Beteiligungskosten zum steuerlichen Abzug i.S.d. § 17 EStG zulassen wollte in: Schmidt, EStG, 33. Auflage 2014, § 17 Rn. 156, 174.

1228 Auch § 17 EStG als solches funktioniert ja gemäß diesem Muster der Umqualifizierung, da an sich unerhebliche Einkünfte des Privatvermögens in gewerbliche Einkünfte umgewandelt werden.

1229 So auch *Bayer*, DStR 2009, 2397, 2402.

(dd) Die Frage nach dem Zurechnungszusammenhang der Darlehensverluste bzw. die Überlagerung des Verhältnisses von § 20 Abs. 2 Satz 1 Nr. 7 EStG und § 17 EStG durch die Vorfrage, ob die Darlehensverluste gesellschaftsrechtlich veranlasst sind

(1) Einleitung

Man könnte zudem noch aus einem weiteren Grund daran zweifeln, dass nunmehr § 20 Abs. 2 Satz 1 Nr. 7 EStG vollumfänglich – d.h. einschließlich solcher Gesellschafterdarlehen, denen eine Beteiligung von über 1 % zugrunde liegt – vorrangig vor § 17 EStG auf Verluste hinsichtlich Gesellschafterdarlehen anzuwenden sei. Gemäß dieser Überlegung soll eine Anwendung des § 20 EStG im hier analysierten Kontext deswegen ausscheiden, weil das Regelungsverhältnis von § 17 EStG und § 20 EStG auch bezüglich der Darlehensverluste – also auch bezüglich § 20 Abs. 2 Satz 1 Nr. 7 EStG – durch die Vorfrage überlagert sei, ob diese gesellschaftsrechtlich veranlasst sind (§ 17 EStG) oder die zugrunde liegende Beteiligung nur eine Kapitalanlagefunktion habe (§ 20 EStG).[1230]

Bezüglich der unzweifelhaft von beiden Regelungen erfassten Wirtschaftsgüter – nämlich den von § 17 EStG und § 20 Abs. 2 Satz 1 Nr. 1 EStG erfassten Gesellschaftsbeteiligungen – ist das Bestehen dieses maßgeblichen Regelungsverhältnisses unstreitig; der Gesetzgeber hat abschließend geregelt, bis zu welchem bzw. ab welchem Beteiligungsumfang von einer Kapitalanlagefunktion bzw. von einer wesentlichen Beteiligung auszugehen ist. Hinsichtlich diesbezüglicher Verluste ist gemäß dem vorstehenden Verhältnis der Normen also immer die Frage nach dem Zurechnungszusammenhang zu stellen.

Auf Verluste im Hinblick auf Gesellschafterdarlehen kann dieses Zusammenspiel der Normen jedoch gerade nicht ohne Weiteres übertragen werden, da – wie ausführlich gezeigt wurde - § 17 EStG diese Verluste nur dann erfassen konnte bzw. kann, wenn man seinen Anwendungsbereich im Wege der teleologischen Extension ausweitet. Ob und inwiefern eine Übertragung dieses Regelungsverhältnisses auch unter Geltung des UntStRefG im Hinblick auf Gesellschafterdarlehensverluste möglich bzw. geboten ist, soll nachfolgend analysiert werden. Hierzu werden zunächst die Grunderwägungen derjenigen Rechtsansicht dargelegt, die eine solche Übertragung befürwortet. Dieser Ansicht[1231] liegen die folgenden Überlegungen zugrunde:

Jeder Gesellschafter einer Kapitalgesellschaft kann dieser in zwei grundsätzlichen Rollen gegenübertreten: Er kann zum einen als Gesellschafter gegenüber "seiner" Gesellschaft agieren i.S.v. rechtliche Beziehungen zu ihr aufnehmen bzw. diese modifizieren; er kann sich ihr gegenüber jedoch ebenso wie ein fremder Dritter verhalten. Ein und dieselbe rechtliche Person – die des Gesellschafters – kann also bezüglich

---

1230 *Dötsch* und *Schön* in Diskussion im Anschluss an *Graf*, Jahrbuch der Fachanwälte für Steuerrecht 2009/2010, S. 260, 271 ff.; *Pung/Werner* in Dötsch/Pung/Möhlenbrock, Körperschaftsteuergesetz, § 17 EStG, Tz. 340.

1231 *Dötsch* und *Schön* in Diskussion im Anschluss an *Graf*, Jahrbuch der Fachanwälte für Steuerrecht 2009/2010, S. 260, 271 ff.; *Pung/Werner* in Dötsch/Pung/Möhlenbrock, Körperschaftsteuergesetz, § 17 EStG, Tz. 340.

desselben abstrakten Rechtsverhältnisses in zwei grundverschiedenen Rollen auftreten.

Basierend auf diesem – soweit ersichtlich allgemein anerkannten – Umstand erblicken die Vertreter dieser Auffassung nun in § 17 EStG und § 20 EStG bzw. in ihrem Zusammenspiel auch im Hinblick auf Gesellschafterdarlehen eine gesetzliche Spiegelung dieses Faktums.[1232]

Betrachtet man nun die Anwendung von § 17 EStG im Rahmen der alten Rechtslage isoliert, stellt diese Sichtweise natürlich keine Neuerung dar: Schon vor Einführung von MoMiG und UntStRefG war mit dem BFH zutreffenderweise anerkannt, dass eine Erfassung der Darlehensverluste bei § 17 EStG nur in Frage kam, wenn die Verluste gesellschaftsrechtlich veranlasst waren.

Allerdings ist eine Übertragung der damaligen Abgrenzung von gesellschaftsrechtlich veranlasst zu der Kapitalanlage dienend auf das heutige Verhältnis von § 17 EStG und § 20 EStG[1233] auch im Hinblick auf Gesellschafterdarlehen von überaus erheblicher Tragweite für das allgemeine Verständnis des § 20 EStG in seiner jetzigen Fassung. Eine solche Sichtweise geht nämlich insofern in ganz erheblichem Maße über die alte Rechtslage hinaus, als sie das Tatbestandsmerkmal der gesellschaftsrechtlichen Veranlassung nicht mehr nur länger als in § 17 EStG verankert ansieht, sondern darüber hinaus der Regelungssystematik von § 17 EStG und § 20 EStG in vollem Umfang voranstellt. Sie will letztlich jedenfalls im Falle von zugrunde liegenden Beteiligungen von mindestens 1 % sämtliche Darlehensverluste aus dem Anwendungsbereich des § 20 Abs. 2 Satz 1 Nr. 7 EStG ausnehmen, die gesellschaftsrechtlich veranlasst sind. Dies kann dem Wortlaut des § 20 EStG aber keineswegs unmittelbar entnommen werden. Denn § 20 Abs. 2 Satz 1 Nr. 7 i.V.m. Abs. 1 Nr. 7 EStG differenziert jedenfalls im Ausgangspunkt nicht zwischen gesellschaftsrechtlich veranlassten Darlehen und fremdüblichen Darlehen. Die Gesellschafterposition wird vielmehr – im Gegensatz zu anderen Regelungen des § 20 EStG – überhaupt nicht erwähnt.

Hinsichtlich des Haltens einer von §§ 17, 20 EStG erfassten Gesellschaftsbeteiligung hat der Gesetzgeber den Anwendungsbereich beider Vorschriften trennscharf geregelt und damit auch das Regelungsverhältnis beider Normen in zulässiger Weise normiert: Bei Beteiligungen von unter einem Prozent komme dieser lediglich eine Kapitalanlagefunktion zu, sodass § 20 EStG greift, bei darüber hinaus gehenden Beteiligungen jedoch sei diese Funktion überschritten, sodass § 17 EStG Anwendung findet und damit gewerbliche Einkünfte vorliegen, auf die das Teileinkünfteverfahren anzuwenden ist.

Hinsichtlich der Wertveränderung eines Gesellschafterdarlehen hat der Gesetzgeber aber gerade keine derart trennscharfe Abgrenzung für das Verhältnis von §§ 17, 20 EStG vorgenommen: Während § 20 Abs. 2 Satz 1 Nr. 7 EStG nunmehr seit dem

1232 Vgl. *Dötsch* und *Schön* in Diskussion im Anschluss an *Graf*, Jahrbuch der Fachanwälte für Steuerrecht 2009/2010, S. 260, 271 ff.; *Pung/Werner* in Dötsch/Pung/Möhlenbrock, Körperschaftsteuergesetz, § 17 EStG, Tz. 340.

1233 Dafür *Dötsch* und *Schön* in Diskussion im Anschluss an *Graf*, Jahrbuch der Fachanwälte für Steuerrecht 2009/2010, S. 260, 271 ff.; *Pung/Werner* in Dötsch/Pung/Möhlenbrock, Körperschaftsteuergesetz, § 17 EStG, Tz. 340.

UntStRefG auch Gesellschafterdarlehen erfasst,[1234] regelt § 17 EStG jedenfalls unmittelbar nur die Erfassung von Wertveränderungen bezüglich verstrickter Beteiligungen und konnte bzw. kann diejenigen im Hinblick auf Gesellschafterdarlehen nur im Wege der teleologischen Extension erfassen. Damit stellt das UntStRefG den Rechtsanwender nunmehr vor die Frage, ob diese teleologische Extension auch weiterhin Platz greifen soll oder das Regelungsverhältnis von § 17 EStG und § 20 EStG im Hinblick auf Gesellschafterdarlehen schlicht anders als im Hinblick auf Beteiligungen zu bestimmen ist.

(2) Eigene Würdigung

Diese vorstehend aufgeworfene Fragestellung soll nachfolgend einer eigenen Würdigung zugeführt werden. Hierzu werden die klassischen juristischen Auslegungsmethoden fruchtbar gemacht: Der Wortlaut der §§ 17, 20 Abs. 2 Satz 1 Nr. 7, der gesetzgeberische Wille sowie der Sinn und Zweck der Normen sollen nachfolgend untersucht werden:

(a) Wortlaut

Zunächst ist insoweit der Wortlaut beider Vorschriften als Ausgangspunkt jeglicher juristischer Auslegung näher zu betrachten. Hierbei stellt man fest, dass im Wortlaut des § 20 Abs. 2 Satz 1 Nr. 7 EStG keinerlei Anhaltspunkt dahingehend zu finden ist, dass die Vorschrift in Bezug auf die dort genannten Darlehen nur solche Wertveränderungen erfassen will, die nicht gesellschaftsrechtlich veranlasst sind. Grundsätzlich sind alle tatbestandlich erfassten Darlehen steuerverstrickt und dem Wortlaut kann keine Einschränkung dahingehend entnommen werden, dass die Darlehen entweder

a) von einem Nichtgesellschafter überlassen sein müssen oder
b) zwar von einem Gesellschafter überlassen sein können, die entsprechenden Wertveränderungen aber gerade nicht auf der Gesellschafterstellung beruhen dürfen.

Die Befürworter oben dargestellter Sichtweise des Verhältnisses von § 17 EStG und § 20 EStG aber unterstellen § 20 Abs. 2 Satz 1 Nr. 7 EStG genau diesen eingeschränkten Regelungsbereich.[1235] Ausgehend vom weit gefassten Wortlaut der Vorschrift kann man zu dem Schluss gelangen, dass diese Autoren eine teleologische Reduktion der Norm infolge des behaupteten vorrangigen Regelungssinns des § 17 EStG befürworten, worauf noch einzugehen sein wird.[1236] Im Wortlaut des § 20 Abs. 2 Satz 1 Nr. 7 EStG ist sie jedenfalls nicht angelegt.

1234 Siehe oben unter 2. Teil B. III. 2. a) cc) (1) (b).

1235 So *Dötsch* und *Schön* in Diskussion im Anschluss an *Graf*, Jahrbuch der Fachanwälte für Steuerrecht 2009/2010, S. 260, 271 ff.; *Pung/Werner* in Dötsch/Pung/Möhlenbrock, Körperschaftsteuergesetz, § 17 EStG, Tz. 340.

1236 Siehe hierzu noch sogleich unter 2. Teil B. III. 2. b) dd).

Hinsichtlich des Wortlautes von § 17 EStG lässt sich demgegenüber feststellen, dass dort in keiner Form eine ausdrückliche Erfassung der von Gesellschaftern überlassenen Darlehen angeordnet wird. Im Einklang mit dieser Feststellung befindet sich auch die (bisherige) BFH – Rechtsprechung zum Wertverlust hinsichtlich eigenkapitalersetzender Darlehen im Bereich des § 17 EStG. Denn die Rechtsprechung verortete den Verlust insoweit im Wege der Annahme nachträglicher Anschaffungskosten auf die Beteiligung nicht unter Berufung auf den Wortlaut von § 17 EStG, sondern tat dies zumindest faktisch nur, um eine Besteuerung nach der individuellen Leistungsfähigkeit zu ermöglich, m.a.W. um dem objektiven Nettoprinzip Genüge zu tun.[1237] Auch der Wortlaut des § 17 EStG spricht mithin nicht dafür, Darlehensverluste vorrangig über § 17 EStG erfassen zu wollen.

(b) Wille des Gesetzgebers

Da ein derartiges Regelungsverhältnis von § 17 EStG und § 20 EStG nach alledem nicht im Wortlaut beider Normen angelegt ist, müssen auch die übrigen rechtlichen Auslegungsmethoden fruchtbar gemacht werden. Hinsichtlich der historischen Auslegung zeigt sich indes, dass diese insoweit unergiebig ist: Keiner der Normen ist vom Gesetzgeber ein expliziter Regelungssinn dahingehend beigemessen wurden, speziell die Darlehen von Gesellschaftern hinsichtlich ihrer Wertveränderungen zu erfassen. Insbesondere hatte der Gesetzgeber bei der Neuausrichtung des § 20 EStG durch das UntStRefG wohl nicht im Blick, dass sich durch § 20 Abs. 2 Satz 1 Nr. 7 EStG die vorliegend diskutierte Abgrenzungsproblematik zu § 17 EStG ergeben würde.[1238] Im Einzelnen gilt bezüglich beider Normen Folgendes:

Bei Einführung des § 17 EStG und seinen späteren Modifizierungen hatte der Gesetzgeber Gesellschafterdarlehen gerade nicht im Blick.[1239] Vielmehr wollte er die im Privatvermögen gehaltenen Beteiligungen erfassen, die den jeweils als wesentlich angesehenen Umfang innehatten. Die Erstreckung dieser Steuerverstrickung auch auf Verluste hinsichtlich früher eigenkapitalersetzender Darlehen wurde hingegen von der Rechtsprechung herbeigeführt.[1240]

Auch bezüglich § 20 EStG ist kein ausdrücklicher gesetzgeberischer Wille ersichtlich, der explizit die Darlehen von Gesellschaftern in Bezug nehmen würde. Allerdings soll § 20 EStG laut ausdrücklicher Gesetzesbegründung nunmehr alle Wertveränderungen im Privatvermögen erfassen, soweit der Katalog nach § 20 Abs. 2 EStG greift.[1241] Dieser umfasst in Satz 1 Nr. 7 i.V.m. Abs. 1 Nr. 7 gerade auch Gesellschafterdarlehen.[1242] Insofern ist zwar auch hinsichtlich § 20 EStG kein gesetzgeberischer

1237 Siehe hierzu ausführlich oben unter 1. Teil B. III. 3. f).
1238 So auch *Moritz*, DStR 2014, 1636, 1644.
1239 *Moritz*, DStR 2014, 1636, 1644.
1240 Siehe ausführlicher oben unter 1. Teil B. III. 3. d).
1241 BT-Drs. 16/4841, 56.
1242 Siehe ausführlich oben unter 2. Teil B. III. 2. a) cc) (1) (b).

Wille konkret in Bezug auf Gesellschafterdarlehen ersichtlich, allerdings sind diese zumindest vom vorgenannten generellen gesetzgeberischen Willen umfasst.

Nach alledem ergibt die historische Auslegung von §§ 17, 20 EStG gerade nicht, dass die Abgrenzungsmethode gesellschaftsrechtlich veranlasst bzw. der Kapitalanlage dienend auch auf Gesellschafterdarlehen zu übertragen ist.

Indes leiten die Vertreter der vorliegend analysierten Rechtsaufassung den behaupteten gesetzgeberischen Willen bezüglich des Regelungsverhältnisses von § 17 EStG und § 20 EStG z.T. auch aus der bereits ausführlich dargestellten Vorschrift des § 32d Abs. 2 Nr. 1 Satz 1 lit. b EStG ab.[1243] Diese suspendiert die Abgeltungsbesteuerung mit der Rechtsfolge der üblichen progressiven Einkommensbesteuerung für den Fall, dass der Gesellschafter zu mindestens 10 Prozent an der Gesellschaft beteiligt ist. Dies gilt jedoch explizit nur für Kapitalerträge im Sinne des § 20 Absatz 1 Nr. 4 und Nr. 7 sowie Absatz 2 Satz 1 Nr. 4 und Nr. 7 EStG.

Der Sinn und Zweck des § 32d Abs. 2 Nr. 1 Satz 1 lit. b EStG wird nun dahingehend verstanden, dass dieser im Falle von insolvenz- bzw. anfechtungsrechtlichen verstrickten Gesellschafterdarlehen den Gesellschafter steuerlich auch dann gegenüber dem nicht vom Zivilrecht benachteiligten Gesellschafter besser stellen will, wenn nicht § 17 EStG, sondern § 20 Abs. 2 Satz 1 Nr. 7 EStG Anwendung findet.[1244] Hieraus folgt, dass ein solches Verständnis von § 32d Abs. 2 Nr. 1 Satz 1 lit. b EStG nur dann möglich ist, wenn man eine Anwendbarkeit von § 20 EStG auf Darlehensverluste seit dem MoMiG für zumindest möglich hält.[1245] Im Einzelnen solle § 32d Abs. 2 Nr. 1 Satz 1 lit. b EStG gewährleisten, dass derjenige Gesellschafter, der seine Gesellschafterhilfe im Wege der insolvenz- bzw. anfechtungsrechtlichen Verstrickung verliere, diesen Verlust zumindest steuerlich berücksichtigen kann.[1246] Befindet man sich im Regelungsbereich von § 20 EStG, wäre dies grundsätzlich nicht der Fall infolge der Beschränkung des § 20 Abs. 6 EStG bzw. des § 20 Abs. 9 EStG, sofern man von Werbungskosten ausginge. Ebendies wolle § 32d Abs. 2 Nr. 1 Satz 1 lit. b EStG verhindern, indem er die vorgenannten Beschränkungen ausschließt (§ 32d Abs. 2 Nr. 1 Satz 2 EStG).[1247]

Auf den ersten Blick erscheint diese Argumentation recht einleuchtend, da in der Tat eine weitgehende Parallelität zwischen § 32d Abs. 2 Nr. 1 Satz 1 lit. b EStG einerseits und einer zivilrechtlichen Verstrickung des Gesellschafterdarlehens andererseits besteht.

1243 *Schön* in Diskussion im Anschluss an *Graf*, Jahrbuch der Fachanwälte für Steuerrecht 2009/2010, S. 260, 272 f.

1244 *Schön* in Diskussion im Anschluss an *Graf*, Jahrbuch der Fachanwälte für Steuerrecht 2009/2010, S. 260, 272 f.

1245 Ob man § 20 EStG sodann auch für gegenüber § 17 EStG vorrangig hält oder aber nur eine subsidiäre Anwendbarkeit bejaht, wird damit hingegen nicht zum Ausdruck gebracht.

1246 *Schön* in Diskussion im Anschluss an *Graf*, Jahrbuch der Fachanwälte für Steuerrecht 2009/2010, S. 260, 272 f.

1247 *Schön* in Diskussion im Anschluss an *Graf*, Jahrbuch der Fachanwälte für Steuerrecht 2009/2010, S. 260, 272 f.

Wie bereits im Abschnitt zu § 32d Abs. 2 Nr. 1 Satz 1 lit. b EStG ausgeführt,[1248] kann der Regelung jedoch ein solcher vom Gesetzgeber bezweckte Regelungssinn gerade nicht beigemessen werden: In den Gesetzesmaterialien finden sich gerade keine Äußerungen dazu, dass mit § 32d Abs. 2 Nr. 1 Satz 1 lit. b EStG eine Verlustberücksichtigung zugunsten des vom Zivilrecht betroffenen Gesellschafters ermöglicht werden soll.[1249] Vielmehr kommt § 32d Abs. 2 Nr. 1 Satz 1 lit. b EStG ausweislich der Gesetzesbegründung ein ganz anderer Sinn und Zweck zu: Dieser hat die positiven Kapitalerträge im Blick und besteht darin, die Verschiebung von anderen Einkünften in den Bereich des § 20 EStG zum Zweck der Inanspruchnahme des geringen Abgeltungsteuersatzes zu verhindern.[1250] Das Festlegen eines Mindestbeteiligungsumfanges von 10 % erklärt sich nun daraus, dass derartige Verschiebungen letztlich nur solche Gesellschafter herbeiführen können, deren Beteiligungsgröße eine genügende Einflussnahme ermöglicht.

Im Übrigen spricht noch eine weitere Überlegung gegen die Annahme eines solchen Regelungszweckes von § 32d Abs. 2 Nr. 1 Satz 1 lit. b EStG. Wenn es der Vorschrift nämlich primär darum ginge, jeden nicht vom Kleinbeteiligtenprivileg begünstigten Gesellschafter in den Genuss der Verlustabzugsmöglichkeit kommen zu lassen, warum ist dann keine Parallelregelung für den zwar nicht vom Kleinbeteiligten-, wohl aber vom Sanierungsprivileg begünstigten Gesellschafter getroffen worden?

Nach alledem kann nach vorliegender Ansicht auch aus der historischen Auslegung von § 20 EStG i.d.F. des UntStRefG bzw. seines gesetzlichen Regelungsumfeldes nicht der Schluss gezogen werden, dass das in Bezug auf Gesellschaftsbeteiligungen vom Gesetzgeber im Wege der Festlegung von Beteiligungsgrößen vorgegebene Regelungsverhältnis in irgendeiner Form auf die Verluste im Hinblick auf Gesellschafterdarlehen übertragen werden sollte.

(c) Telos

Nach alledem kann sich die vorgeschlagene Abgrenzung nach der gesellschaftsrechtlichen Veranlassung bzw. der Kapitalanlage dienend nur noch aus dem Sinn und Zweck der beiden Vorschriften ergeben:

Der primäre Sinn und Zweck des § 17 EStG besteht zunächst darin, für vom Gesetzgeber als hinsichtlich Mitunternehmeranteilen bzw. betrieblichen Gesellschaftsbeteiligungen vergleichbar angesehene Sachverhalte eine steuerrechtliche Gleichbehandlung herzustellen. Während Wertveränderungen bezüglich im Privatvermögen gehaltener Anteile an Kapitalgesellschaften außerhalb von §§ 17, 23 EStG bis zum UntStRefG grundsätzlich steuerlich unbeachtlich waren, wurden Wertveränderungen von Mitunternehmeranteilen (§§ 15, 16 EStG) bzw. betrieblichen Kapitalgesellschafts-

1248 Siehe schon oben unter 2. Teil B. III. 2. a) cc) (1) (f).

1249 Siehe BT-Drs. 16/4841, S. 60 f.

1250 BT-Drs. 16/4841, S. 60.

beteiligungen durch die Erfassung von Veräußerungsgewinnen und -verlusten auch schon im Zeitraum davor vom Steuerrecht berücksichtigt. Da aber der Gesetzgeber das Halten von in seinen Augen wesentlichen Kapitalgesellschaftsbeteiligungen im Privatvermögen als einen vergleichbaren wirtschaftlichen Tatbestand ansah und dementsprechend auch eine insoweit gegebene individuelle Leistungsfähigkeit für besteuerungswürdig erachtete, erließ bzw. modifizierte er die Vorschrift des § 17 EStG.

§ 17 EStG soll also eine steuerrechtliche Gleichbehandlung mit mitunternehmerischen und im Betriebsvermögen gehaltenen Beteiligungen sicherstellen und als Folge dessen durch das Steuerrecht bewirkte Verzerrungen wirtschaftlicher Entscheidungen verhindern, konkret in welche Art von Beteiligung investiert wird.[1251] Auch wird mit § 17 EStG in dieser Weise zumindest ein Stück weit eine rechtsformneutrale Besteuerung bewirkt.

§ 17 EStG erklärt aber nur die Beteiligung als solche – jedoch gerade nicht sämtliche in irgendeiner Form mit ihr zusammenhängende Wirtschaftsgüter und Rechtsverhältnisse – für steuerverstrickt, sodass auch grundsätzlich nur insofern Wertveränderungen erfasst werden können.

§ 20 Abs. 2 EStG hingegen stellt nach den Änderungen durch das UntStRefG i.V.m. den übrigen Besteuerungstatbeständen – also insbesondere § 20 Abs. 1 EStG – die Grundlage für eine umfassende capital gains Besteuerung dar.[1252] Diese umfasst speziell und unzweifelhaft Wertveränderungen in Bezug auf im Privatvermögen gehaltene Darlehen in den Grenzen von § 20 Abs. 2 Satz 1 Nr. 7 EStG. Auf diese ist – sofern keine Ausnahmen einschlägig sind – mithin die Abgeltungsbesteuerung anzuwenden.

Nach Ansicht der Befürworter der hier dargestellten Überlagerung von § 17 EStG und § 20 EStG aber sollen nun diejenigen Wertveränderungen bezüglich der Darlehen aus dem Anwendungsbereich des § 20 Abs. 2 Satz 1 Nr. 7 EStG ausgeschieden werden, deren Überlassung durch die Gesellschafterstellung des Darlehensgebers verursacht ist.[1253] Die Befürworter halten dies also für einen Vorgang, der dem Bereich des § 17 EStG zuzurechnen sei.[1254]

1251 *Gosch* in Kirchhof, EStG, § 17 Rn. 1; allerdings kann seit dem Absenken der maßgeblichen Beteiligungsschwelle auf ein Prozent nur noch schwerlich mit der intendierten Gleichstellung zu Mitunternehmern argumentiert werden, da sehr geringfügige und doch i.S.v. § 17 EStG wesentliche Beteiligung einem Mitunternehmeranteil häufig kaum entsprechen werden; vgl. ähnlich *Pung* in Dötsch/Pung/Möhlenbrock, Körperschaftsteuergesetz, § 17 EStG, Tz. 20 mit Verweis auf BFH vom 20.04.1999 - VIII R 44/96, BStBl II 1999, 698, DStR 1999, 1022, wo auf S. 1023 f. von einem vorrangigen Zweck des § 17 EStG dahingehend gesprochen wird, die dort erfassten Beteiligung mit im Betriebs-vermögen gehaltenen Beteiligungen gleichzustellen und der Mitunternehmeranteil keine Erwähnung findet.

1252 So auch *Gosch* in Diskussion im Anschluss an *Graf*, Jahrbuch der Fachanwälte für Steuerrecht 2009/2010, S. 260, 273 f.

1253 *Dötsch* und *Schön* in Diskussion im Anschluss an *Graf*, Jahrbuch der Fachanwälte für Steuerrecht 2009/2010, S. 260, 271 ff.; *Pung/Werner* in Dötsch/Pung/Möhlenbrock, Körperschaftsteuergesetz, § 17 EStG, Tz. 340.

1254 *Dötsch* und *Schön* in Diskussion im Anschluss an *Graf*, Jahrbuch der Fachanwälte für Steuerrecht 2009/2010, S. 260, 271 ff.; *Pung/Werner* in Dötsch/Pung/Möhlenbrock, Körperschaftsteuergesetz, § 17 EStG, Tz. 340.

Dafür spräche es, wenn es sich insoweit um einen Sachverhalt handeln würde, der eine größere Ähnlichkeit mit Vorgängen hat, die der Tätigkeit eines Mitunternehmers oder eines betrieblich an einer Kapitalgesellschaft Beteiligten entsprechen. Diese Gleichartigkeit zu den letztgenannten Vorgängen könnte man nun aus ebenjener gesellschaftsrechtlichen Veranlassung herleiten: Überlässt ein Gesellschafter der Gesellschaft ein Darlehen und erfährt insoweit anschließend eine (positive wie negative) Wertveränderung und geschieht dies (zumindest auch) aufgrund seiner Position als Gesellschafter, so handele er ähnlich einem betrieblich an einer Kapitalgesellschaft Beteiligten bzw. einem Mitunternehmer, der ein solches Darlehen als Sonderbetriebsvermögen zu bilanzieren hätte. Insofern könnte eine Gleichartigkeit bestehen, die es erfordere, die Regelung des § 17 EStG – die ja in der Tat eine gewisse Vergleichbarkeit der Besteuerung der vorstehend genannten Personengruppen herstellen will – auf diese Sachverhalte anzuwenden.

§ 17 EStG aber spricht nun in keinem Fall ausdrücklich von im Zusammenhang mit den erfassten Beteiligung überlassenen Darlehen. Und eine Erfassung kann letztlich nur dann angebracht sein bzw. überhaupt erwogen werden, wenn diese nicht schon an anderer Stelle gegeben ist. Auch der BFH war in ständiger Rechtsprechung dieser Auffassung, indem er die Annahme nachträglicher Anschaffungskosten nur subsidiär für möglich hielt, und zwar zum einen – als explizite Voraussetzung – gegenüber Veräußerungskosten sowie den Werbungskosten aus Kapitalvermögen und zum anderen – als aufgrund der damaligen Rechtslage gewissermaßen ungeschriebene Voraussetzung – gegenüber sonstigen "betrieblichen" Ausgaben in einem weit zu verstehenden Sinne. Der BFH ging den Weg der nachträglichen Anschaffungskosten allein mangels besserer Alternative. § 20 Abs. 2 Satz 1 Nr. 7 EStG ermöglicht aber nun von Gesetzes wegen eine Erfassung der Verluste an anderer Stelle und stellt somit zumindest *prima facie* eine vorzugswürdige weil systematischere Alternative dar.[1255]

Das Tatbestandsmerkmal der gesellschaftsrechtlichen Veranlassung diente dem BFH insoweit nur dazu, solche Darlehen aus dem Anwendungsbereich des § 17 EStG auszuschließen, deren Überlassung und deren anschließender Wertverlust in keinem Zusammenhang mit der Gesellschafterstellung standen. Denn diese konnten unstreitig zu keinem Zeitpunkt über § 17 EStG erfasst werden, da dieser grundsätzlich nur die Beteiligung verstrickte und in Ausnahmefällen eng mit dieser verbundene Ausgaben zum Abzug zuließ. Bestand aber schon keine gesellschaftsrechtliche Veranlassung, konnte der Verlust von vornherein nicht über § 17 EStG erfasst werden.

Die Frage nach der gesellschaftsrechtlichen Veranlassung stellte sich also in der Tat. Zutreffenderweise galt dies allerdings – für die hier fraglichen Sachverhalte – nur innerhalb der Anwendung des § 17 EStG, nicht aber um dessen Anwendungsbereich von demjenigen anderer Vorschriften abzugrenzen. Denn vor Neufassung des § 20 EStG konnten mittels erweiterter Anwendung von § 17 EStG wenn überhaupt nur solche Darlehensverluste berücksichtigt werden, die gesellschaftsrechtlich veranlasst waren. Im Übrigen aber waren private Darlehensverluste steuerlich irrelevant. Dies

1255 Siehe zur zumindest *prima facie* gegebenen Vorzugswürdigkeit von § 20 Abs. 2 Satz 1 Nr. 7 EStG bezüglich der hier relevanten Sachverhalte schon ausführlich oben unter 2. Teil B. III. 2. b) aa).

aber hat sich grundlegend durch das UntStRefG geändert, da Letztere nunmehr unzweifelhaft von § 20 Abs. 2 Satz 1 Nr. 7 EStG in dessen Grenzen erfasst werden. Dies gilt – aufgrund des Wortlautes und des Zweckes dieser Norm – auch für Darlehen, die im Hinblick auf im Privatvermögen gehaltene Beteiligungen überlassen werden. Der Sonderweg mittels ausnahmsweiser Erfassung diesbezüglicher Verluste über § 17 EStG ist schlicht obsolet geworden. Da nunmehr § 17 EStG insoweit obsolet ist, muss auch nicht mehr die innerhalb der konkreten Anwendung von § 17 EStG unzweifelhaft maßgebliche Frage nach der gesellschaftsrechtlichen Veranlassung gestellt werden. Diese ist im vorliegend fraglichen Kontext der Prüfung der Anwendbarkeit des § 20 Abs. 2 Satz 1 Nr. 7 EStG auf entsprechende Darlehensverluste bzw. der alternativen Vorzugswürdigkeit von § 17 EStG infolge der Änderungen durch das UntStRefG schlicht unerheblich.

Die Vertreter der Gegenthese[1256] stellen also hinsichtlich des Grundverhältnisses von § 17 EStG und § 20 Abs. 2 Satz 1 Nr. 7 EStG im Hinblick auf Gesellschafterdarlehen eine – mittlerweile – unwesentliche Frage. Selbstverständlich bedürfte es innerhalb des § 17 EStG für die Verlustanerkennung einer gesellschaftsrechtlichen Veranlassung als nötigem Bindeglied zu der – an sich einzig – verstrickten Gesellschaftsbeteiligung. Die §§ 20 und 17 EStG aber sind vielmehr von der – allgemeinen und grundsätzlich bezüglich jeglicher Normen zu stellenden – Vorfrage überlagert, welche Norm aufgrund ihres Wortlautes und aufgrund der einkommensteuerlichen Systematik welche Rechtsvorgänge erfasst. Hierzu wurde bereits dargestellt, dass dies für die fraglichen Sachverhalte der Darlehensverluste die Vorschrift des § 20 Abs. 2 Satz 1 Nr. 7 EStG ist. Sofern keine durchschlagenden Gegenargumente zu finden sind, sollte es bei diesem Ergebnis bleiben.

Bei der These, die §§ 17 und 20 EStG seien auch im Hinblick auf Darlehensverluste maßgeblich von der Vorfrage nach der gesellschaftsrechtlichen Veranlassung überlagert,[1257] handelt es sich entsprechend der vorstehenden Erwägungen nicht um ein solches durchschlagendes Argument. Vielmehr scheint es so, als beruhe diese These auf einem Fehlverständnis der ständigen Rechtsprechung des BFH. Denn diese benutzt die Thematik der gesellschaftsrechtlichen Veranlassung nicht, um zu § 20 EStG in seiner damaligen Fassung abzugrenzen – hierzu dient vielmehr das Tatbestandsmerkmal der Subsidiarität der nachträglichen Anschaffungskosten – , sondern schlicht um nicht tatbestandliche Vorgänge aus § 17 EStG auszuscheiden. Die Schlussfolgerung aus dem bisherigen Gang der Untersuchung aber – die bislang zu einer vorrangigen Anwendung von § 20 Abs. 2 Satz 1 Nr. 7 EStG gelangt – muss lauten, dass der BFH nunmehr unter Geltung des § 20 Abs. 2 Satz 1 Nr. 7 EStG i.d.F. des UntStRefG gar nicht mehr zur Fragestellung der gesellschaftsrechtlichen Veranlassung gelangen wird, da er § 17 EStG auf Darlehensverluste nicht länger anwenden

1256 *Dötsch* und *Schön* in Diskussion im Anschluss an *Graf*, Jahrbuch der Fachanwälte für Steuerrecht 2009/2010, S. 260, 271 ff.; *Pung/Werner* in Dötsch/Pung/Möhlenbrock, Körperschaftsteuergesetz, § 17 EStG, Tz. 340.

1257 *Dötsch* und *Schön* in Diskussion im Anschluss an *Graf*, Jahrbuch der Fachanwälte für Steuerrecht 2009/2010, S. 260, 271 ff.; *Pung/Werner* in Dötsch/Pung/Möhlenbrock, Körperschaftsteuergesetz, § 17 EStG, Tz. 340.

muss. Jedenfalls ist festzuhalten, dass die Problematik der gesellschaftsrechtlichen Veranlassung zwar bislang – und dies zu Recht – eine Thematik innerhalb der Anwendung von § 17 EStG war, sie aber für das grundlegende Regelungsverhältnis von § 17 EStG und § 20 Abs. 2 Satz 1 Nr. 7 EStG für die hier fraglichen Fallkonstellationen nicht von Bedeutung ist.

(ee) Nichtanwendbarkeit von § 20 Abs. 2 Satz 1 Nr. 7 EStG, da dieser den bloßen Darlehensausfall nicht erfasst?

Bereits angesprochen wurde die Fragestellung, ob bei vorrangiger Anwendung von § 20 Abs. 2 Satz 1 Nr. 7 i.V.m. Abs. 1 Nr. 7, Abs. 4 EStG derjenige Wertverlust zu berücksichtigen ist, der zu Lasten des Gesellschafters durch den bloßen – auch nur teilweisen – Ausfall seines Darlehensrückzahlungsanspruches gemäß § 488 Abs. 1 Satz 2 BGB entsteht.

Diese Fragestellung wird vor dem Hintergrund des insoweit uneindeutigen Wortlaut von § 20 Abs. 2 Satz 1 Nr. 7, Satz 2 EStG unterschiedlich beantwortet.[1258] Die Beantwortung der Fragestellung ist von erheblicher Relevanz, da der bloße Darlehensausfall in der Praxis einen wesentlichen Anteil an den tatsächlichen Vorgängen einnimmt, im Wege derer die Darlehensverluste erlitten werden.

Selbst wenn es unter Geltung des UntStRefG vor dem Hintergrund dieser Unklarheit insoweit zu steuerlich motivierten Ersatzgeschäften kommen dürfte, um eine Verlustberücksichtigung zu gewährleisten – insbesondere in Form der späteren Veräußerung oder verdeckten Einlage des Darlehensrückzahlungsanspruches,[1259] nachdem dieser erheblich an Wert verloren hat – so bliebe auch insoweit die Frage offen, ob damit auch der vor der Veräußerung bzw. verdeckten Einlage eingetretene Wertverlust berücksichtigungsfähig wird.

Der rechtstatsächliche Umfang der Bedeutung der Unklarheiten bezüglich der Berücksichtigung des bloßen Darlehensausfalls hängt freilich maßgeblich davon ab, ob man mit der vorliegend analysierten Rechtsansicht auch Darlehensverluste bezüglich Beteiligungen von mindestens 1 % nunmehr dem Anwendungsbereich von § 20 Abs. 2 Satz 1 Nr. 7 EStG unterstellen will oder aber insoweit weiterhin § 17 EStG für vorrangig hält. Letzterenfalls stellt sich dieselbe Fragestellung natürlich bei zugrunde liegenden Beteiligungen von unter 1 %.

1258 Befürwortend etwa *Aigner*, DStR 2016, 345, 346 ff.; *Bayer*, DStR 2009, 2397, 2401; *Bode*, DStR 2009, 1781, 1783; *Fischer*, Ubg 2008, 684, 689; *Fuhrmann*, NWB 2009, 3990, 3993; *Schwenker/Fischer*, FR 2010, 643, 645; *Niemeyer/Stock*, DStR 2011, 445, 446; *Schmitt-Homann*, BB 2010, 351, 354 f.; *Wiese/Möller*, GmbHR 2010, 462, 464; wohl auch *Moritz*, DStR 2014, 1636, 1639; ablehnend FG Düsseldorf vom 11.03.2015 – 7 K 3661/14 E, BeckRS 2015, 94977 bezüglich einer Darlehensforderung gegenüber einer insolventen natürlichen Person (Rev. anh. beim BFH unter Az. VIII R 13/15); *Neumann*, GmbH – StB 2008, 361, 363; *Pung/Werner* in Dötsch/Pung/Möhlenbrock, Körperschaftsteuergesetz, § 17 EStG, Tz. 340 sowie die Finanzverwaltung in BMF vom 09.10.2012 - IV C 1 – S 2252/10/10013, BStBl I 2012, 953, Rn. 60, 63; offen lassend *Hoffmann*, GmbH-StB 2009, 349, 350 f.

1259 *Aigner*, DStR 2016, 345, 346 f., 350; *Hahne*, Anmerkung zum Urteil des BFH vom 02.04.2008 – I R 76/06, BB 2009, 1941, 1944; vgl. auch *Bayer*, DStR 2009, 2397, 2401.

Die Beantwortung der Fragestellung und ihre erhebliche rechtstatsächliche Bedeutsamkeit – insbesondere bei vorrangiger Anwendung von § 20 Abs. 2 Satz 1 Nr. 7 EStG – kann zugleich auch ein Argument für oder gegen ebendiese vorliegende Rechtsansicht darstellen: Denn hält man § 20 Abs. 2 Satz 1 Nr. 7 EStG nunmehr für vorrangig, will aber den bloßen Darlehensausfall nicht erfassen, stellt dies natürlich einerseits einen erheblichen Nachteil für den Gesellschafter dar. Darüber hinaus bedeutete dies zumindest im Ausgangspunkt auch eine Schlechterstellung gegenüber einer unveränderten Anwendung von § 17 EStG, da in dessen Rahmen gemäß ständiger BFH-Rechtsprechung immerhin der gemeine Wert des Rückzahlungsanspruches im Moment des "Stehenlassens" berücksichtigt werden konnte, unbeschadet des Umstandes, dass dieser sich nicht selten auf Null belief.

(1) Die Nichtberücksichtigung des Darlehensausfalls insbesondere gemäß BMF

Das BMF erschöpft sich in seinem maßgeblichen Schreiben vom 22.12.2009[1260] in der Aussage, der Forderungsausfall sei keine Veräußerung i.S.d. § 20 Absatz 2 Satz 2 EStG; die Anschaffungs- und Anschaffungsnebenkosten der Forderung seien vielmehr einkommensteuerrechtlich insoweit ohne Bedeutung.[1261]

Dies gelte auch für einen Forderungsverzicht, soweit keine verdeckte Einlage in eine Kapitalgesellschaft vorliege.[1262]

Relevant sind die Äußerungen des BMF zudem insoweit, als sie sich auf die Liquidation der Gesellschaft beziehen. Denn oftmals wird ein Forderungsausfall zumindest teilweise auf ebendiese zurückgehen. Insofern führt das BMF aus, dass (auch) die Liquidation einer Kapitalgesellschaft nicht als Veräußerung der Anteile an der Kapitalgesellschaft anzusehen sei, wobei § 17 Absatz 4 EStG unberührt bleibe.[1263]

Während das BMF mit letztgenanntem Halbsatz seine Präferenz für eine unveränderte Vorrangigkeit des § 17 EStG auch unter Geltung des UntStRefG zum Ausdruck bringt, ist fraglich, ob seine Auffassung bezüglich der Nichtberücksichtigung des Darlehensausfalls Bestand haben kann. Einer Begründung ist das BMF jedenfalls schuldig geblieben.

Wenn das BMF insoweit auch keine Begründung nennt, so dürfte es in Übereinstimmung mit den dieselbe Auffassung vertretenden Literaturstimmen[1264] wohl primär vom Wortlaut des § 20 Abs. 2 Satz 1 Nr. 7, Satz 2 EStG ausgehen. Denn dieser nennt weder den Darlehensausfall als solchen noch einen diesen – insbesondere und ggf. anteilig – verursachenden Vorgang. Als solcher käme speziell die auch vom BMF

1260 Az.: IV C 1-S 2252/08/10004, BStBl I 2010, 94; geändert durch BMF-Schreiben vom 16.11.2010 – IV C 1-S 2252/10/10010, BStBl I 2010, 1305 (Änderungen ohne Relevanz für hier maßgebliche Regelungen des früheren Schreibens).

1261 BMF vom 22.12.2009 – IV C 1-S 2252/08/10004, BStBl I 2010, 94, Rn. 60.

1262 BMF vom 22.12.2009 – IV C 1-S 2252/08/10004, BStBl I 2010, 94, Rn. 61.

1263 BMF, *ebd.*

1264 *Neumann*, GmbH – StB 2008, 361, 363; *Pung/Werner* in Dötsch/Pung/Möhlenbrock, Körperschaftsteuergesetz, § 17 EStG, Tz. 340.

angesprochene Liquidation der Gesellschaft in Betracht. Insoweit ist für die vorliegende Fragestellung vor allem bemerkenswert, dass die Parallelvorschrift von § 17 Abs. 4 EStG die Auflösung der Gesellschaft der Anteilsveräußerung explizit gleichstellt.

Hieraus wird auch das neben dem originären Wortlaut von § 20 Abs. 2 Satz 1 Nr. 7, Satz 2 EStG zweite Argument für die Nichtberücksichtigung des Darlehensausfalls ersichtlich: Hätte der Gesetzgeber den Darlehensausfall berücksichtigen wollen, hätte er dies entsprechend der Regelung in § 17 Abs. 4 Satz 1 EStG dergestalt getan bzw. tun müssen, dass er entweder den Untergang des Rückzahlungsanspruches selbst oder aber zumindest einen diesen auslösenden Vorgang wie denjenigen der Auflösung oder Liquidation der Gesellschaft im Gesetzeswortlaut normiert hätte.

Das FG Düsseldorf hat sich der Auffassung der Finanzverwaltung – unter Verweis auf besagtes BMF-Schreiben – jedenfalls im Ergebnis angeschlossen.[1265] Weder stehe der Darlehensausfall in einem genügenden Zusammenhang mit der Einkunftsart des § 20 EStG,[1266] noch sei der Tatbestand der Veräußerung bzw. einer der gemäß § 20 Abs. 2 Satz 2 EStG gleichgestellten Tatbestände erfüllt.[1267] Auch eine analoge Anwendung von § 20 Abs. 2 Satz 1 Nr. 7, Abs. 4 EStG auf den Darlehensausfall bzw. dessen Gleichstellung mit den übrigen Tatbeständen infolge des Bestehens einer planwidrigen Regelungslücke komme nicht in Betracht.[1268]

Das FG Düsseldorf hat die Revision zugelassen,[1269] sodass die Entscheidung des BFH abzuwarten bleibt.

(2) Argumente für die Berücksichtigung des Darlehensausfalls

Den vorgenannten Ausführungen und damit insbesondere der Auffassung des BMF stehen jedoch eine Reihe von Gegenargumenten gegenüber:

Insoweit ist zunächst der gesetzgeberische Wille zu nennen, i.R.d. Kataloges nach § 20 Abs. 2 EStG sämtliche Wertzuwächse im Privatvermögen dem steuerbaren Bereich zuzuordnen.[1270] Bezüglich der erfassten Vermögensgegenstände des Kapitalvermögens muss dies jedoch sodann – vorbehaltlich des § 20 Abs. 6, Abs. 9 EStG – spiegelbildlich auch für negative Wertveränderungen gelten, die § 20 Abs. 4 EStG unzweifelhaft ebenfalls erfasst.

1265 FG Düsseldorf vom 11.03.2015 – 7 K 3661/14 E, BeckRS 2015, 94977 bezüglich einer Darlehensforderung gegenüber einer insolventen natürlichen Person (Rev. anh. beim BFH unter Az. VIII R 13/15).

1266 FG Düsseldorf vom 11.03.2015 – 7 K 3661/14 E, BeckRS 2015; zur offensichtlichen Widersinnigkeit dieser Aussage infolge der Änderungen des § 20 EStG durch das UntStRefG treffend *Aigner*, DStR 2016, 345, 346.

1267 FG Düsseldorf vom 11.03.2015 – 7 K 3661/14 E, BeckRS 2015, 94977.

1268 FG Düsseldorf vom 11.03.2015 – 7 K 3661/14 E, BeckRS 2015, 94977.

1269 Anhängig unter Az. VIII R 13/15.

1270 BT-Drs. 16/4841, 58.

Insofern wäre es widersinnig, all diejenigen Fallkonstellationen ausschließen zu wollen, bei denen der Wertverlust nur auf einem Ausfall der Forderung beruht.[1271] Noch fernliegender wäre es, eine Verlustberücksichtigung sogar insofern ausscheiden zu lassen, als es zwar zu einer Veräußerung oder einem ausdrücklich gemäß § 20 Abs. 2 Satz 2 EStG gleichgestellten Vorgang kommt, der Wertverlust jedoch bereits zuvor eingetreten ist. Die Ausführungen des BMF werden vereinzelt in diesem Sinne verstanden.[1272] Wenn auch das BMF-Schreiben insoweit als undeutlich einzuschätzen ist, so verstieße ein solches Verständnis bereits gegen den Wortlaut von § 20 Abs. 2 Satz 1 Nr. 7, Satz 2 EStG. Denn dort werden die genannten Vorgänge ausdrücklich zu Realisations- bzw. Abflussvorgängen (§ 11 EStG) erklärt, was durch eine Nichtberücksichtigung eines vorher eingetretenen Wertverlustes gerade wieder konterkariert würde.[1273]

Nach alledem sind jedenfalls diejenigen Wertverluste erfasst, die später in einer Darlehensveräußerung bzw. einem gleichgestellten Vorgang realisiert werden. Will man nun mit dem BMF den Darlehensausfall nicht erfassen, entsteht hieraus eine Divergenz, deren Konsequenzen ein weiteres Argument gegen diese Auffassung zu Tage treten lassen. Werden nämlich nur die explizit in § 20 Abs. 2 Sätze 1, 2 EStG genannten Vorgänge berücksichtigt, wird die Rechtspraxis zwangsläufig nach Wegen suchen, einen bereits eingetretenen Wertverlust hinsichtlich des Darlehensrückzahlungsanspruches letztlich in einen ebendieser Vorgänge münden zu lassen. Insoweit sei primär an die Veräußerung oder Abtretung des Anspruches an einen Dritten oder die Gesellschaft selbst zu denken,[1274] etwa kurz vor Auflösung oder Liquidation der darlehensnehmenden Gesellschaft. Eine solche führt gemäß einhelliger Auffassung selbst dann zu einer vollumfänglichen steuerlichen Verlustberücksichtigung, wenn sie Zug-um-Zug gegen Entrichtung einer nur symbolischen Summe erfolgt.

Insofern liege eine Ungleichbehandlung vergleichbarer Sachverhalte vor: Die Vergleichbarkeit ergebe sich aus der übereinstimmenden wirtschaftlichen Leistungsfähigkeit im Falle einer verlustbringenden Veräußerung bzw. eines gleichgestellten Sachverhaltes einerseits und dem Darlehensausfall andererseits.[1275] Diese Leistungsfähigkeit sei in beiden Fällen in gleichem Umfang eingeschränkt, weshalb das objektive Nettoprinzip in beiden Fällen eine Berücksichtigung der Verluste gebiete.[1276] Auch sei keine Rechtfertigung ersichtlich, insbesondere nicht durch den unbestritten vorhandenen Gestaltungsspielraum des Gesetzgebers.[1277]

Teilweise wird darüber hinaus nicht nur in der vorgenannten Ungleichbehandlung samt rein steuerlich motivierter Ausweichpraxis eine unzulässige Ungleichbehandlung erkannt, sondern darüber hinaus auch eine unzulässige Abweichung zu be-

1271 *Aigner*, DStR 2016, 345, 346 f.; vgl. ähnlich *Moritz*, DStR 2014, 1636, 1642.
1272 So *Schmitt-Homann*, BB 2010, 351, 353, der eine solche Sichtweise gleichwohl ebenfalls ablehnt.
1273 Zumindest i. Erg. gl. A.: *Schmitt-Homann*, BB 2010, 351, 353.
1274 *Aigner*, DStR 2016, 345, 346 f., 350; *Fuhrmann*, NWB 2009, 3990, 3994.
1275 *Aigner*, DStR 2016, 345, 346 ff.; ähnlich *Niemeyer/Stock*, DStR 2011, 445, 446.
1276 *Aigner*, *ebd.*; ähnlich *Niemeyer/Stock*, *ebd.*
1277 *Aigner*, *ebd.*; ähnlich *Niemeyer/Stock*, *ebd.*

trieblichen Vermögen festgestellt:[1278] Der Sinn von § 20 Abs. 2 EStG bestehe insbesondere darin, im Umfang des dort genannten Kataloges einen Gleichlauf von privaten und betrieblichen Vermögen herzustellen; da bezüglich Letzterem der Darlehensausfall vollumfänglich mittels Teilwertabschreibung berücksichtigt werden kann, müsse er auch im Bereich von § 20 Abs. 2 Satz 1 Nr. 7, Satz 2 EStG erfasst werden.[1279]

Die rechtstechnische Umsetzung des Zieles der Erfassung eines Verlusts hinsichtlich des Rückzahlungsanspruches infolge seines endgültigen Ausfalls ist nun auf mehrere Weisen möglich. Teilweise wird dafür plädiert, eine Rückzahlung i.S.d. § 20 Abs. 2 Satz 2 EStG zum Nullwert anzunehmen.[1280] Teilweise gelangt man zu der Folgerung, den endgültigen Darlehensausfall den in § 20 Abs. 2 Satz 2 EStG genannten Vorgängen gleichzustellen.[1281]

(3) Würdigung

Hinsichtlich des Wortlauts der Norm ist der Auffassung, die speziell vom BMF vertreten wird, zuzugestehen, dass der Vorgang des Darlehensausfalls demjenigen der Veräußerung von § 20 Abs. 2 Satz 2 EStG nicht ausdrücklich gleichgestellt wird. Indes ist weder dem Wortlaut noch der Gesetzesbegründung zu entnehmen, dass es sich bei dem Katalog des § 20 Abs. 2 Satz 2 EStG um eine enumerative Aufzählung handeln soll. Vor diesem Hintergrund sollte der Nichtnennung des Darlehensausfalls bzw. einer Auflösung oder Liquidation der Gesellschaft keine konstitutive Wirkung dahingehend beigemessen werden, den Darlehensausfall im Umkehrschluss ausschließen zu wollen.

Auch die Kritik an der vermeintlich unzulässigen Ungleichbehandlung zu betrieblichen Vermögen greift nicht durch. Zwar will der Gesetzgeber bekanntermaßen sämtliche Wertzuwächse des Privatvermögens erfassen, die sich unter den Katalog von § 20 Abs. 2 EStG subsumieren lassen.[1282] Eine Gleichstellung der in § 20 Abs. 2 EStG genannten Sachverhalte mit betrieblichen Vermögen geht damit jedoch gerade nicht einher. Es bleibt vielmehr dabei, dass § 20 Abs. 2 EStG einen – wenn auch erheblichen – Ausschnitt des steuerlich prinzipiell irrelevanten Privatvermögens der Besteuerung unterwirft. Die steuerrechtlichen Prinzipien hinsichtlich der Gewinneinkunftsarten können in diesem Bereich aber nicht ohne Weiteres Anwendung finden, sodass auch eine ebendiesen Gewinneinkunftsarten vorbehaltene Teilwertabschreibung weder als solche noch mittelbar im Bereich des § 20 Abs. 2 EStG Platz greifen darf. Dies würde letztlich wiederum dazu führen, dass die sog. Beteiligungskosten berücksichtigungsfähig würden. Dies ist jedoch nach i.R. dieser Untersuchung vertretener Auffassung abzulehnen.[1283]

1278 *Schmitt-Homann*, BB 2010, 351, 353.
1279 *Schmitt-Homann*, BB 2010, 351, 354.
1280 *Schmitt-Homann*, *ebd.*
1281 *Aigner*, DStR 2016, 345, 346 ff.; *Fuhrmann*, NWB 2009, 3990, 3994.
1282 BT-Drs. 16/4841, 58.
1283 Siehe ausführlich schon oben 2. Teil B. III. 1. g) bb).

Indes ist die vorgenannte Kritik an der vermeintlich unzulässigen Ungleichbehandlung zu entsprechenden betrieblichen Vermögen bereits nicht erforderlich, um die Auffassung insbesondere des BMF i. Erg. ablehnen zu können bzw. zu müssen. Mit dieser Auffassung geht nämlich bereits insoweit eine unzulässige Ungleichbehandlung einher, als im Falle der Nichtberücksichtigung von (nur) durch den Darlehensausfall erlittenen Verlusten Lebenssachverhalte mit gleicher wirtschaftlicher Leistungsfähigkeit unterschiedlich besteuert würden. Ob nämlich der Gesellschafter seinen Rückzahlungsanspruch durch eine verlustbringende Veräußerung bzw. einen verlustbringenden gleichgestellten Vorgang gemäß § 20 Abs. 2 Satz 2 EStG verliert oder aber durch den endgültigen Darlehensausfall, insbesondere durch Auflösung bzw. Liquidation der Gesellschaft, ist für die wirtschaftliche Leistungsfähigkeit des Gesellschafters irrelevant. Diese ist vielmehr in beiden Fällen in demselben Maße eingeschränkt. Zwar kann infolge der vorliegenden Ablehnung der Theorie von den sog. Beteiligungskosten der bloße Wertverlust hinsichtlich des Rückzahlungsanspruchs nach § 488 Abs. 1 Satz 2 BGB (noch) keine Berücksichtigung finden, da wir uns im Bereich des Privatvermögens befinden. Die Berücksichtigung des Wertverlusts infolge des endgültigen Darlehensausfalls wird jedoch vor dem Hintergrund der vorstehenden Erwägungen zwingend durch das objektive Nettoprinzip geboten. Dies stellt das vorliegend maßgebliche rechtliche Argument dar, insbesondere infolge seiner grundrechtlichen (Art. 3 GG) Unterlegung.

Hinzu kommen die widersinnigen praktischen Konsequenzen einer solch unzulässigen Ungleichbehandlung: Wie dargestellt würden die Steuerpflichtigen die "Ausweichgestaltungen" der Veräußerung oder Abtretung anstreben. Es ist davon auszugehen, dass diese "Ausweichgestaltungen" nicht nur angestrebt, sondern vergleichsweise häufig auch mit Erfolg umgesetzt würden. Insoweit käme es zu dem unerwünschten, wenn auch wiederholt anzutreffenden Phänomen der ausschließlich steuerrechtlich motivierten zivilrechtlichen Gestaltung. Das Steuerrecht würde auf diesem Weg also einmal mehr zu wirtschaftlichen Verzerrungen führen.

Die Berücksichtigung des endgültigen Darlehensausfalls in § 20 Abs. 2 Satz 1 Nr. 7, Satz 2 i.V.m. Abs. 4 EStG ist demnach bereits durch das objektive Nettoprinzip geboten. Auf welchem rechtstechnischen Wege dieses Ergebnis erzielt wird, ist von nur nachrangiger Bedeutung.[1284] Ob man § 20 Abs. 2 Satz 2 EStG in seinem Anwendungsbereich ausdehnen und auch den endgültigen Darlehensausfalls unter ihn subsumieren will, oder aber ob man insoweit eine Rückzahlung zum Nullwert annehmen will, kann dahinstehen, solange nur das Ergebnis der Berücksichtigung des diesbezüglich erlittenen Wertverlustes erreicht wird.

(4) Zeitpunkt des Verlustanfalls

Fraglich ist zudem, zu welchem Zeitpunkt der durch den Darlehensausfall im vorstehenden Sinne verursachte Verlust anfällt.

1284 Ähnlich *Schmitt-Homann*, BB 2010, 351, 354.

Nach zutreffendem Verständnis genügt bzw. ist auch im Rahmen des § 20 EStG gemäß allgemeiner steuerrechtlicher Prinzipien erforderlich, dass das Darlehen nach objektiver Betrachtung wertlos geworden ist.[1285] Diese Problematik stellte sich bereits bezüglich der vor Einführung von MoMiG und UntStRefG geltenden Rechtslage.[1286] Sie ist jedoch von tatsächlichen und nicht von rechtlichen Schwierigkeiten geprägt, da sich der rechtliche Maßstab des Wertloswerdens gemäß der einführenden Erwägungen als vergleichsweise unkompliziert darstellt und vielmehr die tatsächliche Feststellung des Moments des Wertloswerdens Schwierigkeiten bereitet.

Im Rahmen der alten Rechtslage wurde die Höhe des durch das Stehenlassen eines Darlehens erlittenen Verlustes dadurch bestimmt, dass auf den gemeinen Wert des Rückzahlungsanspruches in dem Moment abgestellt wurde, als der Gesellschafter das Darlehen erstmalig trotz Abzugsmöglichkeit nicht abzog, ein gesellschaftsfremder Dritter ebendies aber getan hätte. Nicht selten belief sich dieser gemeine Wert auf Null.

Bereits damals kam es also zu einer Einzelfallbetrachtung. Dies muss auch nunmehr geltend, und zwar schon deshalb, weil nur auf diesem Wege dem Erfordernis der Besteuerung gemäß der individuellen Leistungsfähigkeit genügt werden kann. Geht es demnach vorliegend um die Fragestellung, wann ein letztlich verloren gegangenes Gesellschafterdarlehen objektiv wertlos geworden ist, müssen abermals die konkreten Umstände des Einzelfalles herangezogen werden. Ebenfalls im Einklang mit der bisherigen BFH-Rechtsprechung zu § 17 EStG wird sich insoweit ein Zeitfenster ergeben, dass den Verlustansatz frühestens im Moment der Auflösung der Gesellschaft und letztmöglich im Moment des Abschlusses des Insolvenzverfahrens ermöglicht.[1287]

c) Fazit zur Rechtslage unter Geltung von MoMiG und UntStRefG

Wie wir gesehen haben, sind zur Beurteilung der jetzigen Behandlung der vormals eigenkapitalersatzrechtlichen Gesellschafterfinanzierungshilfen im Bereich des einkommensteuerlichen Privatvermögens nicht nur die durch das MoMiG im Insolvenz- bzw. Anfechtungsrecht herbeigeführten Änderungen zu beachten, sondern auch die unmittelbar im Steuerrecht selbst durch das UntStRefG bewirkten Änderungen. Diese lassen eine Erfassung der diesbezüglich erlittenen Verluste vorrangig über § 20 Abs. 2 Satz 1 Nr. 7 i.V.m. Abs. 4 EStG nach Ansicht Vieler zumindest möglich erscheinen, nach diesseitiger Auffassung ist von einer solchen Vorrangigkeit gegenüber einer fortgesetzten Anwendung von § 17 Abs. 2, Abs. 4 EStG auszugehen. Dies deshalb, weil gemäß der vorstehenden Abwägung sämtliche vorliegend für entscheidungserheblich

1285 So auch *Görden*, GmbH-StB 2011, 12, der sich sowohl auf die alte als auch auf die neue Rechtslage bezieht, im Rahmen Letzterer jedoch jedenfalls implizit von der Vorrangigkeit von § 17 EStG ausgeht.

1286 *Görden*, *ebd.*; siehe zum genügenden Wertloswerden des Darlehens auch *Weber-Grellet* in: Schmidt, EStG, § 17 Rn. 170.

1287 *Fuhrmann*, NWB 2009, 3990, 3994.

befundenen Erwägungen für eine Vorrangigkeit des § 20 Abs. 2 Satz 1 Nr. 7 i.V.m. Abs. 4 EStG unter Geltung von MoMiG und UntStRefG sprechen:

Eine Anwendung von § 20 Abs. 2 Satz 1 Nr. 7 i.V.m. Abs. 4 EStG stellt die im Ausgangspunkt systematischere Lösung dar, da Darlehen dort originär und explizit erfasst werden, dies im Rahmen des § 17 EStG jedoch nur mittels einer teleologischen Extension der Fall ist.

Auch die Subsidiaritätsklausel nach § 20 Abs. 8 EStG spricht nicht gegen dieses Ergebnis, da ihr die Subsidiarität der diesbezüglichen Annahme nachträglicher Anschaffungskosten bei § 17 EStG vorgelagert ist.

Dergestalt liegt bei Anwendung des – auch unter Geltung von MoMiG und UntStRefG im Bereich des § 17 EStG für die vorliegenden Konstellationen in unveränderter Weise anzuwendenden – Obersatzes der bisherigen Rechtsprechung des BFH infolge der Gesetzesänderungen des UntStRefG in § 20 Abs. 2 Satz 1 Nr. 7 i.V.m. Abs. 4 EStG im Falle des Verlustes einer vormals eigenkapitalersatzrechtlichen Gesellschafterfinanzierungshilfe nunmehr gerade doch ein an anderer Stelle zu berücksichtigender Verlust vor („sonstige betriebliche Ausgabe"), sodass die Annahme nachträglicher Anschaffungskosten im Rahmen des § 17 EStG ausscheiden muss.

Dies gilt unabhängig von der Frage nach der gesellschaftsrechtlichen Veranlassung der erlittenen Verluste, denn § 20 Abs. 2 Satz 1 Nr. 7 EStG nimmt insoweit gerade keine Differenzierung vor. Auch ist das Regelungsverhältnis der §§ 17, 20 EStG nicht von der Vorfrage der gesellschaftsrechtlichen Veranlassung in Abgrenzung zu nur der Kapitalanlage dienend überlagert. Die Frage nach der gesellschaftsrechtlichen Veranlassung diente dem BFH im Bereich des § 17 EStG bislang lediglich zum Ausschluss nicht tatbestandlicher Sachverhalte.

Innerhalb der Anwendung des § 20 EStG ist das Vorliegen von Werbungskosten abzulehnen, da diese bei Anfallen eines entsprechenden Verlustes schon tatbestandlich nicht vorliegen. Es handelt sich vielmehr um einen "gewöhnlichen" Verlust nach § 20 Abs. 2 Satz 1 Nr. 7 i.V.m. Abs. 4 EStG sowie i.S.d. Abs. 6 EStG: Im Moment der Ausreichung der Finanzierungshilfe entstehen für den Gesellschafter Anschaffungskosten, im Moment der Darlehensveräußerung nach § 20 Abs. 2 Satz 1 Nr. 7 EStG bzw. im Moment des gemäß § 20 Abs. 2 Satz 2 EStG gleichgestellten Vorganges fließt dem Gesellschafter der ggf. verbliebene Wert zu bzw. der entstandene Wertverlust ab, sodass ein nach § 11 EStG hinreichender Zu- bzw. Abflussvorgang gegeben ist.

Ein solcher liegt auch vor, sofern die Gesellschafterfinanzierungshilfe lediglich endgültig ausfällt, insbesondere infolge der Liquidation der Gesellschaft, da es sich insoweit gemäß vorliegender Ansicht um einen den explizit von § 20 Abs. 2 Sätze 1, 2 EStG erfassten Vorgängen gleichzustellenden Vorgang handelt.

In praktischer Hinsicht ist bei Vertreten der vorliegend für vorzugswürdig befundenen Lösung besonders bemerkenswert, dass sich diese i.d.R. gegenüber einer fortgesetzten Anwendung von § 17 EStG als für den Gesellschafter vorteilhaft erweist: Denn kann er bei Anwendung des § 17 EStG den erlittenen Verlust nur in den Grenzen des Teilabzugsverbots in Ansatz bringen, bewirkt bei Anwendung des § 20 Abs. 2 Satz 1 Nr. 7 i.V.m. Abs. 4 EStG die Regelung des § 32d Abs. 2 Nr. 1 Satz 1 lit. b EStG, dass die Verlustabzugsbeschränkungen nach § 20 Abs. 6 EStG i.d.R. gerade nicht eingreifen und dergestalt eine Verlustberücksichtigung in voller Höhe möglich wird.

d) Die begrenzte Geltung der nur durch das MoMiG veränderten steuerrechtlichen Situation

Darüber hinaus erweist sich das vorstehend gefundene Ergebnis der Vorrangigkeit von § 20 Abs. 2 Satz 1 Nr. 7 i.V.m. Abs. 4 EStG als äußerst bedeutsam für die im 2. Teil, Abschnitt B. III. 1. dieser Untersuchung vorgenommenen Analysen, also der Frage, wie die Finanzierungshilfenverluste im einkommensteuerlichen Privatvermögen unter Geltung nur des MoMiG behandelt werden sollten:

Insofern war die Untersuchung zu einer Vorzugswürdigkeit einer autonom steuerrechtlichen Lösung (sog. Selbständigkeitslösung) gelangt. Die diesbezüglichen Ausführungen haben zwar als solches auch unter Berücksichtigung der vorstehend gewonnenen Erkenntnisse Bestand, ihr zeitlicher Anwendungsbereich und damit ihre praktische Relevanz sind indes erheblich eingeschränkt. Gemäß vorliegender Auffassung kann die Selbständigkeitslösung nämlich nur bezüglich solcher Gesellschafterverluste Geltung beanspruchen, die im Hinblick auf Finanzierungshilfen erlitten wurden, die zwar schon gemäß den Neuregelungen durch das MoMiG zu behandeln sind – was sich anhand der ihrerseits äußerst komplexen und unterschiedlich beurteilten Vorschrift des Art. 103d EGInsO bemisst –, jedoch zugleich vor dem 01.01.2009 begründet bzw. anderweitig vom Gesellschafter erworben wurden. Anderenfalls müssen nämlich auch die Änderungen des UntStRefG berücksichtigt werden, sodass nach diesseitiger Auffassung nicht länger § 17 EStG anzuwenden wäre.

Folgt man hingegen derjenigen Ansicht, die auch unter Geltung des UntStRefG eine Vorrangigkeit von § 17 EStG gegenüber § 20 EStG annimmt, so sollte nach vorliegender Auffassung der Weg der Selbständigkeitslösung beschritten werden.

3. Teil: Schlussthesen

Das frühere Zivilrecht

I. Das Rechtsinstitut des Eigenkapitalersatzrechts wurde begründet, um im Spannungsfeld von Finanzierungsfreiheit der Gesellschafter und Gläubigerschutz eine angemessene Interessenabwägung vorzunehmen. Sein wesensmäßiger Kern bestand darin, dass dem Gesellschafter für den Fall der Krise der Gesellschaft nur zwei Handlungsmöglichkeiten offenstanden: Er musste die Gesellschaft entweder auflösen und abwickeln oder sie mit frischem Eigenkapital ausstatten. Nicht gestattet war es dem Gesellschafter dagegen, den einstweiligen Fortbestand der Gesellschaft durch das Gewähren oder Stehenlassen von Darlehen oder sonstigen Finanzierungshilfen zu sichern, diese anschließend jedoch – wie gewöhnliches Fremdkapital – zurückzufordern und sich somit auf die Position eines außenstehenden Gläubigers zurückzuziehen.

II. Die wesentlichen Rechtsfolgen der Novellenregelungen bestanden in der insolvenzrechtlichen Nachrangigkeit (gesetzlicher Rangrücktritt) des gesamten Rückzahlungsanspruches sowie der (befristeten) Anfechtbarkeit möglicher vorinsolvenzlicher Befriedigungs- und Sicherungshandlungen der Gesellschaft zugunsten des Gesellschafters. Anfechtbar war zudem die Befriedigung einer Drittverbindlichkeit durch die Gesellschaft, für deren Erfüllung der Gesellschafter Sicherheit geleistet hatte.
Außerhalb von Insolvenzverfahren waren prinzipiell parallele Anfechtungsmöglichkeiten im AnfG vorgesehen.

III. Die Rechtsfolgen der Rechtsprechungsregeln sahen eine Verstrickung der Finanzierungshilfe insoweit vor, als diese zur Erhaltung der Stammkapitalziffer erforderlich war analog § 30 GmbHG a.F. Analog § 31 GmbHG a.F. bestand ein Rückforderungsanspruch insoweit, als zuvor eine Auszahlung entgegen § 30 GmbHG a.F. analog erfolgt war.

IV. Das MoMiG sollte – im Rahmen seiner drei generellen Zielsetzungen, nämlich der Erleichterung und Beschleunigung von Unternehmensgründungen, der Bekämpfung von Missbräuchen sowie der Erhöhung der Attraktivität der Rechtsform der GmbH, – insbesondere auch die Deregulierung und damit auch Vereinfachung des Eigenkapitalersatzrechts bewirken.

Die ursprüngliche handels- und steuerbilanzielle Betrachtung

I. Auch ab dem Moment der zivilrechtlichen Verstrickung als eigenkapitalersetzend blieb die Gesellschafterfinanzierungshilfe eine gewöhnliche, passivierungspflichtige Drittverbindlichkeit (Fremdkapital).

II. Als sowohl besonders praxisrelevant als auch kontrovers beurteilt stellten sich die Verlustabzugsmöglichkeiten des Gesellschafters dar, dessen Finanzierungshilfe eigenkapitalersatzrechtlich verstrickt war und wirtschaftlich verloren ging. Insofern war nach der Art des steuerlichen Vermögens zu differenzieren, in dem sich die Finanzierungshilfe bzw. die zugrunde liegende Beteiligung befand.

III. In einem körperschaftsteuerlichen Betriebsvermögen bestanden gemäß BFH diesbezügliche Abzugsmöglichkeiten bis einschließlich des Veranlagungszeitraumes 2008. Ab Veranlagungszeitraum 2009 ist dies indes grundsätzlich ausgeschlossen durch die Neufassung des § 8b Abs. 3 (Sätze 4 ff.) KStG.

IV. In einem einkommensteuerlichen Betriebsvermögen war eine Berücksichtigung unter Geltung von § 3c Abs. 2 EStG a.F. grundsätzlich gemäß allgemeiner Grundsätze möglich, da es sich bei der Finanzierungshilfe um Betriebsvermögen handelte. Im Übrigen entschied der BFH im Jahre 2012 einen kontroversen Meinungsstreit dahingehend, dass das Teilabzugsverbot nach § 3c Abs. 2 EStG a.F. nicht auf bezüglich Gesellschafterhilfen erlittene Wertverluste anwendbar ist.

V. In einem einkommensteuerlichen Privatvermögen stellte sich die Berücksichtigungsfähigkeit des Verlustes als besonders kompliziert dar. Gemäß ständiger und zutreffender Rechtsprechung des BFH war sie jedenfalls bis zum Inkrafttreten des UntStRefG nur dann möglich, wenn im Rahmen der Vorschrift des § 17 EStG insoweit nachträgliche Anschaffungskosten auf die zugrunde liegende Beteiligung vorlagen. Der BGH legte den Begriff der nachträglichen Anschaffungskosten insoweit „normspezifisch" aus: Die Annahme nachträglicher Anschaffungskosten war dem Grunde nach zu bejahen, sofern der Verlust gesellschaftsrechtlich veranlasst war und zudem keine Veräußerungs- oder Werbungskosten bei den Einkünften aus § 20 EStG vorlagen (Subsidiarität der nachträglichen Anschaffungskosten).

VI. Eine gesellschaftsrechtliche Veranlassung bejahte der BFH jedenfalls dann, wenn die Finanzierungshilfe in einer Krise der Gesellschaft gewährt oder stehengelassen wurde. Die Krise der Gesellschaft begann in dem Moment, als sie von Dritten keinen Kredit zu marktüblichen Konditionen mehr hätte erlangen können.
Infolge der dadurch entstehenden parallelen Maßgeblichkeit der Gesellschaftskrise im zivilrechtlichen Eigenkapitalersatzrecht und im Steuerrecht kam es zu einer sehr weitreichenden Parallelität bzw. Akzessorietät des Steuerrechts: Wenn der Gesellschafter eine gemäß den zivilrechtlichen Eigenkapitalersatzre-

geln verstrickte Finanzierungshilfe verloren hatte, war auch die gesellschaftsrechtliche Veranlassung zu bejahen.
Diese Akzessorietät beruhte primär darauf, dass Zivil- und Steuerrecht insoweit den gleichen Drittvergleichsmaßstab anlegten: Hätte eine Dritter die Finanzierungshilfe ebenfalls dergestalt überlassen?
Hintergrund und Regelungszweck der Akzessorietät war darüber hinaus das objektive Nettoprinzip: War der Gesellschafter zivilrechtlich so gestellt worden, als hätte er originäres Eigenkapital zugeführt, durfte auch das Steuerrecht seine insoweit eingeschränkte Leistungsfähigkeit nicht unberücksichtigt lassen (Verhinderung einer Doppelbestrafung).
Der BFH wich nur insoweit von der Akzessorietät ab, als er den Anschaffungskostenansatz im Falle von nicht unternehmerischen Aktionären generell ausschloss, während er in umgekehrter Richtung im Falle von Sanierungsdarlehen den Anschaffungskostenansatz dem Grunde nach bejahte.

VII. Das zweite übergeordnete Tatbestandsmerkmal der Rechtsprechung, die Subsidiarität der nachträglichen Anschaffungskosten, war bei genauer Betrachtung ein dreigliedriges (negatives) Tatbestandsmerkmal: Es durften weder Veräußerungs- oder Werbungskosten bei der Einkunftsart des § 20 EStG vorliegen, noch durfte eine „sonstige betriebliche Ausgabe“ gegeben sein. Letzteres war dahingehend synonym zu verstehen, dass keine steuerliche Berücksichtigung im Übrigen gegeben sein durfte. Dies wiederum war gemäß zutreffender Ansicht des BFH *de lege lata* ausgeschlossen.

VIII. Für den Ansatz nachträglicher Anschaffungskosten der Höhe nach galt im einkommensteuerlichen Privatvermögen, dass ein Ansatz mit dem Nennwert bei in der Krise ausgereichten Darlehen, krisenbestimmten Darlehen sowie sog. Finanzplan-Darlehen möglich war, bezüglich nur stehengelassener Darlehen hingegen nur ein Ansatz des gemeinen Wertes im Moment des Stehenlassens (Beginn der Krise) möglich war.
Im Übrigen war gemäß h.M. und gemäß BFH das Teilabzugsverbot (§ 3c Abs. 2 EStG a.F.) zu berücksichtigen.

IX. Die Rechtsprechung des BFH zu den normspezifischen nachträglichen Anschaffungskosten i.R.v. § 17 EStG ist bei genauer Betrachtung als teleologische Extension des Anschaffungskostenbegriffes in § 17 EStG anzusehen.
Angesichts der Regelungshintergründe der Rechtsprechung (s.o.) ist diese als angemessen und begrüßenswert einzustufen.

Das aktuelle Zivilrecht

I. Das MoMiG schafft das bisherige Eigenkapitalersatzrecht durch die Streichung der Novellenregelungen (insbesondere §§ 32a, 32b GmbHG a.F.) sowie durch Nichtanwendungsvorschriften bezüglich der Rechtsprechungsregeln (§ 30 Abs. 1 Satz 3 GmbHG n.F.; § 57 Abs. 1 Satz 4 AktG n.F) ab und ersetzt es durch rein insolvenzrechtliche Regelungen. Außerhalb von Insolvenzverfahren bestehen abermals parallele Anfechtungsrechte von Gesellschaftsgläubigern.

II. Auch das Tatbestandsmerkmal der Krise der Gesellschaft entfällt ersatzlos. Dergestalt wird jegliche Differenzierung zwischen eigenkapitalersetzend und nicht eigenkapitalersetzend aufgegeben. Das neue Recht behandelt insoweit sämtliche Gesellschafterfinanzierungshilfen gleich.

III. Sämtliche Gesellschafterdarlehen und Forderungen aus Rechtshandlungen, die einem solchen Darlehen wirtschaftlich entsprechen, treten im Insolvenzverfahren im Rang hinter die übrigen Forderungen der Insolvenzgläubiger zurück (§ 39 Abs. 1 Nr. 5 InsO). Dies gilt rechtsformübergreifend für alle Gesellschaften, die weder eine natürliche Person noch eine Gesellschaft als persönlich haftenden Gesellschafter haben, bei der ein persönlich haftender Gesellschafter eine natürliche Person ist. Sanierungs- und Kleinbeteiligtenprivileg gelten unverändert fort (§ 39 Abs. 4 Satz 2, Abs. 5 InsO). In diesen Grenzen sind nunmehr sämtliche Gesellschafterfinanzierungshilfen erfasst; allerdings besteht vor der Insolvenz keinerlei Auszahlungssperre mehr (vormals § 30 GmbHG a.F.).
Im Falle verbotener Befriedigungsleistungen bzw. Sicherheitenbestellungen bestehen – insbesondere zeitlich – begrenzte Anfechtungsrechte (§ 135 InsO sowie gemäß AnfG).

IV. Der zeitliche Anwendungsbereich des neuen Rechts der Gesellschafterfinanzierungshilfen ist im Detail äußerst komplex und umstritten. Maßgebliche Regelung ist Art. 103d EGInsO. Nach zutreffender und wohl herrschender Auffassung finden prinzipiell sämtliche vormaligen Regelungen in sog. Altfällen Anwendung, d.h. bei Insolvenzeröffnung vor dem 01.11.2008. Bezüglich sog. Neufälle gelten die Rechtsprechungsregeln gemäß zutreffender und wohl herrschender Ansicht (nur) insofern weiter, als vor dem 01.11.2008 bereits Ansprüche der Gesellschaft aus § 31 GmbHG a.F. entstanden sind. Die entstandenen Ansprüche bestehen in den gewöhnlichen Grenzen fort (insb. keine nachhaltige Überwindung der Gesellschaftskrise sowie § 31 Abs. 5 GmbHG a.F.).

V. Das gesetzgeberische Ziel der Vereinfachung der zivilrechtlichen Situation wurde erreicht. Dies gelang primär durch die Abschaffung der Unterscheidung zwischen eigenkapitalersetzend und nicht eigenkapitalersetzend. Auch die rechtsformübergreifende Regelung trug zur Zielerreichung bei.
Die Zielerreichung auf dem Gebiet des Zivilrechts führt indes auf dem Gebiet des Steuerrechts zu erheblichen Unsicherheiten (siehe im Folgenden).

Das Handelsbilanz- und Steuerrecht nach MoMiG

I. An der bilanziellen Behandlung von Gesellschafterfinanzierungshilfen (Passivierungspflicht) ändert sich nichts. Lediglich die Passivierungspflicht in der Überschuldungsbilanz wird durch § 19 Abs. 2 Satz 2 InsO modifiziert.

II. Hinsichtlich der Verlustberücksichtigungsmöglichkeiten ist wiederum nach der maßgeblichen Vermögensart zu differenzieren, in der sich die Finanzierungshilfe bzw. die Beteiligung befinden:

III. Die Bereiche von körperschaftsteuerlichen und einkommensteuerlichen Betriebsvermögen bleiben von den Änderungen des MoMiG unberührt. Dessen unbeschadet ist im einkommensteuerlich-betrieblichen Bereich nunmehr unzweifelhaft das Teilabzugsverbot anzuwenden gemäß und in den Grenzen von § 3c Abs. 2 EStG n.F.

IV. Bezüglich des einkommensteuerlichen Privatvermögens ist hingegen durch die Änderungen des MoMiG Vieles unklar geworden:

V. Der Obersatz der Rechtsprechung als solcher ist aufrechtzuerhalten, da er auch unter Geltung des MoMiG die insoweit entscheidenden Fragestellungen beinhaltet: Liegt die insoweit im Rahmen des unverändert maßgeblichen § 17 EStG erforderliche gesellschaftsrechtliche Veranlassung des Verlustes vor bzw. ist dieser Verlust nicht schon an anderer Stelle zu berücksichtigen (Subsidiarität)?

VI. Bezüglich der konkreten Subsumtion kann die Rechtsprechung nur hinsichtlich der Subsidiarität aufrechterhalten werden. Dieses Tatbestandsmerkmal wird insoweit *de lege lata* (noch) erfüllt sein.

VII. Eine unveränderte Subsumtion unter das Tatbestandsmerkmal der gesellschaftsrechtlichen Veranlassung scheidet hingegen infolge der Änderungen durch das MoMiG aus: Da das Eigenkapitalersatzrecht nicht mehr existiert, kann auch nicht mehr akzessorisch an dieses angeknüpft werden.

VIII. Unbeschadet der letztlich abzulehnenden Möglichkeiten, etwa auch weiterhin für die Berücksichtigung sämtlicher sog. Beteiligungskosten zu plädieren bzw. überhaupt keinen Anschaffungskostenansatz zulassen zu wollen, sollte sich der Ausfüllung des Tatbestandsmerkmals der gesellschaftsrechtlichen Veranlassung von zwei sich diametral gegenüberstehenden Ausgangspunkten her genähert werden: Will man auch weiterhin eine Anknüpfung am nunmehr veränderten Zivilrecht (Insolvenzrecht) vornehmen oder will man den Begriff der gesellschaftsrechtlichen Veranlassung und damit der nachträglichen Anschaffungskosten bei § 17 EStG nunmehr autonom steuerrechtlich auslegen?

IX. Die Analyse der bezüglich beider Ausgangspunkte bestehenden Grunderwägungen ergibt, dass unter Geltung des MoMiG die gesellschaftsrechtliche Veranlassung von Verlusten bezüglich gewährter Gesellschafterfinanzierungshilfen nunmehr nach selbständigen steuerrechtlichen Maßstäben erfolgen sollte.
Dies führt insbesondere zu der zunächst paradox anmutenden Konsequenz, dass der BFH seine bislang im Rahmen der Subsumtion gewonnenen Ergebnisse dem Grunde nach beibehalten bzw. fortentwickeln können wird.

Das Handelsbilanz- und Steuerrecht nach MoMiG und UntStRefG

I. Die Bereiche des betrieblichen Vermögens bleiben durch das UntStRefG unberührt, sodass die Ausführungen zur Rechtslage unter Geltung (nur) des MoMiG gelten.

II. Die Rechtslage im einkommensteuerlichen Privatvermögen erfährt hingegen dadurch eine gravierende Veränderung, dass in § 20 Abs. 2 EStG n.F. die Grundlage für eine umfassende capital gains Besteuerung gelegt wird. § 20 Abs. 2 EStG n.F. überführt beträchtliche Bestandteile des bislang in seinem Vermögensstamm nicht steuerbaren Privatvermögens auch in seiner Substanz in den steuerbaren Bereich. Dies gilt insbesondere für i.S.d. § 17 EStG unwesentliche Beteiligungen sowie für sog. „sonstige Kapitalforderungen“ gemäß § 20 Abs. 2 Satz 1 Nr. 7 i.V.m. Abs. 1 Nr. 7 EStG n.F.

III. Weil zu diesen sonstigen Kapitalforderungen auch Gesellschafterdarlehen und Gesellschaftersicherheiten gehören, wird fraglich, ob diesbezügliche Verluste nicht auch insoweit über § 20 Abs. 2 Satz 1 Nr. 7 i.V.m. Abs. 1 Nr. 7, Abs. 4 EStG n.F. Berücksichtigung finden sollten, als eine gemäß § 17 EStG wesentliche Beteiligung zugrunde liegt.

IV. Während die Annahme von Werbungskosten bei der Einkunftsart des § 20 EStG abzulehnen ist, ist bezüglich eines Verlustes nach § 20 Abs. 2 Satz 1 Nr. 7 i.V.m. Abs. 1 Nr. 7, Abs. 4 EStG n.F. bei zugrunde liegenden wesentlichen Beteiligungen eine Abgrenzung zur fortgesetzten Anwendung von § 17 EStG vorzunehmen.

V. Insoweit kann von der bisherigen Rechtsprechung des BFH ausgegangen werden, die in ihrem Obersatz wiederum unverändert angewendet werden kann. Indes wird durch die Gesetzesänderung das Vorliegen des Tatbestandsmerkmals der Subsidiarität der nachträglichen Anschaffungskosten fraglich, da bei Annahme eines Verlustes nach § 20 Abs. 2 Satz 1 Nr. 7 i.V.m. Abs. 1 Nr. 7, Abs. 4 EStG n.F. eine „sonstige betriebliche Ausgabe“ i.S.d. Rechtsprechung vorliegen würde.

VI. Hält man insoweit § 17 EStG für vorrangig, entspricht die Rechtslage bei zugrunde liegenden wesentlichen Beteiligungen derjenigen unter Geltung nur des MoMiG. Nur bei unwesentlichen Beteiligungen kommt eine Anwendung von § 20 Abs. 2 Satz 1 Nr. 7 i.V.m. Abs. 1 Nr. 7, Abs. 4 EStG n.F. in Betracht.

VII. Eine Abwägung der insoweit widerstreitenden Argumente und Erwägungen ergibt, dass die besseren Gründe für eine vorrangige Verortung der Finanzierungshilfenverluste in § 20 Abs. 2 Satz 1 Nr. 7 i.V.m. Abs. 1 Nr. 7, Abs. 4 EStG n.F. sprechen.

VIII. Dem stehen weder die Subsidiaritätsklausel gemäß § 20 Abs. 8 EStG entgegen noch ein Regelungsverhältnis von § 17 EStG und § 20 Abs. 2 EStG n.F. derge-

stalt, dass bei gesellschaftsrechtlicher Veranlassung der Finanzierungshilfenverluste immer eine Vorrangigkeit von § 17 EStG gegeben sei.
Vielmehr wurde der Begriff der nachträglichen Anschaffungskosten in § 17 EStG bislang teleologisch erweitert, um zum gewünschten und angemessenen Ergebnis der Berücksichtigung des Verlustes zu gelangen. Dank Einführung von § 20 Abs. 2 Satz 1 Nr. 7 ist dieser "Notbehelf" jedoch obsolet. § 20 Abs. 2 Satz 1 Nr. 7 i.V.m. Abs. 1 Nr. 7 EStG n.F. stellt die sachnähere und systematisch vorzugswürdige Regelung dar.

IX. Die Frage nach der gesellschaftsrechtlichen Veranlassung stellt sich sodann nicht mehr, da diese ihre Rechtfertigung lediglich im Tatbestand des § 17 EStG zum Ausscheiden nicht tatbestandlicher Vorgänge fand, für die Anwendung von § 20 Abs. 2 Satz 1 Nr. 7 i.V.m Abs. 1 Nr. 7 EStG n.F. hingegen weder Voraussetzung noch Hinderungsgrund ist.

X. Der als Ausnahmeregelung konzipierte § 32d Abs. 2 Nr. 1 Satz 1 lit.b EStG bewirkt, dass in den vom neuen insolvenzrechtlichen Recht der Gesellschafterfinanzierungshilfen erfassten Fallgestaltungen die Verlustabzugsbeschränkungen der Abgeltungsteuer (§ 20 Abs. 6 EStG) gerade nicht eingreifen, sodass bei Annahme eines Verlustes nach § 20 Abs. 2 Satz 1 Nr. 7 i.V.m. Abs. 1 Nr. 7, Abs. 4 EStG n.F. eine umfassende Verlustberücksichtigung möglich ist.

Literaturverzeichnis

Aigner, Philipp — Wegfall der Einkunftsquelle bei den Kapitaleinkünften (§ 20 EStG n.F.), Diss., Stuttgart, 2013.

Aigner, Philipp — Der Ausfall eines Darlehens, insbesondere Gesellschafterdarlehens, im Privatvermögen, DStR 2016, 345.

Altmeppen, Holger — Anmerkung zum BGH-Urteil vom 11.07.1994 – II ZR 146/92, NJW 1994, 2349.

Altmeppen, Holger — Die Auswirkungen des KonTraG auf die GmbH, ZGR 1999, 290.

Altmeppen, Holger — Änderungen der Kapitalersatz- und Insolvenzverschleppungshaftung aus deutsch euro-päischer Sicht, NJW 2005, 1911.

Altmeppen, Holger — Das neue Recht der Gesellschafterdarlehen in der Praxis, NJW 2008, 3601.

Altmeppen, Holger — Wie lange noch gilt das alte Kapitalersatzrecht? ZIP 2011, 641.

Altrichter-Herzberg, Torsten — Die mögliche Einführung eins Sanierungsprivilegs in 8c KStG, GmbHR 2009, 466.

Andres, Dirk
Leithaus, Rolf — Kommentar zur Insolvenzordnung, Andres, Dirk / Leithaus, Rolf / Dahl, Michael (Hrsg.), 3. Auflage, München 2014 (zit.: *Bearbeiter* in: Andres/Leithaus, InsO).

Barth, Alexander — Unternehmensteuerreform 2008, Diss., Baden-Baden 2008.

Baumbach, Adolf
Hueck, Alfred — Kommentar zum GmbHG, 21. Auflage, München 2017 (zit.: *Bearbeiter* in: Baumbach/Hueck, GmbHG).

Baumbach, Adolf
Hueck, Alfred
Kommentar zum GmbHG, 18. Auflage, München 2006 (zit.: *Bearbeiter* in: Baumbach/Hueck, 18. Auflage 2006, GmbHG).

Bayer, Frank
Verlorene Gesellschafterdarlehen im steuerlichen Privatvermögen, DStR 2009, 2397.

Bayer, Walter
Graff, Simone
Das neue Eigenkapitalersatzrecht nach dem MoMiG, DStR 2006, 1654.

Behrens, Peter
Anwendung des deutschen Eigenkapitalersatzrechts auf Scheinauslandsgesellschaften, IPRax 2010, 230.

Behrens, Stefan
Neuregelungen der Besteuerung der Einkünfte aus Kapitalvermögen ab 2009 nach dem Regierungsentwurf eines Unternehmenssteuerreformgesetzes vom 14. 3. 2007, BB 2007, 1025.

Behrens, Stefan
Renner, Georg
Beschränkungen des Anwendungsbereichs der Abgeltungsteuer zur Missbrauchsvermeidung nach § 32d Abs. 2 Nr. 1 EStG, BB 2008, 2319.

Binnewies, Burkhard
Die neue Abgeltungsteuer – Erste Praxishinweise für GmbH – Gesellschafter mit Anteilen im Privatvermögen, GmbH–StB 2008, 16.

Blümich
Kommentar zum Einkommensteuergesetz, Körperschaftsteuergesetz, Gewerbesteuergesetz (Loseblatt), Heuermann, Bernd / Brandis, Peter (Hrsg.), Band I, Stand: 135. Ergänzungslieferung November 2016, München (zit.: *Bearbeiter* in: Blümich, EStG).

Bode, Christoph
Nachträgliche Anschaffungskosten beim Ausfall von Gesellschafterdarlehen nach MoMiG und Einführung der Abgeltungsteuer, DStR 2009, 1781.

Bode, Walter
Anmerkung zum BFH – Urteil vom 19.08.2008 – IX R 63/05, FR 2009, 289.

Bormann, Michael
Eigennützige Sanierungsdarlehen und § 32 a III 3 GmbHG, NZI 1999, 389.

Braun, Eberhard
Kommentar zur Insolvenzordnung, 7. Auflage, München 2017 (zit.: *Bearbeiter* in: Braun, InsO).

Bron, Jan F.
Seidel, Karsten
Wann gilt das Halbabzugsverbot des § 3c Abs. 2 EStG noch? DStZ 2009, 859.

Buchna, Johannes
Sombrowski, Dirk
Nochmals zu Aufwendungen mit Eigenkapitalersatzcharakter als nicht zu berücksichtigende Gewinnminderungen nach § 8b Abs. 3 KStG, DB 2005, 1539

Buck, Christian
Die Kritik am Eigenkapitalersatzgedanken, Diss., Baden-Baden 2006.

Bullinger, Michael
Steuerliche Fragen von Gesellschafterdarlehen an die GmbH, DStR 1993, 225.

Buschmann, Marco
Finanzplankredit und MoMiG, NZG 2009, 91.

Castor, Bernd
Das Recht der eigenkapitalersetzenden Gesellschafter-leistungen unter Berücksichtigung der Rechtsfolgen nachträglicher Änderungen der Tatbestandsvoraus-setzungen, Diss., Frankfurt am Main 1997.

Crezelius, Georg
Überlegungen zum steuerrechtlichen Eigenkapitalersatz in: Kirchhof, Paul / Schmidt, Karsten / Schön, Wolfgang / Vogel, Klaus (Hrsg.), Festschrift für Arndt Raupach zum 70. Geburtstag, Köln 2006.

Crezelius, Georg
Aktuelle Steuerrechtsfragen in Krise und Insolvenz September/Oktober 2007, NZI 2007, 708.

Crezelius, Georg
Gesellschaftsrecht und § 17 EStG in: Hommelhoff, Peter / Rawert, Peter / Schmidt, Karsten (Hrsg.), Festschrift für Hans-Joachim Priester zum 70. Geburtstag, Köln 2007.

Crezelius, Georg
Aktuelle Steuerrechtsfragen in Krise und Insolvenz, NZI 2008, 472.

Dahl, Michael
Schmitz, Jan
Eigenkapitalersatz nach dem MoMiG aus insolvenzrechtlicher Sicht, NZG 2009, 325.

Demuth, Ralf
Gesellschafterforderungen im Ertragsteuerrecht – Entstehung, Verzinsung, Verzicht, KÖSDI 2008, 16177.

Desens, Marc
Die neue Vertrauensschutzdogmatik des Bundesverfassungsgerichts für das Steuerrecht, StuW 2011, 113.

Ditz, Xaver
Quilitzsch, Carsten
Internationale Aspekte des Zollkodex-Anpassungsgesetzes, DStR 2015, 545.

Doege, Mirko
Wertminderung und Ausfall privater Kapitalanlagen nach dem Unternehmensteuerreformgesetz 2008, Stbg 2008, 440.

Dötsch, Ewald
Diskussionsbeitrag im Anschluss an Graf, Steuerverstrickung von Kapitalforderungen – zur Berücksichtigung von Verlusten trotz Abgeltungsteuer, in Drüen, Klaus-Dieter (Hrsg.), Jahrbuch der Fachanwälte für Steuerrecht 2009 / 2010, S. 260.

Dötsch, Ewald
Pung, Alexandra
Möhlenbrock, Rolf
Kommentar zum Körperschaftsteuergesetz, Umwandlungssteuergesetz und zu den einkommensteuerrechtlichen Vorschriften der Anteilseignerbesteuerung (Loseblatt), Stand: 87. Ergänzungslieferung August 2016, Stuttgart (zit.: *Bearbeiter* in: Dötsch/Pung/Möhlenbrock, KStG).

Dötsch, Ewald
Pung, Alexandra
JStG 2008: Die Änderungen des KStG, des UmwStG und des GewStG, DB 2007, 2669.

Eberhard, Martin
Steuerwirksame Abschreibungen auf Gesellschafterdarlehen – Mögliche Folgen aus dem BFH-Urteil I R 52/08 vom 14. 1. 2009, DStR 2009, 2226.

Fassbender, Karl-Josef
Cash – Pooling und Kapitalersatzrecht im Konzern, Diss., Berlin 2004.

Fischer, Michael
Querbezüge des MoMiG zum Unternehmenssteuerrecht, Ubg 2008, 684.

Förster, Guido
Steuerliche Aspekte der Entlastung einer Kapitalgesellschaft von Verbindlichkeiten durch ihre Gesellschafter, Ubg 2010, 758.

Förster, Guido
Vertrauensschutz bei der Veräußerung von Anteilen i.S. des § 17 EStG – Konsequenzen des BVerfG-Beschlusses vom 7.7.2010 und des BMF-Schreibens vom 20.12.2010, DB 2011, 259.

Förster, Guido
Wendland, Jan
Steuerliche Folgen von Gesellschafterdarlehen in der Krise der GmbH, GmbHR 2006, 169.

Fromm, Andreas	Die Überschuldungsprüfung im Insolvenzrecht, GmbHR 2004, 940.
Frotscher, Gerrit	Kommentar zum Einkommensteuergesetz (Loseblatt), Stand: 197. Ergänzungslieferung Februar 2017 (zit.: *Bearbeiter* in: Frotscher, EStG).
Früchtl, Bernd **Prokscha**, Armin	Die einkommensteuerliche Behandlung von Erlösen aus der Liquidation von Kapitalgesellschaften nach dem SEStEG, BB 2007, 2147.
Fuhrmann, Claas	Auswirkungen des MoMiG auf die steuerliche Beratungspraxis, NWB Fach 4, 5391 (29.09.2008).
Fuhrmann, Claas	Darlehensausfall weiterhin nachträgliche Anschaffungs-kosten? NWB 2009, 3990.
Fuhrmann, Claas **Strahl**, Martin	Änderungen im Unternehmensteuerrecht durch das JStG 2008, DStR 2008, 125.
Gast, Marcel	Die steuerliche Berücksichtigung von Darlehensverlusten des Gesellschafters einer Kapitalgesellschaft, Diss., Berlin, 2013.
Gehrlein, Markus	Die Behandlung von Gesellschafterdarlehen durch das MoMiG, BB 2008, 846.
Gehrlein, Markus	Das Eigenkapitalersatzrecht im Wandel seiner gesetzlichen Kodifikationen, BB 2011, 3.
Goette, Wulf	Anmerkung zum BGH Urteil vom 28.06.1999 - II ZR 272/98, DStR 1999, 1198.
Goette, Wulf	Anmerkung zum BGH - Urteil vom 18.12.2000 - II ZR 191/99, NZG 2001, 222.
Goette, Wulf	Kapitalaufbringung und Kapitalschutz in der GmbH, München 2004.
Goette, Wulf	Anmerkung zum BGH - Urteil vom 21.11.2005 – II ZR 277/03, DStR 2006, 384.
Goette, Wulf	Anmerkung zum BGH - Urteil vom 30.01.2006 – II ZR 357/03, DStR 2006, 478.

Goette, Wulf	Einführung in das neue GmbH – Recht, München 2008.
Goette, Wulf **Habersack**, Mathias **Kalss**, Susanne	Münchener Kommentar zum Aktiengesetz, Band 7, 4. Auflage, München 2017 (zit.: *Bearbeiter* in: MüKo – AktG).
Görden, Ludwig	Zu den Fernwirkungen des MoMiG auf den Umfang nachträglicher Anschaffungskosten bei Darlehensverlusten, GmbH-StB 2011, 12.
Gosch, Dietmar	Diskussionsbeitrag im Anschluss an Graf, Steuerverstrickung von Kapitalforderungen – zur Berücksichtigung von Verlusten trotz Abgeltungsteuer, in Drüen, Klaus-Dieter (Hrsg.), Jahrbuch der Fachanwälte für Steuerrecht 2009 / 2010, S. 260.
Gosch, Dietmar	Kommentar zum Körperschaftsteuergesetz, 3. Auflage, München 2015 (zit.: *Bearbeiter* in: Gosch, KStG).
Graf, Michael	Steuerverstrickung von Kapitalforderungen – zur Berücksichtigung von Verlusten trotz Abgeltungsteuer, in Drüen, Klaus-Dieter (Hrsg.), Jahrbuch der Fachanwälte für Steuerrecht 2009 / 2010, S. 260.
Groh, Manfred	Unternehmensteuerreform 2008 / MoMiG 2008: Neuerungen bei § 17 EStG, FR 2008, 264.
Gschwendtner, Hubertus	Darlehensverluste eines wesentlich an einer Kapitalgesellschaft beteiligten Gesellschafters in der Rechtsprechung des BFH, DStR 1999, Beihefter zu Heft 32.
Gschwendtner, Hubertus	Darlehensverluste eines wesentlich an einer Kapitalgesellschaft beteiligten Gesellschafters, NJW 1999, 2165.
Gutmann, Torsten **Nawroth**, Mario	Der zeitliche Anwendungsbereich des MoMiG aus insolvenzrechtlicher Sicht – oder das Ende von Ansprüchen aus Eigenkapitalersatzrecht? ZInsO 2009, 174.
Haarmann, Wilhelm	Steuerrecht 2014/2015 – eine Anamnese, BB 2015, 22.

Haas, Ulrich — Der Normzweck des Eigenkapitalersatzes, NZI 2001, 1.

Haas, Ulrich — Eigenkapitalersatzrecht und Übergangsrecht, DStR 2009, 976.

Habersack, Mathias — Eigenkapitalersatzrecht im Gesellschaftsrecht, ZHR 162, 201 (1998).

Habersack, Mathias — Gesellschafterdarlehen nach dem MoMiG – Anwendungsbereich, Tatbestand und Rechtsfolgen der Neuregelung, ZIP 2007, 2145.

Habersack, Mathias — Die Erstreckung des Rechts der Gesellschafterdarlehen auf Dritte, insbesondere im Unternehmensverbund, ZIP 2008, 2385.

Hahne, Klaus D. — Anmerkung zum BFH – Urteil vom 02.04.2008 – IX R 76/06, BB 2008, 1941.

Hahne, Klaus D. — Anmerkung zum BFH – Urteil vom 14.01.2009 – I R 52/08, BB 2009, 990.

Hahne, Klaus D.
Krause, Haiko — Geplante Änderungen bei der Abgeltungsteuer im Jahressteuergesetz 2009 und Auswirkungen auf die Steuerplanung - Erste Analyse der geplanten Neuregelungen bei der Besteuerung privater Kapitaleinkünfte im Entwurf des JStG 2009, DStR 2008, 1724.

Harle, Georg — Der steuerliche Umgang mit Gesellschafterdarlehen bis 2014 und ab 2015, BB 2015, 2841.

Häuselmann, Holger — Kapitalertragsteuerbescheinigungen für 2009 – Muster ohne Wert? Anrechnungsrisiken für betriebliche Dividendenbezieher nach dem BMF-Schreiben vom 5. 5. 2009, DStR 2009, 1996.

Hein, Oliver
Suchan, Stefan
Geeb, Christoph — MoMiG auf der Schnittstelle von Gesellschafts- und Steuerrecht, DStR 2008, 2289.

Helm, Markus T.
Krinninger, Markus — Steuerrechtliche Folgen des Gesellschafterverzichts auf Forderungen gegenüber einer Kapitalgesellschaft, DB 2005, 1989.

Herrmann, Carl
Heuer, Gerhard
Raupach, Arndt
Kommentar zum Einkommensteuer- und Körperschaftsteuergesetz, Hey, Johanna / Wendt, Michael / Prinz, Ulrich (Hrsg.), Loseblatt (Stand: 277. Lieferung Februar 2017), Band IX, Köln (zit.: *Bearbeiter* in: Herrmann/Heuer/Raupach).

Herrmann, Carl
Heuer, Gerhard
Raupach, Arndt
Kommentar zum Einkommensteuer- und Körperschaftsteuergesetz, Hey, Johanna / Wendt, Michael / Prinz, Ulrich (Hrsg.), Loseblatt (Stand: 277. Lieferung Februar 2017), Band X, Köln (zit.: *Bearbeiter* in: Herrmann/Heuer/Raupach).

Hess, Harald
Sanierungshandbuch, 5. Auflage, Köln 2011.

Heuermann, Bernd
Ausgefallene Finanzierungshilfen bei Anteilsveräußerungen im Privatvermögen – Nettoprinzip und künftige Entwicklungen – Versuche über eine hybride Besteuerung, DStR 2008, 2089.

Heuermann, Bernd
Anteilsveräußerungen (§ 17 EStG) und Gesellschafterfinanzierung – Insolvenzrechtliche versus gesellschaftsrechtliche Bindung? NZG 2009, 841.

Heuermann, Bernd
Finanzierungshilfen eines nach § 17 EStG qualifiziert beteiligten Gesellschafters nach Abgeltungsteuer und MoMiG, DB 2009, 2173.

Hey, Johanna
Verletzung fundamentaler Besteuerungsprinzipien durch die Gegenfinanzierungsmaßnahmen des Unternehmensteuerreformgesetzes 2008, BB 2007, 1303.

Hirte, Heribert
Bilanzierung kapitalersetzender Darlehen im Überschuldungsstatus – Bemerkungen zum Urteil des OLG Düsseldorf vom 18.2.1999, 6 U 38/98, DStR 2000, 1829.

Hirte, Heribert
Die „Große GmbH-Reform" – Ein Überblick über das Gesetz zur Modernisierung des GmbH-Rechts und zur Bekämpfung von Missbräuchen (MoMiG), NZG 2008, 761.

Hirte, Heribert
Knof, Béla
Mock, Sebastian
Ein Abschied auf Raten? – Zum zeitlichen Anwendungsbereich des alten und neuen Rechts der Gesellschafterdarlehen, NZG 2009, 48.

Hoffmann, Wolf-Dieter — Beraterhinweise für den GmbH - Unternehmer, GmbH-StB 2007, 257.

Hoffmann, Wolf-Dieter — Vom eigenkapitalersetzenden zum insolvenzverhafteten Gesellschafterdarlehen bei der GmbH, GmbH-StB 2009, 349.

Hoffmann, Wolf-Dieter — Anmerkung zum Urteil des BFH vom 14.01.2009 - I R 52/08, GmbHR 2009, 490.

Hommelhoff, Peter — Das Gesellschafterdarlehen als Beispiel institutioneller Rechtsfortbildung, ZGR 1988, 460.

Hölzle, Gerrit — Nachträgliche Anschaffungskosten auf Kapitalbeteiligungen in der Fassung des RegE - MoMiG, DStR 2007, 1185.

Huber, Ulrich
Habersack, Mathias — GmbH - Reform: Zwölf Thesen zu einer möglichen Reform des Rechts der kapitalersetzenden Gesellschafter-darlehen, BB 2006, 1.

Jacobs, Otto H. — Unternehmensbesteuerung und Rechtsform, Handbuch zur Besteuerung deutscher Unternehmen, 5. Auflage, München 2015.

Jachmann, Monika — Ermittlung von Vermögenseinkünften - Abgeltungsteuer in Einkünfteermittlung, 35. Jahrestagung der Steuerjuristischen Gesellschaft e.V. (DStJG), 34. Band, Seiten 251 ff., Köln 2011.

Jehke, Christian
Pitzal, Christian — Teilabzugsverbot gemäß § 3c Abs. 2 EStG bei einnahmelosen Beteiligungen - Schlussfolgerungen und Gestaltungshinweise, DStR 2010, 256.

Jungmann, Carsten — Zur bilanziellen Behandlung und summenmäßigen Begrenzung von Ansprüchen aus § 31 GmbHG, DStR 2004, 688.

Kahlert, Günter
Gehrke, Hans-Dieter — Steuerneutralität des Rangrücktritts eines GmbH - Gesell-schafters nach § 19 II 3 InsO n.F.? ZIP 2008, 2392.

Kahlert, Günter
Rühland, Bert — Sanierungs- und Insolvenzsteuerrecht, 2. Auflage, Köln 2011.

Kellersmann, Dietrich — Behandlung „unrealisierter" Kapitalvermögenseinbußen im Rahmen der Abgeltungsteuer, FR 2012, 57.

Kind, Thomas — Insolvenzrechtliche Änderungen durch das MoMiG, NZI 2008, 475.

Kirchhof, Hans-Peter
Eidenmüller, Horst
Stürner, Rolf — Münchener Kommentar zur Insolvenzordnung, Band I, 3. Auflage, München 2013 (zit.: *Bearbeiter* in: MüKo - InsO)

Kirchhof, Paul — Verluste im Steuerrecht - Eröffnung der 29. Jahrestagung und Rechtfertigung des Themas in Rüdiger von Groll (Hrsg.), Verluste im Steuerrecht, S. 1 ff., Köln 2005.

Kirchhof, Paul — Kommentar zum Einkommensteuergesetz, 15. Auflage, Köln 2016 (zit.: *Bearbeiter* in: Kirchhof, EStG).

Kleinert, Jens
Podewils, Felix — Neues zu Teilwertabschreibungen auf Gesellschafterdarlehen, GmbHR 2009, 849.

Kleinmanns, Florian — Negative Einkünfte aus Kapitalvermögen und die Abgeltungsteuer, DStR 2009, 2359.

Knof, Bela
Mock, Sebastian — Das MoMiG und die Auslandsinsolvenz haftungsbeschränkter Gesellschaften, GmbHR 2007, 852.

Korn, Christian — Wesentliche Änderungen durch das Gesetz zur Anpassung der Abgabenordnung an den Zollkodex der Union und zur Änderung weiterer steuerlicher Vorschriften, SteuK 2015, 33.

Körner, Christoph Johannes — Institutionelle Kreditgeber als Quasigesellschafter - Kreditsicherungsgestaltungen aus dem Blickwinkel des geltenden und künftigen Eigenkapitalersatzrechts unter besonderer Berücksichtigung der Projektfinanzierung Diss., Frankfurt am Main 2008.

Koutsós, Nikolas Theodoros — Die rechtliche Behandlung von (eigenkapitalersetzenden) Gesellschafterleistungen, Diss., Bremen 2010.

Küffner, Peter — Rechnungslegung beim Eigenkapitalersatz, DStR 1993, 180.

Levedag, Christian — Steuerliche Auswirkungen des Regierungsentwurfs des MoMiG vom 23.05.2007 zu eigenkapitalersetzenden Darlehen, GmbH-Report 2007, R 182.

Loos, Gerold — Ist die Einschränkung der Verrechnungsfähigkeit von Verlusten aus der Veräußerung von Aktien im Privatvermögen (§ 20 Abs. 6 Satz 5 EStG) verfassungskonform? DStZ 2010, 78.

Lips, Jörg
Randel, Thierry
Werwigk, Claudius — Das neue GmbH - Recht - ein Überblick, DStR 2008, 2222.

Littmann, Eberhard
Bitz, Horst
Pust, Hartmut — Kommentar zum Einkommensteuergesetz (Loseblatt), Bitz, Horst / Pust, Hartmut (Hrsg.), Stand: 120. Ergänzungslieferung Februar 2017, 15. Auflage, Stuttgart 2016 (zit.: *Bearbeiter* in: Littmann/Bitz/Pust).

Mach, Holger — Steuerliche Risiken bei der Übertragung von Anteilen an Kapitalgesellschaften, Diss., Norderstedt 2008.

Maciejewski, Tim — Die steuerliche Behandlung von Gesellschafterdarlehen nach MoMiG und UntStRefG, GmbHR 2012, 1335.

Marhewka, Daniel — Anmerkung zum Urteil des OLG München vom 22.12.2010 – 7 U 4960/07, BB 2011, 631.

Michalski, Lutz — Kommentar zum GmbHG, Band I, 2. Auflage, München 2010 (zit.: *Bearbeiter* in: Michalski, GmbHG).

Möhlenbrock, Rolf — Perspektiven der Verlustnutzung bei Körperschaften und deren Anteilseignern, Ubg 2010, 256.

Moritz, Joachim — Nachträgliche Anschaffungskosten und Kapitalersatzrecht – Neuausrichtung erforderlich? DStR 2014, 1636.

Musil, Andreas — Ermittlung von Vermögenseinkünften – Einkünfte aus Veräußerungsgeschäften in Einkünfteermittlung, 35. Jahrestagung der Steuerjuristischen Gesellschaft e.V. (DStJG), 34. Band, Seiten 237 ff., Köln 2011.

Naujok, Jan-Pieter — Anmerkung zum BFH - Urteil vom 25.06.2009 - IX R 42/08, BB 2009, 2128.

Neumann, Ralf — Nachträgliche Anschaffungskosten bei § 17 EStG durch Forderungsausfälle - Bedeutung des MoMiG und des UntStRefG 2008, GmbH-StB 2008, 361.

Neumann, Ralf — Erwerb wertgeminderter Forderungen oder Besserungsscheine nach dem UntStRefG 2008, GmbHR 2008, 473.

Neumann, Ralf
Stimpel, Thomas — Wesentliche Änderungen für Kapitalgesellschaften und deren Gesellschafter durch das JStG 2008, GmbHR 2008, 57.

Niemann, Walter
Mertzbach, Markus — Eigenkapitalersetzende Darlehen in der Handels- und Steuerbilanz von Gesellschaften mit beschränkter Haftung, DStR 1992, 929

Oppenländer, Frank — Eigenkapitalersatz durch Gebrauchs- und Nutzungsüber-lassung an die GmbH, DStR 1993, 1523.

Ortmann-Babel, Martina
Bolik, Andreas
Gageur, Patrick — Aktuelle Beratungsschwerpunkte bei der Bilanzierung von Gesellschafterdarlehen, BB 2009, 2414.

Ortmann-Babel, Martina
Gauß, Ottmar — Zollkodexanpassungsgesetz verabschiedet, DB 2015, 13.

Ott, Hans — Finanzierungshilfen bei der GmbH, Forderungsverzicht und Ausfall von Gesellschafterdarlehen, DStZ 2010, 623.

Otto, Thomas — Vereinbarkeit des Halbabzugsverbots gemäß § 3c Abs. 2 EStG mit dem Grundgesetz - Zugleich Stellungnahme zum BFH-Urteil vom 19. 6. 2007, VIII R 69/05, DStR 2007, 1756, DStR 2008, 228.

Pape, Gerhard
Uhlenbruck, Wilhelm
Voigt-Salus, Joachim — Insolvenzrecht, 2. Auflage, München 2010 (zitiert: *Bearbeiter* in: Pape/Uhlenbruck/Voigt-Salus).

Paus, Bernhard — Lässt sich die Verletzung des Gleichheitssatzes durch das Halbabzugsverbot mit dem Gedanken einer folgerichtigen Besteuerung rechtfertigen? – Anmerkung zu dem BFH Urteil vom 19. 6. 2007 – VIII R 69/05, DStZ 2008, 145.

Paus, Bernhard — Abzug laufender Werbungskosten bei „wesentlichen“ Beteiligungen, FR 2008, 1106.

Pentz, Andreas — Zwischenbilanz zu Kleinbeteiligtenschwelle und Sanierungsprivileg, GmbHR 2004, 529.

Plewka, Harald — Die Entwicklung des Steuerrechts, NJW 2010, 488.

Priester, Hans-Joachim — Die Erhöhung des Stammkapitals mit kapitalersetzenden Gesellschafterdarlehen in: Knobbe-Keuk, Brigitte / Klein, Franz / Moxter, Adolf (Hrsg.), Festschrift für Georg Döllerer, Düsseldorf 1988.

Pyszka, Tillmann — DStR-Fachliteratur-Auswertung: Bilanzen und Gewinnermittlung, DStR 1998, 1160.

Reimann-Dittrich, Carola — Die Finanzierungsfolgenverantwortung des Gesell-schafters (Diss.), Frankfurt am Main 2006.

Rellermeyer, Klaus
Gröblinghoff, Stefan — Keine Ewigkeitsgeltung der Rechtsprechungsregeln zum Eigenkapitalersatz, ZIP 2009, 1933

Rolf, Henning
Pankoke, Frank — Steuerliche Anerkennung von Teilwertabschreibungen auf Gesellschafterdarlehen, BB 2009, 1844.

Römermann, Volker — Insolvenzrecht im MoMiG, NZI 2008, 641.

Roth, Hans-Peter — Das Zollkodexanpassungsgesetz: Wichtige Neuregelung für Unternehmen, GWR 2015, 135.

Roth, Günter H.
Altmeppen, Holger — Kommentar zum GmbHG, 7. Auflage, München 2012 (zitiert: *Bearbeiter* in: Roth/Altmeppen, GmbHG).

Runkel, Hans-Peter — Anwaltshandbuch Insolvenzrecht, 2. Auflage, Köln 2008 (zitiert: *Bearbeiter* in: Runkel, Anwaltshandbuch Insolvenzrecht).

Saenger, Ingo
Inhester, Michael
Kommentar zum GmbHG, 3. Auflage, Baden-Baden 2016 (zitiert: *Bearbeiter* in: Saenger/ Inhester, GmbHG).

Schaumann, Michael
Reform des Eigenkapitalersatzrechtes im System der Gesellschafterhaftung, Diss., Frankfurt 2009.

Schäfer, Berthold
Eigenkapitalersatz nach dem „MoMiG" – was bleibt von der Finanzierungsfolgenverantwortung? ZInsO 2010, 1311.

Schmidt, Andreas
Hamburger Kommentar zum Insolvenzrecht, 6. Auflage, Köln 2017 (zit.: *Bearbeiter* in: Hamb. Kom. zum Insolvenzrecht).

Schmidt, Karsten
Anmerkung zum BGH – Urteil vom 27.09.1976 – II ZR 162/75 in NJW 1977, 104.

Schmidt, Karsten
Kapitalersetzende Bankenkredite? ZHR 147 (1983), 165.

Schmidt, Karsten
Eigenkapitalersetzendes Darlehen und (Zwangs-)Vergleich, ZIP 1995, 969.

Schmidt, Karsten
Die Rechtsfolgen der „eigenkapitalersetzenden Sicherheiten", ZIP 1999, 1821.

Schmidt, Karsten
Gesellschaftsrecht, 4. Auflage, Köln 2002.

Schmidt, Karsten
Eigenkapitalersatz, oder: Gesetzesrecht versus Rechtsprechungsrecht? ZIP 2006, 1925.

Schmidt, Karsten
Normzweck und Zurechnungsfragen im Recht der Gesellschafter-Fremdfinanzierung, GmbHR 2009, 1009.

Schmidt, Karsten
Kommentar zur Insolvenzordnung, 19. Auflage, München 2016 (zit.: *Bearbeiter* in: Schmidt, InsO).

Schmidt, Ludwig (Begr.)
Kommentar zum Einkommensteuergesetz, Drenseck, Walter (Hrsg.), 35. Auflage, München 2016 (zit.: *Bearbeiter* in: Schmidt, EStG).

Schmidt, Ludwig (Begr.)
Kommentar zum Einkommensteuergesetz, Drenseck, Walter (Hrsg.), 33. Auflage, München 2014 (zit.: *Bearbeiter* in: Schmidt, EStG, 33. Auflage 2014).

Schmitt-Homann, Fabian
Abgeltungsteuer: Verlustanteil, Forderungsausfall, Bezugsrecht und Wertpapierleihe – Kritische Anmerkungen zum neuen BMF-Anwendungsschreiben, BB 2010, 351.

Scholz, Franz (Begr.)
Kommentar zum GmbH – Gesetz, Band I, 11. Auflage, Köln 2012 (zit.: *Bearbeiter* in: Scholz, GmbHG).

Scholz, Franz (Begr.)
Kommentar zum GmbH – Gesetz, Band I, 10. Auflage, Köln 2010 (zit.: *Bearbeiter* in: Scholz, GmbHG, 10. Auflage 2010).

Scholz, Franz (Begr.)
Kommentar zum GmbH – Gesetz, Band III (einschl. Nachtrag MoMiG), 10. Auflage, Köln 2010 (zit.: *Bearbeiter* in: Scholz, GmbHG, 10. Auflage 2010).

Schön, Wolfgang
Diskussionsbeitrag im Anschluss an Graf, Steuerverstrickung von Kapitalforderungen – zur Berücksichtigung von Verlusten trotz Abgeltungsteuer, in Drüen, Klaus-Dieter (Hrsg.), Jahrbuch der Fachanwälte für Steuerrecht 2009 / 2010, S. 260.

Schulz, Andreas
Vogt, Rita
Unternehmensfinanzierung mittelständischer Unterneh-men nach Inkrafttreten der Abgeltungsteuer im Jahr 2009, DStR 2008, 2189.

Schüppen, Matthias
Diskussionsbeitrag im Anschluss an Graf, Steuerverstrickung von Kapitalforderungen – zur Berücksichtigung von Verlusten trotz Abgeltungsteuer, in Drüen, Klaus-Dieter (Hrsg.), Jahrbuch der Fachanwälte für Steuerrecht 2009 / 2010, S. 260.

Schwedhelm, Rolf
Olbing, Klaus
Binnewies, Burkhard
Aktuelles zum Jahreswechsel 2008/2009 rund um die GmbH, GmbHR 2008, 1233.

Schwenker, Jörg
Fischer, Carola
Gesellschafterdarlehen – Aspekte der Darlehens-gewährung an eine Kapitalgesellschaft, FR 2010, 643.

Schwetlik, Harald — Tilgung privater, unter dem Nennwert erworbener Forderungen, GmbHR 2008, 358.

Seppelt, Michael — Gesellschafterdarlehen mit Rangrücktritt in der Liquidationsschlussbilanz, BB 2010, 1395.

Spindler, Gerald
Stilz, Eberhard — Kommentar zum Aktiengesetz, Band I, 3. Auflage, München 2015 (zit.: *Bearbeiter* in: Spindler/Stilz, AktG).

Spliedt, Jürgen D. — MoMiG in der Insolvenz – ein Sanierungsversuch, ZIP 2009, 149.

Stiller, Wojciech — § 3c Abs. 2 EStG: Die Achillesferse des deutschen Teileinkünfteverfahrens, StuW 2011, 75.

Tillmann, Tobias — Organstellung und Gesellschaftsstruktur im Eigenkapitalersatzrecht der AG – Anmerkung zur BGH - Entscheidung vom 9. 5. 2005, DStR 2005, 2128.

Uhländer, Christoph — Eigenkapitalersetzende Darlehen im Steuerrecht und Gesellschaftsrecht – ein systematischer Überblick, BB 2005, 70.

Uhlenbruck, Wilhelm — Kommentar zur Insolvenzordnung, 13. Auflage, Uhlenbruck, Wilhelm / Hirte, Heribert / Vallender, Heinz (Hrsg.) München 2010 (zit.: *Bearbeiter* in: Uhlenbruck, InsO, 13. Auflage 2010).

Ulbrich, Martin — Die Abschaffung des Eigenkapitalersatzrechts der GmbH, Diss., Baden-Baden 2011.

von Gerkan, Hartwin — Die Rechtsfolgen der eigenkapitalersetzenden Nutzungsüberlassung – Fragen und Zweifel, ZHR 158 (1994), 668.

von Gerkan, Hartwin
Hommelhoff, Peter — Handbuch des Kapitalersatzrechts, 2. Auflage, Köln 2002.

Veil, Rüdiger — Eigenkapitalersetzende Aktionärsdarlehen – Ein Beitrag zum institutionellen Verständnis des Eigenkapitalersatzrechts, ZGR 2000, 223.

von Glasenapp, Gero — Die Auswirkungen der Unternehmensteuerreform 2008 auf die Einkünfte aus Kapitalvermögen, BB 2008, 360.

Waclawik, Erich — Fernwirkungen des MoMiG auf den Umfang nachträglicher Anschaffungskosten bei Darlehens-verlusten? ZIP 2007, 1838.

Wagner, Siegfried — Die verwirrende Rechtsprechung des BFH zur steuerlichen Beurteilung der Veräußerung von Bezugsrechten auch vor dem Hintergrund der Abgeltungsteuer, DStR 2009, 626.

Weber-Grellet, Heinrich — Anschaffungskosten und Beteiligungskosten im Rahmen des § 17 EStG, DStR 1998, 1617.

Weber-Grellet, Heinrich — Grundlegende Änderungen und neue Rechtsprechung bei § 17 EStG – Führt der IX. Senat die Rechtsprechung des VIII. Senats des BFH fort? NWB Fach 3, 15229 (06.10.2008).

Weber-Grellet, Heinrich — Die Funktion der Kapitalertragsteuer im System der Abgeltungsteuer (Teil I), DStR 2013, 1357.

Weitemeyer, Birgit — Der Einfluss des Europarechts auf die Besteuerung und Finanzierung der Konzerne in Begegnungen im Recht, Ringvorlesung der Bucerius Law School zu Ehren von K. Schmidt anlässlich seines 70. Geburtstags, S. 1 ff., Tübingen 2011.

Weißbrodt, Jan
Michalke, Dirk — Die sonstige Kapitalforderung i. S. von § 20 Abs. 1 Nr. 7 EStG, DStR 2012, 1533.

Wendt, Michael — Prinzipien der Verlustberücksichtigung in Verluste im Steuerrecht – Eröffnung der 29. Jahrestagung und Rechtfertigung des Themas in Rüdiger von Groll (Hrsg.), Verluste im Steuerrecht, S. 41 ff., Köln 2005.

Wiese, Götz
Möller, Christian — Verluste aus Gesellschafterdarlehen im Privatvermögen – Steuerliche Behandlung nach MoMiG und Unternehmensteuerreform 2008, GmbHR 2010, 462.

FSC
www.fsc.org
MIX
Papier | Fördert gute Waldnutzung
FSC® C083411

Kolibri 360 GmbH
Ferdinand-Jühlke-Straße 7
99095 Erfurt, Deutschland
produktsicherheit@kolibri360.de